Código Civil del Estado de México

Código Nacional de Procedimientos Civiles y Familiares

Procedimiento de selección de originales, ver página web:
www.tirant.net/index.php/editorial/procedimiento-de-seleccion-de-originales

ACCESO GRATIS ***a la Lectura en la Nube + Actualizaciones***

Para visualizar el libro electrónico en la nube de lectura envíe junto a su nombre y apellidos una fotografía del código de barras situado en la contraportada del libro y otra del ticket de compra a la dirección:

ebooktirant@tirant.com

En un máximo de 72 horas laborables le enviaremos el código de acceso con sus instrucciones.

Código Civil del Estado de México
Código Nacional de Procedimientos Civiles y Familiares

2ª Edición

Edición y prólogo de

MIGUEL CARBONELL

tirant lo blanch
Ciudad de México, 2024

© EDITA: TIRANT LO BLANCH
DISTRIBUYE: TIRANT LO BLANCH MÉXICO
Av. Tamaulipas 150, Oficina 502
Hipódromo, Cuauhtémoc, 06100, Ciudad de México
Telf: +52 1 55 65502317
infomex@tirant.com
www.tirant.com/mex/
www.tirant.es
ISBN: 978-84-1197-602-2

ÍNDICE

CÓDIGO NACIONAL DE PROCEDIMIENTOS CIVILES Y FAMILIARES

Prólogo

Miguel Carbonell
Director del Centro de Estudios Jurídicos Carbonell AC

Introducción

En el Diario Oficial de la Federación del 15 de septiembre de 2017 se incorpora una fracción XXX al artículo 73 constitucional para facultar al Congreso de la Unión: "XXX. Para expedir la legislación única en materia procesal civil y familiar". Esta disposición es la que permite unificar los ordenamientos procesales en materia civil y familiar, tal como sucedió en su momento con la legislación relativa al procedimiento penal (regido desde 2014 por el Código Nacional de Procedimientos Penales, cuya expedición y progresiva entrada en vigor fue teniendo como efecto la abrogación de los códigos de procedimientos penales de las entidades federativas).

La expedición de un código único aplicable a todo el país para regular los procedimientos civiles y familiares, nos da una magnífica oportunidad para poner al día nuestra normativa y nuestra doctrina procesales, las cuales se habían quedado bastante rezagadas en las décadas recientes.

En efecto, si bien se habían dado cambios importantes a las reglas y principios que rigen la tramitación de los procesos civiles y familiares, se trataba de avances poco homogéneos y realizados sin un diagnóstico adecuado de lo que se tenía que mejorar y la forma de llevarlos a cabo. Además, el desarrollo doctrinal en tales materias fue muy escaso como consecuencia de la dispersión normativa existente, lo que tampoco ayudaba demasiado.

La expedición del Código Nacional de Procedimientos Civiles y Familiares debe servir también como un poderoso recordatorio de que el procesalismo científico mexicano ha tenido a lo largo de la historia muy destacados exponentes y de que la cabal aplicación de la nueva normativa en tan relevantes materias va a necesitar del surgimiento de nuevos exponentes académicos. Recordemos que a partir del impulso que le da a los estudios procesales el eminente jurista Niceto Alcalá Zamora y Castillo (exiliado español, se incorpora a la UNAM en 1945 y empieza a formar a una brillante escuela de discípulos, hasta su regreso a España en 1975), van surgiendo muchos nombres brillantes que traen a México las más modernas doctrinas procesales.

A partir de la expedición del Código Nacional se abren una serie de oportunidades que conviene aquilatar y que ya habían vislumbrado desde hace años nuestros más preclaros procesalistas.

Así por ejemplo, en un artículo que ha sido citado en infinidad de ocasiones, el propio Niceto Alcalá-Zamora y Castillo había señalado desde 1960 que lograr la unificación procesal en materia civil y penal tendría la ventaja de permitir una práctica forense y jurisdiccional uniforme, contar con una legislación depurada y lograr un mejoramiento de la dogmática jurídica en la materia[1].

La expedición en 2014 del Código Nacional de Procedimientos Penales parece haberle dado la razón a Alcalá-Zamora en cada uno de los tres aspectos que señalaba hace tanto tiempo. Y seguramente lo mismo sucederá en lo que tiene que ver con el procedimiento civil y familiar.

El texto del Código Nacional de Procedimientos Civiles y Familiares, por ser de aplicabilidad a lo largo y ancho de la República, permitirá una uniformidad en su interpretación y (esperemos) en su aplicación.

Pero además hay que reconocer que, sin ser ni de lejos una norma perfecta, mejora en varios aspectos la existente a nivel federal y local en las materias que regula.

Y finalmente, va a permitir el surgimiento de una doctrina procesal moderna, que sea capaz de servir a todos los estudiantes de derecho del país y a todos los profesionales jurídicos, sin importante el lugar de la República en el que ejerzan.

---

1 "Unificación de los códigos procesales mexicanos, tanto civiles como penales", *Revista de la Facultad de Derecho de México*, tomo X, números 37-40, México, enero-diciembre de 1960, páginas 265 y siguientes.

Para la doctrina procesalista se avizora una edad de oro que dará como resultado un "progreso extraordinario", como también lo había anticipado Alcalá-Zamora en el artículo que ya hemos citado. Tiene razón el jurista Rubén Sánchez Gil cuando afirma que la expedición del Código Nacional de Procedimientos Civiles y Familiares "será una gran revolución en la práctica jurídica, en nuestras concepciones jurídicas y en la manera en la que vamos a operar y practicar el derecho, sea desde la judicatura, desde la abogacía o desde la academia"[2].

Algunos antecedentes históricos

El nuevo Código Nacional de Procedimientos Civiles y Familiares es resultado de un largo periplo histórico. Tiene como antecedente remoto, bajo el manto de la entonces recientemente expedida Constitución mexicana de 1857, el llamado "Código Zuloaga" de 1858, cuyo nombre oficial fue "Ley para el Arreglo de la Administración de Justicia en los Tribunales y Juzgados del Fuero Común". A nivel local cabe destacar el antecedente de la "Ley de Procedimientos Civiles del Estado de Jalisco" de 1868, que es considerado el primer código propiamente procesal en la historia del derecho mexicano.

Fueron también muy influyentes los códigos de procedimientos civiles aplicables al territorio de la capital de la República y al de los entonces todavía existentes (aunque hoy ya desparecidos) territorios federales —como Baja California, por ejemplo— de los años 1872, 1880 y 1884. También fueron importantes los códigos federales en la materia, de los años 1896 y 1908.

El antecedente inmediato del Código Nacional se encuentra en las dos grandes referencias normativas en materia procesal civil del siglo XX mexicano. Por un lado el Código de Procedimientos Civiles para el Distrito Federal, cuya vigencia inició el 1 de octubre de 1932. Por otra parte el Código Federal de Procedimientos Civiles que fue publicado en el *Diario Ofi-*

---

2 "Código Nacional de Procedimientos Civiles: federalismo, retos y oportunidades", *Tohil. Revista de la Universidad Autónoma de Yucatán*, año, 21, número 46, Mérida, enero-diciembre de 2021, páginas 53-54.

cial de la Federación el 24 de febrero de 1942 y cuyo texto no tuvo ninguna reforma durante sus primeros 45 años, hasta que en 1988 se le adicionó un conjunto de cuestiones relativas a la cooperación procesal internacional.

De esos antecedentes, de la doctrina que los analizó y de la jurisprudencia que buscó su correcta aplicación, es de donde abreva el Código Nacional, que esperemos pueda estar en vigor (con las reformas que el paso del tiempo vaya sugiriendo, desde luego) durante mucho tiempo.

Supletoriedad

No cabe duda que las materias civil y familiar son de una relevancia imposible de exagerar. Tocan la vida de millones de personas cada año, incluso a miles y miles de niñas, niños y adolescentes. De ahí la relevancia de conocer y aplicar debidamente las normas del Código Nacional de Procedimientos Civiles y Familiares.

Pero esa importancia se ve reforzada si consideramos que se trata de la norma que se va a aplicar de manera supletoria, cuando en otras materias no se cuente con una regulación completa (o con una regulación, a secas) de determinada institución jurídica.

Respecto a la figura de la supletoriedad la Suprema Corte de Justicia de la Nación ha dicho lo siguiente:

> **Registro digital:** 2003161
>
> **SUPLETORIEDAD DE LAS LEYES. REQUISITOS PARA QUE OPERE.**
>
> La aplicación supletoria de una ley respecto de otra procede para integrar una omisión en la ley o para interpretar sus disposiciones y que se integren con otras normas o principios generales contenidos en otras leyes. Así, para que opere la supletoriedad es necesario que: a) El ordenamiento legal a suplir establezca expresamente esa posibilidad, indicando la ley o normas que pueden aplicarse supletoriamente, o que un ordenamiento establezca que aplica, total o parcialmente, de manera supletoria a otros ordenamientos; b) La ley a suplir no contemple la institución o las cuestiones jurídicas que pretenden aplicarse supletoriamente o, aun estableciéndolas, no las desarrolle o las regule deficientemente; c) Esa omisión o vacío legislativo haga necesaria la aplicación supletoria de normas para solucionar la controversia o el problema jurídico planteado, sin que sea válido atender a cuestiones jurídicas que el legislador no tuvo intención de establecer en la

> ley a suplir; y, d) Las normas aplicables supletoriamente no contraríen el ordenamiento legal a suplir, sino que sean congruentes con sus principios y con las bases que rigen específicamente la institución de que se trate.

El Código Nacional será supletorio de un buen número de normas que, hasta antes de su expedición y entrada en vigor, eran de carácter solamente federal, pero que ahora —al tener un alcance nacional y por tanto al incidir también en los ámbitos competenciales de las entidades federativas— serán también de carácter local.

Las normas que prevén supletoriedad de la legislación procesal civil (antes federal, ahora nacional), son entre otras las siguientes:

- Código de Comercio.
- Ley de Seguridad Nacional.
- Ley Federal de Competencia Económica.
- Ley Federal de Procedimiento Contencioso Administrativo.
- Código Nacional de Procedimientos Penales.
- Ley Agraria.
- Ley de Amparo.
- Ley de adquisiciones, arrendamientos y servicios del sector público.
- Ley Federal de Derechos de Autor.
- Ley de navegación y comercio marítimo.
- Ley Federal de Turismo.
- Ley de Concursos Mercantiles.
- Ley de Obras Públicas y servicios relacionados con las mismas.
- Ley Federal de Protección de Datos Personales en Posesión de Particulares.
- Ley Federal de Procedimiento Administrativo.
- Ley para Regular las Instituciones de Tecnología Financiera.
- Ley del Sistema de Pagos.
- Ley Federal de Protección a la Propiedad Industrial.

- Ley Reglamentaria de las Fracciones I y II del artículo 105 de la Constitución Política de los Estados Unidos Mexicanos.
- Código Fiscal de la Federación.
- Ley General del Equilibrio Ecológico y Protección al Ambiente.
- Ley del Mercado de Calores.
- Ley Federal de Protección al Consumidor.
- Ley de Instituciones de Crédito.
- Ley de Instituciones de Seguros y Fianzas.
- Ley de los Sistemas de Ahorro para el Retiro.
- Ley General de Bienes Nacionales.

Además, como se apuntaba, los códigos de procedimientos civiles son, en el ámbito local, supletorios de un número importante de normas estatales. Todas las referencias a esos códigos deberán entenderse hechas ahora al Código Nacional de Procedimientos Civiles y Familiares, de acuerdo a lo establecido en el artículo 13 transitorio del propio Código que señala lo siguiente: "Toda referencia a la legislación procesal civil y familiar Federal y de las Entidades Federativas, en ordenamientos diversos, se entenderá a partir de la vigencia en las mismas, al Código Nacional de Procedimientos Civiles y Familiares".

Este efecto normativo es consecuencia también de la "abrogación" del Código Federal de Procedimientos Civiles y de las legislaciones procesales civiles y familiares de las entidades federativas, que está previstas en el artículo Tercero transitorio del Código Nacional.

La importancia del derecho civil

Si bien es cierto que el derecho civil se cuenta entre las ramas más tradicionales de los ordenamientos jurídicos de nuestro tiempo, también es verdad que se ha venido actualizando y transformando en su contenido en los años recientes por diversas causas.

Algunas de esas modificaciones han sido producto de reformas legislativas que han ido aconteciendo, con el objeto de poner al día los textos legales. Otros cambios han tenido como fuente las resoluciones judiciales, las cuales han suministrado significados y puntos de vista igualmente novedosos respecto al contenido de la normatividad civil.

También ha habido una influencia importante del llamado proceso de "constitucionalización" del derecho privado, a partir del cual las normas del derecho civil y mercantil se deben interpretar y aplicar a la luz del derecho constitucional, respetando en todo momento los derechos humanos.

La constitucionalización del derecho civil es una tendencia muy consolidada en el derecho comparado que también ha llegado a México. La idea fundamental de este proceso es que las normas constitucionales puedan servir como criterios de orientación interpretativa para que en las relaciones jurídicas de derecho privado se hagan valer también, en aquellos casos que así lo requieran, los derechos humanos.

En todo caso, lo que resulta evidente es que el derecho civil sigue siendo un área de estudio de la mayor relevancia, que supone grandes retos para la formación de los juristas. No se puede ser un buen profesional del derecho sin tener muy firmes las bases y el conocimiento del derecho civil. Por eso es que cada esfuerzo que se haga para ayudar en su difusión es algo que vale la pena y en lo cual todos debemos sentirnos comprometidos.

CÓDIGO CIVIL DEL ESTADO DE MÉXICO

Código publicado en la Gaceta del Gobierno del Estado de México, el viernes 7 de junio de 2002.

ÚLTIMA REFORMA PUBLICADA EN LA GACETA DEL GOBIERNO: 20 DE OCTUBRE DE 2023.

ARTURO MONTIEL ROJAS, Gobernador Constitucional del Estado Libre y Soberano de México, a sus habitantes sabed:

Que la Legislatura del Estado, ha tenido a bien aprobar lo siguiente:

DECRETO NÚMERO 70

LA H "LIV" LEGISLATURA DEL ESTADO DE MÉXICO

DECRETA:

CÓDIGO CIVIL DEL ESTADO DE MÉXICO

LIBRO PRIMERO
PARTE GENERAL

Ámbito territorial y material

Artículo 1.1.- Las disposiciones de este Código regulan, en el Estado de México, los derechos y obligaciones de orden privado concernientes a las personas y sus bienes.

Inicio de vigencia de la ley

Artículo 1.2.- Las leyes y demás disposiciones de observancia general, obligan y surten sus efectos a los cinco días siguientes de su publicación en el periódico oficial del Estado, a no ser que se fije el día en que deba comenzar a regir, pues entonces obliga desde esa fecha.

Obligatoriedad de la ley y derechos renunciables

Artículo 1.3.- La voluntad de los particulares no puede eximir de la observancia de la ley, ni alterarla o modificarla. Sólo pueden renunciarse los derechos privados que no afecten directamente al interés público o cuando no perjudiquen derechos de terceros.

Renuncia de derechos privados

Artículo 1.4.- La renuncia autorizada en el artículo anterior no produce efecto alguno si no se hace en términos claros y precisos, de tal manera que no quede duda de cuál es el derecho que se renuncia.

Nulidad de actos contrarios a la ley

Artículo 1.5.- Los actos ejecutados contra el tenor de las leyes prohibitivas o de interés público serán nulos, excepto en los casos en que la ley ordene lo contrario.

Derogación y abrogación de la ley

Artículo 1.6.- La ley sólo queda abrogada o derogada por otra posterior que así lo declare expresamente, o que contenga disposiciones total o parcialmente incompatibles con la ley anterior.

Observancia de la ley

Artículo 1.7.- Contra la observancia de la ley no puede alegarse desuso, costumbre o práctica en contrario.

Leyes que establecen excepciones

Artículo 1.8.- Las leyes que establecen excepciones a las reglas generales no son aplicables a caso alguno que no esté expresamente especificado en la propia ley.

Personas sometidas a las leyes del Estado

Artículo 1.9.- Las leyes vigentes en el Estado se aplican a todos sus habitantes, cualquiera que sea su nacionalidad, vecinos o transeúntes.

Actos y contratos celebrados fuera del Estado

Artículo 1.10.- Los efectos de los actos jurídicos celebrados fuera del Estado, pero que deban cumplirse dentro de su territorio, se regirán por las disposiciones de este Código.

Bienes sujetos a este Código

Artículo 1.11.- Los bienes inmuebles ubicados en el Estado y los muebles que en él se encuentren, se regirán por las disposiciones de este Código.

Ley aplicada a la forma de los actos jurídicos

Artículo 1.12.- Los actos jurídicos, en todo lo relativo a su forma, se regirán por las leyes del lugar donde se celebren. Sin embargo, los interesados en la celebración de esos actos quedan en libertad para sujetarse a las formas prescritas por este Código, cuando el acto haya de ejecutarse dentro del territorio del Estado.

Límite a los derechos

Artículo 1.13.- Los habitantes del Estado tienen obligación de ejercer sus actos, de usar y disponer de sus bienes, en forma que no perjudique al interés de la sociedad.

Obligatoriedad judicial de resolver controversias

Artículo 1.14.- Los Jueces o Tribunales no podrán dejar de resolver una controversia, ni aún invocando el silencio, la obscuridad o insuficiencia de la ley.

Solución de conflictos a falta de ley

Artículo 1.15.- Cuando haya conflicto de derechos, a falta de ley que sea aplicable, la controversia se decidirá en favor del que trate de evitarse perjuicios y no del que pretenda obtener lucro. Si el conflicto fuere entre derechos iguales sobre la misma especie, se decidirá observando la mayor equidad.

Ignorancia de la ley

Artículo 1.16.- El desconocimiento de las leyes a nadie aprovecha ni excusa su cumplimiento.

Los jueces interpretarán las normas según su texto y en relación con el contexto, los antecedentes de las partes, la realidad social al tiempo en que deben aplicarlas y atenderán fundamentalmente al espíritu y fines de la norma.

La equidad

Artículo 1.17.- La equidad deberá ponderarse en la aplicación de las normas tratándose de individuos con atraso intelectual, debilidad económica, social, hábitos o tradiciones propias de la etnia a la que pertenezcan, siempre que estas circunstancias hubieren influido en el incumplimiento de la ley civil.

LIBRO SEGUNDO
DE LAS PERSONAS

TÍTULO PRIMERO
DE LAS PERSONAS FÍSICAS

Concepto de persona física y viabilidad

Artículo 2.1.- Persona física es el ser humano desde que nace y es viable, hasta que muere; a quien se le atribuye capacidad de goce y de ejercicio; y que desde que es concebido se le tiene por persona para los efectos declarados por la ley.

Es viable el ser humano que ha vivido veinticuatro horas posteriores a su nacimiento o es presentado vivo ante el Oficial del Registro Civil.

Restricciones a la personalidad

(REFORMADO, G.G. 7 DE SEPTIEMBRE DEL 2004)

Artículo 2.2.- La minoría de edad, el estado de interdicción y las demás incapacidades establecidas por la ley, son restricciones a la personalidad jurídica; con excepción de los incapaces quienes podrán ejercer sus derechos o contraer obligaciones por medio de sus representantes.

TÍTULO SEGUNDO
DE LOS DERECHOS DE LA PERSONALIDAD

Atributos de la personalidad

Artículo 2.3.- Los atributos de la personalidad son el nombre, domicilio, estado civil y patrimonio.

Concepto y naturaleza de los derechos

Artículo 2.4.- Los derechos de la personalidad constituyen el patrimonio moral o afectivo de las personas físicas. Son inalienables, imprescriptibles e irrenunciables, y goza de ellos también la persona jurídica colectiva en lo que sea compatible con su naturaleza.

Es deber del Estado proteger, fomentar y desarrollar estos derechos.

Derechos de las personas

Artículo 2.5.- De manera enunciativa y no limitativa, los derechos de las personas físicas y colectivas en lo que sea compatible con su naturaleza son los siguientes:

(REFORMADA, G.G. 6 DE MARZO DE 2010)

I. El honor, la dignidad, el crédito y el prestigio;

(REFORMADA, G.G. 6 DE MARZO DE 2010)

II. El aseguramiento de una vida privada y familiar libre de violencia;

III. El respeto a la reproducción de la imagen y voz;

(REFORMADA, G.G. 6 DE AGOSTO DE 2015)

IV. Los derivados del nombre o del seudónimo, de la nacionalidad, de la pertenencia cultural, de la filiación, de su origen y de su identidad.

V. El domicilio;

VI. La presencia estética;

VII. Los afectivos derivados de la familia, la amistad y los bienes;

(REFORMADA, G.G. 6 DE MARZO DE 2010)

VIII. El respeto, salvaguarda y protección de la integridad física, psicológica y patrimonial.

(ADICIONADO, G.G. 9 DE MAYO DE 2014)

Medios para acreditar la identidad de las personas físicas

Artículo 2.5 Bis.- Se consideran como medios aceptables y válidos para acreditar la identidad de las personas físicas, los documentos públicos ya sea en original o en copia certificada, expedidos por las autoridades competentes, de manera enunciativa y no limitativa, los siguientes:

I. En caso de menores de edad, el acta de nacimiento, la carta de naturalización y las credenciales expedidas por autoridades educativas que cuenten con autorización o con reconocimiento de validez oficial;

II. La Credencial para votar, el pasaporte, la matrícula consular mexicana, la licencia para conducir y la carta de naturalización;

(REFORMADA, G.G. 7 DE MAYO DE 2015)

III. Las credenciales expedidas por autoridades educativas, las cédulas profesionales o de pasante y en caso de los varones, la cartilla del servicio militar nacional.

IV. Las demás identificaciones reconocidas como oficiales.

(ADICIONADO, G.G. 7 DE MAYO DE 2015)

Estos documentos solo acreditan la identidad de su titular y no así la de su domicilio.

Capacidad de ejercicio para donar órganos

Artículo 2.6.- Toda persona con capacidad de ejercicio tiene derecho a disponer sus órganos o materiales orgánicos, para que después de su muerte se donen y sean implantados en humanos vivos o con fines de estudio e investigación.

La autorización a que se refiere el presente artículo podrá especificar los órganos o los materiales orgánicos que deban donarse, de lo contrario se entenderán comprendidos todos los órganos o tejidos anatómicos del donante.

Asimismo, podrá especificar con qué finalidad se autoriza la donación y el destinatario. De no existir ésta se entenderá que se donan para fines de implantación en humanos vivos, con exclusión de los de estudio e investigación científica.

Esta donación es revocable en cualquier momento por el donante y no podrá ser revocada por persona alguna después de su muerte.

Centro Estatal de Transplantes

Artículo 2.7.- Las personas que decidan donar sus órganos o tejidos orgánicos, en términos del artículo anterior, deberán manifestarlo por escrito en el Centro Estatal de Transplantes.

Autorización de parientes del donante

Artículo 2.8.- Ante la ausencia de voluntad expresa, la autorización a que se refieren los artículos anteriores, podrá ser otorgada por los parientes del donante, que se encuentren en el lugar del deceso, en el orden siguiente:

I. El cónyuge o concubino;

II. Los hijos mayores de edad;

III. Los padres;

IV. Los hermanos mayores de edad;

V. Cualquier pariente consanguíneo hasta cuarto grado.

TÍTULO TERCERO
DE LAS PERSONAS JURÍDICAS COLECTIVAS

Concepto de persona jurídica colectiva

Artículo 2.9.- Las personas jurídicas colectivas son las constituidas conforme a la ley, por grupos de individuos a las cuales el derecho considera como una sola entidad para ejercer derechos y asumir obligaciones.

Personas jurídicas colectivas

Artículo 2.10.- Son personas jurídicas colectivas:

I. El Estado de México, sus Municipios y sus organismos de carácter público;

II. Las asociaciones y las sociedades civiles;

III. Las asociaciones y organizaciones políticas estatales;

IV. Las instituciones de asistencia privada;

V. Las reconocidas por las leyes federales y de las demás Entidades de la República.

Derechos ejercitados por las personas jurídicas colectivas

Artículo 2.11.- Las personas jurídicas colectivas pueden ejercitar todos los derechos que sean necesarios para realizar su objeto, siempre y cuando no contravengan el interés público.

Normas que rigen y órganos representativos de la persona jurídica colectiva

Artículo 2.12.- Las personas jurídicas colectivas se rigen por las leyes correspondientes, por su acto constitutivo y por sus estatutos; actúan y se obligan por medio de los órganos que las representan.

TÍTULO CUARTO
DEL NOMBRE DE LAS PERSONAS

Concepto del nombre de las personas

Artículo 2.13.- El nombre designa e individualiza a una persona.

Composición del nombre de las personas físicas

(REFORMADO, G.G. 8 DE MAYO DE 2015)

Artículo 2.14.- El nombre de las personas físicas se forma con el sustantivo propio y el primer apellido del padre y el primer apellido de la madre, en el orden que, de común acuerdo determinen. En el caso de que el padre y la madre no lleguen a un acuerdo respecto del orden que deben seguir los apellidos del hijo o hija, el apellido paterno aparecerá en primer lugar y el apellido materno en segundo lugar.

El orden de los apellidos acordado entre padre y madre se considerará preferentemente para los demás hijos e hijas del mismo vínculo.

Cuando solo lo reconozca uno de ellos se formará con los apellidos de este, en el mismo orden, con las salvedades que establece el Libro Tercero de este Código.

Casos de uso de seudónimo

Artículo 2.15.- Para aspectos artísticos, literarios, científicos, deportivos o de otra índole similar se podrá utilizar un seudónimo, de conformidad con las leyes específicas de la materia.

Composición del nombre de las personas jurídicas colectivas

Artículo 2.16.- El nombre de las personas jurídicas colectivas se forma con la denominación o razón social, asignada en el acto de su constitución o en sus estatutos.

TÍTULO QUINTO
DEL DOMICILIO

Concepto de domicilio de las personas físicas

Artículo 2.17.- El domicilio de una persona física es el lugar donde reside con el propósito de establecerse en él; a falta de éste, el lugar en que tiene el principal asiento de sus negocios; y a falta de uno y otro, el lugar en que se halle.

Domicilio presumible de las personas físicas

Artículo 2.18.- Se presume el propósito de establecerse permanentemente en un lugar, cuando se reside por más de seis meses en él, siempre y cuando no sea en perjuicio de terceros.

Concepto de domicilio legal

Artículo 2.19.- El domicilio legal de una persona es el lugar donde la autoridad judicial competente o la ley le fija su residencia para el ejercicio de sus derechos y el cumplimiento de sus obligaciones.

Personas físicas con domicilio legal

Artículo 2.20.- Es domicilio legal:

(REFORMADA, G.G. 14 DE MARZO DE 2016)

I. De las niñas, los niños y los adolescentes, el de la persona a cuya patria potestad y custodia esté sujeto.

II. Del menor que no esté bajo la patria potestad y del mayor incapacitado, el de su tutor;

III. De los militares en servicio activo, el lugar del territorio del Estado, en que estén destacados;

IV. De los servidores públicos, de cuerpos diplomáticos o consulares el lugar donde desempeñan sus funciones por más de seis meses. Los que por tiempo menor desempeñen alguna comisión, no adquirirán domicilio en el lugar donde la cumplen, sino que conservarán su domicilio anterior;

V. De los sentenciados a sufrir una pena privativa de la libertad por más de seis meses, el lugar en que ésta se ejecute.

Domicilio legal de las personas jurídicas colectivas

Artículo 2.21.- Las personas jurídicas colectivas tienen su domicilio legal en el lugar en donde se halle establecida su administración o a falta de éste, donde ejerza sus actividades.

Las sucursales que operen en lugares distintos de donde radica la casa matriz, tendrán su domicilio legal en esos lugares.

Domicilio convencional

Artículo 2.22.- El domicilio convencional, es aquel que la persona tiene derecho a designar para el cumplimiento de determinadas obligaciones.

(ADICIONADA SU DENOMINACIÓN, G.G. 6 DE MARZO DE 2010)

Domicilio familiar

(ADICIONADO, G.G. 6 DE MARZO DE 2010)

Artículo 2.23.- Es el lugar donde reside un grupo familiar.

LIBRO TERCERO
DEL REGISTRO CIVIL

TÍTULO PRIMERO
DISPOSICIONES GENERALES

Concepto de Registro Civil

(REFORMADO PRIMER PÁRRAFO, G.G. 22 DE JULIO DE 2021)

Artículo 3.1.- El Registro Civil es la institución de carácter público y de interés social, mediante la cual el Estado, a través del titular y sus oficiales investidos de fe pública, inscribe, registra, autoriza, certifica, da publicidad y solemnidad a los actos y hechos relativos al estado civil de las personas y expide las actas relativas al nacimiento, reconocimiento de hijos, adopción, matrimonio, divorcio, defunción, y expedición de acta por rectificación para el reconocimiento de identidad de género, previa anotación correspondiente al acta de nacimiento primigenia, asimismo, inscribe las resoluciones que la Ley autoriza, en la forma y términos que establezca su Reglamento.

(REFORMADO, G.G. 7 DE MAYO DE 2015)

El Registro Civil, a través de su titular, expedirá constancias de origen y participará en las actividades que convocan los consulados y embajadas, a fin de implementar los programas con los que cuenta la Institución en beneficio de los mexiquenses.

(REFORMADO, G.G. 7 DE MAYO DE 2015)

El titular de la Dirección General está facultado para autorizar registros extemporáneos de personas originarias del Estado de México que vivan en el extranjero.

(REFORMADO, G.G. 7 DE MAYO DE 2015)

Las oficialías del Registro Civil dependen administrativamente del Ayuntamiento, y por cuanto a sus funciones, atribuciones y obligaciones están adscritas a la Dirección General.

(REFORMADO, G.G. 7 DE MAYO DE 2015)

El Gobierno del Estado emitirá los Lineamientos Administrativos relativos a los recursos humanos, materiales y financieros, suficientes y oportunos para el buen funcionamiento de las Oficialías.

(REFORMADO, G.G. 7 DE MAYO DE 2015)

Cuando algún Ayuntamiento incumpla con lo ordenado en los Lineamientos, el Gobierno del Estado emitirá Decreto para que la o las Oficialías queden bajo su control.

Formalidad de las actas

Artículo 3.2.- Las actas del Registro Civil sólo se podrán asentar con las formalidades previstas en el reglamento respectivo. De no observarse las formalidades esenciales serán nulas.

Vicios o defectos no sustanciales de las actas

Artículo 3.3.- Los vicios o defectos que haya en las actas cuando no sean sustanciales, no producirán la nulidad del acto, a menos que judicialmente se pruebe la falsedad de éste.

Asientos en las actas

(REFORMADO, G.G. 7 DE MAYO DE 2015)

Artículo 3.4.- No podrá asentarse en las actas, ni por vía de nota o advertencia, sino lo que deba ser declarado para el acto preciso a que ellas se refieren, excepto las prevenciones en contrario y lo que esté expresamente prevenido por la Ley.

Comprobación del estado civil

Artículo 3.5.- El estado civil de las personas sólo se comprueba con las constancias relativas del Registro Civil. Ningún otro documento ni medio de prueba es admisible para comprobar el estado civil, salvo los casos expresamente exceptuados en la ley.

(ADICIONADO, P.O. 7 DE MAYO DE 2015)

Se reconoce plena validez a los hechos y actos del estado civil celebrados por mexicanos en el extranjero, siempre y cuando cumplan con las formalidades establecidas por la Ley en la materia.

Artículo 3.6.- (DEROGADO, P.O. 7 DE MAYO DE 2015)

Pedimento de testimonios de actas

Artículo 3.7.- Toda persona puede pedir testimonio de las actas del Registro Civil, así como de los apéndices con ellas relacionados, y los servidores públicos encargados estarán obligados a expedirlos, excepto en los casos prohibidos por la ley.

(ADICIONADO, G.G. 22 DE JUNIO DE 2015)

De la constancia de origen

Artículo 3.7 Bis.- Toda persona puede solicitar la expedición gratuita de la constancia de origen que se emitirá en un plazo no mayor de 24 horas, cuando los familiares o personas relacionadas con los migrantes así lo soliciten, conforme al Reglamento del Registro Civil.

TÍTULO SEGUNDO
DE LAS ACTAS

CAPÍTULO I
DE LAS ACTAS DE NACIMIENTO

(REFORMADA SU DENOMINACIÓN, G.G. 6 DE AGOSTO DE 2015)

Presentación de la persona para declarar su nacimiento

(REFORMADO PRIMER PÁRRAFO, G.G. 6 DE AGOSTO DE 2015)

Artículo 3.8.- El registro oportuno es el hecho que se declara dentro de los primeros sesenta días de ocurrido el nacimiento. Dicho plazo podrá ampliarse cuando la niña o niño presente algún problema de salud debidamente justificado, que impida su registro.

(REFORMADO, G.G. 6 DE AGOSTO DE 2015)

El registro extemporáneo es aquel que se declara después de sesenta días de ocurrido el nacimiento.

(REFORMADO, G.G. 7 DE MAYO DE 2015)

Los registros extemporáneos de nacimiento de personas originarias del Estado de México que viven en el extranjero, se harán conforme a lo dispuesto en el Reglamento del Registro Civil vigente en la entidad.

(ADICIONADO, G.G. 6 DE AGOSTO DE 2015)

Las declaraciones de nacimiento se harán presentando a la persona ante el Oficial del Registro Civil, la inscripción será de forma inmediata y gratuita. La primera copia certificada del acta de registro de nacimiento se expedirá gratuitamente.

Personas obligadas a declarar el nacimiento

(REFORMADO PRIMER PÁRRAFO, G.G. 6 DE AGOSTO DE 2015)

Artículo 3.9.- Tienen obligación de declarar el nacimiento, la madre, el padre, ambos o quienes ejerzan la patria potestad dentro de los primeros sesenta días de vida. A falta de los anteriores, persona distinta que tenga conocimiento de este, cumpliendo con los requisitos previstos en el presente Código y su normatividad reglamentaria. Asimismo, tienen la obligación de declarar el nacimiento quienes ejerzan la tutela o guarda y custodia, y las demás personas que por razón de sus funciones o actividades tengan bajo su cuidado niñas, niños o adolescentes, o personas que los tengan bajo su responsabilidad, y cuando sean instituciones públicas, conforme a su ámbito de competencia.

Los médicos, parteras, matronas o quien hubiere asistido el parto, tienen la obligación de extender la constancia relativa al nacimiento, de acuerdo a la legislación respectiva.

(ADICIONADO, P.O. 7 DE MAYO DE 2015)

En el momento del parto, la madre podrá solicitar que se preserve el secreto de su ingreso y de su identidad y para el registro dará a conocer el nombre que desea se ponga al presentado.

Contenido del acta de nacimiento

(REFORMADO PRIMER PÁRRAFO, G.G. 7 DE MAYO DE 2015)

Artículo 3.10.- El acta de nacimiento contendrá lugar y fecha de registro, fecha, hora y lugar del nacimiento, el sexo del presentado, el nombre del registrado, de conformidad con las reglas establecidas en este Código, la razón de si es presentado vivo o muerto, la impresión de la huella digital si está vivo y la Clave Única de Registro de Población.

(ADICIONADO, G.G. 27 DE AGOSTO DE 2021)

En todos los casos que se requiera, el oficial registrará en el acta de nacimiento el nombre solicitado, con estricto apego a las formas orales, funcionales y simbólicas de comunicación pertenecientes a las lenguas indígenas.

(ADICIONADO, G.G. 1 DE AGOSTO DE 2019)

Las copias certificadas de las actas de nacimiento expedidas por el Registro Civil tendrán vigencia permanente, en tanto mantengan lo establecido en el párrafo primero de este artículo; por lo que, para la realización de trámites y servicios ante cualquier institución pública o privada, bastará con que sean legibles y no presenten alteraciones que dañen el estado físico del documento.

Por ningún motivo se asentará en el acta que el presentado es adulterino o incestuoso, aún cuando así apareciere de las declaraciones.

(REFORMADO, G.G. 7 DE MAYO DE 2015)

Si el presentado aparece como hijo de padres desconocidos, el Oficial del Registro Civil le pondrá nombre, sin hacer mención de esta circunstancia en el acta.

Acta de nacimiento del hijo de matrimonio

Artículo 3.11.- Cuando el nacido fuere presentado como hijo de matrimonio, se asentarán los nombres, domicilio y nacionalidad de los padres, de los abuelos y, en su caso los de las personas que hubieren hecho la presentación.

Acta de nacimiento de hijo fuera del matrimonio

(REFORMADO PRIMER PÁRRAFO, G.G. 7 DE MAYO DE 2015)

Artículo 3.12.- Para que se hagan constar en el acta de nacimiento los datos del padre de un hijo nacido fuera de matrimonio, es necesario que aquél lo pida personalmente ante el Oficial del Registro Civil.

(REFORMADO, G.G. 7 DE MAYO DE 2015)

La madre no puede dejar de reconocer a su hijo, debiendo figurar siempre sus datos en el acta de nacimiento, salvo en los casos previstos por este Código, si al hacerse la presentación no se da el nombre de la madre, se testará el espacio correspondiente, pero la investigación de la maternidad se realizará conforme a las leyes de la materia.

Además de los datos generales de los padres, se hará constar en el acta de nacimiento los de los abuelos maternos y en su caso, paternos.

De los expósitos

(REFORMADO PRIMER PÁRRAFO, G.G. 6 DE AGOSTO DE 2015)

Artículo 3.13.- Toda persona que encontrare un expósito, deberá presentarlo ante el Agente del Ministerio Público, con los vestidos, valores o cualesquiera otros objetos encontrados con él, para iniciar la Carpeta de Investigación respectiva. Para los efectos del presente Código, tendrán la calidad de entregados aquéllos sobre quienes en el momento del parto, la madre ha solicitado que se preserve el secreto de su identidad y la reserva en torno al nacimiento, quedando bajo la tutela inmediata del Sistema para el Desarrollo Integral de la Familia del Estado de México, quien a su vez podrá enviarlos a los Sistemas Municipales de Desarrollo Integral de la Familia del Estado de México que cuenten con Centros de Asistencia Social o actuar conforme a su normativa.

(REFORMADO, G.G. 6 DE AGOSTO DE 2015)

El Ministerio Público una vez iniciada la Carpeta de Investigación, enviará, de manera inmediata al expósito al Sistema para el Desarrollo Integral de la Familia del Estado de México a través de la Procuraduría de Protección de Niñas, Niños y Adolescentes, quien a su vez podrá enviarlo; al Sistema DIF Municipal correspondiente a través de la Procuraduría de Protección Municipal que cuente con Centros de Asistencia Social, o una institución o asociación de asistencia social constituida, registrada legalmente para estos fines y reconocida ante el Sistema para el Desarrollo Integral de la Familia del Estado de México.

(REFORMADO, G.G. 7 DE MAYO DE 2015)

El Ministerio Público ordenará a los Sistemas para el Desarrollo Integral de la Familia del Estado de México y Municipales, para que soliciten, cuando proceda, el registro de nacimiento del menor ante el Oficial del Registro Civil, remitiéndole copia certificada de la Carpeta de Investigación. El Sistema para el Desarrollo Integral de la Familia del Estado de México o los municipales, en su caso, deberán informar al Ministerio Público sobre la situación jurídica definitiva.

(ADICIONADO, G.G. 15 DE MAYO DE 2012)

El Sistema para el Desarrollo Integral de la Familia del Estado de México, deberá solicitar cuando proceda, el registro de nacimiento, para los menores sujetos a su tutela y para los que se ha reclamado la reserva sobre nacimiento, procediéndose a su custodia en términos de lo establecido por el artículo **4.243** de este Código.

Otros obligados a solicitar levantamiento de acta de nacimiento

(REFORMADO, G.G. 7 DE MAYO DE 2015)

Artículo 3.14.- La misma obligación a que se refiere el artículo anterior tienen los jefes, directores o administradores de los centros de prevención y de readaptación social, casas de maternidad o de hogar y hospitales, respecto de los ahí nacidos o expuestos.

Contenido del acta de nacimiento de expósitos

(REFORMADO, G.G. 7 DE MAYO DE 2015)

Artículo 3.15.- En las actas relativas a los casos de los dos artículos anteriores, se anotarán su sexo, el nombre que se le ponga y si se supiere, fecha, lugar y hora de nacimiento, así como datos que se desprendan de la Carpeta de Investigación.

Lugar del registro del nacimiento

(REFORMADO, G.G. 7 DE MAYO DE 2015)

Artículo 3.16.- El nacimiento podrá registrarse en el lugar en que ocurra o en el domicilio de los padres, según las reglas antes establecidas.

Actas simultáneas de nacimiento y muerte

Artículo 3.17.- Si al dar el aviso de un nacimiento se comunicare también la muerte, se asentarán dos actas, una de nacimiento y otra de defunción.

(ADICIONADO, P.O. 7 DE MAYO DE 2015)

En este supuesto, además de observarse lo ordenado por el párrafo segundo del artículo **3.9** de este Código, los médicos tienen la obligación de extender el certificado de defunción, de acuerdo a la legislación respectiva.

Contenido de las actas de nacimientos múltiples

Artículo 3.18.- Cuando se trate de nacimiento múltiple, se asentará acta por separado para cada uno de los nacidos, en las que se hará constar por vía de anotación, el orden de nacimiento y las particularidades que los distingan, según los datos que contenga el certificado o constancia expedido por quien haya asistido el parto.

CAPÍTULO II
DE LAS ACTAS DE RECONOCIMIENTO DE HIJOS FUERA DE MATRIMONIO

(REFORMADO, G.G. 7 DE MAYO DE 2015)

Definición de reconocimiento

Artículo 3.19.- El reconocimiento es el acto jurídico en virtud del cual, el que reconoce asume a favor del reconocido todos los derechos y obligaciones que se derivan de la filiación.

(ADICIONADO, G.G. 7 DE MAYO DE 2015)

Reconocimiento de hijo al declarar su nacimiento

Artículo 3.19 Bis.- Si la madre, el padre o ambos, de un hijo nacido fuera de matrimonio, lo reconocieren al presentarlo para que se registre su nacimiento, el acta contendrá los requisitos establecidos en los artículos anteriores. Ésta surtirá los efectos del reconocimiento.

Reconocimiento de hijo después de registrado su nacimiento

Artículo 3.20.- Si el reconocimiento del hijo fuera de matrimonio se hiciere después de haber sido registrado su nacimiento, se formará acta separada en la que, además de los requisitos a que se refiere este Código, se observarán, en sus respectivos casos, los siguientes:

I. Si el hijo es mayor de edad, se expresará en el acta su consentimiento para ser reconocido;

(REFORMADA, G.G. 7 DE MAYO DE 2015)

II. Si el hijo es menor de edad, pero mayor de catorce años, se expresará su consentimiento y el de quien ejerza la patria potestad o en su caso el de la persona o institución que lo tuviere a su cargo.

(REFORMADA, G.G. 7 DE MAYO DE 2015)

III. Si el hijo es menor de catorce años, se expresará solo el consentimiento de quien ejerza la patria potestad o en su caso de la persona o institución que lo tuviere a su cargo.

Otras actas de reconocimiento

(REFORMADO, G.G. 7 DE MAYO DE 2015)

Artículo 3.21.- Si el reconocimiento se hace por alguno de los otros medios establecidos en este Código, se presentará ante el Oficial del Registro Civil, el original o copia certificada del documento que lo compruebe. En el acta se insertará la parte relativa de dicho documento, observándose las demás prescripciones contenidas en este Capítulo y en el relativo a las actas de nacimiento.

Omisión de registro de reconocimiento de hijo

Artículo 3.22.- La omisión del registro, no quita los efectos legales al reconocimiento hecho conforme a las disposiciones de este Código.

(REFORMADA SU DENOMINACIÓN, G.G. 15 DE MAYO DE 2012)

CAPÍTULO III
DE LAS ACTAS DE ADOPCIÓN

(REFORMADO, G.G. 20 DE AGOSTO DE 2015)

Plazo y documentos para levantar el acta de adopción

Artículo 3.23.- Dictada la resolución definitiva que autorice la adopción, el Juez ordenará al Oficial del Registro Civil, el asentamiento del acta correspondiente remitiéndole copia certificada de las diligencias relativas, en un plazo que no deberá exceder de cinco días hábiles.

(REFORMADO, G.G. 15 DE MAYO DE 2012)

Contenido y efectos del acta de adopción

Artículo 3.24.- En la adopción se asentará el acta como si fuera de nacimiento.

(REFORMADO, G.G. 7 DE MAYO DE 2015)

El acta de nacimiento anterior quedará reservada en términos de Ley. No se expedirá constancia alguna que revele el origen del adoptado, ni su condición de tal, salvo mandamiento judicial.

(REFORMADO, G.G. 15 DE MAYO DE 2012)

Omisión del registro de la adopción

Artículo 3.25.- La falta de registro de la adopción no priva a ésta sus efectos legales.

CAPÍTULO IV
DE LAS ACTAS DE MATRIMONIO

Contenido de las actas de matrimonio

Artículo 3.26.- Al celebrarse el matrimonio se asentará el acta respectiva, en la que se hará constar:

(REFORMADA, G.G. 7 DE MAYO DE 2015)

I. Los datos generales de los contrayentes.

II. (DEROGADA, G.G. 7 DE MAYO DE 2015)

(REFORMADA, G.G. 7 DE MAYO DE 2015)

III. Los datos generales de los padres.

IV. (DEROGADA, G.G. 14 DE MARZO DE 2016)

V. (DEROGADA, G.G. 7 DE MAYO DE 2015)

VI. (DEROGADA, G.G. 7 DE MAYO DE 2015)

VII. La manifestación de los cónyuges de que contraen matrimonio bajo el régimen de sociedad conyugal o de separación de bienes;

VIII. (DEROGADA, G.G. 7 DE MAYO DE 2015)

(REFORMADA, G.G. 7 DE MAYO DE 2015)

IX. La firma del Oficial del Registro Civil y de los contrayentes, si supieren o pudieren hacerlo o, en su caso, imprimirán sus huellas digitales.

Al margen del acta se imprimirán las huellas digitales de los contrayentes.

Falsedad de declaración en la celebración de matrimonio

(REFORMADO, G.G. 14 DE MARZO DE 2016)

Artículo 3.27.- Los contrayentes que declaren un hecho falso, serán denunciados ante el Ministerio Público.

Artículo 3.28.- (DEROGADO, G.G. 14 DE MARZO DE 2016)

CAPÍTULO V
DE LAS ACTAS DE DEFUNCIÓN

(REFORMADA SU DENOMINACIÓN, G.G. 7 DE MAYO DE 2015)

Definición y contenido del acta de defunción

(REFORMADO PRIMER PÁRRAFO, G.G. 7 DE MAYO DE 2015)

Artículo 3.29.- La defunción es la cesación completa y definitiva de los signos vitales de una persona física, que puede producirse de manera natural o de forma violenta.

(ADICIONADO [N. DE E. REUBICADO ANTES PRIMER PÁRRAFO], G.G. 7 DE MAYO DE 2015)

El acta de defunción contendrá:

(REFORMADA, G.G. 7 DE MAYO DE 2015)

I. Datos generales del finado.
II. (DEROGADA, G.G. 7 DE MAYO DE 2015)
III. Nombre de los padres del difunto, si se supieren;
IV. (DEROGADA, G.G. 7 DE MAYO DE 2015)
V. La causa de la muerte;

(REFORMADA, G.G. 7 DE MAYO DE 2015)

VI. El destino final del cadáver y en su caso, el número de la orden de inhumación o cremación.

VII. Fecha, hora y lugar de la muerte y todos los informes que se tengan en caso de muerte violenta;

(REFORMADA, G.G. 7 DE MAYO DE 2015)

VIII. Nombre, número de cédula profesional, domicilio del médico que certifique la defunción y folio del certificado de defunción.

(REFORMADA, G.G. 7 DE MAYO DE 2015)

IX. Datos generales del declarante.

Aviso al Ministerio Público de muerte violenta

Artículo 3.30.- Cuando el oficial del Registro Civil presuma que la muerte fue violenta, lo denunciará al Ministerio Público.

Cuando éste conozca de un fallecimiento, dará parte al oficial del Registro Civil para que asiente el acta respectiva. Si se ignora la identidad del difunto, se asentarán las señas de éste, las de los vestidos y objetos que con él se hubieren encontrado y, en general, todo lo que pueda conducir a su identificación.

(REFORMADO, G.G. 22 DE JUNIO DE 2023)

Si se determina que hubiere muerte por violencia familiar o de género, la o el Juez lo hará del conocimiento del Registro Civil para la anotación marginal correspondiente y lo informará al Sistema para el Desarrollo Integral de la Familia del Estado de México.

Acta de defunción de quien no aparece su cadáver

Artículo 3.31.- Si se presume que una persona ha fallecido, y no aparece su cadáver, el oficial del Registro Civil sólo podrá asentar el acta correspondiente previa resolución judicial, con los datos que se desprendan de la misma.

Indispensable acta de defunción para inhumación o cremación

(REFORMADO, G.G. 7 DE MAYO DE 2015)

Artículo 3.32.- Ninguna inhumación o cremación se hará sin autorización escrita dada por el Oficial del Registro Civil, quien se asegurará de la defunción con el certificado respectivo, expedido por la persona legalmente autorizada por la autoridad sanitaria. Se procederá a la inhumación o cremación después de las doce horas y dentro de las cuarenta y ocho horas siguientes de haber ocurrido la defunción, excepto en los casos en que se ordene otra cosa por la autoridad que corresponda.

CAPÍTULO VI
RESOLUCIONES QUE DECLAREN O MODIFIQUEN EL ESTADO CIVIL

Resoluciones sobre estado civil

(REFORMADO, G.G. 7 DE MAYO DE 2015)

Artículo 3.33.- Las autoridades que dicten resoluciones que declaren procedentes las acciones sobre la paternidad o maternidad, de divorcio, de nulidad, de ausencia, de presunción de muerte, de tutela, de pérdida o limitación de la capacidad legal para administrar bienes, de modificación o rectificación de actas, remitirán al Oficial del Registro Civil que corresponda copia certificada de la misma.

Inscripción de resoluciones y asentamiento de actas en el Registro Civil

Artículo 3.34.- Recibida la copia certificada a que se refiere el artículo anterior, el oficial del Registro Civil:

I. Inscribirá las resoluciones a que alude el artículo que precede;

(REFORMADA, G.G. 7 DE MAYO DE 2015)

II. Asentará el acta correspondiente al reconocimiento y de divorcio.

(ADICIONADA, P.O. 7 DE MAYO DE 2015)

III. Anotará, en el acta correspondiente, la nulidad y la rectificación de acta.

De las resoluciones de divorcio

(REFORMADO, G.G. 7 DE MAYO DE 2015)

Artículo 3.35.- En el acta de divorcio se anotarán los datos generales de los divorciados, los datos relativos del acta de matrimonio, así como la parte resolutiva de la sentencia que haya decretado el divorcio.

Cancelación de acta o inscripción en el Registro Civil

(REFORMADO, G.G. 15 DE MAYO DE 2012)

Artículo 3.36.- Cuando se recobre la capacidad o concluya la limitación legal para administrar bienes, se revoque la tutela, se declare nulo un divorcio o se presente la persona declarada ausente o cuya muerte se presumía, se dará aviso al Oficial del Registro Civil por la autoridad que corresponda, para que cancele el acta o inscripción respectiva.

CAPÍTULO VII
DE LA RECTIFICACIÓN DE LAS ACTAS DEL ESTADO CIVIL

Rectificación de actas del estado civil

(REFORMADO, G.G. 7 DE MAYO DE 2015)

Artículo 3.37.- La rectificación, modificación o nulidad de las actas de los hechos o actos del estado civil, solo procede mediante resolución judicial, con excepción del reconocimiento voluntario que un padre haga de su hijo y de lo dispuesto en el artículo **3.38 bis** de este Código.

Causas de rectificación o modificación de actas

Artículo 3.38.- Ha lugar a pedir la rectificación o modificación:

I. (DEROGADA, G.G. 7 DE MAYO DE 2015)

II. (DEROGADA, G.G. 9 DE DICIEMBRE DE 2015)

(REFORMADA, G.G. 7 DE MAYO DE 2015)

III. En caso de homonimia del sustantivo propio y apellidos, si le causa perjuicio moral o económico.

(ADICIONADA, P.O. 7 DE MAYO DE 2015)

IV. Para corregir algún dato esencial.

(ADICIONADO, G.G. 25 DE ABRIL DE 2014)

Modificación del sustantivo propio

(REFORMADO PRIMER PÁRRAFO, G.G. 9 DE DICIEMBRE DE 2015)

Artículo 3.38 Bis.- La modificación, cambio, ampliación o reducción del sustantivo propio registrado, por la afectación a su dignidad humana como consecuencia de la exposición al ridículo, o por el uso invariable y constante de otro diverso en su vida social y jurídica, sin que se afecten los apellidos, podrá solicitarse ante el o la Oficial del Registro Civil donde está asentada el acta de nacimiento por:

I. La persona interesada, si es mayor de edad;

II. Los padres, el padre, la madre o quien ejerza la patria potestad del menor de doce años de edad o del incapaz;

III. La persona menor de dieciocho pero mayor de doce años de edad, con el consentimiento de sus padres, de su padre, de su madre, de su representante legal, o en su caso, de la persona o institución que lo tuviere a su cargo.

En caso de que la registrada o el registrado tenga dos o más nombres en el sustantivo propio, sólo surtirá efecto en el sustantivo propio expuesto al ridículo.

(REFORMADO, G.G. 9 DE DICIEMBRE DE 2015)

La solicitud de modificación, cambio, ampliación o reducción del sustantivo propio registrado por ser expuesto al ridículo o por el uso invariable y constante de otro diverso en su vida social y jurídica, sin que se afecten los apellidos, será resuelta en un plazo no mayor a treinta días hábiles por el Consejo Dictaminador, en términos de lo dispuesto por los lineamientos que para el efecto se emitan.

De proceder la modificación o cambio del sustantivo propio se tendrá por entendido, para efectos legales, que se trata de la misma persona, lo que se hará constar en el documento que para tal efecto se expida.

(ADICIONADO, G.G. 25 DE ABRIL DE 2014)

Integración del Consejo Dictaminador

Artículo 3.38 Ter.- El Consejo Dictaminador será un órgano colegiado que se conformará con la única finalidad de resolver sobre las solicitudes de cambio de sustantivo propio que mediante solicitud expresa se haya formulado en términos del presente Código y demás disposiciones aplicables y estará integrado por las o los titulares de:

(REFORMADA, G.G. 12 DE OCTUBRE DE 2017)

I. La Secretaría de Justicia y Derechos Humanos, quien lo presidirá.

II. La Dirección General del Registro Civil con el carácter de Secretaría Técnica.

Y como Vocales:

III. El Poder Judicial del Estado de México;

IV. La Universidad Autónoma del Estado de México;

V. El Colegio de Notarios del Estado de México;

VI. El Sistema Estatal para el Desarrollo Integral de la Familia del Estado de México;

VII. La Comisión de Derechos Humanos del Estado de México.

VIII. (DEROGADA, G.G. 1 DE SEPTIEMBRE DE 2017)

Cada integrante designará a su respectivo suplente.

Legitimación para pedir la modificación o rectificación de acta

(REFORMADO PRIMER PÁRRAFO, G.G. 7 DE MAYO DE 2015)

Artículo 3.39.- Pueden pedir la rectificación, modificación o la nulidad de las actas de los hechos o actos del estado civil:

I. Las personas de cuyo estado se trata;

II. Las personas que se mencionan en el acta como relacionadas con el estado civil de alguno;

III. Los herederos de las personas comprendidas en las dos fracciones anteriores;

(REFORMADA, G.G. 7 DE SEPTIEMBRE DEL 2004)

IV. Los tutores o personas que ejerzan la patria potestad de los menores e incapaces; y

(ADICIONADA, G.G. 7 DE SEPTIEMBRE DEL 2004)

V. Las demás personas a las que la ley concede expresamente esta facultad.

Forma del juicio sobre rectificación o modificación

(REFORMADO, G.G. 7 DE MAYO DE 2015)

Artículo 3.40.- El juicio de rectificación, de modificación o de nulidad se seguirá en la forma que se establezca en el Código de Procedimientos Civiles del Estado de México.

Aclaración de actas del estado civil

(REFORMADO PRIMER PÁRRAFO, G.G. 1 DE SEPTIEMBRE DE 2017)

Artículo 3.41.- La aclaración o complementación de las actas de los hechos o actos del estado civil procede administrativamente ante el Registro Civil, en donde fue realizado el acto, cuando al asentar aquéllas se hubieren cometido errores mecanográficos, ortográficos o de otra índole y que exista documento público probatorio. El procedimiento se hará de conformidad con lo establecido en el Reglamento de la materia.

(REFORMADO, G.G. 7 DE MAYO DE 2015)

Podrán solicitar la aclaración o complementación las mismas personas facultadas para la rectificación de un dato, modificación o la nulidad de un acta de un hecho o acto del estado civil.

(ADICIONADO CON LOS ARTÍCULOS QUE LO INTEGRAN, G.G. 22 DE JULIO DE 2021)

CAPÍTULO VIII
EXPEDICIÓN DE ACTA POR RECTIFICACIÓN PARA EL RECONOCIMIENTO DE IDENTIDAD DE GÉNERO

(ADICIONADO, G.G. 22 DE JULIO DE 2021)

Capacidad Legal

Artículo 3.42.- Toda persona con capacidad legal, que así lo requiera, puede solicitar al Oficial del Registro Civil en donde está asentada su acta de nacimiento la rectificación de esta, para el reconocimiento de identidad de género, previa anotación correspondiente. La persona solicitante deberá cumplir con los requisitos siguientes:

I. Ser de nacionalidad mexicana;

II. Originaria del Estado de México;

III. Ser mayor de edad;

IV. Comparecer personal y voluntariamente en términos de lo establecido en el reglamento y (sic) manual de Procedimientos del Registro Civil;

V. Presentar su solicitud ante el Oficial del Registro Civil, y

VI. No estar sujeto o sujeta a proceso judicial que afecté derechos de terceros.

El reconocimiento respectivo se llevará a cabo ante las instancias y las autoridades correspondientes del Registro Civil del Estado de México, cumpliendo con todas las formalidades que exige el Reglamento del Registro Civil del Estado de México.

Para los efectos de este código se entiende por identidad de género, la convicción personal e interna, tal como cada persona se percibe a sí misma, la cual puede corresponder o no, al sexo asignado en el acta primigenia. En ningún caso será requisito acreditar intervención quirúrgica alguna, terapias u otro diagnóstico y/o procedimiento para el reconocimiento de la identidad de género.

Los efectos de la nueva acta de nacimiento para identidad de género realizados serán oponibles a terceros desde de (sic) su rectificación.

Los derechos y obligaciones de la persona que realice la rectificación de su acta de nacimiento, no se modificarán ni se extinguirán con la nueva identidad jurídica; incluidos los provenientes de las relaciones propias del derecho de familia en todos sus órdenes y grados, los que se mantienen inmodificables.

(ADICIONADO, G.G. 22 DE JULIO DE 2021)

Legitimación para pedir la rectificación de acta

Artículo 3.43.- Para la rectificación y expedición del acta de nacimiento para el reconocimiento de identidad de género, las personas interesadas deberán presentar ante el Registro Civil:

I. Manifestar el nombre completo del solicitante;
II. Señalar los datos registrales asentados en el acta primigenia;
III. Proporcionar el nuevo nombre que solicita sin apellidos;
IV. Señalar el género solicitado;
V. Señalar bajo protesta que lo hace de forma personal y voluntaria, y
VI. Firma y huella dactilar.

Además, se acompañará de la siguiente documentación:

I. Copia certificada del acta de nacimiento directa del libro de registro;
II. Original y copia fotostática de su identificación oficial, y
III. Comprobante de domicilio.

(ADICIONADO, G.G. 22 DE JULIO DE 2021)

Inscripción de asentamiento de actas en el Registro Civil

Artículo 3.44.- El acta de nacimiento primigenia quedará resguardada y no se publicará ni expedirá constancia alguna, salvo mandamiento judicial, petición ministerial o por el interesado.

(ADICIONADO, G.G. 22 DE JULIO DE 2021)

Mandato especial para actos ante el Registro Civil

Artículo 3.45.- A petición de la persona interesada, una vez que el trámite de rectificación de acta para el reconocimiento de identidad de género sea concluido, el registro civil deberá enviar vía oficio a las dependencias públicas y privadas para que hagan las modificaciones correspondientes a los documentos personales respectivos.

(ADICIONADO, G.G. 22 DE JULIO DE 2021)

Acta por rectificación para el reconocimiento de identidad de género

Artículo 3.46.- Al proceder la modificación o cambio del sustantivo propio y el género se tendrá por entendido, para efectos legales, que se trata de la misma persona, lo que se hará constar en el documento que para tal efecto se expida.

LIBRO CUARTO
DEL DERECHO FAMILIAR

(REFORMADA SU DENOMINACIÓN, G.G. 6 DE MARZO DE 2010)

TÍTULO PRIMERO
DE LA FAMILIA Y EL MATRIMONIO

(REFORMADA SU DENOMINACIÓN, G.G. 6 DE MARZO DE 2010)

CAPÍTULO I
DE LA FAMILIA

(REFORMADA SU DENOMINACIÓN, G.G. 6 DE MARZO DE 2010)

De la familia

(REFORMADO, G.G. 6 DE MARZO DE 2010)

Artículo 4.1.- Las disposiciones de este Código que se refieran a la familia, son de orden público e interés social y tienen por objeto proteger su organización y el desarrollo integral de sus miembros, basados en el respeto a su dignidad, libertad y la equidad de género.

Las relaciones jurídicas familiares constituyen el conjunto de deberes, derechos y obligaciones de las personas integrantes del grupo familiar, derivado de lazos de matrimonio, concubinato o parentesco.

Es deber de los miembros de la familia observar entre ellos consideración, solidaridad y respeto recíprocos en el desarrollo de las relaciones familiares.

(ADICIONADO, G.G. 6 DE MARZO DE 2010)

CAPÍTULO I BIS
DE LOS REQUISITOS PARA CONTRAER MATRIMONIO

(REFORMADO, G.G. 1 DE NOVIEMBRE DE 2022)

Concepto de matrimonio

Artículo 4.1 Bis.- El matrimonio es una institución de carácter público e interés social, por medio de la cual dos personas de manera libre y voluntaria deciden compartir un estado de vida para la búsqueda de su realización personal y conyugal, bajo las formalidades y solemnidades que establezca el presente Código.

Solemnidades para la celebración del matrimonio

(REUBICADO, G.G. 6 DE MARZO DE 2010)

Artículo 4.2.- El matrimonio debe celebrarse, con las solemnidades siguientes:

I. Ante el Titular o los oficiales del Registro Civil;

(REFORMADA, G.G. 7 DE MAYO DE 2015)

II. Con la presencia de los contrayentes, en el lugar, día y hora, designados.

III. (DEROGADA, G.G. 7 DE MAYO DE 2015)

(REFORMADA, G.G. 7 DE MAYO DE 2015)

IV. La lectura del acta.

V. (DEROGADA, G.G. 7 DE MAYO DE 2015)

(REFORMADA, G.G. 7 DE MAYO DE 2015)

VI. En caso de no existir impedimento, se hará saber a los contrayentes los derechos y obligaciones del matrimonio y preguntará a cada uno de ellos si es su voluntad unirse en matrimonio, estando conformes, los declarará unidos en nombre de la Ley y la sociedad, firmando el acta correspondiente.

(ADICIONADO, G.G. 15 DE DICIEMBRE DE 2014)

El Oficial del Registro Civil proporcionará a los futuros contrayentes cursos que deberán contener la información sobre los derechos y obligaciones que se derivan del matrimonio, apartados de salud reproductiva, la igualdad y la equidad de género, así como la prevención de la violencia familiar, para lo cual se auxiliará de los sistemas para el desarrollo integral de la familia.

Irrenunciables los fines del matrimonio

(REUBICADO, G.G. 6 DE MARZO DE 2010)

Artículo 4.3.- Cualquier estipulación contraria a los fines esenciales del matrimonio, se tendrá por no puesta.

(REFORMADO, G.G. 1 DE NOVIEMBRE DE 2022)

Edad para contraer matrimonio

Artículo 4.4.- Para contraer matrimonio, es necesario que ambas personas hayan cumplido dieciocho años.

Artículo 4.5.- (DEROGADO, G.G. 14 DE MARZO DE 2016)

Artículo 4.6.- (DEROGADO, G.G. 14 DE MARZO DE 2016)

Impedimentos para contraer matrimonio

(REUBICADO, G.G. 6 DE MARZO DE 2010)

Artículo 4.7.- Son impedimentos para contraer matrimonio:

(REFORMADA, G.G. 14 DE MARZO DE 2016)

I. La falta de edad requerida por la Ley.

II. (DEROGADA, G.G. 14 DE MARZO DE 2016)

III. El parentesco por consanguinidad sin limitación de grado en línea recta, ascendente o descendente; en segundo grado en línea colateral y el del tercer grado colateral, siempre que no se haya obtenido dispensa;

IV. El parentesco de afinidad que hubiere existido en línea recta, sin limitación alguna;

V. (DEROGADA, G.G. 7 DE MAYO DE 2015)

VI. El atentado contra la vida de alguno de los casados, judicialmente comprobado, para contraer matrimonio con el que quede libre;

(REFORMADA, G.G. 6 DE MARZO DE 2010)

VII. La violencia para obtener el consentimiento para celebrar el matrimonio;

VIII. La embriaguez habitual y el uso indebido y persistente de estupefacientes, psicotrópicos o de cualquier otra sustancia que altere la conducta y produzca dependencia;

(REFORMADA, G.G. 1 DE NOVIEMBRE DE 2022)

IX. Las enfermedades crónicas e incurables que sean contagiosas o hereditarias. Salvo cuando por escrito sean aceptadas por el otro contrayente.

X. Trastornos mentales, aunque haya espacios de lucidez;

XI. El matrimonio subsistente de alguno de los contrayentes.

(ADICIONADA, G.G. 10 DE MARZO DE 2023)

XII. Que sea concertado por tradiciones, usos, o costumbres que coaccionen la voluntad de la o del contrayente y vulneren su dignidad y libre desarrollo personal.

Imposibilidad de matrimonio entre adoptante y adoptado

(REFORMADO, G.G. 7 DE MAYO DE 2015)

Artículo 4.8.- El adoptante no puede contraer matrimonio con el adoptado o sus descendientes.

Requisitos para que el tutor y su pupilo puedan contraer matrimonio

(REUBICADO, G.G. 6 DE MARZO DE 2010)

Artículo 4.9.- El tutor no puede contraer matrimonio con persona que haya estado o esté bajo su guarda, a no ser que obtenga dispensa, la que no se concederá por el Juez de Primera Instancia, sino cuando hayan sido aprobadas las cuentas de la tutela.

Prohibición para el curador y sus descendientes

(REUBICADO, G.G. 6 DE MARZO DE 2010)

Artículo 4.10.- La prohibición señalada en el artículo anterior comprende también al curador y a los descendientes de éste y del tutor.

Oficial con conocimiento de impedimentos para el matrimonio

(REUBICADO, G.G. 6 DE MARZO DE 2010)

Artículo 4.11.- El oficial del Registro Civil que tenga conocimiento de que los pretendientes tienen impedimento para contraer matrimonio, levantará acta, en la que hará constar los datos que le hagan suponer que existe el impedimento.

(REFORMADO, G.G. 9 DE AGOSTO DE 2012)

El acta firmada por los que en ella intervinieren, será remitida al Juez de Primera Instancia que corresponda para que con audiencia de los pretendientes y del denunciante, haga la calificación del impedimento.

Denuncia de impedimentos de matrimonio

(REUBICADO, G.G. 6 DE MARZO DE 2010)

Artículo 4.12.- Las denuncias de impedimento pueden hacerse por cualquiera persona bajo protesta de decir verdad.

Si se declara no haber impedimento, el denunciante de mala fe, será condenado al pago de las costas, daños y perjuicios.

De los impedimentos no hay desistimiento

(REUBICADO, G.G. 6 DE MARZO DE 2010)

Artículo 4.13.- Denunciado el impedimento el denunciante no se podrá desistir de él, y el oficial del Registro Civil suspenderá la celebración del matrimonio, en tanto se decida por el Juez o se obtenga dispensa.

Matrimonio sin dispensa entre tutor y pupilo

(REUBICADO, G.G. 6 DE MARZO DE 2010)

Artículo 4.14.- Cuando el tutor, el curador o sus descendientes contraen matrimonio con la persona que ha estado o está bajo la guarda de aquellos sin haber obtenido dispensa, el Juez nombrará inmediatamente un tutor interino que reciba los bienes y los administre mientras obtiene la dispensa. En este supuesto el matrimonio se considerará celebrado bajo el régimen de separación de bienes, aunque se haya pactado lo contrario.

Matrimonio de mexicanos en el extranjero

(REUBICADO, G.G. 6 DE MARZO DE 2010)

Artículo 4.15.- Tratándose de mexicanos que se casen en el extranjero y que se domicilien en el Estado, pueden solicitar la trascripción del acta de matrimonio en la oficialía del Registro Civil que corresponda.

Los efectos civiles, se retrotraerán a la fecha de la celebración del matrimonio.

CAPÍTULO II
DE LOS DERECHOS Y OBLIGACIONES QUE NACEN DEL MATRIMONIO

Obligaciones entre los cónyuges

(REFORMADO, G.G. 6 DE MARZO DE 2010)

Artículo 4.16.- Los cónyuges están obligados a guardarse fidelidad, solidaridad, respetarse en su integridad física y psicológica, dignidad, bienes, creencias, nacionalidad, orígenes étnicos o de raza y en su condición de género, a contribuir a los fines del matrimonio y a socorrerse mutuamente.

Los cónyuges tienen derecho a decidir de manera libre, responsable e informada sobre el número de hijos que deseen tener, así como a emplear métodos de reproducción asistida para lograr su propia descendencia. Este derecho sólo será ejercido por común acuerdo de los cónyuges y de conformidad con las restricciones que al efecto establezcan las leyes.

Domicilio conyugal

Artículo 4.17.- Los cónyuges vivirán en el domicilio conyugal. Se considera domicilio conyugal el lugar establecido de común acuerdo por los consortes, en el cual ambos disfrutan de la misma autoridad y de consideraciones iguales, con independencia de terceros, que vivan en el mismo domicilio.

Los Tribunales podrán eximir de esta obligación a alguno de ellos, cuando el otro traslade su domicilio a otro país o entidad federativa, se establezca en lugar insalubre o indecoroso.

Sostenimiento económico del hogar

Artículo 4.18.- Los cónyuges contribuirán económicamente al sostenimiento del hogar, a sus alimentos y a los de sus hijos, sin perjuicio de distribuirse la carga en la forma y proporción que acuerden.

No tiene esta obligación el cónyuge que carezca de bienes propios y esté imposibilitado para trabajar; ni el que por convenio tácito o expreso, se ocupe de las labores del hogar o de la atención de los hijos. En estos casos, el otro cónyuge solventará íntegramente esos gastos.

(ADICIONADO, G.G. 6 DE MARZO DE 2010)

El trabajo del hogar consiste en realizar tareas de administración, dirección y atención del hogar, así como el cuidado de la familia, se consideran aportaciones económicas para el sostenimiento del hogar, los alimentos y la adquisición de los bienes durante el matrimonio, equivalentes a la aportación económica del otro cónyuge.

(ADICIONADO, G.G. 6 DE MARZO DE 2010)

Los derechos y obligaciones que nacen del matrimonio serán siempre iguales para los cónyuges, independientemente de su aportación económica al sostenimiento del hogar.

Educación de los hijos y administración de bienes

(REFORMADO PRIMER PÁRRAFO, G.G. 19 DE ABRIL DE 2021)

Artículo 4.19.- Los cónyuges de común acuerdo decidirán lo relativo a la educación y formación de los hijos, basados en la crianza positiva, el amor, el diálogo y el respeto, quedando prohibido el castigo corporal, el castigo humillante y el ejercicio de cualquier tipo de violencia en este proceso, así como a la administración de los bienes que sean comunes a los cónyuges o que pertenezcan a los hijos sujetos a su patria potestad.

En caso de desacuerdo el Juez de Primera Instancia resolverá lo conducente, sin necesidad de juicio.

Libertad entre los cónyuges para elegir su actividad

(REFORMADO, G.G. 6 DE MARZO DE 2010)

Artículo 4.20.- Los cónyuges podrán desempeñar la actividad, ocupación, profesión u oficio que elijan, siendo lícitos.

Artículo 4.21.- (DEROGADO, G.G. 14 DE MARZO DE 2016)

Compraventa entre cónyuges

Artículo 4.22.- El contrato de compraventa, sólo puede celebrarse entre los cónyuges cuando el matrimonio esté sujeto al régimen de separación de bienes.

Entre cónyuges no hay prescripción

Artículo 4.23.- Entre los cónyuges no corre el plazo para la prescripción.

TÍTULO SEGUNDO
DE LOS EFECTOS DEL MATRIMONIO EN RELACIÓN CON LOS BIENES DE LOS CÓNYUGES

CAPÍTULO I
DISPOSICIONES GENERALES

Régimen patrimonial en el matrimonio

(REFORMADO PRIMER PÁRRAFO, G.G. 6 DE MARZO DE 2010)

Artículo 4.24.- El matrimonio debe celebrarse bajo el régimen de sociedad conyugal o el de separación de bienes. En el caso de omisión o imprecisión, se entenderá celebrado bajo el régimen de sociedad conyugal.

El régimen patrimonial podrá cambiarse mediante resolución judicial.

Concepto de capitulaciones matrimoniales

Artículo 4.25.- Las capitulaciones matrimoniales son los convenios que los contrayentes o cónyuges celebran para constituir la sociedad conyugal o la separación de bienes y reglamentar su administración.

Tiempo de otorgarse las capitulaciones matrimoniales

Artículo 4.26.- Las capitulaciones matrimoniales pueden otorgarse antes de la celebración del matrimonio o durante él, y pueden comprender no solamente los bienes de que sean dueños los esposos en el momento de hacer el pacto, sino también los que adquieran después.

Bienes que comprende la sociedad conyugal

(REFORMADO, G.G. 6 DE MARZO DE 2010)

Artículo 4.27.- La sociedad conyugal comprende todos los bienes que adquieran los cónyuges, individual o conjuntamente durante la vigencia de la misma, a excepción de los siguientes:

I. Los bienes y derechos que pertenezcan a cada cónyuge al tiempo de celebrarse el matrimonio, y los que posea antes de éste, aunque no fuera dueño de ellos, si los adquiere por prescripción o adjudicación durante el matrimonio;

II. Los bienes adquiridos después de contraído el matrimonio, por herencia, legado, donación o premios derivados de juegos o sorteos;

III. Los bienes que se adquieran durante el matrimonio, con el producto de la venta o permuta de bienes y derechos a que se refieren las dos fracciones anteriores; y

IV. Objetos de uso personal.

Artículo 4.28.- (DEROGADO, G.G. 14 DE MARZO DE 2016)

CAPÍTULO II
DE LA SOCIEDAD CONYUGAL

Disposiciones que regulan las capitulaciones matrimoniales

Artículo 4.29.- La sociedad conyugal se regirá por las capitulaciones matrimoniales y por las disposiciones de este capítulo.

(REFORMADO, G.G. 6 DE MARZO DE 2010)

El dominio de los bienes comunes reside en ambos cónyuges en la proporción establecida en las capitulaciones; a falta de ellas, los bienes adquiridos durante el matrimonio son propiedad de ambos cónyuges en partes iguales.

Casos en que las capitulaciones y modificaciones deben constar en escritura

Artículo 4.30.- Las capitulaciones matrimoniales y sus modificaciones, constarán en escritura pública cuando los cónyuges se hagan copartícipes o transmitan la propiedad de bienes cuando la ley exija tal requisito, para su transmisión; pudiéndose inscribir en el Registro Público de la Propiedad.

Terminación de la sociedad conyugal

Artículo 4.31.- La sociedad conyugal termina por:

I. La conclusión del matrimonio;

(REFORMADA, G.G. 14 DE MARZO DE 2016)

II. La voluntad de los cónyuges.

III. Resolución judicial que declare que el cónyuge administrador ha actuado con dolo, negligencia, torpe administración que amenace arruinar a su cónyuge o disminuir considerablemente los bienes comunes; cuando uno de los cónyuges haga cesión de los bienes pertenecientes a la sociedad a sus acreedores personales o, sea declarado en concurso o quiebra.

Contenido de las capitulaciones de la sociedad conyugal

Artículo 4.32.- Las capitulaciones matrimoniales en que se establezca la sociedad conyugal, deben contener:

I. El inventario de los bienes muebles e inmuebles que cada cónyuge aporte a la sociedad, con expresión de su valor y de los gravámenes que reporten;

II. La relación de deudas que tenga cada cónyuge al celebrar las capitulaciones y si el patrimonio común responde de ellas;

III. La declaración expresa de si la sociedad conyugal ha de comprender todos los bienes presentes o futuros de cada cónyuge o sólo parte de ellos, precisando cuáles son los bienes que hayan de entrar a la sociedad;

IV. La declaración de si el producto del trabajo de cada cónyuge formará o no parte del patrimonio común;

V. La designación del administrador del patrimonio común, expresándose las facultades que se le conceden, que en ningún caso podrán ser de dominio;

VI. Las bases para liquidar la sociedad.

Casos de nulidad de las capitulaciones

Artículo 4.33.- Es nula la capitulación en que se convenga que uno de los cónyuges perciba todas las utilidades; así como la que establezca que responda de las pérdidas y deudas comunes en una parte que exceda a la que proporcionalmente corresponda a su aportación o utilidades.

La cesión entre cónyuges se considera donación

Artículo 4.34.- Todo convenio que importe cesión de una parte de los bienes propios de cada cónyuge, será considerado como donación.

Irrenunciabilidad anticipada a las ganancias

Artículo 4.35.- No pueden renunciarse anticipadamente las ganancias que resulten de la sociedad conyugal.

Cesación de efectos de la sociedad conyugal

Artículo 4.36.- La declaración judicial de abandono injustificado por más de seis meses del domicilio conyugal por uno de los cónyuges, hace cesar para él, desde el día del abandono los efectos de la sociedad conyugal en cuanto le favorezcan; éstos no podrán comenzar de nuevo sino por convenio expreso.

Subsistencia de la sociedad en la nulidad de matrimonio

Artículo 4.37.- En los casos de nulidad de matrimonio, la sociedad subsiste hasta que se pronuncie sentencia ejecutoriada, si los dos cónyuges procedieron de buena fe.

La sociedad conyugal respecto al cónyuge de buena fe

Artículo 4.38.- Cuando uno solo de los cónyuges tuvo buena fe, la sociedad subsistirá también hasta que cause ejecutoria la sentencia, si la continuación es favorable al cónyuge inocente; en caso contrario, se considerará nula desde un principio.

Nulidad de la sociedad entre cónyuges de mala fe

Artículo 4.39.- Si los dos cónyuges procedieron de mala fe, la sociedad se considera nula desde su creación; quedando a salvo los derechos de terceros.

Utilidades respecto al cónyuge de mala fe

Artículo 4.40.- Si la disolución de la sociedad procede de la nulidad del matrimonio, el cónyuge que hubiere actuado de mala fe no tendrá parte en las utilidades. Estas se aplicarán a los hijos, y si no los hubiere, al cónyuge inocente.

Utilidades respecto a los cónyuges de mala fe

Artículo 4.41.- Si los dos procedieron de mala fe, las utilidades se aplicarán a los hijos, y si no los hubiere, se repartirán en proporción de lo que cada cónyuge llevó al matrimonio.

Inventario por terminación de la sociedad

Artículo 4.42.- Terminada la sociedad se procederá a su liquidación, formándose el inventario, excluyéndose los objetos de uso personal de los cónyuges.

(REFORMADO, G.G. 6 DE MARZO DE 2010)

Liquidación de la sociedad conyugal

Artículo 4.43.- Aprobado el inventario, se pagarán los créditos que hubiere contra el patrimonio común y el sobrante, si lo hubiere, se dividirá entre los dos cónyuges en partes iguales o de acuerdo a la forma convenida en las capitulaciones matrimoniales.

Administración del patrimonio común por muerte de un cónyuge

Artículo 4.44.- Muerto uno de los cónyuges, continuará el que sobreviva en la posesión y administración del patrimonio común, con intervención del representante de la sucesión, mientras no se verifique la partición.

Reglas sobre terminación y liquidación de la sociedad

Artículo 4.45.- Todo lo relativo a la terminación y liquidación de la sociedad conyugal, se regirá por lo que disponga el Código de Procedimientos Civiles al respecto.

CAPÍTULO III
DE LA SEPARACIÓN DE BIENES

Disposiciones que rigen la separación de bienes

Artículo 4.46.- La separación de bienes se rige por las capitulaciones matrimoniales o por sentencia judicial. La separación puede comprender no sólo los bienes de que sean propietarios los cónyuges al celebrar el matrimonio, sino también los que adquieran después.

(REFORMADO, G.G. 18 DE DICIEMBRE DE 2014)

Para efectos de divorcio, cuando alguno de los cónyuges haya realizado trabajo del hogar consistente en tareas de administración, dirección, atención del mismo o cuidado de la familia, de manera cotidiana o tenga desproporcionalmente menos bienes que el otro cónyuge, tendrá derecho a la repartición de los bienes adquiridos durante el matrimonio hasta por el cincuenta por ciento, con base en los principios de equidad y proporcionalidad.

Régimen de separación de bienes absoluto o parcial

Artículo 4.47.- La separación de bienes puede ser absoluta o parcial. En el segundo caso, los bienes que no estén comprendidos en las capitulaciones, serán objeto de la sociedad conyugal.

Conclusión de la separación de bienes

Artículo 4.48.- Durante el matrimonio la separación de bienes puede terminar para ser substituida por la sociedad conyugal, observándose las formalidades sobre transmisión de los bienes de que se trate.

Inventario en la separación de bienes

Artículo 4.49.- Las capitulaciones que establezcan separación de bienes contendrán un inventario de los que sea propietario cada contrayente o cónyuge y la relación de sus deudas.

Ingresos de cada cónyuge

Artículo 4.50.- Los ingresos que cada cónyuge obtenga serán propios, salvo pacto contrario.

Contribución de los cónyuges a la educación y alimentación de los hijos

Artículo 4.51.- Cada uno de los cónyuges debe contribuir (sic) la educación y alimentación de los hijos y a las demás cargas del matrimonio.

CAPÍTULO IV
DE LAS DONACIONES ANTENUPCIALES

Concepto de la donación antenupcial

Artículo 4.52.- Son donaciones antenupciales las que antes del matrimonio hace un pretendiente al otro, así como las que un tercero hace a alguno de los pretendientes, o a ambos en consideración al matrimonio, las que podrán ser inoficiosas en los términos en que lo fueren las comunes.

Determinación de donación antenupcial inoficiosa

Artículo 4.53.- Para determinar si es inoficiosa una donación antenupcial, tienen, el cónyuge donatario o sus herederos, la facultad de elegir la época en que se hizo la donación o la del fallecimiento del donador, pero si al hacerse la donación no se formó inventario de los bienes del donador, no podrá elegirse la época en que se otorgó.

Consentimiento tácito en las donaciones antenupciales

Artículo 4.54.- Las donaciones antenupciales no necesitan para su validez de aceptación expresa.

Ingratitud en las donaciones antenupciales

Artículo 4.55.- Las donaciones antenupciales no se revocarán por ingratitud a no ser que el donante fuere un extraño, que la donación haya sido hecha a ambos esposos y que los dos sean ingratos.

Revocación de las donaciones antenupciales

(REFORMADO, G.G. 14 DE MARZO DE 2016)

Artículo 4.56.- Las donaciones antenupciales son revocables. Las realizadas entre pretendientes se tienen por revocadas cuando el donatario abandone injustificadamente el domicilio conyugal por más de seis meses o incumpla sus obligaciones inherentes a la familia.

Donaciones antenupciales sin efecto

Artículo 4.57.- Las donaciones antenupciales quedarán sin efecto si el matrimonio dejare de efectuarse.

Reglas aplicables a las donaciones antenupciales

Artículo 4.58.- Son aplicables a las donaciones antenupciales las reglas de las donaciones comunes, en todo lo que no fueren contrarias a este capítulo.

CAPÍTULO V
DE LAS DONACIONES ENTRE CÓNYUGES

Confirmación de las donaciones entre cónyuges

Artículo 4.59.- Los cónyuges pueden hacerse donaciones siempre que no perjudiquen el derecho de los acreedores alimentarios; pero sólo se confirman con la muerte del donante.

Posibilidad de revocar donaciones entre cónyuges

Artículo 4.60.- Las donaciones entre cónyuges pueden ser revocadas libremente y en todo tiempo por los donantes.

CAPÍTULO VI
DE LOS MATRIMONIOS NULOS

Causas de nulidad de matrimonio

Artículo 4.61.- Son causas de nulidad de un matrimonio:

I. El error acerca de la persona con quien se contrae;

II. Que el matrimonio se haya celebrado con alguno de los impedimentos señalados en este Código;

III. Que se haya celebrado sin las formalidades que la ley señala.

Legitimación para pedir la nulidad de matrimonio por error

Artículo 4.62.- La acción de nulidad que nace del error o la impotencia, sólo puede ejercitarse por el cónyuge engañado; pero si no lo denuncia dentro del plazo de treinta días de conocerlo, se tiene por ratificado el consentimiento.

Artículo 4.63.- (DEROGADO, G.G. 14 DE MARZO DE 2016)

Artículo 4.64.- (DEROGADO, G.G. 14 DE MARZO DE 2016)

Improcedencia de la nulidad por falta de consentimiento de los ascendientes

Artículo 4.65.- No opera la causa de nulidad a que se refiere el artículo anterior:

I. Si no se demandó dentro del plazo señalado;

II. Si se otorga el consentimiento expreso o tácito.

Revalidación del matrimonio entre parientes consanguíneos

(REFORMADO, G.G. 7 DE SEPTIEMBRE DEL 2004)

Artículo 4.66.- El matrimonio afectado de nulidad por falta de dispensa del impedimento de parentesco por consanguinidad, queda revalidado si antes de que se nulifique judicialmente, se obtiene la dispensa y los cónyuges ratifican su consentimiento ante el Titular o el oficial del Registro Civil. El matrimonio así revalidado, surtirá sus efectos legales desde el día en que se contrajo.

Legitimación para demandar la nulidad por parentesco

Artículo 4.67.- La nulidad por parentesco puede demandarse por cualquiera de los cónyuges, por sus ascendientes o por el Ministerio Público.

Artículo 4.68.- (DEROGADO, G.G. 14 DE MARZO DE 2016)

Legitimación y plazo para deducir contra la vida

Artículo 4.69.- La acción de nulidad proveniente del atentado contra la vida de alguno de los cónyuges para casarse con el que quede libre, puede ser deducida por los hijos del cónyuge víctima del atentado o por el Ministerio Público, dentro del plazo de seis meses, contados desde que se celebró el nuevo matrimonio.

Violencia como causa de nulidad del matrimonio

Artículo 4.70.- Habrá violencia como causa de nulidad del matrimonio si concurren las circunstancias siguientes:

I. Que importe peligro de perder la vida, la honra, la libertad, la salud o una parte considerable de los bienes;

(REFORMADA, G.G. 20 DE OCTUBRE DE 2023)

II. Que se cause al contrayente, a sus parientes en línea recta sin limitación de grado, o sus colaterales dentro del segundo grado;

(REFORMADA, G.G. 20 DE OCTUBRE DE 2023)

III. Que haya subsistido ésta al tiempo de celebrarse el matrimonio, o durante cualquier momento previo al mismo.

(REFORMADO, G.G. 20 DE OCTUBRE DE 2023)

Legitimación y plazo para deducir la nulidad por violencia

Artículo 4.71.- La acción de nulidad del matrimonio por violencia podrá deducirse sólo por parte del cónyuge agraviado dentro de un periodo de un año, desde que cesó la misma.

Cuando la violencia subsista al momento de demandar la nulidad, el juez dictará de forma oficiosa las medidas de protección contra la violencia familiar.

(REFORMADO, G.G. 1 DE NOVIEMBRE DE 2022)

Legitimación y plazo para pedir la nulidad por embriaguez y uso de drogas

Artículo 4.72.- La nulidad por embriaguez, uso de estupefacientes, psicotrópicos o de cualquier otra sustancia que altere la conducta y produzca dependencia, sólo puede ser pedida por el cónyuge agraviado, dentro del plazo de seis meses contados desde que se celebró el matrimonio.

Legitimación para pedir la nulidad por trastornos mentales

Artículo 4.73.- Tienen derecho de pedir la nulidad por el impedimento derivado de trastornos mentales, el otro cónyuge o el tutor del incapacitado.

Legitimación para deducir la nulidad por un matrimonio anterior

Artículo 4.74.- La acción de nulidad por impedimento de un matrimonio anterior, existente al tiempo de contraerse el segundo, puede deducirse por el cónyuge del primer matrimonio; por sus hijos o herederos, y por los cónyuges que contrajeron el segundo. No deduciéndola ninguna de las personas mencionadas, la ejercitará el Ministerio Público.

Legitimación para alegar la nulidad por falta de formalidades

Artículo 4.75.- La nulidad que se funde en la falta de formalidades para la validez del matrimonio, puede alegarse por los cónyuges y por cualquiera que tenga interés en probar que no hay matrimonio o por el Ministerio Público.

Improcedencia de nulidad por falta de solemnidades

Artículo 4.76.- No procederá la nulidad por falta de solemnidades en el acta de matrimonio celebrado ante el oficial del Registro Civil, cuando a la existencia del acta se una la posesión de estado matrimonial.

Continuación de la demanda de nulidad

Artículo 4.77.- La acción de nulidad no es transmisible; sin embargo, los herederos podrán continuar la demanda de nulidad entablada por aquél a quien heredan.

Efectos del matrimonio de buena fe declarado nulo

Artículo 4.78.- El matrimonio contraído de buena fe, aunque sea declarado nulo, produce sus efectos civiles en favor de los cónyuges mientras dure; y en todo tiempo en favor de los hijos de ambos nacidos antes y durante el matrimonio y trescientos días después de la declaración de nulidad, o desde la separación de los cónyuges, en su caso.

Efectos a favor del cónyuge de buena fe

Artículo 4.79.- Si ha habido buena fe de parte de uno solo de los cónyuges, el matrimonio produce efectos civiles únicamente respecto de él y de los hijos.

Carencia de efectos a favor de los cónyuges de mala fe

Artículo 4.80.- Si ha habido mala fe de parte de ambos consortes, el matrimonio produce efectos civiles solamente respecto de los hijos.

Presunción de buena fe

Artículo 4.81.- La buena fe se presume, salvo prueba en contrario.

Medidas provisionales si sólo uno de los cónyuges solicita la nulidad

Artículo 4.82.- Si la demanda de nulidad fuere entablada por uno de los cónyuges, se dictarán las mismas medidas provisionales que para el caso de divorcio.

Cuidado y custodia de los hijos de matrimonio nulo

Artículo 4.83.- Cuando la sentencia sobre nulidad cause ejecutoria, los padres propondrán la forma y términos del cuidado y custodia de los hijos, el Juez resolverá, atendiendo siempre al interés preponderante de éstos.

División de los bienes comunes

Artículo 4.84.- Declarada la nulidad del matrimonio se procederá a la división de los bienes comunes.

Reglas sobre las donaciones antenupciales en el matrimonio nulo

Artículo 4.85.- Declarada la nulidad del matrimonio, se observarán respecto de las donaciones antenupciales las reglas siguientes:

I. Las hechas por un tercero a los cónyuges, podrán ser revocadas;

II. Las que hizo el cónyuge inocente al culpable quedarán sin efecto y los bienes donados se devolverán con todos sus productos;

III. Las hechas al inocente por el cónyuge que obró de mala fe, quedarán subsistentes;

IV. Si los dos cónyuges procedieron de mala fe, las donaciones que se hayan hecho quedarán en favor de sus hijos. Si no los tienen, no podrán hacer los donantes reclamación alguna.

Medidas para la mujer en el matrimonio nulo

Artículo 4.86.- Si al declararse la nulidad del matrimonio la mujer estuviese embarazada, se tomarán las mismas medidas que para el caso de divorcio.

Causas de ilicitud del matrimonio

Artículo 4.87.- Es ilícito pero no nulo el matrimonio cuando:

I. Se ha contraído estando pendiente la decisión de un impedimento que sea susceptible de dispensa;

II. No se ha otorgado la dispensa a tutores, curadores o descendientes de éstos;

III. Se celebre sin que hayan transcurrido los plazos para que los divorciados puedan contraer matrimonio, o el fijado a la mujer después de la nulidad o disolución del matrimonio.

TÍTULO TERCERO
DEL DIVORCIO

Efectos jurídicos del divorcio

Artículo 4.88.- El divorcio disuelve el matrimonio y deja a los cónyuges en aptitud de contraer otro.

(REFORMADO, G.G. 1 DE SEPTIEMBRE DE 2017)

Clases de divorcio

Artículo 4.89.- El divorcio se clasifica en incausado, voluntario, administrativo y notarial. Es incausado cuando cualquiera de los cónyuges lo solicita sin que exista necesidad de señalar la razón que lo motiva y es voluntario cuando se solicita de común acuerdo.

(ADICIONADO, G.G. 1 DE SEPTIEMBRE DE 2017)

Divorcio ante Notaría Pública

Artículo 4.89 Bis.- Los cónyuges podrán acordar su separación de mutuo acuerdo ante Notaría Pública, para que a través de convenio de divorcio asentado en escritura pública disuelvan el vínculo matrimonial, siempre y cuando no tengan hijas o hijos menores de edad o mayores sujetos a tutela y hubieren liquidado la sociedad conyugal, si la hubiere.

Artículo 4.90.- (DEROGADO, G.G. 3 DE MAYO DE 2012)

Legitimación y plazo para solicitar el divorcio incausado

(REFORMADO, G.G. 14 DE MARZO DE 2016)

Artículo 4.91.- El divorcio podrá pedirse por uno de los cónyuges, con la sola manifestación de la voluntad de no querer continuar con el matrimonio.

Artículo 4.92.- (DEROGADO, G.G. 3 DE MAYO DE 2012)

Artículo 4.93.- (DEROGADO, G.G. 3 DE MAYO DE 2012)

(REFORMADO, G.G. 3 DE MAYO DE 2012)

Reconciliación de los cónyuges

Artículo 4.94.- La reconciliación de los cónyuges pone término al trámite de divorcio en cualquier estado en que se encuentre, si aún no se hubiere decretado, comunicándolo al Juez.

(REFORMADO PRIMER PÁRRAFO, G.G. 3 DE MAYO DE 2012)

Medidas precautorias en el divorcio

Artículo 4.95.- Al admitirse la solicitud de divorcio, o antes, si hubiere urgencia, podrán dictarse sólo mientras dure el procedimiento, las disposiciones siguientes:

I. Separar a los cónyuges, tomando siempre en cuenta las circunstancias personales de cada uno y el interés superior de los hijos menores y de los sujetos a tutela;

II. Fijar y asegurar los alimentos que debe dar el cónyuge alimentario al acreedor y a los hijos;

(REFORMADA, G.G. 14 DE MARZO DE 2016)

III. A falta de acuerdo entre los cónyuges, la guarda y custodia provisional de las y los hijos se decretará por el Juez quedando preferentemente al cuidado de la madre, debiendo escuchar a ambos progenitores, a las hijas o hijos y a cualquier otro interesado, en función del interés superior de las niñas, niños y adolescentes y de los sujetos a tutela. El Juez actuará de la misma manera para determinar el régimen de convivencia.

IV. Dictar las medidas convenientes respecto a la mujer que esté embarazada;

V. Las necesarias para que los cónyuges no se causen daños en su persona, en sus bienes, en los de la sociedad conyugal o en los bienes de los hijos.

(REFORMADO, G.G. 14 DE MARZO DE 2016)

El otorgamiento de la guarda y custodia de las niñas, los niños y los adolescentes o incapaces quedará preferentemente al cuidado de la madre, atendiendo al interés superior de las niñas, niños y adolescentes, a menos que exista una causa justificada a criterio del Juez. No será obstáculo para la preferencia maternal en la custodia, el hecho de que la madre carezca de recursos económicos.

(REFORMADO PRIMER PÁRRAFO Y EPÍGRAFE, G.G. 3 DE MAYO DE 2012)

Resolución de divorcio en relación a los hijos

Artículo 4.96.- En la resolución que decrete el divorcio voluntario, se determinarán los derechos y obligaciones derivados de la patria potestad, respecto a la persona y bienes de los hijos, teniendo en cuenta el interés superior de los menores, su salud, costumbres, educación y conservación de su patrimonio.

El Juez acordará de oficio cualquier providencia que considere benéfica para los hijos o los sujetos a tutela.

Artículo 4.97.- (DEROGADO, G.G. 3 DE MAYO DE 2012)

(REFORMADO, G.G. 3 DE MAYO DE 2012)

Liquidación de la sociedad conyugal

Artículo 4.98.- Decretado el divorcio, se liquidará la sociedad conyugal, y se tomarán las precauciones necesarias para asegurar las obligaciones pendientes entre los cónyuges, o con relación a los hijos.

(REFORMADO, G.G. 3 DE MAYO DE 2012)

Alimentos de los cónyuges en el divorcio

Artículo 4.99.- En el divorcio tendrá derecho a los alimentos el que lo necesite, y su monto se fijará de acuerdo a las circunstancias siguientes:

I. La edad y el estado de salud de los cónyuges;

II. Su grado de estudios y posibilidad de acceso a un empleo;

III. Medios económicos de uno y de otro cónyuge, así como de sus necesidades;

IV. Otras obligaciones que tenga el cónyuge deudor; y

V. Las demás que el Juez estime necesarias y pertinentes.

(DEROGADO SEGUNDO PÁRRAFO, G.G. 14 DE MARZO DE 2016)

(DEROGADO TERCER PÁRRAFO, G.G. 14 DE MARZO DE 2016)

(DEROGADO ÚLTIMO PÁRRAFO, G.G. 18 DE DICIEMBRE DE 2014)

Artículo 4.100.- (DEROGADO, G.G. 3 DE MAYO DE 2012)

Artículo 4.101.- (DEROGADO, G.G. 14 DE MARZO DE 2016)

Convenio en el divorcio voluntario

Artículo 4.102.- Los cónyuges pueden divorciarse voluntariamente ocurriendo al Juez competente, presentando un convenio en que se fijen los siguientes puntos:

I. El domicilio que servirá de habitación a los cónyuges durante el procedimiento;

II. La cantidad que por alimentos deba cubrir un cónyuge al otro durante el procedimiento, la forma de hacerlo y la garantía que debe darse para asegurarlos;

III. Si hubiere hijos, la mención de quien deba tener su guardia y custodia durante y después del procedimiento y el régimen de convivencia.

(ADICIONADO, G.G. 6 DE MARZO DE 2010)

Siempre velarán por lograr un ambiente sano acorde a las necesidades del menor evitando en todo momento generar sentimientos negativos, como odio, desprecio, rencor o rechazo hacia uno de los progenitores, de lo contrario serán sujetos a la suspensión o pérdida de la guarda y custodia;

IV. La determinación del que debe de cubrir los alimentos de los hijos así como la forma de pago y su garantía, tanto durante el procedimiento, como después de ejecutoriado el divorcio;

V. La manera de administrar los bienes de la sociedad conyugal durante el procedimiento, y la de liquidar dicha sociedad después de ejecutoriado el divorcio.

(ADICIONADO, G.G. 24 DE AGOSTO DE 2015)

Régimen de convivencia

Artículo 4.102 Bis.- En el régimen de convivencia se observará lo siguiente durante el procedimiento de divorcio y concluido el proceso:

I. En caso de que el tutor que le asiste el derecho de visita tuviera una nueva pareja con la cual la niña, niño o adolecente (sic) tuviera que cohabitar, el ministerio público realizará las pruebas en materia de psicología familiar y si éste no las solicita el Juez las mandara hacer oficiosamente.

II. Transcurridos tres meses de que el Juez haya dictado el régimen de convivencia provisional, solicitará de oficio la comparecencia de ambos tutores y del acreedor alimentario con el propósito de verificar el cumplimiento del interés superior de niñas, niños y adolescentes.

(ADICIONADA, G.G. 19 DE ABRIL DE 2021)

III. La convivencia se suspenderá de acreditarse el uso de castigo corporal, del castigo humillante, así como de cualquier otro tipo de violencia ejercida sobre la niña, niño o adolescente y sólo podrá reanudarse cuando quien ejerza dicho derecho de convivencia acredite haberse sometido satisfactoriamente a un proceso de reeducación o enseñanza de habilidades de crianza positiva, que se acredite fehacientemente, con la opinión positiva de la Procuraduría de Protección de Niñas, Niños y Adolescentes que corresponda.

Separación provisional de los cónyuges y alimentos de los hijos

Artículo 4.103.- Antes de que se decrete el divorcio, el Juez autorizará la separación de los cónyuges de una manera provisional, y dictará las medidas necesarias para asegurar la subsistencia de los hijos a quienes haya obligación de dar alimentos.

Avenimiento de los cónyuges

(REFORMADO, G.G. 14 DE MARZO DE 2016)

Artículo 4.104.- Los cónyuges que hayan solicitado el divorcio voluntario podrán avenirse en cualquier tiempo, con tal de que éste no haya sido decretado.

Divorcio administrativo

(REFORMADO, G.G. 14 DE MARZO DE 2016)

Artículo 4.105.- Cuando ambos cónyuges convengan en divorciarse, no tengan hijos menores de edad o mayores sujetos a tutela y hubieren liquidado la sociedad conyugal, si la había, deberán ocurrir personalmente ante el Oficial del Registro Civil del lugar de su domicilio o donde fue celebrado el matrimonio, siempre y cuando se encuentre inscrito en el territorio estatal.

Ratificación de solicitud y exhortación

(REFORMADO, G.G. 7 DE MAYO DE 2015)

Artículo 4.106.- El Oficial del Registro Civil, previa identificación de los consortes, habiendo cumplido los requisitos y seguido el procedimiento que enuncia el reglamento de la materia, los declarará divorciados y levantará el acta respectiva, haciendo la anotación correspondiente en el acta de matrimonio.

Artículo 4.107.- (DEROGADO, G.G. 7 DE MAYO DE 2015)

Divorcio administrativo sin efectos

Artículo 4.108.- El divorcio administrativo no surtirá efectos legales si se comprueba que los cónyuges tienen hijos menores de edad o mayores sujetos a tutela o no han liquidado la sociedad conyugal, en este caso se hará la denuncia penal correspondiente.

Alimentos de los cónyuges en el divorcio voluntario

(REFORMADO, G.G. 6 DE MARZO DE 2010)

Artículo 4.109.- En el divorcio voluntario se tendrá derecho a recibir alimentos por el mismo lapso de duración del matrimonio, sólo cuando se esté en cualquiera de los siguientes supuestos:

(REFORMADA, G.G. 27 DE ABRIL DE 2020)

I. Cualquiera de los cónyuges que haya realizado trabajo del hogar consistente en tareas de administración, dirección, atención y cuidado de la familia de manera cotidiana, durante el matrimonio, y

(REFORMADA, G.G. 27 DE ABRIL DE 2020)

II. Cualquiera de los cónyuges que, por su condición o circunstancia, no pueda allegarse sus alimentos.

Este derecho se disfrutará mientras no contraiga matrimonio o se una en concubinato.

(REFORMADO, G.G. 3 DE MAYO DE 2012)

Anotación en el Registro Civil

(REFORMADO, G.G. 7 DE MAYO DE 2015)

Artículo 4.110.- De la resolución que decrete el divorcio, el Juez remitirá copia certificada al Oficial del Registro Civil ante quien se celebró el matrimonio, para que a costa de los interesados se realicen los asientos correspondientes.

(ADICIONADO, G.G. 1 DE SEPTIEMBRE DE 2017)

De la escritura pública en que conste el convenio de divorcio ante Notaria o Notario, la propia fedataria o fedatario remitirá copia certificada al Registro Civil para que a costa de los interesados, se realicen los asientos correspondientes.

TÍTULO CUARTO
DEL PARENTESCO Y LOS ALIMENTOS

CAPÍTULO I
DISPOSICIONES GENERALES

Derecho a la procreación

Artículo 4.111.- Toda persona tiene derecho a decidir de manera libre, responsable e informada sobre el número y espaciamiento de sus hijos.

Consentimiento de la mujer para la inseminación artificial

Artículo 4.112.- La reproducción asistida a través de métodos de inseminación artificial solo podrá efectuarse con el consentimiento de la mujer a quien haya de practicarse dicho procedimiento.

La mujer casada no podrá otorgar su consentimiento para ser inseminada, sin la conformidad de su cónyuge. Tampoco podrá dar en adopción al menor nacido, mediante este método de reproducción.

Prohibición de padres o tutores

(REFORMADO, G.G. 19 DE ABRIL DE 2021)

Artículo 4.113.- Queda prohibido al padre, a la madre, así como a quienes ejerzan la tutela, guarda y custodia, o la patria potestad:

I. Otorgar el consentimiento para la reproducción asistida en una mujer que fuere niña, adolescente o incapaz, y

II. Utilizar el castigo corporal, el castigo humillante o cualquier forma o tipo de violencia contra niñas, niños o adolescentes. Se define el castigo corporal y humillante según lo dispuesto en el artículo 3**0 Ter** de la Ley de los Derechos de las Niñas, Niños y Adolescentes del Estado de México.

Clonación

Artículo 4.114.- Queda prohibido todo método de reproducción asistida en la mujer, para la procreación de seres humanos idénticos por clonación o cualquier otro procedimiento dirigido a la selección de la raza.

Prohibición de la investigación de la paternidad

Artículo 4.115.- En los casos en que la inseminación artificial se efectué con esperma proveniente de bancos o instituciones legalmente autorizadas, no se dará a conocer el nombre del donante ni habrá lugar a investigación de la paternidad.

Consentimiento judicial para la inseminación artificial

Artículo 4.116.- El consentimiento a que se refiere este capítulo deberá otorgarse judicialmente.

CAPÍTULO II
DEL PARENTESCO

Clases de parentesco

Artículo 4.117.- Sólo se reconocen los parentescos de consanguinidad, afinidad y civil.

Parentesco consanguíneo

Artículo 4.118.- El parentesco consanguíneo es el que existe entre personas que descienden de un mismo progenitor.

Parentesco por afinidad

Artículo 4.119.- El parentesco por afinidad es el que se contrae por el matrimonio, entre un cónyuge y los parientes del otro.

Parentesco civil

(REFORMADO, G.G. 15 DE MAYO DE 2012)

Artículo 4.120.- El parentesco civil nace de la adopción y se equipara al consanguíneo.

Grados y líneas de parentesco

Artículo 4.121.- Cada generación forma un grado, y la serie de grados constituye la línea de parentesco.

Línea recta o transversal de parentesco

Artículo 4.122.- La línea es recta o transversal: la recta se compone de la serie de grados entre personas que descienden unas de otras; la transversal se compone de la serie de grados entre personas que, sin descender unas de otras, proceden de un progenitor o tronco común.

Línea ascendente y descendente

Artículo 4.123.- La línea recta es ascendente o descendente: ascendente es la que liga a una persona con su progenitor o tronco de que procede; descendente es la que liga al progenitor con los que de él proceden.

Grados de parentesco en línea recta

Artículo 4.124.- En la línea recta los grados se cuentan por el número de generaciones, o por el punto de partida y la relación a que se atiende.

Grados de parentesco en línea transversal

Artículo 4.125.- En la línea transversal los grados se cuentan por el número de generaciones, subiendo por una de las líneas hasta el tronco común y descendiendo por la otra; o por el número de personas que hay de uno a otro de los extremos que se consideran, excluyendo, en ambos casos, la del progenitor o tronco común.

CAPÍTULO III
DE LOS ALIMENTOS

Normas de orden público

Artículo 4.126.- Las disposiciones de este capítulo son de orden público.

(REFORMADO, G.G. 27 DE ABRIL DE 2020)

Derecho de recibir alimentos

Artículo 4.127.- Tienen derecho a recibir alimentos las y los hijos menores de edad o mayores de edad que se dediquen al estudio, los discapacitados, los adultos mayores, cualquiera de los cónyuges o de los concubinos que se haya dedicado cotidianamente al trabajo del hogar, consistente en tareas de administración, dirección, atención y cuidado de la familia o se encuentre imposibilitado física o mentalmente para trabajar, previa acreditación con la documentación idónea expedida por una institución pública de salud.

Alimentos entre cónyuges

(REFORMADO, G.G. 14 DE MARZO DE 2016)

Artículo 4.128.- Los cónyuges se darán alimentos en los términos que establezca este Código.

(REFORMADO, G.G. 14 DE MARZO DE 2016)

Reglas sobre alimentos entre concubinos y los hijos

(REFORMADO PRIMER PÁRRAFO, G.G. 14 DE MARZO DE 2016)

Artículo 4.129.- Los concubinos están obligados a dar alimentos, conforme a las siguientes reglas y acciones afirmativas:

(REFORMADA, G.G. 18 DE DICIEMBRE DE 2014)

I. Que acrediten haber hecho vida común por al menos un año o haber procreado algún hijo en común;

(REFORMADA, G.G. 27 DE ABRIL DE 2020)

II. Que el concubino o concubina carezca de bienes y que se haya dedicado cotidianamente al trabajo del hogar, consistente en tareas de administración, dirección, atención y cuidado de las y los hijos, tendrá derecho a alimentos, mismo que no será inferior al cuarenta por ciento del total del sueldo, hasta que los hijos cumplan la mayoría de edad o que se dediquen al estudio.

Tratándose de las y los hijos mayores de edad discapacitados, previa acreditación con la documentación idónea expedida por una institución pública de salud, al cuidado de alguno de los concubinos, el otro deberá proporcionarlos de por vida.

Cuando alguno de los concubinos se encuentre imposibilitado física o mentalmente para trabajar, previa acreditación con la documentación idónea expedida por una institución pública de salud, tendrá derecho a alimentos, el cual no será inferior al veinte por ciento del total del sueldo, por el tiempo que haya durado el concubinato.

(REFORMADA, G.G. 18 DE DICIEMBRE DE 2014)

III. Que no haya contraído nuevas nupcias o viva en concubinato;

(REFORMADA, G.G. 18 DE DICIEMBRE DE 2014)

IV. Que se reclame dentro del año siguiente de haber cesado el concubinato.

(DEROGADO SEGUNDO PÁRRAFO, G.G. 14 DE MARZO DE 2016)

(REFORMADO, G.G. 14 DE MARZO DE 2016)

En el caso de que la concubina trabaje u obtenga una actividad remunerada, la obligación del concubino para dar alimentos será en los términos que establezca este Código.

(REFORMADO, G.G. 14 DE MARZO DE 2016)

La concubina que no tenga hijas o hijos, que carezca de bienes y que se haya dedicado cotidianamente al trabajo del hogar, consistente en tareas de administración, dirección y atención, tendrá derecho a alimentos, mismo que no será inferior al treinta por ciento del total del sueldo, por el tiempo que haya durado el concubinato.

(ADICIONADO, G.G. 14 DE MARZO DE 2016)

No podrán reclamar alimentos y en su caso cesarán si se une en concubinato o contrae matrimonio.

Obligación alimentaria de los padres

Artículo 4.130.- Los padres están obligados a dar alimentos a sus hijos. A falta o por imposibilidad de ellos, la obligación recae en los ascendientes más próximos.

Obligación alimentaria de los hijos

Artículo 4.131.- Los hijos están obligados a dar alimentos a los padres. A falta o por imposibilidad de ellos, lo están los descendientes más próximos.

Obligación alimentaria de los hermanos

Artículo 4.132.- A falta o por imposibilidad de los ascendientes o descendientes, la obligación recae en los hermanos de padre y madre, en defecto de éstos, en los que fueren de padre o madre solamente.

Obligación alimentaria de colaterales hasta el cuarto grado

Artículo 4.133.- Faltando los parientes a que se refieren las disposiciones anteriores, tienen obligación de ministrar alimentos los parientes colaterales más próximos hasta el cuarto grado.

Artículo 4.134.- (DEROGADO, G.G. 15 DE MAYO DE 2012)

Aspectos que comprenden los alimentos

(REFORMADO, G.G. 14 DE MARZO DE 2016)

Artículo 4.135.- Los derechos alimentarios comprenden esencialmente la satisfacción de las necesidades de alimentación y nutrición, habitación, educación, vestido, atención médica, hospitalaria y psicológica preventiva integrada a la salud y recreación, y en su caso, los gastos de embarazo y parto. Tratándose de niñas, niños y adolescentes y tutelados comprenden, además, los gastos necesarios para la educación básica, descanso, esparcimiento y que se le proporcione en su caso, algún oficio, arte o profesión adecuados a sus circunstancias personales.

(ADICIONADO, G.G. 7 DE OCTUBRE DE 2022)

En el caso de personas adultas mayores, los familiares deberán cumplir con lo establecido en el artículo 33 de la Ley del Adulto Mayor del Estado de México, así como garantizar y procurar sus derechos y obligaciones.

Forma de cumplir la obligación alimentaria

(REFORMADO PRIMER PÁRRAFO, G.G. 14 DE MARZO DE 2016)

Artículo 4.136.- El obligado a dar alimentos cumple la obligación asignando al acreedor alimentario una pensión, la cual no será inferior al cuarenta por ciento del sueldo.

(REFORMADO [N. DE E. ADICIONADO], G.G. 14 DE MARZO DE 2016)

En el caso de que la guarda y la custodia de las y los hijos estén al cuidado del cónyuge o concubino, la o el Juez determinará la pensión en proporción a los haberes y posibilidades de ambos.

(ADICIONADO, G.G. 14 DE NOVIEMBRE DE 2014)

Quien incumpla con la obligación alimentaria ordenada por mandato judicial o establecida mediante convenio judicial celebrado en el Centro de Mediación y Conciliación del Poder Judicial, total o parcialmente, por un periodo de dos meses o haya dejado de cubrir cuatro pensiones sucesivas o no, dentro de un periodo de dos años, se constituirá en deudor alimentarios (sic) moroso. El Juez de lo Familiar ordenará su inscripción en el Registro de Deudores Alimentarios Morosos.

(ADICIONADO, G.G. 14 DE NOVIEMBRE DE 2014)

El deudor alimentario moroso que acredite ante el Juez que se encuentra al corriente del pago de alimentos a que se refiere el párrafo anterior, podrá solicitar al mismo la cancelación de la inscripción con dicho carácter.

Artículo 4.137.- (DEROGADO, G.G. 14 DE MARZO DE 2016)

(REFORMADO SU EPÍGRAFE [N. DE E. REPUBLICADO], G.G. 27 DE ABRIL DE 2020)

Alimentos de los cónyuges

(REFORMADO PRIMER PÁRRAFO, G.G. 27 DE ABRIL DE 2020)

Artículo 4.138.- Cualquiera de los cónyuges está obligado a dar alimentos, conforme a las siguientes reglas y acciones afirmativas:

(REFORMADO, G.G. 27 DE ABRIL DE 2020)

Cualquiera de los cónyuges que carezca de bienes y que durante el matrimonio haya realizado cotidianamente trabajo del hogar consistente en tareas de administración, dirección, atención y cuidado de las y los hijos tendrá derecho a alimentos, mismo que no será inferior al cuarenta por ciento del total del sueldo, hasta que las y los hijos cumplan la mayoría de edad o que se dediquen al estudio, sin menoscabo de la repartición equitativa de bienes.

(REFORMADO, G.G. 27 DE ABRIL DE 2020)

Tratándose de las y los hijos mayores de edad discapacitados, previa acreditación con la documentación idónea expedida por una institución pública de salud, al cuidado de alguno de los cónyuges, el otro deberá proporcionarlos de por vida.

(REFORMADO, G.G. 27 DE ABRIL DE 2020)

Cualquiera de los cónyuges que no tenga hijas o hijos y que carezca de bienes o que durante el matrimonio haya realizado cotidianamente trabajo del hogar, consistente en tareas de administración, dirección y atención, tendrá derecho a alimentos, mismo que no será inferior al treinta por ciento del total del sueldo, por el tiempo que haya durado el matrimonio, sin menoscabo de la repartición equitativa de bienes.

(REFORMADO, G.G. 27 DE ABRIL DE 2020)

Cualquiera de los cónyuges que se encuentre imposibilitado física y mentalmente para trabajar, previa acreditación con la documentación idónea expedida por una institución pública de salud, tendrá derecho a alimentos, el cual no será inferior al veinte por ciento del total del sueldo, por el tiempo que haya durado el matrimonio, sin menoscabo de la repartición equitativa de bienes.

(REFORMADO, G.G. 14 DE MARZO DE 2016)

En la resolución que se dicte con respecto a los alimentos, se fijarán las bases para actualizar la pensión y las garantías para su efectividad.

(REFORMADO, G.G. 14 DE MARZO DE 2016)

Los alimentos determinados por convenio o sentencia, se modificarán de acuerdo a los ingresos del deudor alimentario. En este caso, el incremento en los alimentos se ajustará a lo que obtenga el deudor. Estas prevenciones deberán expresarse siempre en la sentencia o convenio correspondiente.

(REFORMADO, G.G. 14 DE MARZO DE 2016)

Cuando no sean comprobables el salario o ingresos del deudor alimentario, la o el juez resolverá tomando como referencia la capacidad económica y el nivel de vida que el deudor y sus acreedores alimentarios hayan llevado en el último año, la cantidad correspondiente no podrá ser inferior a una unidad de medida y actualización por cada acreedor alimentario.

Reparto de la obligación alimentaria

(REFORMADO, G.G. 14 DE MARZO DE 2016)

Artículo 4.139.- Si fuesen varios los acreedores alimentarios, la o el Juez repartirá el importe de la pensión, en proporción a sus haberes, atendiendo el interés superior de las niñas, niños o discapacitados sobre los adolescentes.

Artículo 4.140.- (DEROGADO, G.G. 14 DE MARZO DE 2016)

Legitimación para pedir el aseguramiento de alimentos

Artículo 4.141.- Tienen acción para pedir el aseguramiento de los alimentos:

I. El acreedor alimentario;

II. Los ascendientes que tengan la patria potestad;

III. El tutor;

IV. Los demás parientes sin limitación de grado en línea recta y los colaterales hasta dentro del cuarto grado;

(REFORMADA, G.G. 6 DE AGOSTO DE 2015)

V. El Ministerio Público o la Procuraduría de Protección de Niñas, Niños y Adolescentes a falta o por imposibilidad de las personas en las últimas tres fracciones.

Derecho preferente sobre ingresos y bienes del obligado alimentario

Artículo 4.142.- El acreedor alimentario, tendrá derecho preferente sobre los ingresos y bienes del deudor alimentista y podrá demandar el aseguramiento de esos bienes, para hacer efectivos estos derechos.

Aseguramiento para cubrir alimentos

Artículo 4.143.- El aseguramiento podrá consistir en hipoteca, prenda, fianza, depósito o cualquier otra forma de garantía suficiente que a juicio del juez, sea bastante para cubrir los alimentos.

Cesación de la obligación alimentaria

(REFORMADO, G.G. 6 DE SEPTIEMBRE DE 2011)

Artículo 4.144.- Cesa la obligación de dar alimentos:

I. Cuando el acreedor deja de necesitar los alimentos;

(REFORMADA, G.G. 14 DE MARZO DE 2016)

II. En caso de daño grave, violencia o conducta viciosa inferidos por el acreedor contra el que debe proporcionarlos.

III. (DEROGADA, G.G. 14 DE MARZO DE 2016)

IV. Si el acreedor, sin consentimiento del que debe dar los alimentos, abandona la casa de éste por causas injustificables.

(ADICIONADA, G.G. 18 DE DICIEMBRE DE 2014)

V. Cuando el acreedor contraiga nuevas nupcias o se una en concubinato.

Derecho alimentario irrenunciable, imprescriptible e intransigible

Artículo 4.145.- El derecho de recibir alimentos es irrenunciable, imprescriptible e intransigible.

Obligación de pagar alimentos caídos

Artículo 4.146.- El deudor alimentario debe pagar las pensiones caídas que se le reclamen y que hubiere dejado de cubrir; en todo caso será responsable de las deudas que por ese motivo se hubieren contraído.

(ADICIONADO CON LOS ARTÍCULOS QUE LO INTEGRAN, G.G. 14 DE NOVIEMBRE DE 2014)

CAPÍTULO IV
DEL REGISTRO DE DEUDORES ALIMENTARIOS MOROSOS

(ADICIONADO, G.G. 14 DE NOVIEMBRE DE 2014)

De la naturaleza del Registro de Deudores Alimentarios Morosos

Artículo 4.146 Bis.- El área del Registro de Deudores Alimentarios Morosos, es una unidad administrativa del Registro Civil.

(ADICIONADO, G.G. 14 DE NOVIEMBRE DE 2014)

Actos inscribibles en el Registro de Deudores Alimentarios Morosos

Artículo 4.146 Ter.- En el Registro de Deudores Alimentarios Morosos se inscriben a las personas que el Juez de lo Familiar determina en términos del artículo **4.136** del presente Código.

Serán objeto de registro los empleadores que incumplan una orden de descuento para alimentos ordenada por el órgano jurisdiccional.

(ADICIONADO, G.G. 14 DE NOVIEMBRE DE 2014)

De los datos que contendrá el Registro de Deudores Alimentarios Morosos

Artículo 4.146 Quáter.- El Registro de Deudores Alimentarios Morosos contendrá:

I. Nombre y Clave Única del Registro de Población del deudor alimentario;

II. Nombre del acreedor o acreedores alimentarios;

III. Datos del acta que acredite el vínculo entre deudor y acreedor alimentario, en su caso;

IV. Monto de la pensión decretada o convenida, en su caso, número de pagos incumplidos y monto del adeudo alimentario;

V. Órgano jurisdiccional que ordenó el registro;

VI. Datos del expediente jurisdiccional de la que deriva su inscripción.

Una vez hecha la inscripción a que se refiere el párrafo anterior se girará oficio al Instituto de la Función Registral del Estado de México, a efecto de que se anote el certificado de deudor alimentario en los folios reales de que sea propietario el deudor alimentario. El Instituto de la Función Registral informará al Registro Civil si fue procedente la anotación, en cuyo caso dará aviso al Juez del conocimiento para que el acreedor alimentario haga cobrable las cantidades adeudadas en la vía judicial respectiva.

(ADICIONADO, G.G. 14 DE NOVIEMBRE DE 2014)

Datos del Certificado expedido por la Unidad del Registro de Deudores Alimentarios Morosos

Artículo 4.146 Quinquies.- El Certificado expedido por la Unidad del Registro de Deudores Alimentarios Morosos contendrá lo siguiente:

I. Nombre y Clave Única de Registro de Población del solicitante;

II. La información sobre su inscripción o no en el registro de deudores alimentarios morosos.

De ser el caso que el solicitante se encuentre inscrito en el registro, la constancia incluirá además lo siguiente:

I. Número de acreedores alimentarios;

II. Monto de la pensión alimenticia decretada o convenida;

III. Órgano jurisdiccional que ordenó el registro;

IV. Datos del expediente jurisdiccional de la que deriva su inscripción.

El Certificado a que se refiere el presente artículo será expedido el mismo día hábil de su solicitud.

(ADICIONADO, G.G. 14 DE NOVIEMBRE DE 2014)

Cancelación del Registro de Deudor Alimentario Moroso

Artículo 4.146 Sexies.- Una vez que hayan sido liquidadas las pensiones adeudadas, el Juez de conocimiento podrá ordenar a petición de parte interesada, la cancelación del registro como deudor alimentario moroso, la cual se tramitará de manera incidental. La del registro de deudor alimentario procederá cuando haya cesado la obligación alimentaria.

(ADICIONADO, G.G. 14 DE NOVIEMBRE DE 2014)

Efectos del Registro de Deudor Alimentario Moroso

Artículo 4.146 Septies.- La inscripción en el Registro de Deudores Alimentarios Morosos tendrá los efectos siguientes:

I. Inscribir en el Instituto de la Función Registral la cantidad adeudada en los bienes del deudor alimentario.

Los derechos de inscripción serán exentos de pago.

II. Garantizar la preferencia en el pago de deudas alimentarias.

(ADICIONADO, G.G. 14 DE NOVIEMBRE DE 2014)

Artículo 4.146 Octies.- Cuando de las constancias que obran en el Registro se desprenda que un deudor alimentario moroso recibe un sueldo o salario, sin haber verificado, el pago de alimentos, se dará aviso al Juez de conocimiento inmediatamente, para que sin necesidad de requerimiento, ordene al empleador, en contra de quien los deba, realice la retención de la pensión alimenticia decretada, poniéndola a disposición del acreedor.

TÍTULO QUINTO
DE LA PATERNIDAD Y FILIACIÓN

CAPÍTULO I
DE LOS HIJOS DE MATRIMONIO

Presunción de ser hijo de matrimonio

Artículo 4.147.- Se presumen hijos de los cónyuges, salvo prueba en contrario:

I. Los nacidos después de ciento ochenta días contados desde la celebración del matrimonio;

II. Los nacidos dentro de los trescientos días siguientes a la disolución del matrimonio. El plazo se contará desde que quedaron separados los cónyuges por orden judicial o por muerte.

(ADICIONADO, G.G. 7 DE MAYO DE 2015)

Si al celebrarse el matrimonio el contrayente declara que reconoce como hijo suyo al hijo o hijos de quien la contrayente está encinta, el Oficial lo hará constar vía anotación en el acta de matrimonio.

Artículo 4.148.- (DEROGADO, G.G. 14 DE MARZO DE 2016)

Improcedencia de desconocimiento de hijo de matrimonio

Artículo 4.149.- Si el esposo ha otorgado su consentimiento tácito o expreso, no podrá desconocer que es padre del hijo nacido dentro de los ciento ochenta días siguientes a la celebración del matrimonio.

Legitimación para desconocer paternidad en matrimonio disuelto

Artículo 4.150.- Las cuestiones relativas a la paternidad del hijo nacido dentro de los trescientos días de la disolución del matrimonio, podrán promoverse en cualquier tiempo por la persona a quien perjudique la filiación.

Plazo para que el esposo contradiga la paternidad

Artículo 4.151.- La acción del esposo para contradecir la paternidad, deberá deducirla dentro de seis meses, contados a partir de la fecha en que tuvo conocimiento del hecho.

Plazo para que el esposo declarado en interdicción desconozca la paternidad

Artículo 4.152.- Si el esposo está bajo tutela por haber sido declarado en estado de interdicción y el tutor no ejercitare la acción de desconocimiento de paternidad, podrá hacerlo el esposo después de haber salido de la tutela, en el plazo establecido en el precepto anterior, que se contará desde el día en que legalmente se declare haber cesado el impedimento.

Legitimación de los herederos del esposo para desconocer la paternidad

Artículo 4.153.- Cuando el esposo muera sin que haya cesado la causa de la declaración de estado de interdicción, sus herederos podrán contradecir la paternidad. Con excepción del caso del artículo anterior los herederos del esposo, no podrán contradecir la paternidad de un hijo nacido dentro de los ciento ochenta días de la celebración del matrimonio, cuando el esposo no haya iniciado el juicio.

En los demás casos si el esposo ha muerto sin ejercitar la acción dentro del plazo, los herederos tendrán para ejercitarla, seis meses desde que el presunto hijo haya sido puesto en posesión de los bienes del padre, o desde que los herederos se vean perturbados por el mismo en la posesión de la herencia.

Presunción de paternidad en caso de mujer que contrae nuevo matrimonio

Artículo 4.154.- Si la mujer contrajera nuevas nupcias contraviniendo los plazos para hacerlo, se presume que el hijo es del actual esposo, si nace después de ciento ochenta días de la celebración del posterior matrimonio, aunque el nacimiento tenga lugar dentro de los trescientos días posteriores a la disolución del primer matrimonio.

CAPÍTULO II
DE LA FILIACIÓN

Prueba de la filiación de hijos de matrimonio

Artículo 4.155.- La filiación de los hijos nacidos de matrimonio se prueba con el acta de su nacimiento y con la de matrimonio de sus padres.

Prueba de la filiación de hijo de matrimonio a falta o defecto de actas

Artículo 4.156.- A falta o defecto de las actas, se probará con la posesión constante de estado de hijo nacido de matrimonio o con los medios de prueba que la ley prevé.

Prueba de la posesión de estado de hijo

Artículo 4.157.- Si una persona ha sido tratada constantemente por otra y la familia de ésta, como hijo, llevando su apellido o recibiendo alimentos, quedará probada la posesión de estado de hijo.

Acción imprescriptible para reclamar posesión de estado de hijo

Artículo 4.158.- La acción del hijo para reclamar su estado es imprescriptible para él y sus descendientes.

Legitimación de los herederos para reclamar la posesión de estado de hijo

Artículo 4.159.- Los demás herederos del hijo podrán intentar la acción de que trata el artículo anterior:

I. Si éste ha muerto antes de cumplir dieciocho años;

II. Si cayó en demencia antes de cumplir los dieciocho años y murió en el mismo estado.

Prescripción de la acción de los herederos para reclamar posesión de estado de hijo

Artículo 4.160.- La acción a que se refiere el artículo anterior prescribe a los cuatro años, desde el fallecimiento del hijo.

Pérdida de la posesión de estado de hijo

Artículo 4.161.- La posesión de estado de hijo no puede perderse sino por sentencia.

CAPÍTULO III
DEL RECONOCIMIENTO DE LOS HIJOS NACIDOS FUERA DEL MATRIMONIO

Paternidad y maternidad de hijos fuera de matrimonio

Artículo 4.162.- La filiación de los hijos nacidos fuera de matrimonio resulta, con relación a la madre, del solo hecho del nacimiento. Respecto del padre, se establece por el reconocimiento o por una sentencia que declare la paternidad.

(REFORMADO, G.G. 1 DE SEPTIEMBRE DE 2017)

Legitimación para reconocimiento de hijo

Artículo 4.163.- Tiene derecho de reconocer a sus hijos, el que tenga la edad exigida para contraer matrimonio, puede reconocerlo también quien no cumpliendo la edad exigida para contraer matrimonio, presente el consentimiento por parte de su madre, padre, de ambos o de la persona quien ejerza la patria potestad.

Revocación de reconocimiento de hijo hecho por menor

Artículo 4.164.- El reconocimiento hecho por un menor es revocable si prueba que sufrió engaño al hacerlo, pudiendo intentar la revocación hasta cuatro años después de la mayoría de edad.

Reconocimiento de hijo no nacido o fallecido

Artículo 4.165.- Puede reconocerse al hijo que no ha nacido y al que ha muerto si ha dejado descendencia.

Irrevocabilidad del reconocimiento de hijo

Artículo 4.166.- El reconocimiento no es revocable, aún cuando se haga por testamento y éste se revoque.

Legitimación para contradecir el reconocimiento de hijo

Artículo 4.167.- El reconocimiento puede ser contradicho por un tercero interesado. El heredero que resulte perjudicado puede contradecir el reconocimiento dentro del año siguiente a la muerte del que lo hizo.

Medios de reconocimiento de hijo

Artículo 4.168.- El reconocimiento de un hijo deberá hacerse de alguna de las formas siguientes:

I. En el acta de nacimiento o en la de reconocimiento ante el Oficial del Registro Civil;

II. En escritura pública;

III. En testamento;

IV. Por confesión judicial expresa.

(ADICIONADA, G.G. 7 DE MAYO DE 2015)

V. En el acta de matrimonio, al celebrarse, mediante la manifestación del padre y realizando la anotación correspondiente.

Restricciones en el reconocimiento

Artículo 4.169.- Cuando uno de los padres reconozca a un hijo, no podrá revelar en el acto del reconocimiento el nombre de la persona con quien fue habido, ni exponer ninguna circunstancia que permita su identificación. Las palabras que contengan la revelación se testarán de oficio, de modo que queden absolutamente ilegibles.

Consentimiento para efectos del reconocimiento

Artículo 4.170.- El reconocimiento de hijo surte sus efectos desde que se otorga el consentimiento, en la forma establecida en los artículos relativos para las actas de reconocimiento.

Plazo del menor para impugnar el reconocimiento

Artículo 4.171.- Si el hijo reconocido es menor puede impugnar el reconocimiento dentro de los dos años siguientes a su mayoría de edad.

Reconocimiento de hijo menor cuidado por una mujer

Artículo 4.172.- La mujer que cuida o ha cuidado de la lactancia de un niño, a quien le ha dado su nombre o permitido que lo lleve; que públicamente lo ha presentado como su hijo y ha proveído a su alimentación, no se le podrá separar de su lado por el solo reconocimiento, a menos que consienta en entregarlo, o por otra causa legal decidida por sentencia.

Reconocimiento simultáneo por padres que no viven juntos

Artículo 4.173.- Cuando el padre y la madre que no vivan juntos reconozcan al hijo en el mismo acto, convendrán cuál de los dos lo tendrá bajo su custodia; en caso que no lo hicieren, el Juez competente resolverá lo que creyere más conveniente a los intereses del menor.

Reconocimiento sucesivo por padres que no viven juntos

Artículo 4.174.- En caso de que el reconocimiento se efectúe sucesivamente por los padres que no viven juntos, el hijo quedará bajo la custodia, del que lo reconoció primero, salvo convenio en contrario.

Casos autorizados para investigar la paternidad

Artículo 4.175.- La investigación de la paternidad de los hijos, está permitida:

I. En los casos de rapto, estupro o violación;

II. Cuando se encuentre en posesión de estado de hijo;

III. Cuando haya sido concebido durante el tiempo en que la madre hizo vida marital con el presunto padre.

IV. Cuando el hijo tenga a su favor un principio de prueba contra el presunto padre.

La proporción de alimentos no presume filiación

Artículo 4.176.- El hecho de dar alimentos no constituye presunción, de paternidad o maternidad y tampoco puede alegarse como razón para investigar éstas.

Tiempo para investigar la filiación

Artículo 4.177.- Las acciones de investigación de paternidad o maternidad pueden intentarse en cualquier tiempo.

(DEROGADO, G.G. 20 DE AGOSTO DE 2015)

TÍTULO SEXTO

(DEROGADO CON LOS ARTÍCULOS QUE LO INTEGRAN, G.G. 20 DE AGOSTO DE 2015)

CAPÍTULO I

Artículo 4.178.- (DEROGADO, G.G. 20 DE AGOSTO DE 2015)

Artículo 4.179.- (DEROGADO, G.G. 20 DE AGOSTO DE 2015)

Artículo 4.180.- (DEROGADO, G.G. 20 DE AGOSTO DE 2015)

Artículo 4.181.- (DEROGADO, G.G. 20 DE AGOSTO DE 2015)

Artículo 4.182.- (DEROGADO, G.G. 20 DE AGOSTO DE 2015)

Artículo 4.183.- (DEROGADO, G.G. 15 DE MAYO DE 2012)

Artículo 4.184.- (DEROGADO, G.G. 20 DE AGOSTO DE 2015)

Artículo 4.185.- (DEROGADO, G.G. 20 DE AGOSTO DE 2015)

Artículo 4.186.- (DEROGADO, G.G. 20 DE AGOSTO DE 2015)

Artículo 4.187.- (DEROGADO, G.G. 20 DE AGOSTO DE 2015)

(DEROGADA SU DENOMINACIÓN, G.G. 15 DE MAYO DE 2012)

CAPÍTULO II

Artículo 4.188.- (DEROGADO, G.G. 15 DE MAYO DE 2012)

Artículo 4. 189.- (DEROGADO, G.G. 15 DE MAYO DE 2012)

Artículo 4.190.- (DEROGADO, G.G. 15 DE MAYO DE 2012)

Artículo 4.191.- (DEROGADO, G.G. 15 DE MAYO DE 2012)

Artículo 4.192.- (DEROGADO, G.G. 15 DE MAYO DE 2012)

Artículo 4.193.- (DEROGADO, G.G. 15 DE MAYO DE 2012)

(DEROGADO CON LOS ARTÍCULOS QUE LO INTEGRAN, G.G. 20 DE AGOSTO DE 2015)

CAPÍTULO III

Artículo 4.194.- (DEROGADO, G.G. 20 DE AGOSTO DE 2015)

Artículo 4.195.- (DEROGADO, G.G. 20 DE AGOSTO DE 2015)

Artículo 4.196.- (DEROGADO, G.G. 20 DE AGOSTO DE 2015)

Artículo 4.197.- (DEROGADO, G.G. 20 DE AGOSTO DE 2015)

Artículo 4.198.- (DEROGADO, G.G. 20 DE AGOSTO DE 2015)

(DEROGADO CON LOS ARTÍCULOS QUE LO INTEGRAN, G.G. 20 DE AGOSTO DE 2015)

CAPÍTULO IV

Artículo 4.199.- (DEROGADO, G.G. 20 DE AGOSTO DE 2015)

Artículo 4.200.- (DEROGADO, G.G. 20 DE AGOSTO DE 2015)

(ADICIONADO CON EL ARTÍCULO QUE LO INTEGRA, G.G. 6 DE AGOSTO DE 2015)

TÍTULO SEXTO BIS
DISPOSICIONES COMUNES DE LA PATRIA POTESTAD Y TUTELA

(ADICIONADO, G.G. 6 DE AGOSTO DE 2015)

Obligaciones de quienes ejercen la patria potestad, tutela o guarda y custodia

Artículo 4.200 Bis.- Son obligaciones de quienes ejercen la patria potestad, tutela o guarda y custodia, así como de las demás personas que por razón de sus funciones o actividades tengan bajo su cuidado niñas, niños o adolescentes, en proporción a su responsabilidad, y cuando sean instituciones públicas o privadas, conforme a su ámbito de competencia, las siguientes:

I. Garantizar sus derechos alimentarios, su desarrollo integral y el ejercicio de sus derechos, de conformidad con lo dispuesto en el presente Código y demás disposiciones aplicables.

II. Registrarlos dentro de los primeros sesenta días de vida.

III. Asegurar que cursen la educación obligatoria, participar en su proceso educativo y proporcionarles las condiciones para su continuidad y permanencia en el sistema educativo.

IV. Formar y educar apropiadamente a niñas, niños y adolescentes, sin que ello pueda justificar limitación, vulneración o restricción alguna en el ejercicio de sus derechos.

V. Asegurar un entorno afectivo, comprensivo y sin violencia para el pleno desarrollo de su personalidad.

VI. Fomentar en niñas, niños y adolescentes el respeto a todas las personas, así como el cuidado de los bienes propios, de la familia y de la comunidad, y el aprovechamiento de los recursos que se dispongan para su desarrollo integral.

VII. Protegerles contra toda forma de violencia, maltrato, perjuicio, daño, agresión, abuso, venta, trata de personas y explotación.

VIII. Abstenerse de realizar o propiciar cualquier atentado contra su integridad física, psicológica o actos que menoscaben su desarrollo integral.

IX. Evitar conductas que puedan vulnerar el ambiente de respeto y generar violencia o rechazo en las relaciones entre niñas, niños y adolescentes, y de estos con quienes ejercen la patria potestad, tutela o guarda y custodia, así como con los demás miembros de su familia.

X. Considerar la opinión de las niñas, niños y adolescentes para la toma de decisiones que les conciernan de manera directa conforme a su edad, desarrollo evolutivo, cognoscitivo y madurez.

XI. Educar en el conocimiento y uso responsable de las tecnologías de la información y comunicación.

(ADICIONADA, G.G. 19 DE ABRIL DE 2021)

XII. Abstenerse de ejercer castigo corporal, castigo humillante o cualquier forma o tipo de violencia, en la formación y educación de las niñas, niños y adolescentes.

TÍTULO SÉPTIMO
DE LA PATRIA POTESTAD

CAPÍTULO I
DE LOS EFECTOS DE LA PATRIA POTESTAD RESPECTO DE LA PERSONA

Respeto y consideración entre hijos y ascendientes

Artículo 4.201.- Los hijos y sus ascendientes se deben respeto y consideración recíprocamente.

Personas sobre las que se ejerce la patria potestad

(REFORMADO, G.G. 14 DE MARZO DE 2016)

Artículo 4.202.- La patria potestad se ejerce sobre las niñas, los niños y los adolescentes.

Aspectos que comprende la patria potestad

(REFORMADO, G.G. 19 DE ABRIL DE 2021)

Artículo 4.203.- La patria potestad comprende la representación legal y la protección integral de niñas, niños y adolescentes en sus aspectos físico, psicológico, moral y social, su guarda y custodia, la administración de sus bienes y el derecho de corrección sin que medie o implique maltrato físico, verbal o moral que cause lesión o daño físico o psíquico a la niña, niño o adolescente, incluyendo el castigo corporal y el castigo humillante de conformidad con lo previsto en la Ley de los Derechos de las Niñas, Niños y Adolescentes del Estado de México.

Orden de las personas que ejercen la patria potestad

Artículo 4.204.- La patria potestad se ejerce en el siguiente orden:

I. Por el padre y la madre;

(REFORMADA, G.G. 6 DE MARZO DE 2010)

II. Por los abuelos;

(REFORMADA, G.G. 6 DE MARZO DE 2010)

III. Por los familiares consanguíneos hasta el tercer grado colateral.

(REFORMADO, G.G. 6 DE MARZO DE 2010)

Tratándose de controversia, el Juez decidirá, tomando en cuenta los intereses del menor.

(ADICIONADO, G.G. 7 DE JUNIO DE 2018)

Para el caso, de que la familia de origen o extensa no muestre interés en reincorporar a su núcleo familiar al menor, una vez acreditada la investigación realizada por el Ministerio Público y las áreas de psicología y trabajo social de la Procuraduría de Protección de Niñas, Niños y Adolescentes del Estado de México, no serán llamados a juicio más que los padres.

La patria potestad en caso de separación de la pareja que la ejerce

(REFORMADO PRIMER PÁRRAFO, G.G. 14 DE MARZO DE 2016)

Artículo 4.205.- En caso de separación de quienes ejerzan la patria potestad y no exista acuerdo sobre la custodia, la o el Juez resolverá, quedando preferentemente al cuidado de la madre y atendiendo al interés superior de las niñas, niños y adolescentes.

Quien no tenga la custodia le asiste el derecho de visita.

Artículo 4.206.- (DEROGADO, G.G. 15 DE MAYO DE 2012)

Artículo 4.207.- (DEROGADO, G.G. 6 DE MARZO DE 2010)

CAPÍTULO II
DE LOS EFECTOS DE LA PATRIA POTESTAD CON RESPECTO A LOS BIENES

Administración de los bienes del menor por quien ejerce patria potestad

Artículo 4.208.- Los que ejercen la patria potestad tienen la administración legal de los bienes que les pertenecen a los sujetos a ella y la obligación de realizar actos tendentes a conservar y mejorar su patrimonio.

Administración en el ejercicio conjunto de la patria potestad

Artículo 4.209.- Cuando la patria potestad se ejerza conjuntamente, el administrador de los bienes será nombrado por mutuo acuerdo; pero el designado consultará en todos los negocios a su cónyuge y requerirá su consentimiento expreso para los actos más importantes de la administración.

Representación en juicio al hijo bajo patria potestad

Artículo 4.210.- Uno solo de los que ejercen la patria potestad podrá representar al hijo en juicio; pero no podrá celebrar ningún arreglo para terminarlo, si no es con el consentimiento expreso de su cónyuge, y con la autorización judicial cuando la ley lo requiera expresamente.

Clases de bienes de los sujetos a patria potestad

Artículo 4.211.- Los bienes del sujeto a la patria potestad, se dividen en dos clases:

I. Los que adquiera por su trabajo;

II. Los que adquiera por cualquiera otro título.

Bienes adquiridos por trabajo del sujeto a patria potestad

Artículo 4.212.- Los bienes adquiridos por el trabajo del sujeto a patria potestad le pertenecen en propiedad, administración y usufructo.

Usufructo y administración de bienes adquiridos por otro título

Artículo 4.213.- Los bienes adquiridos por el sujeto a patria potestad por cualquier otro título, le pertenecen la nuda propiedad y la mitad del usufructo; la administración y la otra mitad del usufructo corresponde a las personas que ejerzan la patria potestad. Salvo que el testador o donante, en su caso, disponga otra cosa.

Renuncia al usufructo por quienes ejercen la patria potestad

Artículo 4.214.- Los que ejercen la patria potestad pueden renunciar su derecho a la mitad del usufructo, y se considera como donación.

Obligaciones derivadas del usufructo de bienes del sujeto a patria potestad

Artículo 4.215.- El usufructo de los bienes concedido a las personas que ejerzan la patria potestad conlleva la obligación alimentaria y las impuestas a los usufructuarios, con excepción de la obligación de dar fianza fuera de los casos siguientes:

I. Cuando los que ejerzan la patria potestad han sido declarados en quiebra, o estén concursados;

II. Cuando contraigan ulteriores nupcias;

III. Cuando su administración sea notoriamente ruinosa para los hijos.

Efectos de la administración por el menor, de sus bienes

Artículo 4.216.- Cuando por la ley o por voluntad de quien ejerce la patria potestad el menor tenga la administración de los bienes, se le considerará respecto de la administración como emancipado, con la restricción que establece la ley para enajenar, gravar o hipotecar bienes inmuebles.

Enajenación y gravamen de bienes del sujeto a patria potestad

Artículo 4.217.- Los que ejercen la patria potestad no pueden enajenar ni gravar los bienes que pertenezcan al menor, sino por causa de necesidad o de evidente beneficio para el menor, y previa la autorización del Juez competente.

Tampoco podrán celebrar contratos de arrendamiento por más de cinco años, ni recibir la renta anticipada por más de un año; hacer remisión de deudas; ni dar fianza en representación de los hijos.

Medidas de aseguramiento por venta de bienes del sujeto a patria potestad

Artículo 4.218.- Siempre que el Juez conceda licencia a los que ejercen la patria potestad, para enajenar un bien perteneciente al menor, tomará las medidas necesarias para hacer que el producto de la venta se dedique al objeto a que se destinó, y para que el resto se invierta de la manera más segura y conveniente en favor del menor.

Al efecto, el precio de la venta se depositará en el Tribunal, y la persona que ejerce la patria potestad no podrá disponer de él sin orden judicial.

Extinción del usufructo sobre bienes del sujeto a patria potestad

Artículo 4.219.- El derecho de usufructo concedido a las personas que ejercen la patria potestad, se extingue:

I. Por la terminación de la patria potestad;

II. Por renuncia.

Interés opuesto entre quien ejerza la patria potestad y quien está sujeto a ella

Artículo 4.220.- En los casos en que las personas que ejercen la patria potestad tengan un interés opuesto al de los menores, éstos serán representados en juicio y fuera de él, por un tutor nombrado por el Juez para cada caso.

Medidas para la administración de bienes del sometido a patria potestad

Artículo 4.221.- Los Jueces tienen facultad de tomar las medidas necesarias para impedir que, por la mala administración de quienes ejercen la patria potestad, los bienes del menor se derrochen o se disminuyan.

Estas medidas se tomarán a instancia de las personas interesadas, del menor cuando hubiere cumplido catorce años, o del Ministerio Público, en su caso.

(REFORMADO, G.G. 14 DE MARZO DE 2016)

Entrega de bienes y cuentas por las personas que ejerzan la patria potestad

(REFORMADO, G.G. 14 DE MARZO DE 2016)

Artículo 4.222.- Las personas que ejerzan la patria potestad deben entregar a los que a ella estuvieron sujetos, luego que adquieran la mayoría de edad, todos los bienes y frutos que le pertenecen y tienen obligación de darles cuenta de su administración.

Si existe disminución de los bienes de las niñas, los niños y los adolescentes, por mala administración de la persona de quien ejerció sus derechos, ésta deberá restituir el importe en su totalidad de los daños ocasionados.

CAPÍTULO III
DE LOS MODOS DE ACABARSE Y SUSPENDERSE LA PATRIA POTESTAD

Conclusión de la patria potestad

Artículo 4.223.- La patria potestad se acaba:

I. Con la muerte del que la ejerce;

II. (DEROGADA, G.G. 14 DE MARZO DE 2016)

III. Por la mayoría de edad;

IV. (DEROGADA, G.G. 20 DE AGOSTO DE 2015)

(REFORMADA, G.G. 20 DE AGOSTO DE 2015)

V. Cuando quien la ejerza haya entregado voluntariamente a su hija o hijo en términos de la Ley que regula los Centros de Asistencia Social y las Adopciones en el Estado de México y del Código de Procedimientos Civiles del Estado de México.

(ADICIONADA, G.G. 15 DE MAYO DE 2012)

VI. Cuando los menores se encuentren albergados y abandonados por sus familiares, sin casusa (sic) justificada por más de dos meses, en las instalaciones de instituciones públicas o privadas;

(ADICIONADA, G.G. 15 DE MAYO DE 2012)

VII. Por la exposición que la madre o el padre hiciera de sus hijos.

Pérdida de la patria potestad por sentencia

Artículo 4.224.- La patria potestad se pierde por resolución judicial en los siguientes casos:

I. Cuando el que la ejerza es condenado por delito doloso grave;

(REFORMADO [N. DE E. ESTE PÁRRAFO], G.G. 16 DE AGOSTO DE 2021)

II. Por las costumbres depravadas de los que ejercen la patria potestad, malos tratos, castigo corporal, castigo humillante, cualquier tipo o forma de violencia, incluida la violencia familiar o abandono de sus deberes alimentarios o de guarda o custodia por más de dos meses.

(ADICIONADO, G.G. 29 DE AGOSTO DE 2007)

Quien haya perdido la patria potestad por el abandono de sus deberes alimentarios, podrá recuperar la misma, cuando compruebe que ha cumplido con ésta por más de un año y, en su caso, otorgue garantía anual sobre la misma;

(ADICIONADO, G.G. 19 DE ABRIL DE 2021)

Quien haya perdido la patria potestad por el ejercicio de castigo corporal, castigo humillante o cualquier tipo de violencia, atendiendo a todas las circunstancias del caso y en función del interés superior de la niñez y de la adolescencia, podrá recuperar la misma al acreditar haberse sometido satisfactoriamente a un proceso reeducativo de agresores y métodos de crianza positivos y de buenos tratos hacia niñas, niños y adolescentes, así como contar con visto bueno de la Procuraduría de Protección de Niñas, Niños y Adolescentes. Excepto si la niña, niño o adolescente se encontrara en un proceso de adopción o haya sido adoptado;

(REFORMADA, G.G. 19 DE ABRIL DE 2021)

III. Cuando quienes ejerzan la patria potestad, obliguen a los menores de edad a realizar la mendicidad, trabajo forzado o cualquier otra forma de explotación. En este caso, deberán agotarse las diligencias tendentes a la identificación, búsqueda, localización y valoración de algún núcleo familiar extenso, ampliado o de origen idóneo que pueda asumir la responsabilidad de proporcionar a la niña, niño o adolescente un hogar, medio familiar o entorno que contribuya a su desarrollo físico, mental, espiritual, moral y social.

El acogimiento residencial de niñas, niños y adolescentes será una medida excepcional y temporal en algún Centro de Asistencia Social público o privado autorizado del Estado de México;

IV. (DEROGADA, G.G. 15 DE MAYO DE 2012)

V. (DEROGADA, G.G. 15 DE MAYO DE 2012)

(ADICIONADA, G.G. 7 DE SEPTIEMBRE DEL 2004)

VI. Cuando el que la ejerza sea condenado a la pérdida de ese derecho; y

VII. (DEROGADA, G.G. 15 DE MAYO DE 2012)

(ADICIONADA, G.G. 16 DE ENERO DE 2007)

VIII. Por el incumplimiento injustificado de las determinaciones judiciales que se hayan ordenado al que ejerza la patria potestad, tendientes a corregir actos de violencia familiar, cuando estos actos hayan afectado a sus descendientes.

Suspensión de la patria potestad

Artículo 4.225.- La patria potestad se suspende:

I. Por declaración de estado de interdicción de quien la ejerce;

II. Por la declaración de ausencia;

III. Por sentencia condenatoria que imponga como pena esta suspensión;

IV. Por sustracción o retención indebida del menor por quien no tenga la custodia.

Excusa para ejercer la patria potestad

Artículo 4.226.- La patria potestad no es renunciable, pero a quienes corresponda ejercerla pueden excusarse:

I. Cuando tengan sesenta años cumplidos;

II. Cuando por su mal estado de salud no puedan atender debidamente a su desempeño.

Obligaciones del que pierde la patria potestad

Artículo 4.227.- Los ascendientes aunque pierdan la patria potestad quedan sujetos a todas las obligaciones que tengan para con sus descendientes.

Guarda y custodia en la patria potestad

Artículo 4.228.- Cuando sólo uno de los que ejercen la patria potestad deba hacerse cargo provisional o definitivamente de la guarda y custodia de un menor, se aplicarán las siguientes disposiciones:

I. Los que ejerzan la patria potestad convendrán quién de ellos se hará cargo de la guarda y custodia del menor;

(REFORMADO PRIMER PÁRRAFO, G.G. 24 DE AGOSTO DE 2015)

II. Si no llegan a algún acuerdo, el Juez atendiendo a los elementos de prueba que obren en el sumario, con base en el resultado de las pruebas periciales en materia de psicología familiar que oficiosamente habrán de practicárseles y habiendo escuchado a la niña, niño o adolescente determinará:

(REFORMADO, G.G. 14 DE MARZO DE 2016)

a) El otorgamiento de la guarda y custodia de menores de doce años quedará preferentemente al cuidado de la madre y atendiendo al interés superior de las niñas, niños y adolescentes.

b) (DEROGADO, G.G. 14 DE MARZO DE 2016)

(REFORMADO, G.G. 14 DE MARZO DE 2016)

c) Los mayores de doce años elegirán cuál de sus padres deberá hacerse cargo de ellos, si éstos no eligen el Juez decidirá.

(REFORMADO, G.G. 19 DE ABRIL DE 2021)

En la resolución que ordene cuál de los padres ejercerá la guarda y custodia, se sujetará al interés superior de las niñas, los niños y la adolescencia, velando en todo momento por la integridad física y mental de los hijos, atendiendo las circunstancias específicas que se encaminen a proteger el desarrollo de la familia y a salvaguardar el sano desarrollo de la niñez, quedando estrictamente prohibida la aplicación del castigo corporal o del castigo humillante. En todo caso, deberá practicarse la pericial en psicología familiar a las parejas de los padres, con el fin de verificar las habilidades personales de cuidado de los mismos y la seguridad de la niña, niño o adolescentes de la guarda, custodia y aún de la convivencia.

(ADICIONADO, G.G. 19 DE ABRIL DE 2021)

En su caso, se podrá enviar a instituciones públicas o privadas para adquirir habilidades positivas de cuidado parental y mejorar las relaciones parentales y de crianza.

TÍTULO OCTAVO
DE LA TUTELA Y CURATELA

CAPÍTULO I
DISPOSICIONES GENERALES

Objeto de la tutela

Artículo 4.229.- El objeto de la tutela es la guarda de la persona y de sus bienes, respecto de los que no estando sujetos a la patria potestad tienen incapacidad natural y legal o solamente la segunda, para ejercitar sus derechos y cumplir sus obligaciones por sí mismos. La tutela puede también tener por objeto la representación interina del incapaz en los casos especiales que señale la ley.

En la tutela se cuidará preferentemente de la persona de los incapacitados.

Incapacidad natural y legal

Artículo 4.230.- Tienen incapacidad natural y legal:

I. Los menores de edad;

II. Los mayores de edad disminuidos o perturbados en su inteligencia por trastornos mentales, aunque tengan intervalos lúcidos;

III. Los sordomudos que no sepan leer ni escribir;

IV. Los ebrios consuetudinarios, y los que habitualmente hacen uso inadecuado de estupefacientes, psicotrópicos, o cualquier otra sustancia que altere la conducta y produzca dependencia;

V. Las personas que por cualquier causa física o mental no puedan manifestar su voluntad por algún medio.

Artículo 4.231.- (DEROGADO, G.G. 14 DE MARZO DE 2016)

Características del cargo del tutor

Artículo 4.232.- La tutela es un cargo de interés público del que nadie puede eximirse, sino por causa justificada.

Rehúsa del tutor sin justa causa

Artículo 4.233.- El que se rehusare sin justa causa a desempeñar el cargo de tutor, es responsable de los daños y perjuicios que de su negativa resulten al incapacitado.

Desempeño de la tutela con la curatela

Artículo 4.234.- La tutela se desempeñará por el tutor con intervención del curador, en los términos establecidos por la ley.

Número de tutores y curadores definitivos

Artículo 4.235.- Ningún incapaz puede tener a un mismo tiempo más de un tutor y de un curador definitivos.

Tutor y curador en caso de pluralidad de pupilos

Artículo 4.236.- El tutor y el curador pueden desempeñar respectivamente la tutela o la curatela hasta de tres incapaces. Si éstos son hermanos o son coherederos o legatarios de la misma persona, puede nombrarse un solo tutor y un curador a todos ellos, aunque sean más de tres.

Tutor especial en caso de oposición

Artículo 4.237.- Cuando los intereses de alguno o algunos de los incapaces, sujetos a la misma tutela, fueren opuestos, el tutor lo pondrá en conocimiento al Juez, quien nombrará un tutor especial que defienda los intereses de los incapaces, mientras se decide el punto de oposición.

Impedimentos para ser curador

Artículo 4.238.- Los cargos de tutor y de curador de un incapaz no pueden ser desempeñados al mismo tiempo por una sola persona. Tampoco pueden desempeñarse por personas que tengan entre sí parentesco en cualquier grado de la línea recta, o hasta dentro del cuarto grado de la colateral.

Fallecimiento de tutor o de quien ejerza la patria potestad

Artículo 4.239.- Cuando fallezca un tutor o la persona que ejerza la patria potestad sobre un incapacitado a quien deba nombrarse tutor, su albacea y en caso de intestado, el denunciante de la sucesión o los presuntos herederos, están obligados a dar parte del fallecimiento al Juez competente dentro del plazo de ocho días a fin de que provea a la tutela del pupilo.

Clases de tutela

Artículo 4.240.- La tutela es testamentaria, legítima, dativa o voluntaria.

Declaración de incapacidad para nombrar tutor

Artículo 4.241.- Ninguna tutela puede conferirse sin que previamente se declare el estado de incapacidad de la persona que va a quedar sujeta a ella.

Duración de la tutela en casos de interdicción

Artículo 4.242.- El cargo de tutor de quien padezca trastorno mental, sordomudo que no sepa leer ni escribir, ebrio consuetudinario y de los que habitualmente abusen de estupefacientes, psicotrópicos o de cualquier otra sustancia que altere la conducta y produzca dependencia, durará el tiempo que subsista la interdicción, cuando sea ejercitado por los descendientes o por los ascendientes. El cónyuge sólo tendrá obligación de desempeñar ese cargo mientras conserve ese carácter. Los extraños que desempeñen la tutela de que se trata, tienen derecho de que se les releve de ella a los cinco años de ejercerla.

Casos urgentes de custodia

Artículo 4.243.- El Juez competente, en los casos urgentes pondrá bajo la guarda del Sistema para el Desarrollo Integral de la Familia del Estado, a la persona y bienes del incapaz abandonado o expósito, para su cuidado hasta que se nombre tutor.

CAPÍTULO II
DE LA TUTELA TESTAMENTARIA

Persona facultada para nombrar tutor testamentario

Artículo 4.244.- El ascendiente que ejerza la patria potestad puede nombrar tutor en su testamento a aquellos sobre quienes la ejerza, con inclusión del hijo póstumo.

Cesación de la tutela testamentaria

Artículo 4.245.- Si el testador excluyó de la patria potestad a los abuelos por estar incapacitados o ausentes, la tutela cesará cuando cese el impedimento o se presenten, a no ser que el testador haya dispuesto expresamente que continúe la tutela.

Caso en que el testador no ascendiente puede nombrar tutor testamentario

Artículo 4.246.- El que en su testamento deje bienes, ya sea por legado o por herencia, a un incapaz que no esté bajo su patria potestad, ni bajo la de otro, puede nombrarle tutor solamente para la administración de los bienes.

Nombramiento de tutor en caso de pluralidad de menores

Artículo 4.247.- Si fueren varios los menores podrá nombrárseles un tutor común, o diferente a cada uno de ellos.

Nombramiento de tutor testamentario por padre que ejerce la tutela

Artículo 4.248.- Cualquiera de los padres que ejerza la tutela de un hijo, puede nombrarle tutor testamentario si el otro ha fallecido o no puede ejercerla.

Orden para desempeñar el cargo si son varios los tutores testamentarios

Artículo 4.249.- Cuando se nombren varios tutores, la tutela se desempeñará en el orden establecido por el testador, en su defecto en el orden de nombramiento. La substitución se hará por la excusa o cesación del cargo de tutor.

Reglas para la tutela testamentaria

Artículo 4.250.- Deben observarse las reglas puestas por el testador para la tutela; a no ser que el Juez, oyendo al tutor y al curador, por cualquier causa las estime dañinas a los menores, en cuyo caso podrá dispensarlas o modificarlas.

Nombramiento de tutor interino

Artículo 4.251.- Si por cualquier motivo faltare temporalmente el tutor testamentario, el Juez proveerá de tutor interino.

Nombramiento de tutor testamentario por el adoptante

Artículo 4.252.- El adoptante tiene derecho de nombrar tutor testamentario al hijo.

CAPÍTULO III
DE LA TUTELA LEGÍTIMA DE LOS MENORES

Procedencia de la tutela legítima

Artículo 4.253.- Ha lugar a tutela legítima cuando por cualquier causa no haya quien ejerza la patria potestad, ni tutor testamentario.

Personas a quien corresponde ser tutor legítimo

Artículo 4.254.- La tutela legítima corresponde:

I. A los hermanos, prefiriéndose a los que lo sean por ambas líneas;

II. Por falta o incapacidad de los hermanos, a los demás colaterales dentro del cuarto grado inclusive.

(REFORMADA, G.G. 20 DE AGOSTO DE 2015)

III. Tratándose de niñas, niños y adolescentes abandonados, expósitos o entregados voluntariamente a los Sistemas para el Desarrollo Integral de la Familia y municipales, estos ejercerán la tutela legítima desde el momento en que sean recibidos.

Elección de tutor legítimo por el Juez

Artículo 4.255.- Si hubiere varios parientes del mismo grado, el Juez elegirá al más apto; pero si el menor hubiere cumplido doce años, él hará la elección.

CAPÍTULO IV
DE LA TUTELA LEGÍTIMA DE MAYORES INCAPACES

Tutor legítimo del cónyuge incapacitado

Artículo 4.256.- El cónyuge es tutor legítimo y forzoso del otro incapacitado, a falta de aquél lo serán los hijos.

Designación de tutor en caso de pluralidad de hijos

Artículo 4.257.- Cuando haya más de un hijo, será tutor el que de común acuerdo designen; en su defecto al que viva en compañía del padre o de la madre; siendo varios los que estén en el mismo caso el Juez elegirá al más apto.

Derecho de los padres para ser tutores

Artículo 4.258.- Los padres son de derecho tutores de sus hijos, solteros o viudos, cuando éstos no tengan hijos que puedan desempeñar la tutela, debiéndose poner de acuerdo respecto de cuál de los dos ejercerá el cargo. Faltando uno de ellos ejercerá la tutela el otro.

Otros parientes que deben ser tutores legítimos

Artículo 4.259.- A falta de tutor testamentario y de persona que con arreglo a los artículos anteriores debe desempeñar la tutela, serán llamados a ella: los abuelos; enseguida los hermanos del incapacitado y por último los demás colaterales hasta el cuarto grado; decidiendo, en su caso, el Juez.

Tutor del incapacitado que tenga hijos menores

Artículo 4.260.- El tutor del incapacitado que tenga hijos menores bajo su patria potestad, será también tutor de ellos, si no hay otro ascendiente que legalmente deba serlo.

CAPÍTULO V
DE LA TUTELA LEGÍTIMA DE LOS EXPÓSITOS O ABANDONADOS

Tutela de expósitos y de abandonados

(REFORMADO PRIMER PÁRRAFO, G.G. 15 DE MAYO DE 2012)

Artículo 4.261.- La Ley coloca a los expósitos y a los que sean entregados o abandonados, bajo la tutela del Sistema para el Desarrollo Integral de la Familia del Estado de México y, en su caso, de los Municipales que cuenten con albergues, sin perjuicio que éstos otorguen la guarda y cuidado a alguna institución de asistencia social pública o privada, legalmente reconocida. La Mujer que solicitó mantener en secreto su identidad en el momento del parto y la reserva sobre el nacimiento, deberá entregar inmediatamente al menor al Sistema para el Desarrollo Integral de la Familia del Estado de México.

(REFORMADO, G.G. 22 DE JUNIO DE 2023)

En los casos que los Sistemas Municipales otorguen la guarda y cuidado a instituciones de asistencia social pública o instituciones de asistencia privada legalmente constituidas, deberán notificarlo al Sistema para el Desarrollo Integral de la Familia del Estado de México.

(ADICIONADO, G.G. 20 DE AGOSTO DE 2015)

El Sistema para el Desarrollo Integral de la Familia del Estado de México asumirá la tutela provisional, guarda y custodia de las niñas, niños y adolescentes que ingresen a los Centros de Asistencia Social de carácter público y privado.

CAPÍTULO VI
DE LA TUTELA DATIVA

Casos en que procede la tutela dativa

Artículo 4.262.- La tutela dativa tiene lugar cuando:

I. No haya tutor testamentario ni persona a quien conforme a la ley corresponda la tutela legítima;

II. El tutor testamentario esté impedido temporalmente para ejercer su cargo, y no haya ningún pariente para desempeñarlo legalmente.

Nombramiento de tutor dativo

Artículo 4.263.- El tutor dativo será designado por el menor, si ha cumplido doce años. El Juez competente aprobará la designación.

Si no se aprueba el nombramiento, el Juez le designará tutor.

Nombramiento de tutor dativo a menor de doce años

Artículo 4.264.- Si el menor no ha cumplido doce años, el nombramiento de tutor lo hará el Juez, debiendo recaer en persona idónea para su desempeño.

Artículo 4.265.- (DEROGADO, G.G. 14 DE MARZO DE 2016)

Nombramiento de tutor dativo aunque el pupilo carezca de bienes

Artículo 4.266.- A los menores de edad que no estén sujetos a patria potestad ni a tutela testamentaria o legítima, aunque no tengan bienes, se les nombrará tutor dativo. La tutela en ese caso tendrá por objeto el cuidado de la persona del menor, a efecto de que reciba educación.

Nombramiento de tutor dativo del pupilo que carece de bienes

(REFORMADO, G.G. 22 DE JUNIO DE 2023)

Artículo 4.267.- En el caso del artículo anterior la tutela se desempeñará obligatoriamente por las instituciones de asistencia social pública o instituciones de asistencia privada legalmente constituidas. Puede el Juez nombrar como tutores a otras personas, que sean convenientes a los intereses de los menores y estén conformes en su desempeño gratuito.

Nombramiento de tutor dativo que adquiere bienes

Artículo 4.268.- Al menor que no teniendo bienes los adquiera, se le nombrará tutor dativo.

CAPÍTULO VII
DE LA TUTELA VOLUNTARIA

Nombramiento de tutor voluntario por personas capaces

Artículo 4.269.- Las personas capaces pueden designar tutor y curador, así como sus substitutos, para el caso de que llegare a caer en estado de interdicción.

Forma para designar tutor voluntario

(REFORMADO, G.G. 18 DE DICIEMBRE DE 2014)

Artículo 4.270.- Las designaciones anteriores, deben constar en escritura pública, con los requisitos del testamento público abierto, y podrán ser revocables en cualquier tiempo y momento con la misma formalidad por parte de los otorgantes.

En caso de muerte, incapacidad, excusa, remoción, no aceptación o relevo del cargo del tutor designado, desempeñará la tutela quien o quienes sean sustitutos.

Instrucciones al tutor voluntario

(REFORMADO, G.G. 18 DE DICIEMBRE DE 2014)

Artículo 4.271.- Al hacer la designación podrá instruir, en la escritura pública correspondiente, sobre el cuidado de su persona, tratamiento médicos y cuidados, la forma de administrar sus bienes, y en general todo lo referente a sus derechos y obligaciones.

Requisitos para ser tutor voluntario

Artículo 4.272.- Si al hacerse la designación de tutor o curador voluntarios, éstos no reúnen los requisitos para desempeñar el cargo, será válida la designación si los satisfacen al momento de desempeñarse.

Requisitos para el desempeño de tutor voluntario

Artículo 4.273.- A falta o incapacidad de los tutores o curadores designados, se estará a las reglas de la tutela legítima.

(ADICIONADO, G.G. 18 DE DICIEMBRE DE 2014)

El tutor voluntario que se excuse de ejercer la tutela, perderá todos los derechos inherentes a la tutela del incapaz.

CAPÍTULO VIII
DE LOS IMPEDIMENTOS PARA EL DESEMPEÑO DE LA TUTELA Y DE LA SEPARACIÓN DEL CARGO DE TUTOR

Personas que no pueden desempeñar la tutela

Artículo 4.274.- No pueden ser tutores:

I. Los que hayan sido removidos o privados para desempeñar este cargo por sentencia;

II. Los que hayan sido condenados por delito doloso;

III. Los que no tengan modo honesto de vivir o sean de notoria mala conducta;

IV. Los servidores públicos de la administración de justicia;

V. El que padezca enfermedad crónica contagiosa;

VI. Los que hayan causado un daño en su persona o en sus bienes al incapaz;

(REFORMADA [N. DE E. ADICIONADA], G.G. 19 DE ABRIL DE 2021)

VII. Los que mediante resolución judicial se haya acreditado que han ejercido castigo corporal, castigo humillante o violencia contra niños, niñas, adolescentes, pupilos o pupilas, aun cuando no sea constitutivo de delito, y

(ADICIONADA [N. DE E. REFORMADA], G.G. 19 DE ABRIL DE 2021)

VIII. Los demás a quienes a criterio del Juez no garanticen el bien material y moral de la niña, niño o adolescente.

Reglas para la separación del cargo de tutor

Artículo 4.275.- Serán separados de la tutela:

I. Los que dejen de caucionar la administración de los bienes;

II. Los que se conduzcan indebidamente en el desempeño de la tutela;

III. Los comprendidos en el artículo anterior, cuando se compruebe alguno de dichos supuestos;

IV. Los que abandonen el cargo por más de tres meses.

Obligación para reclamar la separación del tutor

(REFORMADO, G.G. 6 DE AGOSTO DE 2015)

Artículo 4.276.- La Procuraduría de Protección de Niñas, Niños y Adolescentes, el Ministerio Público y los parientes del pupilo tienen la obligación de promover la separación de los tutores.

Suspensión del cargo de tutor por delito doloso

Artículo 4.277.- El tutor que fuere procesado por delito doloso, quedará suspendido de su cargo desde el auto de formal prisión o de sujeción a proceso, hasta que se dicte sentencia irrevocable.

Nuevo nombramiento de tutor

Artículo 4.278.- En el caso de que trata el artículo anterior, se proveerá a la tutela conforme a la ley.

Reasunción del cargo de tutor

Artículo 4.279.- Absuelto el tutor, volverá al ejercicio de su cargo.

CAPÍTULO IX
DE LAS EXCUSAS PARA EL DESEMPEÑO DE LA TUTELA

Causas de excusa para ser tutor

Artículo 4.280.- Pueden excusarse de ser tutores:

I. Los servidores públicos;

II. Los militares en servicio activo;

III. Los que tengan bajo su patria potestad tres o más descendientes;

IV. Los que por su mal estado de salud no pueden atender debidamente la tutela;

V. Los que tengan más de sesenta años;
VI. Los que tengan a su cargo otra tutela o curaduría.

Nombramiento de tutor interino

Artículo 4.281.- Mientras que se califica el impedimento o la excusa, el Juez nombrará un tutor interino.

Efectos de la excusa del tutor testamentario

Artículo 4.282.- El tutor testamentario que se excuse de ejercer la tutela, perderá todo derecho a lo que le hubiere dejado el testador por este concepto.

Efectos de la negativa a ejercer la tutela

Artículo 4.283.- El tutor que sin excusa o desechada la que hubiere propuesto no desempeñe la tutela, pierde el derecho que tenga para heredar al incapacitado que muera intestado, y es responsable de los daños y perjuicios. Igual sanción se aplica a la persona a quien corresponda la tutela legítima, si habiendo sido legalmente citada, no se presenta al Juez manifestando su parentesco con el incapaz.

CAPÍTULO X
DE LA GARANTÍA QUE DEBEN PRESTAR LOS TUTORES

Garantía que se debe otorgar para ejercer la tutela

Artículo 4.284.- El tutor, para asegurar su manejo, antes de que se le discierna el cargo, otorgará garantía que podrá consistir:
I. En hipoteca o prenda;
II. En fianza;
III. Depósito en efectivo.

Tutores exentos de dar garantía

Artículo 4.285.- Están exceptuados de la obligación de dar garantía, salvo resolución judicial que ordene lo contrario:
I. Los tutores testamentarios, cuando expresamente los haya relevado de esta obligación el testador;

II. El tutor que no administre bienes;

III. El cónyuge, los hijos, los padres y los abuelos;

IV. Los que acojan a un menor abandonado, lo alimenten y eduquen por más de cinco años, a no ser que hayan recibido pensión para cuidar de él.

Medidas para conservar los bienes del pupilo

Artículo 4.286.- La garantía que otorguen los tutores no impide que el Juez, a petición del menor si ha cumplido doce años o de sus parientes con derecho a heredar, dicte las providencias que estime necesarias para la conservación de los bienes del pupilo.

Garantía del tutor coheredero del pupilo

Artículo 4.287.- Si el tutor es coheredero del incapaz, y éste no tiene más bienes que los hereditarios, no se le podrá exigir al tutor otra garantía que la de su misma porción hereditaria, a no ser que esa porción no iguale a la mitad de la porción del incapaz, pues en tal caso se igualará la garantía.

Reglas para determinar el monto de la garantía

Artículo 4.288.- El monto de la garantía se determinará:

I. Por el importe de las rentas de los bienes en los dos últimos años;

II. Por los intereses de los capitales o inversiones, durante ese mismo tiempo;

III. Por el valor de los bienes muebles;

IV. Por el de los productos de las fincas rústicas en dos años, calculados por peritos, o por el término medio en un quinquenio, a elección del Juez;

V. En las negociaciones mercantiles e industriales, por el 20% del importe de las inversiones.

Aumento o disminución de la garantía

Artículo 4.289.- La garantía que otorguen los tutores se aumentará o disminuirá en la misma medida que lo sean los bienes del incapacitado.

Efectos de no otorgar garantía

Artículo 4.290.- Si el tutor, dentro de un mes después de aceptado su nombramiento, no pudiere dar la garantía, se procederá al nombramiento de nuevo tutor.

Designación de tutor interino

Artículo 4.291.- En tanto no se otorgue la garantía por el tutor, administrará previo inventario los bienes un tutor interino, quien sólo realizará los actos indispensables para su conservación y percepción de los productos. Para cualquier otro acto requerirá autorización judicial.

Cuenta anual del tutor y prueba de la garantía

Artículo 4.292.- El tutor presentará cuenta anual, y probará la existencia de la garantía.

CAPÍTULO XI
DEL DESEMPEÑO DE LA TUTELA

Nombramiento de curador para desempeñar la tutela

Artículo 4.293.- Cuando el tutor tenga que administrar bienes no podrá entrar a la administración sin que antes se nombre curador, excepto en el caso de los expósitos o abandonados.

Obligaciones del tutor

Artículo 4.294.- El tutor está obligado a:

I. Alimentar y educar, convenientemente y de acuerdo a los intereses y demás circunstancias del incapacitado con conocimiento del Juez;

II. Destinar preferentemente los recursos del incapacitado a la atención médica o a su rehabilitación, debiendo informar al Juez cuando haya petición legítima sobre la evolución que presente;

III. Hacer el inventario del patrimonio del incapacitado, dentro del plazo que el Juez designe que no será mayor de tres meses, con intervención del curador y del menor si ha cumplido doce años y goza de discernimiento;

IV. Administrar el patrimonio de los incapacitados. El pupilo será consultado para los actos importantes de la administración, cuando tenga discernimiento. La administración de los bienes que el pupilo ha adquirido con su trabajo le corresponde a él;

V. Representar al incapacitado en juicio y fuera de él, en todos los actos civiles, excepto para contraer matrimonio, para reconocer hijos, para formular testamento y de otros estrictamente personales;

VI. Solicitar la autorización judicial para todo lo que legalmente no pueda hacer sin ella.

Medidas para evitar la enajenación de bienes del menor

Artículo 4.295.- Si las rentas del menor no alcanzan a cubrir los gastos de su alimentación y educación, el Juez decidirá si ha de ponérsele a aprender un oficio o adoptarse otro medio para evitar la enajenación de los bienes.

Medidas para garantizar el cuidado de los pupilos

(REFORMADO PRIMER PÁRRAFO, G.G. 7 DE SEPTIEMBRE DEL 2004)

Artículo 4.296.- Si los pupilos carecen de bienes y no tienen parientes que estén obligados a alimentarlos, o si teniéndolos no pueden hacerlo, el tutor, con autorización del Juez, los pondrá bajo el cuidado del Sistema para el Desarrollo Integral de la Familia del Estado de México o de los Sistemas Municipales que cuenten con albergues.

El tutor no queda eximido de su cargo.

Obligación de hacer inventarios

Artículo 4.297.- La obligación de hacer inventarios no puede ser dispensada.

Límites de la tutela hasta que se haga inventario

Artículo 4.298.- Mientras que el inventario no estuviere formado, la tutela debe limitarse a los actos de mera protección a la persona y conservación de los bienes del incapacitado.

Adición al inventario

Artículo 4.299.- El inventario será adicionado con los bienes que vaya adquiriendo el incapacitado.

Alteración o modificación del inventario

Artículo 4.300.- El inventario se alterará o modificará por error u omisión, sólo con resolución judicial, a petición del pupilo, del curador o de cualquier pariente.

Aprobación judicial de gastos de administración

Artículo 4.301.- El tutor, dentro del primer mes de ejercer su cargo fijará, con aprobación del Juez, la cantidad que haya de invertirse en gastos de administración. Cualquier modificación deberá hacerse también con aprobación judicial.

Acreditamiento de gastos al rendir cuentas

Artículo 4.302.- El tutor debe justificar, al rendir sus cuentas, que efectivamente han sido gastadas dichas sumas en sus respectivos objetivos.

Comercio o industria del pupilo

Artículo 4.303.- Si entre los bienes del menor sujetos a tutela se encuentra algún comercio o industria, el Juez, con informe de dos peritos, decidirá si ha de continuar o no la negociación.

Inversión del dinero sobrante de la administración

Artículo 4.304.- En la administración por la tutela, cualquier dinero que resulte sobrante se invertirá inmediatamente, de la mejor manera.

Requisitos para que el tutor enajene o grave bienes

Artículo 4.305.- El tutor no puede enajenar ni gravar los bienes del pupilo, si no es satisfaciendo los mismos requisitos que se exigen a los que ejercen la patria potestad.

Requisitos para que el tutor transija o comprometa en árbitros

Artículo 4.306.- Los tutores no pueden transigir ni comprometer en árbitros, ni nombrar a éstos, en los negocios de los pupilos, sino con aprobación judicial, oyendo al curador.

Prohibición al tutor y sus parientes para adquirir derechos sobre bienes del pupilo

Artículo 4.307.- El tutor no podrá adquirir o gravar bienes del pupilo ni derechos patrimoniales del mismo, para sí o sus parientes por consanguinidad o afinidad en cualquier grado; si contraviene lo anterior, será causa de remoción.

Casos en que el tutor o sus parientes pueden adquirir derechos sobre bienes del pupilo

Artículo 4.308.- Cesa la prohibición del artículo anterior, respecto de la venta de bienes, en el caso de que el tutor o sus parientes allí mencionados sean coherederos, partícipes o socios del incapacitado.

Pago de créditos al tutor

Artículo 4.309.- El tutor no podrá hacerse pago de sus créditos contra el incapacitado sin la conformidad del curador y la aprobación judicial.

Prohibiciones del tutor

Artículo 4.310.- El tutor no podrá, respecto de los bienes del pupilo, celebrar contratos de arrendamiento por más de cinco años, ni recibir la renta anticipada por más de un año; hacer remisión de deudas; ni dar fianza.

Autorización judicial para que el pupilo sea mutuatario o donante

Artículo 4.311.- Sin autorización judicial no puede el tutor recibir dinero en mutuo ni hacer donaciones en nombre del incapacitado.

Facultades del tutor sobre el pupilo

Artículo 4.312.- El tutor tiene, respecto del menor, las mismas facultades que se conceden a los que ejercen la patria potestad.

Reglas para el cónyuge tutor

Artículo 4.313.- Cuando uno de los cónyuges sea tutor del otro por incapacidad, se observarán las disposiciones siguientes:

I. Si se requiere legalmente el consentimiento del cónyuge incapacitado, se suplirá por el Juez, con audiencia del curador;

II. En los casos de intereses opuestos entre el cónyuge tutor y el incapacitado, se le nombrará un tutor especial para ese caso, a petición del curador o del Ministerio Público.

Retribución al tutor

Artículo 4.314.- El tutor tiene derecho a una retribución por el desempeño del cargo, que podrá fijar el testador o prudentemente el Juez, según el valor de los bienes.

Pérdida del derecho del tutor a ser remunerado

Artículo 4.315.- El tutor no tendrá derecho a remuneración si contrae matrimonio con el pupilo sin la dispensa respectiva.

CAPÍTULO XII
DE LAS CUENTAS DE LA TUTELA

Periodo en que el tutor rinde cuentas

Artículo 4.316.- El tutor está obligado a rendir al Juez cuenta detallada de su administración, en el mes de enero de cada año, sea cual fuere la fecha en que se hubiere discernido el cargo.

Esta obligación no es dispensable.

Cuenta final o exigida por el curador

Artículo 4.317.- También tiene obligación de rendir cuentas al concluir la tutela, o cuando por causas graves que calificará el Juez, las exija el curador.

Pago al tutor de los gastos cubiertos con su peculio

Artículo 4.318.- Deben pagarse al tutor los gastos hechos de su peculio, con motivo de la administración de los bienes del incapacitado.

Artículo 4.319.- El tutor que sea sustituido, o su sucesión, rendirá cuentas al nuevo tutor.

Cancelación de la garantía por aprobación de cuentas

Artículo 4.320.- La garantía dada por el tutor se cancelará, cuando las cuentas hayan sido aprobadas.

Nulidad de convenio entre tutor y pupilo

(REFORMADO, G.G. 14 DE MARZO DE 2016)

Artículo 4.321.- Es nulo todo convenio entre el tutor y el pupilo mayor de edad relativo a la administración de la tutela o a las cuentas, que se celebre dentro del primer mes de que se rindan las mismas.

CAPÍTULO XIII
DE LA EXTINCIÓN DE LA TUTELA

Causas de extinción de la tutela

Artículo 4.322.- La tutela se extingue:

I. Por la muerte del pupilo o porque desaparezca su incapacidad;

II. Cuando el incapacitado sujeto a tutela entre a la patria potestad, por reconocimiento o por adopción.

CAPÍTULO XIV
DE LA ENTREGA DE LOS BIENES AL CONCLUIR LA TUTELA

Obligación del tutor de entregar los bienes del pupilo

Artículo 4.323.- Concluida la tutela, el tutor está obligado a entregar los bienes y documentos del incapacitado, conforme al balance que se practique al respecto.

Periodo para entregar los bienes

Artículo 4.324.- La entrega de bienes debe ser hecha durante el mes siguiente a la terminación de la tutela y no se suspenderá por estar pendiente la rendición de cuentas; cuando los bienes sean muy cuantiosos o estuvieren ubicados en diversos lugares, el Juez puede fijar un plazo prudente para la conclusión de la entrega.

Obligación del nuevo tutor

Artículo 4.325.- El tutor que entre al cargo, sucediendo a otro, está obligado a exigir la entrega de bienes y cuentas al que le ha precedido. Si no la exige, es responsable de los daños y perjuicios.

Pago de gastos por la entrega de bienes y cuenta

Artículo 4.326.- La entrega de los bienes y la cuenta de la tutela se efectuarán a costa del incapacitado.

En caso de dolo o culpa de parte del tutor, serán por su cuenta los gastos.

Saldo a favor o en contra del tutor

Artículo 4.327.- El saldo que resulte a favor o en contra del tutor, producirá intereses legales. En el primer caso correrán desde que entregue los bienes y haga el requerimiento legal; y en el segundo desde el mes en que deba entregar los bienes.

Prescripción de las acciones relativas a la administración de la tutela

Artículo 4.328.- Todas las acciones relativas a la administración de la tutela, que el incapacitado tenga contra su tutor o los garantes de éste, prescriben en cuatro años, contados desde el momento en que concluye la tutela.

Prescripción de otras acciones

Artículo 4.329.- Si la tutela concluyó durante la minoría de edad, el menor tendrá las acciones correspondientes contra el primer tutor y los que le hubieren sucedido en el cargo, contándose el plazo desde el día en que llegue a la mayoría de edad. Tratándose de los demás incapaces, el plazo se computará desde que cese la incapacidad.

CAPÍTULO XV
DEL CURADOR

Curador en caso de administración de bienes

Artículo 4.330.- Todos los sujetos a tutela, tendrán además un curador, excepto en los casos en que el tutor no administre bienes.

Curador interino

Artículo 4.331.- Cuando se nombre tutor interino, también se nombrará curador con el mismo carácter, si no lo hubiere, estuviere impedido, se excuse o se separe.

Excusas e impedimentos para los curadores

Artículo 4.332.- Las disposiciones respecto a los impedimentos y excusas de los tutores, serán aplicables a los curadores.

Legitimación para nombrar curador

Artículo 4.333.- Los que tienen derecho a nombrar tutor, lo tienen para nombrar curador.

Obligaciones del curador

Artículo 4.334.- El curador está obligado a:

I. Defender los derechos del incapacitado en juicio o fuera de él en el caso de que estén en oposición con los del tutor;

II. Vigilar el desempeño del tutor y a poner en conocimiento del Juez todo aquello que considere que pueda ser perjudicial al incapacitado;

III. Solicitar al Juez que haga el nombramiento del tutor, cuando éste faltare o abandonare la tutela;

IV. Cumplir las demás obligaciones que la ley le señale.

Incumplimiento de las obligaciones del curador

Artículo 4.335.- El curador que incumpla los deberes que le impone la ley, será responsable de los daños y perjuicios que cause al incapacitado.

Derecho del curador a ser relevado

Artículo 4.336.- El curador tiene derecho a ser relevado del cargo cuando lo solicite.

Remuneración al curador

Artículo 4.337.- El curador percibirá la remuneración que determine el Juez, si realizare gastos en el desempeño de su cargo le serán cubiertos.

(REFORMADA SU DENOMINACIÓN, G.G. 14 DE MARZO DE 2016)

TÍTULO NOVENO
DE LA MAYORÍA DE EDAD

(DEROGADO CON EL ARTÍCULO QUE LO INTEGRA, G.G. 14 DE MARZO DE 2016)

CAPÍTULO I

Artículo 4.338.- (DEROGADO, G.G. 14 DE MARZO DE 2016)

CAPÍTULO II
DE LA MAYORÍA DE EDAD

Comienzo de la mayoría de edad

Artículo 4.339.- La mayoría de edad comienza al cumplir dieciocho años.

Efectos legales de la mayoría de edad

Artículo 4.340.- El mayor de edad dispone libremente de su persona y de sus bienes, salvo las limitaciones que establece la ley.

TÍTULO DÉCIMO
DE LOS AUSENTES

CAPÍTULO I
DE LAS MEDIDAS PROVISIONALES EN CASO DE AUSENCIA

Medidas jurídicas sobre los bienes del ausente

Artículo 4.341.- Cuando se ignore el lugar donde se encuentre una persona, el Juez, a petición de parte, nombrará un depositario de sus bienes, y dictará las providencias necesarias para conservarlos, asimismo se le citará por edictos conforme a la ley.

Personas que pueden designarse depositarios de los bienes del ausente

Artículo 4.342.- Se nombrará depositario de los bienes del ausente:

I. A su cónyuge;

II. A uno de los hijos que resida en el lugar. Si hubiere varios, el Juez decidirá;

III. A su ascendiente más próximo;

IV. A falta de los anteriores o cuando por su notoria mala conducta o ineptitud, no sea conveniente designarlos depositarios, el Juez nombrará al presunto heredero; si hubiere varios, éstos lo elegirán entre ellos, en caso contrario será el Juez quien decida.

Nombramiento judicial de representante del ausente

Artículo 4.343.- Transcurrido el plazo de la citación por edictos sin que el ausente comparezca, el Juez procederá a nombrarle representante.

Legitimación para pedir el nombramiento de depositario o representante

Artículo 4.344.- Tienen acción para pedir el nombramiento de depositario o de representante, quien tenga interés legítimo.

Orden de las personas para ser nombrados representantes

Artículo 4.345.- En el nombramiento de representantes se seguirá el orden establecido para los depositarios.

Facultades y obligaciones del representante del ausente

Artículo 4.346.- El representante del ausente es el administrador de sus bienes, y tiene las mismas obligaciones, facultades y restricciones que los tutores. En caso de que no otorgue la garantía dentro del plazo, se nombrará otro representante.

Artículo 4.347.- La representación concluye con:

I. El regreso del ausente;

II. La presencia de apoderado;

III. La muerte del ausente;

IV. La posesión provisional.

Plazo para publicar otros edictos

Artículo 4.348.- Cada tres meses, a partir de la fecha en que hubiere sido nombrado el representante, se publicarán nuevos edictos llamando al ausente.

CAPÍTULO II
DE LA DECLARACIÓN DE AUSENCIA

Plazo para pedir la declaración de ausencia

(REFORMADO, G.G. 24 DE AGOSTO DE 2012)

Artículo 4.349.- Pasado un año desde el día en que haya sido nombrado el representante, habrá acción para pedir la declaración de ausencia.

Plazo para pedir la declaración de ausencia cuando hay apoderado general

(REFORMADO, G.G. 24 DE AGOSTO DE 2012)

Artículo 4.350.- Existiendo apoderado general, no podrá pedirse la declaración de ausencia sino pasado un año y medio, que se contará desde la desaparición del ausente, si en este período no se tuvieren ningunas noticias suyas, o desde la fecha en que se hayan tenido las últimas.

Apoderado por más de tres años del ausente

Artículo 4.351.- Lo dispuesto en el artículo anterior se observará aún cuando el poder se haya conferido por más de tres años.

Obligación del apoderado del ausente a otorgar garantía

(REFORMADO, G.G. 24 DE AGOSTO DE 2012)

Artículo 4.352.- Pasados un año y medio, las personas legitimadas para solicitar la declaración de ausencia, pueden pedir que el apoderado otorgue garantía, en los términos en que debe hacerlo el representante. Si no lo hiciere se nombrará representante.

Legitimación para pedir declaración de ausencia

Artículo 4.353.- Pueden pedir la declaración de ausencia:

I. Los presuntos herederos;

II. Los que tengan algún derecho u obligación que dependan de la vida, muerte o presencia del ausente;

III. El Ministerio Público.

Procedimiento de declaración de ausencia

Artículo 4.354.- El procedimiento de declaración de ausencia se sujetará a las disposiciones relativas del Código procesal.

CAPÍTULO III
DE LOS EFECTOS DE LA DECLARACIÓN DE AUSENCIA

Presentación del testamento del declarado ausente

Artículo 4.355.- Declarada la ausencia, si hubiere testamento, la persona en cuyo poder se encuentre lo presentará al Juez, dentro de quince días siguientes a que cause ejecutoria la resolución respectiva.

Lectura por el Juez del testamento del ausente

Artículo 4.356.- El Juez, de oficio o a instancia de parte interesada leerá el testamento en presencia del representante del ausente, con citación de los que promovieron la declaración de ausencia, y con las demás solemnidades prescritas según la clase de testamento de que se trate.

Posesión provisional de bienes del ausente a sus herederos

Artículo 4.357.- Los designados como herederos testamentarios, y en su defecto, los presuntos herederos legítimos del ausente si tienen capacidad legal para administrar, serán puestos en la posesión provisional de los bienes, dando garantía que asegure las resultas de la administración.

Administración de bienes que admiten cómoda división

Artículo 4.358.- Si son varios los presuntos herederos y los bienes admiten cómoda división, cada uno administrará la parte que le correspondería al dividirse la masa hereditaria, otorgando cada uno la garantía respectiva.

Administración de bienes que no admiten cómoda división

Artículo 4.359.- Si los bienes no admiten cómoda división, los presuntos herederos elegirán de entre ellos un administrador general, y si no se pusieren de acuerdo, el Juez lo nombrará de entre los mismos herederos, quien otorgará la caución correspondiente.

Nombramiento de interventor por los presuntos herederos

Artículo 4.360.- Los presuntos herederos que no tengan la administración, podrán nombrar un interventor, que tendrá las facultades y obligaciones señaladas a los curadores. Sus honorarios serán pagados por quienes lo nombren.

Obligaciones y facultades de quien recibe la posesión provisional

Artículo 4.361.- Al que se le otorgue la posesión provisional, tendrá, respecto de los bienes, las mismas obligaciones, facultades y restricciones que los tutores.

Acciones sobre los bienes del ausente

Artículo 4.362.- Los legatarios, donatarios y los que tengan sobre los bienes del ausente derechos que dependan de la muerte o presencia de éste, podrán ejercitarlos, dando la garantía que corresponda a los tutores.

Obligaciones que deben cesar a la muerte del ausente

Artículo 4.363.- Los que tengan obligaciones que deban cesar a la muerte del ausente, podrán suspender su cumplimiento otorgando la misma garantía.

Importe de las garantías

Artículo 4.364.- Si no puede otorgarse la garantía prevenida en los artículos anteriores, el Juez, según las circunstancias de las personas y de los bienes, podrá disminuir el importe de aquélla, pero de modo que no sea menor de la tercera parte del valor de los bienes del ausente.

Efectos de la falta de garantía

Artículo 4.365.- Mientras no se otorgue la garantía, no cesará la administración del representante.

Personas no obligadas a otorgar garantía

Artículo 4.366.- No están obligados a dar garantía, el cónyuge, los descendientes y los ascendientes que como presuntos herederos entren en posesión de los bienes del ausente, por la parte que les corresponda.

Incomparecencia de presuntos herederos del ausente

Artículo 4.367.- Si hecha la declaración de ausencia no se presentaren presuntos herederos del ausente, a criterio del Juez podrá continuar el representante del ausente o se pondrá en posesión provisional de los bienes al Sistema para el Desarrollo Integral de la Familia del Estado como presunto heredero.

Muerte del presunto heredero del ausente

Artículo 4.368.- Muerto el que haya obtenido la posesión provisional, le sucederán sus herederos, bajo las mismas condiciones y con iguales garantías.

Presencia o existencia del ausente

Artículo 4.369.- Si el ausente se presenta o se prueba su existencia antes de que sea declarada la presunción de muerte, recobrará sus bienes. Los que han tenido la posesión provisional, tendrán derecho a los frutos industriales y a la mitad de los frutos naturales y civiles.

CAPÍTULO IV
DE LA ADMINISTRACIÓN DE LOS BIENES DEL AUSENTE CASADO BAJO EL RÉGIMEN DE SOCIEDAD CONYUGAL

Efectos de la ausencia en relación a la sociedad conyugal

Artículo 4.370.- La declaración de ausencia suspende la sociedad conyugal, a menos que en las capitulaciones matrimoniales se estipule lo contrario.

Inventario por declaración de ausencia

Artículo 4.371.- Declarada la ausencia, se procederá, con citación de los presuntos herederos al inventario de los bienes y a la separación de los que deben corresponder al cónyuge ausente.

Entrega de sus bienes al cónyuge del ausente

Artículo 4.372.- El cónyuge presente recibirá los bienes que le correspondan hasta el día en que la resolución de ausencia haya causado ejecutoria. De esos bienes podrá disponer libremente.

CAPÍTULO V
DE LA PRESUNCIÓN DE MUERTE DEL AUSENTE

Declaración judicial de presunción de muerte

(REFORMADO, G.G. 24 DE AGOSTO DE 2012)

Artículo 4.373.- Cuando haya transcurrido un año y medio desde la declaración de ausencia, el Juez, a instancia de parte, declarará la presunción de muerte.

Respecto de las personas que hayan desaparecido por causa de guerra, de un siniestro, desastre o secuestro, bastará que hayan transcurrido tres meses, contados desde su desaparición, para que pueda hacerse la declaración de presunción de muerte, sin que en esos casos sea necesario que previamente se declare su ausencia; pero sí se tomarán las medidas provisionales relacionadas con sus bienes.

Efectos de la declaración de presunción de muerte

Artículo 4.374.- Declarada la presunción de muerte, se procederá a denunciar la sucesión correspondiente. Los poseedores provisionales rendirán cuenta de su administración.

Presencia del presunto muerto

Artículo 4.375.- Si el presunto muerto se presentare o se probare su existencia después de otorgada la posesión definitiva, recobrará sus bienes en el estado en que se hallen, el precio de los enajenados, o los que se hubieren adquirido con el mismo; pero no podrá reclamar frutos.

TÍTULO DÉCIMO PRIMERO
DEL PATRIMONIO DE FAMILIA

Bienes que comprende el patrimonio familiar

Artículo 4.376.- Son objeto del patrimonio de familia:
I. La casa habitación;
II. En algunos casos, una parcela cultivable.

Efectos de la constitución del patrimonio de familia

Artículo 4.377.- La constitución del patrimonio de familia no transmite la propiedad de los bienes que lo forman, a los miembros de la familia beneficiaria. Sólo da derecho a disfrutar de esos bienes.

Personas que tienen derecho sobre el patrimonio de familia

Artículo 4.378.- Tienen derecho de habitar la casa y de aprovechar los frutos de la parcela, el cónyuge del que lo constituye, las personas a quienes tiene obligación de dar alimentos o los miembros de la familia a favor de quien se constituya el patrimonio familiar. Este derecho es intransmisible.

Representación de los beneficiarios ante terceros

Artículo 4.379.- Los beneficiarios de los bienes afectos al patrimonio de familia serán representados en sus relaciones con tercero, en todo lo que al patrimonio se refiere, por el que lo constituyó, en su defecto, por el que nombre la mayoría.

El representante tendrá también la administración de dichos bienes.

Régimen jurídico del patrimonio de familia

Artículo 4.380.- Los bienes afectos al patrimonio de familia son inalienables, y no estarán sujetos a ningún gravamen.

Patrimonio familiar único

Artículo 4.381.- Cada familia sólo puede tener un patrimonio familiar.

(REFORMADO, G.G. 20 DE DICIEMBRE DE 2016)

Valor máximo del patrimonio familiar

Artículo 4.382.- El valor máximo de los bienes afectos al patrimonio familiar, será el equivalente a diez mil veces el valor diario de la Unidad de Medida y Actualización vigente al momento de constituirse.

(F. DE E., G.G. 3 DE FEBRERO DE 2016)

Requisitos para constituir patrimonio familiar

(REFORMADO PRIMER PÁRRAFO, G.G. 6 DE ENERO DE 2016)

Artículo 4.383.- La persona que quiera constituir un patrimonio familiar, lo manifestará por escrito en documento físico o en su caso electrónico al Juez de la ubicación del inmueble precisando las características del mismo y comprobando:

(REFORMADA, G.G. 14 DE MARZO DE 2016)

I. Que es mayor de edad.

II. La existencia de la familia a cuyo favor se va a constituir el patrimonio;

III. Que son propiedad del constituyente los bienes destinados al patrimonio, y que no reportan gravámenes fuera de las servidumbres;

IV. Que el valor de los bienes que van a constituir el patrimonio no excede del fijado en la ley.

Constitución del patrimonio familiar

Artículo 4.384.- Satisfechos los requisitos anteriores, el Juez aprobará la constitución del patrimonio de familia y ordenará su inscripción en el Registro Público de la Propiedad correspondiente.

Ampliación del patrimonio familiar

Artículo 4.385.- Cuando el valor de los bienes afectos al patrimonio de familia sea inferior al máximo fijado, podrá ampliarse hasta ese valor. La ampliación se sujetará al mismo procedimiento que para su constitución.

Derecho a exigir la constitución del patrimonio familiar

Artículo 4.386.- Cuando haya peligro de que quien tiene obligación de dar alimentos pierda sus bienes por mala administración o porque los esté dilapidando, los acreedores alimentistas por sí o a través de sus representantes, tendrán derecho de exigir judicialmente que se constituya el patrimonio de familia.

Restricción a la constitución del patrimonio de familia

Artículo 4.387.- La constitución del patrimonio de familia no puede hacerse en fraude de acreedores.

Obligación de la familia

Artículo 4.388.- Constituido el patrimonio de familia, ésta tiene obligación de habitar la casa y de cultivar la parcela. El Juez del lugar en que esté constituido el patrimonio puede, por justa causa autorizar para que se dé en arrendamiento o aparcería, hasta por un año.

Causas de extinción del patrimonio familiar

Artículo 4.389.- El patrimonio de familia se extingue cuando:

I. Todos lo (sic) beneficiarios cesen de tener derecho de percibir alimentos;

II. Sin causa justificada la familia deje de habitar por un año la casa o de cultivar por su cuenta por dos años consecutivos la parcela;

III. Se demuestre que hay necesidad o notoria utilidad para la familia;

IV. Se decrete expropiación de los bienes;

V. Así lo decidan los interesados.

Declaración judicial de extinción del patrimonio familiar

Artículo 4.390.- La declaración de extinción del patrimonio la hará el Juez competente. En caso de expropiación no es necesaria la declaración.

Indemnización por expropiación o siniestro

Artículo 4.391.- La indemnización por expropiación y la proveniente del pago del seguro a consecuencia del siniestro sufrido por los bienes afectos al patrimonio familiar, se depositará en una institución de crédito, a fin de crear un nuevo patrimonio de familia. Estas cantidades son inembargables durante un año.

Si no se constituye dentro del plazo de seis meses el nuevo patrimonio, los miembros de la familia o el acreedor alimentario pueden exigirlo.

Transcurrido un año desde que se hizo el depósito, sin que hubiere promovido la constitución del patrimonio, la cantidad depositada se entregará al dueño de los bienes.

En los casos de necesidad o de evidente utilidad, puede el Juez autorizar al dueño del depósito, para disponer de él antes de que transcurra el año.

Disminución del patrimonio familiar

Artículo 4.392.- Puede disminuirse el patrimonio de familia, cuando se demuestre que su disminución es necesaria o de notoria utilidad para la familia.

Obligación de disminuir el patrimonio familiar

Artículo 4.393.- Debe disminuirse el patrimonio familiar, cuando éste ha rebasado en más de un cien por ciento el valor máximo establecido por la ley.

Presencia del Ministerio Público en la extinción o reducción

(REFORMADO, G.G. 9 DE AGOSTO DE 2012)

Artículo 4.394.- En la extinción y en la reducción del patrimonio de familia, el Juez deberá velar por la protección del interés superior de los menores e incapaces.

Efectos de la extinción del patrimonio familiar

Artículo 4.395.- Extinguido el patrimonio de familia los bienes que lo formaban vuelven al pleno dominio del que lo constituyó o pasan a sus herederos si aquél ha muerto.

TÍTULO DÉCIMO SEGUNDO
DE LA PROTECCIÓN CONTRA LA VIOLENCIA FAMILIAR

Denuncia de violencia familiar

(REFORMADO, G.G. 6 DE MARZO DE 2010)

Artículo 4.396.- Toda persona que sufriese violencia familiar por parte de alguno de los integrantes del grupo familiar, podrá interponer demanda de estos hechos ante el Juez de Primera Instancia, en términos del Código de Procedimientos Civiles.

(ADICIONADA SU DENOMINACIÓN, G.G. 6 DE MARZO DE 2010)

Concepto de grupo familiar

(REFORMADO, G.G. 29 DE AGOSTO DE 2007)

Artículo 4.397.- Para los efectos del presente título se entiende por:

I. Violencia familiar: Toda acción, omisión o abuso, que afecte la integridad física, psicológica, moral, sexual, patrimonial y/o la libertad de una persona en el ámbito del grupo familiar aún cuando se configure un delito:

(REFORMADO, G.G. 6 DE MARZO DE 2010)

a. Violencia psicológica: Es cualquier acto u omisión que dañe la estabilidad psicológica, que puede consistir en: discriminación de género, negligencia, abandono, descuido reiterado, celotipia, insultos, humillaciones, devaluación, marginación, desamor, indiferencia, infidelidad, comparaciones destructivas, rechazo, restricción a la autodeterminación y amenazas, las cuales pueden conllevar a la víctima a la depresión, al aislamiento, a la devaluación de su autoestima e incluso al suicidio.

Generar sentimientos negativos, odio, desprecio, rencor o rechazo hacia uno de los progenitores, tendrá como consecuencia únicamente la suspensión o pérdida de la guarda y custodia del menor.

b. Violencia física: Es cualquier acto que infringe daño no accidental, usando la fuerza física o algún tipo de arma u objeto que pueda provocar o no lesiones ya sean internas, externas, o ambas.

c. Violencia patrimonial: Es cualquier acto u omisión que afecta la supervivencia de la víctima. Se manifiesta en: la transformación, sustracción, destrucción, retención o distracción de objetos, documentos personales, bienes y valores, derechos patrimoniales o recursos económicos destinados a satisfacer sus necesidades y puede abarcar los daños a los bienes comunes o propios del receptor de violencia.

d. Violencia sexual: Es cualquier acto que degrada o daña el cuerpo y/o la sexualidad del receptor de violencia y que por tanto atenta contra su libertad, dignidad e integridad física. Es una expresión de abuso de poder que implica la supremacía del generador de violencia hacia el receptor de la violencia.

(REFORMADO, G.G. 6 DE MARZO DE 2010)

e. Cualesquiera otras formas análogas que lesionen o sean susceptibles de dañar la dignidad, libertad, integridad física o psicológica de los integrantes del grupo familiar.

II. Grupo familiar: Conjunto de personas vinculadas por relaciones de: intimidad, mutua consideración y apoyo, parentesco, filiación o convivencia fraterna; o bien, tengan alguna relación conyugal o de concubinato;

III. Receptor de Violencia: Persona que sufre el maltrato físico, psicológico, sexual y/o daño patrimonial;

IV. Generador de violencia: Persona que a través de su acción, omisión o abuso lesiona los derechos de los miembros del grupo familiar; y

V. (DEROGADA, G.G. 6 DE MARZO DE 2010)

(ADICIONADO, G.G. 14 DE MARZO DE 2016)

Medidas de protección contra la violencia familiar

Artículo 4.397 Bis.- Las medidas de protección constituyen un derecho para quienes sufran de cualquiera de los tipos de violencia descritos en el artículo anterior, se otorgarán de oficio y conforme a la ley.

(ADICIONADO, G.G. 14 DE MARZO DE 2016)

Artículo 4.397 Ter.- Las medidas de protección son personalísimas e intransferibles y serán las previstas en el Código de Procedimientos Civiles del Estado de México.

La duración de las medidas de protección será de acuerdo con las necesidades del caso concreto.

Artículo 4.398.- (DEROGADO, G.G. 16 DE ENERO DE 2007)

Artículo 4.399.- (DEROGADO, G.G. 16 DE ENERO DE 2007)

Artículo 4.400.- (DEROGADO, G.G. 16 DE ENERO DE 2007)

Artículo 4.401.- (DEROGADO, G.G. 16 DE ENERO DE 2007)

Artículo 4.402.- (DEROGADO, G.G. 16 DE ENERO DE 2007)

(ADICIONADO, G.G. 6 DE MARZO DE 2010)

TÍTULO DÉCIMO TERCERO
DEL CONCUBINATO

(REFORMADO, G.G. 1 DE NOVIEMBRE DE 2022)

Definición del concubinato

Artículo 4.403.- Se considera concubinato la relación de hecho que tienen dos personas, que sin estar casadas y sin impedimentos legales para contraer matrimonio, viven juntas, haciendo una vida en común por un período mínimo de un año; no se requerirá para la existencia del concubinato el periodo antes señalado, cuando reunidos los demás requisitos, tengan hijos o hijas en común.

(REFORMADO, G.G. 1 DE NOVIEMBRE DE 2022)

Derechos y obligaciones que nacen del concubinato

Artículo 4.404.- Las personas en concubinato tienen los derechos y obligaciones alimentarias, de familia, hereditarios y de protección contra la violencia familiar reconocidos en el presente Código y en otras disposiciones legales, así como los establecidos para los cónyuges, en todo aquello que les sea aplicable, sobre todo los dirigidos a la protección de las mujeres de las hijas y los hijos.

LIBRO QUINTO
DE LOS BIENES

TÍTULO PRIMERO
DISPOSICIONES GENERALES

Concepto de bienes

Artículo 5.1.- Son bienes las cosas que pueden ser objeto de apropiación y que no estén excluidas del comercio.

Bienes excluidos del comercio

Artículo 5.2.- Las cosas están excluidas del comercio por su naturaleza o por disposición de ley.

Bienes fuera del comercio por su naturaleza o por ley

Artículo 5.3.- Están fuera del comercio por su naturaleza las que no pueden ser poseídas físicamente por algún individuo exclusivamente; y por disposición de la ley las que ella declara irreductibles a propiedad particular.

TÍTULO SEGUNDO
CLASIFICACIÓN DE LOS BIENES

CAPÍTULO I
DE LOS BIENES INMUEBLES

Bienes que se consideran inmuebles

Artículo 5.4.- Son bienes inmuebles:

I. El suelo y las construcciones adheridas a él;

II. Las plantas y árboles, mientras estuvieren unidos a la tierra, y sus frutos mientras no sean separados de ellos;

III. Todo lo que esté unido a un inmueble de una manera fija, de modo que no pueda separarse sin deterioro del mismo o del objeto a él adherido;

IV. Los palomares, colmenas, estanques de peces o criaderos análogos, cuando el propietario los conserve con el propósito de mantenerlos unidos al inmueble y formando parte de él de un modo permanente;

V. Las máquinas, instrumentos o utensilios destinados por el propietario del inmueble, directa o exclusivamente a la industria o explotación del mismo;

VI. Los fertilizantes, herbicidas, fungicidas, insecticidas, semillas y en general las sustancias para la preservación, cultivo y mantenimiento de la tierra que se encuentren en los inmuebles o unidades de producción en donde hayan de utilizarse;

VII. El equipamiento y accesorios adheridos al suelo o a los edificios de éstos, salvo convenio en contrario;

VIII. Los acueductos o tuberías de cualquier tipo que sirvan para conducir los líquidos o gases a un inmueble, o para extraerlos de él;

IX. Los animales que formen el pie de cría en los predios rústicos destinados total o parcialmente al ramo de ganadería, así como los de trabajo indispensables para el cultivo del inmueble mientras están destinadas a ese objeto;

X. Los diques y construcciones que, aún cuando sean flotantes, estén destinados por su objeto y condiciones a permanecer en un punto fijo de un río, lago o costa;

XI. Los derechos reales sobre inmuebles.

Inmuebles que recobran su calidad de muebles

Artículo 5.5.- Los bienes muebles, que se hayan considerado como inmuebles, conforme al artículo anterior, recobrarán su calidad de muebles, cuando el propietario los separe de la finca, salvo el caso de que en el valor de ésta se haya calculado el de aquellos, para constituir un derecho real a favor de un tercero.

CAPÍTULO II
DE LOS BIENES MUEBLES

Muebles por su naturaleza

Artículo 5.6.- Son bienes muebles por su naturaleza, los que pueden trasladarse de un lugar a otro, ya sea por sí mismos, o por efecto de una fuerza exterior.

Muebles por decisión de la ley

Artículo 5.7.- Son bienes muebles por disposición de la ley, las obligaciones y los derechos o acciones que tienen por objeto cosas muebles o cantidades exigibles en virtud de acción personal.

Otros muebles por disposición de la ley

Artículo 5.8.- Por igual razón se reputan muebles, los títulos que cada socio tiene en las asociaciones y sociedades, aún cuando a éstas pertenezcan algunos bienes inmuebles.

Bienes muebles fungibles o no fungibles

Artículo 5.9.- Los bienes muebles son fungibles y no fungibles. Los primeros son los que pueden ser reemplazados por otros de la misma especie, calidad y cantidad; los segundos los que no reúnen esa característica.

CAPÍTULO III
DE LOS BIENES CONSIDERADOS SEGÚN LAS PERSONAS A QUIENES PERTENECEN

Bienes del poder público o de propiedad privada

Artículo 5.10.- Los bienes son de dominio del poder público o de propiedad de los particulares.

Bienes que son del poder público

Artículo 5.11.- Son bienes del dominio del poder público los que pertenecen a la Federación, a los estados o a los municipios.

Regulación de los bienes del poder público

Artículo 5.12.- Los bienes de dominio del poder público se regirán por las leyes especiales y en lo que no se opongan a éstas por lo dispuesto en este Código.

Clases de bienes del poder público

Artículo 5.13.- Los bienes de dominio del poder público se dividen en bienes de uso común, bienes destinados a un servicio público y bienes propios.

Bienes del poder público que son inalienables e imprescriptibles

Artículo 5.14.- Los bienes de uso común y los destinados a un servicio público son inalienables, imprescriptibles y no pueden estar sujetos a gravamen.

Características de los bienes de uso común o destinados al servicio público

Artículo 5.15.- Los bienes de uso común, pueden ser aprovechados por todas las personas, con las restricciones establecidas por la ley.

Los bienes del servicio público, son los destinados a un fin específico y que pueden ser aprovechados en términos de las disposiciones legales.

Sanciones por impedir o estorbar el provecho de los bienes de uso común

Artículo 5.16.- Los que impidan o estorben el aprovechamiento de los bienes de uso común, están obligados a pagar daños y perjuicios y perderán las obras que hubieren ejecutado, independientemente de las penas a que pudieran hacerse acreedores.

Bienes propios del poder público

Artículo 5.17.- Son bienes propios del poder público, los que no están destinados al uso común o a un servicio público.

Enajenación de bienes propios del poder público

Artículo 5.18.- La enajenación de los bienes propios del poder público, se hará conforme a las leyes especiales y a falta de ellas, conforme a las disposiciones para la propiedad privada.

Bienes de propiedad particular

Artículo 5.19.- Son bienes propiedad de los particulares los que les pertenecen legalmente y no puede aprovecharse ninguno sin su consentimiento o autorización de la ley.

CAPÍTULO IV
DE LOS BIENES MOSTRENCOS

Concepto de bienes mostrencos

Artículo 5.20.- Son bienes mostrencos los muebles abandonados y los perdidos cuyo dueño se ignore.

Entrega y destino de un bien mostrenco

Artículo 5.21.- El que hallare un bien mostrenco, deberá entregarlo a la autoridad municipal quien mandará depositarlo, valuarlo y en su caso, venderlo.

Entrega del bien mostrenco a su propietario

Artículo 5.22.- Si dentro de un mes comparece el propietario, le será entregado el bien o el precio del mismo de inmediato, con deducción de los gastos.

Venta del bien mostrenco

Artículo 5.23.- Si transcurrido el plazo legal, no se presentara el propietario, o no justifica la propiedad, se procederá a la venta en almoneda pública y se entregará el veinticinco por ciento al denunciante y el resto se remitirá al Sistema para el Desarrollo Integral de la Familia del municipio en que fuese encontrado el bien.

CAPÍTULO V
DE LOS BIENES VACANTES

Concepto de bien vacante

Artículo 5.24.- Son bienes vacantes los inmuebles que no tienen dueño cierto y conocido.

Denuncia de existencia de bien vacante

Artículo 5.25.- El que tenga conocimiento de la existencia de bienes vacantes, hará la denuncia respectiva ante el Ministerio Público del lugar en donde se ubiquen los bienes.

Adjudicación del bien vacante al Estado

Artículo 5.26.- Si el Ministerio Público, considera procedente la denuncia del bien vacante, lo informará a las autoridades competentes del Poder Ejecutivo para que éstas ejerciten la acción que corresponda a fin de que se incorpore al patrimonio del Estado.

Beneficio al denunciante de bien vacante

Artículo 5.27.- El denunciante recibirá la cuarta parte del valor catastral.

TÍTULO TERCERO
DE LA POSESIÓN

Concepto de posesión

Artículo 5.28.- Es poseedor de un bien el que ejerce sobre él un poder de hecho. Posee un derecho el que lo goza.

Posesión originaria o derivada

Artículo 5.29.- Cuando en virtud de un acto jurídico el propietario entrega a otro un bien, concediéndole el derecho de retenerlo temporalmente en su poder en calidad de usufructuario, arrendatario, acreedor pignoraticio, depositario, comodatario u otro título análogo, los dos son poseedores. El que lo posee a título de propietario tiene una posesión originaria; el otro, una posesión derivada.

Restitución de la posesión

Artículo 5.30.- En caso de despojo, el poseedor originario tiene derecho de que sea restituido el que tenía la posesión derivada, y si éste no puede o no quiere recobrarla, aquel puede pedir la posesión para sí mismo.

Presencia de posesión originaria

Artículo 5.31.- Cuando una persona tiene en su poder un bien por una situación de dependencia respecto del propietario, y la retiene en provecho de éste en cumplimiento de las órdenes e instrucciones que de él ha recibido, no se le considera poseedor.

Bienes y derechos susceptibles de posesión

Artículo 5.32.- Sólo pueden ser objeto de posesión los bienes y derechos que sean susceptibles de apropiación.

Legitimación para adquirir la posesión

Artículo 5.33.- Puede adquirirse la posesión por la persona que va a disfrutarla, su representante legal, su mandatario o un tercero sin mandato alguno; en este último caso no se entenderá adquirida la posesión hasta que la persona a cuyo nombre se haya verificado el acto posesorio, lo ratifique.

Posesión en caso de bien indiviso

Artículo 5.34.- Cuando varias personas poseen un bien indiviso podrá cada una de ellas ejercer actos posesorios sobre el mismo, con tal que no excluya los actos posesorios de los otros coposeedores.

Presunción de posesión del bien dividido

Artículo 5.35.- Se entiende que cada uno de los partícipes de un bien que se posee en común, ha poseído por todo el tiempo que duró la indivisión, la parte que al dividirse le tocare.

La posesión presume la propiedad, con sus excepciones

Artículo 5.36.- La posesión da al que la tiene, la presunción de propietario. El que posee en virtud de un derecho personal, o de un derecho real distinto de la propiedad, no se presume propietario; pero si es poseedor de buena fe, tiene a su favor la presunción de haber obtenido la posesión del propietario del bien o derecho poseído.

Requisitos para reivindicar un mueble robado o perdido

Artículo 5.37.- El poseedor de un bien mueble perdido o robado no podrá recuperarlo de un tercero de buena fe que lo haya adquirido en almoneda o de un comerciante legalmente establecido, sin reembolsar al poseedor el precio que hubiere pagado por el bien. El recuperante tiene derecho de repetir contra el vendedor.

Reivindicación improcedente de la moneda y títulos al portador

Artículo 5.38.- La moneda y los títulos al portador no pueden ser reivindicados del adquirente de buena fe, aunque el poseedor haya sido desposeído de ellos contra su voluntad.

Presunción de posesión de tiempo intermedio

Artículo 5.39.- El poseedor actual que pruebe haber poseído en tiempo anterior, tiene a su favor la presunción de haber poseído en el intermedio.

La posesión de un inmueble presume la de sus muebles

Artículo 5.40.- La posesión de un inmueble hace presumir la de los bienes muebles que se hallen en él.

Mantenimiento o restitución de la posesión

Artículo 5.41.- Todo poseedor debe ser mantenido o restituido en la posesión contra aquellos que no tengan mejor derecho para poseer.

Es mejor la posesión que se funda en título, y cuando se trata de inmuebles, la que esté inscrita. A falta de título o siendo iguales, la más antigua.

Si la posesión fuere dudosa, se pondrá el bien en depósito hasta que se resuelva a quién pertenece la posesión.

Plazo para ejercer el interdicto de recuperar la posesión

Artículo 5.42.- Para que el poseedor tenga derecho al interdicto de recuperar la posesión se necesita que no haya pasado un año desde que se verificó el despojo.

Posesión que sigue siendo continua

Artículo 5.43.- Se reputa como nunca perturbado o despojado, el que judicialmente fue mantenido o restituido en la posesión.

Posesión de buena y mala fe

Artículo 5.44.- Es poseedor de buena fe el que entra en la posesión en virtud de un título suficiente para darle derecho de poseedor. También lo es el que ignora los vicios de su título que le impiden poseer con derecho.

Es poseedor de mala fe el que entra a la posesión sin título alguno para poseer; lo mismo que el que conoce los vicios de su título que le impiden poseer con derecho.

Se entiende por título la causa generadora de la posesión.

Presunción de buena fe

Artículo 5.45.- La buena fe se presume siempre, salvo prueba en contrario.

Derechos del poseedor de buena fe

Artículo 5.46.- El poseedor de buena fe, que haya adquirido la posesión por título traslativo de dominio tiene los derechos siguientes:

I. Hacer suyos los frutos percibidos mientras su buena fe no es interrumpida;

II. Que se le paguen los gastos necesarios y los útiles, teniendo derecho de retener el bien poseído hasta que se haga el pago;

III. Retirar las mejoras voluntarias, si no se causa daño en el bien mejorado o reparando el que se cause al retirarlas;

IV. Que se les paguen los gastos para la producción de los frutos naturales e industriales que no hace suyos por estar pendientes al tiempo de interrumpirse la posesión; teniendo derecho al interés legal sobre el importe de esos gastos desde el día en que los haya hecho.

Obligaciones del poseedor de buena fe

Artículo 5.47.- El poseedor de buena fe a que se refiere el artículo anterior no responde del deterioro o pérdida del bien poseído, aunque haya ocurrido por hecho propio, pero sí responde de la utilidad que haya obtenido de su pérdida o deterioro.

Obligaciones del poseedor por menos de un año, de mala fe

Artículo 5.48.- El que posee por menos de un año, a título traslativo de dominio y con mala fe, siempre que no haya obtenido la posesión por un medio delictuoso está obligado a:

I. Restituir los frutos percibidos;

II. Responder de la pérdida o deterioro del bien sobrevenidos por su culpa o por caso fortuito o fuerza mayor; a no ser que pruebe que éstos se habrían causado aunque el bien hubiere estado poseído por su propietario. No responde de la pérdida sobrevenida natural e inevitablemente por el sólo transcurso del tiempo.

Derechos del poseedor de mala fe

Artículo 5.49.- El poseedor a que se refiere el artículo anterior, tiene derecho a que se le reembolsen los gastos necesarios.

Derechos del poseedor por mas de un año de mala fe

Artículo 5.50.- El que posee en concepto de propietario por más de dos años, pacífica, continua y públicamente aunque su posesión sea de mala fe, con tal de que no sea delictuosa, tiene derecho a:

I. Las dos terceras partes de los frutos industriales que haga producir al bien, perteneciendo otra tercera parte al propietario, si reivindica el bien antes de que se prescriba;

II. Que se le abonen los gastos necesarios y a retirar las mejoras útiles, si es dable separarlas sin detrimento del bien.

Pérdida de derechos del poseedor por más de un año de mala fe

Artículo 5.51.- El poseedor a que se refiere el artículo anterior no tiene derecho a los frutos naturales y civiles que produzca el bien que posee, y responde de la pérdida o deterioro sobrevenidos por su culpa.

Consecuencias de la posesión adquirida por delito

Artículo 5.52.- El poseedor que haya adquirido la posesión por algún hecho delictuoso, está obligado a restituir los frutos que haya producido el bien y a indemnizar por los que haya dejado de producir por omisión culpable.

Tiene también la obligación de responder por la pérdida o deterioro del bien sobrevenido por su culpa, caso fortuito o fuerza mayor.

Las mejoras voluntarias en la posesión

Artículo 5.53.- Las mejoras voluntarias no son abonables a ningún poseedor, pero el de buena fe puede retirarlas conforme a este Código.

Los frutos naturales, industriales y civiles

Artículo 5.54.- Se entienden percibidos los frutos naturales o industriales desde que se alzan o separan. Los frutos civiles se producen día por día, y pertenecen al poseedor en esta proporción, luego que son debidos, aunque no los haya recibido.

Gastos necesarios

Artículo 5.55.- Son gastos necesarios los que están prescritos por la ley, y aquellos sin los que el bien se pierda o deteriore.

Gastos útiles

Artículo 5.56.- Son gastos útiles los que, sin ser necesarios, aumenten el valor o productos del bien.

Gastos voluntarios

Artículo 5.57.- Son gastos voluntarios los que sirven sólo al ornato del bien, o al placer o comodidad del poseedor.

Mejoras naturales

Artículo 5.58.- Las mejoras provenientes de la naturaleza o del tiempo, son en beneficio del que haya vencido en la posesión.

Concepto de posesión pacífica

Artículo 5.59.- Posesión pacífica es la que se adquiere sin violencia.

Concepto de posesión continua

Artículo 5.60.- Posesión continua es la que no se ha interrumpido por alguno de los medios señalados en este Código.

Concepto de posesión pública

Artículo 5.61.- Posesión pública es la que se disfruta de manera que pueda ser conocida de todos y la inscrita en el Registro Público de la Propiedad.

Presunción del mismo título para poseer

Artículo 5.62.- Se presume que la posesión se sigue disfrutando en el mismo concepto en que se adquirió, salvo prueba en contrario.

Pérdida de la posesión

Artículo 5.63.- La posesión se pierde por:

I. Abandono;

II. Cesión;

III. Destrucción o pérdida del bien o por quedar éste fuera del comercio;

IV. Resolución judicial;

V. Despojo, si la desposesión dura más de un año;

VI. Reivindicación del propietario;

VII. Expropiación.

Pérdida de posesión de derechos

Artículo 5.64.- Se pierde la posesión de los derechos cuando es imposible ejercitarlos.

TÍTULO CUARTO
DE LA PROPIEDAD Y LOS MEDIOS DE ADQUIRIRLA

CAPÍTULO I
DISPOSICIONES GENERALES

Derechos derivados de la propiedad

Artículo 5.65.- El propietario de un bien puede gozar y disponer de él con las limitaciones y modalidades que fijan las leyes.

Prohibición de ocupar la propiedad sin consentimiento

Artículo 5.66.- La propiedad no puede ser ocupada contra la voluntad de su propietario, sino en los casos y con las condiciones que establezcan las leyes.

Acciones para impedir el mal uso de la propiedad

Artículo 5.67.- El propietario o el poseedor derivado, tiene derecho a ejercitar las acciones que procedan para impedir que, por el mal uso de la propiedad del vecino, se perjudiquen las construcciones, seguridad, la tranquilidad o la salud de los que habiten el inmueble.

Limitaciones al derecho de propiedad

Artículo 5.68.- En un inmueble no pueden hacerse excavaciones o construcciones que hagan perder el sostén necesario al suelo de la propiedad vecina; a menos que se hagan las obras de consolidación indispensables.

Función social de la propiedad

Artículo 5.69.- El derecho de propiedad no podrá ejercitarse sólo para causar perjuicios a un tercero, sin utilidad para el propietario.

Derecho de deslindar la propiedad

Artículo 5.70.- Todo propietario tiene derecho de deslindar su propiedad.

Prohibiciones al propietario

Artículo 5.71.- Nadie puede construir cerca de una pared ajena o de copropiedad, fosos, cloacas, acueductos, hornos, fraguas, chimeneas, establos; ni instalar depósitos de materias corrosivas, máquinas de vapor o fábricas destinadas a usos que puedan ser peligrosos o nocivos sin guardar las distancias prescritas por las disposiciones legales, sus reglamentos y las administrativas, o sin construir las obras de resguardo necesarias con sujeción a estas últimas; a falta de éstas, lo que se determine por dictamen pericial.

Los perjudicados con las construcciones efectuadas en contravención a lo dispuesto en el párrafo anterior tendrán acción para pedir su destrucción o para que se efectúen las obras de resguardo necesarias.

Distancia para el plantado de árboles

Artículo 5.72.- Nadie puede plantar árboles cerca de un inmueble ajeno, sino a la distancia de dos metros de la línea divisoria, si la plantación se hace de árboles grandes, y de un metro si la plantación se hace de arbustos o árboles pequeños.

Arboles plantados a menos de dos metros

Artículo 5.73.- El propietario puede pedir que se arranquen los árboles plantados a menor distancia de su inmueble de la señalada en el artículo que precede, y hasta cuando sea mayor, si es evidente el daño que los árboles le causen.

Corte de árboles en su extensión

Artículo 5.74.- Si las ramas o raíces de los árboles se extienden sobre inmuebles ajenos, el propietario de éstos tendrá derecho de que se corten en cuanto se extiendan sobre su propiedad.

Obligación de evitar que aguas pluviales invadan inmueble ajeno

Artículo 5.75.- El propietario de una edificación está obligado a construir sus tejados y azoteas de tal manera que las aguas pluviales no caigan sobre el predio vecino.

CAPÍTULO II
DE LOS FRUTOS DE LOS BIENES

Frutos que pertenecen al propietario

Artículo 5.76.- Pertenecen al propietario de un bien, los frutos naturales, industriales y civiles que produzca.

Frutos naturales

Artículo 5.77.- Son frutos naturales las producciones espontáneas de la tierra, las crías y demás productos de los animales.

Persona a quien pertenecen las crías

Artículo 5.78.- Las crías de los animales pertenecen al propietario de la hembra, salvo convenio en contrario.

Tiempo desde que a los animales se les considera frutos

Artículo 5.79.- Para que los animales se consideren frutos, basta que estén en el vientre de la hembra.

Frutos industriales

Artículo 5.80.- Son frutos industriales los de cualquier especie que producen los inmuebles, mediante el cultivo o trabajo.

Momento desde que se consideran frutos naturales o industriales

Artículo 5.81.- Se consideran frutos naturales o industriales desde que están manifiestos o nacidos.

Frutos civiles

Artículo 5.82.- Son frutos civiles, las rentas de los bienes, los rendimientos financieros y todos aquellos que vienen de ellos por contrato, testamento o ley.

Obligación del que percibe los frutos

Artículo 5.83.- El que percibe los frutos tiene la obligación de pagar los gastos hechos por un tercero para su producción, recolección y conservación.

CAPÍTULO III
DE LA OCUPACIÓN

Presunción de propiedad de los animales sin marca

Artículo 5.84.- Los animales sin marca se presumen propiedad del dueño del inmueble donde se encuentren, salvo prueba en contrario.

Propiedad de animales nacidos en inmueble de explotación común

Artículo 5.85.- Los animales sin marca que se encuentren en tierras de propiedad particular, que exploten en común varias personas, se presumen del dueño de la cría de la misma especie y raza en ellos establecidos, mientras no se pruebe lo contrario. Si dos o más fueren dueños de la misma especie o raza, mientras no haya pruebas de que los animales pertenecen a alguno de ellos, se reputarán de propiedad común.

Concepto de tesoro

Artículo 5.86.- Son tesoros los bienes muebles ocultos, cuya procedencia se ignore, y que tengan un valor estimable en dinero.

Persona a quien pertenece el tesoro

Artículo 5.87.- El tesoro pertenece al que lo descubre en su propiedad. Si la propiedad fuere de un tercero, corresponderá al descubridor la mitad del tesoro y la otra mitad al propietario.

Los tesoros que tengan valor histórico, científico o cultural, serán exclusivamente del dominio del poder público.

Caso en que el tesoro sólo pertenece al propietario del inmueble

Artículo 5.88.- El tesoro descubierto en inmueble ajeno, por obras practicadas sin consentimiento de su propietario, pertenece íntegramente a éste y tendrá derecho a que le cubran daños y perjuicios.

Convenio sobre búsqueda de tesoro

Artículo 5.89.- Si el tesoro se busca con consentimiento del propietario del inmueble, se observará el convenio que se hubiere hecho y en su defecto los gastos y lo descubierto se distribuirá por partes iguales.

El tesoro en relación al usufructuario

Artículo 5.90.- El usufructuario no tiene derecho a participar del tesoro si no es descubridor, pero sí lo tiene por la indemnización de daños y perjuicios causados por la búsqueda.

CAPÍTULO IV
DEL DERECHO DE ACCESIÓN

La propiedad da derecho a lo accesorio

Artículo 5.91.- La propiedad de los bienes da derecho a todo lo que se les une o incorpora natural o artificialmente.

Accesión por aluvión

Artículo 5.92.- El acrecentamiento que por aluvión reciben los inmuebles confinantes con corrientes de agua, pertenecen a los propietarios de las riveras en que el aluvión se deposite.

Inmueble colindante con lagunas o estanques

Artículo 5.93.- Los propietarios de los inmuebles confinantes con las lagunas o estanques no adquieren el terreno descubierto por la disminución natural de las aguas, ni pierden el que éstas inunden con las crecidas extraordinarias.

Accesión por avulsión

Artículo 5.94.- Cuando la fuerza del río arranca una porción considerable y reconocible de un campo ribereño y la lleva a otro inferior, o a la ribera opuesta, el propietario de la porción arrancada puede reclamar su propiedad, haciéndolo dentro de dos años contados desde el acaecimiento, pasado este plazo perderá su derecho de propiedad, a menos que el propietario del campo a que se unió la porción arrancada, no haya aún tomado posesión de ella.

Reclamo y accesión de árboles

Artículo 5.95.- Los árboles arrancados y transportados por la corriente de las aguas pertenecen al propietario del terreno a donde vayan a parar, si no los reclaman dentro de dos meses los antiguos dueños. Si éstos los reclaman, deberán pagar los gastos ocasionados.

Formación de isla

Artículo 5.96.- Cuando la corriente del río se divide en dos brazos o ramales, dejando aislado un inmueble o parte de él, el propietario no lo pierde, sino en la parte ocupada por las aguas, salvo lo que disponga la ley.

Al inmueble pertenecen las accesiones

Artículo 5.97.- Todo lo que se incorpora a un bien, lo edificado, plantado y sembrado, y lo reparado o mejorado en inmueble ajeno, pertenece al propietario del mismo, con sujeción a lo que se dispone en este capítulo.

Presunción de ser el dueño del inmueble quien haga las accesiones

Artículo 5.98.- Todas las obras, siembras y plantaciones, así como las mejoras y reparaciones ejecutadas en un inmueble, se presumen hechas por el propietario y a su costa, mientras no se pruebe lo contrario.

Accesiones de un inmueble hechas con bienes ajenos

Artículo 5.99.- El que siembre, plante o edifique en un inmueble propio con semillas, plantas o materiales ajenos, adquiere la propiedad, pero con la obligación de pagarlos y de resarcir daños y perjuicios si ha procedido de mala fe.

Derechos del propietario de semillas, plantas o materiales

Artículo 5.100.- El propietario de las semillas, plantas o materiales nunca tendrá derecho de pedir que se le devuelvan destruyéndose la obra o plantación; pero si las plantas no han echado raíces y pueden sacarse, el dueño de ellas tiene derecho de pedir que así se haga.

Reivindicación de semillas y materiales

Artículo 5.101.- Cuando las semillas o los materiales no estén aún aplicados en su objeto ni confundidos con otros, pueden reivindicarse por el dueño.

La accesión en inmueble de propietario de buena fe

Artículo 5.102.- El propietario del inmueble en que se edifique, siembre o plante de buena fe, tendrá derecho de hacer suya la obra, previo el pago respectivo, o de obligar al que edificó o plantó a pagarle el precio del terreno, y al que sembró solamente su renta.

La accesión en inmueble de propietario de mala fe

Artículo 5.103.- Si el propietario del inmueble en que se edifique, siembre o plante ha procedido de mala fe, solo tendrá derecho de que se le pague el valor de la renta o el precio del terreno, en sus respectivos casos.

La accesión de mala fe en inmueble ajeno

Artículo 5.104.- El que edifica, planta o siembra de mala fe en inmueble ajeno, pierde lo edificado, plantado o sembrado, sin que tenga derecho de reclamar indemnización al propietario, ni de retener el bien.

Derechos del propietario de inmueble con accesiones de mala fe

Artículo 5.105.- El propietario del inmueble en que se haya edificado con mala fe, podrá pedir la demolición de las obras y la reposición de los bienes en su estado original a costa del edificador.

Mala fe del propietario y del que hace la accesión

Artículo 5.106.- Cuando haya mala fe de ambas partes se procederá como si hubieren actuado de buena fe.

Presunción de mala fe del edificador

Artículo 5.107.- Se presume que hay mala fe del edificador, plantador o sembrador, cuando lo hace o permite que se haga con materiales propios en inmueble que sabe que es ajeno.

Presunción de mala fe del propietario

Artículo 5.108.- Se presume mala fe del propietario del inmueble, cuando tolere la edificación, siembra o plantación.

La accesión con materiales de terceros

Artículo 5.109.- Si los materiales, plantas o semillas pertenecen a un tercero que no ha procedido de mala fe, el propietario del inmueble es responsable subsidiariamente del valor de aquellos, siempre que se den las circunstancias siguientes:

I. Que el que de mala fe empleó materiales, plantas o semillas, no tenga bienes con que responder de su valor;

II. Que lo edificado, plantado o sembrado aproveche al propietario.

Unión de dos muebles

Artículo 5.110.- Cuando dos bienes muebles que pertenecen a dos propietarios distintos, se unen de tal manera que formen uno solo sin que haya mala fe, el propietario del principal adquiere el accesorio, pagando su valor.

El bien de mayor valor es el principal

Artículo 5.111.- Se considera principal, entre dos bienes incorporados, el de mayor valor.

Determinación del bien principal

Artículo 5.112.- Si no pudiere hacerse la calificación conforme a la regla establecida en el artículo que precede, se tendrá como principal el bien cuyo uso, perfección o adorno se haya conseguido por la unión del otro.

Material accesorio

Artículo 5.113.- En la pintura, escultura y bordado; en los escritos impresos, grabados, litografías, fotograbados, oleografías, cromolitografía, y en los demás análogos se presume accesorio el material utilizado.

Separación de bienes sin detrimento

Artículo 5.114.- Cuando los bienes unidos puedan separarse sin detrimento los propietarios pueden pedir la separación.

Bienes separables con deterioro

Artículo 5.115.- Cuando los bienes unidos no pueden separarse sin que el accesorio sufra deterioro, el propietario del principal, tendrá derecho a pedir la separación; quedando obligado a indemnizar al propietario del accesorio, si éste procedió de buena fe.

Pérdida del bien accesorio por mala fe de su propietario

Artículo 5.116.- Cuando el propietario del bien accesorio ha hecho la incorporación, lo pierde si ha obrado de mala fe; y está obligado a indemnizar los perjuicios.

Mala fe del propietario del bien principal

Artículo 5.117.- Si el propietario de un bien principal ha procedido de mala fe, el que lo sea del accesorio tendrá derecho a que se le pague su valor y le indemnice de los daños y perjuicios; o a que el bien de su pertenencia se separe, aunque para ello haya de destruirse el principal.

Mala fe de ambos propietarios

Artículo 5.118.- Si la incorporación se hace con mala fe de ambos propietarios, se procederá como si hubiesen actuado de buena fe.

Derecho del propietario cuando sin su consentimiento se usa su bien

Artículo 5.119.- El propietario del bien empleado sin su consentimiento, que tenga derecho a indemnización, tiene derecho a la entrega de otro con iguales características o el valor del mismo.

Convenio sobre accesión y copropiedad por falta de él

Artículo 5.120.- Si se mezclan dos bienes de igual o diferente especie, por voluntad de sus propietarios se estará a lo convenido. Si no hubiere convenio o fuese por casualidad y no son separables sin detrimento, cada propietario adquirirá un derecho proporcional a la parte que le corresponda.

Mezcla por voluntad de un propietario de buena fe

Artículo 5.121.- Si por voluntad de un sólo propietario, pero con buena fe, se mezclan o confunden dos bienes de igual o diferente especie, los derechos de los propietarios se arreglarán conforme a lo dispuesto en el artículo anterior; a no ser que el propietario del bien mezclado sin su consentimiento, prefiera la indemnización de daños y perjuicios.

Mala fe de un propietario de bien mezclado

Artículo 5.122.- El que de mala fe hace la mezcla o confusión, pierde el bien mezclado o confundido y queda obligado a indemnizar los perjuicios.

Empleo de buena fe de materiales de menor valor que la obra

Artículo 5.123.- El que de buena fe empleó materia ajena en todo o en parte, para formar una obra, si el mérito artístico excede en valor a la materia, la hará suya y sólo está obligado a indemnizar al propietario.

Mayor valor de la obra que de los materiales

Artículo 5.124.- Cuando el mérito artístico de la obra sea inferior en valor a la materia, el propietario de ésta, hará suya aquella, y tendrá derecho a indemnización de daños y perjuicios; descontándose del monto de éstos el valor de la obra.

Obra de mala fe con materiales ajenos

Artículo 5.125.- Si la obra se hizo de mala fe, el propietario de la materia tiene derecho de quedarse con ella sin pagar nada al que la hizo, o exigir de éste que le pague el valor de la materia y le indemnice de los perjuicios.

Presunción de mala fe

Artículo 5.126.- En los casos de mezcla o confusión la mala fe se presume conforme a lo dispuesto por este capítulo.

CAPÍTULO V
DE LA USUCAPIÓN

La usucapión como medio de adquirir la propiedad

Artículo 5.127.- La usucapión es un medio de adquirir la propiedad de los bienes mediante la posesión de los mismos, durante el tiempo y con las condiciones establecidas en este Código.

Requisitos de la posesión para usucapir

Artículo 5.128.- La posesión necesaria para usucapir debe ser:

I. En concepto de propietario;

II. Pacífica;

III. Continua;

IV. Pública.

Título de la posesión

Artículo 5.129.- Sólo la posesión que se adquiere y disfruta en concepto de propietario del bien poseído puede producir la usucapión debiendo estar fundada en justo título.

Plazo para usucapir inmuebles

Artículo 5.130.- Los bienes inmuebles se adquieren por usucapión:

I. En cinco años, si la posesión es de buena fe o cuando los inmuebles hayan sido objeto de una inscripción de posesión;

II. En diez años, cuando se posean de mala fe;

III. Se aumentará en una tercera parte el tiempo señalado en las fracciones anteriores, si se demuestra, que el poseedor de finca rústica no la ha cultivado durante la mayor parte del tiempo que la ha poseído, o que por no haber hecho el poseedor de finca urbana las reparaciones necesarias, ésta ha permanecido deshabitada la mayor parte del tiempo.

Posesión delictiva

Artículo 5.131.- La posesión adquirida por medio de un delito no genera derechos para adquirir la propiedad por usucapión.

Plazos para usucapir muebles

Artículo 5.132.- El plazo para usucapir los muebles es de tres años, si son poseídos de buena fe y de cinco años en caso contrario.

Entes públicos respecto de la usucapión

Artículo 5.133.- El Estado, los Municipios y las demás entidades de derecho público, se considerarán como particulares para usucapir bienes; pero sus bienes inmuebles propios serán imprescriptibles y no podrán ser objeto de usucapión.

Renuncia al tiempo transcurrido para usucapir

Artículo 5.134.- Las personas con capacidad para enajenar pueden renunciar al tiempo transcurrido a su favor para la usucapión, pero no al derecho de usucapir para lo sucesivo. El abandono del derecho adquirido se tiene como renuncia tácita.

Terceros interesados en la usucapión

Artículo 5.135.- Los terceros interesados en que la usucapión se consume, pueden hacer valer el tiempo transcurrido, objeto de la renuncia.

Posesiones para usucapir

Artículo 5.136.- El poseedor de un bien puede usucapir, tomando en cuenta el tiempo que la posee y el de quien la adquirió.

Casos en los que no procede la usucapión

Artículo 5.137.- La usucapión no opera en los siguientes casos:

I. Entre ascendientes y descendientes, durante la patria potestad;

II. Entre cónyuges;

III. Contra los incapacitados, mientras no tenga representante legal;

IV. Entre los incapacitados y sus tutores o curadores mientras dure la tutela;

V. Entre los copropietarios o coposeedores respecto del bien común;

VI. Contra los que se ausenten del Estado por comisiones de servicio público;

VII. Contra los militares en servicio activo que se encuentren fuera del Estado;

VIII. Contra bienes inmuebles del Estado y municipios.

(REFORMADO, G.G. 23 DE OCTUBRE DE 2014)

Improcedencia de la usucapión en fusión de predios

Artículo 5.138.- Tampoco operará la usucapión cuando como resultado de ésta se pretenda la fusión de predios, sin que al efecto se hayan cumplido los requisitos que para estos casos prevé la ley administrativa de la materia y sus reglamentos.

Interrupción del plazo para usucapir

Artículo 5.139.- El plazo de la usucapión se interrumpe:

I. Si el poseedor es privado de la posesión del bien por más de un año;

II. Por la interposición de demanda o interpelación hecha al poseedor, con motivo de la posesión.

Se considerará como no interrumpido el plazo para la usucapión, si el actor desistiese de ella o fuese desestimada su demanda;

III. Por reconocimiento del poseedor del derecho de la persona contra quien opera la usucapión.

Legitimación pasiva en la usucapión

Artículo 5.140.- La usucapión de los bienes inmuebles se promoverá contra el que aparezca como propietario en el Registro Público de la Propiedad.

Sentencia que declara la usucapión

(REFORMADO PRIMER PÁRRAFO, G.G. 12 DE JULIO DE 2018)

Artículo 5.141.- La sentencia ejecutoria que declare procedente la acción de usucapión se inscribirá en el Instituto de la Función Registral.

(DEROGADO SEGUNDO PÁRRAFO, G.G. 12 DE JULIO DE 2018)

TÍTULO QUINTO
DE LA COPROPIEDAD

CAPÍTULO I
DISPOSICIONES GENERALES

Concepto de copropiedad

Artículo 5.142.- Hay copropiedad cuando un bien pertenece pro-indiviso a dos o más personas.

Derecho a concluir la copropiedad

Artículo 5.143.- Los copropietarios de un bien no pueden ser obligados a conservarlo indiviso, salvo en los casos en que la ley así lo determine.

Venta del bien que no admite cómoda división

Artículo 5.144.- Si el dominio no es divisible, o el bien no admite cómoda división, se procederá a su venta respetando el derecho del tanto, repartiendo el precio entre los interesados.

Normas que rigen la copropiedad

Artículo 5.145.- A falta de contrato, la copropiedad se regirá por las normas de este capítulo y las disposiciones administrativas de la materia.

Beneficios y cargas de los copropietarios

Artículo 5.146.- Los beneficios y las cargas serán proporcionales a las partes de cada copropietario, las que se presumirán iguales, salvo prueba o pacto en contrario.

Uso del bien motivo de la copropiedad

Artículo 5.147.- Los copropietarios podrán servirse de los bienes comunes, siempre que dispongan de ellos conforme a su destino y de manera que no perjudique el interés de la comunidad, ni impida a los demás a usarlos según su derecho.

Gastos de conservación del bien de la copropiedad

Artículo 5.148.- Todo copropietario tiene derecho para obligar a los demás a contribuir a los gastos de conservación del bien común.

Consentimiento para hacer alteraciones al bien

Artículo 5.149.- Ninguno de los copropietarios podrá, sin el consentimiento de los demás, hacer alteraciones en el bien común, aunque de ellas pudieran resultar ventajas para todos.

Acuerdos mayoritarios para administrar la copropiedad

Artículo 5.150.- Los acuerdos de la mayoría de los copropietarios serán obligatorios para la administración del bien común.

Número de copropietarios y porciones para la mayoría

Artículo 5.151.- Para que haya mayoría se tomará en cuenta el número de copropietarios y de sus porciones.

Sin mayoría, el Juez decide

Artículo 5.152.- Si no hubiere mayoría, el Juez resolverá tomando en cuenta lo propuesto por los copropietarios.

Propiedad plena de la parte alícuota y derecho del tanto

Artículo 5.153.- Todo copropietario tiene la plena propiedad de la parte alícuota que le corresponda y la de sus frutos y utilidades, pudiendo subsistir otro en su aprovechamiento, salvo si se tratare de derecho personal.

Los copropietarios gozan del derecho del tanto.

Propiedad exclusiva de propiedad divisoria

Artículo 5.154.- Quien haya construido la pared que divide los inmuebles, es propietario exclusivo de ella; en caso contrario es de propiedad común.

Presunción de copropiedad

Artículo 5.155.- La copropiedad se presume, salvo prueba en contrario, en los siguientes casos:

I. En la pared divisoria de los edificios contiguos, hasta el punto común de elevación;

II. En las paredes divisorias de los jardines o corrales, situados en poblado o en el campo;

III. En las cercas, vallados y arbustos que dividan los predios rústicos;

IV. En las zanjas o acequias abiertas entre los inmuebles.

Prueba en contrario a la copropiedad

Artículo 5.156.- Hay prueba en contrario a la copropiedad cuando:

I. Existan ventanas o huecos en la pared divisoria de los inmuebles;

II. Toda la pared, vallado, cerca o arbusto están construidos o plantados sobre el terreno de un inmueble y no por mitad entre uno y otro de los dos contiguos;

III. La pared soporte las cargas de una de las posesiones y no de la contigua;

IV. La pared divisoria entre patios, jardines y otros inmuebles esté constituida de modo que la albardilla caiga hacia una sola de las propiedades;

V. La pared divisoria construida de mampostería presenta piedras llamadas pasaderas, que de distancia en distancia salen de la superficie solo por un lado de la pared, y no por el otro;

VI. La pared fuere divisoria, entre un edificio del cual forma parte, y un jardín, campo, corral o sitio sin edificación;

VII. Un inmueble se halle cerrado o defendido por vallados, cercas o setos vivos y los contiguos no lo estén;

VIII. La cerca que encierra completamente un inmueble es de distinta especie de la que tiene la vecina en sus lados contiguos a la primera;

IX. La tierra o broza sacada de la zanja o acequia para abrirla o limpiarla se halle sólo de un lado.

Derecho de alzar pared en copropiedad

Artículo 5.157.- Todo propietario puede elevar la pared de propiedad común, haciéndolo a sus expensas, e indemnizando de los perjuicios que se ocasionaren por la obra, aunque sean temporales.

Conservación de la pared elevada

Artículo 5.158.- Serán de su cuenta todas las obras de conservación de la pared en la parte en que ésta haya aumentado, y las que en la parte común sean necesarias, si el deterioro proviene de la mayor altura.

Consentimiento para abrir ventana en pared común

Artículo 5.159.- Ningún copropietario puede, sin consentimiento del otro, abrir ventana ni claro alguno en pared común, si lo hiciere está obligado a su cancelación y al pago de indemnización.

Notificación del derecho del tanto

Artículo 5.160.- No pueden los copropietarios, sin respetar el derecho del tanto enajenar a terceros su parte alícuota, a ese efecto, notificarán a los demás, por medio de Fedatario Público o judicialmente, la venta que tuviere convenida, para que dentro de los ocho días siguientes hagan uso del derecho. Transcurrido ese plazo se pierde el mismo.

Acción de retracto

Artículo 5.161.- El copropietario preferido puede ejercitar la acción de retracto, cuando se haya consumado la venta, para subrogarse en los derechos y obligaciones del tercero comprador.

Preferencia en el derecho del tanto

Artículo 5.162.- Si varios copropietarios hicieren uso del derecho del tanto, será preferido el que represente mayor parte, y siendo iguales, el colindante del predio que se pretenda enajenar, a falta de interés de éste o siendo iguales, el designado por sorteo, salvo convenio en contrario.

Derechos de terceros por división de la copropiedad

Artículo 5.163.- La división de un bien común no perjudica los derechos de terceros.

Causas de terminación de copropiedad

Artículo 5.164.- La copropiedad cesa por:

I. La división del bien común;

II. La destrucción o pérdida de éste;

III. La enajenación;

IV. La consolidación o reunión de todas las partes en un solo copropietario.

Artículo 5.165.- No cesará la copropiedad cuando el bien común se divida en contravención a las disposiciones que prevé la ley administrativa de la materia y sus reglamentos.

CAPÍTULO II
DE LA PROPIEDAD EN CONDOMINIO

Concepto de propiedad en condominio

Artículo 5.166.- Hay propiedad en condominio, cuando las diferentes unidades habitacionales, comerciales, industriales o de servicios de que consta un inmueble, que pertenecen o se destinen a pertenecer a distintos propietarios, puedan ser aprovechados en áreas privativas y comunes que deban permanecer indivisas.

Para que sean susceptibles de aprovechamiento independiente, deben tener salida propia a la vía pública o a un elemento común que a su vez tengan salida a la vía pública.

Características de la copropiedad sobre elementos comunes

Artículo 5.167.- La copropiedad sobre los elementos comunes del inmueble no es susceptible de división. La parte alícuota de los condueños sobre los elementos comunes es inseparable del derecho de propiedad exclusivo que les corresponde respecto de las unidades privativas. Sólo se podrá enajenar, gravar o embargar la parte alícuota cuando se haga conjuntamente con la propiedad privativa.

Reglamentación de la copropiedad en condominio

Artículo 5.168.- Los derechos y obligaciones de los condóminos a que se refiere este capítulo, se regirán por las escrituras en que se hubiere constituido el régimen de propiedad en condominio, por este Código y por la Ley que Regula el Régimen de Propiedad en Condominio en el Estado de México.

TÍTULO SEXTO
DE LAS SERVIDUMBRES

CAPÍTULO I
DISPOSICIONES GENERALES

Concepto de servidumbre de predios dominante y sirviente

Artículo 5.169.- La servidumbre es un gravamen real impuesto sobre un inmueble en beneficio de otro perteneciente a distinto propietario.

El inmueble a cuyo favor está constituida la servidumbre se llama predio dominante; el que soporta, predio sirviente.

Obligación de propietario del predio sirviente de no hacer o tolerar

Artículo 5.170.- La servidumbre consiste en no hacer o en tolerar. Sin embargo para que el propietario del predio sirviente pueda exigir la ejecución de un hecho, es necesario que esté expresamente determinado por la ley, o en el acto en que se constituyó la servidumbre.

Clases de servidumbres

Artículo 5.171.- Las servidumbres son continuas, o discontinuas; aparentes o no aparentes.

Servidumbres continuas

Artículo 5.172.- Son continuas aquéllas cuyo uso es o puede ser incesante sin la intervención de ningún hecho del hombre.

Servidumbres discontinuas

Artículo 5.173.- Son discontinuas aquéllas cuyo uso necesita de algún hecho actual del hombre.

Servidumbres aparentes

Artículo 5.174.- Son aparentes las que se anuncian por obras o signos exteriores, dispuestos para su uso y aprovechamiento.

Servidumbres no aparentes

Artículo 5.175.- Son no aparentes las que no presentan signo exterior de su existencia.

Naturaleza de las servidumbres

Artículo 5.176.- Las servidumbres son inseparables del inmueble al que pertenecen activa o pasivamente.

Continuación de la servidumbre por cambio de propietario

Artículo 5.177.- Si los inmuebles cambian de propietario, la servidumbre continúa, ya sea activa o pasivamente.

Indivisibilidad de las servidumbres

Artículo 5.178.- Las servidumbres son indivisibles, si el inmueble sirviente se divide en varios predios, la servidumbre no se modifica, cada parte tiene que tolerarla en la porción que le corresponda.

Si el predio dominante es el que se divide en varios predios, el propietario de cada parte puede usar por entero la servidumbre, no variando el lugar de su uso ni gravarlo de otra manera. Si la servidumbre se hubiere establecido en favor de una sola de las partes del predio dominante, sólo el propietario de ésta podrá continuar disfrutándola.

Servidumbres voluntarias y legales

Artículo 5.179.- Las servidumbres se constituyen por acuerdo de voluntades o por ley; las primeras se llaman voluntarias y las segundas legales.

CAPÍTULO II
DE LAS SERVIDUMBRES LEGALES

Función de la servidumbre legal

Artículo 5.180.- La servidumbre legal toma en cuenta la situación de los predios y la utilidad pública y privada conjuntamente.

Normas que rigen las servidumbres legales

Artículo 5.181.- Es aplicable a las servidumbres legales lo dispuesto para las servidumbres voluntarias.

CAPÍTULO III
DE LA SERVIDUMBRE LEGAL DE DESAGÜE

Predios inferiores sirvientes de desagüe

Artículo 5.182.- Los predios inferiores están sujetos a recibir las aguas que naturalmente, o como consecuencia de las mejoras agrícolas o industriales que se hagan, caigan de los superiores, así como la piedra o tierra que arrastren en su curso.

Indemnización en la servidumbre legal de desagüe

Artículo 5.183.- Cuando los predios inferiores reciban las aguas de los superiores a consecuencia de las mejoras agrícolas o industriales hechas a éstos, los propietarios de los predios sirvientes tienen derecho a ser indemnizados.

Predio dominante en el desagüe enclavado en otros

Artículo 5.184.- Cuando un predio se encuentre enclavado entre otros, estarán obligados los propietarios de los predios circunvecinos a permitir el desagüe del central. Las dimensiones y dirección del conducto del desagüe, si no se ponen de acuerdo los interesados, se fijarán por el Juez.

Obras defensivas de la servidumbre legal de desagüe

Artículo 5.185.- El propietario de un predio en que existan obras defensivas para contener el agua, o en que por la variación de su curso sea necesario construir nuevas, está obligado, a su elección, a hacer las reparaciones o construcciones, o a tolerar que sin perjuicio suyo las hagan los propietarios de los predios que experimenten o estén inminentemente expuestos a experimentar el daño.

Desasolve de servidumbre legal de desagüe

Artículo 5.186.- Lo dispuesto en el artículo anterior es aplicable al caso en que sea necesario desasolvar algún predio de las materias cuya acumulación o caída impida el curso del agua con daño o peligro de terceros.

Obligados al pago de obras en la servidumbre legal de desagüe

Artículo 5.187.- Los propietarios beneficiados por las obras de que tratan los artículos anteriores, están obligados a contribuir proporcionalmente al gasto de su ejecución y quienes hubieran causado los daños, serán responsables de los gastos de éstos.

Tratamiento de aguas

Artículo 5.188.- Si las aguas que pasan al predio sirviente se han vuelto insalubres por los usos domésticos o industriales que de ellas se hayan hecho, deberán ser tratadas apropiadamente a costa del propietario del predio dominante.

CAPÍTULO IV
DE LA SERVIDUMBRE LEGAL DE ACUEDUCTO

Paso de agua para su uso

Artículo 5.189.- El que quiera usar agua de la que tenga derecho de disponer, puede hacerla pasar por los predios intermedios, con obligación de indemnizar a sus propietarios, así como a los de los predios inferiores, sobre los que se filtren o caigan las aguas.

Las construcciones no pueden ser sirviente de acueducto

Artículo 5.190.- Se exceptúan de la servidumbre que establece el artículo anterior todas las construcciones.

Construcción de canal para paso de agua

Artículo 5.191.- El que ejercite el derecho de hacer pasar las aguas está obligado a construir el canal necesario en los predios intermedios, aunque haya en ellos canales para el uso de otras aguas.

Uso de canal ya existente

Artículo 5.192.- El que tiene en su predio un canal para el curso de aguas que le pertenecen, puede impedir la apertura de otro nuevo, ofreciendo dar paso, con tal de que no cause perjuicio al propietario del predio dominante.

Paso de agua de modo más conveniente

Artículo 5.193.- Se debe conceder el paso de las aguas a través de canales y acueductos del modo más conveniente, con tal de que el curso y volumen de las mismas, no sufran alteraciones, ni las de ambos acueductos se mezclen.

Requisitos para obtener servidumbre de acueducto

Artículo 5.194.- El interesado en la servidumbre de acueducto debe:

I. Justificar que tiene derecho al agua que pretende conducir;
II. Acreditar que el paso que solicita es el más conveniente;
III. Pagar el terreno que ha de ocupar el canal;
IV. Pagar los daños inmediatos, con inclusión del que resulte por dividirse en dos o más partes el predio sirviente y de cualquier otro deterioro.

Obligaciones del propietario del predio dominante

Artículo 5.195.- En el caso de que el propietario ofrezca dar paso por su canal de aguas, el propietario del predio dominante deberá pagar el valor del terreno ocupado por el canal en que se introducen y los gastos necesarios para su conservación, sin perjuicio de la indemnización debida por el terreno que sea necesario ocupar de nuevo y por los otros gastos que ocasione el paso que se le concede.

Obligaciones por ampliar la servidumbre de acueducto

Artículo 5.196.- Si el que disfruta de la servidumbre de acueducto necesita ampliarla, deberá pagar las obras necesarias, el terreno que nuevamente ocupe y los daños que cause.

Derechos que abarca la servidumbre legal de acueducto

Artículo 5.197.- La servidumbre legal de acueducto, da derecho al tránsito de personas, animales y el de conducción de los materiales necesarios para el uso y reparación del acueducto, así como para el cuidado del agua aplicándose las disposiciones relativas a la servidumbre legal de paso.

Normas aplicables a un terreno pantanoso

Artículo 5.198.- Las disposiciones concernientes al paso de las aguas son aplicables al caso en que el poseedor de un terreno pantanoso quiera desecarlo o dar salida por medio de cauces a las aguas estancadas.

Obligaciones por aprovechamiento de acueducto

Artículo 5.199.- El que se aproveche de un acueducto, pase por terreno propio o ajeno, debe construir y conservar los puentes, canales, acueductos, subterráneos y demás obras necesarias para que no se perjudique el derecho de otro.

Obligaciones proporcionales si varios aprovechan un acueducto

Artículo 5.200.- Si los que se aprovecharen fueren varios, la obligación recaerá sobre todos en proporción de su beneficio, si no hubiere prescripción o convenio en contrario.

Derechos del propietario del predio sirviente

Artículo 5.201.- La servidumbre de acueducto no impide al propietario del predio sirviente cercarlo, o edificar sobre el mismo acueducto de manera que éste no cause perjuicio, ni se imposibiliten las reparaciones y limpieza necesarias.

Derecho a construir una presa

Artículo 5.202.- Cuando para el aprovechamiento del agua de que se tiene derecho de disponer, sea necesario construir una presa y el que haya de hacerlo no sea propietario del terreno en que se necesite apoyarla, puede pedir que se establezca la servidumbre de un estribo de presa, previa indemnización correspondiente.

CAPÍTULO V
DE LA SERVIDUMBRE LEGAL DE PASO

Derecho de salida a la vía pública

Artículo 5.203.- El propietario de un inmueble enclavado entre otros ajenos sin salida a la vía pública, tiene derecho de exigir paso, para el aprovechamiento de aquél, por los predios vecinos, previo pago de la indemnización correspondiente.

Prescripción de la obligación de indemnizar

Artículo 5.204.- La acción para reclamar esta indemnización es prescriptible.

Derecho a señalar lugar de salida a la vía pública

Artículo 5.205.- El propietario del predio sirviente tiene derecho de señalar el lugar en donde haya de constituirse la servidumbre de paso.

Salida inapropiada o gravosa

Artículo 5.206.- Si el lugar señalado es inapropiado o muy gravoso al predio dominante el propietario del sirviente debe señalar otro, si este también es calificado de la misma manera, el Juez decidirá.

Selección de predio sirviente

Artículo 5.207.- Si hubiere varios predios por donde pueda darse el paso a la vía pública, el obligado a la servidumbre será aquél por donde fuere más corta la distancia, siempre que no resulte muy incómodo y costoso el paso. Si la distancia fuere igual, el Juez designará el predio que ha de dar el paso.

Anchura de la servidumbre de paso

Artículo 5.208.- En la servidumbre de paso, el ancho será el que baste a las necesidades del predio dominante.

Existencia de salida anterior

Artículo 5.209.- En caso de que haya existido comunicación entre el inmueble y alguna vía pública, el paso sólo se podrá exigir al propietario del inmueble por donde últimamente lo hubo.

Paso de animales a un abrevadero

Artículo 5.210.- El propietario de un inmueble rústico tiene derecho mediante la indemnización, de exigir que se le permita el paso de sus ganados por los predios vecinos para conducirlos a un abrevadero de que pueda disponer.

Derecho de recoger frutos de árbol

Artículo 5.211.- El propietario del árbol o arbusto contiguo al predio de otro, tiene derecho de exigir de éste que le permita hacer la recolección de los frutos que no se pueden recoger de su lado.

Derecho de paso para reparar o construir

Artículo 5.212.- Si fuere indispensable para construir o reparar algún edificio, pasar materiales por predio ajeno o colocar en él, andamios u otros objetos para la obra, el propietario de este inmueble estará obligado a consentirlo, recibiendo la indemnización correspondiente al perjuicio que se le cause.

Derecho de conducir energía eléctrica o vía telefónica

Artículo 5.213.- Cuando para establecer comunicaciones telefónicas particulares, o para conducir energía eléctrica, sea necesario colocar postes y tender alambres en terrenos de un inmueble ajeno, el propietario de éste tiene obligación de permitirlo, mediante indemnización. Esta servidumbre trae consigo el derecho de tránsito de las personas y el de conducción de los materiales necesarios.

CAPÍTULO VI
DE LAS SERVIDUMBRES VOLUNTARIAS

Variedad de servidumbres voluntarias y sus limitaciones

Artículo 5.214.- El propietario de un inmueble puede establecer en él, las servidumbres que crea convenientes en el modo y forma que mejor le parezca, siempre que no contravenga las leyes, ni perjudique los derechos de tercero.

Legitimación para construir servidumbre voluntaria

Artículo 5.215.- Sólo pueden constituir servidumbre las personas que tienen derecho de enajenar el bien respectivo.

Servidumbre obtenida por un copropietario

Artículo 5.216.- Si uno de los copropietarios adquiere una servidumbre sobre otro predio, a favor del común, de ella podrán aprovecharse todos, quedando obligados a los gravámenes naturales que traiga consigo y a los pactos con que se haya adquirido.

CAPÍTULO VII
FORMA DE ADQUIRIR LAS SERVIDUMBRES VOLUNTARIAS

Forma de adquirir servidumbres continuas y aparentes

Artículo 5.217.- Las servidumbres continuas y aparentes se adquieren por cualquier título legal, incluso la usucapión.

Forma de adquirir servidumbres no continuas aparentes

Artículo 5.218.- Las servidumbres continuas no aparentes, y las discontinuas, sean o no aparentes, no podrán adquirirse por usucapión.

Carga de la prueba de la servidumbre

Artículo 5.219.- Al que pretenda tener derecho a una servidumbre, le corresponde probar, aunque esté en posesión de ella, el título en virtud del cual la goza.

Aspectos que abarca la servidumbre

Artículo 5.220.- Al constituirse una servidumbre se entienden concedidos todos los medios necesarios para su uso; y extinguida, cesan también estos.

CAPÍTULO VIII
DE LOS DERECHOS Y OBLIGACIONES DE LOS PROPIETARIOS DE LOS PREDIOS ENTRE LOS QUE ESTÁ CONSTITUIDA ALGUNA SERVIDUMBRE VOLUNTARIA

Disposiciones que rigen las servidumbres voluntarias

Artículo 5.221.- Las servidumbres voluntarias, se rigen por el título que las crea y, en su defecto, por las disposiciones de este capítulo.

Obligaciones del propietario del predio dominante

Artículo 5.222.- Corresponde al propietario del predio dominante hacer a su costa todas las obras necesarias para el uso y conservación de la servidumbre; así como las que fueren necesarias para no causar daño al predio sirviente.

Obligación del propietario del predio sirviente

Artículo 5.223.- El propietario del predio sirviente no podrá menoscabar la servidumbre.

Derecho de ofrecer otro lugar para la servidumbre

Artículo 5.224.- El propietario del predio sirviente, podrá ofrecer otro lugar para el establecimiento de la servidumbre, que sea cómodo al propietario del dominante, quien no podrá rehusarlo, si no le perjudica.

Obras que hacen menos gravosa la servidumbre

Artículo 5.225.- El propietario del predio sirviente puede ejecutar las obras que hagan menos gravosa la servidumbre, si de ellas no resulta perjuicio alguno al predio dominante y si hubiere oposición se resolverá judicialmente.

Controversia en el uso de la servidumbre

Artículo 5.226.- La controversia en el uso de la servidumbre se decidirá en el sentido menos gravoso para el predio sirviente, sin imposibilitar o hacer difícil el uso de la misma.

CAPÍTULO IX
DE LA EXTINCIÓN DE LAS SERVIDUMBRES

Causas de conclusión de la servidumbre

Artículo 5.227.- Las servidumbres se extinguen:

I. Por reunirse en una misma persona la propiedad de los predios;

II. Por prescripción cuando:

a). Fuere continua y aparente, por el no uso durante un año si es voluntaria y de tres si es legal;

b). Fuere discontinua o no aparente, por el no uso durante cinco años.

III. Cuando los predios llegaren sin culpa del propietario del predio sirviente a tal estado que no pueda usarse de la servidumbre.

Si en lo sucesivo los predios se restablecen de manera que pueda usarse de la servidumbre, revivirá ésta, a no ser que desde el día en que pudo volverse a usar haya transcurrido el tiempo suficiente para la prescripción;

IV. Por la remisión hecha por el dueño del predio dominante;

V. Cuando constituida la servidumbre voluntaria, en virtud de un derecho revocable, se vence el plazo, se cumple la condición o sobreviene la circunstancia que debe poner término a aquél.

Improcedencia de la prescripción de la servidumbre

Artículo 5.228.- Si el predio dominante es una copropiedad, el uso de la servidumbre que haga uno de los copropietarios aprovecha a los demás para impedir la prescripción.

Si entre los copropietarios hubiere alguno contra quien no pueda correr la prescripción, ésta no correrá contra los demás.

TÍTULO SÉPTIMO
DEL USUFRUCTO

CAPÍTULO I
DEL USUFRUCTO EN GENERAL

Concepto de usufructo

Artículo 5.229.- El usufructo es el derecho real, esencialmente vitalicio y temporal por naturaleza, de disfrutar de los bienes ajenos.

Constitución legal o voluntaria del usufructo

Artículo 5.230.- El usufructo puede constituirse por la ley, por voluntad, por testamento o por usucapión.

Número de usufructuarios

Artículo 5.231.- Puede constituirse el usufructo a favor de una o varias personas, simultánea o sucesivamente.

Usufructo a favor de varias personas simultáneamente

Artículo 5.232.- Si se constituye a favor de varias personas simultáneamente, sea por testamento, sea por convenio, cesando el derecho de una de las personas pasará al propietario, salvo que al constituirse el usufructo se hubiere dispuesto que acrezca a los otros usufructuarios.

Usufructo a favor de varias personas sucesivamente

Artículo 5.233.- Si se constituye sucesivamente, el usufructo no tendrá lugar sino a favor de las personas que existan al tiempo de comenzar el derecho del primer usufructuario. Los designados usufructuarios no gozarán del mismo sino hasta que se cumpla el plazo o la condición impuesta en el título constitutivo.

Usufructo puro o condicional

Artículo 5.234.- El usufructo puede constituirse desde o hasta cierto día; puramente o bajo condición.

El usufructo es temporal si se conviene

Artículo 5.235.- Sólo se entenderá como temporal el usufructo si así se expresa en el título constitutivo.

Normas que rigen derechos y obligaciones en el usufructo

Artículo 5.236.- Los derechos y obligaciones del usufructuario y del propietario se regulan por el título constitutivo del usufructo.

CAPÍTULO II
DE LOS DERECHOS DEL USUFRUCTUARIO

Incapacidad para ser usufructuario

Artículo 5.237.- Las personas jurídicas colectivas que no puedan adquirir bienes inmuebles, tampoco pueden tener usufructo constituido sobre bienes de esta clase.

Legitimación del usufructuario para accionar

Artículo 5.238.- El usufructuario tiene derecho de ejercitar todas las acciones y excepciones reales, personales o posesorias, y ser considerado como parte en todo litigio, en el que se involucre al usufructo.

Derecho del usufructuario

Artículo 5.239.- El usufructuario tiene derecho de percibir todos los frutos.

Derecho a los frutos pendientes en el usufructo

Artículo 5.240.- Los frutos naturales o industriales pendientes al tiempo de comenzar el usufructo, pertenecerán al usufructuario. Los pendientes al tiempo de extinguirse el usufructo, pertenecen al propietario. Ni éste ni el usufructuario tienen que hacerse reembolso alguno por razón de labores, semillas u otros gastos semejantes. Lo dispuesto en este artículo no perjudica a los aparceros o arrendatarios.

Derecho proporcional del usufructuario a los frutos civiles

Artículo 5.241.- Los frutos civiles pertenecen al usufructuario en proporción del tiempo que dure el usufructo, aún cuando no estén cobrados.

Usufructo sobre bienes deteriorables

Artículo 5.242.- Si el usufructo comprende bienes que se deterioran por el uso, el usufructuario tiene derecho a servirse de ellos empleándolos según su destino, y no está obligado a restituirlos al concluir el usufructo, sino en el estado en que se encuentren, pero tiene obligación de indemnizar al propietario del deterioro que hubieren sufrido por dolo o negligencia.

Usufructo sobre bienes consumibles

Artículo 5.243.- Si el usufructo comprende bienes que no pueden usarse sin consumirse, el usufructuario tendrá el derecho de consumirlos, pero está obligado a restituirlos, al terminar el usufructo, en igual género, cantidad y calidad.

No siendo posible hacer la restitución, está obligado a pagar su valor, si se hubiesen estimado, en caso contrario, su precio al tiempo de cesar el usufructo.

Usufructo sobre capitales

Artículo 5.244.- Si el usufructo se constituye sobre capitales, el usufructuario solo hace suyos los rendimientos, pero para que el capital se redima anticipadamente; se haga novación de la obligación original; se sustituya deudor, si no se trata de derechos garantizados con gravamen real y que el capital redimido vuelva a imponerse, se necesita el consentimiento del usufructuario.

Minas en terreno dado a usufructo

Artículo 5.245.- No corresponden al usufructuario los productos de las minas que se exploten en terreno dado en usufructo, a no ser que expresamente se le concedan en el título constitutivo del usufructo o que éste sea universal; pero debe indemnizarse al usufructuario de los daños y perjuicios que se le originen por la interrupción del usufructo a consecuencia de las obras que se practiquen para la explotación de las minas.

Ejercicio del derecho de usufructo

Artículo 5.246.- El usufructuario puede gozar por sí mismo del bien usufructuado. Puede enajenar, arrendar o gravar su derecho de usufructo, pero todos los contratos que celebre como usufructuario terminarán con el usufructo.

Mejoras hechas por el usufructuario

Artículo 5.247.- El usufructuario puede hacer mejoras útiles y puramente voluntarias; pero no tiene derecho de reclamar su pago, aunque si puede retirarlas, siempre que sea posible hacerlo sin detrimento del bien, objeto del usufructo.

Enajenación del bien por el nudo propietario

Artículo 5.248.- El propietario de bienes en que otro tenga el usufructo, puede enajenarlos, con la condición de que se conserve el usufructo.

Derecho del tanto del usufructuario

Artículo 5.249.- El usufructuario goza del derecho del tanto en la misma forma y términos que los copropietarios.

CAPÍTULO III
DE LAS OBLIGACIONES DEL USUFRUCTUARIO

Obligaciones del usufructuario

Artículo 5.250.- El usufructuario, antes de entrar en el goce de los bienes, está obligado:

I. A formar a su costa, con citación del propietario, un inventario valuando los muebles dejando constancia del estado en que se hallen los inmuebles;

II. Otorgar la garantía de que disfrutará de los bienes con moderación, y de que los restituirá al propietario con sus accesiones.

Usufructo por donación

Artículo 5.251.- El donante que se reserva el usufructo de los bienes donados está exento de otorgar garantía.

Exención de usufructuario de otorgar garantía

Artículo 5.252.- El que se reserva la propiedad puede eximir al usufructuario de otorgar garantía.

Garantía en el usufructo por contrato

Artículo 5.253.- Si el usufructo fuere constituido por contrato y el que contrató quedare de propietario no habiendo exigido garantía, no estará obligado el usufructuario a darla; pero si quedare de propietario un tercero, podrá exigirla aunque no se haya estipulado en el contrato.

Derechos del propietario en el usufructo por título oneroso

Artículo 5.254.- Si el usufructo se constituye por título oneroso y el usufructuario no otorga la garantía, el propietario tiene el derecho de intervenir en la administración de los bienes, para procurar su conservación, de conformidad con las disposiciones para el caso de mal uso o abuso del bien usufructuado.

Efectos del otorgamiento de garantía

Artículo 5.255.- Otorgada la garantía, la percepción de frutos se retrotrae a la fecha en que debió comenzar a percibirlos el usufructuario.

Obligaciones del usufructuario que no use por sí el bien

Artículo 5.256.- En los casos en que el usufructuario no use por sí mismo los bienes, es responsable del menoscabo que tengan estos por culpa o negligencia de quien los use.

Usufructo sobre ganados

Artículo 5.257.- Si el usufructo se constituye sobre ganados, el usufructuario está obligado a reemplazar con las crías, las cabezas que falten por cualquier causa.

Muerte del ganado en usufructo

Artículo 5.258.- Si el ganado en que se constituyó el usufructo perece sin culpa del usufructuario, continuará con el que quede, o en su caso el usufructuario cumple entregando al propietario lo que haya quedado.

Usufructo sobre árboles frutales

Artículo 5.259.- El usufructuario de árboles frutales está obligado a la replantación.

Usufructo a título gratuito

Artículo 5.260.- El usufructo constituido a título gratuito, obliga al usufructuario a realizar las acciones que sean necesarias para su conservación, previo consentimiento del propietario.

Vicio oculto o deterioro grave anterior al usufructo

Artículo 5.261.- Ni el usufructuario ni el propietario tienen la obligación anterior, si la necesidad de los gastos de conservación proviene de vicio intrínseco o deterioro grave del bien, anterior a la constitución del usufructo, en caso de que alguno las haga, no tiene derecho a indemnización.

Obligación del propietario en usufructo oneroso

Artículo 5.262.- Si el usufructo se ha constituido a título oneroso, el propietario tiene obligación de hacer todas las reparaciones convenientes para que el bien pueda producir los frutos que ordinariamente se obtenían de él.

Consentimiento del propietario para hacer reparaciones

Artículo 5.263.- Si el usufructuario quiere hacer en este caso las reparaciones, deberá obtener el consentimiento del propietario, y previo este requisito, tendrá derecho para cobrar su importe al fin del usufructo.

En caso contrario el usufructuario será responsable de la destrucción, pérdida o menoscabo del bien por falta de las reparaciones.

Obligaciones del usufructuario

Artículo 5.264.- Los pagos por contribuciones y los gastos ordinarios del bien, son a cargo del usufructuario.

Disminución en el bien del usufructo

Artículo 5.265.- La disminución que por las propias causas se verifique, en el bien usufructuado, será de cuenta del propietario; y si éste, para conservarlo íntegro, realiza el pago, tiene derecho de que se le abonen los intereses de la suma pagada, por todo el tiempo que el usufructuario continúe gozándolo.

Pago por el usufructuario

Artículo 5.266.- Si el usufructuario hace el pago de la cantidad, no tiene derecho de cobrar intereses.

Usufructo universal por testamento

Artículo 5.267.- En el usufructo universal constituido por testamento, el usufructuario está obligado a pagar por entero el legado de renta vitalicia o pensión de alimentos, en caso de ser varios los usufructuarios, los pagarán proporcionalmente.

Usufructo particular por testamento de bien hipotecado

Artículo 5.268.- Quien recibe un usufructo particular por testamento, de un inmueble hipotecado no está obligado a pagar las deudas de la hipoteca.

Remate del bien del usufructo particular por testamento

Artículo 5.269.- Si el bien se embarga y se vende judicialmente para el pago de la deuda, el propietario responde al usufructuario de lo que pierda por este motivo, si no se ha dispuesto otra cosa, al constituir el usufructo.

Pago de deudas por el usufructuario

Artículo 5.270.- Si el usufructo es de todos los bienes de una herencia, o de una parte de ellos, el usufructuario podrá anticipar las sumas que para el pago de las deudas hereditarias correspondan a los bienes usufructuados y tendrán derecho de exigir del propietario su restitución, sin intereses, al extinguirse el usufructo.

Derecho del propietario a vender parte de bienes

Artículo 5.271.- Si el usufructuario no realiza la anticipación a que se refiere el artículo anterior, el propietario podrá hacer que se venda la parte de bienes que baste para el pago de la cantidad que aquél debía satisfacer, según la regla establecida en dicho artículo.

Pago de intereses por el usufructuario al propietario

Artículo 5.272.- Si el propietario hiciere la anticipación por su cuenta el usufructuario pagará el interés del dinero, por todo el tiempo que dure el usufructo.

Obligación del usufructuario de informar de perturbaciones

Artículo 5.273.- Si los derechos del propietario son perturbados por un tercero, el usufructuario está obligado a informarle; de no hacerlo, es responsable de los daños que resulten, como si hubiesen sido ocasionados por su culpa.

Pago de costas por juicios relativos al usufructo

Artículo 5.274.- Las costas y condenas de los juicios, sobre el usufructo son por cuenta del propietario si el usufructo se ha constituido por título oneroso, y del usufructuario si se ha constituido por título gratuito.

Contribución del propietario y usufructuario al pago de costas

Artículo 5.275.- Si el juicio interesa al mismo tiempo al propietario y al usufructuario, contribuirán a los gastos en proporción de sus derechos, si el usufructo se constituyó a título gratuito, pero el usufructuario en ningún caso estará obligado a responder por más de lo que produce el usufructo.

CAPÍTULO IV
DE LA EXTINCIÓN DEL USUFRUCTO

Extinción del usufructo

Artículo 5.276.- El usufructo se extingue por:

I. Muerte del usufructuario;

II. Vencimiento del plazo;

III. Cumplimiento de la condición resolutoria;

IV. La consolidación de la propiedad en una misma persona;

V. Prescripción;

VI. Renuncia del usufructuario;

VII. La pérdida del bien objeto del usufructo;

VIII. La cesación del derecho del que constituyó el usufructo, cuando teniendo un dominio revocable, llega el caso de la revocación;

IX. Por no dar garantía el usufructuario por título gratuito, si el propietario no le ha eximido de esa obligación.

Usufructo a favor de varias personas sucesivamente

Artículo 5.277.- Cuando el usufructo se ha constituido a favor de varias personas sucesivamente, la muerte de uno de ellos no lo extingue, pues en tal caso entra al goce del mismo la persona que corresponda.

Duración del usufructo a favor de personas jurídicas colectivas

Artículo 5.278.- El usufructo constituido a favor de personas jurídicas colectivas, no podrá exceder de veinte años.

Usufructo sobre hacienda, quinta o rancho

Artículo 5.279.- Si el usufructo estuviere constituido sobre una hacienda, quinta o rancho del que forma parte un edificio, y éste se arruina, el usufructuario podrá continuar usufructuando el solar y los materiales.

Expropiación del bien objeto del usufructo

Artículo 5.280.- Si el bien usufructuado es expropiado, el propietario está obligado a sustituirlo por otro de las mismas características o a pagar al usufructuario el interés legal del importe de la indemnización por todo el tiempo que debería durar el usufructo. Si el propietario opta por lo último, debe garantizar el pago de los intereses.

Impedimento temporal del usufructo por caso fortuito

Artículo 5.281.- El impedimento temporal por caso fortuito o fuerza mayor, no extingue el usufructo, ni da derecho a exigir indemnización del propietario.

El tiempo de impedimento corre para usufructuario

Artículo 5.282.- El tiempo del impedimento se tendrá por corrido para el usufructuario.

Mal uso del bien por el usufructuario

Artículo 5.283.- El usufructo no se extingue por el mal uso que haga el usufructuario del bien usufructuado; pero si el abuso es grave, el propietario puede pedir que se le ponga en posesión de los bienes, obligándose y garantizando el pago anual al usufructuario del producto líquido de los mismos, por el tiempo que dure el usufructo, deducido el premio de administración que el Juez le acuerde.

TÍTULO OCTAVO
DEL USO Y DE LA HABITACIÓN

Concepto del derecho real de uso

Artículo 5.284.- El uso da derecho para percibir de los frutos de un bien ajeno, que basten a las necesidades del usuario y su familia.

Concepto del derecho real de habitación

Artículo 5.285.- La habitación da, a quien tiene este derecho, la facultad de ocupar gratuitamente, en casa ajena, las piezas necesarias para sí y para las personas de su familia.

Intransferencia del uso y de la habitación

Artículo 5.286.- El derecho de uso y de habitación son intransferibles e inembargables.

Disposiciones aplicables al uso y la habitación

Artículo 5.287.- Las disposiciones establecidas para el usufructo son aplicables a los derechos de uso y de habitación, en cuanto no se oponga a lo dispuesto en el presente Capítulo.

Uso total o parcial de frutos o casa

Artículo 5.288.- Si el usuario consume todos los frutos de los bienes, o el que tiene derecho de habitación ocupa todas las piezas de la casa, queda obligado a todos los gastos como si se tratara de usufructuario. Si el primero solo consume parte de los frutos, o el segundo solo ocupa parte de la casa, no debe contribuir en nada, siempre que al propietario le quede una parte de frutos o aprovechamientos bastantes para cubrir los gastos y cargas.

Porción de gastos y cargas

Artículo 5.289.- Si los frutos que quedan al propietario no alcanzan a cubrir los gastos y cargas, la parte que falte será cubierta por el usuario, o por el que tiene derecho a la habitación.

LIBRO SEXTO
DE LAS SUCESIONES

TÍTULO PRIMERO
DISPOSICIONES PRELIMINARES

Concepto de sucesión, herencia y legado

Artículo 6.1.- Sucesión es la transmisión de todos los bienes, derechos y obligaciones de una persona por causa de su muerte.

La herencia es el conjunto de bienes, derechos y obligaciones que no se extinguen con la muerte de su titular; constituye una universalidad jurídica a partir del día de la muerte del autor de la sucesión, hasta la partición y adjudicación.

Legado es la transmisión de uno o varios bienes determinados o determinables, o la disposición de que se beneficiará con un hecho o servicio determinado, que hace en su testamento el testador a favor de una o varias personas.

Herencia testamentaria y legítima

Artículo 6.2.- La herencia se defiere por la voluntad del testador o por disposición de la ley, La primera se llama testamentaria y la segunda legítima.

Disposición testamentaria total o parcial de los bienes

Artículo 6.3.- El testador puede disponer de todo o de parte de sus bienes. La parte de que no disponga se regirá por los preceptos de sucesión legítima.

El heredero es a título universal y a beneficio de inventario

Artículo 6.4.- El heredero adquiere a título universal y responde de las cargas de la herencia hasta donde alcance la cuantía de los bienes que hereda.

El legatario es a título particular

Artículo 6.5.- El legatario adquiere a título particular y sólo tiene las cargas que expresamente le imponga el testador, sin perjuicio de su responsabilidad subsidiaria con los herederos.

Si todos son designados legatarios, se considerarán herederos

Artículo 6.6.- Cuando toda la herencia se distribuya en legados, los legatarios serán considerados como herederos.

Presunción de muerte al mismo tiempo de testador y heredero

Artículo 6.7.- Si el autor de la herencia y sus herederos o legatarios perecieren en el mismo hecho o día sin haber prueba de quienes murieron antes, se tendrán todos por muertos al mismo tiempo y no habrá lugar entre ellos a la transmisión de la herencia o legado.

Derechos de herederos a la muerte del decujus (sic)

Artículo 6.8.- A la muerte del autor de la sucesión, los herederos adquieren derecho a la masa hereditaria como a un patrimonio común, mientras no se haga la división.

Derecho del heredero a la masa hereditaria

Artículo 6.9.- Cada heredero puede disponer del derecho que tiene a la masa hereditaria, pero no puede disponer de los bienes que forman la sucesión.

Derecho del legatario a la muerte del decujus (sic)

Artículo 6.10.- El legatario adquiere derecho al legado puro y simple, así como al de día cierto, desde el momento de la muerte del testador.

Derecho del tanto entre coherederos

Artículo 6.11.- Entre los coherederos existe el derecho del tanto que se regirá por los preceptos de la copropiedad.

TÍTULO SEGUNDO
DE LA SUCESIÓN POR TESTAMENTO

CAPÍTULO I
DE LOS TESTAMENTOS EN GENERAL

Concepto de testamento

Artículo 6.12.- Testamento es un acto personalísimo, revocable, libre y solemne, por el cual una persona dispone de sus bienes y derechos, y declara o cumple deberes para después de su muerte.

Designación de herederos, legatarios y sus porciones

Artículo 6.13.- No puede dejarse al arbitrio de un tercero el nombramiento de los herederos o de los legatarios, ni la designación de las cantidades que a ellos correspondan.

Posibilidad de que un tercero distribuya a ciertas clases

Artículo 6.14.- El testador puede encomendar a un tercero la distribución de los bienes a instituciones públicas de asistencia social, de asistencia privada y otras cuyo objeto sea semejante, y la elección de las personas a quienes deban aplicarse.

Presunción de ser herederos los parientes más próximos

Artículo 6.15.- La disposición hecha en términos imprecisos en favor de los parientes del testador se entenderá que se refiere a los parientes más próximos, según el orden de la sucesión legítima.

Disposición sin efecto por causa expresa errónea

Artículo 6.16.- Las disposiciones hechas no tienen ningún efecto cuando se funden en una causa expresa, que resulte errónea si ha sido la única que determinó la voluntad del testador.

Interpretación de la disposición

Artículo 6.17.- Toda disposición testamentaria deberá entenderse en el sentido literal de las palabras a no ser que aparezca con manifiesta claridad que fue otra la voluntad del testador.

En caso de duda sobre el contenido o interpretación de una disposición testamentaria, se observará lo que parezca más conforme a la intención del testador.

CAPÍTULO II
DE LA CAPACIDAD PARA TESTAR

Legitimación de testador

Artículo 6.18.- Pueden testar todos a quienes la ley no se los prohíbe expresamente.

Incapacitados para testar

Artículo 6.19.- Están incapacitados para testar:

I. Los menores de dieciséis años;

II. Los que no disfruten de su pleno juicio.

CAPÍTULO III
DE LA CAPACIDAD PARA HEREDAR

Capacidad e incapacidad para ser heredero

Artículo 6.20.- Toda persona tiene capacidad para heredar y no puede ser privada de ella; pero con relación a ciertas personas, y a determinados bienes, son incapaces para heredar por las causas siguientes:

I. Falta de personalidad;

II. Delito;

III. Presunción de influencia en la voluntad del testador o a la verdad o integridad del testamento;

IV. Falta de reciprocidad internacional;

V. Renuncia o remoción de algún cargo conferido en el testamento.

Incapacidad de heredar por falta de personalidad

Artículo 6.21.- Por falta de personalidad son incapaces de adquirir por testamento y por intestado, los que no estén concebidos al tiempo de la muerte del autor de la herencia o que aún cuando lo estén no nazcan vivos y viables.

Incapacidad de heredar por delito

Artículo 6.22.- Por razón de delito, son incapaces de adquirir por testamento o por intestado:

I. El que haya sido condenado por delito intencional que merezca pena de prisión, cometido contra la persona de cuya sucesión se trata o a los ascendientes, descendientes, cónyuge, concubina, concubinario o hermanos de ella;

II. El que haya hecho contra el autor de la sucesión o las personas a que se refiere la fracción anterior, denuncia o querella por delito que merezca pena de prisión, aún cuando aquella sea fundada, si fuere su descendiente, ascendiente, cónyuge, concubina, concubinario o hermano, a no ser que éste acto haya sido preciso para que el acusador salvara su libertad, vida, honra, salud o parte considerable de su patrimonio o las de sus descendientes, ascendientes, hermanos, cónyuge, concubina o concubinario;

III. El cónyuge que ha sido o sea declarado adultero, si se trata de suceder al del inocente;

IV. El coautor del cónyuge adultero, ya sea que se trate de la sucesión de éste o de la del inocente;

V. Los ascendientes, tutores, o cualquier otra persona respecto del menor expuesto por ellos;

VI. Los ascendientes, tutores, o cualquiera otra persona que abandone, prostituya o atente contra el pudor de quienes estén bajo su custodia;

VII. Los parientes del autor de la herencia que, teniendo obligación de darle alimentos no la hubiesen cumplido;

VIII. Los parientes del autor de la herencia que, hallándose este imposibilitado para trabajar y sin recursos, no hubieren cuidado de recogerlo o de hacerlo recoger, en establecimiento de beneficencia;

IX. El que usare la violencia, dolo, o mala fe con una persona, para que haga, deje de hacer o revoque su testamento.

Acusación que no prospera

Artículo 6.23.- Se aplicara también lo dispuesto en la fracción II del artículo anterior, aunque el autor de la herencia no fuere ascendiente, descendiente, cónyuge, concubina, concubinario o hermano del acusador, si la acusación no hubiese prosperado.

Capacidad de heredar por perdón

Artículo 6.24.- Cuando la parte agraviada, perdonare al ofensor, recobrará el derecho de suceder al ofendido.

Capacidad de heredar de los descendientes del incapaz por delito

Artículo 6.25.- En los casos de intestado, los descendientes del incapaz de heredar por delito, heredarán al autor de la sucesión, no debiendo ser excluidos por la falta de su progenitor; pero éste no puede tener en los bienes derivados de la sucesión el usufructo, ni la administración que la ley concede.

Incapacidad de tutores y curadores por presunción de influencia

Artículo 6.26.- Por presunción de influencia en la voluntad del autor de la herencia, son incapaces de adquirir por testamento del menor los tutores o curadores, a no ser que sean instituidos antes de ser nombrados para el cargo o después de la mayor edad de aquél, estando ya aprobadas las cuentas de la tutela.

Capacidad de los ascendientes y hermanos que son tutores o curadores

Artículo 6.27.- La incapacidad a que se refiere el artículo anterior no comprende a los ascendientes ni hermanos del menor.

Incapacidad de heredar por presunción de influencia

Artículo 6.28.- Por presunción de influencia a la voluntad del testador son incapaces de adquirir por testamento el médico que haya asistido a aquel durante su última enfermedad si entonces hizo su disposición testamentaria; así como su cónyuge, concubina o concubinario, ascendientes, descendientes y hermanos, a no ser que sea pariente por consanguinidad o afinidad del autor de la sucesión.

Incapacidad de heredar por presunción de influencia a la verdad

Artículo 6.29.- Por presunción de influencia a la verdad o integridad del testamento, son incapaces de heredar el notario y los testigos que intervinieron en él, y sus cónyuges, concubina o concubinario, descendientes, ascendientes o hermanos.

Incapacidad por falta de reciprocidad internacional

Artículo 6.30.- Por falta de reciprocidad Internacional son incapaces de heredar los extranjeros que, según las leyes de su país no puedan testar o dejar por intestado sus bienes a favor de los mexicanos.

Incapacidad por renuncia o remoción de un cargo

Artículo 6.31.- Por renuncia o remoción de un cargo, son incapaces de heredar por testamento los que, nombrados en él tutores, curadores, o albaceas, hayan rehusado sin justa causa el cargo o por causa grave hayan sido separados judicialmente de su ejercicio.

Incapacidad por rehusar desempeñar la tutela legítima

Artículo 6.32.- Las personas llamadas por la ley para desempeñar la tutela legítima y que rehúsen sin causa justificada, no tienen derecho a heredar a los incapaces de quienes deben ser tutores.

Capacidad a la muerte del autor de la herencia

Artículo 6.33.- Para que el heredero pueda suceder, basta que sea capaz al tiempo de la muerte del autor de la herencia.

Capacidad al momento del cumplimiento de la condición

Artículo 6.34.- Si la institución fuera condicional, se necesitará además que el heredero sea capaz al tiempo en que su (sic) cumpla la condición.

La no existencia de derechos en la herencia

Artículo 6.35.- El heredero por testamento que muera antes que el testador, o antes de que se cumpla la condición, el incapaz de heredar y el que renuncia a la sucesión, no adquieren ningún derecho en la herencia.

Heredero por el excluido

Artículo 6.36.- El que hereda en lugar del excluido, lo hará en las mismas circunstancias que éste.

La incapacidad por delito motiva pérdida de alimentos

Artículo 6.37.- En la incapacidad de heredar por delito se pierde el derecho a recibir alimentos.

Plazo para pedir la incapacidad

Artículo 6.38.- La acción para declarar la incapacidad, prescribe en un año, a partir de la declaración o reconocimiento de herederos o legatarios.

Gravamen o enajenación de bienes por heredero incapaz

Artículo 6.39.- Si el heredero declarado incapaz para heredar, hubiere enajenado o gravado a favor de un tercero de buena fe, todo o parte de los bienes antes de ser emplazado en juicio sobre su capacidad, el contrato subsistirá; más el heredero incapaz estará obligado a indemnizar al legítimo, de todos los daños y perjuicios.

CAPÍTULO IV
DE LAS CONDICIONES QUE PUEDEN PONERSE EN LOS TESTAMENTOS

Libertad del testador para imponer condiciones

Artículo 6.40.- El testador es libre para establecer condiciones al disponer de sus bienes.

Normas aplicables a las condiciones testamentarias

Artículo 6.41.- Las condiciones impuestas a los herederos y legatarios en lo que no esté previsto, se regirá por las reglas establecidas para las obligaciones condicionales.

Incumplimiento de condiciones

Artículo 6.42.- La falta de cumplimiento de alguna condición impuesta al heredero o legatario no les perjudica, siempre que hayan empleado todos los medios necesarios para cumplirla.

Condición que anula la institución de heredero o legatario

Artículo 6.43.- La condición física o legalmente imposible de dar o de hacer, impuesta al heredero o legatario, anula su institución.

Condición testamentaria válida

Artículo 6.44.- Si la condición que era imposible al tiempo de otorgar el testamento, dejara de serlo a la muerte del testador, será válida.

Condición testamentaria que suspende por cierto tiempo

Artículo 6.45.- La condición que solamente suspende por cierto tiempo la ejecución del testamento no impedirá que el heredero o legatario adquieran derechos a la herencia o legado o lo transmitan a sus herederos.

Condición testamentaria sin plazo

Artículo 6.46.- Cuando el testador no hubiere señalado plazo para el cumplimiento de la condición, el bien legado permanecerá en poder del albacea y al hacerse la partición se asegurará el derecho del legatario o heredero para el caso de cumplirse la condición.

Condición testamentaria potestativa

Artículo 6.47.- Si la condición es potestativa de dar o hacer y se ofrece cumplirla, pero aquél a cuyo favor se estableció rehúsa aceptar el bien o el hecho, la condición se tiene por cumplida.

Condición testamentaria potestativa por cumplida

Artículo 6.48.- La condición potestativa se tendrá por cumplida aún cuando el heredero o legatario haya prestado el bien o el hecho antes de que se otorgara el testamento, a no ser que pueda reiterarse la prestación en cuyo caso no será ésta obligatoria sino cuando el testador haya tenido conocimiento de la primera.

Condición testamentaria por no puesta

Artículo 6.49.- La condición de no dar, de no hacer o de no impugnar el testamento, se tendrá por no puesta.

Condición testamentaria causal o mixta

Artículo 6.50.- Cuando la condición fuere causal o mixta, bastará que se realice en cualquier tiempo, vivo o muerto el testador, si éste no hubiere dispuesto otra cosa.

Condición cumplida con o sin conocimiento del testador

Artículo 6.51.- Si la condición se hubiere cumplido al hacerse el testamento ignorándolo el testador, se tendrá como cumplida; más si la sabía, sólo se tendrá por cumplida si ya no puede existir o cumplirse de nuevo.

Condición testamentaria de contraer o no matrimonio

Artículo 6.52.- La condición de contraer o no matrimonio, se tendrá por no puesta.

Derechos heredables condicionados a permanecer cierto tiempo soltero o viudo

Artículo 6.53.- Podrá, sin embargo, dejarse a alguno el uso o habitación, una pensión alimenticia periódica o el usufructo que equivalga a esta pensión, por el tiempo que permanezca soltero o viudo.

Condición cumplida, existiendo la persona a quien se impuso

Artículo 6.54.- La condición que se ha cumplido existiendo la persona a quien se impuso, se retrotrae al tiempo de la muerte del testador, y desde entonces deben abonarse los frutos de la herencia o legado, a menos que el testador haya dispuesto expresamente otra cosa.

Condición considerada resolutoria

Artículo 6.55.- La carga de hacer alguna cosa se considera como condición resolutoria.

Legado de prestación periódica a concluir en cierto día

Artículo 6.56.- Si el legado fuere de prestación periódica, que debe concluir en un día incierto, llegado éste, el legatario hará suyas todas las prestaciones que correspondan hasta aquél día.

Legado sujeto a condición suspensiva

Artículo 6.57.- Cuando el legado esta sujeto a una condición suspensiva, mientras no se cumpla, el que ha de entregar el bien tendrá los derechos y obligaciones de un usufructuario.

Legatario considerado usufructuario

Artículo 6.58.- Cuando el legado debe concluir en un día seguro, se entregará el bien o cantidad legada al legatario, quien se considerará como usufructuario de ella mientras llega dicho día.

Legado de presentación periódica

Artículo 6.59.- Si el legado consistiere en prestación periódica, el legatario hará suyas todas las cantidades vencidas hasta el día señalado.

CAPÍTULO V
DE LOS BIENES DE QUE SE PUEDE DISPONER POR TESTAMENTO Y DE LOS TESTAMENTOS INOFICIOSOS

Obligación alimentaria del testador

Artículo 6.60.- El testador debe dejar alimentos a quienes este Código señala como sus acreedores alimentarios. En el caso de la concubina o concubinario la obligación existirá siempre y cuando permanezcan libres de matrimonio o de otro concubinato.

Testamento inoficioso

Artículo 6.61.- Es inoficioso el testamento en que no se deje la pensión alimenticia, según lo establecido en este capítulo.

Acreedor alimentario del testador

Artículo 6.62.- El preterido tendrá solamente derecho a que se le otorguen alimentos, subsistiendo el testamento en todo lo que no perjudique ese derecho.

Alimentos a cargo de la sucesión

Artículo 6.63.- Los alimentos son carga de la masa hereditaria, excepto cuando la obligación la haya impuesto el testador a alguno o algunos de los partícipes de la sucesión.

CAPÍTULO VI
DE LA INSTITUCIÓN DE HEREDERO

Validez del testamento sin institución de heredero

Artículo 6.64.- El testamento otorgado legalmente será válido, aunque no contenga institución de heredero y aunque el nombrado no acepte la herencia o sea incapaz de heredar, en cuyo caso se cumplirán las demás disposiciones.

Designación por no puesta

Artículo 6.65.- La designación de día en que deba comenzar o cesar la institución de herederos, se tendrá por no puesta.

Herederos sin designación de porción

Artículo 6.66.- Los herederos instituidos sin designación de la parte que a cada uno corresponda, heredarán por partes iguales.

Heredero que se considera legatario

Artículo 6.67.- El heredero instituido en bien cierto y determinado se tiene como legatario.

Designación individual o colectiva de herederos

Artículo 6.68.- Aunque el testador nombre algunos herederos individualmente y a otros colectivamente, éstos se considerarán como si fuesen individualmente, a no ser que se conozca de un modo claro que ha sido otra la voluntad del testador.

Institución simultánea de heredero

Artículo 6.69.- Si el testador instituye herederos a cierta persona y a sus hijos, se entenderán instituidos simultánea y no sucesivamente.

Designación clara y específica de heredero

Artículo 6.70.- El heredero debe ser instituido designándolo clara y específicamente.

Error que no vicia la institución de heredero

Artículo 6.71.- El error en el nombre, apellido o cualidades del heredero, no vicia la institución, si de otro modo se supiere ciertamente cuál es la persona nombrada.

Designación confusa de heredero

Artículo 6.72.- Si entre varias personas del mismo nombre y circunstancias no pudiere saberse a quién quiso designar el testador, ninguna será heredera.

Heredero incierto o bien no identificable

Artículo 6.73.- Toda disposición en favor de persona incierta o sobre bien que no pueda identificarse será nula.

CAPÍTULO VII
DE LOS LEGADOS

Preceptos que rigen los legados

Artículo 6.74.- Cuando no haya disposiciones especiales, los legatarios se rigen por los mismos preceptos que para los herederos.

Modos de instituir legatarios

Artículo 6.75.- El legado puede instituirse a titulo gratuito, con modalidad o con carga.

Herederos y legatarios gravados con legados

Artículo 6.76.- El testador puede gravar con legados a los herederos y a los legatarios.

Forma de entregar el bien legado

Artículo 6.77.- El bien legado deberá ser entregado con todos sus accesorios y en el estado en el que se halle al morir el testador.

Gastos de entrega del legado

Artículo 6.78.- Los gastos necesarios para la entrega del bien legado serán a cargo del legatario salvo disposición en contrario del testador.

Forma de aceptar el legado

Artículo 6.79.- El legatario no puede aceptar una parte del legado y repudiar otra.

Muerte del legatario antes de aceptar el legado

Artículo 6.80.- Si el legatario muere antes de aceptar un legado y deja varios herederos, puede uno de éstos aceptar y otro repudiar la parte que le corresponda en el legado.

Legados onerosos y gratuitos

Artículo 6.81.- Si se dejaron legados y unos fueren onerosos y otros gratuitos, el legatario no podrá renunciar a aquellos y aceptar éstos.

Derecho del heredero que es también legatario

Artículo 6.82.- El heredero que sea al mismo tiempo legatario puede aceptar o repudiar cualquiera.

Acreedor reconocido por testamento

Artículo 6.83.- El acreedor cuyo crédito no conste más que por testamento, se considera legatario preferente.

Derecho del legatario a exigir garantía

Artículo 6.84.- El legatario puede exigir que el heredero otorgue garantía en los casos en que pueda exigirla el acreedor.

Garantía entre legatarios

Artículo 6.85.- Si sólo hubiere legatarios, podrán exigirse entre sí la constitución de la garantía.

Bien legado en poder del legatario

Artículo 6.86.- Si el bien legado estuviere en poder del legatario, podrá retenerlo, sin perjuicio de devolver lo correspondiente en caso de reducción.

Deducción de contribuciones del bien legado

Artículo 6.87.- Del legado se deducirá el importe de sus contribuciones, a no ser que el testador disponga otra cosa.

Bienes insuficientes para pago de todos los legados

Artículo 6.88.- Si los bienes de la herencia no son suficientes para cubrir todos los legados, el pago se hará en el siguiente orden:

I. Los que la ley o el testador hayan declarado preferentes;

II. Los de alimentos o de educación;

III. Los remunerativos;

IV. Los de bien cierto y determinado;

V. Los demás a prorrata.

Legado de bien ajeno

Artículo 6.89.- El legado de bien ajeno es válido, si el testador sabía que lo era, y el heredero está obligado a adquirirlo para entregarlo al legatario o a darle su precio.

Legado del precio del bien, después de otorgado el testamento

Artículo 6.90.- Si el legatario adquiere el bien legado después de otorgado el testamento, se entiende legado su precio.

Legado del precio del bien

Artículo 6.91.- Es válido el legado de un bien propio del heredero o de un legatario, quienes, si aceptan la sucesión, deberán entregar el bien legado o su precio.

Legado de devolución de bien pignorado o de título hipotecario

Artículo 6.92.- El legado que consiste en la devolución del bien pignorado, o en el título constitutivo de una hipoteca, sólo extingue el gravamen, pero no la deuda, a no ser que así lo determine el testador.

Legado de fianza

Artículo 6.93.- Lo dispuesto en el artículo que precede se observará también en el legado de una fianza.

Legado de bien pignorado o hipotecario

Artículo 6.94.- Si el bien legado está pignorado o hipotecado, o lo fuere después de otorgado el testamento, la redención será a cargo de la herencia, a no ser que el testador disponga lo contrario.

Las rentas y los intereses devengados hasta la muerte del testador son carga de la herencia.

Legado al acreedor

Artículo 6.95.- El legado hecho al acreedor no compensa el crédito, a no ser que el testador lo declare expresamente.

Legado que mejora la condición del acreedor

Artículo 6.96.- Por medio de un legado el deudor puede mejorar la condición de su acreedor.

Legado de remisión de deuda

Artículo 6.97.- El legado genérico de remisión de deudas, comprende sólo las existentes al tiempo de otorgar el testamento y no las posteriores.

Legado de mueble indeterminado de género determinado

Artículo 6.98.- El legado de bien mueble indeterminado, pero en género determinado, será válido, aunque en la herencia no haya bien del género.

CAPÍTULO VIII
DE LAS SUBSTITUCIONES

Substitución del heredero o legatario por muerte, incapacidad o inaceptación

Artículo 6.99.- Puede el testador nombrar a una o más personas para que sustituyan al heredero o herederos, al legatario o legatarios, para el caso de que mueran antes que él, sean incapaces de heredar o no acepten la herencia.

Prohibición de substituciones

Artículo 6.100.- Quedan prohibidas las substituciones diversas de las contenidas en el artículo anterior.

Nombramiento conjunto o sucesivo de substitutos

Artículo 6.101.- Los substitutos pueden ser nombrados conjunta o sucesivamente.

Substituto del substituto

Artículo 6.102.- El substituto del substituto, faltando éste, lo es del substituido.

Forma en que heredan los substitutos

Artículo 6.103.- Los substitutos recibirán la herencia con los mismos gravámenes y condiciones con que debían recibirla los sustituidos, a no ser que el testador haya dispuesto otra cosa, o que los gravámenes o condiciones fueren meramente personales.

Substitución recíproca

Artículo 6.104.- Si los herederos o legatarios instituidos en partes desiguales fueren substituidos recíprocamente, en la sustitución tendrán las mismas partes que debían recibir los sustituidos; a no ser que aparezca haber sido otra la voluntad del testador.

Nulidad de la substitución

Artículo 6.105.- La nulidad de la substitución no afecta al heredero ni al legatario.

Cargas al hijo heredero

Artículo 6.106.- Puede el padre dejar una parte o la totalidad de sus bienes a su hijo, con la carga de transferirlos sólo al hijo o hijos que tuviere hasta la muerte del testador; en cuyo caso el heredero se considerará como usufructuario.

Prohibiciones testamentarias nulas

Artículo 6.107.- Son nulas las disposiciones que contengan prohibiciones de enajenar, o que llamen a un tercero a lo que quede de la herencia por la muerte del heredero, o el encargo de prestar a más de una persona sucesivamente cierta renta o pensión.

Obligación testamentaria de hacer obras de beneficencia

Artículo 6.108.- Es válida la obligación que se impone al heredero o legatario de invertir alguna cantidad en obras de beneficencia.

El heredero o legatario podrá enajenar los inmuebles e invertir su producto, garantizando el cumplimiento de aquella.

CAPÍTULO IX
DE LA INEXISTENCIA, NULIDAD, REVOCACIÓN Y CADUCIDAD DE LOS TESTAMENTOS

Voluntad testamentaria expresa

Artículo 6.109.- Es inexistente el testamento en el que el testador no manifieste, clara y expresamente su voluntad, así como el que no se hace con las solemnidades que señala la ley.

Testamento bajo violencia, influjo o mala fe

Artículo 6.110.- Es nulo el testamento que se haga bajo violencia, en los términos relativos a los vicios del consentimiento; y el que se otorga bajo el influjo de dolo o mala fe.

Derecho a impugnar el testamento

Artículo 6.111.- El testador no puede prohibir que se impugne el testamento.

Formalidad del testamento

Artículo 6.112.- El testamento es nulo también, cuando se otorga sin cumplir con las formas prescritas por la ley.

Derecho de testar

Artículo 6.113.- Es irrenunciable e incondicionable el derecho de testar.

Irrenunciabilidad a revocar el testamento

Artículo 6.114.- La renuncia de la facultad de revocar el testamento es nula.

El testamento posterior revoca al anterior

Artículo 6.115.- El testamento anterior queda revocado por el posterior, salvo que el testador exprese lo contrario.

La revocación produce su efecto

Artículo 6.116.- La revocación producirá su efecto aunque el segundo testamento caduque por la incapacidad o renuncia del heredero o de los legatarios nuevamente nombrados.

Caducidad de las disposiciones testamentarias

Artículo 6.117.- Las disposiciones testamentarias caducan y quedan sin efecto, en lo relativo a los herederos y legatarios si éstos:

I. Mueren antes que el testador o antes de que se cumpla la condición de que dependa la herencia o el legado;

II. Se hacen incapaces de heredar;

III. Renuncian a su derecho.

Condición de suceso desconocido

Artículo 6.118.- El testamento que contenga condición de suceso pasado o presente desconocido, no caduca aunque la noticia del hecho se adquiera después de la muerte del heredero o legatario, cuyos derechos se transmiten a sus respectivos herederos.

TÍTULO TERCERO
DE LA FORMA DE LOS TESTAMENTOS

CAPÍTULO I
DISPOSICIONES GENERALES

Testamento ordinario o especial

Artículo 6.119.- El testamento, en cuanto a su forma es ordinario o especial.

Clases de testamento ordinario

Artículo 6.120.- El ordinario puede ser:
I. Público abierto;
II. Público simplificado.

Clases de testamento especial

Artículo 6.121.- El especial puede ser:
I. Militar;
II. Marítimo;
III. Hecho en país extranjero.

Impedimento para ser testigo testamentario

Artículo 6.122.- No pueden ser testigos en el testamento:
I. Los empleados del Notario que lo autorice;
II. Los menores de dieciséis años;
III. Los que no estén en su sano juicio;
IV. Los ciegos, sordos o mudos;
V. Los que no entiendan el idioma que habla el testador;
VI. Los herederos y legatarios; sus descendientes, ascendientes, cónyuge, concubinos o hermanos. La intervención como testigo de una de las personas a que se refiere esta fracción sólo produce como efecto la nulidad de la disposición que beneficie a ella o a sus mencionados parientes;

VII. Los que hayan sido condenados por delito de falsedad.

Intérprete del testador

Artículo 6.123.- Cuando el testador ignore el idioma español, y el Notario no hable el idioma de aquél, concurrirá también al acto y firmará el testamento un intérprete nombrado por el mismo testador.

Requisitos de testigo testamentario

Artículo 6.124.- Los testigos que intervengan en un testamento deberán conocer al testador y el Notario deberá identificarlos con documento Oficial; que se halle en su cabal juicio y libre de cualquier coacción.

Identificación del testador

Artículo 6.125.- En caso de urgencia, si el testador no pudiera identificarse, se hará constar esta circunstancia por el Notario, agregando las señales que le caractericen, debiendo identificarse en un plazo de tres días para que sea válido el testamento.

(ADICIONADO, G.G. 31 DE AGOSTO DE 2012)

Del Registro Testamentario

Artículo 6.125 Bis.- Otorgado ante el Notario el testamento o dado ante la autoridad que lo reciba, dentro de los diez días hábiles siguientes, deberá formular aviso al Archivo General de Notarías para su registro, quien a su vez remitirá el informe respectivo al Registro Nacional de Avisos de Testamento.

CAPÍTULO II
DEL TESTAMENTO PÚBLICO ABIERTO.

Características del testamento público abierto

Artículo 6.126.- Testamento público abierto es el que se otorga ante Notario, conforme a las disposiciones de este Capítulo.

Requisitos del testamento público abierto

Artículo 6.127.- El testador expresará de un modo claro y terminante su voluntad al Notario y éste redactará por escrito las cláusulas del testamento, sujetándose estrictamente a la voluntad de aquél, leyéndolas en voz alta y exhortando al testador a leerlas por sí mismo, a fin de que manifieste si está conforme. Si es así, firmará él la escritura, el Notario y, en su caso, los testigos y el intérprete.

Personas que intervienen en el testamento público abierto

Artículo 6.128.- Al otorgamiento y firma del testamento público abierto, comparecerán además del testador, el Notario y dos testigos; sin embargo el testador podrá decidir otorgarlo sólo ante el Notario público, circunstancia que se hará constar en el documento, salvo que se trate de testamento otorgado por persona que no sabe o no puede firmar, que es sorda, invidente o no pueda leer, los que necesariamente requerirán la presencia de testigos. Éstos podrán intervenir además como testigos de conocimiento.

Testador que no sabe o no puede firmar

Artículo 6.129.- Cuando el testador declare que no sabe o no puede firmar, imprimirá su huella digital y uno de los testigos firmará en su nombre.

Testamento de sordo

Artículo 6.130.- El que fuere sordo: pero que sepa leer, deberá dar, lectura a su testamento.

Testamento de ciego

Artículo 6.131.- Cuando el testador sea ciego o no pueda o no sepa leer, se dará lectura al testamento dos veces; una por el Notario, y otra, por persona que el testador designe.

Testador que ignora el idioma español

Artículo 6.132.- Cuando el testador ignore el idioma español, si puede escribirá su testamento que será traducido.

Protocolización de la traducción del testamento

Artículo 6.133.- La traducción se transcribirá como testamento en el protocolo, y el original, firmado por el testador, el intérprete, si lo hay, y el Notario, se agregará al apéndice correspondiente.

Testador que no puede o no sabe leer ni escribir

Artículo 6.134.- Si el testador no puede o no sabe leer o escribir, el intérprete o el Notario escribirá el testamento que dicte aquél; leído y aprobado por el testador se traducirá al español; y se procederá como dispone el artículo anterior.

Formalidades del testamento en un solo acto

Artículo 6.135.- Las formalidades del testamento se practicarán en un sólo acto que comenzará con su lectura, y el Notario dará fe de haberse llenado aquéllas.

CAPÍTULO III
DEL TESTAMENTO PÚBLICO SIMPLIFICADO

Características del testamento público simplificado

Artículo 6.136.- Testamento público simplificado es aquél que se otorga ante notario en la escritura en que se consigna la adquisición de una vivienda y su solar o parcela, de un inmueble destinado a vivienda o en la que se consigne su regularización por parte de las autoridades o entidades del Estado o de cualquier dependencia o entidad de la Administración Pública Federal, siempre que tenga el mismo fin o en acto posterior.

(REFORMADO, G.G. 20 DE DICIEMBRE DE 2016)

Monto de los bienes, objeto del testamento público simplificado

Artículo 6.137.- Para que se otorgue el testamento público simplificado, el precio del inmueble o su valor de avalúo no podrá exceder del equivalente a veinticinco veces el valor diario de la Unidad de Medida y Actualización vigente elevado al año; en la regularización de inmuebles no importará su monto.

Pluralidad de testador en el mismo acto

Artículo 6.138.- Si hubiere pluralidad de adquirentes o cuando el testador esté casado bajo el régimen de sociedad conyugal, cada uno podrá otorgar su testamento en el mismo instrumento. En los supuestos a que se refiere este artículo no se aplicará la prohibición de que dos o más personas testen en un mismo acto.

Legatarios en testamento público simplificado

Artículo 6.139.- Los legatarios podrán reclamar la entrega del inmueble, y no les serán aplicables las disposiciones en contrario.

Sustanciación de la sucesión por testamento público simplificado

Artículo 6.140.- La sucesión derivada del testamento público simplificado, se sustanciará en los términos del Código de Procedimientos Civiles.

CAPÍTULO IV
DE LOS TESTAMENTOS MILITAR, MARÍTIMO Y HECHO EN PAÍS EXTRANJERO

Reconocimiento de los testamentos militar, marítimo y el hecho en país extranjero

Artículo 6.141.- En el Estado se reconoce existencia válida a los testamentos militar, marítimo y al hecho en país extranjero si se ajustan al Código Civil de aplicación federal y disposiciones relativas.

TÍTULO CUARTO
DE LA SUCESIÓN LEGÍTIMA

CAPÍTULO I
DISPOSICIONES GENERALES

Casos en que se abre la sucesión legítima

Artículo 6.142.- La sucesión legítima se abre cuando:

I. No hay testamento, o el que se otorgó ha sido declarado inexistente o nulo;

II. El testador no dispuso de todos sus bienes, por la parte faltante;

III. No se cumpla la condición impuesta al heredero;

IV. El heredero muera antes que el testador, repudie la herencia o sea incapaz de heredar, si no se ha nombrado substituto.

Testamento válido sin subsistencia de la institución de heredero

Artículo 6.143.- Cuando siendo válido el testamento no deba subsistir la institución de heredero, subsistirán, sin embargo, las demás disposiciones, y la sucesión legítima sólo comprenderá los bienes que debían corresponder al heredero instituido.

Personas con derecho a heredar por sucesión legítima

Artículo 6.144.- Tienen derecho a heredar por sucesión legítima:

I. Los descendientes, cónyuge, ascendientes, parientes colaterales hasta el cuarto grado, concubina o concubinario;

II. A falta de los anteriores el Sistema para el Desarrollo Integral de la Familia del Estado de México.

Los parientes por afinidad no son herederos legítimos

Artículo 6.145.- El parentesco por afinidad no da derecho a heredar.

Orden del parentesco para heredar

Artículo 6.146.- Los parientes más próximos excluyen a los más remotos, salvo disposición legal en contra.

Parientes en el mismo grado

Artículo 6.147.- Los parientes que se hallaren en el mismo grado, heredarán por partes iguales.

CAPÍTULO II
DE LA SUCESIÓN DE LOS DESCENDIENTES

División de la herencia sólo entre hijos

Artículo 6.148.- Si a la muerte de los padres quedaren sólo hijos, la herencia se dividirá entre todos por partes iguales.

Cónyuge y descendientes que concurren a la herencia

Artículo 6.149.- Cuando concurran descendientes con el cónyuge que sobreviva, a éste le corresponderá la porción de un hijo.

Herederos por cabeza y por estirpe

Artículo 6.150.- Si quedaren hijos y descendientes de ulterior grado, los primeros heredaran por cabeza y los segundos por estirpe. Lo mismo se observará tratándose de descendientes de hijos premuertos, incapaces de heredar o que hubieren renunciado a la herencia.

Herederos por estirpe

Artículo 6.151.- Si sólo quedaren descendientes de ulterior grado, la herencia se dividirá por estirpe.

Hijos que concurren con ascendientes a la herencia

Artículo 6.152.- Concurriendo hijos con ascendientes, éstos sólo tendrán derecho a alimentos, que en ningún caso pueden exceder de la porción de uno de los hijos.

Artículo 6.153.- (DEROGADO, G.G. 15 DE MAYO DE 2012)

Artículo 6.154.- (DEROGADO, G.G. 15 DE MAYO DE 2012)

CAPÍTULO III
DE LA SUCESIÓN DEL CÓNYUGE

Cónyuge que concurre con hijos

Artículo 6.155.- El cónyuge que sobrevive concurriendo con hijos, tendrá el derecho de uno de ellos.

Cónyuge que concurre con ascendientes

Artículo 6.156.- Si el cónyuge concurre con ascendientes, éstos sólo tendrán derecho a alimentos.

Cónyuge heredero único

Artículo 6.157.- A falta de descendientes, sólo el cónyuge hereda.

CAPÍTULO IV
DE LA SUCESIÓN DE LOS ASCENDIENTES

Padres, herederos únicos

Artículo 6.158.- A falta de descendientes, de cónyuge, concubina o concubinario, sucederán los progenitores por partes iguales.

Padre o madre, heredero único

Artículo 6.159.- Si sólo hubiere padre o madre, el que viva sucederá al hijo en toda la herencia.

Ascendientes de ulterior grado por una línea

Artículo 6.160.- Si sólo hubiere ascendientes de ulterior grado por una línea, se dividirá la herencia por partes iguales.

Ascendientes de ulterior grado por ambas líneas

Artículo 6.161.- Si hubiere ascendientes por ambas líneas se dividirá la herencia en dos partes iguales y se aplicará una a los ascendientes de la línea paterna y otra a la de la materna.

División por partes iguales de la porción entre miembros de cada línea

Artículo 6.162.- Los miembros de cada línea dividirán entre sí por partes iguales la porción que les corresponda.

Artículo 6.163.- (DEROGADO, G.G. 15 DE MAYO DE 2012)

Concurrencia de los adoptantes y concubina o concubinario

Artículo 6.164.- Si concurre la concubina o concubinario del adoptado y los adoptantes, les corresponde a cada parte el cincuenta por ciento.

CAPÍTULO V
DE LA SUCESIÓN DE LOS COLATERALES

Hermanos por ambas líneas

Artículo 6.165.- Si sólo hay hermanos por ambas líneas, sucederán por partes iguales.

Hermanos que concurren con medios hermanos

Artículo 6.166.- Si concurren hermanos con medios hermanos, aquéllos heredarán doble porción que éstos.

Hermanos que concurren con hijos de hermanos o medios hermanos

Artículo 6.167.- Si concurren hermanos con hijos de hermanos o de medios hermanos premuertos, que sean incapaces de heredar o que hayan renunciado a la herencia, los primeros heredarán por cabeza y los segundos por estirpe, teniendo en cuenta lo dispuesto en el artículo anterior.

División de herencia entre hijos de hermanos

Artículo 6.168.- A falta de hermanos, sucederán los hijos de éstos, dividiéndose la herencia por estirpe.

División de la herencia entre parientes hasta el cuarto grado

Artículo 6.169.- A falta de los llamados en los artículos anteriores, sucederán los parientes más próximos hasta el cuarto grado, sin distinción de línea, ni consideración al doble vínculo, y heredarán por partes iguales.

CAPÍTULO VI
DE LA SUCESIÓN DE LOS CONCUBINOS

Requisitos para heredar entre concubinarios

(REFORMADO, G.G. 6 DE MARZO DE 2010)

Artículo 6.170.- Tiene derecho a heredar la concubina o el concubinario del autor de la herencia.

Artículo 6.171.- (DEROGADO, G.G. 6 DE MARZO DE 2010)

Concurrencia de hijos de los concubinos con uno de éstos

Artículo 6.172.- Si uno de los concubinos concurre con sus hijos que lo sean también del autor de la sucesión, heredará como uno de ellos.

Concurrencia de concubino con hijo del autor de la herencia

Artículo 6.173.- Si concurre con descendientes del autor de la herencia, que no sean también suyos, tendrá derecho a la mitad de la porción que le corresponda a un hijo.

Concubino que concurre con hijos de ambos y del otro

Artículo 6.174.- Si concurre con hijos de ambos y con hijos sólo del autor de la herencia, tendrá derecho a las dos terceras partes de la porción de un hijo.

Concubino que concurre con ascendiente

Artículo 6.175.- Si concurre con ascendientes del autor de la herencia, tendrá derecho al cincuenta por ciento de la misma.

Concubino que concurre con parientes colaterales

Artículo 6.176.- Si concurre con parientes colaterales hasta el cuarto grado del autor de la sucesión, tendrá derecho a dos terceras partes.

CAPÍTULO VII
DE LA SUCESIÓN DE LA BENEFICENCIA PÚBLICA

Falta de cónyuge y parientes con derecho a heredar

Artículo 6.177.- A falta de todos los herederos señalados en los capítulos anteriores sucederá el Sistema para el Desarrollo Integral de la Familia del Estado de México.

TÍTULO QUINTO
DISPOSICIONES COMUNES A LAS SUCESIONES TESTAMENTARIAS Y LEGÍTIMAS

CAPÍTULO I
DE LAS PRECAUCIONES QUE DEBEN ADOPTARSE CUANDO LA VIUDA QUEDA ENCINTA

Derecho de la viuda o concubina embarazadas

Artículo 6.178.- La viuda o concubina que quedara encinta, tiene derecho a recibir alimentos y al pago de los gastos médicos derivados del embarazo, con cargo a la sucesión.

Suspensión de la partición

Artículo 6.179.- La partición de la herencia se suspenderá hasta que se verifique el parto o se demuestre que la viuda o concubina no está embarazada, pero los acreedores podrán ser pagados por mandato judicial.

CAPÍTULO II
DE LA APERTURA DE LA SUCESIÓN Y DE LA TRANSMISIÓN DE LA HERENCIA

Momento de apertura de la sucesión y transmisión de la herencia

Artículo 6.180.- La sucesión se abre y la herencia se transmite en el momento en que muere su autor o cuando se declare la presunción de muerte.

Derecho del heredero mientras se nombra albacea

Artículo 6.181.- Mientras se nombra albacea, cualquiera de los herederos puede reclamar el total de la herencia, sin que el demandado pueda oponer la excepción de que no le pertenece por entero.

Obligación del albacea de reclamar el total de la herencia

Artículo 6.182.- Habiendo albacea, él deberá promover la reclamación a que se refiere el artículo precedente y siendo moroso en hacerlo los herederos tienen derecho de pedir su remoción.

Transmisión y prescripción de la acción de petición de herencia

Artículo 6.183.- La acción de petición de herencia es transmisible a los herederos y prescribe en cinco años, a partir de la declaración o reconocimiento de herederos.

CAPÍTULO III
DE LA ACEPTACIÓN Y DE LA REPUDIACIÓN DE LA HERENCIA

Legitimación para aceptar o repudiar la herencia

Artículo 6.184.- Pueden aceptar o repudiar la herencia todos los que tienen la libre disposición de sus bienes.

Aceptación o repudiación por los incapacitados

Artículo 6.185.- La herencia o legado que se deje a los incapacitados, serán aceptados por sus representantes, quienes sólo podrán repudiarla previa autorización judicial.

Aceptación expresa o tácita de la herencia

Artículo 6.186.- La aceptación de la herencia puede ser expresa o tácita.

Forma de aceptar o repudiar la herencia

Artículo 6.187.- Ninguno puede aceptar o repudiar la herencia en parte, con plazo o condicionalmente.

Transmisión del derecho de aceptar o repudiar

Artículo 6.188.- Si el heredero fallece sin aceptar o repudiar la herencia, el derecho de hacerlo se transmite a sus sucesores.

Efectos de la aceptación o repudiación de la herencia

Artículo 6.189.- Los efectos de la aceptación o repudiación se retrotraen a la fecha de la muerte del autor de la herencia.

Formalidad para la repudiación

Artículo 6.190.- La repudiación debe ser expresa y hacerse por escrito ante el Juez, o por medio de instrumento público otorgado ante notario.

Repudio por heredero que es legítimo y testamentario

Artículo 6.191.- El heredero instituido en un testamento y que es también heredero abintestato, si la repudia por el primer título, se entiende haberla repudiado por los dos.

Repudio por heredero legítimo que desconoce ser también testamentario

Artículo 6.192.- El que repudia el derecho de suceder por intestado, sin tener noticias de su título testamentario, puede, en virtud, de éste, aceptar la herencia.

Repudio de herencia dejada bajo condición

Artículo 6.193.- Se puede repudiar la herencia dejada bajo condición, aunque ésta no se haya cumplido.

Aceptación o repudio por personas jurídicas colectivas

(REFORMADO, G.G. 22 DE JUNIO DE 2023)

Artículo 6.194.- Las personas jurídicas colectivas pueden aceptar o repudiar la herencia; las de carácter público sólo pueden repudiarla previa autorización judicial; y las instituciones de asistencia privada legalmente constituidas, deberán sujetarse a la ley de la materia.

Tercero interesado en que se acepte o repudie

Artículo 6.195.- Cuando alguno tuviere interés en que el heredero declare si acepta o repudia la herencia, podrá pedir al Juez le fije un plazo que no exceda de un mes, para que dentro de él haga su declaración, apercibido de que si no la hace, se tendrá la herencia por aceptada.

Irrevocabilidad de la aceptación o repudiación

Artículo 6.196.- La aceptación y la repudiación de la herencia son irrevocables.

Caso en que puede revocarse la aceptación o repudiación

Artículo 6.197.- El heredero puede revocar la aceptación o la repudiación cuando por un testamento desconocido al tiempo de hacerla, se altera la cantidad o calidad de la herencia.

Efectos de la revocación de la aceptación

Artículo 6.198.- En el caso del artículo anterior si el heredero revoca la aceptación, devolverá, todo lo que hubiere percibido de la herencia, observándose respecto de los frutos, las reglas relativas a los poseedores.

Repudio en perjuicio de acreedores

Artículo 6.199.- Si el heredero repudia la herencia en perjuicio de sus acreedores, pueden pedir al Juez que ellos la acepten en nombre de aquél.

Aceptación en provecho de los acreedores

Artículo 6.200.- En el caso del artículo anterior, la aceptación sólo aprovechará a los acreedores para el pago de sus créditos.

Oposición de la aceptación de la herencia por los acreedores

Artículo 6.201.- El que por la repudiación de la herencia debe entrar en ella, podrá impedir que la acepten los acreedores, pagando a éstos los créditos que tienen contra el que la repudió.

La aceptación de la herencia es a beneficio de inventario

Artículo 6.202.- La aceptación en ningún caso produce confusión de los bienes del autor de la herencia y de los herederos, porque toda herencia se entiende aceptada a beneficio de inventario aunque no se exprese.

CAPÍTULO IV
DE LOS ALBACEAS E INTERVENTORES

Legitimación para ser albacea

Artículo 6.203.- Pueden ser albaceas las personas que tengan capacidad de ejercicio, a excepción de los que se mencionan en este capítulo.

Incapacidad para ser albacea

Artículo 6.204.- No pueden ser albaceas, excepto en el caso de ser herederos únicos:

I. Los Magistrados y Jueces;

II. Los que por sentencia ejecutoriada hubieren sido removidos del cargo de albacea;

III. Los que hayan sido condenados por sentencia ejecutoriada por delitos contra la propiedad.

Albacea testamentario

Artículo 6.205.- El testador puede nombrar uno o más albaceas.

Derecho de los herederos testamentarios a nombrar albacea

Artículo 6.206.- Cuando el testador no hubiere designado albacea o el nombrado no desempeñare el cargo, los herederos lo elegirán por mayoría de votos.

Determinación de mayoría en sucesiones

Artículo 6.207.- La mayoría en las sucesiones, se calculará por el importe de las porciones y no por el número de las personas, cuando la mayor porción esté representada por menos de la cuarta parte de los herederos para que haya mayoría se necesita que voten con ellos los herederos que sean necesarios para formar, por lo menos la cuarta parte del número total.

Ausencia de mayoría

Artículo 6.208.- Si no hubiere mayoría, el albacea será nombrado por el Juez, de entre los propuestos.

El heredero único es albacea

Artículo 6.209.- El heredero que fuere único, será albacea, si no hubiere sido nombrado otro en el testamento, si es incapaz, lo será su representante legal.

Ausencia de albacea

Artículo 6.210.- Cuando no haya heredero o el nombrado no entre en la herencia, y hubiere legatarios éstos nombrarán al albacea, si no los hubiere será designado por el Juez.

Duración del albacea

Artículo 6.211.- El albacea nombrado conforme al artículo anterior, durará en su cargo mientras los herederos hacen la elección de albacea.

Albaceas universales o especiales

Artículo 6.212.- Los albaceas podrán ser universales o especiales. Los primeros deben cumplir todas las disposiciones y representar a la sucesión. Los segundos, deben cumplir las disposiciones testamentarias para las que se les designó.

Varios albaceas nombrados

Artículo 6.213.- Cuando fueren varios los albaceas nombrados, el albaceazgo será ejercido por cada uno de ellos sucesivamente en el orden de su designación a no ser que el testador hubiese dispuesto que se ejerza conjuntamente, en este caso su responsabilidad será mancomunada.

Desempeño del albaceazgo mancomunado

Artículo 6.214.- Cuando los albaceas fueren mancomunados, deberán actuar de común acuerdo o por mayoría, de no darse ésta, el Juez decidirá.

Actuación de albacea mancomunado por suma urgencia

Artículo 6.215.- En los casos de suma urgencia, cualquiera de los albaceas mancomunados puede practicar los actos que fueren necesarios bajo su responsabilidad, dando cuenta inmediatamente a los demás.

Aceptar el cargo de albacea obliga a su desempeño

Artículo 6.216.- El cargo de albacea es voluntario; quien lo acepte queda obligado a desempeñarlo.

Albacea que se excusa o renuncia sin justa causa

Artículo 6.217.- El albacea que se excuse o renuncie sin justa causa perderá lo que le hubiere dejado el testador. Lo mismo sucederá si lo que se le deja es con el exclusivo objeto de remunerarlo por el desempeño del cargo, aún cuando sea por justa causa.

Plazo para excusarse

Artículo 6.218.- El albacea que se excuse, deberá hacerlo dentro de los seis días siguientes a aquél en que tuvo noticia de su nombramiento; o si éste le era ya conocido, dentro del mes siguiente a aquél en que tuvo noticia de la muerte del testador. Si presenta su excusa fuera del plazo señalado responderá de los daños y perjuicios que ocasione.

Causas de excusas

Artículo 6.219.- Pueden excusarse de ser albaceas:

I. Los servidores públicos;

II. Los militares en servicio activo;

III. Los que por su actividad, trabajo o situación económica puedan sufrir menoscabo en su subsistencia por el desempeño del albaceazgo;

IV. Los que por el mal estado habitual de salud, o por no saber leer ni escribir, no puedan atender debidamente el albaceazgo;

V. Los que tengan setenta años cumplidos;

VI. Los que tengan a su cargo otro albaceazgo.

Desempeño del cargo en tanto se decide la excusa

Artículo 6.220.- El albacea que estuviere presente mientras se decide sobre su excusa, debe desempeñar el cargo bajo la misma pena establecida para el caso de excusa o renuncia.

Forma de desempeñar el cargo de albacea

Artículo 6.221.- El albacea no puede transferir sus funciones, ni está obligado a obrar personalmente; pudiendo hacerlo por mandatario.

Obligación del albacea con respecto al ejecutor especial

Artículo 6.222.- El albacea está obligado a entregar al ejecutor especial las cantidades o bienes necesarios para que cumpla la parte del testamento que estuviere a su cargo.

Albacea ante la presencia de legado a plazo o condición suspensiva

Artículo 6.223.- Si el cumplimiento del legado dependiera de plazo o de condición suspensiva, podrá el albacea general retener el bien, garantizando a satisfacción del legatario o del ejecutor especial, de que la entrega se hará en su debido tiempo.

Garantía necesaria

Artículo 6.224.- El ejecutor especial o el legatario podrán exigir la constitución de la garantía necesaria.

Derecho a la posesión de los bienes hereditarios por ministerio de ley

Artículo 6.225.- El derecho a la posesión de los bienes hereditarios se transmite por ministerio de la ley, a los herederos y a los albaceas generales, desde el momento de la muerte del autor de la herencia, salvo en el caso de la sociedad conyugal.

Legitimación del albacea para accionar

Artículo 6.226.- El albacea debe deducir todas las acciones inherentes a la sucesión.

Obligaciones del albacea general

Artículo 6.227.- Son obligaciones del albacea general:

I. El aseguramiento de los bienes de la sucesión;

II. La formación de los inventarios y avalúos;

III. La administración de los bienes y la rendición de las cuentas del albaceazgo;

IV. El pago de las deudas mortuorias, hereditarias y testamentarias;

V. La partición y adjudicación de los bienes;

VI. La defensa, en juicio y fuera de él, de los bienes de la sucesión y de la validez del testamento;

VII. La de representar a la sucesión en los juicios;

VIII. Las demás que le imponga la ley.

Distribución provisional de los productos de bienes hereditarios

Artículo 6.228.- Los albaceas, dentro de los quince días siguientes a la aprobación del inventario y avalúo, propondrán al Juez la distribución provisional de los productos de los bienes hereditarios, señalando la parte de ellos que cada bimestre deberá entregarse a los herederos o legatarios; en caso de no hacerlo, sin causa justa, será separado del cargo a solicitud de cualquiera de los interesados.

Otorgamiento de garantía por el albacea

Artículo 6.229.- El albacea está obligado dentro de los quince días siguientes a la aceptación de su nombramiento, a garantizar, a su elección, el manejo del caudal hereditario, según el monto, con fianza, hipoteca o prenda.

Albacea relevado de dar garantía

Artículo 6.230.- Cuando el albacea sea coheredero y su porción baste para garantizar, no estará obligado a hacerlo, mientras que conserve sus derechos hereditarios. Si su porción no fuere suficiente estará obligado a garantizar la diferencia.

Legitimación para relevar al albacea de dar garantía

Artículo 6.231.- El testador no puede liberar al albacea de la obligación de garantizar su manejo; pero los herederos si pueden hacerlo.

Albacea obligado a presentar el testamento

Artículo 6.232.- Quien ha sido nombrado albacea en testamento y lo tiene en su poder, debe presentarlo dentro de los quince días siguientes a la muerte del testador.

El albacea no permitirá extracción de bienes

Artículo 6.233.- El albacea antes de formar el inventario, no permitirá la extracción de bienes, si no consta la propiedad ajena en el mismo testamento, en instrumento público o en los libros de comercio del autor de la herencia.

Albacea responsable de daños y perjuicios

Artículo 6.234.- La infracción al artículo anterior, hará responsable al albacea de los daños y perjuicios.

Fijación de gastos de administración y sueldos

Artículo 6.235.- El albacea, dentro del primer mes de ejercer su cargo, fijará, de acuerdo con los herederos, la cantidad para gastos de administración y sueldos.

Venta de bienes hereditarios por el albacea

Artículo 6.236.- Si para el pago de una deuda u otro gasto urgente fuere necesario vender algunos bienes, el albacea deberá hacerlo, de acuerdo con los herederos, y si esto no fuere posible, con aprobación judicial.

Requisitos para vender bienes hereditarios

Artículo 6.237.- Lo dispuesto en este Código respecto de los tutores, para la enajenación de bienes, se observará también para los albaceas.

Consentimiento para gravar bienes

Artículo 6.238.- El albacea no puede gravar ni hipotecar los bienes sin consentimiento de los herederos o de los legatarios.

Consentimiento para someter a arbitraje

Artículo 6.239.- El albacea sólo con el consentimiento de los herederos puede comprometer en árbitros los asuntos de la sucesión.

Legitimación para dar en arrendamiento bienes hereditarios

Artículo 6.240.- El albacea puede dar en arrendamiento hasta por un año los bienes de la sucesión; por mayor tiempo necesita del consentimiento de los herederos o de los legatarios.

Rendición de cuentas por el albacea

Artículo 6.241.- El albacea está obligado a rendir cuenta anual de su cargo. También rendirá cuenta de su administración general, cuando por cualquier causa deje de ser albacea.

Transmisión de la obligación de rendir cuentas

Artículo 6.242.- La obligación del albacea de rendir cuentas, pasa a sus herederos.

Imposibilidad de dispensa testamentaria

Artículo 6.243.- Las disposiciones por las que el testador dispensa al albacea de la obligación de hacer inventario y avalúo o de rendir cuentas, se tienen por no puestas.

Aprobación de cuentas de la administración

Artículo 6.244.- La cuenta de administración debe ser aprobada por los herederos; el que disienta, puede seguir a su costa la oposición respectiva.

Participación del Ministerio Público en aprobación de cuentas

Artículo 6.245.- Cuando los herederos fueren incapaces o fuere heredero el Sistema para el Desarrollo Integral de la Familia intervendrá el Ministerio Público en la aprobación de las cuentas.

Convenios sobre las cuentas aprobadas

Artículo 6.246.- Aprobadas las cuentas, los interesados pueden celebrar sobre su resultado los convenios que quieran.

Deudas que pueden pagarse de inmediato

Artículo 6.247.- Las deudas mortuorias, alimenticias, las que hubiere por juicio pendiente al abrirse la sucesión y los gastos de conservación y administración de los bienes podrán pagarse de inmediato.

Plazo en que puede exigirse el pago

Artículo 6.248.- Los demás acreedores y legatarios podrán exigir su pago aprobado el inventario y avalúo; lo podrán exigir también si transcurrió el plazo para su formación y aprobación.

Gastos a cargo de la herencia

Artículo 6.249.- Los gastos hechos por el albacea en el cumplimiento de su cargo, incluyendo los honorarios de abogado y procurador se pagarán de la masa de la herencia.

Plazo para cumplir el cargo de albacea

Artículo 6.250.- El albacea debe cumplir su encargo dentro de un año contado desde su aceptación, o desde que terminen los litigios que se promovieron sobre la validez o nulidad del testamento.

Prórroga del plazo de albacea

Artículo 6.251.- Solo por causa justificada pueden los herederos prorrogar el plazo al albacea.

Remoción del albacea

Artículo 6.252.- El albacea podrá ser removido del cargo al vencimiento del plazo o prórroga de su encargo.

Requisitos para prorrogar el albaceazgo

Artículo 6.253.- Para prorrogar el plazo de albaceazgo, es indispensable que haya sido aprobada la cuenta anual del albacea.

Retribución al albacea por el testador

Artículo 6.254.- El testador puede señalar al albacea su retribución.

Retribución al albacea no señalada en testamento

Artículo 6.255.- Si el testador no designa la retribución, el albacea cobrará el dos por ciento sobre el monto del avalúo aprobado.

Derecho del albacea de elegir retribución

Artículo 6.256.- El albacea tiene derecho de elegir entre lo que deja el testador por el desempeño del cargo y lo que la ley le concede.

Retribución a albaceas mancomunados

Artículo 6.257.- Si fueren varios y mancomunados los albaceas, la retribución se repartirá entre ellos, si no la repartición se hará en proporción al tiempo que cada uno haya administrado.

Legado conjunto a los albaceas por desempeñar su encargo

Artículo 6.258.- Si el testador legó conjuntamente a los albaceas, algún bien por el desempeño de su cargo, la parte de los que no admitan éste o sean removidos, acrecerá a los que lo ejerzan.

Conclusión del albaceazgo

Artículo 6.259.- El cargo de albacea concluye por:

I. La extinción de los derechos y obligaciones derivados de la sucesión;

II. Muerte;

III. Incapacidad;

IV. Excusa;

V. Revocación;

VI. Remoción.

Tiempo para revocar al albacea

Artículo 6.260.- La revocación puede hacerse por los herederos en cualquier tiempo, pero en el mismo acto debe nombrarse el substituto.

Revocación sin causa justificada

Artículo 6.261.- Si la revocación se hace sin causa justificada, el albacea removido tiene derecho de percibir lo que el testador le haya dejado por el desempeño del cargo o el porcentaje que le corresponda.

Albacea testamentario con otro encargo

Artículo 6.262.- Cuando el albacea haya recibido del testador algún encargo específico, no quedará privado de éste por la revocación de albacea. En tal caso, se considerará como ejecutor especial.

Legitimación para nombrar interventor

Artículo 6.263.- El heredero que no hubiere estado conforme con el nombramiento de albacea tiene derecho de nombrar un interventor que vigile al albacea.

Nombramiento de interventor por varios herederos

Artículo 6.264.- Si son varios los herederos inconformes, el nombramiento de interventor se hará por mayoría, y si no se obtiene ésta, el nombramiento lo hará el Juez, eligiendo de entre los propuestos.

Función del interventor

Artículo 6.265.- La función del interventor es vigilar el exacto cumplimiento del cargo del albacea.

Limitación al interventor

Artículo 6.266.- El interventor no puede tener la posesión ni aún interina de los bienes.

Casos en que debe nombrarse interventor

Artículo 6.267.- Debe nombrarse interventor cuando:
I. El heredero esté ausente o no sea conocido;
II. La cuantía de los legados iguales o exceda a la porción del heredero albacea;
III. Se hagan legados para instituciones de beneficencia.

Capacidad para ser interventor

Artículo 6.268.- Los interventores deben ser capaces de obligarse.

Retribución a los interventores

Artículo 6.269.- Los interventores tendrán la retribución que acuerden los herederos que los nombran; si los nombra el Juez cobrarán conforme a las reglas del contrato de prestación de servicios profesionales.

Conclusión del cargo de interventor

Artículo 6.270.- El cargo de interventor concluye por:
I. Muerte;
II. Incapacidad;
III. Renuncia;
IV. Revocación;
V. Liquidación del patrimonio sucesorio.

CAPÍTULO V
DEL INVENTARIO, AVALÚO Y LIQUIDACIÓN DE LA SUCESIÓN

Formación de inventario y avalúo por el albacea

Artículo 6.271.- El albacea definitivo deberá iniciar, hacer y presentar el inventario y avalúo, en la forma y términos que fije el Código de Procedimientos Civiles.

Omisión del albacea de formar inventario y avalúo

Artículo 6.272.- Si el albacea no cumple lo dispuesto en el artículo anterior, podrá promover la formación del inventario cualquier heredero.

Liquidación de la herencia

Artículo 6.273.- Concluido y aprobado el inventario y avalúo, el albacea procederá a la liquidación de la herencia.

Deudas primeras en pagarse

Artículo 6.274.- En primer lugar, serán pagadas las deudas mortuorias, si no lo estuvieren.

Aspectos comprendidos en deuda mortuoria

Artículo 6.275.- Son deudas mortuorias los gastos de funeral y los causados en la última enfermedad del autor de la herencia que haya motivado su muerte.

Deudas mortuorias a cargo de la herencia

Artículo 6.276.- Las deudas mortuorias se pagarán del patrimonio hereditario.

Deudas pagadas en segundo lugar

Artículo 6.277.- En segundo lugar, se pagarán los gastos de rigurosa conservación y administración del patrimonio hereditario, así como los créditos alimenticios.

Venta de bienes para pago de deudas

Artículo 6.278.- Si para hacer los pagos de que hablan los artículos anteriores no hubiere dinero en la herencia, el albacea propondrá la venta de los bienes muebles y aun de los inmuebles, con los requisitos legales.

Pago de deudas exigibles

Artículo 6.279.- En seguida se pagarán las deudas hereditarias que sean exigibles.

Deudas hereditarias

Artículo 6.280.- Son deudas hereditarias las contraídas por el autor de la herencia.

Pago de otras deudas

Artículo 6.281.- Los demás acreedores, serán pagados conforme a su preferencia y orden de presentación.

Requisitos para pagar legados

Artículo 6.282.- El albacea, aprobado el inventario y avalúo, no podrá pagar los legados, sin haber cubierto o asignado bienes bastantes para pagar las deudas.

Acción de los acreedores hereditarios contra legatarios

Artículo 6.283.- Los acreedores que se presenten después de pagarse los legados, solo tendrán acción contra los legatarios cuando en la sucesión no hubiere bienes bastantes para cubrir sus créditos.

Forma de venta de bienes para pago de deudas y legados

Artículo 6.284.- La venta de bienes hereditarios para el pago de deudas y legados, se hará en pública subasta; a no ser que la mayoría de los interesados acuerde otra cosa.

Aplicación del precio de bienes vendidos

Artículo 6.285.- La mayoría de los interesados, o la autorización judicial en su caso, determinará la aplicación que haya de darse al precio de los bienes vendidos.

CAPÍTULO VI
DE LA PARTICIÓN

Partición de la herencia

Artículo 6.286.- Aprobados el inventario, avalúo y la cuenta de administración, el albacea debe hacer la partición de la herencia.

Derecho a la división de los bienes

Artículo 6.287.- A ningún coheredero puede obligarse a permanecer en la indivisión de los bienes, ni aún por prevención expresa del testador.

Suspensión de la partición

(REFORMADO, G.G. 9 DE AGOSTO DE 2012)

Artículo 6.288.- Puede suspenderse la partición en virtud de convenio expreso de los interesados. Habiendo herederos incapaces, deberá oírse a su representante legal; el auto en que se aprueba el convenio, determinará el tiempo que deba durar la indivisión.

Entrega de legado por disposición testamentaria

Artículo 6.289.- Si el testador dispone que a algún legatario se le entreguen determinados bienes, el albacea, aprobado el inventario y avalúo, se los entregará, siempre que el legatario garantice responder por las obligaciones de la herencia, en la proporción que le corresponda.

Partición hecha por testador

Artículo 6.290.- Si el testador hiciere la partición de los bienes, a ella deberá estarse.

Abono de frutos y rentas entre coherederos

Artículo 6.291.- Los coherederos deben abonarse recíprocamente las rentas y frutos que cada uno haya recibido en los bienes hereditarios, los gastos útiles y necesarios y los daños ocasionados por malicia o negligencia.

Alimentos, pensiones o renta vitalicia

Artículo 6.292.- Si hubiere acreedor alimentario o el testador hubiere legado alguna pensión o renta vitalicia, sin gravar con ella en particular a algún heredero o legatario, se separará un capital o fondo suficiente para que produzca el importe de aquellas, que se entregará a la persona que deba percibirlas, quien tendrá las obligaciones de un usufructuario.

La partición en relación a la pensión

Artículo 6.293.- En el proyecto de partición se expresará qué parte del capital o fondo afecto a la pensión, corresponderá a cada uno de los herederos luego que aquélla se extinga; asimismo el porcentaje de la obligación que cada uno de ellos tiene en caso de ser insuficiente el capital o fondo.

Libertad de los herederos para concluir la herencia

Artículo 6.294.- Cuando todos los herederos sean mayores de edad, podrán adoptar los acuerdos que estimen convenientes, aún el de separarse del juicio, para el arreglo o terminación de la testamentaria o intestado.

(REFORMADO, G.G. 9 DE AGOSTO DE 2012)

Cuando haya incapaces se podrán celebrar los acuerdos, con aprobación judicial, si están debidamente representados.

Formación de la partición y adjudicación

Artículo 6.295.- La partición y adjudicación constará en escritura pública, siempre que en la herencia haya bienes cuya enajenación deba hacerse con esa formalidad.

Gastos de partición

Artículo 6.296.- Los gastos de la partición son a cargo de la sucesión; los que se hagan por interés de algunos de los herederos o legatarios serán por su cuenta.

CAPÍTULO VII
DE LOS EFECTOS DE LA PARTICIÓN

Asignación de porción hereditaria

Artículo 6.297.- Aprobada la partición, queda determinada la porción de bienes hereditarios que corresponde a cada uno de los herederos.

Privación a un heredero de todo o parte de su porción

Artículo 6.298.- Cuando por causas anteriores a la partición, alguno de los coherederos fuese privado del todo o de parte de su haber, la pérdida es a cargo de la herencia y los otros están obligados a indemnizarlo en proporción a sus derechos hereditarios.

Distribución de la pérdida

Artículo 6.299.- Si alguno de los coherederos fuere insolvente, la cuota con que debía contribuir se repartirá entre los demás, incluso el que perdió su parte. Conservándose la acción contra el insolvente.

Carencia de obligación de contribuir a la pérdida

Artículo 6.300.- No hay la obligación de indemnizar al heredero que sufre pérdida, en los casos siguientes, cuando:

I. Se hubieren dejado al heredero bienes individualmente determinados, de los cuales es privado;

II. Los coherederos renuncien expresamente al derecho de ser indemnizados;

III. La pérdida fuere ocasionada por culpa del heredero que la sufre.

Adjudicación de crédito de la herencia

Artículo 6.301.- Si se adjudica un crédito los coherederos no responden de la insolvencia posterior del deudor de la herencia, y sólo son responsables de su solvencia al tiempo de hacerse la partición.

Créditos hereditarios incobrables

Artículo 6.302.- Por los créditos incobrables no hay responsabilidad.

Caución de los herederos por embargo o sentencia contra la sucesión

Artículo 6.303.- Cuando por obligaciones de la sucesión, fueren embargados bienes, o se pronunciare sentencia condenatoria, el heredero tiene derecho de pedir que sus coherederos caucionen la responsabilidad que pueda resultarles y, en caso contrario, que se les prohíba enajenar los bienes que recibieron.

CAPÍTULO VIII
DE LA RESCISIÓN Y NULIDAD DE LAS PARTICIONES

Causas de rescisión o anulación de la partición

Artículo 6.304.- Las particiones pueden rescindirse o anularse por las mismas causas que las obligaciones.

Derecho del heredero preterido

Artículo 6.305.- El heredero preterido tiene derecho de pedir la nulidad de la partición. Decretada ésta, se hará una nueva para que reciba la parte que le corresponda.

Nulidad de partición a heredero que no lo es

Artículo 6.306.- La partición hecha con un heredero, sin derecho a esa sucesión, es nula en lo que le corresponde, y la parte que se le aplicó se distribuirá entre los herederos.

Aparición de bienes después de la partición

Artículo 6.307.- Si hecha la partición aparecieren algunos bienes omitidos, se procederá a la ampliación del inventario, avalúo, rendición de cuentas y partición.

LIBRO SÉPTIMO
DE LAS OBLIGACIONES

PRIMERA PARTE
DE LAS OBLIGACIONES EN GENERAL

TÍTULO PRIMERO
FUENTE DE LAS OBLIGACIONES

CAPÍTULO I
DISPOSICIONES GENERALES

Concepto de obligación

Artículo 7.1.- Obligación es la relación que se establece entre acreedor y deudor, con facultad el primero de exigir al segundo, el cumplimiento de una prestación de dar, hacer o no hacer.

Clases de obligaciones

Artículo 7.2.- Las obligaciones pueden ser: personales, reales o naturales.

CAPÍTULO II
FUENTES DE LAS OBLIGACIONES

Hechos y actos que originan la obligación

Artículo 7.3.- Son fuentes de las obligaciones los hechos y actos jurídicos que crean, transfieren, modifican o extinguen facultades y deberes jurídicos, cuyo contenido sea una prestación de dar, hacer o no hacer.

CAPÍTULO III
DE LOS HECHOS JURÍDICOS

Concepto de hecho jurídico

Artículo 7.4.- Hecho jurídico es el acontecimiento natural o humano, voluntario o involuntario que sea supuesto por una disposición legal, para producir consecuencias de derecho para crear, transmitir, modificar o extinguir derechos o deberes jurídicos o situaciones jurídicas concretas.

Hechos jurídicos que son fuente de obligaciones

Artículo 7.5.- Para los efectos de este ordenamiento se entiende que:

I. Los hechos jurídicos realizados sin la participación o sin la acción del hombre, son los fenómenos de la naturaleza que producen consecuencias de derecho;

II. Los hechos jurídicos efectuados con la participación del hombre se denominan biológicos, y son los relacionados con éste en su nacimiento, vida, capacidad o muerte;

III. Los hechos jurídicos realizados con la acción del hombre son voluntarios, involuntarios y contra la voluntad.

CAPÍTULO IV
DE LOS ACTOS JURÍDICOS

Concepto de acto jurídico

Artículo 7.6.- Acto jurídico es toda declaración o manifestación de voluntad hecha con el objeto de producir consecuencias de derecho.

Elementos de existencia del acto jurídico

Artículo 7.7.- Para la existencia del acto jurídico se requiere:
I. Consentimiento;
II. Objeto;
III. Solemnidad en los casos que así lo disponga la ley.

Elementos de validez

Artículo 7.8.- Para que el acto jurídico sea válido se requiere:
I. Capacidad;
II. Ausencia de vicios en el consentimiento;
III. Que el objeto, motivo o fin sea lícito;
IV. Formalidades, salvo las excepciones establecidas por la ley.

Consecuencia del acto jurídico

Artículo 7.9.- El autor o autores del acto jurídico, adquieren derechos y contraen o imponen obligaciones.

CAPÍTULO V
DE LA INEXISTENCIA Y NULIDAD DE LOS ACTOS JURÍDICOS

Elementos y efectos de la inexistencia

Artículo 7.10.- Es inexistente el acto jurídico cuando no contiene una declaración de voluntad, por falta de objeto que pueda ser materia de él, o de la solemnidad requerida por la ley. No producirá efecto legal alguno, ni es susceptible de valer por confirmación, ni por prescripción. Puede invocarse por todo interesado.

Efectos de la ilicitud en el objeto, motivo o fin del acto jurídico

Artículo 7.11.- La ilicitud en el objeto, motivo o fin del acto produce nulidad absoluta o relativa, según lo disponga la ley.

Características de la nulidad absoluta

Artículo 7.12.- La nulidad absoluta por regla general no impide que el acto produzca provisionalmente sus efectos, los cuales serán destruidos retroactivamente cuando se pronuncie judicialmente la nulidad. De ella puede prevalerse todo interesado y no desaparece por la confirmación o prescripción.

Características de la nulidad relativa

Artículo 7.13.- La nulidad es relativa cuando el acto jurídico es susceptible de confirmación o prescripción. Siempre permite que el acto produzca sus efectos, mientras no sea declarado nulo.

Causas de la nulidad relativa

Artículo 7.14.- La falta de forma, el error, el dolo, la violencia, la lesión y la incapacidad produce la nulidad relativa del acto.

Legitimación en la nulidad relativa

Artículo 7.15.- La acción y la excepción de nulidad por falta de forma competen a todos los interesados.

Legitimación en la nulidad por error, dolo, violencia, lesión o incapacidad

(REFORMADO, G.G. 25 DE AGOSTO DE 2015)

Artículo 7.16.- La nulidad por causa de error, dolo, violencia o incapacidad, sólo puede invocarse por el que ha sufrido esos vicios del consentimiento, sea perjudicado por la lesión o es el incapaz.

El Juez oficiosamente analizará la existencia de lesión y resolverá en términos del artículo **7.667** de este Código.

Confirmación del acto jurídico falto de forma

Artículo 7.17.- La nulidad de un acto jurídico por falta de forma establecida por la ley, se extingue por la confirmación de ese acto hecho en la forma omitida.

Voluntad indubitable de las partes en acto jurídico falto de forma

Artículo 7.18.- Cuando la falta de forma produzca nulidad del acto, si la voluntad de las partes consta de manera indubitable y no se trata de un acto revocable, cualquiera de los interesados puede exigir que el acto se otorgue en la forma prescrita por la ley.

Confirmación del acto en caso de incapacidad, violencia o error

Artículo 7.19.- Cuando el acto jurídico es nulo por incapacidad, violencia o error, puede ser confirmado cuando cese el vicio o motivo de nulidad, siempre que no concurra otra causa que lo invalide.

Ratificación tácita del acto jurídico nulo

Artículo 7.20.- El cumplimiento voluntario por medio del pago, novación, o por cualquier otro modo, se tiene como ratificación tácita y extingue la acción de nulidad.

Efectos de la confirmación de acto jurídico nulo

Artículo 7.21.- La confirmación se retrotrae al día en que se verificó el acto, sin perjuicio de derechos de tercero.

Prescripción de la acción de nulidad por incapacidad o por error

Artículo 7.22.- La acción de nulidad fundada en incapacidad o en error, prescribe en los mismos términos que las acciones personales o reales según la naturaleza del acto. Si el error se conoce antes de que transcurran esos plazos, la acción de nulidad prescribe a los sesenta días, contados desde que el error fue conocido.

Prescripción de la acción de nulidad por violencia

Artículo 7.23.- La acción para pedir la nulidad de un acto por violencia, prescribe a los tres meses contados desde que cese ese vicio.

Prescripción de nulidad por lesión

(REFORMADO, G.G. 25 DE AGOSTO DE 2015)

Artículo 7.24.- La acción de nulidad por lesión, prescribirá en el mismo tiempo en que prescriba la obligación que la cause.

Acto jurídico parcialmente nulo

Artículo 7.25.- El acto jurídico viciado de nulidad en parte, no es totalmente nulo, si las partes que lo forman pueden legalmente subsistir separadas, a menos que se demuestre que al celebrarse el acto se quiso que sólo íntegramente subsistiera.

Consecuencias de nulidad

Artículo 7.26.- La anulación del acto obliga a las partes a restituirse mutuamente lo que han recibido o percibido en virtud o por consecuencia del acto anulado.

La nulidad en relación con los intereses y frutos

Artículo 7.27.- Si el acto fuere bilateral y las obligaciones correlativas consisten ambas en sumas de dinero o en bienes productivos de frutos, no se hará la restitución respectiva de intereses o de frutos, sino desde el día de la demanda de nulidad. Los intereses y los frutos percibidos hasta esa fecha podrán compensarse.

Cumplimiento recíproco de la declaración de nulidad

Artículo 7.28.- Mientras que uno no cumpla con aquello que en virtud de la declaración de nulidad del acto jurídico está obligado, no puede ser compelido el otro a que lo haga.

Transmisión de derechos sobre inmueble cuya transmisión es declarada nula posteriormente

Artículo 7.29.- Los derechos reales o personales transmitidos a tercero sobre un inmueble, por una persona cuyo título es declarado nulo posteriormente, quedan sin efecto y pueden ser reclamados directamente del poseedor mientras no opere la prescripción; excepto contra los terceros adquirentes de buena fe.

TÍTULO SEGUNDO
DE LOS CONTRATOS EN GENERAL

CAPÍTULO I
DE LOS CONTRATOS

Concepto de convenio

Artículo 7.30.- Convenio es el acuerdo de dos o más personas para crear, transferir, modificar o extinguir obligaciones.

Concepto de contrato

Artículo 7.31.- Los convenios que crean o transfieren obligaciones y derechos, reciben el nombre de contratos.

(ADICIONADO, G.G. 6 DE ENERO DE 2016) (F. DE E., G.G. 3 DE FEBRERO DE 2016)

Contrato mediante el uso de medios electrónicos

Artículo 7.31 Bis.- Todo convenio o contrato que se encuentre regulado en el presente Código, podrá realizarse a través de medios electrónicos y deberá constar en documentos electrónicos.

Consensualismo en los contratos

Artículo 7.32.- Los contratos se perfeccionan por el mero consentimiento de las partes; excepto aquellos que deban revestir una forma establecida por la ley. Desde que se perfeccionan obligan a los contratantes no sólo al cumplimiento de lo expresamente pactado, sino también a las consecuencias que, según su naturaleza, son conforme a la buena fe, a la costumbre o a la ley.

Validez y cumplimiento de los contratos

Artículo 7.33.- La validez y el cumplimiento de los contratos no pueden dejarse a la voluntad de uno de los contratantes.

Condiciones y circunstancias de los contratos

Artículo 7.34.- En los contratos con prestaciones periódicas o continuas, las partes podrán consignar las circunstancias que sustentaron los motivos determinantes de su voluntad para celebrarlos.

Variación de los contratos por acontecimientos extraordinarios

Artículo 7.35.- En cualquier momento de la ejecución de los contratos a que se refiere el artículo anterior, y siempre que las partes hubieren consignado las circunstancias que sustentaron los motivos determinantes de su voluntad para celebrarlos, si tales circunstancias varían por acontecimientos extraordinarios sobrevenidos y de tal variación resulta oneroso en exceso el cumplimiento del contrato para una de ellas, la parte afectada podrá pedir la rescisión o la nulidad relativa del contrato, o la reducción equitativa de la obligación.

Acontecimiento extraordinario

Artículo 7.36.- Los acontecimientos extraordinarios a que se refiere el artículo anterior, serán:

I. El desarrollo y disponibilidad de nuevas tecnologías, que hagan excesivamente oneroso en el proceso productivo, el uso de los bienes o servicios a los que se refirió el contrato;

II. La modificación substancial y generalizada de los precios que en el mercado corriente tuviere el suministro o uso de los bienes, o la prestación del servicio, objeto del contrato.

Se entenderá por modificación substancial, toda variación de los precios en un porcentaje no menor al treinta por ciento;

III. La modificación substancial de cualquiera otra condición determinante de la voluntad de las partes, señalada expresamente en el contrato.

Invocación infundada de acontecimientos extraordinarios

Artículo 7.37.- Aquél que de manera infundada invoque acontecimientos extraordinarios con el único propósito de incumplir obligaciones convenidas, deberá pagar a su contraparte un treinta por ciento más de lo que pretendía nulificar o reducir.

CAPÍTULO II
DE LA CAPACIDAD DE LOS CONTRATANTES

Capacidad para contratar

Artículo 7.38.- Son hábiles para contratar todas las personas no exceptuadas por la ley.

Legitimación para hacer valer la incapacidad

Artículo 7.39.- La incapacidad de una de las partes no puede ser invocada por la otra en provecho propio, salvo que sea indivisible el objeto del derecho o de la obligación común.

CAPÍTULO III
DE LA REPRESENTACIÓN

Autorización para contratar por medio de otro

Artículo 7.40.- El capaz para contratar, puede hacerlo por sí o por medio de otro legalmente autorizado.

Autorización para contratar a nombre de otro

Artículo 7.41.- Ninguna persona puede contratar a nombre de otra sin estar autorizada por ella o por la ley.

Ratificación de contratos celebrados por quien no es representante

Artículo 7.42.- Los contratos celebrados a nombre de otro por quien no sea su legítimo representante, serán válidos si la persona a cuyo nombre fueren celebrados, los ratifica antes de que se retracte la otra parte. La ratificación debe ser hecha con las mismas formalidades que para la celebración del contrato exige la ley.

Si no se obtiene la ratificación, el otro contratante tendrá derecho de exigir daños y perjuicios a quien indebidamente contrató.

CAPÍTULO IV
DEL CONSENTIMIENTO

Clases de consentimiento

(REFORMADO, G.G. 6 DE ENERO DE 2016)

Artículo 7.43.- El consentimiento puede ser expreso o tácito. Es expreso cuando se manifiesta verbalmente, por escrito en documentos físicos, electrónicos o por signos inequívocos. El tácito resultará de hechos o de actos que lo presupongan o que autoricen a presumirlo, excepto en los casos en que por ley o por convenio la voluntad deba manifestarse expresamente.

Oferta sujeta a plazo

Artículo 7.44.- La persona que propone a otra la celebración de un contrato fijándole un plazo para aceptar, queda ligada por su oferta hasta la expiración del plazo.

Oferta a persona presente sin fijar plazo

Artículo 7.45.- Cuando la oferta se haga a una persona presente, sin fijación de plazo para aceptarlo, el autor de la oferta queda desligado si la aceptación no se hace inmediatamente. La misma regla se aplicará a la oferta hecha por teléfono o cualquier otro medio electrónico.

Oferta a persona no presente sin fijar plazo

Artículo 7.46.- Cuando la oferta se haga sin fijación de plazo a una persona no presente, por correo, fax o cualquier otro medio electrónico, el autor de la oferta quedará ligado durante tres días, y en el primer caso, además del tiempo necesario para la ida y vuelta regular del correo público, o del que se juzgue bastante, no habiendo correo público, según las distancias y la facilidad o dificultad de las comunicaciones.

Formación del contrato con la recepción de la aceptación

Artículo 7.47.- El contrato se forma en el momento en que el proponente recibe la aceptación, estando ligado por su oferta según los artículos precedentes.

Retiro de oferta y de aceptación

Artículo 7.48.- La oferta se considerará como no hecha si la retira su autor y el destinatario recibe la retractación antes que la oferta. La misma regla se aplicará al caso en que se retire la aceptación.

Muerte del oferente

Artículo 7.49.- Si al tiempo de la aceptación hubiere fallecido el proponente, sin que el aceptante fuere sabedor de su muerte, quedarán obligados los herederos.

Modificación a la oferta

Artículo 7.50.- El proponente quedará liberado de su oferta cuando la respuesta que reciba no sea una aceptación lisa o llana, sino que importe modificación de la inicial. En este caso la respuesta se considerará como nueva proposición que se regirá por lo dispuesto en los artículos anteriores.

Oferta y aceptación por telégrafo u otro medio

(REFORMADO, G.G. 6 DE ENERO DE 2016)

Artículo 7.51.- La propuesta y aceptación hechas por telégrafo, fax o cualquier medio electrónico producen efectos si los contratantes con anterioridad habían estipulado por escrito esta manera de contratar, y si los originales de los respectivos telegramas, fax o documentos electrónicos contienen las firmas autógrafas, electrónicas avanzadas o los sellos electrónicos de los contratantes y los signos convencionales establecidos entre ellos.

CAPÍTULO V
VICIOS DEL CONSENTIMIENTO

Vicios del consentimiento

Artículo 7.52.- El consentimiento no es válido si se sufre lesión, si se da por error, arrancado por violencia o sorprendido por dolo o mala fe.

Error de hecho o derecho

Artículo 7.53.- El error de derecho o de hecho invalida el contrato cuando recae sobre el motivo determinante de la voluntad de cualquiera de los que contratan, si en el acto de la celebración se declara ese motivo o si se prueba por las circunstancias del mismo contrato que se celebró éste en el falso supuesto que lo motivó y no por otra causa.

Error de cálculo o aritmético

Artículo 7.54.- El error de cálculo o aritmético sólo da lugar a la rectificación.

La lesión en los contratos

Artículo 7.55.- Cuando alguno explotando la ignorancia, inexperiencia, miseria o el estado de necesidad de otro, obtiene un lucro excesivo que sea evidentemente desproporcionado a lo que él, por su parte se obliga, el perjudicado tiene derecho de pedir la nulidad del contrato o en su caso la reducción equitativa de su obligación.

Concepto de dolo y mala fe

Artículo 7.56.- Es dolo el artificio o maquinación fraudulenta que se emplee para inducir al error o mantener en él a alguno de los contratantes. Mala fe es la disimulación del error de uno de los contratantes, una vez conocido.

El dolo o mala fe como causa determinante

Artículo 7.57.- El dolo o mala fe de una de las partes o de un tercero, sabiéndolo aquélla, anulan el contrato si ha sido la causa determinante.

Dolo o mala fe de ambas partes

Artículo 7.58.- Si ambas partes proceden con dolo o mala fe, ninguna de ellas puede alegar la nulidad del acto.

Nulidad del contrato por violencia

Artículo 7.59.- Es nulo el contrato celebrado bajo violencia, proviniendo de alguno de los contratantes, o de un tercero, interesado o no en el contrato.

Concepto de violencia

Artículo 7.60.- Hay violencia cuando se emplea fuerza física o moral con amenaza de perder la vida, la honra, la libertad, la salud o una parte considerable de los bienes del contratante, de su cónyuge, concubino, ascendientes, descendientes y parientes colaterales dentro del segundo grado y por afinidad en primer grado.

Temor reverencial

Artículo 7.61.- El temor reverencial de desagradar a las personas a quienes se debe sumisión y respeto, no basta para viciar el consentimiento o la voluntad.

Consideraciones ajenas al dolo o violencia

Artículo 7.62.- Las consideraciones generales o vagas que los contratantes expusieron sobre los provechos y perjuicios que naturalmente pueden resultar de la celebración o no celebración del contrato, y que no importen engaño o amenaza a alguna de las partes, no serán tomadas en cuenta al calificar el dolo o la violencia.

Renuncia futura sobre dolo, mala fe, lesión o violencia

Artículo 7.63.- Es ilícita la renuncia futura sobre la nulidad que resulte del dolo, mala fe, lesión o violencia.

Ratificación del acto

Artículo 7.64.- La ratificación del acto afectado de invalidez por violencia, dolo o mala fe, extingue la acción de nulidad.

CAPÍTULO VI
DEL OBJETO, MOTIVO O FIN DE LOS CONTRATOS

Objeto de los contratos

Artículo 7.65.- Son objeto de los contratos:
I. El bien que el obligado debe dar;
II. El hecho que el obligado debe hacer o no hacer.

Características del bien objeto del contrato

Artículo 7.66.- El bien objeto del contrato debe:
I. Existir en la naturaleza;
II. Ser determinado o determinable en cuanto a su especie;
III. Estar en el comercio.

Bienes futuros objeto del acto

Artículo 7.67.- Los bienes futuros pueden ser objeto de un contrato. Sin embargo, no puede serlo la herencia de una persona viva, aún cuando ésta preste su consentimiento.

Características del hecho objeto del contrato

Artículo 7.68.- El hecho positivo o negativo, objeto del contrato debe ser:
I. Posible;
II. Lícito.

Hecho imposible

Artículo 7.69.- Es imposible el hecho que no existe, porque es incompatible con una ley de la naturaleza o con una norma jurídica, y que constituye un obstáculo insuperable para su realización.

Hecho no considerado imposible

Artículo 7.70.- No se considerará imposible el hecho que no pueda ejecutarse por el obligado, pero sí por otra persona en lugar de él.

Hecho ilícito

Artículo 7.71.- Es ilícito el hecho que es contrario a las leyes de orden público.

El fin o motivo determinante en los contratos

Artículo 7.72.- El fin o motivo determinante de la voluntad de los que contratan, tampoco debe ser contrario a las leyes de orden público.

CAPÍTULO VII
DE LA FORMA DE LOS CONTRATOS

Manera y términos de obligarse en los contratos

Artículo 7.73.- En los contratos civiles cada uno se obliga en la manera y términos que aparezca que quiso obligarse, sin que para la validez del contrato se requieran formalidades determinadas, fuera de los casos expresamente designados por la ley.

Falta de formalidad en los contratos

Artículo 7.74.- La falta de formalidad exigida por la ley origina la nulidad del contrato, salvo disposición en contrario; pero si la voluntad de las partes para celebrarlo consta de manera fehaciente, cualquiera de ellas puede exigir que se dé al contrato la forma legal.

(REFORMADA SU DENOMINACIÓN, G.G. 6 DE ENERO DE 2016)

Firma del documento por el contratante

Artículo 7.75.- Cuando se exija la forma escrita para el contrato, los documentos relativos deben ser firmados por todas las personas a las cuales se imponga esa obligación.

Si alguna de ellas no puede o no sabe firmar, imprimirá su huella digital.

(ADICIONADO, G.G. 6 DE ENERO DE 2016)

Si el contrato consta en documentos electrónicos, debe estar plasmada la Firma Electrónica Avanzada o el Sello Electrónico de las personas que intervengan en el acto, la omisión de este requisito tendrá los mismos efectos que la falta de firma autógrafa en documentos escritos.

CAPÍTULO VIII
DE LA CLASIFICACIÓN DE LOS CONTRATOS

Contrato unilateral

Artículo 7.76.- El contrato es unilateral cuando una sola de las partes se obliga hacia la otra sin que ésta le quede obligada.

Contrato bilateral

Artículo 7.77.- El contrato es bilateral, cuando las partes se obligan recíprocamente.

Contrato oneroso y gratuito

Artículo 7.78.- Es contrato oneroso aquél en que se estipulan provechos y gravámenes recíprocos; y gratuito aquél en que el provecho es solamente de una de las partes.

Contrato oneroso y aleatorio

Artículo 7.79.- El contrato oneroso es conmutativo cuando las prestaciones que se deben las partes son ciertas desde que se celebra, de manera que ellas pueden apreciar inmediatamente el beneficio o la pérdida que les cause éste. Es aleatorio, cuando la prestación debida depende de un acontecimiento incierto que hace que no sea posible la evaluación de la ganancia o pérdida ni a cargo de quien es, sino hasta que se realice.

CAPÍTULO IX
DE LAS CLÁUSULAS QUE PUEDEN CONTENER LOS CONTRATOS

Cláusulas convencionales y esenciales

Artículo 7.80.- Los contratantes pueden establecer las cláusulas que crean convenientes; pero las que se refieren a requisitos esenciales del contrato o sean consecuencia de su naturaleza ordinaria, se tendrán por puestas aunque no se expresen, a no ser que las segundas sean renunciadas en los casos y términos permitidos por la ley.

Cláusula penal

Artículo 7.81.- Los contratantes pueden estipular alguna prestación como pena para el caso de que la obligación deje de cumplirse de la manera convenida. Si tal estipulación se hace, no podrán reclamarse daños y perjuicios.

Nulidad de la cláusula penal

Artículo 7.82.- La nulidad del contrato produce la de la cláusula penal, pero la de ésta no acarrea la de aquél.

Validez de la cláusula penal

Artículo 7.83.- Cuando se promete por otra persona, imponiéndose una pena para el caso de no cumplirse por ésta lo prometido, la pena será válida aunque el contrato no se lleve a efecto por falta de consentimiento de dicha persona.

Validez de la cláusula penal en la estipulación a favor de tercero

Artículo 7.84.- Lo mismo sucederá cuando se estipula con otro, a favor de un tercero, y la persona con quien se estipule se sujete a una pena para el caso de no cumplir lo prometido.

Obligación de la pena aún sin existir perjuicios

Artículo 7.85.- Al pedir la pena, el acreedor no está obligado a probar que ha sufrido perjuicios, ni el deudor podrá eximirse de satisfacerla, probando que el acreedor no ha sufrido perjuicio alguno.

Límite del monto de la pena

Artículo 7.86.- La cláusula penal no puede exceder ni en valor ni en cuantía a la obligación principal.

Proporción de la pena por incumplimiento parcial

Artículo 7.87.- Si la obligación fuere cumplida en parte, la pena se modificará en la misma proporción.

Reducción equitativa de la pena

Artículo 7.88.- Si la modificación no pudiera ser exactamente proporcional, el Juez reducirá la pena de una manera equitativa, teniendo en cuenta las circunstancias de la obligación.

Elección de cumplimiento o pago de pena

Artículo 7.89.- El acreedor puede exigir el cumplimiento de la obligación o el pago de la pena, pero no ambos; a menos que aparezca haberse estipulado la pena por el simple retardo en el cumplimiento de la obligación o porque ésta no se preste de la manera convenida.

Casos en que no puede hacerse efectiva la pena

Artículo 7.90.- No podrá hacerse efectiva la pena cuando el obligado a ella no haya podido cumplir el contrato por hecho del acreedor, caso fortuito o fuerza mayor.

Obligaciones mancomunadas con cláusula penal

Artículo 7.91.- En las obligaciones mancomunadas con cláusula penal, bastará el incumplimiento de uno de los herederos del deudor para que se incurra en la pena; cada uno de ellos responde en proporción a su parte hereditaria.

Obligaciones solidarias con cláusula penal

Artículo 7.92.- En las obligaciones solidarias con cláusula penal, bastará el incumplimiento de uno de los deudores para que se incurra en la pena.

Proporción de la pena en obligaciones mancomunadas

Artículo 7.93.- En las obligaciones mancomunadas cada uno de los deudores responderá de la parte de la pena que le corresponda en proporción a su deuda.

CAPÍTULO X
DE LA INTERPRETACIÓN DE LOS CONTRATOS

Voluntad declarada y voluntad interna

Artículo 7.94.- Si los términos de un contrato son claros y no dejan duda sobre la intención de los contratantes, se estará al sentido literal de sus cláusulas.

Si las palabras parecieren contrarias a la intención evidente de los contratantes, prevalecerá ésta sobre aquéllas.

Intención sobre los bienes y casos

Artículo 7.95.- Cualquiera que sea la generalidad de los términos de un contrato, no deberán entenderse comprendidos en él, bienes distintos y casos diferentes de aquellos sobre los que los interesados se propusieron contratar.

Cláusulas con varios sentidos

Artículo 7.96.- Si alguna cláusula de los contratos admite diversos sentidos, deberá entenderse en el más adecuado para que produzca efecto.

Interrelación de las cláusulas

Artículo 7.97.- Las cláusulas de los contratos deben interpretarse las unas por las otras, atribuyendo a las dudosas el sentido que resulte del conjunto de todas.

Palabras con distintas acepciones

Artículo 7.98.- Las palabras que puedan tener distintas acepciones serán entendidas en aquélla que sea más conforme a la naturaleza y objeto del contrato.

El uso y la costumbre para la interpretación

Artículo 7.99.- El uso o la costumbre del lugar en que se celebró el contrato, se tendrán en cuenta para interpretar las ambigüedades.

Desconocimiento de la voluntad o intención sobre cuestiones accidentales

Artículo 7.100.- Cuando fuere imposible resolver las dudas por las reglas establecidas en los artículos precedentes, si aquéllas recaen sobre circunstancias accidentales del contrato, y éste fuere gratuito, se resolverá en favor de la menor transmisión de derechos e intereses; si fuere oneroso se resolverá la duda en favor de la mayor reciprocidad de intereses.

Desconocimiento de la voluntad o intención sobre el objeto

Artículo 7.101.- Si las dudas recaen sobre el objeto principal del contrato, de manera que no pueda saberse cuál fue la intención o la voluntad de los contratantes, el contrato será nulo.

CAPÍTULO XI
DISPOSICIONES FINALES

Contratos atípicos o innominados

Artículo 7.102.- Los contratos que no estén específicamente reglamentados en este Código, se regirán por las reglas generales de los contratos; por las estipulaciones de las partes, y, en lo que fueren omisas, por las disposiciones del contrato con el que tengan más analogía, de los reglamentados en este ordenamiento.

Actos a los que se aplican las normas legales de contrato

Artículo 7.103.- Las disposiciones legales sobre contratos serán aplicables a todos los convenios y a otros actos jurídicos, en lo que no se opongan a la naturaleza de éstos o de las disposiciones legales especiales sobre los mismos.

TÍTULO TERCERO
DE LA DECLARACIÓN UNILATERAL DE LA VOLUNTAD

CAPÍTULO I
DE LAS OFERTAS AL PÚBLICO

Obligación derivada de la oferta al público

Artículo 7.104.- El hecho de ofrecer al público bienes o servicios en determinado precio, obliga a sostener su ofrecimiento.

Promesa de recompensa

Artículo 7.105.- El que por anuncios u ofrecimientos hechos al público se comprometa a alguna prestación en favor de quien llene determinada condición o desempeñe cierto servicio, contrae la obligación de cumplir lo prometido.

Derecho de reclamar el pago de la recompensa

Artículo 7.106.- El que en los términos del artículo anterior ejecutare el servicio pedido o llenare la condición señalada, podrá exigir el pago o la recompensa ofrecida.

Revocación de la oferta de recompensa

Artículo 7.107.- Antes de que esté prestado el servicio o cumplida la condición, podrá el promitente revocar su oferta, siempre que la revocación se haga con la misma publicidad que el ofrecimiento.

En este caso, el que pruebe que ha hecho erogaciones para prestar el servicio o cumplir la condición por la que se había ofrecido recompensa, tiene derecho a que se le reembolse.

Promesa de recompensa con plazo

Artículo 7.108.- Si se hubiere señalado plazo para la ejecución de la obra, no podrá revocar el promitente su ofrecimiento mientras no esté vencido el plazo.

Varios ejecutantes del acto objeto de recompensa

Artículo 7.109.- Si el acto señalado por el promitente fuere ejecutado por más de un individuo, tendrán derecho a la recompensa:

I. El primero que ejecutare la obra o cumpliere la condición;

II. Si la ejecución es simultánea, o varios llenan al mismo tiempo la condición, se repartirá la recompensa por partes iguales;

III. Si la recompensa no fuere divisible se sorteará entre los interesados.

Fijación forzosa de plazo

Artículo 7.110.- En los concursos en que haya promesa de recompensa para los que llenaren ciertas condiciones, es requisito esencial que se fije un plazo.

Derecho a decidir al recompensado

Artículo 7.111.- El promitente tiene derecho de designar la persona que deba decidir a quién o a quiénes de los concursantes se otorga la recompensa.

CAPÍTULO II
DE LA ESTIPULACIÓN EN FAVOR DE TERCEROS

Casos en que puede hacerse estipulación a favor de tercero

Artículo 7.112.- En los contratos se pueden hacer estipulaciones en favor de tercero en los casos previstos por este Código.

Derecho del tercero

Artículo 7.113.- La estipulación hecha en favor de tercero hace adquirir a éste, salvo pacto escrito en contrario, el derecho de exigir del promitente la prestación a que se ha obligado.

También confiere al estipulante el derecho de exigir del promitente el cumplimiento de dicha obligación.

Momento en que nace el derecho del tercero

Artículo 7.114.- El derecho de tercero nace en el momento de perfeccionarse el contrato, salvo la facultad que los contratantes conservan de imponerle las modalidades que juzguen convenientes, siempre que éstas consten expresamente en el referido contrato.

Revocación de la estipulación

Artículo 7.115.- La estipulación puede ser revocada mientras que el tercero no haya manifestado su voluntad de querer aprovecharla. En tal caso, o cuando el tercero rehuse la prestación estipulada a su favor, el derecho se considera como no nacido.

Excepciones contra el tercero

Artículo 7.116.- El promitente podrá, salvo pacto en contrario, oponer al tercero las excepciones derivadas del contrato.

TÍTULO CUARTO
DEL ENRIQUECIMIENTO ILEGÍTIMO O SIN CAUSA

Obligación que nace del enriquecimiento sin causa

Artículo 7.117.- El que sin causa se enriquece en detrimento de otro, está obligado a indemnizarlo de su empobrecimiento en la medida que él se ha enriquecido.

Obligación que surge del pago de lo indebido

Artículo 7.118.- Cuando se reciba algún bien que no se tenía derecho de exigir y que por error ha sido indebidamente pagado, se tiene obligación de restituirlo.

Mala o buena fe del que recibe pago de lo indebido

Artículo 7.119.- Si el pago indebido consiste en una prestación cumplida, cuando el que la recibe procede de mala fe, debe pagar su precio actual o anterior, a elección del acreedor; si procede de buena fe, sólo debe pagar lo equivalente al enriquecimiento recibido.

Los intereses, frutos, daños y perjuicios en caso de mala fe

Artículo 7.120.- El que acepte un pago indebido, si hubiere procedido de mala fe, deberá abonar el interés legal cuando se trate de capitales, o los frutos percibidos y los dejados de percibir, de los bienes que los produjeren.

Además, responderá de los menoscabos que el bien haya sufrido por cualquier causa, y de los perjuicios que se causen al que lo entregó, hasta que lo recobre. No responderá del caso fortuito cuando éste hubiere podido afectar del mismo modo a los bienes hallándose en poder del que los entregó.

Enajenación del bien pagado indebidamente

Artículo 7.121.- Si el que recibió el bien con mala fe, lo hubiere enajenado a un tercero que también actuare con mala fe, podrá el dueño reivindicarlo y cobrar de uno y otro, los daños y perjuicios.

Enajenación gratuita del bien pagado indebidamente

Artículo 7.122.- Si el tercero a quien se enajena el bien lo adquiere de buena fe, sólo podrá reivindicarse si la enajenación se hizo a título gratuito.

Buena fe del que recibe pago indebido

Artículo 7.123.- El que de buena fe hubiere aceptado un pago indebido de bien cierto y determinado, sólo responderá de los menoscabos o pérdidas de éste y de sus accesiones, en cuanto por ellos se hubiere enriquecido. Si lo hubiere enajenado, restituirá el precio o cederá la acción para hacerlo efectivo.

Donación por quien de buena fe recibió pago indebido

Artículo 7.124.- Si el que recibió de buena fe un bien dado en pago indebido lo hubiere donado, no subsistirá la donación y se aplicará al donatario lo dispuesto en el artículo anterior.

Derecho del que de buena fe recibe pago indebido

Artículo 7.125.- El que de buena fe hubiere aceptado un pago indebido tiene derecho a que se le abonen los gastos necesarios y a retirar las mejoras útiles, si con la separación no sufre detrimento el bien dado en pago. Si lo sufre, tiene derecho a que se le pague una cantidad equivalente al aumento de valor que recibió el bien con la mejora hecha.

Validez del pago de lo indebido

Artículo 7.126.- Queda liberado de la obligación de restituir el pago, el que creyendo de buena fe que se hacía por cuenta de un crédito legítimo y subsistente, hubiese inutilizado el título, dejado prescribir la acción, abonado las prendas o cancelado las garantías de su derecho. El que paga indebidamente sólo podrá dirigirse contra el verdadero deudor o los fiadores, respecto de los cuales la acción estuviere viva.

Carga de la prueba del pago y del error

Artículo 7.127.- La carga de la prueba del pago corresponde al que afirma haberlo hecho. También corre a su cargo la del error con que lo realizó, a menos que el demandado negare haber recibido el bien que se le reclama. En este caso, justificada la entrega por el demandante, queda relevado de toda otra prueba. Esto no limita el derecho del demandado para acreditar que le era debido lo que recibió.

Presunción de error en el pago

Artículo 7.128.- Se presume que hubo error en el pago, cuando se entrega un bien que no se debía o que ya estaba pagado; pero aquel a quien se pide la devolución puede probar que la entrega se hizo a título de liberalidad o por cualquiera otra causa justa.

Plazo de prescripción de la acción de repetir

Artículo 7.129.- La acción para repetir lo pagado indebidamente prescribe en un año, contado desde que se conoció el error que originó el pago. El sólo transcurso de cinco años contados desde el pago indebido, hace perder el derecho para reclamar su devolución.

Pago de deuda prescrita o deber moral

Artículo 7.130.- El que ha pagado para cumplir una deuda prescrita o para cumplir un deber moral, no tiene derecho de repetir.

Pago para realizar un fin ilícito

Artículo 7.131.- Lo que se hubiere entregado para la realización de un fin que sea ilícito o contrario a las buenas costumbres, no quedará en poder del que lo recibió. El cincuenta por ciento se destinará al Sistema para el Desarrollo Integral de la Familia del Estado de México y el otro cincuenta por ciento tiene derecho de recuperarlo el que lo entregó.

TÍTULO QUINTO
DE LA GESTIÓN DE NEGOCIOS

Forma de actuar del gestor

Artículo 7.132.- El que sin mandato y sin estar obligado a ello se encarga de un asunto de otro, debe obrar conforme a los intereses del dueño del negocio.

Obligaciones del gestor

Artículo 7.133.- El gestor debe desempeñar su encargo con toda la diligencia que emplea en sus negocios propios, e indemnizará los daños y perjuicios que por su culpa o negligencia se causen al dueño de los bienes o negocios que gestione.

Gestión para evitar daño inminente al dueño

Artículo 7.134.- Si la gestión tiene por objeto evitar un daño inminente al dueño, el gestor no responde más que de su dolo o de su falta grave.

Gestión contra voluntad del dueño

Artículo 7.135.- Si la gestión se ejecuta contra la voluntad del dueño, el gestor debe reparar los daños y perjuicios que resulten, aunque no haya incurrido en falta.

Operaciones arriesgadas del gestor

Artículo 7.136.- El gestor responde aún del caso fortuito si ha hecho operaciones arriesgadas, aunque el dueño del negocio tuviere costumbre de hacerlas; o si hubiere obrado más en interés propio que en el del dueño del negocio.

Gestor que delega sus derechos

Artículo 7.137.- Si el gestor delegare en otra persona todos o algunos de los derechos de su cargo, responderá de los actos del delegado, sin perjuicio de la obligación directa de éste para con el propietario del negocio.

La responsabilidad de los gestores, cuando fueren dos o más, será solidaria.

Aviso al dueño sobre la gestión

Artículo 7.138.- El gestor, tan pronto como sea posible, debe dar aviso de su gestión al propietario y esperar su decisión, a menos que haya peligro por la demora.

Si no fuere posible dar ese aviso, el gestor debe continuar su gestión hasta que concluya el asunto.

Obligaciones del dueño de asunto útilmente gestionado

Artículo 7.139.- El dueño de un asunto, útilmente gestionado, debe cumplir las obligaciones que a su nombre hubiere adquirido el gestor.

Derechos del gestor

Artículo 7.140.- Deben pagarse al gestor los gastos necesarios que hubiere hecho en el ejercicio de su cargo y los intereses legales correspondientes; pero no tiene derecho de cobrar retribuciones por el desempeño de la gestión.

Obligaciones del dueño a pesar de su voluntad contra la gestión

Artículo 7.141.- El gestor que se encargue de un asunto contra la expresa voluntad del dueño, si éste se aprovecha del beneficio de la gestión, tiene obligación de pagar el importe de los gastos, hasta donde alcancen los beneficios, a no ser que la gestión hubiere tenido por objeto librar al dueño de un deber impuesto en interés público, en cuyo caso debe pagar los gastos necesarios.

Ratificación pura y simple del dueño

Artículo 7.142.- La ratificación pura y simple del dueño del negocio, produce todos los efectos de un mandato. La ratificación tiene efecto retroactivo al día en que principie la gestión.

No ratificación de la gestión

Artículo 7.143.- Cuando el dueño del negocio no ratifique la gestión, sólo responderá de los gastos, cuyo monto no rebasará las ventajas que obtuvo del negocio.

Pago de alimentos por gestor

Artículo 7.144.- El tercero que presta alimentos, tiene derecho a reclamar su pago al obligado a darlos, aunque éste no haya dado su consentimiento, a no ser que los haya dado con ánimo de hacer un acto de beneficencia.

TÍTULO SEXTO
DE LA RESPONSABILIDAD SUBJETIVA Y OBJETIVA

CAPÍTULO I
DE LAS OBLIGACIONES QUE NACEN DE LOS HECHOS ILÍCITOS Y DEL RIESGO CREADO

Obligaciones que originan los hechos ilícitos

Artículo 7.145.- El que obrando ilícitamente o contra las buenas costumbres, aún cuando sea incapaz, cause daño a otro, está obligado a repararlo, a menos que pruebe que el daño se produjo como consecuencia de culpa o negligencia inexcusable de la víctima.

Daño causado por el ejercicio de un derecho

Artículo 7.146.- Cuando al ejercitar un derecho se cause daño a otro, hay obligación de indemnizarlo si se prueba que sólo se ejerció a fin de causarlo, sin utilidad para el titular.

Obligaciones derivadas de la responsabilidad civil objetiva o riesgo creado

Artículo 7.147.- Cuando una persona hace uso de mecanismos, instrumentos, aparatos o sustancias peligrosas por sí mismos, por la velocidad que desarrollen, por su naturaleza, explosiva o inflamable, por la energía de la corriente eléctrica que conduzcan o por otras causas análogas, está obligada a responder del daño que cause, aunque no obre ilícitamente, a no ser que demuestre que ese daño se produjo por culpa o negligencia inexcusable de la víctima.

Daños recíprocos

Artículo 7.148.- Cuando sin el empleo de mecanismos, instrumentos u otros objetos, a que se refiere el artículo anterior, y sin culpa o negligencia de ninguna de las partes, se producen daños, cada una de ellas los soportará.

CAPÍTULO II
DE LA REPARACIÓN DEL DAÑO Y LOS PERJUICIOS

Restablecer a la situación anterior o pago de daños y perjuicios

Artículo 7.149.- La reparación del daño consistirá, a elección del ofendido, en el restablecimiento de la situación anterior cuando ello sea posible, o en el pago de daños y perjuicios.

Indemnización por muerte o incapacidad

Artículo 7.150.- Cuando el daño que se cause a las personas produzca la muerte o incapacidad total permanente, la indemnización de orden económico, consistirá en el pago de una cantidad equivalente a setecientos treinta días de salario, sueldo o utilidad que percibía la víctima. Cuando esos ingresos excedan del triple del salario mínimo general vigente en la región de que se trate, no se tomará el excedente para fijar la indemnización.

Si no fuere posible determinar el ingreso económico de la forma señalada, se calculará por peritos, tomando en cuenta la capacidad y aptitud de la víctima, en relación con su oficio, profesión, trabajo o actividad a la que normalmente se haya dedicado.

Si se carece de esos elementos o no desarrollase actividad alguna, la indemnización se calculará sobre la base del salario mínimo general de la región respectiva.

Indemnización por incapacidad para trabajar

Artículo 7.151.- Si el daño origina una incapacidad para trabajar, que sea parcial permanente, parcial temporal o total temporal, la indemnización será fijada por el Juez, considerando las prevenciones de la Ley Federal del Trabajo. La indemnización podrá aumentarse prudentemente al arbitrio del juez, considerando la posibilidad económica del obligado y la necesidad de la victima.

Gastos médicos, hospitalarios y de defunción

Artículo 7.152.- Además de las indemnizaciones por causa de muerte o incapacidad, debe pagarse a quien lo haya sufrido o a quien los haya efectuado, los gastos médicos, hospitalarios, de medicamentos, de rehabilitación y las prótesis requeridos con motivo del daño, así como en el caso de fallecimiento, los gastos funerarios, los cuales deberán estar relacionados con las posibilidades que hubiese tenido la víctima.

Legitimación para reclamar la indemnización

Artículo 7.153.- El derecho a reclamar la indemnización corresponde a la víctima, a quienes dependan económicamente de ella y a falta de los anteriores, a los herederos de la misma.

Concepto de daño moral

Artículo 7.154.- Por daño moral se entiende la afectación que una persona sufre en su honor, crédito y prestigio, vida privada y familiar, al respeto a la reproducción de su imagen y voz, en su nombre o seudónimo o identidad personal, su presencia estética, y los afectivos derivados de la familia, la amistad y los bienes.

Reparación del daño moral

Artículo 7.155.- La obligación de reparar el daño moral, solo será exigible si el mismo se produce como consecuencia de un hecho ilícito extracontractual, independientemente de que se hubiere causado daño material y de la reparación que por el mismo procediera.

(REFORMADO, G.G. 14 DE MARZO DE 2016)

De la reparación del daño y los perjuicios

Artículo 7.156.- En todo caso, quien demande la reparación del daño moral deberá acreditar plenamente la ilicitud de la conducta del demandado y el daño que se produjo como consecuencia inmediata y directa de tal conducta.

(ADICIONADO, G.G. 9 DE AGOSTO DE 2012)

De conformidad a lo establecido por este ordenamiento, se consideran como hechos ilícitos las siguientes conductas:

I. Comunicar a una o más personas, la imputación que se hace a otra de un hecho cierto o falso, determinado o indeterminado, que cause o pueda causarle deshonra, descrédito o perjuicio, o exponerla al desprecio de alguien.

II. Ejecutar una acción o proferir una expresión que, por su naturaleza, ocasión o circunstancia, pueda perjudicar la reputación del agraviado, fuera de una contienda de obra o palabra y con ánimo de ofender.

III. Imputar a otro falsamente un delito, ya sea porque el hecho es falso o inocente la persona a quien se imputa.

(ADICIONADA, G.G. 14 DE MARZO DE 2016)

IV. Las derivadas de la controversia familiar.

Ejercicio del derecho de opinión, crítica, expresión o información

(REFORMADO, G.G. 9 DE AGOSTO DE 2012)

Artículo 7.157.- No podrá demandarse la reparación del daño a quien:

I. Ejerza sus derechos de opinión, crítica, expresión o información, en términos de lo dispuesto por los artículos 6 y 7 de la Constitución Política de los Estados Unidos Mexicanos.

Cuando aquélla se haya hecho a un funcionario o persona que haya obrado con carácter público, si la imputación fuere relativa al ejercicio de sus funciones o cuando el demandado obre por motivo de interés público o privado, pero legítimo.

II. En el contexto de un proceso contencioso, presente escrito o discurso, con las salvedades de las responsabilidades que de acuerdo con otras disposiciones legales puedan acreditarse.

III. Goce de fuero constitucional.

(ADICIONADA, G.G. 14 DE MARZO DE 2016)

IV. En caso de simulación de juicio.

La acción de reparación no es transmisible

Artículo 7.158.- La acción de reparación no es transmisible a terceros por acto entre vivos y sólo pasa a los herederos de la víctima cuando ésta la haya intentado en vida.

Monto de la indemnización del daño moral

Artículo 7.159.- El monto de la indemnización por daño moral lo determinará el Juez, tomando en cuenta la afectación producida, el grado de responsabilidad, la situación económica del responsable y la de la víctima, así como las demás circunstancias del caso.

Publicación de la sentencia

Artículo 7.160.- Cuando el daño moral haya afectado a la víctima, en su decoro, honor, crédito, prestigio, reputación o consideración, el Juez ordenará, a petición de ésta y con cargo al responsable, la publicación de un extracto de la sentencia, que refleje adecuadamente la naturaleza y alcance de la misma, a través de los medios informativos que considere convenientes.

CAPÍTULO III
DE LAS PERSONAS OBLIGADAS A LA REPARACIÓN DEL DAÑO Y DE LOS PERJUICIOS

Responsabilidad solidaria de los que causan daño

Artículo 7.161.- Las personas que han causado en común un daño, son responsables solidariamente hacia la víctima por la reparación a que están obligados, de acuerdo con las disposiciones de este capítulo.

Responsabilidad de las personas jurídicas colectivas

Artículo 7.162.- Las personas jurídicas colectivas son responsables de los daños y perjuicios que causen sus representantes legales en el ejercicio de sus funciones.

Responsabilidad de los que ejercen la patria potestad

Artículo 7.163.- Los que ejerzan la patria potestad tienen obligación de responder de los daños y perjuicios causados por los actos de los menores de los que tengan la guarda y custodia.

Responsabilidad de otras personas

Artículo 7.164.- Cesa la responsabilidad a que se refiere el artículo anterior, cuando los menores ejecuten los actos que dan origen a ella, encontrándose bajo la vigilancia y autoridad de otras personas como directores de colegios, de talleres o de otra institución similar, pues entonces esas personas asumirán la responsabilidad de que se trata.

Responsabilidad de los tutores

Artículo 7.165.- Lo dispuesto en los dos artículos anteriores es aplicable a los tutores, respecto de los incapacitados que tienen bajo su cuidado.

Ausencia de responsabilidad

Artículo 7.166.- Ni los que ejercen la patria potestad ni los tutores tienen obligación de responder de los daños y perjuicios que causen los incapacitados sujetos a su cuidado y vigilancia, si probaren que les ha sido imposible evitarlos. Esta imposibilidad no resulta de la mera circunstancia de haber sucedido el hecho fuera de su presencia, si se prueba que no han ejercido suficiente vigilancia sobre ellos.

Responsabilidad de los maestros artesanos

Artículo 7.167.- Los maestros artesanos son responsables de los daños y perjuicios causados por sus operarios en la ejecución de los trabajos que les encomienden. En este caso se aplicará lo dispuesto en el artículo anterior.

Responsabilidad de los patrones y dueños de establecimientos

Artículo 7.168.- Los patrones y los dueños de establecimientos mercantiles están obligados a responder de los daños y perjuicios causados por sus obreros o dependientes, en el ejercicio de sus labores. Esta responsabilidad cesa si demuestran que en la comisión del daño no se les puede imputar ninguna culpa o negligencia.

Responsabilidad de jefes de casa y hosteleros

Artículo 7.169.- Los jefes de casa o los dueños de hoteles o casas de hospedaje están obligados a responder de los daños y perjuicios causados por sus empleados domésticos en el desempeño del servicio.

Obligación de responsabilidad directa

Artículo 7.170.- En los casos previstos por los tres artículos precedentes, el que sufra el daño puede exigir la reparación directamente del responsable.

Repetición del pago

Artículo 7.171.- El que paga el daño causado por sus empleados, domésticos u operarios, puede repetir de ellos lo que hubiere pagado.

Responsabilidad subsidiaria del Estado, Municipios y sus Organismos Descentralizados

(REFORMADO, G.G. 30 DE MAYO DE 2017)

Artículo 7.172.- El Estado, los municipios y sus respectivos organismos descentralizados, tienen la obligación de responder por los daños causados por sus servidores públicos en el ejercicio de las funciones públicas que les estén encomendadas. Esta responsabilidad es directa, los particulares tendrán derecho a una indemnización conforme a las bases, límites y procedimientos que establezcan las leyes.

Responsabilidad del dueño de un animal

Artículo 7.173.- Cuando un animal cause un daño, su dueño lo pagará, si no probare alguna de estas circunstancias:

I. Que lo guardaba y vigilaba con el cuidado necesario;

II. Que el animal fue provocado;

III. Que hubo imprudencia por parte del ofendido;

IV. Que el hecho resulte de caso fortuito o de fuerza mayor.

Tercero que provoca al animal

Artículo 7.174.- Si el animal que hubiere causado el daño fuere provocado por un tercero, la responsabilidad es de éste y no del propietario del animal.

Responsabilidad del dueño de un edificio

Artículo 7.175.- El propietario de un edificio es responsable de los daños que resulten de la ruina o derrumbe de todo o parte de él, si esta sobreviene por falta de reparaciones necesarias o por vicios de construcción.

Otras personas responsables

Artículo 7.176.- Igualmente responderán los propietarios de los daños causados por:

I. La explosión de máquinas, o por la inflamación de sustancias explosivas;

II. El humo, gases, líquidos o coloidales que sean nocivos a las personas o a las propiedades;

III. La caída de sus árboles, cuando no sea ocasionada por fuerza mayor;

IV. Las emanaciones de fosas sépticas o depósitos de materias infectantes, contaminantes o venenosas;

V. Los depósitos de agua que humedezcan la pared del vecino o derramen sobre la propiedad de éste;

VI. El peso, ruido, vibración o movimiento de las maquinas, por las aglomeraciones de materias o animales nocivos a la salud o por cualquier causa que sin derecho origine algún daño.

Responsabilidad de jefes de familia

Artículo 7.177.- Los jefes de familia que habiten una casa o parte de ella son responsables de los daños causados por los objetos que se arrojen o cayeren de la misma.

Plazo de prescripción de la acción de la reparación del daño

Artículo 7.178.- La acción para exigir la reparación de los daños causados, prescribe en dos años contados a partir del día en que se haya causado el daño.

TÍTULO SÉPTIMO
DE LAS DIFERENTES ESPECIES DE OBLIGACIONES

CAPÍTULO I
DE LAS OBLIGACIONES CONDICIONALES

Obligación condicional

Artículo 7.179.- La obligación es condicional cuando su exigibilidad o su resolución dependen de un acontecimiento futuro e incierto.

Condición suspensiva

Artículo 7.180.- La condición es suspensiva cuando de su cumplimiento depende la exigibilidad de la obligación.

Condición resolutoria

Artículo 7.181.- La condición es resolutoria cuando cumplida resuelve la obligación, volviendo las cosas al estado que tenían, como si esa obligación no hubiere existido.

Cumplimiento de la condición

Artículo 7.182.- Cumplida la condición se retrotrae al tiempo en que la obligación fue formada, a menos que los efectos de la obligación o su resolución, por la voluntad de las partes o por la naturaleza del acto, deban ser referidas a fecha diferente.

Obligación del deudor y derecho del acreedor antes de que la condición se cumpla

Artículo 7.183.- En tanto que la condición no se cumpla, el deudor debe abstenerse de todo acto que impida que la obligación pueda cumplirse en su oportunidad.

El acreedor puede, antes de que la condición se cumpla, ejercitar todos los actos conservatorios de su derecho.

Condiciones que anulan la obligación

Artículo 7.184.- Las condiciones imposibles de dar o hacer, las prohibidas por la ley, anulan la obligación que de ellas dependa.

La condición de no hacer una cosa imposible se tiene por no puesta.

Condición que depende de la voluntad del deudor

Artículo 7.185.- Cuando el cumplimiento de la condición dependa de la exclusiva voluntad del deudor, la obligación condicional será nula.

Casos en los que se tiene por cumplida la obligación

Artículo 7.186.- Se tendrá por cumplida la condición cuando el obligado impidiese voluntariamente su cumplimiento.

Caducidad de la obligación sujeta a condición

Artículo 7.187.- La obligación contraída bajo la condición de que un acontecimiento suceda en un tiempo fijo, caduca si pasa el plazo sin realizarse, o desde que sea indudable que la condición no pueda cumplirse.

Obligación bajo condición de un acontecimiento que no se verifique

Artículo 7.188.- La obligación contraída bajo la condición de que un acontecimiento no se verifique en un tiempo fijo, será exigible si pasa el tiempo sin verificarse.

Si no hubiere tiempo fijado, la condición deberá reputarse cumplida transcurrido el que probablemente se hubiere querido señalar, atenta la naturaleza de la obligación.

Pérdida, deterioro o mejora del objeto de obligación condicional

Artículo 7.189.- Cuando las obligaciones se hayan contraído bajo condición suspensiva, y pendiente ésta, se perdiere, deteriore o se mejorare el bien que fue objeto del contrato, se observarán las disposiciones siguientes:

I. Si el bien se pierde sin culpa del deudor, quedará extinguida la obligación;

II. Si el bien se pierde por culpa del deudor, éste queda obligado al resarcimiento de daños y perjuicios;

III. Cuando el bien se deteriore sin culpa del deudor, éste cumple su obligación entregándolo al acreedor en el estado en que se encuentre al cumplirse la condición;

IV. Deteriorándose el bien por culpa del deudor, el acreedor podrá optar entre la rescisión de la obligación o su cumplimiento, con la indemnización de daños y perjuicios en ambos casos;

V. Las mejoras del bien por su naturaleza, o por el tiempo, serán en favor del acreedor;

VI. Si el bien se mejora a expensas del deudor, tendrá éste el derecho de un usufructuario.

CAPÍTULO II
DE LAS OBLIGACIONES A PLAZO

Concepto de obligación de pago

Artículo 7.190.- Es obligación a plazo aquélla para cuyo cumplimiento se ha señalado un día cierto.

Concepto de día cierto

Artículo 7.191.- Es día cierto el que necesariamente ha de llegar.

Incertidumbre si el día ha o no de llegar

Artículo 7.192.- Si la incertidumbre consistiere en si ha de llegar o no el día, la obligación es condicional.

Forma de contar el plazo en las obligaciones

Artículo 7.193.- El plazo en las obligaciones se contará de la manera prevenida para la usucapión.

Pago anticipado

Artículo 7.194.- Lo que se hubiere pagado anticipadamente no puede repetirse.

Si el que paga ignoraba la existencia del plazo, tendrá derecho a reclamar los intereses o los frutos que el acreedor hubiere percibido del bien.

El plazo se presume a favor del deudor

Artículo 7.195.- El plazo se presume establecido en favor del deudor, a menos que resulte de la estipulación o de las circunstancias de haberse fijado en favor del acreedor o de ambas partes.

Pérdida del derecho a usar el plazo

Artículo 7.196.- Perderá el deudor todo derecho a utilizar el plazo, cuando:

I. Después de contraída la obligación, resultare insolvente, salvo que garantice la deuda;

II. No otorgue al acreedor las garantías a que estuviere comprometido;

III. Por actos propios hubieren disminuido aquellas garantías después de establecidas, y cuando por caso fortuito desaparecieren, a menos que sean inmediatamente substituidas por otras, igualmente seguras.

Pérdida del derecho a usar el plazo cuando son varios deudores

Artículo 7.197.- Si fueren varios los deudores solidarios, lo dispuesto en el artículo anterior sólo comprenderá al que se hallare en alguno de los casos señalados.

CAPÍTULO III
DE LAS OBLIGACIONES FACULTATIVAS, CONJUNTIVAS Y ALTERNATIVAS

Obligación facultativa

Artículo 7.198.- Cuando el deudor debe una prestación única, pero con la posibilidad de liberarse cumpliendo otra distinta, la obligación es facultativa.

Obligación conjunta

Artículo 7.199.- El que se ha obligado conjuntamente respecto de diversos bienes o hechos, debe dar todos los primeros y prestar todos los segundos.

Obligación alternativa

Artículo 7.200.- Si el deudor se ha obligado a uno de dos hechos o a uno de dos bienes, o a un hecho o a un bien, cumple prestando cualquiera de esos hechos o bienes; más no puede, contra la voluntad del acreedor, prestar parte de un bien y parte de otro, o ejecutar en parte un hecho.

Derecho de elegir en las obligaciones alternativas

Artículo 7.201.- En las obligaciones alternativas la elección corresponde al deudor, si no se ha pactado otra cosa.

Momento en que produce efecto la elección

Artículo 7.202.- La elección no producirá efecto sino desde que fuere notificada.

Pérdida del derecho de elección

Artículo 7.203.- El deudor perderá el derecho de elección cuando, de las prestaciones a que alternativamente estuviere obligado, sólo una fuere realizable.

Pérdida de algún bien a elegir

Artículo 7.204.- Si la elección compete al deudor y alguno de los bienes se pierde por su culpa o caso fortuito, el acreedor está obligado a recibir el que quede.

Pérdida de los bienes a elegir

Artículo 7.205.- Si los dos bienes se han perdido, y uno lo ha sido por culpa del deudor, éste debe pagar el precio del último que se perdió. Lo mismo se observará si los dos bienes se han perdido por culpa del deudor, éste pagará los daños y perjuicios.

Pérdida fortuita de los bienes a elegir

Artículo 7.206.- Si los dos bienes se han perdido por caso fortuito, el deudor queda liberado de la obligación.

Derecho del acreedor de elegir perdiéndose un bien

Artículo 7.207.- Si la elección compete al acreedor y uno de los dos bienes se pierde por culpa del deudor, puede el primero elegir el bien que ha quedado o el valor del perdido, con pago de daños y perjuicios.

Pérdida sin culpa del deudor

Artículo 7.208.- Si el bien se pierde sin culpa del deudor, estará obligado el acreedor a recibir el que haya quedado.

Pérdida de ambos bienes sin culpa del deudor

Artículo 7.209.- Si ambos bienes se perdieren sin culpa del deudor, podrá el acreedor exigir el valor de cualquiera de ellos, o la rescisión del contrato.

Otras reglas por pérdida de ambos bienes sin culpa del deudor

Artículo 7.210.- Si ambos bienes se pierden sin culpa del deudor, se hará la distinción siguiente:

I. Si se hubiere hecho ya la elección o designación del bien, la pérdida será por cuenta del acreedor;

II. Si la elección no se hubiere hecho, quedará el contrato resuelto.

Facultad del deudor si él debe elegir y se pierde un bien

Artículo 7.211.- Si la elección es del deudor y uno de los bienes se pierde por culpa del acreedor, podrá el primero pedir que se le de por liberado de la obligación o que se rescinda el contrato, con indemnización de los daños y perjuicios.

Cumplimiento de la obligación con el bien perdido

Artículo 7.212.- En el caso del artículo anterior si la elección es del acreedor, con el bien perdido quedará satisfecha la obligación.

Pérdida de los bienes por culpa del acreedor

Artículo 7.213.- Si los dos bienes se perdieren por culpa del acreedor, y es de éste la elección, deberá devolver el precio de uno de ellos.

Elección del bien cuyo precio debe pagarse

Artículo 7.214.- En el caso del artículo anterior, si la elección es del deudor, éste designará el bien cuyo precio se le debe pagar.

Obligación del acreedor de pagar daños y perjuicios

Artículo 7.215.- En los casos de los dos artículos que preceden, el acreedor está obligado al pago de daños y perjuicios.

Elección de un bien o ejecución de un hecho

Artículo 7.216.- Si el obligado a prestar un bien o ejecutar un hecho se rehusare a hacer lo segundo y la elección es del acreedor, éste podrá exigir el bien o la ejecución del hecho por un tercero, en términos de ley. Si la elección es del deudor, cumple entregando el bien.

Derecho de elección del acreedor y pérdida del bien

Artículo 7.217.- Si el bien se pierde por culpa del deudor y la elección es del acreedor, éste podrá exigir el precio del bien, la prestación del hecho o la rescisión del contrato.

Obligación de recibir la prestación

Artículo 7.218.- En el caso del artículo anterior si el bien se pierde sin culpa del deudor, el acreedor está obligado a recibir la prestación del hecho.

Pérdida del bien con o sin culpa del deudor

Artículo 7.219.- Haya habido o no culpa en la pérdida del bien por parte del deudor, si la elección es suya, el acreedor está obligado a recibir la prestación de hecho.

Culpa del acreedor

Artículo 7.220.- Si el bien se pierde o el hecho deja de prestarse por culpa del acreedor, se tiene por cumplida la obligación.

Incumplimiento de la prestación del hecho

Artículo 7.221.- La falta de prestación del hecho se regirá por lo dispuesto en capítulo relativo a las obligaciones de hacer o no hacer.

CAPÍTULO IV
DE LAS OBLIGACIONES MANCOMUNADAS, SOLIDARIAS, DIVISIBLES E INDIVISIBLES.

Obligaciones mancomunadas

Artículo 7.222.- Cuando hay pluralidad de deudores o de acreedores tratándose de una misma obligación, existe la mancomunidad.

Simple mancomunidad de deudores o acreedores

Artículo 7.223.- La mancomunidad de deudores o de acreedores no hace que cada uno de los primeros deba cumplir íntegramente la obligación, ni da derecho a cada uno de los segundos para exigir el total cumplimiento de la misma.

En este caso el crédito o la deuda se consideran divididos en tantas partes como deudores o acreedores haya y cada parte constituye una deuda o un crédito distintos unos de otros.

Partes de la obligación

Artículo 7.224.- Las partes de la obligación se presumen iguales, a no ser que se pacte otra cosa o que la ley disponga lo contrario.

Solidaridad activa y pasiva

Artículo 7.225.- Además de la mancomunidad, habrá solidaridad activa cuando dos o más acreedores tienen derecho para exigir, cada uno, el cumplimiento total de la obligación; y solidaridad pasiva cuando dos o más deudores reporten la obligación de prestar, cada uno, en su totalidad, la prestación debida.

Solidaridad no presumible

Artículo 7.226.- La solidaridad no se presume, resulta de la ley o de la voluntad de las partes.

Acreedores y deudores solidarios

Artículo 7.227.- Cada uno de los acreedores o todos juntos pueden exigir de todos los deudores solidarios, o de cualquiera de ellos, el pago total o parcial de la deuda.

Deudor solidario insolvente

Artículo 7.228.- Si los acreedores reclaman todo de uno de los deudores y éste resultare insolvente, pueden reclamarlo de los demás o de cualquier otro de ellos.

Reclamo en parte de la obligación solidaria

Artículo 7.229.- Si los acreedores hubiesen reclamado solo parte, o hubiesen consentido en la división de la deuda respecto de alguno o algunos de los deudores, podrán reclamar el todo de los demás obligados, con deducción de la parte del deudor o deudores liberados de la solidaridad.

Pago a uno de los acreedores solidarios

Artículo 7.230.- El pago hecho a uno de los acreedores solidarios extingue la deuda.

Novación, compensación, confusión o remisión

Artículo 7.231.- La novación, compensación, confusión o remisión hecha por cualquiera de los acreedores solidarios, con cualquiera de los deudores de la misma clase, extingue la obligación.

Obligación de un acreedor con los otros acreedores

Artículo 7.232.- El acreedor que hubiese recibido todo o parte de la deuda, o que hubiese hecho quita o remisión de ella, queda obligado con los otros acreedores de la parte que a éstos corresponda, dividido el crédito entre ellos.

Muerte de un acreedor solidario

Artículo 7.233.- Si falleciere alguno de los acreedores solidarios dejando más de un heredero, cada uno sólo tendrá derecho de exigir o recibir la parte del crédito que le corresponda en proporción a su haber hereditario.

Deudor de acreedores solidarios

Artículo 7.234.- El deudor de varios acreedores solidarios se libera pagando a cualquiera de éstos, a no ser que haya sido requerido judicialmente por alguno de ellos, en cuyo caso deberá hacer el pago al demandante.

Excepciones oponibles por el deudor solidario

Artículo 7.235.- El deudor solidario sólo podrá oponer a las reclamaciones del acreedor, las excepciones que se deriven de la naturaleza de la obligación y las que le sean personales.

Responsabilidad del deudor solidario

Artículo 7.236.- El deudor solidario es responsable para con sus coobligados si no hace valer las excepciones que son comunes a todos.

Extinción de la obligación

Artículo 7.237.- Si el bien hubiere perecido, o la prestación se hubiere hecho imposible sin culpa de los deudores solidarios, la obligación quedará extinguida.

Culpa de cualquier deudor solidario

Artículo 7.238.- Si hubiere mediado culpa de parte de cualquiera de ellos, todos responderán del precio y de daños y perjuicios, teniendo acción los no culpables contra el que si lo es o el negligente.

Muerte de uno de los deudores solidarios

Artículo 7.239.- Si muere uno de los deudores solidarios dejando varios herederos, cada uno de éstos está obligado en proporción a su haber hereditario, salvo que la obligación sea indivisible; pero todos serán considerados como un sólo deudor solidario, con relación a los otros deudores.

Derecho del deudor solidario que paga

Artículo 7.240.- El deudor solidario que paga la deuda, tiene derecho de exigir de los otros codeudores la parte que les corresponda.

Obligaciones entre los deudores solidarios

Artículo 7.241.- Salvo convenio en contrario, los deudores solidarios están obligados entre sí por partes iguales.

Deudor solidario que no puede pagar

Artículo 7.242.- Si la parte que corresponde a un deudor solidario no la puede pagar, ésta debe ser repartida entre los demás deudores solidarios, aún entre aquellos a quienes el acreedor hubiere liberado de la solidaridad.

Subrogación en los derechos del acreedor

Artículo 7.243.- En la medida que un deudor solidario pague la deuda, se subroga en los derechos del acreedor.

Deudor interesado en el negocio

Artículo 7.244.- Si el negocio por el cual se contrajo la deuda solidaria, interesa sólo a uno de los deudores, éste será responsable de ella ante los otros codeudores.

Interrupción de la prescripción

Artículo 7.245.- Cualquiera que interrumpa la prescripción en favor de uno de los acreedores o en contra de uno de los deudores, aprovecha o perjudica a los demás.

Daños y perjuicios en caso de deudores solidarios

Artículo 7.246.- Cuando por el incumplimiento de la obligación se demanden daños y perjuicios, cada uno de los deudores solidarios responderá íntegramente de ellos.

Obligaciones divisibles

Artículo 7.247.- Las obligaciones son divisibles cuando tienen por objeto prestaciones susceptibles de cumplirse parcialmente. Son indivisibles las que sólo pueden ser cumplidas en su totalidad.

Solidaridad e indivisibilidad de la obligación

Artículo 7.248.- La solidaridad no da a la obligación el carácter de indivisible; ni la indivisibilidad de la obligación la hace solidaria.

Obligaciones divisibles e indivisibles con pluralidad de acreedores y deudores

Artículo 7.249.- Las obligaciones divisibles en que haya más de un deudor o acreedor se regirán por las reglas comunes de las obligaciones; las indivisibles en que haya más de un deudor o acreedor se sujetarán a las subsecuentes disposiciones.

Solidaridad en deuda indivisible

Artículo 7.250.- Cada uno de los que han contraído una deuda indivisible, está obligado por el todo, aún cuando no se haya estipulado solidaridad.

Lo mismo tiene lugar respecto de los herederos de aquél que haya contraído una obligación indivisible.

Herederos del acreedor de obligaciones indivisibles

Artículo 7.251.- Cada uno de los herederos del acreedor puede exigir el pago de la obligación indivisible dando garantía para la indemnización de los demás coherederos, pero no puede por sí sólo perdonar la deuda, ni recibir el valor en lugar del bien.

Remisión de la deuda por un heredero

Artículo 7.252.- Si uno de los herederos ha perdonado la deuda o recibido el valor del bien, el coheredero no puede pedir el bien indivisible sino devolviendo la porción del que haya perdonado o que haya recibido el valor.

Remisión de la deuda indivisible

Artículo 7.253.- Sólo por el consentimiento de todos los acreedores puede remitirse la obligación indivisible o hacerse una quita de ella.

Facultades del heredero del deudor

Artículo 7.254.- El heredero del deudor, exigido por la totalidad de la obligación, puede pedir un plazo para hacer concurrir a sus coherederos, siempre que la deuda no sea de tal naturaleza que sólo él pueda satisfacerla, quien podrá ser condenado dejando a salvo su derecho de repetir contra sus coherederos.

Obligación que pierde la indivisibilidad

Artículo 7.255.- Pierde la calidad de indivisible, la obligación que se resuelve en el pago de daños y perjuicios, en cuyo caso se observarán las reglas siguientes:

I. Si hubo culpa de parte de los deudores, todos responderán de los daños y perjuicios proporcionalmente al interés que representen en la obligación;

II. Si sólo algunos fueron culpables, únicamente ellos responderán de los daños y perjuicios.

CAPÍTULO V
DE LAS OBLIGACIONES DE DAR

Prestación de un bien

Artículo 7.256.- La prestación de un bien puede consistir:

I. En la traslación de dominio de bien cierto;

II. En la transmisión temporal del uso o goce de bien cierto;

III. En la restitución de bien ajeno o pago de bien debido.

Acreedor de bien cierto

Artículo 7.257.- El acreedor de bien cierto no está obligado a recibir otro, aún cuando sea de mayor valor.

Bien cierto y sus accesorios

Artículo 7.258.- La obligación de dar bien cierto comprende también la de entregar sus accesorios, salvo pacto en contrario o de las circunstancias del caso.

Enajenación de bienes ciertos y determinados

Artículo 7.259.- En las enajenaciones de bienes ciertos y determinados, la traslación de la propiedad se verifica entre los contratantes, por mero efecto del contrato, sin dependencia de tradición, ya sea natural, o simbólica.

Transferencia de la propiedad

Artículo 7.260.- En las enajenaciones de alguna especie indeterminada, la propiedad no se transferirá sino hasta el momento en que el bien se hace cierto y determinado con conocimiento del acreedor.

Bien del que no se designa calidad

Artículo 7.261.- En el caso del artículo que precede, si no se designa la calidad del bien, el deudor cumple entregando uno de mediana calidad.

Pérdida o deterioro del bien objeto de la obligación

Artículo 7.262.- En los casos en que la obligación de dar bien cierto importe la traslación de la propiedad del mismo, y se pierda o deteriore en poder del deudor, se observarán las reglas siguientes:

I. Si la pérdida fue por culpa del deudor, éste responderá al acreedor por el valor del bien y por los daños y perjuicios;

II. Si el bien se deteriorare por culpa del deudor, el acreedor puede optar por la rescisión del contrato y el pago de daños y perjuicios, o recibir el bien en el estado en que se encuentre y exigir la reducción del precio y el pago de daños y perjuicios;

III. Si el bien se perdiere por culpa del acreedor, el deudor queda liberado de la obligación;

IV. Si el bien se deteriorare por culpa del acreedor, éste tiene la obligación de recibirlo en el estado en que se halle;

V. Si el bien se pierde por caso fortuito o fuerza mayor, la obligación queda resuelta y el dueño sufrirá la pérdida, a menos que otra cosa se haya convenido.

Presunción de culpa del deudor

Artículo 7.263.- La pérdida del bien en poder del deudor, se presume por culpa suya salvo prueba en contrario.

Obligación que procede de un delito

Artículo 7.264.- Cuando la deuda de un bien cierto y determinado procediere de delito o falta, no se eximirá el deudor del pago de su precio, cualquiera que hubiere sido el motivo de la pérdida, a no ser que, habiendo ofrecido el bien al que debió recibirlo, no lo haya aceptado.

Cesión de derechos y acciones sobre el bien

Artículo 7.265.- El deudor de un bien perdido o deteriorado sin culpa suya, está obligado a ceder al acreedor cuantos derechos y acciones tuviere para reclamar la indemnización a quien fuere responsable.

Formas de pérdida del bien

Artículo 7.266.- La pérdida del bien puede verificarse:

I. Pereciendo o quedando fuera del comercio;

II. Desapareciendo de modo que no se tengan noticias de él o no se pueda recuperar.

Bien designado sólo por su género y cantidad

Artículo 7.267.- Cuando la obligación de dar tenga por objeto un bien designado sólo por su género y cantidad, luego que se individualice por la elección del deudor o del acreedor, se aplicarán las reglas de pérdida o deterioro.

Enajenación con reserva de la posesión, uso o goce

Artículo 7.268.- En la enajenación con reserva de la posesión, uso o goce del bien hasta cierto tiempo, se observarán las reglas siguientes:

I. Si hay convenio se estará a lo estipulado;

II. Si la pérdida fuere por culpa de alguno de los contratantes, el importe será de su responsabilidad;

III. A falta de convenio o de culpa, cada interesado sufrirá la pérdida que le corresponda;

IV. Si la pérdida fuere parcial y las partes no convinieren en la disminución de sus respectivos derechos, el Juez lo determinará.

Riesgo a cuenta del acreedor

Artículo 7.269.- En los contratos en que la prestación del bien no importe la traslación de la propiedad, el riesgo será siempre de cuenta del acreedor, a menos que intervenga culpa o negligencia de la otra parte.

Presencia de culpa o negligencia del obligado

Artículo 7.270.- Hay culpa o negligencia cuando el obligado ejecuta actos contrarios a la conservación del bien o deja de ejecutar los que son necesarios para ella.

Varios obligados a prestar el mismo bien

Artículo 7.271.- Si fueren varios los obligados a prestar el mismo bien, cada uno de ellos responderá, proporcionalmente, excepto cuando:

I. Cada uno de ellos se hubiere obligado solidariamente;

II. La prestación consistiere en bien cierto y determinado que se encuentre en poder de uno de ellos, o cuando dependa de hecho que sólo uno de los obligados pueda prestar;

III. La obligación sea indivisible;

IV. Por contrato se ha determinado otra obligación.

CAPÍTULO VI
DE LAS OBLIGACIONES DE HACER O DE NO HACER

Incumplimiento de obligación de hacer

Artículo 7.272.- Si el obligado a prestar un hecho no lo hiciere, el acreedor tiene derecho de pedir que a costa de aquél se ejecute por otro, cuando la substitución sea posible.

Lo mismo se observará si no lo hiciere de la manera convenida. En este caso el acreedor podrá pedir que se deshaga lo mal hecho.

Incumplimiento de obligación de no hacer

Artículo 7.273.- El que estuviere obligado a no hacer alguna cosa, quedará sujeto al pago de daños y perjuicios en caso de incumplimiento. Si hubiere obra material, podrá exigir el acreedor que sea destruida a costa del obligado.

TÍTULO OCTAVO
DE LA TRANSMISIÓN DE LAS OBLIGACIONES

CAPÍTULO I
DE LA CESIÓN DE DERECHOS

Cesión de créditos

Artículo 7.274.- Habrá cesión de créditos cuando el acreedor transfiere a otro los que tenga contra su deudor.

Cesión del crédito sin consentimiento del deudor

Artículo 7.275.- El acreedor puede ceder su crédito a un tercero sin el consentimiento del deudor, a menos que la cesión esté prohibida por la ley, se haya convenido en no cederla o no lo permita la naturaleza del derecho.

El deudor no puede alegar contra el tercero que el crédito no podía cederse porque así se había convenido, cuando ese convenio no conste en el título constitutivo del propio crédito.

Disposiciones aplicables a la cesión de créditos

Artículo 7.276.- En la cesión de créditos, se observarán las disposiciones relativas al acto jurídico que le dé origen, y en lo establecido en este Capítulo.

Derechos que comprenden la cesión de créditos

Artículo 7.277.- La cesión de un crédito comprende la de todos los derechos accesorios, como la fianza, hipoteca, prenda o privilegio, salvo aquellos que son inseparables de la persona del cedente.

Los intereses vencidos se presume que fueron cedidos con el crédito principal.

Forma de la Cesión de Créditos

Artículo 7.278.- La cesión de créditos debe hacerse en escrito privado que firmarán el cedente y el cesionario ratificado ante Fedatario Público.

Excepciones oponibles al cesionario

Artículo 7.279.- El deudor puede oponer al cesionario las excepciones que tuviere en contra del cedente hasta el momento en que se hace la cesión.

Excepción de compensación en la cesión

Artículo 7.280.- Si el deudor tiene contra el cedente un crédito todavía no exigible cuando se hace la cesión, podrá invocar la compensación con tal de que su crédito no sea exigible después de que lo sea el cedido.

Notificación de la cesión

Artículo 7.281.- Para que el cesionario pueda ejercitar sus derechos contra el deudor, le notificará la cesión en forma judicial o por Fedatario Público.

Legitimación para pedir notificación de la cesión

Artículo 7.282.- Sólo tienen derecho para pedir la notificación, el acreedor que presente el título justificativo del crédito, o el de la cesión, cuando aquél no sea necesario.

Casos en que la notificación no es necesaria

Artículo 7.283.- Si el deudor está presente en la cesión y no se opone a ella, o si estando ausente la ha aceptado, no será necesaria la notificación.

Crédito cedido a varios cesionarios

Artículo 7.284.- Si el crédito se ha cedido a varios cesionarios, prevalece la que primero se haya notificado al deudor, salvo lo dispuesto para títulos que deban registrarse.

Falta de notificación al deudor

Artículo 7.285.- Mientras no se haga la notificación al deudor, éste se libera pagando al acreedor originario.

Notificación al deudor

Artículo 7.286.- Hecha la notificación, el deudor deberá pagar al cesionario.

Obligación del cedente

Artículo 7.287.- El cedente está obligado a garantizar la existencia o legitimidad del crédito al tiempo de hacerse la cesión, a no ser que se haya cedido con el carácter de dudoso.

Solvencia del deudor

Artículo 7.288.- El cedente no está obligado a garantizar la solvencia del deudor, a no ser que se haya estipulado expresamente o que la insolvencia sea pública y anterior a la cesión.

Plazo para responder de la insolvencia del deudor

Artículo 7.289.- Si el cedente se hubiere hecho responsable de la solvencia del deudor, sin fijar duración de la responsabilidad, se limitará a un año, contado desde la fecha de la cesión si la deuda estuviere vencida; si no lo estuviere, se contará desde la fecha del vencimiento.

Cesión de crédito de rentas periódicas

Artículo 7.290.- Si el crédito cedido consiste en rentas periódicas, la responsabilidad por la solvencia del deudor cuando la haya contraído el cedente, se extingue a los dos años, contados desde la fecha de la cesión.

Cesión por acervo de ciertos créditos

Artículo 7.291.- El que cede alzadamente la totalidad de ciertos créditos, cumple con responder de la legitimidad del todo en general; pero no está obligado al saneamiento de cada una de las partes, salvo en el caso de evicción del todo o de la mayor parte.

Cesión de derechos hereditarios

Artículo 7.292.- El que cede su derecho a una herencia, sin enumerar los bienes de que ésta se compone, sólo está obligado a responder de su calidad de heredero.

Heredero cedente que aprovechó parte hereditaria

Artículo 7.293.- Si el cedente se hubiere aprovechado de algunos frutos o percibido algún bien de la herencia que cediere, deberá abonarlo al cesionario, si no se hubiere pactado lo contrario.

Obligación del cedente para con el cesionario

Artículo 7.294.- El cesionario debe satisfacer al cedente todo lo que haya pagado por las deudas o cargas de la herencia y sus propios créditos contra ella, salvo convenio en contrario.

Cesión gratuita

Artículo 7.295.- Si la cesión fuere gratuita, el cedente no será responsable para con el cesionario, ni por la existencia del crédito, ni por la solvencia del deudor.

CAPÍTULO II
DE LA CESIÓN DE DEUDAS

Sustitución de deudores

Artículo 7.296.- Para que haya sustitución de deudores es necesario que el acreedor consienta expresa o tácitamente.

Presunción de consentimiento del acreedor

Artículo 7.297.- Se presume que el acreedor consiente en la sustitución del deudor, cuando permite que el sustituto ejecute actos que debía ejecutar el deudor, como pago de intereses, pagos parciales, o periódicos, siempre que la haga en nombre propio y no por cuenta del deudor original.

Acreedor que exonera al deudor

Artículo 7.298.- El acreedor que exonera al deudor, aceptando otro en su lugar, no puede repetir contra el primero, si el nuevo se encuentra insolvente, salvo convenio en contrario.

Presunción de que el acreedor rehúsa la sustitución

Artículo 7.299.- Cuando el deudor y el que pretenda sustituirlo fijen un plazo al acreedor para que manifieste su conformidad con la sustitución, pasado ese plazo sin que el acreedor haya hecho conocer su determinación, se presume que rehúsa.

Obligaciones del deudor sustituto

Artículo 7.300.- El deudor sustituto queda obligado en los términos en que lo estaba el deudor original; pero cuando un tercero ha constituido fianza, prenda o hipoteca para garantizar la deuda, estas garantías cesan con la sustitución del deudor, a menos que el tercero consienta en que continúen.

Excepciones oponibles por el deudor sustituto

Artículo 7.301.- El deudor sustituto puede oponer al acreedor las excepciones que se originen de la naturaleza de la deuda y las que le sean personales, pero no puede oponer las que sean personales del deudor original.

Consecuencias de la sustitución nula

Artículo 7.302.- Cuando se declara nula la sustitución de deudor, la deuda renace con todos sus accesorios, pero con la reserva de derechos que pertenezcan a tercero de buena fe.

CAPÍTULO III
DE LA SUBROGACIÓN

Subrogación por ministerio de ley

Artículo 7.303.- La subrogación se verificará por ministerio de la ley sin necesidad de declaración alguna de los interesados, cuando:

I. El que es acreedor paga a otro acreedor preferente;

II. El que paga tiene interés jurídico en el cumplimiento de la obligación;

III. Un heredero paga alguna deuda de la herencia;

IV. El que adquiere un inmueble paga a un acreedor que tiene sobre él un crédito hipotecario.

Deuda pagada con dinero de un tercero

Artículo 7.304.- Cuando la deuda fuere pagada por el deudor con dinero prestado con ese objeto por un tercero, éste quedará subrogado en los derechos del acreedor.

La subrogación en deudas indivisibles

Artículo 7.305.- No habrá subrogación parcial en deudas indivisibles.

Pago a los subrogados

Artículo 7.306.- El pago a los subrogados en diversas porciones del mismo crédito, cuando no basten los bienes del deudor para cubrirlos, se hará según la prioridad de la subrogación.

TÍTULO NOVENO
DEL CUMPLIMIENTO DE LAS OBLIGACIONES

CAPÍTULO I
DEL PAGO

Concepto de pago

Artículo 7.307.- Pago o cumplimiento es la entrega del bien, cantidad debida, prestación del hecho o del servicio que se hubiere prometido.

Dación en pago

Artículo 7.308.- El deudor puede dar en pago sus bienes a sus acreedores. Esta dación, salvo pacto en contrario, sólo lo libera por el importe líquido de los bienes entregados. Los convenios que al efecto celebren el deudor y sus acreedores, se sujetarán a las reglas de la concurrencia y prelación de créditos.

Pago de obligación de hacer

Artículo 7.309.- La obligación de prestar algún servicio se puede cumplir por un tercero, salvo pacto expreso, que la cumpla personalmente el obligado, o cuando se hubieren elegido sus conocimientos especiales o cualidades personales.

Legitimación para hacer el pago

Artículo 7.310.- El pago puede hacerse por el deudor, su representante, o cualquier persona que tenga interés jurídico en el cumplimiento.

Consentimiento del deudor para que un tercero pague

Artículo 7.311.- Puede un tercero no interesado hacer el pago con consentimiento del deudor.

En este caso se observarán las disposiciones relativas al mandato.

Pago por un tercero ignorándolo el deudor

Artículo 7.312.- Puede hacerse igualmente el pago por un tercero ignorándolo el deudor. El que hizo el pago, sólo tendrá derecho de reclamar al deudor la cantidad pagada.

Pago contra la voluntad del deudor

Artículo 7.313.- Puede hacerse el pago contra la voluntad del deudor. El que hizo el pago solo tendrá derecho a cobrar en lo que hubiere sido útil al deudor.

Obligación del acreedor de recibir el pago por un tercero

Artículo 7.314.- El acreedor está obligado a aceptar el pago hecho por un tercero; pero no está obligado a subrogarle en sus derechos fuera de los casos en que la subrogación opera por ministerio de ley.

Persona a quien debe hacerse el pago

Artículo 7.315.- El pago debe hacerse al acreedor o a su representante.

Pago hecho a un tercero

Artículo 7.316.- El pago hecho a un tercero extinguirá la obligación, si así se pacto o consintió el acreedor, y en los casos en que la ley lo determine.

Será válido el pago hecho a un tercero si es útil al acreedor.

Pago a un incapaz

Artículo 7.317.- El pago hecho a una persona incapacitada para administrar sus bienes, será válido en cuanto le haya sido útil.

Pago de buena fe

Artículo 7.318.- Es válido el pago hecho de buena fe al que estuviere en posesión del crédito.

Orden judicial de no pagar al acreedor

Artículo 7.319.- No será valido el pago hecho por el deudor al acreedor después de habérsele ordenado judicialmente la retención de la deuda.

Modo de hacer el pago

Artículo 7.320.- El pago deberá hacerse del modo que se hubiere pactado; y no parcialmente sino en virtud de convenio o disposición de la ley.

Sin embargo, cuando la deuda tuviere una parte líquida y otra no, podrá hacerse o exigir el pago de la primera, sin esperar a que se liquide la segunda.

Tiempo de pago

Artículo 7.321.- El pago se hará en el tiempo designado en el contrato, excepto en aquellos casos en que la ley permita o prevenga otra cosa.

Obligaciones de dar sin tiempo de pago

Artículo 7.322.- Si no se ha fijado el tiempo en que deba hacerse el pago y se trata de obligaciones de dar, no podrá el acreedor exigirlo sino después de los treinta días siguientes a la interpelación judicial o por Fedatario Público.

Obligaciones de hacer con tiempo de pago

Artículo 7.323.- Tratándose de obligaciones de hacer, el pago debe efectuarse cuando lo exija el acreedor, siempre que hubiere transcurrido el tiempo necesario para el cumplimiento de la obligación.

Lugar de pago

Artículo 7.324.- El pago debe hacerse en el domicilio del deudor, salvo convenio en contrario, o que se desprenda de las circunstancias, de la naturaleza de la obligación o de la ley.

Varios lugares para hacer el pago

Artículo 7.325.- Si se han designado varios lugares para hacer el pago, el acreedor puede elegir cualquiera de ellos.

Entrega o prestaciones relativas a un inmueble

Artículo 7.326.- Si el pago consiste en la tradición o en prestaciones relativas a un inmueble, deberá hacerse en el lugar donde se encuentre.

Pago de dinero precio de un bien

Artículo 7.327.- Si el pago consistiere en una suma de dinero como precio de algún bien enajenado por el acreedor, deberá ser hecho en el lugar en que se entregó el bien, salvo que se designe otro lugar.

Deudor que cambia de domicilio

Artículo 7.328.- El deudor que después de celebrado el contrato cambie voluntariamente de domicilio, deberá indemnizar al acreedor de los gastos que haga por esta causa, para obtener el pago. De la misma manera el acreedor debe indemnizar al deudor, cuando debiendo hacerse el pago en el domicilio de aquél, cambia voluntariamente de domicilio.

Gastos de entrega

Artículo 7.329.- Los gastos de entrega serán por cuenta del deudor, si no se hubiere estipulado otra cosa.

Pago hecho con bien ajeno

Artículo 7.330.- No es válido el pago hecho con bien ajeno, pero si el pago se hubiere hecho con una cantidad de dinero u otro bien fungible ajeno; no habrá repetición contra el acreedor que lo haya consumido de buena fe.

Documento acreditante del pago

Artículo 7.331.- El deudor que paga tiene derecho a exigir el documento que acredite el pago y puede retenerlo mientras no se le entregue aquél.

Presunción de pago de pensiones anteriores

Artículo 7.332.- Cuando la deuda es de pensiones que deban satisfacerse en períodos determinados, y se acredita el pago de alguna, se presumen pagadas las anteriores, salvo prueba en contrario.

Presunción de pago de intereses

Artículo 7.333.- Cuando se paga el capital sin hacerse reserva de intereses, se presume que éstos están pagados.

Presunción del pago de la deuda

Artículo 7.334.- La entrega del título al deudor hace presumir el pago de la deuda contenida en el mismo.

Declaración de aplicación del pago ante varias deudas

Artículo 7.335.- El que tuviere contra sí varias deudas en favor de un sólo acreedor, podrá declarar, al tiempo de hacer el pago, a cuál de ellas quiere que se aplique.

Aplicación del pago ante varias deudas

Artículo 7.336.- Si el deudor no hace la referida declaración se entenderá hecho el pago por cuenta de la deuda que le fuere más onerosa, entre las vencidas. En igualdad de circunstancias, se aplicará a la más antigua, y siendo todas de la misma fecha, se distribuirá entre todas ellas a prorrata.

Pagos a cuenta de deudas con interés

Artículo 7.337.- Las cantidades pagadas a cuenta de deudas con interés, no se abonarán al capital mientras hubiere intereses vencidos y no pagados, salvo convenio en contrario.

Aceptación de pago con bien distinto

Artículo 7.338.- La obligación queda extinguida cuando el acreedor recibe en pago un bien distinto en lugar del debido.

Evicción del bien con que se paga

Artículo 7.339.- Si el acreedor sufre la evicción del bien que recibe en pago, renacerá la obligación original.

CAPÍTULO II
DEL OFRECIMIENTO DEL PAGO Y DE LA CONSIGNACIÓN

Consignación del bien debido

Artículo 7.340.- El ofrecimiento de pago seguido de la consignación del bien debido produce efectos de pago, si reúne los requisitos que exige la ley.

Derecho a la consignación

Artículo 7.341.- Si el acreedor rehusare sin justa causa recibir la prestación debida, o dar el documento justificativo de pago, o si fuere persona incierta o incapaz de recibir, podrá el deudor liberarse de la obligación haciendo consignación del bien.

Acreedor de dudosos derechos

Artículo 7.342.- Si el acreedor fuere conocido, pero dudosos sus derechos, podrá el deudor depositar el bien debido, con citación del interesado, a fin de que justifique su derecho.

Aprobación de la consignación

Artículo 7.343.- Aprobada la consignación, la obligación queda extinguida

Ofrecimiento y consignación legales

Artículo 7.344.- Si el ofrecimiento y la consignación se hicieren legalmente, todos los gastos serán de cuenta del acreedor.

TÍTULO DÉCIMO
DEL INCUMPLIMIENTO DE LAS OBLIGACIONES

CAPÍTULO I
CONSECUENCIAS DEL INCUMPLIMIENTO DE LAS OBLIGACIONES

Rescisión de las obligaciones

Artículo 7.345.- La facultad de rescindir las obligaciones se entiende implícita en las recíprocas, para el caso de que uno de los obligados no cumpliere lo que le corresponde.

El perjudicado podrá escoger entre exigir el cumplimiento o la rescisión de la obligación, con el resarcimiento de daños y perjuicios en ambos casos. También podrá pedir la rescisión aún después de haber optado por el cumplimiento, cuando éste resultare imposible.

Daños y perjuicios

Artículo 7.346.- El incumplimiento de una obligación de dar, hacer o no hacer, trae como consecuencia, además de importar la devolución de un bien o su precio, o la de entre ambos, en su caso, comprenderá la reparación de los daños y la indemnización de los perjuicios.

Concepto de daño

Artículo 7.347.- Se entiende por daño la pérdida o menoscabo sufrido en el patrimonio por falta de cumplimiento de una obligación.

Concepto de perjuicio

Artículo 7.348.- Se reputa perjuicio la privación de cualquiera ganancia lícita, que debiera haberse obtenido con el cumplimiento de la obligación.

Origen de la obligación sobre daños y perjuicios

Artículo 7.349.- Los daños y perjuicios deben ser consecuencia inmediata y directa de la falta de cumplimiento de la obligación, ya sea que se hayan causado o que necesariamente deban causarse.

Tiempo en el que empieza la obligación sobre daños y perjuicios

Artículo 7.350.- El que estuviere obligado a entregar un bien y dejare de entregarlo o no lo entregare conforme a lo convenido, responderá de los daños y perjuicios en los términos siguientes:

I. Si la obligación fuere a plazo comenzará la responsabilidad desde el vencimiento de éste;

II. Si la obligación no tuviere el plazo cierto, serán exigibles después de los treinta días siguientes a la interpelación judicial o por Fedatario Público.

Reglas sobre daños y perjuicios

Artículo 7.351.- El que incumple una obligación de hacer dejando de prestarla o no prestándola conforme a lo convenido será responsable de los daños y perjuicios en los términos siguientes:

I. Si la obligación fuera a plazo se estará a lo dispuesto en la fracción I del artículo anterior;

II. Si la obligación no tuviere plazo cierto, el pago debe efectuarse cuando lo exija el acreedor, siempre que haya transcurrido el tiempo necesario para el cumplimiento de la obligación.

Daños y perjuicios en obligaciones de no hacer

Artículo 7.352.- El que contraviene una obligación de no hacer, pagará daños y perjuicios por el sólo hecho de la contravención.

Responsabilidad procedente de dolo

Artículo 7.353.- La responsabilidad procedente de dolo es exigible en todas las obligaciones. La renuncia de hacerla efectiva es nula.

Caso fortuito

Artículo 7.354.- Nadie está obligado al caso fortuito sino cuando ha dado causa o contribuido a él, cuando ha aceptado expresamente esa responsabilidad, o la ley se la impone.

Pérdida o deterioro grave del bien

Artículo 7.355.- Si el bien se ha perdido, o ha sufrido un detrimento tan grave que, a juicio de peritos, no pueda emplearse en el uso a que naturalmente esté destinado, el propietario debe ser indemnizado de todo su valor.

Deterioro no grave del bien

Artículo 7.356.- Si no es grave el deterioro, sólo el importe de éste se abonará al propietario al restituirse el bien.

Determinación del precio

Artículo 7.357.- El precio del bien será el que tendría al tiempo de ser devuelto al dueño; excepto en los casos en que la ley o el pacto señalen otra época.

Consideración al estimar el deterioro

Artículo 7.358.- Al estimar el deterioro de un bien se atenderá no sólo a la disminución en su precio, sino a los gastos que necesariamente exija la reparación.

Valor estimativo o afectivo

Artículo 7.359.- Al fijar el valor y el deterioro de un bien, no se atenderá al precio estimativo o de afecto, a no ser que se pruebe que el responsable destruyó o deterioró el bien con el objeto de lastimar los sentimientos o afectos del dueño; el aumento que por estas causas se haga no podrá exceder de una tercera parte del valor común del bien.

Convenio sobre responsabilidad civil

Artículo 7.360.- La responsabilidad civil puede ser regulada por convenio de las partes, salvo aquellos casos en que la ley disponga expresamente otra cosa.

Daños y perjuicios en la obligación de pagar dinero

Artículo 7.361.- Si la prestación consistiere en el pago de cierta cantidad de dinero, los daños y perjuicios que resulten de la falta de cumplimiento no podrán exceder del interés legal, salvo convenio en contrario.

Rescisión del contrato en relación a terceros

Artículo 7.362.- La rescisión del contrato fundado en falta de pago por parte del adquirente de la propiedad de bienes inmuebles u otro derecho real sobre los mismos, no surtirá efecto contra tercero de buena fe, si no se ha estipulado expresamente y ha sido inscrito en el Registro Público de la Propiedad.

La rescisión con relación a muebles

Artículo 7.363.- Respecto de bienes muebles no tendrá lugar la rescisión, salvo lo previsto para las ventas en las que se faculte al comprador a pagar el precio en abonos.

Rescisión dependiente de un tercero

Artículo 7.364.- Si la rescisión del contrato dependiere de un tercero y éste fuere dolosamente inducido a rescindirlo, se tendrá por no rescindido.

Costas por incumplimiento

Artículo 7.365.- El pago de los gastos y costas judiciales será a cargo del que faltare al cumplimiento de la obligación.

CAPÍTULO II
DEL SANEAMIENTO POR EVICCIÓN

Concepto de evicción

Artículo 7.366.- Habrá evicción cuando el que adquirió algún bien fuere privado del todo o parte de él por sentencia que cause ejecutoria, en razón de algún derecho anterior a la adquisición.

Obligación de todo enajenante a la evicción

Artículo 7.367.- Todo el que enajena está obligado a responder de la evicción, aunque no se haya convenido.

Convenio sobre la evicción

Artículo 7.368.- Los contratantes pueden aumentar o disminuir convencionalmente los efectos de la evicción, y aún convenir en que no se preste.

Nulidad del convenio sobre evicción

Artículo 7.369.- Es nulo todo pacto que exima al que enajena de responder por la evicción, siempre que hubiere mala fe de su parte.

Consecuencias de la renuncia al saneamiento

Artículo 7.370.- Cuando el adquirente ha renunciado al saneamiento para el caso de evicción, llegado éste, el que enajena debe entregar únicamente el precio del bien; quedando liberado de ello si el que adquirió lo hizo con conocimiento de los riesgos de evicción.

Denuncia del pleito al enajenante

Artículo 7.371.- El adquirente, luego que sea emplazado, debe denunciar el pleito de evicción al que le enajenó.

Enajenante de buena fe en la evicción

Artículo 7.372.- Cuando tuviere lugar la evicción, si el enajenante procedió de buena fe, estará obligado a indemnizar al adquirente de lo siguiente:

I. El precio íntegro que recibió por el bien;

II. Los gastos causados en el contrato, si fueron cubiertos por el adquirente;

III. Los gastos causados en el juicio de evicción y el saneamiento;

IV. El valor de las mejoras útiles y necesarias.

Enajenante de mala fe en la evicción

Artículo 7.373.- Si el que enajena hubiere procedido de mala fe tendrá además de las obligaciones que expresa el artículo anterior, las siguientes:

I. Devolver, a elección del adquirente, el precio que el bien tenía al tiempo de la adquisición, o el que tenga al tiempo en que sufra la evicción;

II. Cubrir al adquirente el importe de las mejoras voluntarias y de mero placer;

III. Pagar los daños y perjuicios.

Enajenante que injustificadamente no comparece al juicio

Artículo 7.374.- Si el que enajena no concurre justificadamente al juicio de evicción, en tiempo hábil, o si no rinde prueba, queda obligado al saneamiento en los términos del artículo anterior.

Adquirente y enajenante de mala fe en la evicción

Artículo 7.375.- Si proceden de mala fe el que enajena y el adquirente, éste no tendrá derecho al saneamiento ni a indemnización.

Derecho del adquirente condenado a restituir frutos

Artículo 7.376.- Si el adquirente fuere condenado a restituir los frutos del bien, podrá exigir del que enajenó la indemnización de ellos o el interés legal del precio que haya dado.

Compensación de intereses con frutos

Artículo 7.377.- Si el que adquirió no fuere condenado a dicha restitución, quedarán compensados los intereses del precio con los frutos recibidos del bien.

Enajenante que no tiene defensa y consigna el precio

Artículo 7.378.- Si el que enajena, al ser emplazado, manifiesta que no tiene medios de defensa, y consigna el precio del bien por no quererlo recibir el adquirente, queda liberado de cualquiera responsabilidad posterior a la fecha de consignación.

Enajenante que reconoce el derecho del actor

Artículo 7.379.- Si en el juicio el que enajenó reconoce el derecho del actor, y se obliga a pagar conforme a las prescripciones de este capítulo, sólo será responsable de los gastos que se causen hasta el reconocimiento.

Mejoras hechas por el enajenante antes de enajenar

Artículo 7.380.- Las mejoras hechas por el que enajenó antes de la enajenación, se le tomarán a cuenta de lo que debe pagar, siempre que fueren pagadas por el vendedor.

Evicción parcial

Artículo 7.381.- Cuando el adquirente sufra evicción parcial, se observarán respecto de ésta las reglas establecidas en este capítulo, a no ser que el adquirente prefiera la rescisión.

Evicción en caso de enajenación de más de un bien

Artículo 7.382.- También se observará lo dispuesto en el artículo que precede cuando en un solo contrato se hayan enajenado dos o más bienes sin fijar el precio de cada uno, y de uno sólo sufriera la evicción.

Obligación del adquirente que elige la rescisión

Artículo 7.383.- En el caso de los dos artículos anteriores, si el que adquiere elige la rescisión, está obligado a devolver el bien tal como lo recibió.

Enajenación de bien con gravámenes no declarados

Artículo 7.384.- Si el bien que se enajenó se halla gravado, sin haberse hecho mención de ello en la escritura, con alguna carga o servidumbre voluntaria no aparente, el que adquirió puede pedir la indemnización correspondiente al gravamen, o la rescisión del contrato.

Prescripción de las acciones rescisorias y de indemnización

Artículo 7.385.- Las acciones rescisorias y de indemnización a que se refiere el artículo que precede, prescriben en un año, que se contará, para la primera, desde que se celebró el contrato, y para la segunda, desde el día en que el adquirente tenga noticia de la carga o servidumbre.

Enajenante no obligado a la evicción

Artículo 7.386.- El que enajena no responde por la evicción:

I. Si así se hubiere convenido;

II. Si conociendo el que adquiere el derecho del que ejercita la acción de evicción la hubiere ocultado dolosamente al que enajena;

III. Si el adquirente al ser emplazado no denuncia el juicio al que le enajenó;

IV. Si el adquirente y el que reclama transigen o comprometen el negocio en árbitros, sin consentimiento del que enajenó;

V. Si la evicción tuvo lugar por culpa del adquirente.

Evicción en caso de remate judicial

Artículo 7.387.- En las ventas hechas en remate judicial, el vendedor no está obligado por causa de la evicción que sufriera el bien vendido, sino a restituir el precio que haya producido la venta.

CAPÍTULO III
DEL SANEAMIENTO POR VICIOS OCULTOS

Vicios ocultos

Artículo 7.388.- En los contratos conmutativos el enajenante está obligado al saneamiento por los vicios ocultos del bien enajenado que lo hagan impropio para los usos a que se le destina, o que disminuyan de tal modo este uso, que de haberlo conocido el adquirente no hubiere hecho la adquisición o habría dado menos precio por el bien.

Derecho de rescisión o rebaja del precio

Artículo 7.389.- En los casos del artículo anterior, puede el adquirente exigir la rescisión del contrato y el pago de los gastos que por él hubiere hecho, o que se le rebaje una cantidad proporcionada del precio.

Ausencia de responsabilidad por vicios ocultos

Artículo 7.390.- El enajenante no es responsable de los vicios manifiestos o que estén a la vista, ni tampoco de los que no lo están, si el adquirente es un perito que por razón de su oficio o profesión debe fácilmente conocerlos.

Enajenante que conoce los vicios ocultos

Artículo 7.391.- Si se probare que el enajenante conocía los vicios ocultos del bien y no los manifestó al adquirente, éste tendrá derecho a exigir la rescisión del contrato y el pago de los gastos que por él hubiere hecho, o que se le rebaje el precio proporcionalmente, debiendo, además, ser indemnizado de los daños y perjuicios si prefiere la rescisión.

Elección de rescisión o indemnización

Artículo 7.392.- Una vez hecha la elección por el adquirente sobre rescisión o indemnización, no puede optar por el otro sin el consentimiento del enajenante.

Vicios conocidos por el enajenante

Artículo 7.393.- Si el bien enajenado perece o cambia de naturaleza a consecuencia de los vicios que tenía, y eran conocidos del enajenante, éste sufrirá la pérdida y deberá restituir el precio y pagar los gastos del contrato con los daños y perjuicios.

Vicios desconocidos por el enajenante

Artículo 7.394.- Si el enajenante no conocía los vicios, solamente deberá restituir el precio y pagar los gastos del contrato, en el caso de que el adquirente los haya cubierto.

Prescripción de las acciones rescisorias y de reducción del precio

Artículo 7.395.- Las acciones que nacen de lo dispuesto en los artículos precedentes de este capítulo, se extinguen a los seis meses para muebles y al año para inmuebles, contados desde la entrega del bien enajenado.

Vicios ocultos en un animal de los enajenados

Artículo 7.396.- Cuando se enajenen dos o más animales, el vicio de uno sólo da lugar a la acción redhibitoria, respecto de él, a no ser que se pruebe que el adquirente no habría adquirido el sano o sanos sin el otro, o que la enajenación fuese de un rebaño y el mal fuere contagioso.

Esto es aplicable a la enajenación de cualquier otro bien.

Presunción de no querer adquirir uno solo de los animales

Artículo 7.397.- Se presume que el adquirente no tenía voluntad de adquirir uno solo de los animales, cuando se trata de un tiro, yunta o pareja, aunque se haya señalado un precio separado a cada uno de los animales que los componen.

Enfermedad antes de la enajenación

Artículo 7.398.- Cuando el animal muere dentro de los tres días siguientes a su adquisición, es responsable el enajenante, si se prueba que la enfermedad existía antes de la enajenación.

Rescisión de la enajenación

Artículo 7.399.- Si la enajenación se declara resuelta, debe devolverse el bien enajenado en el mismo estado que se entregó, siendo responsable el adquirente de cualquier deterioro que no proceda de vicio o defecto oculto.

Prescripción por vicios ocultos en animales

Artículo 7.400.- En el caso de enajenación de animales, ya sea que se enajenen individualmente, por troncos o yuntas, o como ganado, la acción redhibitoria por causas de tachas o vicios sólo dura veinte días, contados desde la fecha del contrato.

Calificación de vicios ocultos

Artículo 7.401.- La calificación de los vicios del bien enajenado se hará mediante dictamen pericial.

Convenio sobre vicios ocultos

Artículo 7.402.- Las partes pueden restringir, renunciar o ampliar su responsabilidad por los vicios redhibitorios, siempre que no haya mala fe.

Carga de probar los vicios ocultos

Artículo 7.403.- Incumbe al adquirente probar que el vicio existía al tiempo de la adquisición, si no lo acredita, se presume que el vicio sobrevino después.

Pérdida del bien con vicios ocultos

Artículo 7.404.- Si el bien enajenado con vicios redhibitorios se pierde por caso fortuito o por culpa del adquirente, le queda a éste, el derecho de pedir el valor más bajo del bien por el vicio redhibitorio.

Bienes transportados de rápida descomposición

Artículo 7.405.- El adquirente del bien remitido de otro lugar que alegare que tiene vicios redhibitorios, si se trata de bienes que rápidamente se descomponen, tiene obligación de avisar inmediatamente al enajenante, que no recibe el bien; si no lo hace, será responsable de los daños y perjuicios que su omisión ocasione.

Vicios ocultos de bien adquirido por remate o adjudicación

Artículo 7.406.- El adquirente no tiene acción por vicios ocultos si obtuvo el bien por remate o por adjudicación judicial.

TÍTULO DÉCIMO PRIMERO
EFECTOS DE LAS OBLIGACIONES CON RELACIÓN A TERCEROS

CAPÍTULO I
DE LOS ACTOS CELEBRADOS EN FRAUDE DE ACREEDORES

Requisitos de la nulidad del acto del deudor

Artículo 7.407.- El acreedor puede pedir la nulidad de los actos celebrados por su deudor que le perjudiquen, si de esos actos resulta la insolvencia del deudor, y el crédito es anterior a ellos.

Mala fe del deudor y su contratante

Artículo 7.408.- Si el acto fuere oneroso, la nulidad sólo podrá tener lugar en el caso y términos que expresa el artículo anterior, cuando haya mala fe del deudor y del tercero contratante.

Acto gratuito del deudor

Artículo 7.409.- Si el acto fuere gratuito, tendrá lugar la nulidad, aún cuando haya habido buena fe por parte de ambos contratantes.

Presencia de insolvencia

Artículo 7.410.- Hay insolvencia cuando la suma de los bienes y créditos del deudor, no iguala al importe de sus deudas. En este caso, la mala fe consiste en el conocimiento de ese déficit.

Legitimación pasiva contra el adquirente

Artículo 7.411.- La acción concedida al acreedor, contra el primer adquirente, no procede contra tercer poseedor, sino cuando éste ha adquirido de mala fe.

Consecuencias de la nulidad del acto fraudulento

Artículo 7.412.- Anulado el acto fraudulento, si hubiere habido enajenación de propiedades, éstas se devolverán por el que las adquirió de mala fe, con todos sus frutos.

Responsabilidad del adquirente

Artículo 7.413.- Los acreedores serán indemnizados de los daños y perjuicios por el que hubiere adquirido de mala fe los bienes enajenados fraudulentamente, cuando el bien hubiere pasado a un adquirente de buena fe, o se hubiere perdido.

Nulidad por enajenación de bienes o renuncia de derechos

Artículo 7.414.- La nulidad procede, tanto en los actos en que el deudor enajena los bienes que efectivamente posee, como en aquellos en que renuncia derechos constituidos a su favor y cuyo goce no fuere exclusivamente personal.

Renuncias revocables por los acreedores

Artículo 7.415.- Si el deudor no hubiere renunciado derechos irrevocablemente adquiridos, sino facultades cuyo ejercicio pudiere mejorar el estado de su fortuna, los acreedores pueden hacer revocar esa renuncia y usar de las facultades renunciadas.

Pago anulable

Artículo 7.416.- Es también anulable el pago hecho por el deudor insolvente antes del vencimiento del plazo.

Anulabilidad del acto que da preferencia a un crédito

Artículo 7.417.- Es anulable todo acto o contrato celebrado en los treinta días anteriores a la declaración judicial de la quiebra o del concurso, y que tuviere por objeto dar a un crédito ya existente una preferencia que no tiene.

Pago de la deuda o adquisición de bienes

Artículo 7.418.- La acción de nulidad por actos en fraude de los acreedores, cesará luego de que el deudor satisfaga su deuda o adquiera bienes con que poder cubrirla.

Nulidad en interés de los acreedores que la piden

Artículo 7.419.- La nulidad de los actos del deudor sólo será pronunciada en interés de los acreedores que la hubiesen pedido, y hasta el importe de sus créditos.

Pago del crédito por adquirente de los bienes del deudor

Artículo 7.420.- El tercero que adquiera los bienes del deudor, puede hacer cesar la acción de los acreedores pagando el crédito de los que se presenten, o garantizando el pago, si los bienes del deudor no alcanzaren a satisfacerlos.

Fraude por conceder preferencia

Artículo 7.421.- El fraude, que consiste únicamente en la preferencia indebida a favor de un acreedor, no importa la pérdida del derecho, sino la de la preferencia.

El deudor debe probar que tiene bienes suficientes

Artículo 7.422.- Cuando el acreedor reclame la nulidad por insolvencia del deudor, a éste corresponde acreditar que tiene bienes suficientes para cubrir esas deudas.

Enajenación presumiblemente fraudulenta

Artículo 7.423.- Se presumen fraudulentas las enajenaciones hechas a título oneroso por quienes antes hubiesen sido condenadas por sentencia en cualquier instancia, o expedido mandamiento de embargo; si las enajenaciones o embargos perjudican los derechos de sus acreedores.

CAPÍTULO II
DE LA SIMULACIÓN DE LOS ACTOS JURÍDICOS

Acto simulado

Artículo 7.424.- Es simulado el acto en que las partes declaran o confiesan falsamente lo que en realidad no ha pasado o no se ha convenido entre ellas.

Clases de simulación

Artículo 7.425.- La simulación es absoluta cuando el acto nada tiene de real; es relativa cuando a un acto jurídico se le da una falsa apariencia que oculta su verdadero carácter.

Simulación absoluta

Artículo 7.426.- La simulación absoluta no produce efectos jurídicos. Descubierto el acto real que oculta la simulación relativa, ese acto no será nulo si no hay ley que así lo declare.

Legitimación en la acción de nulidad de los actos simulados

Artículo 7.427.- Pueden pedir la nulidad de los actos simulados, los terceros perjudicados con la simulación, o el Ministerio Público cuando ésta se cometió en trasgresión de la ley o en perjuicio de la Hacienda Pública.

Consecuencias de la nulidad del acto simulado

Artículo 7.428.- Luego que se anule el acto simulado, se restituirá el bien o derecho a quien pertenezca, con sus frutos o intereses, si los hubiere; pero si el bien o derecho ha pasado a título oneroso a un tercero de buena fe, no habrá lugar a la restitución.

También subsistirán los gravámenes impuestos a favor de tercero de buena fe.

TÍTULO DÉCIMO SEGUNDO
DE LA EXTINCIÓN DE LAS OBLIGACIONES

CAPÍTULO I
DE LA COMPENSACIÓN

Casos en que hay compensación

Artículo 7.429.- Tiene lugar la compensación cuando dos personas recíprocamente reúnen la calidad de deudores y acreedores.

Efecto de la compensación

Artículo 7.430.- El efecto de la compensación es extinguir las dos deudas, hasta la cantidad que importe la menor.

Procedencia de la compensación

Artículo 7.431.- La compensación sólo procede cuando ambas deudas sean de dinero o de bienes fungibles.

Compensación de deudas líquidas y exigibles

Artículo 7.432.- Para que haya lugar a la compensación se requiere que las deudas sean líquidas y exigibles. Las que no lo fueren, sólo podrán compensarse por consentimiento expreso de los interesados.

Deuda líquida

Artículo 7.433.- Es deuda líquida la que se haya determinado en cuantía o pueda determinarse dentro del plazo de nueve días.

Deuda exigible

Artículo 7.434.- Es exigible la deuda cuyo pago no puede rehusarse conforme a derecho.

Deudas de desigual cantidad

Artículo 7.435.- Si las deudas no fueren de igual cantidad, hecha la compensación, queda expedita la acción por el resto de la deuda.

Casos en que no hay compensación

Artículo 7.436.- La compensación no tiene lugar:

I. Si una de las partes renunció a ella;

II. Si una de las deudas se origina de sentencia condenatoria por despojo; pues entonces el que la obtuvo a su favor deberá ser pagado;

III. Si una de las deudas fuere por alimentos;

IV. Si una de las deudas se origina de renta vitalicia;

V. Si la deuda fuere de bien que no puede ser compensado, ya sea por disposición de la ley o por el título de que procede, a no ser que ambas deudas fueren igualmente privilegiadas;

VI. Si la deuda fuere de bien puesto en depósito.

Extinción de deudas correlativas

Artículo 7.437.- La compensación extingue todas las obligaciones correlativas.

Pago de deuda compensable

Artículo 7.438.- El que paga una deuda compensable no puede, cuando exija su crédito que podía ser compensado, aprovecharse, en perjuicio de un tercero, de los privilegios e hipoteca que tenga en su favor al tiempo de hacer el pago; a no ser que pruebe que ignoraba la existencia del crédito que extinguía la deuda.

Varias deudas sujetas a compensación

Artículo 7.439.- Si fueren varias las deudas sujetas a compensación, se seguirá, a falta de declaración, el orden establecido en este Código.

Renuncia a la compensación

Artículo 7.440.- El derecho de compensación puede renunciarse.

Derecho del fiador a la compensación

Artículo 7.441.- El fiador puede utilizar la compensación de lo que el acreedor deba al deudor principal, pero éste no puede oponer la compensación de lo que el acreedor deba al fiador.

Impedimento de hacer valer la compensación

Artículo 7.442.- El deudor solidario no puede exigir compensación con la deuda del acreedor a sus codeudores.

Inoponibilidad de la compensación al cesionario

Artículo 7.443.- El deudor que hubiere consentido la cesión hecha por el acreedor en favor de un tercero, no podrá oponer al cesionario la compensación que podría oponer al cedente.

Derecho de oponer compensación al cesionario

Artículo 7.444.- Si el acreedor notificó la cesión al deudor y éste no consintió en ella, podrá oponer al cesionario la compensación de los créditos que tuviere contra el cedente, anteriores a la cesión.

Derecho del deudor a oponer compensación

Artículo 7.445.- Si la cesión se realizare sin consentimiento del deudor, podrá éste oponer la compensación de los créditos anteriores a ella, y la de los posteriores, hasta la fecha en que hubiere tenido conocimiento de la cesión.

Deudas pagaderas en diferente lugar

Artículo 7.446.- Las deudas pagaderas en diferente lugar, pueden compensarse mediante indemnización de los gastos de transporte o cambio al lugar del pago.

Compensación en perjuicio de tercero

Artículo 7.447.- La compensación no surte efectos en perjuicio de los derechos de tercero.

CAPÍTULO II
DE LA CONFUSIÓN DE DERECHOS

La calidad de acreedor y deudor se reúnen en una persona

Artículo 7.448.- La obligación se extingue por confusión, cuando las calidades de acreedor y de deudor se reúnen en una persona. La obligación renace si la confusión cesa.

Confusión en la persona del acreedor o deudor solidario

Artículo 7.449.- La confusión que se verifica en la persona del acreedor o deudor solidario, solo produce sus efectos en la parte proporcional de su crédito o deuda.

Caso en que no hay confusión

Artículo 7.450.- Mientras se hace la partición de una herencia, no hay confusión, cuando el deudor hereda al acreedor o éste a aquél.

CAPÍTULO III
DE LA REMISIÓN DE LA DEUDA

Perdón de la deuda

Artículo 7.451.- El acreedor puede renunciar a su derecho y remitir, en todo o en parte, las prestaciones que le son debidas, excepto en aquellos casos en que la ley lo prohíbe.

Consecuencias de la remisión de la deuda principal

Artículo 7.452.- La remisión de la deuda principal extinguirá las obligaciones accesorias, pero la de éstas dejan subsistente la primera.

Remisión a uno de los fiadores

Artículo 7.453.- Habiendo varios fiadores solidarios, el perdón que fuere concedido solamente a alguno de ellos, en la parte relativa a su responsabilidad, no aprovecha a los otros.

Presunción de la remisión

Artículo 7.454.- La devolución de la prenda es presunción de la remisión del derecho a la garantía, salvo prueba en contrario.

CAPÍTULO IV
DE LA NOVACIÓN

Concepto de novación

Artículo 7.455.- Hay novación de una obligación, cuando las partes en ella interesadas la alteren sustancialmente sustituyéndola por otra.

Formalidad de la novación

Artículo 7.456.- La novación debe constar por escrito.

Vigencia de la condición suspensiva de la novación

Artículo 7.457.- Aun cuando la obligación anterior este subordinada a una condición suspensiva, quedará la novación dependiendo del cumplimiento de aquélla, si así se hubiere estipulado.

Inexistencia de la novación

Artículo 7.458.- Si la obligación se hubiere extinguido al tiempo en que se celebra la novación, ésta será inexistente.

Novación nula por nulidad de la obligación original

Artículo 7.459.- La novación es nula si lo fuere la obligación original, salvo que la causa de nulidad solamente pueda ser invocada por el deudor, o que la ratificación convalide los actos nulos en su origen.

Subsistencia de la obligación original

Artículo 7.460.- Si la novación fuere nula subsistirá la obligación original.

Posibilidad de reserva de las obligaciones accesorias por el acreedor

Artículo 7.461.- La novación extingue la obligación principal y las accesorias; pero éstas se las puede reservar el acreedor.

Tercero que no participa en la novación

Artículo 7.462.- El acreedor no puede reservarse el derecho de prenda o hipoteca de la obligación extinguida, si los bienes hipotecados o empeñados pertenecieren a terceros que no hubieren tenido parte en la novación. Tampoco puede reservarse la fianza sin consentimiento del fiador.

Novación entre acreedor y un deudor solidario

Artículo 7.463.- Cuando la novación se efectúa entre el acreedor y algún deudor solidario, los privilegios o hipotecas del antiguo crédito sólo pueden quedar reservados con relación a los bienes del deudor que contrae la nueva obligación.

Efectos de la novación con alguno de los deudores solidarios

Artículo 7.464.- Por la novación hecha entre el acreedor y alguno de los deudores solidarios, quedan exonerados todos los demás codeudores, sin perjuicio de los derechos del deudor solidario que paga por entero para exigir de los demás deudores la parte que les corresponde.

CAPÍTULO V
DE LA PRESCRIPCIÓN EXTINTIVA

Extinción de la obligación por prescripción

Artículo 7.465.- La prescripción extintiva es un medio de liberarse de las obligaciones, mediante el transcurso de cierto tiempo y con las condiciones establecidas por la ley.

Personas beneficiadas con la prescripción

Artículo 7.466.- La prescripción extintiva aprovecha a todos, aún a los que por sí mismos no puedan obligarse.

Obligaciones prescriptibles

Artículo 7.467.- Sólo pueden extinguirse mediante la prescripción las obligaciones que estén en el comercio.

La prescripción en deudas solidarias

Artículo 7.468.- La liberación que por prescripción favorezca a un codeudor solidario, no aprovechará a los demás sino cuando el tiempo exigido haya debido correr del mismo modo para todos ellos.

Acción contra deudores solidarios que no prescriben

Artículo 7.469.- En el caso previsto en el artículo que precede el acreedor sólo podrá exigir a los deudores que no prescribieren el valor de la obligación, deducida la parte que corresponda al deudor que prescribió.

La prescripción aprovecha a los fiadores

Artículo 7.470.- La prescripción a favor del deudor principal, aprovecha a sus fiadores.

Renuncia al tiempo ganado

Artículo 7.471.- Se puede renunciar al tiempo ganado para la prescripción, pero no el derecho de prescribir para lo sucesivo. La renuncia debe ser expresa.

Terceros interesados en que se extinga la obligación

Artículo 7.472.- Los que tuvieren legítimo interés en que se extinga la obligación que se prescribe, pueden hacer valer el tiempo corrido, aunque el deudor haya renunciado los derechos en esa forma adquiridos.

Legitimación de organismos públicos en la prescripción

Artículo 7.473.- El Estado, los Municipios y demás personas jurídicas colectivas de carácter público, se considerarán como particulares para la prescripción de sus derechos y acciones de orden privado.

Plazo genérico de la prescripción

Artículo 7.474.- Salvo los casos que señala la ley, las obligaciones se extinguen por prescripción a los cinco años, contados desde que pudieron exigirse.

Prescripción en dos años

Artículo 7.475.- Prescriben en dos años:

I. Cualquier retribución derivada con motivo de la prestación de un servicio. La prescripción comienza a correr desde la fecha en que dejaron de prestarse los servicios;

II. La acción de cualquier comerciante para cobrar el precio de objetos, vendidos a personas que no fueren revendedoras;

La prescripción corre desde el día en que fueron entregados los objetos, si la venta no se hizo a plazo;

III. La acción de los dueños de hoteles y casas de huéspedes para cobrar el importe del hospedaje; y la de éstos y la de los fondistas para cobrar el precio de los alimentos que ministren;

La prescripción corre desde el día en que debió ser pagado el hospedaje, o desde aquel en que se ministraron los alimentos.

Prescripción de prestaciones periódicas

Artículo 7.476.- Las pensiones, las rentas, los alquileres y cualquiera otras prestaciones periódicas no cobradas a su vencimiento, quedarán prescritas en tres años, contados desde el vencimiento de cada una de ellas, ya se haga el cobro en virtud de acción real o de acción personal.

Prescripción de las obligaciones con pensión o renta

Artículo 7.477.- Respecto de las obligaciones con pensión o renta, el tiempo de la prescripción del capital comienza a correr desde el día del último pago, si no se ha fijado plazo para la devolución; en caso contrario, desde el vencimiento del plazo.

Prescripción de la obligación de rendir cuentas

Artículo 7.478.- Prescribe en tres años la obligación de rendir cuentas y las obligaciones líquidas que resulten de la rendición de cuentas. En el primer caso, la prescripción comienza a correr desde el día en que el obligado termina su administración; en el segundo caso, desde el día en que la liquidación es aprobada por los interesados o por sentencia que cause ejecutoria.

Legitimación en la prescripción

Artículo 7.479.- La prescripción procede contra cualquier persona, salvo entre aquellas en las que no opera la usucapión.

Interrupción del plazo de prescripción

Artículo 7.480.- El plazo de la prescripción se interrumpe:

I. Por la notificación de la demanda en la que se exija el pago de la obligación.

Se considera no interrumpido el plazo para la prescripción, si el actor desistiere de la demanda o fuese desestimada;

II. Porque la persona a cuyo favor corre la prescripción reconozca expresa o tácitamente, por hechos indudables el derecho de la persona contra quien prescribe.

Empezará a contarse el nuevo plazo de la prescripción, en caso de reconocimiento de las obligaciones, desde el día en que se haga; si se renueva el documento, desde la fecha del nuevo título, y si se hubiere prorrogado el plazo del cumplimiento de la obligación, desde que éste hubiere vencido.

La interrupción en obligaciones solidarias

Artículo 7.481.- Las causas que interrumpen la prescripción respecto de uno de los deudores solidarios, la interrumpen también respecto de los otros.

La interrupción en caso de consentimiento en la división de deuda solidaria

Artículo 7.482.- Si el acreedor, consintiendo en la división de la deuda respecto de uno de los deudores solidarios, sólo exigiere de él la parte que le corresponda, no se tendrá por interrumpida la prescripción respecto de los demás.

La interrupción en caso de herederos del deudor

Artículo 7.483.- Lo dispuesto en los dos artículos anteriores es aplicable a los herederos del deudor.

Efectos de la interrupción contra el deudor

Artículo 7.484.- La interrupción de la prescripción contra el deudor principal produce los mismos efectos contra su fiador.

Requisitos para que se interrumpa la obligación para deudores mancomunados

Artículo 7.485.- Para que la prescripción de una obligación se interrumpa respecto de todos los deudores mancomunados, se requiere el reconocimiento o notificación de todos.

La interrupción en créditos solidarios

Artículo 7.486.- La interrupción de la prescripción a favor de alguno de los acreedores solidarios, aprovecha a todos.

Efectos de la interrupción de la prescripción

Artículo 7.487.- El efecto de la interrupción es inutilizar, para la prescripción, todo el tiempo transcurrido antes de ella.

Normas aplicables a la prescripción extintiva

Artículo 7.488.- Son aplicables a la prescripción extintiva las disposiciones relativas a la usucapión en lo relativo a los plazos y en lo que no se opongan al presente capítulo.

SEGUNDA PARTE
DE LOS CRÉDITOS Y SUS ACREEDORES

TÍTULO ÚNICO
DE LA CONCURRENCIA Y PRELACIÓN DE LOS CRÉDITOS

CAPÍTULO I
DISPOSICIONES GENERALES

Bienes con los que se responde de las obligaciones

Artículo 7.489.- El deudor responde del cumplimiento de sus obligaciones con todos sus bienes, con excepción de aquellos que, conforme a la ley, son inalienables e inembargables.

Concurso de acreedores

Artículo 7.490.- Procede el concurso de acreedores siempre que el deudor suspenda el pago de sus deudas civiles, liquidas y exigibles. La declaración de concurso será hecha por el Juez.

Efectos de la declaración de concurso

Artículo 7.491.- La declaración de concurso incapacita al deudor para seguir administrando sus bienes, así como para cualquiera otra administración que por ley le corresponda, y hace que se venza el plazo de todas sus deudas.

Esa declaración produce también el efecto de que dejen de devengar intereses las deudas del concursado, salvo los créditos hipotecarios y pignoraticios hasta donde alcance el valor de los bienes que los garanticen.

Orden para pagar las obligaciones

Artículo 7.492.- Los capitales serán pagados en el orden establecido en este Título, en segundo lugar se pagarán los intereses correspondientes, en el mismo orden en que se pagaron los capitales, pero reducidos al tipo legal a no ser que se hubiere pactado un interés menor.

Bienes suficientes para pagar

Artículo 7.493.- Si hay bienes suficientes para que todos los acreedores queden pagados, se cubrirán los intereses al tipo convenido que sea superior al legal.

Convenio con los acreedores

Artículo 7.494.- El deudor puede celebrar con sus acreedores los convenios que estime oportunos, los cuales se harán en junta de acreedores debidamente constituida, en caso contrario serán nulos.

Requisitos para aprobar el convenio

Artículo 7.495.- Para aprobar el convenio, se requiere el voto de la mitad más uno de los acreedores concurrentes, siempre que su interés en el concurso represente las tres quintas partes del pasivo, deduciendo el importe de los créditos de los acreedores hipotecarios y pignoraticios que hubieren optado por no ir al concurso.

Oposición de acreedores al convenio

Artículo 7.496.- Dentro de los ocho días siguientes a la celebración de la junta en que se hubiere aprobado el convenio, los acreedores disidentes y los que no hubieren concurrido a la junta podrán oponerse a la aprobación del mismo.

Causas para oponerse al convenio

Artículo 7.497.- Son causas para oponerse al convenio las siguientes:

I. La falta de formalidad en la convocatoria, celebración y deliberación de la junta;

II. La falta de personalidad o representación en alguno de los votantes, siempre que su voto decida la mayoría en número o en cantidad;

III. La conducta fraudulenta entre el deudor y uno o más acreedores, o de los acreedores entre si, para votar a favor del convenio;

IV. La manifestación dolosa del monto de un crédito para procurar la mayoría de cantidad;

V. La inexactitud en el inventario de los bienes del deudor o en los informes de los síndicos, para facilitar la admisión de las proposiciones del deudor.

Artículo 7.498.- Aprobado el convenio, será obligatorio para el concursado y para los acreedores cuyos créditos sean anteriores a la declaración si hubieren sido citados, o si habiéndoles notificado la aprobación del convenio no hubieren reclamado contra éste, aunque esos acreedores no estén comprendidos en la lista correspondiente, ni hayan sido parte en el procedimiento.

Acreedores hipotecarios y prendarios

Artículo 7.499.- Los acreedores hipotecarios y los pignoraticios podrán abstenerse de tomar parte en la junta de acreedores, y, en tal caso, no se perjudicarán sus derechos.

Intervención de acreedores hipotecarios y prendarios

Artículo 7.500.- Si los acreedores hipotecarios o pignoraticios optan por tener voz y voto, serán comprendidos en las esperas o quitas que la junta acuerde, sin perjuicio del lugar y grado que corresponda al título de su crédito.

Incumplimiento del convenio por el concursado

Artículo 7.501.- Si el deudor dejare de cumplir el convenio renacerá el derecho de los acreedores por las cantidades que no hubiesen percibido de su crédito original, y podrá cualquiera de ellos pedir la declaración o continuación del concurso.

Bienes adquiridos posteriormente por el concursado

Artículo 7.502.- Terminado el concurso, salvo pacto en contrario, los acreedores conservarán su derecho, para cobrar, la parte de su crédito que no les hubiere sido satisfecha, sobre los bienes que el deudor adquiera posteriormente.

Graduación de los créditos

Artículo 7.503.- Los créditos se graduarán en el orden en que se clasifican en los capítulos siguientes, con la prelación que para cada clase se establezca en ellos.

Acreedores de la misma especie y número

Artículo 7.504.- Concurriendo diversos acreedores de la misma clase y número, serán pagados según la fecha de su título, si aquella constare de una manera indubitable. En cualquier otro caso serán pagados a prorrata.

Gastos judiciales hechos por un acreedor

Artículo 7.505.- Los gastos judiciales hechos por un acreedor, en lo particular, serán pagados en el lugar en que deba serlo el crédito que los haya causado.

Crédito preferente originado de convenio fraudulento

Artículo 7.506.- El crédito cuya preferencia provenga de convenio fraudulento entre el acreedor y el deudor, pierde toda preferencia, a no ser que el dolo sólo provenga del deudor, quien en este caso será responsable de los daños y prejuicios que se sigan a los demás acreedores, independientemente de la responsabilidad penal en que incurra.

CAPÍTULO II
DE LOS CRÉDITOS HIPOTECARIOS, PIGNORATICIOS Y DE ALGUNOS OTROS PRIVILEGIOS

Adeudos fiscales

Artículo 7.507.- Los adeudos fiscales provenientes de impuestos, se pagarán preferentemente con el valor de los bienes que los hayan causado.

Créditos que no entran a concurso

Artículo 7.508.- Los acreedores hipotecarios y los pignoraticios no necesitan entrar en concurso para hacer el cobro de sus créditos. Pueden deducir las acciones que les competan en los juicios respectivos, a fin de ser pagados con el valor de los bienes que garanticen sus créditos.

Acreedores hipotecarios garantizados con el mismo bien

Artículo 7.509.- Si hubiere varios acreedores hipotecarios garantizados con los mismos bienes, pueden formar un concurso especial con ellos, y serán pagados por el orden de fechas en que se registraron las hipotecas.

Bienes hipotecados o pignorados que no cubren los créditos

Artículo 7.510.- Cuando el valor de los bienes hipotecados o pignorados no alcance a cubrir los créditos que garantizan, por el saldo entrarán al concurso los acreedores de que se trata, y serán pagados como acreedores de tercera clase.

Requisitos para que el acreedor prendario sea preferente

Artículo 7.511.- Para que el acreedor pignoraticio cobre preferentemente su crédito sin entrar a concurso, es necesario que cuando la prenda le hubiere sido entregada materialmente, la conserve en su poder, o que sin culpa suya haya perdido su posesión; y que cuando le hubiere sido entregada al deudor o a un tercero, no haya consentido en que éstos la entreguen a otra persona.

Orden de aplicación del precio del bien hipotecado o pignorado

Artículo 7.512.- Del precio de los bienes hipotecados o pignorados, se pagara en el orden siguiente:

I. Los gastos del juicio respectivo y los que causen las ventas de esos bienes;

II. Los gastos necesarios de conservación y administración de los mencionados bienes;

III. La deuda de seguros de los propios bienes;

IV. Las (sic) créditos hipotecarios de acuerdo con lo dispuesto en este capítulo, comprendiéndose en el pago los intereses de los últimos tres años, o los créditos pignoraticios, según su fecha, así como su interés durante los últimos seis meses.

Orden judicial de venta de los bienes

Artículo 7.513.- Si al momento en que deba pronunciarse sentencia de graduación, sin que los acreedores hipotecarios o pignoraticios hagan uso del derecho de no entrar a concurso, el Juez ordenará vender los bienes y depositará el importe de los créditos y de sus intereses, observándose, en su caso, las disposiciones relativas a los ausentes.

Derecho de redimir gravámenes

Artículo 7.514.- Durante el concurso se tiene derecho para redimir los gravámenes hipotecarios y pignoraticios que pesen sobre los bienes del deudor, o de pagar las deudas de que especialmente responden algunos de éstos, y, entonces, esos bienes entrarán a formar parte del fondo del concurso.

Bienes heredados comprometidos por el autor de la herencia

Artículo 7.515.- Si entre los bienes del deudor, se hallaren algunos adquiridos por sucesión y comprometidos por el autor de la herencia a ciertos acreedores, éstos podrán pedir que sean separados, y formar concurso especial excluyendo a los demás acreedores del deudor.

Improcedencia de concurso especial

Artículo 7.516.- El derecho consignado en el artículo anterior no tendrá lugar:

I. Si la separación de los bienes no fuere pedida dentro de tres meses, contados desde que se inició el concurso o desde la aceptación de la herencia;

II. Si los acreedores hubieren hecho novación de la deuda o de cualquier otro modo hubieren aceptado la responsabilidad personal del heredero.

Acreedores que no entran al concurso de herederos

Artículo 7.517.- Los acreedores que obtuvieren la separación de bienes no podrán entrar al concurso del heredero, aunque aquellos no alcancen a cubrir sus créditos.

CAPÍTULO III
DE ALGUNOS ACREEDORES PREFERENTES SOBRE DETERMINADOS BIENES

Pago preferente con el valor de los bienes

Artículo 7.518.- Con el valor de los bienes serán pagados preferentemente:

I. La deuda por gastos de salvamento, con el valor del bien salvado;

II. La deuda contraída antes del concurso, expresamente para ejecutar obras de rigurosa conservación de algunos bienes, con el valor de éstos;

III. Los créditos derivados de la construcción de obra mueble, con el precio de la misma;

IV. Los créditos por semillas, gastos de cultivos y recolección, con el precio de la cosecha para que sirvieron y que se halle en poder del deudor;

V. El crédito por fletes, con el precio de los efectos transportados, si se encuentran en poder del acreedor;

VI. El crédito por hospedaje, con el precio de los muebles del deudor que se encuentren en la casa o establecimiento donde está hospedado;

VII. El crédito del arrendador, con el precio de los bienes muebles embargables que se hallen dentro de la finca arrendada o con el precio de los frutos de la cosecha respectiva si el predio fuere rústico;

VIII. El crédito que provenga del precio de los bienes vendidos y no pagados, con el valor de ellos, si el acreedor hace su reclamación dentro de los sesenta días siguientes a la venta, si se hizo al contado o del vencimiento, si la venta fue a plazo.

Tratándose de bienes muebles, cesará la preferencia si hubieren sido inmovilizados;

IX. Los créditos anotados en el Registro de la Propiedad, en virtud de mandamiento judicial, por embargos, secuestros o ejecución de sentencias, sobre los bienes anotados y solamente en cuanto a créditos posteriores.

CAPÍTULO IV
ACREEDORES DE PRIMERA CLASE

Orden para pagar con el valor del resto de bienes

Artículo 7.519.- Pagados los acreedores mencionados en los dos capítulos anteriores, y con el valor de todos los bienes que queden, se pagarán:

I. Los gastos judiciales comunes;

II. Los gastos de rigurosa conservación y administración de los bienes concursados;

III. Los gastos de funerales del deudor, proporcionados a su posición social, y también los de su mujer e hijos que estén bajo su patria potestad y no tuviesen bienes propios;

IV. Los gastos de la última enfermedad de las personas mencionadas en la fracción anterior, hechos en los últimos seis meses que precedieron al día del fallecimiento;

V. El crédito por alimentos fiados al deudor para su subsistencia y la de su familia en los seis meses anteriores a la formación del concurso;

VI. La responsabilidad civil en la parte que comprende el pago de los gastos de curación o de los funerales del ofendido y las pensiones que por concepto de alimentos se deban a sus familiares.

En lo que se refiere a la obligación de restituir, por tratarse de devoluciones de bien ajeno, no entra en concurso, y por lo que toca a las otras indemnizaciones que se deban por el delito, se pagarán como si se tratara de acreedores comunes de cuarta clase.

CAPÍTULO V
ACREEDORES DE SEGUNDA CLASE

Pago de obligaciones secundarias

Artículo 7.520.- Pagados los créditos antes mencionados, se pagarán:

I. Los créditos de los descendientes, menores y demás incapacitados y los legatarios, que no hubieren exigido la hipoteca necesaria;

II. Los créditos no fiscales del erario y los créditos de los administradores y recaudadores del Estado o municipio, que no hayan sido garantizados en la forma allí prevenida;

III. Los créditos de los establecimientos de beneficencia pública o privada.

CAPÍTULO VI
ACREEDORES DE TERCERA CLASE

Obligaciones pagadas en tercer lugar

Artículo 7.521.- Satisfechos los créditos a que se refieren los artículos anteriores, se pagaran los créditos que consten en documento auténtico realizado por Fedatario Público.

CAPÍTULO VII
ACREEDORES DE CUARTA CLASE

Obligaciones pagadas en cuarto lugar

Artículo 7.522.- Pagados los créditos enumerados en los capítulos que preceden, se pagarán los créditos que consten en documento privado.

Pago del resto de las obligaciones

Artículo 7.523.- Con los bienes restantes serán pagados todos los demás créditos que no estén comprendidos en las disposiciones anteriores. El pago se hará a prorrata y sin atender a las fechas ni al origen de los créditos.

TERCERA PARTE
DE LAS DIVERSAS ESPECIES DE CONTRATOS

TÍTULO PRIMERO
DE LOS CONTRATOS PREPARATORIOS

CAPÍTULO ÚNICO
DE LA PROMESA

Precontrato

Artículo 7.524.- La promesa es el contrato preparatorio por el que una o ambas partes se obligan a celebrar, dentro de un cierto plazo, un contrato.

Obligación de hacer

Artículo 7.525.- La promesa de contrato sólo da origen a obligaciones de hacer, consistentes en celebrar el contrato respectivo de acuerdo con lo ofrecido.

Formalidad de la promesa

Artículo 7.526.- Para que la promesa de contratar sea válida debe constar por escrito; en caso de que el contrato futuro recaiga sobre bienes inmuebles deberán ratificarse las firmas ante notario público.

Elementos característicos

Artículo 7.527.- El contrato de promesa debe contener los elementos característicos del contrato definitivo y el plazo en que habrá de otorgarse éste, en caso de no pactarse plazo, éste será de tres meses.

Anotación de la promesa

Artículo 7.528.- La promesa cuyo contrato definitivo deba ser inscrito en el Registro Público de la Propiedad, deberá ser anotada en el mismo registro.

Firma del contrato definitivo por el Juez

Artículo 7.529.- Si el promitente, en caso de promesa inscrita en el Registro Público de la Propiedad, rehúsa firmar los documentos necesarios para celebrar el contrato concertado, en su rebeldía los firmará el Juez; salvo el caso de que la celebración del contrato sea legalmente imposible, pues entonces la promesa quedará sin efecto, siendo a cargo del que incumple el pago de daños y perjuicios.

Cumplimiento forzoso o pago de daños y perjuicio

Artículo 7.530.- En caso de incumplimiento se podrá optar por demandar el cumplimiento forzoso, si esto es posible o bien el pago de daños y perjuicios.

Conclusión de la promesa

Artículo 7.531.- La promesa termina por:

I. La celebración del contrato definitivo;

II. Por convenio;

III. Por no reclamarse el cumplimiento de la promesa dentro de diez días después de haber fenecido el plazo; en cuyo caso, caducará la anotación en el Registro Público de la Propiedad.

TÍTULO SEGUNDO
DE LA COMPRAVENTA

CAPÍTULO I
DISPOSICIONES GENERALES

Elementos de la compraventa

Artículo 7.532.- Hay compraventa cuando uno de los contratantes se obliga a transferir la propiedad de un bien o de un derecho, y el otro, a su vez, se obliga a pagar por ello un precio cierto y en dinero.

Consentimiento sobre bien y precio

Artículo 7.533.- Por regla general, la venta es obligatoria para las partes cuando se ha convenido sobre el bien y su precio, aunque el primero no haya sido entregado ni el segundo satisfecho.

Contrato mixto

Artículo 7.534.- Si el precio del bien vendido se ha de pagar parte en dinero y parte con el valor de otro bien, el contrato será de venta, cuando la parte en numerario sea igual o mayor que la que se pague con el valor del otro bien. Si la parte en numerario fuere inferior, el contrato será de permuta.

Convenio sobre el precio

Artículo 7.535.- Los contratantes pueden convenir en que el precio sea el que corra en día o lugar determinados o el que fije un tercero

Precio fijado por tercero

Artículo 7.536.- Fijado el precio por el tercero, no podrá ser rechazado por los contratantes, sino de común acuerdo.

Tercero que no quiere o no puede fijar el precio

Artículo 7.537.- Si el tercero no quiere o no puede señalar el precio, quedará el contrato sin efecto, salvo convenio en contrario.

Precio convencional

Artículo 7.538.- El señalamiento del precio no puede dejarse al arbitrio de uno de los contratantes.

Forma de pagar el precio

Artículo 7.539.- El comprador debe pagar el precio en los términos y plazos convenidos. A falta de convenio lo deberá pagar al contado.

Precio de frutos y cereales

Artículo 7.540.- El precio de frutos y cereales vendidos a plazo a personas no comerciantes y para su consumo, no puede exceder del mayor que esos géneros tuvieren en el lugar, en el período ocurrido desde la entrega hasta el fin de la siguiente cosecha.

Compraventa de géneros

Artículo 7.541.- La compra de bienes que se acostumbren gustar, pesar o medir, no producirá sus efectos sino después que se hayan gustado, pesado o medido.

Compraventa sobre muestras

Artículo 7.542.- Cuando se trate de venta de bienes determinados y debidamente conocidos, el contrato puede hacerse sobre muestras.

En caso de desavenencia entre los contratantes, decidirá el Juez, oyendo a peritos.

Venta a la vista o por acervo

Artículo 7.543.- Si la venta se hizo sólo a la vista y por acervo, aún cuando sea de bienes que se suelen contar, pesar o medir, se entenderá realizada luego que los contratantes se avengan en el precio, y el comprador no podrá pedir la rescisión del contrato alegando no haber encontrado en el acervo la cantidad, peso o medida que él calculaba.

Rescisión del contrato por acervo

Artículo 7.544.- Procede la rescisión si el vendedor presenta el acervo como de especie homogénea y oculta en él especies de inferior clase y calidad de las que están a la vista. Esta acción prescribe en un año, a partir de la entrega del bien.

Compraventa a precio alzado o ad corpus

Artículo 7.545.- Si la venta de uno o más inmuebles se hiciere por precio alzado y sin estimar especialmente sus partes o medidas, no procede la rescisión, aunque se alegue falta o exceso

Gastos de escritura y registro

Artículo 7.546.- El comprador pagará los gastos de escritura y registro, salvo convenio en contrario.

Venta de un bien por una vez

Artículo 7.547.- El propietario de un bien no puede venderlo más de una vez; si contraviene esto, independientemente de la responsabilidad penal en que pueda incurrir, se observará lo dispuesto en los dos artículos siguientes.

Prevalencia de venta de un mueble

Artículo 7.548.- Si el bien vendido fuere mueble, prevalecerá la primera venta; si no fuere posible verificar la prioridad, prevalecerá la hecha al que se halle en posesión del bien.

Prevalencia de venta de un inmueble

Artículo 7.549.- Si el bien vendido fuere inmueble, prevalecerá la primera venta; si no fuere posible verificar la prioridad, prevalecerá la que primero se haya registrado; y si ninguna lo ha sido, se observará lo dispuesto en el artículo anterior.

Ventas que producen monopolio

Artículo 7.550.- Son nulas las ventas que produzcan la concentración o acaparamiento, en una o en pocas personas, de artículos de consumo necesario, y que tengan por objeto el alza de los precios de los mismos.

Ventas al menudeo de bebidas embriagantes

Artículo 7.551.- Las ventas al menudeo de bebidas embriagantes, hechas al fiado, no dan derecho para exigir su precio.

CAPÍTULO II
DE LA MATERIA DE LA COMPRAVENTA

Legitimación para vender

Artículo 7.552.- Ninguno puede vender sino lo que es de su propiedad; en caso contrario se estará a lo dispuesto en este capítulo, independientemente de la responsabilidad penal.

Venta de bien ajeno

Artículo 7.553.- La venta de bien ajeno es nula y el vendedor es responsable de los daños y perjuicios si procede con dolo o mala fe; debiendo tenerse en cuenta lo que se dispone en el título relativo al Registro Público de la Propiedad para los adquirentes de buena fe.

Revalidación de la compraventa de bien ajeno

Artículo 7.554.- El contrato quedará revalidado, si antes de que tenga lugar la evicción adquiere el vendedor, por cualquier título legítimo, la propiedad del bien vendido.

Venta de bienes o derechos litigiosos

Artículo 7.555.- La venta de bienes o derechos litigiosos no está prohibida; pero el vendedor que no declare la circunstancia de hallarse el bien en litigio, es responsable de los daños y perjuicios si el comprador sufre la evicción, quedando, además sujeto a las penas respectivas.

CAPÍTULO III
DE LOS QUE PUEDEN VENDER Y COMPRAR

Compra de inmuebles por extranjeros

Artículo 7.556.- Los extranjeros y las personas jurídicas colectivas pueden comprar inmuebles sujetándose a lo dispuesto en el artículo 27 de la Constitución Política de los Estados Unidos Mexicanos y en sus leyes reglamentarias.

Incapacidad para comprar

Artículo 7.557.- Los magistrados, jueces, agentes del ministerio público, defensores de oficio, abogados, procuradores y peritos no pueden comprar los bienes que son objeto de los juicios en que intervengan. Tampoco pueden ser cesionarios de los derechos que se tengan sobre los citados bienes.

Excepción a las incapacidades para comprar

Artículo 7.558.- Se exceptúa de lo dispuesto en el artículo anterior, la venta o cesión de acciones hereditarias, cuando sean coherederas las personas mencionadas, o de derechos a que estén afectos bienes de su propiedad.

Bienes que los hijos menores pueden vender a sus padres

Artículo 7.559.- Los hijos sujetos a patria potestad solamente pueden vender a sus padres los bienes adquiridos por su trabajo.

Incapacidades para comprar

Artículo 7.560.- No pueden comprar los bienes de cuya venta o administración se hallen encargados los:

I. Tutores y curadores;

II. Mandatarios;

III. Ejecutores testamentarios y los que fueren nombrados en caso de intestado;

IV. Interventores nombrados por el testador o por los herederos;

V. Representantes, administradores e interventores en caso de ausencia;

VI. Servidores públicos.

Incapacidades de peritos y promotores para comprar

Artículo 7.561.- Los peritos y promotores no pueden comprar los bienes en cuya venta han intervenido.

Compraventa nula

Artículo 7.562.- Las compras hechas en contravención a lo dispuesto en este capítulo, serán nulas, ya se hayan hecho directamente o por interpósita persona.

CAPÍTULO IV
DE LAS OBLIGACIONES DEL VENDEDOR

Obligaciones del vendedor

Artículo 7.563.- El vendedor está obligado a:

I. Otorgar al comprador los documentos legalmente necesarios para acreditar el traslado de dominio;
II. Entregar al comprador el bien vendido;
III. Garantizar las calidades del bien;
IV. Responder de la evicción.

CAPÍTULO V
DE LA ENTREGA DEL BIEN VENDIDO

Entrega real, jurídica y virtual

Artículo 7.564.- La entrega puede ser real, jurídica y virtual.

La real consiste en la entrega material del bien vendido, o en la entrega del título si se trata de un derecho.

La jurídica cuando, aún sin estar entregado materialmente el bien, la ley lo considera recibido por el comprador.

Desde el momento en que el comprador acepte que el bien vendido quede a su disposición, se tendrá por virtualmente recibido de él, y el vendedor que lo conserve en su poder sólo tendrá los derechos y obligaciones de un depositario.

Gastos de entrega

Artículo 7.565.- Los gastos de la entrega del bien vendido son a cargo del vendedor, y los de su transporte o traslación, por cuenta del comprador, salvo convenio en contrario.

Vendedor no obligado a entregar el bien

Artículo 7.566.- El vendedor no está obligado a entregar el bien vendido, si el comprador no ha pagado el precio, salvo que en el contrato se haya señalado un plazo para el pago.

Comprador insolvente

Artículo 7.567.- Tampoco está obligado a la entrega, si después de la venta descubre que el comprador se halla en estado de insolvencia, de suerte que el vendedor corra inminente riesgo de perder el precio, a no ser que el comprador garantice el pago en el plazo convenido.

Estado en que se debe entregar el bien

Artículo 7.568.- El vendedor debe entregar el bien vendido en el estado en que se hallaba al celebrarse el contrato.

Aspectos que abarca el bien

Artículo 7.569.- Debe también el vendedor entregar todos los frutos producidos desde que se celebre la venta, y los rendimientos, accesiones y títulos del bien.

Entrega del inmueble con linderos designados

Artículo 7.570.- Si en la venta de un bien inmueble se han designado los linderos, el vendedor estará obligado a entregar todo lo que dentro de ellos se comprenda, aunque haya exceso o disminución en las medidas expresadas en el contrato.

Lugar de entrega del bien vendido

Artículo 7.571.- La entrega del bien vendido debe hacerse en el lugar convenido; a falta de ello, en el lugar en que se encontraba el bien en la época en que se vendió.

Mora de recibir el bien vendido

Artículo 7.572.- Si el comprador se constituyó en mora de recibir, pagará al vendedor el alquiler de los lugares u objetos en que se contenga lo vendido, y el vendedor quedará liberado del cuidado ordinario de conservar el bien y solamente será responsable del dolo o de la culpa grave.

CAPÍTULO VI
DE LAS OBLIGACIONES DEL COMPRADOR

Principal obligación del comprador

Artículo 7.573.- El comprador debe cumplir todo aquello a que se haya obligado, y especialmente pagar el precio del bien en el tiempo, lugar y forma convenidos.

Pago del precio en lugar de entrega del bien

Artículo 7.574.- Si no se han fijado tiempo y lugar, el pago se hará en el tiempo y lugar en que se entregue el bien.

Duda de cuál de los contratantes debe pagar primero

Artículo 7.575.- Si existe duda sobre cuál de los contratantes deberá hacer primero la entrega, uno y otro se harán el depósito con un tercero.

Pago de intereses por el comprador

Artículo 7.576.- El comprador debe pagar intereses por el tiempo que medie entre la entrega del bien y el pago del precio, en los casos siguientes:

I. Si así se hubiere convenido;

II. Si se ha constituido en mora y el vendedor acepta el pago.

Venta a plazos, sin pacto de intereses

Artículo 7.577.- En las ventas a plazo en que no se hayan pactado intereses, no los debe pagar el comprador aunque perciba frutos del bien adquirido.

Intereses por concesión del plazo

Artículo 7.578.- Si la concesión del plazo fue posterior al contrato, el comprador estará obligado a pagar los intereses, salvo convenio en contrario.

Suspensión de pago del precio

Artículo 7.579.- Cuando el comprador a plazo o con espera del precio fuere perturbado en su posesión o derecho, o tuviere justo temor de serlo, podrá suspender el pago si aún no lo ha hecho, mientras el vendedor le garantice la posesión, salvo si hay convenio en contrario.

Rescisión por falta de pago del precio

Artículo 7.580.- La falta de pago del precio da derecho para pedir la rescisión del contrato, aunque la venta se haya hecho a plazo, pero si el bien ha sido enajenado a un tercero por el comprador, el vendedor podrá demandar el pago del faltante del precio y los daños y perjuicios.

Pago de más del cincuenta por ciento del precio

Artículo 7.581.- Cuando el comprador haya pagado más del cincuenta por ciento del precio del bien, y el vendedor le reclama la rescisión, aquel tendrá el derecho de optar por pagar los abonos adeudados con los daños, perjuicios y costas.

CAPÍTULO VII
DE ALGUNAS MODALIDADES DEL CONTRATO DE COMPRAVENTA

Pacto de no vender a determinada persona

Artículo 7.582.- Puede pactarse que el bien comprado no se venda a determinada persona, pero es nula la cláusula en que se estipule que no puede venderse a persona alguna.

Pacto de retroventa

Artículo 7.583.- Queda prohibida la venta con pacto de retroventa.

Derecho de preferencia al vendedor

Artículo 7.584.- Puede estipularse que el vendedor goce del derecho de preferencia por el tanto, para el caso de que el comprador quisiere vender el bien que fue objeto del contrato de compraventa.

Plazo para ejercer el derecho de preferencia

Artículo 7.585.- El vendedor para ejercitar su derecho de preferencia, tiene un plazo de tres días, si el bien fuere mueble, y de diez si fuere inmueble, contados a partir de que el comprador le diere aviso en forma fehaciente de la oferta que tenga por él. Está obligado a pagar el precio en las mismas condiciones que el comprador ofreciere, de no hacerlo, quedará sin efectos el pacto de preferencia.

Venta sin respetar el derecho de preferencia

Artículo 7.586.- Si el bien se vende sin dar ese aviso, la venta es válida, pero el vendedor responderá de los daños y perjuicios.

Concesión de plazo para pagar el precio

Artículo 7.587.- Si se ha concedido un plazo para pagar el precio, el que tiene derecho de preferencia no puede prevalerse de este plazo si no da las seguridades necesarias de que pagará al expirar el plazo.

El derecho de preferencia en caso de remate

Artículo 7.588.- Cuando el bien sobre el que se tiene derecho de preferencia se venda en subasta pública debe hacerse saber al que goza de ese derecho, el día, hora y el lugar en que se verificará el remate.

Transmisión del derecho de preferencia

Artículo 7.589.- El derecho adquirido por el pacto de preferencia no puede cederse, pero sí heredarse.

Compra de esperanza

Artículo 7.590.- Hay compra de esperanza cuando el comprador adquiere del vendedor, los frutos que un bien produzca en un tiempo fijado, los productos inciertos de un hecho que pueden estimarse en dinero, o un bien futuro en el que se toma el riesgo de que no llegue a existir.

Derecho al precio en la compra de esperanza

Artículo 7.591.- En cualquier caso de los señalados en el artículo anterior, el vendedor tiene derecho al precio.

Reglas de la compraventa en abonos

Artículo 7.592.- La venta que se haga facultando al comprador para que pague el precio en abonos, se sujetará a las reglas siguientes:

I. Si la venta es de bienes inmuebles, puede pactarse que la falta de uno o varios abonos ocasione la rescisión del contrato. La rescisión producirá efectos contra tercero que hubiere adquirido los bienes de que se trata, siempre que la cláusula rescisoria se haya inscrito en el Registro Público;

(REFORMADA, G.G. 20 DE DICIEMBRE DE 2016)

II. Si se trata de bienes muebles identificables indubitablemente, y cuyo valor exceda de quinientas veces el valor anual de la Unidad de Medida y Actualización vigente, podrá también pactarse la cláusula resolutoria de que habla la fracción anterior, y producirá efectos contra tercero si se inscribió en el Registro Público de la Propiedad.

En los supuestos de las dos fracciones anteriores en caso de que se haya pagado más del cincuenta por ciento del precio se estará a la regla respectiva señalada en disposiciones anteriores.

Consecuencias de la rescisión de la compraventa

Artículo 7.593.- Si se rescinde la venta, el vendedor y el comprador deben restituirse las prestaciones que se hubieren hecho; el vendedor que hubiere entregado el bien vendido puede exigir del comprador, por el uso de él, el pago de un alquiler o renta y una indemnización por el deterioro que haya sufrido el bien, que fijen peritos.

El comprador que haya pagado parte del precio, tiene derecho a los intereses legales de la cantidad que entregó.

Compraventa con reserva de dominio

Artículo 7.594.- Puede pactarse, válidamente que el vendedor se reserve el dominio del bien vendido hasta que su precio haya sido pagado.

Hecho el pago la transmisión del dominio del bien vendido, deberá formalizarse en los mismos términos en los que se celebró la compra venta.

Restricción al comprador con reserva de dominio

Artículo 7.595.- El vendedor a que se refiere el artículo anterior, mientras no se venza el plazo para pagar el precio y éste no haya sido cubierto, no podrá enajenar a un tercero el bien vendido con reserva de dominio.

Poseedor derivado en la venta con reserva de dominio

Artículo 7.596.- En la venta con reserva de dominio mientras éste no se transmite, si el comprador recibe el bien será considerado como poseedor derivado frente al vendedor.

Facultad de recuperar el bien de terceros

Artículo 7.597.- El comprador con reserva de dominio tendrá sobre el bien las mismas facultades que el vendedor frente a terceros.

CAPÍTULO VII
DE LA FORMA DEL CONTRATO DE COMPRAVENTA

Formalidad de la compraventa

Artículo 7.598.- El contrato de compraventa requiere para su validez la forma escrita.

(REFORMADO, G.G. 20 DE DICIEMBRE DE 2016)

Formalidad de la compraventa de muebles

Artículo 7.599.- Si se trata de bienes muebles que sean susceptibles de identificarse de manera indubitable y su valor excede de tres mil veces el valor diario de la Unidad de Medida y Actualización vigente, podrá ratificarse el contrato ante Fedatario Público.

Formalidad de la compra de inmuebles

Artículo 7.600.- Si se trata de bienes inmuebles, la venta debe otorgarse en escritura pública.

Responsabilidad de terceros por la falta de forma

Artículo 7.601.- Las personas que asesoren para no dar forma legal a la compraventa de inmuebles, serán responsables de los daños y perjuicios que ocasionen a los contratantes, independientemente de la responsabilidad penal en que incurran. De igual manera son responsables los desarrolladores, constructores o lotificadores.

Los Fedatarios Públicos asesorarán gratuitamente a los interesados en este tipo de operaciones.

CAPÍTULO IX
DE LAS VENTAS JUDICIALES

Reglas para la venta judicial

Artículo 7.602.- Las ventas en remate judicial, además de las reglas específicas de la ley procesal, se regirán por las disposiciones de este título, en cuanto a la sustancia del contrato y a las obligaciones y derechos del comprador y del vendedor, con las modificaciones que se expresen en este capítulo.

Transmisión de la propiedad sin gravamen

Artículo 7.603.- Las ventas judiciales tratándose de bienes inmuebles o bienes muebles de los inscribibles en el Registro Público de la Propiedad pasarán al comprador libre de todo gravamen, a menos de que exista estipulación expresa en contrario, a cuyo efecto el Juez ordenará realizar la cancelación o cancelaciones respectivas.

Enajenación judicial para dividir el bien común

Artículo 7.604.- En las enajenaciones judiciales que hayan de verificarse para dividir el bien común, se observará lo dispuesto para la partición entre herederos.

TÍTULO TERCERO
DE LA PERMUTA

Concepto de permuta

Artículo 7.605.- La permuta es un contrato por el cual cada uno de los contratantes se obliga a darse un bien por otro.

Permuta de bien ajeno

Artículo 7.606.- Si uno de los contratantes ha recibido el bien que se le da en permuta y acredita que no era propio del que lo dio, no puede ser obligado a entregar el que él ofreció en cambio, y cumple con devolver el que recibió.

Permutante que sufre evicción

Artículo 7.607.- El permutante que sufra evicción del bien que recibió en cambio, podrá reivindicar el que dio, si se halla aún en poder del otro permutante; o exigir su valor o el del bien que se le hubiere dado en cambio, con el pago de daños y perjuicios.

Transmisión a un tercero del bien permutado

Artículo 7.608.- Lo dispuesto en el artículo anterior no perjudica los derechos que a título oneroso haya adquirido un tercero de buena fe sobre el bien que reclame el que sufrió la evicción.

Reglas aplicables a la permuta

Artículo 7.609.- Con excepción de lo relativo al precio, son aplicables a este contrato las reglas de la compraventa, en cuanto no se opongan a los artículos anteriores.

TÍTULO CUARTO
DE LAS DONACIONES

CAPÍTULO I
DE LAS DONACIONES EN GENERAL

Concepto de donación

Artículo 7.610.- La donación es un contrato, por virtud del cual una persona llamada donante, transfiere, en forma gratuita, una parte de sus bienes presentes, a otra llamada donataria quien acepta dicha liberalidad.

Clases de donación

Artículo 7.611.- La donación puede ser pura, condicional, con carga o remuneratoria.

Donación pura y donación condicional

Artículo 7.612.- Es donación pura la que se otorga en términos absolutos; condicional la que depende de algún acontecimiento futuro de realización incierta.

Donación con carga y donación remuneratoria

Artículo 7.613.- La donación es con carga cuando impone algunas obligaciones; remuneratoria la que se hace en atención a servicios recibidos por el donante y que éste no tenga obligación de pagar.

Legitimación en la donación

Artículo 7.614.- La donación sólo puede tener lugar entre vivos; y únicamente es revocable en los casos previstos en la ley.

Donación para después de la muerte

Artículo 7.615.- La donación que se haga para después de la muerte del donante, se regirá por las disposiciones relativas a las sucesiones.

Formación del consentimiento en la donación

Artículo 7.616.- La donación es perfecta desde que el donatario hace saber la aceptación al donante.

Formalidad de la donación

Artículo 7.617.- La donación puede hacerse verbalmente o por escrito.

(REFORMADO, G.G. 20 DE DICIEMBRE DE 2016)

Donación verbal

Artículo 7.618.- Sólo puede hacerse donación verbal de bienes muebles, cuyo valor no exceda de cien veces el valor diario de la Unidad de Medida y Actualización vigente, debe hacerse por escrito. Si excede de la suma mencionada la donación deberá hacerse en escritura pública.

(REFORMADO, G.G. 20 DE DICIEMBRE DE 2016)

Donación que requiere forma escrita

Artículo 7.619.- Si el valor de los muebles excede de la cantidad señalada en el artículo anterior, pero no excede de quinientas veces el valor diario de la Unidad de Medida y Actualización vigente, debe hacerse por escrito. Si excede de la suma mencionada la donación deberá hacerse en escritura pública.

Formalidad de la donación de inmuebles

Artículo 7.620.- La donación de inmuebles se hará en la misma forma que para su venta exige la ley.

Aceptación en vida del donante

Artículo 7.621.- La aceptación de la donación se hará en la misma forma en que ésta deba hacerse, pero no surtirá efecto si no se hiciere en vida del donante.

Nulidad de la donación del total de bienes

Artículo 7.622.- Es nula la donación que comprende la totalidad de los bienes del donante, si éste no se reserva en propiedad o en usufructo el setenta por ciento de los bienes o derechos que formen parte de su patrimonio; en todo caso deberá conservar el donante lo necesario para vivir.

(ADICIONADO, G.G. 17 DE AGOSTO DE 2021)

Cuando el donante sea una persona de 60 años o más, el usufructo a que se refiere el párrafo anterior deberá ser vitalicio, lo cual deberá establecerse en el documento en que se haga constar.

Donaciones inoficiosas

Artículo 7.623.- Las donaciones serán inoficiosas en cuanto perjudiquen la obligación del donante de ministrar alimentos a aquellas personas a quienes los debe conforme a la ley.

La evicción en la donación

Artículo 7.624.- El donante sólo es responsable de la evicción del bien donado si expresamente se obligó.

Subrogación del donatario en caso de evicción

Artículo 7.625.- No obstante lo dispuesto en el artículo que precede, el donatario queda subrogado en todos los derechos del donante si se verifica la evicción.

Donación con carga de pagar deudas del donante

Artículo 7.626.- Si la donación se hace con la carga de pagar las deudas del donante, sólo se entenderán comprendidas las que existan al tiempo de la donación.

Donación con carga en caso de bienes ciertos y determinados

Artículo 7.627.- Si la donación fuere de ciertos y determinados bienes, el donatario no responderá de las deudas del donante, sino cuando sobre los bienes donados estuviere constituida alguna hipoteca o prenda, o en caso de fraude de acreedores.

Donación consistente en prestaciones periódicas

Artículo 7.628.- La donación que consista en prestaciones periódicas se extingue con la muerte del donante.

CAPÍTULO II
DE LAS PERSONAS QUE PUEDEN RECIBIR DONACIONES

Legitimación de los no nacidos para recibir por donación

Artículo 7.629.- Los no nacidos pueden adquirir por donación, con tal que hayan estado concebidos al tiempo en que aquélla se hizo y nazcan vivos y viables.

Simulación de otro contrato para hacer donación

Artículo 7.630.- Las donaciones hechas simulando otro contrato a personas que conforme a la ley no puedan recibirlas, son nulas, ya se hagan de un modo directo, o por interpósita persona.

CAPÍTULO III
DE LA REVOCACIÓN Y REDUCCIÓN DE LAS DONACIONES

Revocación por sobrevenir hijos

Artículo 7.631.- Las donaciones legalmente hechas por una persona que al tiempo de otorgarlas no tenía hijos pueden ser revocadas por el donante cuando le hayan sobrevenido hijos que han nacido con todas las condiciones de viabilidad.

Si transcurren cinco años desde que se hizo la donación y el donante no ha tenido hijos o habiéndolos tenido no ha revocado la donación, ésta se volverá irrevocable. Lo mismo sucede si el donante muere dentro de este plazo de cinco años sin haber revocado la donación.

Si dentro del mencionado plazo naciera un hijo póstumo del donante, la donación se tendrá por revocada en su totalidad.

Reducción de la donación

Artículo 7.632.- Si en el primer caso del artículo anterior el padre no hubiere revocado la donación, ésta deberá reducirse cuando exista obligación alimentaría, a no ser que el donatario tome sobre sí la obligación de ministrar alimentos y la garantice debidamente.

Donación no revocable por sobrevenir hijos

Artículo 7.633.- La donación no podrá ser revocada por sobrevenir hijos cuando sea:

(REFORMADA, G.G. 20 DE DICIEMBRE DE 2016)

I. Menor de diez veces el valor diario de la Unidad de Medida y Actualización vigente.

II. Antenupcial;

III. Entre consortes;

IV. Puramente remuneratoria.

Efectos de la revocación

Artículo 7.634.- Revocada la donación por sobrevenir hijos, se restituirán al donante los bienes donados, o su valor si han sido enajenados antes del nacimiento de los hijos.

Hipoteca de los bienes donados

Artículo 7.635.- Si el donatario hubiere hipotecado los bienes donados, subsistirá la hipoteca, pero tendrá derecho el donante de exigir que aquél la redima.

En caso de usufructo o de servidumbre el donatario está obligado a indemnizar al donante pagando el valor que el bien donado tenía al momento de la donación, más los intereses legales.

Restitución del precio de los bienes

Artículo 7.636.- Cuando los bienes no puedan ser restituidos en especie, el valor exigible será el que tenían aquellos al tiempo de la donación; pudiendo el donatario, en caso de donación con carga, retener el importe de la misma.

Frutos de los bienes donados

Artículo 7.637.- El donatario hace suyos los frutos de los bienes donados hasta el día en que se le notifique la revocación o hasta el día del nacimiento del hijo póstumo, en su caso.

Derechos irrenunciables

Artículo 7.638.- El donante no puede renunciar anticipadamente el derecho de revocación por sobrevenirle hijos.

Legitimación de la acción de revocación de donación

Artículo 7.639.- La acción de revocación por superveniencia de hijos corresponde exclusivamente al donante y al hijo póstumo, pero la reducción por razón de alimentos tienen derecho de pedirla los que sean acreedores alimentistas.

Límite de las cargas

Artículo 7.640.- El donatario responde sólo del cumplimiento de las cargas que se le imponen con el bien donado, y no está obligado personalmente con sus bienes. Puede sustraerse a la ejecución de las cargas, abandonando el bien donado, y si éste perece por caso fortuito, queda libre de toda obligación.

Disposiciones aplicables a la revocación de donación

Artículo 7.641.- En cualquier caso de rescisión o revocación del contrato de donación se aplicarán las disposiciones contenidas en este capítulo.

Revocación por ingratitud

Artículo 7.642.- La donación puede ser revocada por ingratitud si el donatario:

I. Comete algún delito contra la persona, la honra o los bienes del donante o de los ascendientes, descendientes o cónyuge de éste;

II. Rehúsa socorrer, hasta el valor de la donación, al donante que ha venido a pobreza.

Acción de revocación por ingratitud

Artículo 7.643.- La acción de revocación por causa de ingratitud no puede ser renunciada anticipadamente y prescribe en un año contado desde que tuvo conocimiento del hecho, el donador.

Legitimación pasiva en la acción de revocación

Artículo 7.644.- Esta acción no podrá ejercitarse contra los herederos del donatario, a no ser que en vida de éste hubiese sido intentada.

Legitimación activa en la acción de revocación

Artículo 7.645.- Tampoco puede esta acción ejercitarse por los herederos del donante si éste, pudiendo, no la hubiese intentado.

Donación inoficiosa irrevocable e irreducible

Artículo 7.646.- Las donaciones inoficiosas no serán revocadas ni reducidas, cuando muerto el donante, el donatario tome sobre sí la obligación de ministrar los alimentos debidos y la garantice conforme a derecho.

Donación por la que empieza la reducción

Artículo 7.647.- La reducción de las donaciones comenzará por la última en fecha, que será íntegramente revocada si la reducción no bastare a completar los alimentos.

Orden de reducción de las donaciones

Artículo 7.648.- Si el importe de la donación menos antigua no alcanzare, se procederá respecto del anterior, en los términos establecidos en el artículo que precede siguiéndose el mismo orden hasta llegar a la más antigua.

Reducción en caso de donaciones de la misma fecha

Artículo 7.649.- Habiendo diversas donaciones otorgadas en el mismo acto o en la misma fecha, se hará la reducción entre ellas a prorrata.

Valor de los bienes muebles donados para la reducción

Artículo 7.650.- Si la donación consiste en bienes muebles, se considerará para la reducción, el valor que tenían al tiempo de ser donados.

Reducción en caso de donaciones de inmuebles

Artículo 7.651.- Cuando la donación consista en inmuebles que fueren cómodamente divisibles, la reducción se hará en especie.

Inmueble donado no divisible

Artículo 7.652.- Cuando el inmueble no pueda ser dividido y el importe de la reducción exceda de la mitad del valor de aquél, recibirá el donatario el resto en dinero.

Reducción que no excede de la mitad del valor del inmueble

Artículo 7.653.- Cuando la reducción no exceda de la mitad del valor del inmueble, el donatario pagará el resto.

Donatario responsable de los frutos

Artículo 7.654.- Revocada o reducida una donación por inoficiosa, el donatario sólo responderá de los frutos desde que sea notificado de la demanda.

TÍTULO QUINTO
DEL MUTUO

CAPÍTULO I
DEL MUTUO SIMPLE

Del Mutuo

Artículo 7.655.- El mutuo es un contrato por el cual el mutuante se obliga a transferir la propiedad de una suma de dinero o de otros bienes fungibles al mutuatario, quien se obliga a devolver otro tanto de la misma especie y calidad.

Reglas del mutuo sin plazo

Artículo 7.656.- Si en el contrato no se ha fijado plazo para la devolución de lo prestado, se observarán las reglas siguientes:

I. Si el mutuatario fuere labrador y el préstamo consistiere en cereales u otros productos del campo, la restitución se hará en la siguiente cosecha de los mismos o semejantes frutos o productos;

II. Lo mismo se observará respecto de los mutuatarios que, no siendo labradores, hayan de percibir frutos semejantes por otro título;

III. En los demás casos, la obligación de restituir se regirá por los plazos que se señalan en este Código para las obligaciones de dar y hacer en la que los contratantes no hayan señalado plazo.

Lugar de entrega del bien objeto del mutuo

Artículo 7.657.- La entrega del bien prestado y la restitución de lo prestado se harán en el lugar convenido.

Mutuo en el que no se señala lugar de entrega del bien

Artículo 7.658.- Cuando no se ha señalado lugar, se observarán las reglas siguientes:

I. El bien prestado se entregará en el lugar donde se encuentre;

II. La restitución se hará, si el préstamo consiste en efectos, en el lugar donde se recibieron. Si consiste en dinero, en el domicilio del deudor; observándose las reglas señaladas cuando haya cambio de domicilio.

Mutuatario que no puede restituir el bien en género

Artículo 7.659.- Si no fuere posible al mutuatario restituir en género, pagará el valor que el bien prestado tenía en el tiempo y lugar en que se hizo el préstamo, a juicio de peritos, si no hubiere estipulación en contrario.

Mutuo de dinero

Artículo 7.660.- Consistiendo el préstamo en dinero, pagará el deudor devolviendo una cantidad igual a la recibida conforme a la ley monetaria vigente al tiempo de hacerse el pago, sin que ésta prescripción sea renunciable. Si se pacta que el pago debe hacerse en moneda extranjera, la alteración que ésta experimente en valor será en daño o beneficio del mutuatario.

Mala calidad o vicios ocultos del bien dado en mutuo

Artículo 7.661.- El mutuante es responsable de los perjuicios que sufra el mutuatario por la mala calidad o vicios ocultos del bien prestado, si conocía los defectos y no dio aviso oportuno al mutuatario.

Mutuo con menor para proporcionarse alimentos

Artículo 7.662.- No es nulo el mutuo que celebre el menor para proporcionarse los alimentos que necesite, cuando su representante legítimo se encuentre ausente.

CAPÍTULO II
DEL MUTUO CON INTERÉS

Legalidad de señalar interés por el mutuo

Artículo 7.663.- Es permitido estipular interés por el mutuo, ya consista en dinero, ya en géneros.

Interés legal o convencional

Artículo 7.664.- El interés es legal o convencional.

Interés legal

Artículo 7.665.- El interés legal aplicable será el costo porcentual promedio de captación de dinero que registra el Banco de México.

Interés convencional

Artículo 7.666.- El interés convencional es el que fijen los contratantes.

Reducción de interés hasta el legal, en caso de lesión

Artículo 7.667.- Cuando el interés convencional sea tan desproporcionado que haga fundadamente creer que se ha abusado del apuro pecuniario, de la inexperiencia o de la ignorancia del deudor; a petición de éste, el Juez, teniendo en cuenta las especiales circunstancias del caso, podrá reducir equitativamente el interés hasta el tipo legal.

Desistimiento unilateral del mutuo con interés por lesión

Artículo 7.668.- Si se ha convenido un interés más alto que el legal, el deudor, después de seis meses contados desde que se celebró el contrato, puede reembolsar el capital cualquiera que sea el plazo fijado para ello, dando aviso al acreedor con dos meses de anticipación y pagando los intereses vencidos.

Prohibición de capitalizar de antemano los intereses

Artículo 7.669.- Las partes no pueden, bajo pena de nulidad, convenir de antemano que los intereses se capitalicen y que produzcan intereses.

TÍTULO SEXTO
DEL ARRENDAMIENTO

CAPÍTULO I
DISPOSICIONES GENERALES

Definición de arrendamiento

Artículo 7.670.- En el contrato de arrendamiento, el arrendador se obliga a transmitir el uso o goce temporal de un bien al arrendatario, quien se obliga a pagar un precio.

Formalidad y plazo de arrendamiento

Artículo 7.671.- El contrato de arrendamiento debe constar por escrito y estipular el plazo que se convenga, el cual no debe de exceder de los señalados en este capítulo; no requiere de registro, a no ser que las partes lo convengan, en cuyo caso deberán de ratificarse las firmas ante notario público, u otorgarse en escritura pública

Plazo máximo en el arrendamiento

Artículo 7.672.- El plazo máximo de vigencia de un contrato de arrendamiento, será:

I. Dos años respecto de bienes muebles;

II. Tres años en tratándose de inmuebles urbanos destinados a casa habitación;

(REFORMADA, P.O. 17 DE JULIO DE 2003)

III. Cinco años respecto de inmuebles destinados a locales comerciales o de servicios;

IV. Cinco años si el bien inmueble rústico es destinado a fines agrícolas o ganaderos;

(REFORMADA, P.O. 17 DE JULIO DE 2003)

V. Veinte años tratándose de inmuebles destinados a la industria, tiendas departamentales, centros comerciales, bodegas de venta y en general los que se destinen al comercio en gran escala.

Omisión de señalar plazo en el arrendamiento

Artículo 7.673.- Cuando se omita establecer el plazo de duración en el contrato, se considerarán los siguientes:

I. Un año para casa habitación;

(REFORMADA, P.O. 17 DE JULIO DE 2003)

II. Dos años para locales comerciales o de servicios;

(REFORMADA, P.O. 17 DE JULIO DE 2003)

III. Cinco años para industria, tiendas departamentales, centros comerciales, bodegas de venta y en general los que se destinen al comercio en gran escala;

IV. Un año para finca rústica.

La renta en el arrendamiento

Artículo 7.674.- La renta puede consistir en una suma de dinero o en cualquier otro bien equivalente, con tal de que sea cierto y determinado o determinable.

Bienes susceptibles de darse en arrendamiento

Artículo 7.675.- Son susceptibles de arrendamiento todos los bienes que puedan usarse sin consumirse, excepto aquellos que la ley prohíbe arrendar y los derechos estrictamente personales.

Legitimación para ser arrendador

Artículo 7.676.- Pueden celebrar el contrato de arrendamiento, los propietarios del bien, quienes tengan derecho o estén facultados para hacerlo, ya sea por autorización del dueño o por disposición de la ley.

Arrendamiento del bien sujeto a copropiedad

Artículo 7.677.- El copropietario requiere para rentar el bien, del consentimiento de los demás copropietarios.

Incapacidad para ser arrendatario

Artículo 7.678.- Se prohíbe a los servidores públicos, tomar en arrendamiento por sí, o por interpósita persona, los bienes que deban arrendarse en los asuntos en los que intervengan como tales.

Otras incapacidades legales para ser arrendatario

Artículo 7.679.- Se prohíbe a los servidores públicos, así como a su cónyuge, a sus parientes de cualquier grado en línea recta, o dentro del cuarto grado de la línea colateral, afines hasta el segundo grado, tomar en arrendamiento los bienes que con el expresado carácter administren.

Arrendamiento que requiere de escritura pública

Artículo 7.680.- El arrendamiento de inmuebles de menores, incapacitados o de una sucesión o en el que se pacte un anticipo de rentas, se otorgarán en escritura pública y se inscribirán en el Registro Público de la Propiedad.

Muerte del arrendador o del arrendatario

Artículo 7.681.- El contrato de arrendamiento no termina por la muerte del arrendador ni del arrendatario, salvo pacto en otro sentido.

Notificación al arrendatario del cambio de propietario

Artículo 7.682.- Si durante la vigencia del contrato de arrendamiento, se verificare la transmisión de la propiedad del bien arrendado, el arrendamiento subsistirá.

El arrendatario tendrá obligación de pagarle al nuevo propietario la renta estipulada en el contrato, desde la fecha en que se le notifique judicial o notarialmente ese cambio, a no ser que acredite haberla pagado anticipadamente, por estar estipulado expresamente en el contrato.

Mejoras del bien por el arrendatario

Artículo 7.683.- El arrendatario sólo podrá hacer mejoras al bien arrendado, previa autorización por escrito del arrendador; en caso contrario quedarán en beneficio del bien, sin derecho de cobrarlas.

Normas aplicables al arrendamiento de bienes del Estado

Artículo 7.684.- El arrendamiento de bienes del Estado y municipios en lo no previsto por la ley administrativa se sujetará a las disposiciones de este título.

Normas del arrendamiento de orden público

Artículo 7.685.- Las disposiciones sobre arrendamiento son de orden público e interés social, siendo por tanto irrenunciables. Cualquier estipulación en contrario, se tendrá por no puesta.

CAPÍTULO II
DE LAS OBLIGACIONES DEL ARRENDADOR

Obligaciones del arrendador

Artículo 7.686.- El arrendador está obligado a:

I. Entregar el bien en el tiempo convenido, si no se pactó, luego que sea requerido;

II. Que el bien arrendado esté en buenas condiciones conforme a su naturaleza o los fines para los cuales será utilizado;

III. No cambiar la forma del bien, ni perturbar su uso, salvo que requiera de reparaciones necesarias;

IV. Conservar el inmueble arrendado en buenas condiciones, realizando las mejoras necesarias;

V. Responder de los daños y perjuicios que sufra el arrendatario por los defectos o vicios ocultos del bien, anteriores al arrendamiento.

Falta de reparaciones necesarias

Artículo 7.687.- Si el arrendador no hace las reparaciones necesarias para el uso a que esté destinado el bien, el arrendatario podrá optar por rescindir el contrato o reclamar que con cargo a las rentas se hagan dichas reparaciones.

CAPÍTULO III
DE LAS OBLIGACIONES DEL ARRENDATARIO

Obligaciones del arrendatario

Artículo 7.688.- El arrendatario está obligado a:

I. Pagar la renta en el lugar, tiempo y forma convenidos;

II. Usar el bien exclusivamente conforme a lo convenido o a su naturaleza;

III. Contratar un seguro suficiente a cubrir los posibles daños que se causaren al bien y a terceros en sus bienes o personas, en caso de que establezca un negocio o industria riesgosa;

IV. Dar aviso al arrendador de las reparaciones necesarias que se requieran;

V. Hacer las reparaciones locativas y los gastos de mantenimiento derivados del adecuado uso que se le dé al bien arrendado;

VI. Devolver el bien al término del contrato, en las condiciones en que lo recibió, salvo el deterioro por el uso normal del mismo;

VII. Poner en conocimiento del arrendador cualquier acto o hecho que lesione o pueda ocasionar un daño al bien arrendado.

Lugar de pago de las rentas

Artículo 7.689.- Si no se señaló lugar de pago de la renta, será pagada en el lugar de ubicación del bien inmueble arrendado, y tratándose de muebles en el domicilio del arrendador.

Tiempo de pago de las rentas

Artículo 7.690.- Si no se señaló término para el pago de la renta, será pagada por plazos vencidos.

Tiempo límite de la obligación de pagar las rentas

Artículo 7.691.- El arrendatario está obligado a pagar la renta que se venza hasta el día en que entregue el bien arrendado.

Derecho del arrendatario que no puede usar el bien

Artículo 7.692.- El arrendatario podrá pedir la reducción de la renta o la rescisión del contrato, en su caso, si por causas ajenas a él no puede usar total o parcialmente el bien.

Derecho de preferencia del arrendatario

Artículo 7.693.- El arrendatario que ha cumplido puntualmente con sus obligaciones gozará del derecho de preferencia, tanto para la celebración de un nuevo contrato como respecto de la venta del bien arrendado, aplicándose las normas de la compraventa con derecho de preferencia.

Arrendatarios con derecho de preferencia de compra

Artículo 7.694.- Si son varios los arrendatarios que desean ejercitar el derecho de preferencia sobre la venta, será elegido el que tenga más antigüedad; de existir varios, el primero que cumpla con los requisitos y condiciones señalados en la oferta, y en caso de que fueren varios, se dejará a la suerte.

CAPÍTULO IV
DISPOSICIONES ESPECIALES PARA ARRENDAMIENTO DE BIENES URBANOS DESTINADOS A CASA HABITACIÓN

Condiciones higiénicas y de salubridad

Artículo 7.695.- Toda vivienda que se dé en arrendamiento, deberá reunir las condiciones de higiene y salubridad necesarias.

Contenido del contrato de arrendamiento

Artículo 7.696.- El contrato de arrendamiento debe contener:

I. El nombre del arrendador y del arrendatario;

II. La ubicación del inmueble;

III. La descripción del inmueble e inventario de sus accesorios y de las instalaciones con que cuenta, así como el estado en que se encuentran;

IV. El monto de la renta, lugar y época de pago;

V. La mención expresa del destino habitacional del inmueble objeto del arrendamiento;

VI. El plazo de vigencia del contrato;
VII. La garantía que el arrendatario otorgue, en su caso.

Tiempo de pago de las rentas

Artículo 7.697.- La renta se pagará en los plazos convenidos, a falta de convenio por mensualidades vencidas.

Monto del incremento de la renta

Artículo 7.698.- En la novación del contrato de arrendamiento de vivienda, el incremento de la renta no podrá exceder del diez por ciento.

CAPÍTULO V
DEL ARRENDAMIENTO DE FINCAS RÚSTICAS

Normas que rigen el arrendamiento de fincas rústicas

Artículo 7.699.- El arrendamiento de fincas rústicas se regirá por las disposiciones de este capítulo y en su defecto por las reglas generales sobre el arrendamiento.

Tiempo de pago de las rentas

Artículo 7.700.- La renta debe pagarse en los plazos convenidos, y a falta de convenio por ciclos agrícolas vencidos.

Obligación del arrendador por caso fortuito

Artículo 7.701.- El arrendatario tendrá derecho a la reducción del importe de la renta, en caso de pérdida de más de la mitad de los frutos por caso fortuito o por convenio. Se entiende por caso fortuito, el incendio, guerra, peste, inundación insólita, langosta, terremoto u otro acontecimiento inusual e imprevisto.

En estos casos, la reducción de la renta, será proporcional al monto de las pérdidas sufridas.

Obligación del arrendatario de inmueble rústico

Artículo 7.702.- El arrendatario está obligado, en el último año que permanezca en el fundo, a permitir a quien lo vaya a trabajar, el barbecho de las tierras que tenga desocupadas y en las que no pueda sembrar de nueva cuenta, así como el uso de las edificaciones y demás medios que fueren necesarios para las labores preparatorias para el ciclo siguiente.

Obligación del nuevo arrendatario

Artículo 7.703.- El nuevo arrendatario tiene obligación de permitir al saliente, lo necesario para la recolección y aprovechamiento de los frutos pendientes al terminar el contrato, todo con arreglo a las costumbres del lugar.

CAPÍTULO VI
DEL ARRENDAMIENTO DE BIENES MUEBLES

Disposiciones aplicables al arrendamiento de muebles

Artículo 7.704.- Son aplicables al arrendamiento de bienes muebles las disposiciones de este título que sean compatibles con la naturaleza de los mismos.

Arrendamiento sin plazo

Artículo 7.705.- Si en el contrato no se hubiere fijado plazo, ni se hubiere expresado el uso a que el bien se destina, el arrendatario será libre para devolverlo cuando quiera, y el arrendador no podrá pedirlo sino después de cinco días de celebrado el contrato.

Tiempo de pago de las rentas

Artículo 7.706.- Si el bien se dio en arrendamiento por años, meses, semanas o días, la renta, se pagará al vencimiento de cada uno de esos plazos, salvo convenio en contrario.

Devolución del bien antes del plazo

Artículo 7.707.- Si el arrendatario devuelve el bien antes del plazo, está obligado a pagar la renta íntegra del tiempo convenido, salvo pacto en contrario.

Pérdida o deterioro del bien arrendado

Artículo 7.708.- La pérdida o deterioro del bien dado en arrendamiento, se presume siempre a cargo del arrendatario, a menos que éste pruebe que sobrevino sin culpa suya, en cuyo caso será a cargo del arrendador.

Alimentación, curaciones y cuidado de los animales

Artículo 7.709.- Serán por cuenta del arrendatario, la alimentación, curaciones y cuidado de los animales que le renten, salvo convenio en contrario.

Muerte de algún animal arrendado

Artículo 7.710.- El arrendatario tendrá la obligación de avisar al arrendador de la muerte de algún animal que tenga dado en arrendamiento, a efecto de que éste se cerciore de tal circunstancia, pudiendo recogerlo si es su deseo.

Muerte de un animal que forma yunta o tiro

Artículo 7.711.- Cuando se arrienden dos o más animales que formen un todo como una yunta o un tiro, y uno de ellos se inutilice, se rescinde el arrendamiento, a no ser que el dueño quiera dar otro que forme un todo con el que sobrevivió.

Animal inutilizado antes de su entrega

Artículo 7.712.- Si celebrado el contrato sobre animales, se inutilizaren antes de ser entregados, el arrendador lo hará del conocimiento al arrendatario, en forma fehaciente, dentro del plazo de tres días, quedando liberadas las partes de toda obligación; en caso contrario el arrendador será responsable de daños y perjuicios.

Arrendamiento de predio rústico

Artículo 7.713.- Si en el arrendamiento de un predio rústico se incluye el ganado de labranza o de cría existente, el arrendatario tendrá respecto del ganado, los mismos derechos y obligaciones inherentes a la naturaleza del contrato de arrendamiento.

CAPÍTULO VII
DEL SUBARRIENDO

Legitimación para subarrendar

Artículo 7.714.- El arrendatario no puede subarrendar el bien arrendado en todo, ni en parte, ni ceder sus derechos sin consentimiento del arrendador; si lo hiciere, responderá solidariamente con el tercero de los daños y perjuicios.

Autorización general para subarrendar

Artículo 7.715.- Si el subarriendo se hiciere en virtud de la autorización general concedida en el contrato, el arrendatario será responsable al arrendador, como si él mismo continuara en el uso o goce del bien.

CAPÍTULO VIII
DE LA TERMINACIÓN DEL CONTRATO DE ARRENDAMIENTO

Causas de terminación del arrendamiento

Artículo 7.716.- El arrendamiento termina por:

I. Haberse cumplido el plazo fijado en el contrato o en la ley;

II. Estar satisfecho el objeto para el que el bien fue arrendado;

III. Convenio expreso;

IV. Nulidad;

V. Rescisión;

VI. Confusión;

VII. Pérdida o destrucción total del bien arrendado, por caso fortuito o fuerza mayor;

VIII. Expropiación del bien arrendado;

IX. Evicción del bien dado en arrendamiento.

Arrendamiento de plazo determinado

Artículo 7.717.- Al vencimiento del plazo, el contrato termina en el día prefijado, si ha subsistido, se observará lo previsto en las disposiciones generales de este contrato.

Derecho a la rescisión del arrendamiento

Artículo 7.718.- Las partes tienen acción para pedir la rescisión del contrato, cuando incurran en incumplimiento de las obligaciones contraídas en el mismo.

Obligación del usufructuario arrendador

Artículo 7.719.- Si el usufructuario no manifestó tal calidad al celebrarse el arrendamiento y al consolidarse la propiedad, el propietario exige la desocupación o devolución del bien arrendado, tiene el arrendatario derecho para demandar al arrendador la indemnización de daños y perjuicios.

Enajenación judicial del bien arrendado

Artículo 7.720.- Si el inmueble fuere enajenado judicialmente, el contrato de arrendamiento subsistirá, a menos que haya sido celebrado dentro de los tres meses anteriores al secuestro, en cuyo caso, el contrato podrá darse por concluido.

TÍTULO SÉPTIMO
DEL COMODATO

Elementos personales del comodato

Artículo 7.721.- El comodato es un contrato por el cual uno de los contratantes concede gratuitamente el uso de un bien, y el otro contrae la obligación de restituirlo individualmente.

Elemento formal del comodato

Artículo 7.722.- El contrato de comodato debe celebrarse por escrito.

Comodato sobre bienes consumibles

Artículo 7.723.- Cuando el comodato tuviere por objeto bienes consumibles, deberán ser restituidos idénticamente.

Autorización para dar bienes en comodato

Artículo 7.724.- Los administradores de bienes ajenos, sólo podrán dar en comodato, previa autorización judicial, los bienes confiados a su guarda.

Autorización del comodante para conceder el uso a un tercero

Artículo 7.725.- Solo con autorización del comodante, el comodatario podrá conceder el uso del bien a un tercero.

Derecho del comodatario

Artículo 7.726.- El comodatario adquiere el uso, pero no los frutos y accesiones del bien dado en comodato.

Obligación del comodatario

Artículo 7.727.- El comodatario está obligado a poner toda la diligencia en la conservación del bien, y es responsable de todo deterioro que sufra por su culpa.

Deterioro que impide el uso ordinario

Artículo 7.728.- Si es tal el deterioro del bien que no sea susceptible de emplearse en su uso ordinario, el comodante podrá exigir el valor del mismo, a ese momento.

Uso diverso del bien o por más tiempo

Artículo 7.729.- El comodatario responde de la pérdida del bien si lo emplea en uso diverso o por más tiempo del convenido, aún cuando aquélla sobrevenga por caso fortuito.

Gastos ordinarios para la conservación del bien

Artículo 7.730.- El comodatario no tiene derecho para repetir el importe de los gastos ordinarios que efectúe para la conservación del bien prestado.

Obligación del comodatario de entregar el bien

Artículo 7.731.- Tampoco tiene derecho el comodatario para retener el bien a pretexto de lo que por expensas o por cualquier otra causa le deba el dueño.

Obligaciones solidarias de los comodatarios

Artículo 7.732.- Siendo dos o más los comodatarios, están sujetos solidariamente a las mismas obligaciones.

Falta de convenio sobre uso y plazo

Artículo 7.733.- Si no se ha determinado el uso o el plazo del comodato, el comodante podrá exigir la devolución del bien cuando convenga a sus intereses.

Derecho del comodante de exigir la devolución

Artículo 7.734.- El comodante podrá exigir la devolución del bien antes de que termine el plazo cuando:

I. Tenga necesidad de él;

II. Exista peligro de que el bien perezca, de continuar en poder del comodatario;

III. El comodatario haya autorizado a un tercero a servirse del bien sin consentimiento del comodante.

Gastos necesarios para la conservación del bien

Artículo 7.735.- El comodatario tiene la obligación de pagar los gastos necesarios para la conservación del bien, salvo pacto en contrario.

Vicios del bien objeto del comodato

Artículo 7.736.- Cuando el bien dado en comodato tenga defectos tales que cause perjuicios al que se sirva de él, el comodante es responsable de éstos, si conocía los defectos y no dio aviso oportuno al comodatario.

Muerte del comodatario

Artículo 7.737.- El comodato termina por la muerte del comodatario.

TÍTULO OCTAVO
DEL DEPÓSITO Y DEL SECUESTRO

CAPÍTULO I
DEL DEPÓSITO

Definición del contrato de depósito

Artículo 7.738.- El depósito es un contrato por el cual el depositario se obliga hacia el depositante a recibir un bien que aquél le confía, y a guardarlo para restituirlo cuando lo pida el depositante.

Derecho del depositario a la retribución

Artículo 7.739.- Salvo pacto en contrario, el depositario tiene derecho a exigir retribución por el depósito, la cual se sujetará a los términos del contrato y, en su defecto, a los usos del lugar en que se constituya el depósito.

Obligación del depositario de cobrar los intereses producidos

Artículo 7.740.- Los depositarios de títulos, valores, efectos o documentos que devengan intereses, quedan obligados a realizar el cobro de éstos en las épocas de su vencimiento, así como a ejecutar los actos de conservación del valor y los derechos que les correspondan legalmente.

Depositante o depositario incapaz

Artículo 7.741.- La incapacidad de uno de los contratantes no exime al otro de sus obligaciones.

Depositario incapaz

Artículo 7.742.- El incapaz que acepte el depósito puede, si se le demanda por daños y perjuicios, oponer como excepción la nulidad del contrato;

más no podrá eximirse de restituir el bien depositado si se conserva aún en su poder, o el provecho que hubiere recibido de su enajenación.

Depositario incapaz que obra con dolo o mala fe

Artículo 7.743.- En caso de incapacidad, podrá el depositario ser condenado al pago de daños y perjuicios, si hubiere procedido con dolo o mala fe.

Obligaciones del depositario

Artículo 7.744.- El depositario está obligado a conservar el bien objeto del depósito, según lo reciba, y a devolverlo cuando el depositante se lo pida, aunque al constituirse el depósito se hubiere fijado plazo y éste no hubiere llegado.

Responsabilidad del depositario

Artículo 7.745.- En la conservación del depósito responderá el depositario de los menoscabos, daños y perjuicios que los bienes depositados sufrieren por su malicia o negligencia.

Bien robado objeto del depósito

Artículo 7.746.- Si después de constituido el depósito tiene conocimiento el depositario de que el bien es robado y de quién es el verdadero dueño, debe dar aviso a la autoridad correspondiente.

Orden judicial de retener o entregar el bien

Artículo 7.747.- Si dentro de ocho días no se le ordena judicialmente retener o entregar el bien, puede devolverlo al que lo depositó, sin responsabilidad.

Depositantes de un solo bien

Artículo 7.748.- Siendo varios los que den un solo bien o cantidad en depósito, no podrá el depositario entregarlo sino con previo consentimiento de la mayoría de los depositantes, computado por cantidades y no por personas, a no ser que al constituirse el depósito se haya convenido que la entrega se haga a cualquiera de los depositantes.

Entrega de una parte del bien a cada depositante

Artículo 7.749.- El depositario entregará a cada depositante una parte del bien, si al constituirse el depósito se señaló la que a cada uno correspondía.

Lugar de devolución del depósito

Artículo 7.750.- Si no hubiere lugar designado para la entrega del depósito, la devolución se hará en el lugar donde se halla el bien depositado. Los gastos de entrega serán de cuenta del depositante.

Devolución antes del plazo

Artículo 7.751.- El depositario puede, por justa causa, devolver el bien antes del plazo convenido.

Tiempo de devolución del depósito

Artículo 7.752.- Cuando no se ha estipulado tiempo, el depositario puede devolver el depósito notificando al depositante con ocho días de anticipación.

Indemnización al depositario

Artículo 7.753.- El depositante está obligado a indemnizar al depositario de todos los gastos que haya hecho para la conservación del bien y de los perjuicios que por él haya sufrido.

Derecho de pedir judicialmente la retención del bien

Artículo 7.754.- El depositario no puede retener el bien, aún cuando al pedírselo no haya recibido el importe de las expensas a que se refiere el artículo anterior, pero sí podrá, en este caso, si el pago no se le asegura, pedir judicialmente la retención del bien depositado.

Impedimento para retener el bien como prenda

Artículo 7.755.- Tampoco puede retener el bien como prenda, para garantizar otro crédito que tenga contra el depositante.

Depósito necesario

Artículo 7.756.- Los dueños de establecimientos en donde se reciben huéspedes son responsables del deterioro, destrucción o pérdida de los efectos introducidos en el establecimiento con su consentimiento o el de sus empleados autorizados, por las personas que allí se alojen; a menos que prueben que el daño sufrido es imputable a estas personas, a sus acompañantes, a sus servidores o a los que los visiten, o que proviene de caso fortuito, fuerza mayor o vicios de los mismos efectos.

Depósito de dinero u objetos de valor

Artículo 7.757.- Para que los dueños de establecimientos donde se reciben huéspedes sean responsables del dinero u objetos de valor que introduzcan las personas que se alojen, es necesario que sean entregados en depósito a ellos o a sus empleados autorizados.

Responsabilidad de los dueños del establecimiento

Artículo 7.758.- El dueño del establecimiento no se exime de la responsabilidad que le imponen los dos artículos anteriores por avisos que ponga en su establecimiento para eludirla. Cualquier pacto que celebre, limitando o modificando esa responsabilidad, será nulo.

Responsabilidad por el depósito necesario

Artículo 7.759.- Los establecimientos de bienes y servicios, no responden de los bienes que introduzcan los usuarios, a menos que los pongan bajo el cuidado de los empleados del establecimiento de que se trate.

CAPÍTULO II
DEL SECUESTRO

Concepto de secuestro

Artículo 7.760.- El secuestro es el depósito de un bien litigioso en poder de un tercero, hasta que se decida a quien deba entregarse.

Verificación de secuestro

Artículo 7.761.- El secuestro se verifica cuando los litigantes depositan el bien litigioso en poder de un tercero que se obliga a entregarlo, concluido el juicio, al que conforme a la sentencia tenga derecho a él.

Liberación del encargado de secuestro

Artículo 7.762.- El encargado del secuestro no puede liberarse antes de la terminación del juicio, sino consintiendo en ello todas las partes interesadas, o por causa que el Juez declare legítima.

Disposiciones que rigen el secuestro

Artículo 7.763.- Fuera de las excepciones previstas, rigen para el secuestro, las mismas disposiciones que para el depósito.

TÍTULO NOVENO
DEL MANDATO

CAPÍTULO I
DISPOSICIONES GENERALES

Concepto de mandato

Artículo 7.764.- El mandato es un contrato por el que el mandatario se obliga a ejecutar por cuenta y a nombre del mandante, o sólo por la primera, los actos jurídicos que éste le encarga.

Formación del contrato de mandato

Artículo 7.765.- El contrato de mandato se reputa perfecto por la aceptación del mandatario.

El mandato que implica el ejercicio de una profesión se presume aceptado cuando es conferido a personas que ofrecen al público el ejercicio de su profesión, por el solo hecho de que no lo rehúsen dentro de los tres días siguientes.

La aceptación puede ser expresa o tácita. Aceptación tácita es todo acto en ejecución de un mandato.

Actos objeto del mandato

Artículo 7.766.- Pueden ser objeto del mandato todos los actos lícitos para los que la ley no exige la intervención personal del interesado.

Onerosidad como regla general del mandato

Artículo 7.767.- Solamente será gratuito el mandato cuando así se haya convenido expresamente.

Tiempo de duración del mandato

Artículo 7.768.- El mandato debe contener el plazo por el que se confiere, de no contenerlo se presume que ha sido otorgado por tres años.

Elemento formal del mandato

Artículo 7.769.- El mandato debe otorgarse:

I. En escritura pública;

II. En escrito privado, firmado por el otorgante y ratificado su contenido y firma ante notario público, o ante la autoridad administrativa, cuando el mandato se otorgue para asuntos de su competencia;

III. En escrito privado ante dos testigos, sin ratificación de firmas.

Mandato general y especial

Artículo 7.770.- El mandato puede ser general o especial. Son generales los contenidos en el siguiente artículo. Cualquier otro mandato tendrá el carácter de especial.

Clases de mandato general

Artículo 7.771.- En todos los poderes generales para pleitos y cobranzas bastará que se diga que se otorgan con todas las facultades generales y las especiales que requieran cláusulas especiales conforme a la ley, para que se entiendan conferidos sin limitación alguna.

En los poderes generales para administrar bienes bastará expresar que se dan con ese carácter, para que el apoderado tenga toda clase de facultades administrativas.

En los poderes generales, para ejercer actos de dominio, bastará que se den con ese carácter para que el apoderado tenga todas las facultades de dueño, tanto en lo relativo a los bienes, como para hacer toda clase de gestiones a fin de defenderlos.

Cuando se quisieren limitar, en los tres casos mencionados, las facultades de los apoderados, se consignarán las limitaciones, o los poderes serán especiales.

Los notarios insertarán este artículo en los testimonios de los poderes que otorguen.

Elementos formales específicos

Artículo 7.772.- El mandato debe otorgarse en escritura pública o en escrito privado, firmado y ratificado el contenido y la firma del otorgante ante notario o autoridades administrativas, para asuntos de su competencia cuando:

I. Sea general;

(REFORMADA, G.G. 20 DE DICIEMBRE DE 2016)

II. El interés del negocio para el que se otorgue sea superior al equivalente a quinientas veces el valor diario de la Unidad de Medida y Actualización vigente al momento de conferirse

III. En virtud del que haya de ejecutar el mandatario, algún acto que conforme a la ley debe constar en instrumento público.

(REFORMADO, G.G. 20 DE DICIEMBRE DE 2016)

Mandato por escrito ante dos testigos

Artículo 7.773.- El mandato podrá otorgarse por escrito ante dos testigos, sin que sea necesaria la ratificación de firmas cuando el interés del negocio para el que se confiera, no exceda de quinientas veces el valor diario de la Unidad de Medida y Actualización vigente al momento de su otorgamiento.

Falta de forma del mandato

Artículo 7.774.- La omisión de los requisitos establecidos en los artículos que preceden anula el mandato, y sólo deja subsistentes las obligaciones contraídas entre el tercero que haya procedido de buena fe y el mandatario, como si éste hubiere obrado en negocio propio.

Mala fe del mandante, mandatario y terceros

Artículo 7.775.- Si el mandante, el mandatario y el que haya tratado con éste proceden de mala fe, ninguno de ellos tendrá derecho de hacer valer la falta de forma del mandato.

Devolución de sumas al mandante

Artículo 7.776.- En el caso de que se omitan los requisitos establecidos en los artículos anteriores, podrá el mandante exigir del mandatario la devolución de las sumas que le haya entregado, respecto de las cuales será considerado el último como simple depositario.

Mandato con o sin representación

Artículo 7.777.- El mandatario, en términos del convenio celebrado entre él y el mandante, podrá desempeñar el mandato tratando en su propio nombre o en el del mandante.

Relación del mandante con terceros en el mandato sin representación

Artículo 7.778.- Cuando el mandatario obra en su propio nombre, el mandante no tiene acción contra las personas con quienes el mandatario ha contratado, ni éstas contra el mandante.

En este caso, el mandatario es el obligado directamente en favor de la persona con quien ha contratado, como si el asunto fuere suyo. Se exceptúa el caso en que se trate de bienes propios del mandante.

Lo dispuesto en este artículo se entiende sin perjuicio de las acciones entre mandante y mandatario.

CAPÍTULO II
DE LAS OBLIGACIONES DEL MANDATARIO CON RESPECTO AL MANDANTE

Instrucciones del mandante

Artículo 7.779.- El mandatario, en el desempeño de su encargo, se sujetará a las instrucciones recibidas del mandante y en ningún caso podrá proceder contra disposiciones expresas del mismo.

Consulta al mandante por el mandatario

Artículo 7.780.- En lo no previsto y prescrito expresamente por el mandante deberá el mandatario consultarle, siempre que lo permita la naturaleza del negocio. Si no fuere posible la consulta o estuviere el mandatario autorizado para obrar a su arbitrio, hará lo que la prudencia le dicte, cuidando del negocio como propio.

Suspensión del cumplimiento del mandato

Artículo 7.781.- Si un acontecimiento imprevisto hiciere, a juicio del mandatario, perjudicial la ejecución de las instrucciones recibidas, podrá suspender el cumplimiento del mandato, comunicándolo inmediatamente al mandante.

Violación o exceso del mandato

Artículo 7.782.- En los actos ejecutados por el mandatario, con violación o con exceso del encargo recibido, además de la indemnización a favor del mandante, de daños y perjuicios, queda a opción de éste, ratificarlas o dejarlas a cargo del mandatario.

Aviso oportuno al mandante

Artículo 7.783.- El mandatario está obligado a dar oportunamente noticia al mandante, de todos los hechos o circunstancias que pueden determinarlo a revocar o modificar el encargo. Asimismo, debe dársela sin demora de la ejecución de dicho encargo.

Perjuicios causados al mandante por el mandatario

Artículo 7.784.- El mandatario no puede compensar los perjuicios que cause con los provechos que por otro motivo haya procurado al mandante.

Mandatario que excede en sus facultades

Artículo 7.785.- El mandatario que se exceda de sus facultades es responsable de los daños y perjuicios que cause al mandante y al tercero con quien contrató, si éste ignoraba que aquél traspasaba los límites del mandato.

Cuentas del mandato

Artículo 7.786.- El mandatario está obligado a dar al mandante cuentas exactas de su ejercicio, conforme al convenio, si lo hubiere; no habiéndolo, cuando el mandante lo pida, y en todo caso al fin del contrato.

Obligación del mandatario de entregar todo lo recibido

Artículo 7.787.- El mandatario tiene obligación de entregar al mandante todo lo que haya recibido en virtud del poder; aún cuando lo recibido no se le deba al mandante.

Obligación del mandatario de pagar intereses

Artículo 7.788.- El mandatario debe pagar los intereses de las sumas que pertenezcan al mandante y que haya distraído de su objeto e invertido en provecho propio, desde la fecha de inversión; así como los de las cantidades en que resulte alcanzado, desde la fecha en que se constituyó en mora.

Varios mandatarios respecto de un mismo negocio

Artículo 7.789.- Si se confiere un mandato a diversas personas respecto de un mismo negocio, aunque sea en un solo acto, no quedarán solidariamente obligados si no se convino expresamente.

Sustitución del mandato

Artículo 7.790.- El mandatario puede sustituir el mandato si tiene facultades expresas para ello.

Convenio sobre el mandatario sustituto

Artículo 7.791.- Si se nombró al substituto, no podrá designar a otro; en caso contrario podrá nombrar al que quiera, y en este último caso, solamente será responsable cuando la persona fuere elegida de mala fe o se hallare en notoria insolvencia.

Derechos y obligaciones del mandatario sustituto

Artículo 7.792.- El substituto tiene para con el mandante los mismos derechos y obligaciones que el mandatario.

CAPÍTULO III
DE LAS OBLIGACIONES DEL MANDANTE CON RELACIÓN AL MANDATARIO

Anticipo para ejecutar el mandato

Artículo 7.793.- El mandante debe anticipar al mandatario, si éste lo pide, las cantidades necesarias para la ejecución del mandato.

Reembolso al mandatario

Artículo 7.794.- Si el mandatario las hubiere anticipado, el mandante debe reembolsarlas, aunque el negocio no haya salido bien, con tal que esté exento de culpa el mandatario.

Reembolso con intereses

Artículo 7.795.- El reembolso comprenderá los intereses de la cantidad anticipada, desde el día en que se hizo el anticipo.

Indemnización de daños y perjuicios al mandatario

Artículo 7.796.- Debe también el mandante indemnizar al mandatario de todos los daños y perjuicios que le haya causado el cumplimiento del mandato, sin culpa ni imprudencia del mismo mandatario.

Bienes del mandato retenidos en prenda

Artículo 7.797.- El mandatario podrá retener en prenda los bienes que son objeto del mandato hasta que el mandante haga la indemnización y reembolso de que tratan los artículos anteriores.

Mandatos solidarios

Artículo 7.798.- Si dos o más personas hubiesen nombrado a un sólo mandatario para algún negocio común, le quedan obligadas solidariamente.

CAPÍTULO IV
DE LAS OBLIGACIONES Y DERECHOS DEL MANDANTE Y DEL MANDATARIO CON RELACIÓN A TERCERO

Obligación del mandante de cumplir lo ejecutado

Artículo 7.799.- El mandante debe cumplir todas las obligaciones que el mandatario haya contraído dentro de los límites del mandato.

Límite del mandato

Artículo 7.800.- El mandatario no tendrá acción para exigir el cumplimiento de las obligaciones contraídas a nombre del mandante, a no ser que esta facultad se haya incluido también en el poder.

Exceso del mandato

Artículo 7.801.- Los actos que el mandatario practique a nombre del mandante, excediendo los límites expresos del mandato, serán nulos, con relación al mandante, si no los ratifica.

Tercero que conoce los límites del mandato

Artículo 7.802.- El tercero que hubiere contratado con el mandatario que se excedió en sus facultades y las conocía, no tendrá acción contra éste, a no ser que se hubiere obligado personalmente.

CAPÍTULO V
DEL MANDATO JUDICIAL

Concepto de mandato judicial

Artículo 7.803.- Por el mandato judicial se otorgan facultades al mandatario para que a nombre del mandante comparezca ante autoridades judiciales a realizar los actos jurídico procesales, juicios o procedimientos que se le encomiendan.

Incapacidades legales para ser procurador

Artículo 7.804.- No pueden ser procuradores los magistrados, jueces y demás servidores en ejercicio de la administración de justicia.

Elemento formal del mandato judicial

Artículo 7.805.- El mandato judicial será otorgado en escritura pública, o en escrito presentado y ratificado por el otorgante ante el Juez de los autos.

La sustitución del mandato judicial se hará en la misma forma que su otorgamiento.

Casos en que se necesita cláusula especial

Artículo 7.806.- El procurador necesita poder o cláusula especial para:

I. Desistirse;

II. Transigir;

III. Comprometer en árbitros;

IV. Absolver y articular posiciones;

V. Hacer cesión de bienes, siempre y cuando sea en beneficio del mandante;

VI. Recusar;

VII. Recibir pagos;

VIII. Los demás actos que expresamente determine la ley.

Transcripción de facultades

Artículo 7.807.- Cuando en los poderes generales, se desee conferir alguna o algunas de las facultades mencionadas en el artículo anterior, se transcribirán.

Obligaciones del procurador

Artículo 7.808.- El procurador, aceptando el poder, está obligado a:

I. Seguir el juicio en todas sus etapas, mientras no haya cesado en su encargo;

II. Pagar los gastos que se causen a su instancia, salvo el derecho que tiene de que el mandante se los reembolse;

III. Practicar, bajo la responsabilidad que este Código impone al mandatario, cuando sea necesario para la defensa de su poderdante, arreglándose al efecto a las instrucciones que éste le hubiere dado, y si no las tuviere, a lo que exija la naturaleza e índole del litigio.

Prohibición al procurador

Artículo 7.809.- El procurador o abogado que acepte el mandato de una de las partes no puede admitir el del contrario, en el mismo juicio, aunque renuncie el primero.

Obligación del procurador de guardar secreto

Artículo 7.810.- El procurador o abogado que revele a la parte contraria los secretos de su poderdante o cliente, o le suministre documentos o datos que lo perjudiquen, será responsable de los daños y perjuicios, quedando, además, sujeto a lo que para estos casos dispone el Código Penal.

Procurador con justo impedimento para ejecutar su cargo

Artículo 7.811.- El procurador que tuviere justo impedimento para desempeñar su encargo, no podrá abandonarlo sin sustituir el mandato teniendo facultades para ello o sin avisar a su mandante, para que nombre a otra persona.

Conclusión del mandato judicial

Artículo 7.812.- La representación del procurador cesa, además de los casos de terminación del mandato por:

I. Separarse el poderdante de la acción u oposición que haya formulado;

II. Haber terminado la legitimación del poderdante;

III. Haber transmitido el mandante sus derechos sobre el bien litigioso, luego que la transmisión o cesión sea debidamente notificada y se haga constar en autos;

IV. Hacer el dueño del negocio alguna gestión en el juicio, manifestando que revoca el mandato.

Revocación de la sustitución

Artículo 7.813.- El procurador que ha sustituido un poder puede revocar la substitución si tiene facultades para hacerlo, rigiendo también en este caso, respecto del substituto, lo dispuesto en la fracción IV del artículo anterior.

Ratificación de lo ejecutado en exceso

Artículo 7.814.- El mandante puede ratificar, antes de la sentencia que cause ejecutoria, lo que el procurador hubiere hecho excediéndose del poder.

CAPÍTULO VI
DE LOS DIVERSOS MODOS DE TERMINAR EL MANDATO

Causas de terminación del mandato

Artículo 7.815.- El mandato termina por:
I. Revocación;
II. Renuncia del mandatario;
III. Muerte del mandante o del mandatario;
IV. Interdicción de uno u otro;
V. Vencimiento del plazo;
VI. Conclusión del negocio para el que fue concedido;
VII. Declaración de ausencia.

Revocación del mandato por el mandante

Artículo 7.816.- El mandante puede revocar el mandato cuando y como le parezca; menos en aquellos casos en que su otorgamiento se hubiere estipulado como una condición en un contrato bilateral o como un medio para cumplir una obligación contraída.

En estos casos tampoco puede el mandatario renunciar el poder.

Revocación o renuncia inoportuna

Artículo 7.817.- La parte que revoque o renuncie el mandato en tiempo inoportuno, debe indemnizar a la otra de los daños y perjuicios que le cause.

Notificación a tercero de la revocación

Artículo 7.818.- Cuando se ha dado un mandato para tratar con determinada persona, el mandante debe notificar a ésta la revocación del mandato, so pena de quedar obligado por los actos del mandatario ejecutados después de la revocación, siempre que haya habido buena fe de parte de esa persona.

Devolución de documentos por el mandatario

Artículo 7.819.- El mandante puede exigir la devolución del instrumento o escrito en que conste el mandato, y todos los documentos relativos al negocio o negocios que tuvo a su cargo el mandatario.

Descuido de exigir devolución de documentos

Artículo 7.820.- El mandante que descuide exigir los documentos que acrediten los poderes del mandatario, responde de los daños que puedan resultar por esa causa a terceros de buena fe.

Muerte del mandante

Artículo 7.821.- Aunque el mandato termine por la muerte del mandante, debe el mandatario continuar en la administración entre tanto los herederos proveen por sí mismos a los negocios, siempre que de lo contrario pueda resultar algún perjuicio.

Denuncia de la sucesión del mandante

Artículo 7.822.- En el caso del artículo anterior, el mandatario denunciará dentro del plazo de un mes la sucesión a efecto de rendir cuentas al interventor o albacea.

Obligación del mandatario que renuncia

Artículo 7.823.- El mandatario que renuncie tiene la obligación de seguir el negocio, hasta por quince días más, mientras el mandante provee a la procuración, en los casos en que pueda causarse algún perjuicio, salvo que el mandante lo releve de esta obligación.

Actos del mandatario posteriores a la conclusión del cargo

Artículo 7.824.- Sabiendo que ha cesado el mandato, lo que el mandatario hiciere con un tercero que ignora el término de la procuración, no obliga al mandante, excepto si el mandato se confiere para tratar con determinada persona, no se le notifica la revocación del mandato y ésta ha actuado de buena fe.

TÍTULO DÉCIMO
DEL CONTRATO DE PRESTACIÓN DE SERVICIOS

CAPÍTULO I
DE LA PRESTACIÓN DE SERVICIOS PROFESIONALES

Convenio sobre retribución por servicios profesionales

Artículo 7.825.- El que presta y el que recibe los servicios profesionales pueden fijar, de común acuerdo, retribución por ellos.

Falta de convenio sobre honorarios profesionales

Artículo 7.826.- Cuando no hubiere habido convenio, los honorarios se regularán atendiendo a las costumbres del lugar, a la importancia de los trabajos prestados, a la del asunto o caso en que se prestaren, a las posibilidades económicas del que recibe el servicio y a la reputación profesional que tenga adquirida el que lo ha prestado. Si los servicios estuvieren regulados por arancel, a él se estará.

Carencia de título profesional

Artículo 7.827.- Los que sin tener el título correspondiente ejerzan profesiones para cuyo ejercicio la ley exija título, además de incurrir en las penas respectivas, no tendrán derecho de cobrar retribución por los servicios que hayan prestado.

Las expensas en servicios profesionales

Artículo 7.828.- En la prestación de servicios profesionales pueden incluirse las expensas que hayan de hacerse en el negocio. A falta de convenio sobre su reembolso, los anticipos serán pagados en los términos del artículo siguiente, con el interés legal, desde el día en que fueren hechos, sin perjuicio de la responsabilidad por daños y perjuicios.

Lugar de pago de honorarios y expensas

Artículo 7.829.- El pago de los honorarios y de las expensas, cuando las haya, se hará en el lugar de la residencia del que ha prestado los servicios profesionales, inmediatamente que preste cada servicio; al fin de todos; cuando se separe el profesional o cuando haya concluido el negocio o trabajo que se le confió, salvo pacto en contrario.

Mandatarios solidarios

Artículo 7.830.- Si varias personas encomendaren un negocio, todas ellas serán solidariamente responsables de los honorarios del profesional y de los anticipos que hubiere hecho.

Cobro de honorarios individuales

Artículo 7.831.- Cuando varios profesionales en la misma ciencia presten sus servicios en un negocio o asunto, podrán cobrar los servicios que individualmente haya prestado cada uno, salvo pacto en contrario.

Pago de los honorarios

Artículo 7.832.- Los profesionales tienen derecho de exigir sus honorarios, cualquiera que sea el éxito del negocio o trabajo que se les encomiende, salvo convenio en contrario.

Aviso de no poder seguir prestando el servicio

Artículo 7.833.- Siempre que un profesional no pueda continuar prestando sus servicios deberá avisar oportunamente a la persona que lo ocupe, quedando obligado a satisfacer los daños y perjuicios que se causen, cuando no diera este aviso con oportunidad.

Responsabilidad profesional por negligencia, impericia o dolo

Artículo 7.834.- El que preste servicios profesionales sólo es responsable, hacia las personas a quienes sirve, por negligencia, impericia o dolo, sin perjuicio de las penas que merezca en caso de delito.

Normas aplicables

Artículo 7.835.- En todo lo no previsto en este capítulo, se estará a las disposiciones del contrato de mandato.

CAPÍTULO II
DEL CONTRATO DE OBRA A PRECIO ALZADO

Empresario que dirige y pone los materiales

Artículo 7.836.- Cuando el empresario dirige la obra y pone los materiales en el contrato de obra a precio alzado, se sujetará a las reglas de este capítulo.

Riesgo de la obra

Artículo 7.837.- Todo el riesgo de la obra correrá a cargo del empresario hasta el acto de la entrega, a no ser que hubiere morosidad de parte del dueño de la obra en recibirla, o convenio expreso en contrario.

Contenido del contrato escrito

Artículo 7.838.- Siempre que el empresario se encargue por ajuste cerrado de la obra en bien inmueble, se otorgará el contrato por escrito incluyéndose en él una descripción pormenorizada, y en los casos que lo requieran, un plano, diseño o presupuesto de la obra.

Falta de plano, diseño o presupuesto

Artículo 7.839.- Si no hay plano, diseño o presupuesto para la ejecución de la obra y surgen dificultades entre el empresario y el dueño, serán resueltas teniendo en cuenta la naturaleza de la obra, el precio de ella y la costumbre del lugar; oyéndose, en su caso a peritos.

Remuneración por el plano, diseño o presupuesto

Artículo 7.840.- El que haga el plano, diseño o presupuesto de una obra, y la ejecute, no puede cobrar el plano, diseño o presupuesto fuera del honorario de la obra; más si ésta no se ha ejecutado por causa del dueño, podrá cobrarlo, a no ser que al encargárselo se haya pactado que el dueño no lo pague si no le conviene aceptarlo.

Concurso para hacer planos, diseños o presupuestos

Artículo 7.841.- Cuando se haya invitado a varias personas para hacer planos, diseños o presupuestos, con el objeto de escoger entre ellos el que parezca mejor, y ellas han tenido conocimiento de esta circunstancia, ninguna puede cobrar honorarios, salvo convenio expreso.

Autor de plano, diseño o presupuesto

Artículo 7.842.- En el caso del artículo anterior, podrá el autor del plano, diseño o presupuesto aceptado, cobrar su valor cuando la obra sea ejecutada conforme a él por otra persona.

Ejecución de la obra según plano, diseño o presupuesto no aceptado

Artículo 7.843.- El que haga un plano, diseño o presupuesto que no hubiere sido aceptado, podrá también cobrar su valor si la obra se ejecuta conforme a él por otra persona, aún cuando se hayan hecho modificaciones en los detalles.

Obra a la que no se fijó precio

Artículo 7.844.- Cuando al encargarse una obra no se ha fijado precio, se tendrá por tal, si los contratantes no estuviesen de acuerdo después, el que designen los aranceles o a falta de ellos el que tasen peritos.

Tiempo de pago de la obra

Artículo 7.845.- El precio de la obra se pagará al entregarse ésta, salvo convenio en contrario.

Obra por precio determinado

Artículo 7.846.- El empresario que se encargue de ejecutar alguna obra por precio determinado no tiene derecho a exigir después ningún aumento, aunque lo haya tenido el precio de los materiales o el de los salarios; salvo que resulte evidentemente desproporcionado el aumento, en cuyo caso, deberá someterlo a la consideración del dueño y si no se pudiese avenir la diferencia, se someterá a decisión judicial.

Ningún aumento en el precio

Artículo 7.847.- Igualmente, el empresario no podrá exigir ningún aumento en el precio, cuando haya habido algún cambio o aumento en el plano o diseño a no ser que sean autorizados por escrito por el dueño y con expresa designación del precio.

Pago y reposición

Artículo 7.848.- Una vez pagado y recibido el precio, no ha lugar a reclamación sobre él, a menos que al pagar o recibir las partes se hayan reservado expresamente el derecho de reclamar.

Obra por ajuste cerrado

Artículo 7.849.- El que se obliga a hacer una obra por ajuste cerrado, debe comenzar y concluir en los términos designados en el contrato, y en caso contrario, en los que sean suficientes, a juicio de peritos.

Obra por piezas o por medida

Artículo 7.850.- El que se obligue a hacer una obra por piezas o por medida, puede exigir que el dueño la reciba en parte y se la pague en proporción de las que reciba.

Presunción de que la parte pagada se considera aprobada

Artículo 7.851.- La parte pagada se presume aprobada y recibida por el dueño; pero no habrá lugar a esa presunción solamente porque el dueño haya hecho adelantos a cuenta del precio de la obra, si no se expresa que el pago se aplique a la parte ya entregada.

Piezas que forman un todo

Artículo 7.852.- Lo dispuesto en los dos artículos anteriores no se observará cuando las piezas que se manden construir no pueden ser útiles, sino formando reunidas un todo.

Ejecución de la obra por el empresario

Artículo 7.853.- El empresario que se encargue de ejecutar alguna obra no puede hacerla ejecutar por otro, a menos que se haya pactado lo contrario o el dueño lo consienta; en estos casos, la obra se hará siempre bajo la responsabilidad del empresario.

Vicios ocultos de la construcción

Artículo 7.854.- Recibida y aprobada la obra, el empresario es responsable de los defectos que procedan de vicios en su construcción y elaboración, mala calidad de los materiales o vicios del suelo; a no ser que por disposición expresa del dueño se hayan empleado esos materiales después que el empresario le haya dado a conocer sus defectos, o que se haya edificado en terreno inapropiado elegido por el dueño a pesar de las observaciones del empresario. Debiendo existir constancia fehaciente de lo anterior. La falta de esta constancia se imputará al empresario.

Desistimiento de la obra por el dueño

Artículo 7.855.- El dueño de una obra ajustada por un precio fijo puede desistirse ya comenzada, con tal que indemnice al empresario de todos los gastos y trabajos y de la utilidad que pudiera haber sacado de la obra.

Resolución por el dueño o empresario

Artículo 7.856.- Cuando la obra fue ajustada por peso o medida, sin designación del número de piezas o de la medida total, el contrato puede resolverse por una y otra parte, concluidas que sean las partes designadas pagándose la parte concluida.

Pago al empresario de lo que le corresponde

Artículo 7.857.- Pagado el empresario de lo que le corresponde, según los dos artículos anteriores, el dueño queda en libertad de continuar la obra, empleando a otras personas, aún cuando aquélla se siga conforme al mismo plano, diseño o presupuesto.

Muerte del empresario

Artículo 7.858.- Si el empresario muere antes de finalizar la obra, se terminará el contrato y el dueño indemnizará a los herederos de aquél por el trabajo y gastos hechos.

Empresario que no puede concluir la obra

Artículo 7.859.- La misma disposición tendrá lugar si el empresario no puede concluir la obra por alguna causa independiente de su voluntad.

Muerte del dueño

Artículo 7.860.- Si muere el dueño de la obra, no se terminará el contrato, y sus herederos serán responsables del cumplimiento para con el empresario.

Acción de terceros contra el dueño

Artículo 7.861.- Los que trabajen por cuenta del empresario o le suministren material para la obra, no tendrán acción contra el dueño de ella, sino hasta por la cantidad que alcance el empresario.

Responsabilidad del empresario

Artículo 7.862.- El empresario es responsable del trabajo ejecutado por las personas que ocupe en la obra.

Derecho de retención del empresario

Artículo 7.863.- El constructor de cualquier obra mueble tiene derecho de retenerla mientras no se le pague, y su crédito será cubierto preferentemente con el precio de dicha obra.

Responsabilidades de los empresarios constructores

Artículo 7.864.- Los empresarios constructores son responsables por la inobservancia de las disposiciones municipales, estatales o federales, y por todo el daño que causen a los vecinos; así como por el pago de los impuestos y demás prestaciones laborales y de seguridad social que se deriven de la relación de trabajo con sus operarios.

CAPÍTULO III
DEL CONTRATO DE TRANSPORTE

Reglas del contrato de transporte

Artículo 7.865.- El contrato por el cual una persona se obliga a transportar, bajo su inmediata dirección o la de sus dependientes, a personas o bienes y otra persona llamada pasajero o cargador utiliza el transporte para sí mismo o para trasladar bienes, a cambio del pago de una cantidad cierta y en dinero se regirá por las reglas de este capítulo.

Defectos de los conductores o medios de transporte

Artículo 7.866.- Los transportadores responden del daño causado a las personas por defecto de los conductores y medios de transporte que empleen; y este defecto se presume siempre que el empresario no pruebe que el mal aconteció por fuerza mayor o por caso fortuito que no le pueda ser imputado.

Pérdida o averías de los bienes

Artículo 7.867.- Responden, igualmente, de la pérdida y de las averías de los bienes que reciban, a no ser que prueben que ha provenido de caso fortuito, de fuerza mayor o de vicio de los mismos bienes.

Omisiones o equivocaciones en la remisión

Artículo 7.868.- Responden también de las omisiones o equivocaciones que haya en la remisión, ya sea que no envíen los bienes en el viaje estipulado, o que los envíen a lugar distinto del convenido.

Daños causados por retardo

Artículo 7.869.- Responden, igualmente, de los daños causados por retardo en el viaje, ya sea al comenzarlo o durante su curso o por mutación de ruta, a menos que prueben que caso fortuito o fuerza mayor los obligó a ello.

Responsabilidad de los bienes entregados

Artículo 7.870.- Los transportadores son responsables de los bienes que se les entreguen a ellos, o a sus dependientes.

Faltas o infracción a leyes o reglamentos

Artículo 7.871.- El transportador es responsable de las faltas o infracciones cometidas a leyes o reglamentos, durante el transporte, y deberá indemnizar por los daños y perjuicios, que con motivo de estas infracciones se le ocasionen al alquilador, conforme a las prescripciones relativas.

Derechos de los que carecen los transportados

Artículo 7.872.- Las personas transportadas no tienen derecho para exigir aceleración o retardo en el viaje, ni alteración alguna en la ruta, ni en las detenciones o paradas, cuando estos actos estén marcados por el reglamento respectivo o por el contrato.

Contenido de la carta porte

Artículo 7.873.- El transportador de bienes deberá extender al cargador una carta de porte de la que aquél podrá pedir una copia. En dicha carta se expresará:

I. El nombre y domicilio del cargador;

II. El nombre y domicilio del transportador;

III. El nombre y domicilio de la persona a quien o a cuya orden van dirigidos los bienes, o si han de entregarse al portador de la misma carta;

IV. La designación de los bienes, con expresión de su calidad genérica, de su peso y de las marcas o signos exteriores de los bultos en que se contengan;

V. El precio del transporte;

VI. La fecha en que se hace la expedición;

VII. El lugar de la entrega al transportador;

VIII. El lugar y el plazo en que habrá de hacerse la entrega al consignatario;

IX. La indemnización que haya de abonar el transportador en caso de retardo, si sobre este punto mediare algún pacto.

Plazo de prescripción de las acciones de transporte

Artículo 7.874.- Las acciones que nacen del contrato de transporte, prescriben en seis meses, después de concluido el viaje o bien después de la fecha en que debió concluir.

Responsabilidad en la transportación de mala calidad

Artículo 7.875.- Si el bien transportado fuere de naturaleza peligrosa, de mala calidad o no estuviere convenientemente empacado o envasado, y el daño proviniere de alguna de esas circunstancias, la responsabilidad será del dueño del transporte si tuvo conocimiento de ellas; en caso contrario, la responsabilidad será del que contrató con el transportador, tanto por el daño que se cause al bien, como por el que reciban el medio de transporte u otras personas o bienes.

Pago de daños y perjuicios que resulten por defectos del medio de transporte

Artículo 7.876.- El transportador debe declarar los defectos del medio de transporte, y es responsable de los daños y perjuicios que resulten de la falta de esta declaración.

Crédito por fletes

Artículo 7.877.- El crédito por fletes que se adeudare al transportador, será pagado preferentemente con el precio de los bienes transportados, si se encuentran en poder del acreedor.

Pago por desistimiento del transporte

Artículo 7.878.- El cargador puede desistirse del contrato de transporte, antes o después de comenzarse el viaje; pagando en el primer caso al transportador la mitad, y en el segundo la totalidad del porte, siendo obligación suya recibir los bienes en el punto y en el día en que el desistimiento se verifique. Si incumpliere con esta obligación, o no pagare el porte, no podrá desistirse del contrato.

Terminación del contrato por fuerza mayor

Artículo 7.879.- El contrato de transporte termina antes de emprenderse el viaje, o durante su curso, si sobreviniere algún suceso de fuerza mayor que impida verificarlo o continuarlo.

Consecuencias del termino por fuerza mayor

Artículo 7.880.- En el caso previsto en el artículo anterior, cada uno de los interesados perderá los gastos que hubiere hecho si el viaje no se ha verificado; si está en curso, el transportador tendrá derecho a que se le pague del porte la parte proporcional al camino recorrido, y la obligación de presentar los bienes, para su depósito, a la autoridad correspondiente del punto en que ya no le sea posible continuarlo, comprobando y recabando la constancia relativa de hallarse en el estado consignado en la carta de porte, de cuyo hecho dará conocimiento oportuno al cargador; a cuya disposición deben quedar.

(ADICIONADO CON LOS ARTÍCULOS QUE LO INTEGRAN, G.G. 12 DE AGOSTO DE 2015)

CAPÍTULO III BIS
DEL CONTRATO ELECTRÓNICO DE TRANSPORTE

(ADICIONADO, G.G. 12 DE AGOSTO DE 2015)

Contrato electrónico de transporte privado de personas

Artículo 7.880 Bis.- Es un acuerdo de voluntades por el cual una persona denominada usuario obtiene a través de una aplicación tecnológica, un medio de traslado ofrecido directamente por proveedores privados de transporte.

(ADICIONADO, G.G. 12 DE AGOSTO DE 2015)

Contrato electrónico de transporte privado de personas a través de una prestadora de servicios electrónicos

Artículo 7.880 Ter.- Es un acuerdo de voluntades a través del cual una persona denominada usuario contrata con otra denominada prestadora de servicios electrónicos a través de sí misma o por medio de cualquiera de sus filiales o subsidiarias una aplicación electrónica tecnológica que sirve para la intermediación con un tercero denominado proveedor privado de transporte con el objeto de obtener un medio de traslado ofrecido por este último.

En el caso de utilizar una prestadora de servicios electrónicos, ésta es la responsable de la protección de la información proporcionada por el usuario y los proveedores de transporte en términos de la legislación en materia de transparencia, acceso a la información y protección de datos.

(REFORMADO, G.G. 5 DE NOVIEMBRE DE 2015)

La prestadora de servicios electrónicos no brindará directamente el servicio privado de transporte, por lo que el responsable por cualquier incumplimiento del contrato electrónico de transporte privado de personas, a través de una prestadora de servicios electrónicos será directamente el proveedor privado de transporte.

(ADICIONADO, G.G. 5 DE NOVIEMBRE DE 2015)

La prestadora de servicios electrónicos no será responsable por el incumplimiento del contrato electrónico de transporte privado de personas por lo que se refiere al transporte en sí, sin embargo, en caso de que el proveedor privado de transporte no cuente con un seguro vigente que cubra lo relativo a la responsabilidad civil, la prestadora de servicios electrónicos será obligada solidaria y responderá únicamente en los términos que establece la legislación aplicable, hasta por el monto de la cobertura del seguro que debió haber contratado el proveedor privado del transporte para tal riesgo.

(ADICIONADO, G.G. 12 DE AGOSTO DE 2015)

Forma y perfeccionamiento del contrato electrónico de transporte privado de personas

Artículo 7.880 Quáter.- El contrato electrónico de transporte privado de personas se perfecciona cuando:

I. Se acepten las condiciones a través de una aplicación tecnológica.

II. Se utilice el servicio de transporte privado ligado a plataformas tecnológicas.

El contenido general del contrato deberá estar visible en una página de internet de la prestadora de servicios electrónicos así como de la de sus filiales o subsidiarias.

La tarifa no estará sujeta a regulación administrativa alguna, sin embargo es obligatoria para las partes desde el momento en que se perfecciona el contrato (origen, destino, tarifa por tiempo y distancia, nombre del usuario y proveedor privado de transporte), dicha tarifa por tiempo y distancia deberá estar visible en la aplicación tecnológica y en la página de internet de la prestadora de servicios electrónicos, así como de la de sus filiales o subsidiarias, según sea el caso.

El contrato electrónico de transporte se considera de adhesión para todos los efectos establecidos en la Ley Federal de Protección al Consumidor.

La legislación aplicable en caso de controversia que genere el contrato será la del Estado de México siempre y cuando el servicio tenga como punto de origen o destino dicha Entidad y únicamente cuando la responsabilidad derive de actos u omisiones establecidos en el mismo.

(ADICIONADO, G.G. 12 DE AGOSTO DE 2015)

Personas que pueden ser prestadores de servicios electrónicos y proveedor privado de transporte

Artículo 7.880 Quintus.- Para ser prestador de servicios electrónicos y proveedor privado de transporte se deberá cumplir con los requisitos que prevé el Código Administrativo del Estado de México.

CAPÍTULO IV
DEL CONTRATO DE HOSPEDAJE

Elementos del contrato

Artículo 7.881.- El contrato de hospedaje tiene lugar cuando alguno presta a otro albergue, mediante la retribución convenida, comprendiéndose o no, según se estipule, los alimentos y otros servicios que origine el hospedaje.

Consentimiento tácito en el hospedaje

Artículo 7.882.- Este contrato se celebra tácitamente si el que preste el hospedaje tiene casa destinada a este objeto.

Reglas sobre el hospedaje expreso y el tácito

Artículo 7.883.- El hospedaje expreso se rige por las condiciones estipuladas y el tácito por el reglamento administrativo correspondiente, y que el dueño del establecimiento deberá tener siempre en lugar visible.

Bienes preferentes del pago de hospedaje

Artículo 7.884.- Los equipajes de los pasajeros responden preferentemente del importe del hospedaje; a ese efecto, los dueños de los establecimientos donde se hospeden podrán retenerlo en prenda hasta que obtengan el pago de lo adeudado.

TÍTULO DECIMOPRIMERO
DE LAS ASOCIACIONES, DE LAS SOCIEDADES Y DE LA APARCERÍA RURAL

CAPÍTULO I
DE LAS ASOCIACIONES

Concepto de contrato de asociación

Artículo 7.885.- La asociación civil es un contrato por el cual se reúnen de manera que no sea enteramente transitoria, dos o más personas, para realizar un fin común y que no tenga carácter preponderantemente económico.

Elementos formales del contrato de asociación

Artículo 7.886.- El contrato por el que se constituya o modifique una asociación debe constar en escritura pública y debe inscribirse en el Registro Público de la Propiedad.

Contenido de la escritura constitutiva

Artículo 7.887.- La escritura pública por la cual se constituya una asociación deberá contener:

I. Nombre, domicilio, edad, estado civil y nacionalidad de los asociados;

II. La denominación o razón social de la asociación;

III. El domicilio de la asociación;

IV. El objeto de la asociación;

V. Los bienes que integren el patrimonio de la asociación; además de la expresión de lo que cada asociado aporte;

VI. El nombre del director o de los integrantes del consejo de directores que ejerzan la administración y representación de la asociación, así como las facultades conferidas;

VII. La duración;

VIII. Los estatutos.

Consecuencias de la falta de forma

Artículo 7.888.- La inobservancia de la forma requerida originará la disolución que podrá ser pedida por cualquier asociado.

Efectos de la constitución

Artículo 7.889.- En tanto se inscriba en el Registro Público de la Propiedad la constitución de la asociación, sus estatutos, surtirán efectos entre los asociados y producirá efectos en beneficio y no en perjuicio de personas distintas de la asociación.

Razón social

Artículo 7.890.- Después de la razón social, se usarán las palabras Asociación Civil o sus siglas A.C.

Admisión y exclusión de asociados

Artículo 7.891.- La asociación puede admitir y excluir asociados.

Normas que rigen a las asociaciones

Artículo 7.892.- Las asociaciones se regirán por sus estatutos y en lo no previsto por las disposiciones del presente capítulo.

Asamblea general de poder supremo

Artículo 7.893.- El poder supremo de las asociaciones reside en la asamblea general. El director o directores de ellas tendrán las facultades que les conceden los estatutos y la asamblea general, con sujeción a estos documentos.

Convocatoria para asamblea general

Artículo 7.894.- La asamblea general debe ser convocada por la dirección con una anticipación mínima de cinco días hábiles a su celebración, en forma personal en el domicilio que haya registrado el asociado en la asociación. La dirección deberá citar a asamblea cuando para ello fuere requerida por lo menos por el cinco por ciento de los asociados, o si no lo hiciere, en su lugar lo hará el Juez de lo civil a petición del mismo porcentaje de asociados.

Facultades de la asamblea general

Artículo 7.895.- La asamblea general resolverá de:

I. La admisión y exclusión de los asociados;

II. La disolución anticipada de la asociación o sobre su prórroga;

III. El nombramiento de director o directores y el otorgamiento de sus facultades;

IV. La revocación de los nombramientos hechos;

V. Los demás asuntos que les encomienden los estatutos.

Quórum legal de la asamblea

Artículo 7.896.- Para que se considere legalmente instalada la asamblea en primera convocatoria se requiere la presencia de la mitad más uno de los asociados y en segunda convocatoria con el número de los asistentes.

Forma de tomar decisiones

Artículo 7.897.- Las asambleas generales, bajo pena de nulidad, sólo se ocuparán de los asuntos contenidos en la orden del día fijado en la convocatoria, sus decisiones serán tomadas por mayoría de votos de los presentes.

El asociado condenado a voto

Artículo 7.898.- Cada asociado gozará de un voto en las asambleas generales.

Impedimento para votar

Artículo 7.899.- El asociado no votará las decisiones en que se encuentren directamente interesados él, su cónyuge, sus ascendientes, descendientes o hermanos.

Aviso de separación

Artículo 7.900.- Los asociados tendrán derecho de separarse, previo aviso con dos meses de anticipación.

Causas de exclusión de asociados

Artículo 7.901.- Los asociados pueden ser excluidos por:

I. Dejar de pagar oportunamente las cuotas acordadas en los estatutos o por la asamblea general;

II. Observar una conducta contradictoria con los fines de la asociación;

III. Las demás causas que señalen los estatutos.

Pérdida del derecho al haber social

Artículo 7.902.- Los asociados que voluntariamente se separen o que fueren excluidos, perderán todo derecho al haber social.

Derecho de vigilar el destino de las cuotas

Artículo 7.903.- Los asociados tienen el derecho de vigilar que las cuotas se dediquen al fin que se propone la asociación, con ese objeto pueden examinar los libros de contabilidad y demás documentación.

El derecho de asociado es intransferible

Artículo 7.904.- La calidad de asociado es intransferible.

Causas de extinción de la asociación

Artículo 7.905.- Las asociaciones, además de las causas previstas en los estatutos, se extinguen por:

I. Acuerdo de la asamblea general;

II. Haber concluido el plazo fijado para su duración;
III. Haber conseguido su objeto;
IV. Haber llegado a ser física o legalmente imposible el fin;
V. Resolución de autoridad competente.

Aplicación de los bienes por disolución

Artículo 7.906.- En caso de disolución, los bienes de la asociación se aplicarán conforme a los estatutos, y a falta de disposición, según lo que determine la asamblea general. En este caso sólo podrá atribuir a los asociados la parte del activo social que equivalga a sus aportaciones. Los demás bienes se aplicarán a otra asociación de objeto similar a la extinguida.

Instituciones de asistencia privada

Artículo 7.907.- Las instituciones de asistencia privada son personas jurídicas colectivas con fines de interés público que, con bienes de propiedad particular, que ejecutan actos de asistencia social sin designar individualmente a los beneficiarios y sin propósito de lucro.

Régimen de las instituciones de asistencia privada

Artículo 7.908.- Las instituciones de asistencia privada se regirán por las leyes especiales correspondientes.

CAPÍTULO II
DE LAS SOCIEDADES

SECCIÓN PRIMERA
DISPOSICIONES GENERALES

Concepto de sociedad civil

Artículo 7.909.- La sociedad civil se constituye mediante un contrato, por el cual los socios se obligan a combinar sus recursos o sus esfuerzos para la realización de un fin común de carácter preponderantemente económico, que no constituya una especulación comercial, mediante la aportación de sus bienes o industria, o de ambos, para dividir entre sí las ganancias y pérdidas.

Aportación de bienes

Artículo 7.910.- La aportación de bienes implica la transmisión de su dominio a la sociedad, salvo que expresamente se pacte otra cosa.

Elementos formales de la sociedad

Artículo 7.911.- El acto por el que se constituya o modifique una sociedad, debe constar en escritura pública, la que se inscribirá en el Registro Público de la Propiedad.

En tanto se inscriba en el Registro, surtirá efectos entre los socios y sólo en beneficio de terceros.

Consecuencias de la falta de forma

Artículo 7.912.- La falta de forma prescrita para el contrato de sociedad sólo produce el efecto de que los socios puedan pedir, en cualquier tiempo, que se haga la liquidación de la sociedad conforme a lo convenido, y a falta de convenio conforme al capítulo de liquidación de la sociedad; pero mientras que ésta no se pida, el contrato produce todos sus efectos entre los socios quienes no pueden oponer a terceros que hayan contratado con la sociedad, la falta de forma.

Nulidad de la sociedad con objeto lícito

Artículo 7.913.- Si se formare una sociedad para un objeto ilícito, a solicitud de cualquiera de los socios, o de un tercero interesado, se declarará la nulidad de la sociedad, la cual se pondrá en liquidación.

Después de pagadas las deudas sociales, conforme a la ley, a los socios se les reembolsará lo que hubieren llevado a la sociedad.

Las utilidades se destinarán a los establecimientos de beneficencia pública del lugar del domicilio de la sociedad.

Contenido del contrato de sociedad

Artículo 7.914.- El contrato de sociedad debe contener:

I. Los nombres, domicilio, edad y estado civil de los socios;

II. La razón social;

III. El objeto;

IV. El importe del capital social y la aportación con que cada socio debe contribuir;

V. El inventario y avalúo de los bienes que aporten, en su caso, los socios; con los documentos justificativos de su propiedad, y con las formalidades, que en su caso, requiera la ley para la transmisión de esos bienes;

VI. El domicilio social;

VII. La duración;

VIII. Las reglas aplicables a la administración;

IX. Los estatutos sociales.

Razón social

Artículo 7.915.- Después de la razón social se agregarán las palabras: "Sociedad Civil", o sus siglas S.C.

Sociedad nula

Artículo 7.916.- Será nula la sociedad en que se estipule que los beneficios pertenezcan exclusivamente a alguno o algunos de los socios y todas las pérdidas a otro u otros.

Estipulación sobre socios capitalistas

Artículo 7.917.- No puede estipularse que a los socios capitalistas se les restituya su aporte con una cantidad adicional haya o no ganancias.

SECCIÓN SEGUNDA
DE LOS SOCIOS

Obligaciones de los socios

Artículo 7.918.- Cada socio estará obligado al saneamiento para el caso de evicción de los bienes que aporte a la sociedad, como corresponde a todo enajenante, y a indemnizar por los vicios de esos bienes, como lo está el vendedor respecto del comprador; más si lo que prometió fue el aprovechamiento de bienes determinados, responderá de ellos según los principios que rigen las obligaciones entre el arrendador y el arrendatario.

Aumento de capital

Artículo 7.919.- A menos que lo establezcan los estatutos sociales, no puede obligarse a los socios, a hacer una nueva aportación para aumentar el capital social. Cuando el aumento del capital social sea acordado por la mayoría, los socios que no estén conformes pueden separarse de la sociedad, con devolución de lo que aportaron.

Garantía subsidiaria de las obligaciones sociales

Artículo 7.920.- Las obligaciones sociales estarán garantizadas subsidiariamente por la responsabilidad ilimitada y solidaria de los socios que administren; los demás socios, salvo que lo establezcan los estatutos sociales, sólo estarán obligados a su aportación.

Condiciones de la cesión de los derechos de los socios

Artículo 7.921.- Los socios no pueden ceder sus derechos sin el consentimiento unánime de los demás; y sin él tampoco pueden admitirse nuevos socios; salvo pacto en contrario, en uno y en otro caso.

Derecho del tanto en caso de cesión

Artículo 7.922.- Los socios gozarán del derecho del tanto en el caso de cesión o venta de los derechos del haber social de otro socio. Si varios socios quieren hacer uso de ese derecho, les competerá éste en la proporción que representen dentro del haber social. El plazo para hacer uso del derecho del tanto será el de ocho días, contados desde que reciban aviso fehaciente del que pretende ceder o enajenar.

Exclusión de socios

Artículo 7.923.- Ningún socio puede ser excluido de la sociedad sino por el acuerdo unánime de los demás socios y por causa grave prevista en los estatutos.

Responsabilidad del socio excluido

Artículo 7.924.- El socio excluido es responsable de la parte de pérdidas que le corresponda, y los otros socios pueden retener la parte del capital y utilidades de aquél, hasta concluir las operaciones pendientes al tiempo de la exclusión, debiendo hacerse hasta entonces la liquidación correspondiente.

SECCIÓN TERCERA
DE LAS ASAMBLEAS

Órgano supremo de la sociedad

Artículo 7.925.- La asamblea es el órgano supremo de la sociedad y sus decisiones son obligatorias.

Excepto en los casos en que la ley exige unanimidad de votos, los acuerdos serán tomados por mayoría computada por aportaciones, pero cuando una sola represente el mayor interés y se trate de sociedades con más de tres socios se necesita por lo menor de la tercera parte de los mismos.

Asambleas ordinarias y extraordinarias

Artículo 7.926.- Las asambleas serán ordinarias y extraordinarias.

Las extraordinarias conocerán de cualquier modificación al estatuto social, así como de la admisión y exclusión de socios; todas las demás serán ordinarias.

Convocatoria y celebración de asambleas

Artículo 7.927.- Las asambleas se celebrarán por lo menos una vez al año; la convocatoria será hecha por el socio administrador o por el diez por ciento de los socios, con una anticipación mínima de quince días naturales a su celebración tratándose de la primera vez, y de cinco días para las posteriores, mediante notificación en el domicilio que los socios tengan registrado en la sociedad.

Quórum legal

Artículo 7.928.- Para que se considere legalmente constituida la asamblea ordinaria en la primera convocatoria, se requerirá del cincuenta y uno por ciento de los socios y en tratándose de las siguientes, con los que asistan.

Para las asambleas extraordinarias se requerirá un quórum del setenta y cinco por ciento de los socios en primera convocatoria y en segunda con mayoría simple.

SECCIÓN CUARTA
DE LA ADMINISTRACIÓN DE LA SOCIEDAD

Socio o socios administradores

Artículo 7.929.- La administración de la sociedad debe conferirse a uno o más socios, en este último caso, los acuerdos serán tomados por mayoría de votos.

Derecho de los socios no administradores

Artículo 7.930.- El nombramiento de los socios administradores no priva a los demás del derecho de examinar el estado de los negocios sociales y de exigir con este fin la presentación de libros y demás documentación. Este derecho no es renunciable.

Casos que requieren autorización expresa

Artículo 7.931.- Los socios administradores ejercerán las facultades que fueren necesarias para cumplir el objeto de la sociedad; pero, salvo convenio en contrario, necesitan autorización expresa de la asamblea de socios para:

I. Enajenar los bienes de la sociedad, si ésta no se ha constituido con ese objeto;

II. Gravarlos con cualquier derecho real;

III. Tomar capitales prestados.

Ejercicio de facultades no concedidas a los administradores

Artículo 7.932.- Las facultades que no se hayan concedido a los administradores serán ejercitadas por quien determine la asamblea.

Actuación conjunta de los administradores

Artículo 7.933.- Si se ha convenido en que un administrador actúe conjuntamente con otro, solamente podrá proceder de otra manera, en caso de que pueda resultar perjuicio grave e irreparable a la sociedad.

Rendición de cuentas por los administradores

Artículo 7.934.- El socio o socios administradores están obligados a rendir cuentas siempre que lo pidan la mayoría de los socios, aún cuando no sea la época fijada en los estatutos sociales.

SECCIÓN QUINTA
DE LA DISOLUCIÓN DE LA SOCIEDAD

Causas de disolución

Artículo 7.935.- La sociedad se disuelve por:

I. Acuerdo de la asamblea;

II. Haberse cumplido el plazo de duración;

III. La realización del fin social;

IV. Haberse vuelto imposible la consecución del objeto de la sociedad;

V. Por la muerte o incapacidad de uno de los socios que tenga responsabilidad ilimitada por los compromisos sociales, salvo que en la escritura constitutiva haya pacto en contrario;

VI. La muerte del socio industrial, siempre que su industria haya dado nacimiento a la sociedad;

VII. Por la renuncia de uno de los socios, cuando se trate de sociedades de duración indeterminada y los otros socios no deseen continuar asociados, siempre que esa renuncia no sea maliciosa, ni extemporánea;

VIII. Resolución Judicial.

Renuncia maliciosa

Artículo 7.936.- La renuncia se considera maliciosa cuando el socio que la hace se propone aprovecharse exclusivamente de los beneficios o evitarse pérdidas que los socios deberían de recibir o reportar en común con arreglo al convenio.

Renuncia extemporánea

Artículo 7.937.- Es extemporánea la renuncia, si al hacerla, las cosas no se hallan en su estado íntegro, si la sociedad puede ser perjudicada con la disolución que originaría la renuncia.

Muerte de algún socio

Artículo 7.938.- En el caso de que a la muerte de algún socio la sociedad hubiere de continuar con los supervivientes, se procederá a la liquidación de la parte que corresponde al socio difunto, para entregarla a su sucesión. Los herederos del que murió tendrán derecho al capital y utilidades que al finado correspondan en el momento en que murió.

Obligaciones de la sociedad con terceros

Artículo 7.939.- La disolución de la sociedad no modifica los compromisos contraídos con terceros.

SECCIÓN SEXTA
DE LA LIQUIDACIÓN DE LA SOCIEDAD

Tiempo en el que se liquida la sociedad

Artículo 7.940.- Disuelta la sociedad se pondrá inmediatamente en liquidación, la cual se practicará en el plazo de seis meses, salvo lo que dispongan los estatutos sociales.

Agregado a la razón social

Artículo 7.941.- Cuando la sociedad se ponga en liquidación, deben agregarse a su razón social las palabras "en liquidación".

Liquidador de la sociedad

Artículo 7.942.- La liquidación debe hacerse por la asamblea de los socios, salvo que convengan en nombrar liquidadores o que ya estuvieren nombrados.

Reparto de utilidades

Artículo 7.943.- Si cumplidas las obligaciones y devueltas las aportaciones de los socios, quedaren algunos bienes, se considerarán utilidades y se repartirán entre los socios en la forma que prevengan los estatutos sociales. Si no hubo convenio, se repartirán proporcionalmente a sus aportaciones.

Liquidación previa para repartir utilidades

Artículo 7.944.- Ni el capital social ni las utilidades pendientes pueden repartirse sino después de la disolución de la sociedad y previa la liquidación respectiva, salvo lo que dispongan los estatutos sociales.

Pérdida social

Artículo 7.945.- Si al liquidarse la sociedad no quedaren bienes suficientes para cubrir los compromisos sociales y devolver sus aportaciones a los socios, el déficit se considerará pérdida y se repartirá entre los socios en la forma establecida anteriormente.

Proporción de las pérdidas

Artículo 7.946.- Si sólo se hubiere pactado lo que debe corresponder a los socios por utilidades, en la misma proporción responderán de las pérdidas.

Aportación de industria

Artículo 7.947.- Si alguno de los socios contribuye sólo con su industria, sin que ésta se hubiere estimado, ni se hubiere designado cuota que por ella debiera recibir, se observarán las reglas siguientes:

I. Si el trabajo del industrial pudiera hacerse por otro, su cuota será la que corresponda por razón de sueldos u honorarios a tal actividad; esto mismo se observará si son varios los socios industriales;

II. Si el trabajo no pudiere ser hecho por otro, su cuota será igual a la del socio capitalista que tenga más;

III. Si sólo hubiere un socio industrial y otro capitalista, se dividirán entre sí por partes iguales las ganancias;

IV. Si son varios los socios industriales y su trabajo no puede ser hecho por otro, obtendrán, entre todos la mitad de las ganancias y las dividirán entre sí, por convenio y, a falta de éste, por resolución judicial.

Aportación de industria y capital

Artículo 7.948.- Si el socio industrial hubiere contribuido también con cierto capital, se considerarán éste y la industria separadamente.

Socios capitalistas e industriales

Artículo 7.949.- Si al terminar la sociedad en que hubiere socios capitalistas e industriales, resultare que no hubo ganancias, todo el capital se distribuirá entre los socios capitalistas, conforme a sus aportaciones.

Excepción de los socios industriales para responder por las pérdidas

Artículo 7.950.- Salvo lo dispuesto en los estatutos, los socios industriales no responderán de las pérdidas.

CAPÍTULO III
DE LA APARCERÍA RURAL

Clases de aparcería rural

Artículo 7.951.- La aparcería rural puede ser agrícola y de ganado.

Formas del contrato de aparcería

Artículo 7.952.- El contrato de aparcería puede celebrarse por escrito o verbalmente.

Aparcería agrícola

Artículo 7.953.- En la aparcería agrícola una persona da a otra un predio rústico para que lo cultive, proporcionando o no las semillas, según acuerden, a fin de repartirse los frutos en la forma que convengan; a falta de ello, se hará conforme a la costumbre del lugar, en el concepto de que al aparcero nunca podrá corresponderle menos del cuarenta por ciento de la cosecha.

Subsistencia de la aparcería

Artículo 7.954.- Si durante la vigencia del contrato falleciere el dueño del predio dado en aparcería, o éste fuere enajenado, la aparecería subsistirá.

Terminación del contrato por muerte del aparcero

Artículo 7.955.- Si es el aparcero el que muere, el contrato puede darse por terminado, salvo pacto contrario.

Obligación del dueño en caso de muerte del aparcero

Artículo 7.956.- Cuando a la muerte del aparcero ya se hubieren hecho algunos trabajos necesarios para el cultivo, si el propietario da por terminado el contrato, tiene obligación de pagar a los herederos del aparcero el importe de esos trabajos, en cuanto se aprovecha de ellos.

Recolección de mieses o cosecha

Artículo 7.957.- Quien tuviere terrenos o predios en aparcería no podrá levantar las mieses o cosechar los frutos en que deba tener parte, sin dar aviso al propietario o a su representante.

Ausencia del dueño cuando se coseche

Artículo 7.958.- Si el propietario o su representante no se encuentran, podrá el aparcero levantar la cosecha, midiendo, contando o pesando los frutos en presencia de la autoridad municipal o de dos testigos, levantando constancia.

Monto de los frutos fijados por peritos

Artículo 7.959.- Si el aparcero no cumple lo dispuesto en los dos artículos anteriores, tendrá obligación de entregar al propietario la cantidad de frutos que, de acuerdo con el contrato, fijen peritos. Los honorarios de los peritos serán cubiertos por el aparcero.

Cosecha por el propietario

Artículo 7.960.- El propietario del terreno no podrá levantar la cosecha sino cuando el aparcero abandone la siembra.

En este caso, se observará lo dispuesto en los dos artículos anteriores.

Derecho del que carece el propietario

Artículo 7.961.- El propietario del terreno no tiene derecho de retener, de propia autoridad, todos o parte de los frutos que correspondan al aparcero, para garantizar lo que éste le deba por razón del contrato de aparcería.

Pérdida de la cosecha por caso fortuito

Artículo 7.962.- Si la cosecha se pierde por completo en caso fortuito o fuerza mayor, el aparcero no tiene obligación de pagar las semillas que le haya proporcionado para la siembra el dueño; si la pérdida de la cosecha es parcial, en proporción a esa pérdida, quedará liberado el aparcero de pagar las semillas.

Descuido del aparcero

Artículo 7.963.- Si por descuido del aparcero se pierde la cosecha, éste debe hacer el pago de las semillas

Construcción de casa por el aparcero

Artículo 7.964.- Cuando el aparcero establezca su habitación en el inmueble que va a cultivar, tiene obligación el propietario de permitirle que construya su casa y haga uso de los servicios existentes necesarios.

Derecho del tanto del aparcero

Artículo 7.965.- Al concluir el contrato de aparcería el aparcero que hubiere cumplido sus compromisos goza del derecho del tanto, si la tierra que estuvo cultivando va a ser dada en nueva aparcería.

Este derecho lo deberá hacer valer dentro de los ocho días siguientes a aquel en que sea notificado fehacientemente.

Aparcería de ganado

Artículo 7.966.- Tiene lugar la aparcería de ganado cuando una persona da a otra cierto número de animales a fin de que los cuide y alimente, con objeto de repartirse los frutos en la proporción que convengan.

Objeto de la aparcería de ganado

Artículo 7.967.- Constituyen el objeto de esta aparcería las crías de los animales y todos sus productos.

Costumbre en la aparcería de ganado

Artículo 7.968.- A falta de convenio se observará la costumbre del lugar, salvo las siguientes disposiciones de este capítulo.

Obligación del aparcero de ganado

Artículo 7.969.- El aparcero de ganado está obligado a emplear en la guarda y tratamiento de los animales, el cuidado que ordinariamente emplee en sus bienes; de no hacerlo, será responsable de los daños y perjuicios.

Obligación del propietario del ganado

Artículo 7.970.- El propietario está obligado a garantizar a su aparcero la posesión y el uso del ganado y a sustituir por otros, en caso de evicción, los animales perdidos, de lo contrario, es responsable de los daños y perjuicios.

Pérdidas por caso fortuito

Artículo 7.971.- Es nulo el convenio que estipule que todas las pérdidas que resultaren en caso fortuito sean de cuenta del aparcero de ganado.

Disposición de cabezas de ganado

Artículo 7.972.- El aparcero de ganado no podrá disponer de ninguna cabeza, de las crías, ni de sus productos; sin consentimiento del propietario, ni éste sin el de aquél.

Nacimiento de crías

Artículo 7.973.- El aparcero deberá hacer del conocimiento del propietario, el nacimiento de las crías; así como del esquileo y obtención de otros productos.

Si omite dar este aviso se estará a lo establecido en la aparcería agrícola.

Duración de la aparcería de ganado

Artículo 7.974.- La aparcería de ganado dura el tiempo convenido, y a falta de convenio, el tiempo que fuere costumbre en el lugar.

Derecho del dueño para reivindicar el ganado

Artículo 7.975.- El propietario cuyo ganado se enajena indebidamente por el aparcero, tiene derecho para reivindicarlo, a menos que se haya rematado en pública subasta; pero conservará a salvo el derecho que le corresponda contra el aparcero, para cobrarle los daños y perjuicios.

Prórroga de la aparcería de ganado

Artículo 7.976.- Si el propietario no exige su parte dentro de los sesenta días después de fenecido el tiempo del contrato, se entenderá prorrogado por un año.

Derecho del tanto del aparcero y el propietario

Artículo 7.977.- En el caso de venta de los animales antes de que termine el contrato de aparcería, disfrutarán los contratantes del derecho del tanto.

Para hacer uso de este derecho, se observará lo dispuesto en la aparcería agrícola.

TÍTULO DECIMOSEGUNDO
DE LOS CONTRATOS ALEATORIOS

CAPÍTULO I
DEL JUEGO Y DE LA APUESTA

Concepto del contrato de juego

Artículo 7.978.- El contrato de juego es aquel mediante el cual, la ganancia o pérdida depende del resultado favorable o adverso de una actividad lícita que se desarrolla entre las partes, con fines de distracción o de ganancia o con ambos fines.

Concepto del contrato de apuesta

Artículo 7.979.- Contrato de apuesta es aquél por el cual dos o más personas que son de opinión contraria, sobre cualquier materia, convienen en que aquélla cuya opinión resulte fundada, recibirá de la otra una suma de dinero, o cualquier otro beneficio, siempre que la misma no sea contraria a la ley o las buenas costumbres.

Juego o apuesta que producen obligación

Artículo 7.980.- Sólo el juego o apuesta autorizados legalmente, producen obligación civil.

Prescripción de la acción de pago

Artículo 7.981.- La acción para exigir lo que se gana en un juego o apuesta prescribe a los treinta días.

Monto del patrimonio afectable en juego o apuesta

Artículo 7.982.- El que pierde en un juego o apuesta, queda obligado al pago, con tal de que la pérdida no exceda del cinco por ciento de su patrimonio, pero en caso de sociedad conyugal éste no podrá rebasar del dos punto cinco por ciento del total del mismo.

La suerte como medio para dividir bienes o terminar controversias

Artículo 7.983.- Cuando las personas se sirvieren del medio de la suerte, no como apuesta o juego, sino para dividir bienes comunes o terminar controversias, producirá, en el primer caso, los efectos de una partición legítima, y en el segundo, los de una transacción.

Loterías o rifas

Artículo 7.984.- Las loterías o rifas, cuando se permitan, serán regidas, por las leyes especiales que las autoricen, o por los reglamentos correspondientes.

CAPÍTULO II
DE LA RENTA VITALICIA

Elementos de la renta vitalicia

Artículo 7.985.- La renta vitalicia es un contrato por el cual el pensionario, se obliga a pagar periódicamente al pensionista, una cantidad de dinero o bienes fungibles, durante la vida de esa o de otra u otras personas determinadas, a cambio de la entrega al pensionario, de una cantidad de dinero o de un bien estimado, cuyo dominio se le transfiere.

Constitución de la renta vitalicia

Artículo 7.986.- La renta vitalicia podrá también constituirse a título gratuito, por donación o por testamento.

Elementos formales de la renta vitalicia

Artículo 7.987.- El contrato de renta vitalicia debe hacerse por escrito, y en escritura pública cuando los bienes cuya propiedad se transfiere deban enajenarse con esta formalidad.

Plazo de la renta vitalicia

Artículo 7.988.- El contrato de renta vitalicia puede constituirse teniendo como plazo la vida del pensionario, del pensionista o la de un tercero.

Renta vitalicia considerada como donación

Artículo 7.989.- Cuando la renta se constituya en favor de una persona que no ha puesto el capital, debe considerarse como una donación, aunque no sujeta a los preceptos que regulan ese contrato, salvo los casos en que deba ser reducida por inoficiosa o anulada por incapacidad del que deba recibirla.

Renta vitalicia nula

Artículo 7.990.- El contrato de renta vitalicia es nulo, si la persona cuya vida ha sido tomada como plazo ha muerto antes de su otorgamiento.

Nulidad por muerte de la persona en cuyo favor se constituye

Artículo 7.991.- También es nulo el contrato si la persona en cuyo favor se constituye la renta, muere dentro del plazo que en él se señale y que no podrá ser menor de treinta días, contados desde el del otorgamiento.

Rescisión de la renta vitalicia

Artículo 7.992.- Aquél a cuyo favor se ha constituido la renta, puede demandar la rescisión del contrato, si el pensionario no le da o conserva las seguridades estipuladas para su cumplimiento.

Pago proporcional y anticipado de la renta

Artículo 7.993.- La renta correspondiente al período en que muere la persona cuya vida constituye el plazo de la renta, se pagará en proporción a los días en que éste vivió; pero si debía pagarse por plazos anticipados, y se pagó el importe total del plazo ya no tendrá derecho al reembolso.

Facultad del que a título gratuito constituye renta

Artículo 7.994.- El que constituye a título gratuito una renta sobre sus bienes susceptibles de inscripción en el Registro Público de la Propiedad, puede disponer, al tiempo del otorgamiento, que no estarán sujetos a gravamen por derecho de un tercero, siempre y cuando no sea en fraude de acreedores.

Contribuciones por renta vitalicia

Artículo 7.995.- Lo dispuesto en el artículo anterior no comprende las contribuciones.

Renta constituida para alimentos

Artículo 7.996.- Si la renta se ha constituido para alimentos, no podrá ser embargada sino en la parte que a juicio del Juez exceda de la cantidad que sea necesaria para cubrir aquéllos.

Muerte del pensionista

Artículo 7.997.- Cuando la renta se constituye teniendo como plazo la vida de un tercero, a la muerte del pensionista, se transmitirá a sus herederos.

Requisitos para reclamar las pensiones

Artículo 7.998.- El pensionista solo puede demandar las pensiones, justificando su existencia o la de la persona sobre cuya vida fue tomada como plazo para la constitución de la renta.

Responsabilidad del que paga renta

Artículo 7.999.- Si el que paga la renta vitalicia ha causado la muerte del acreedor o la de aquél sobre cuya vida se considera como plazo para constituirla, debe devolver el capital al que la constituyó o a sus herederos.

TÍTULO DECIMOTERCERO
DE LA FIANZA

CAPÍTULO I
DE LA FIANZA EN GENERAL

Elementos del contrato de fianza

Artículo 7.1000.- La fianza es un contrato por el cual una persona se compromete con el acreedor a pagar por el deudor si éste no lo hace. Siempre deberá constar por escrito.

Clases de fianza

Artículo 7.1001.- La fianza puede ser legal, judicial, convencional, gratuita o a título oneroso.

Personas en cuyo favor puede constituirse

Artículo 7.1002.- La fianza puede constituirse no sólo en favor del deudor principal, sino en el del fiador, ya sea que uno u otro consienta en la garantía, ya sea que la ignore, ya sea que la contradiga.

Existencia de la fianza

Artículo 7.1003.- La fianza no puede existir sin una obligación válida. Puede no obstante, recaer sobre una obligación cuya nulidad puede ser reclamada a virtud de una excepción puramente personal del obligado.

Fianza sobre deudas futuras

Artículo 7.1004.- Puede también otorgarse fianza en garantía de deudas futuras, cuyo importe no sea aún conocido, pero no se podrá reclamar contra el fiador hasta que la deuda sea líquida.

Límite de la obligación del fiador

Artículo 7.1005.- El fiador puede obligarse a menos y no a más que el deudor principal. Si se hubiere obligado a más, se reducirá su obligación a la del deudor. En caso de duda se presume que se obligó por el monto de la obligación principal.

Fianza en obligaciones de dar o hacer

Artículo 7.1006.- Puede también obligarse el fiador a pagar una cantidad en dinero, si el deudor principal no presta un bien o un hecho determinado.

Responsabilidad de herederos del fiador

Artículo 7.1007.- La responsabilidad de los herederos del fiador se rige por lo dispuesto para el cumplimiento de las obligaciones mancomunadas o solidarias.

Requisitos del fiador

Artículo 7.1008.- El obligado a dar fiador debe presentar persona que tenga bienes suficientes para responder de la obligación que garantiza. El fiador se entenderá sometido a la jurisdicción del Juez del lugar donde esta obligación deba cumplirse.

La fianza en obligaciones a plazo o de tracto sucesivo

Artículo 7.1009.- En las obligaciones a plazo o de prestación periódica, el acreedor podrá exigir fianza, aún cuando en el contrato no se haya constituido, si después de celebrado, el deudor sufre menoscabo en sus bienes, o pretende ausentarse del lugar en que debe hacerse el pago.

Fiador que cae en insolvencia

Artículo 7.1010.- Si el fiador cayere en estado de insolvencia, puede el acreedor pedir otro que reúna las cualidades exigidas anteriormente.

Consecuencias de no dar o reemplazar fiador

Artículo 7.1011.- El que debiendo dar o reemplazar al fiador, no lo presenta dentro del plazo que el Juez le señale, a petición de parte legítima, queda obligado al pago inmediato de la deuda, aunque no se haya vencido el plazo de ésta.

La fianza para garantizar administración

Artículo 7.1012.- Si la fianza fuere para garantizar la administración de bienes, cesará ésta si aquélla no se da en el plazo convenido o señalado por la ley o por el Juez, salvo disposición en contrario.

Fianza por cantidad que el fiado debe recibir

Artículo 7.1013.- Si la fianza importa garantía de cantidad que el deudor debe recibir, la suma se depositará mientras se dé la fianza.

Cartas de recomendación

Artículo 7.1014.- Las cartas de recomendación en que se asegure la probidad y solvencia de alguien, no constituyen fianza.

Cartas dadas de mala fe

Artículo 7.1015.- Si las cartas de recomendación fuesen dadas de mala fe, afirmando falsamente la solvencia del recomendado, el que las suscriba será responsable del daño que sobreviniese a las personas a quienes se dirigen por la insolvencia del recomendado.

Carga del que da carta de mala fe

Artículo 7.1016.- No tendrá lugar la responsabilidad a que alude el artículo anterior, si el que dio la carta probase que no fue su recomendación la que condujo a tratar con su recomendado.

Fianzas sujetas a este Código

Artículo 7.1017.- Quedan sujetos a las disposiciones de este título, las fianzas otorgadas por individuos o compañías accidentalmente en favor de determinadas personas siempre que no las extiendan en forma de póliza; que no las anuncien públicamente por la prensa o por cualquier otro medio, y que no empleen agentes que las ofrezcan.

CAPÍTULO II
DE LOS EFECTOS DE LA FIANZA ENTRE EL FIADOR Y EL ACREEDOR

Excepciones inherentes a la obligación principal

Artículo 7.1018.- El fiador tiene derecho a oponer las excepciones que sean inherentes a la obligación principal, mas no las que sean personales del deudor.

Renuncia de derechos por el fiador

Artículo 7.1019.- La renuncia voluntaria que hiciere el deudor de la prescripción de la deuda, o de otra causa de liberación, o de la nulidad o rescisión de la obligación, no impide que el fiador haga valer estas excepciones.

Beneficios de orden y excusión

Artículo 7.1020.- El fiador no puede ser compelido a pagar al acreedor, sin que previamente lo sea el deudor y se haga la excusión de sus bienes.

Concepto de excusión

Artículo 7.1021.- La excusión consiste en aplicar el valor libre de los bienes del deudor al pago de la obligación, que quedará extinguida o reducida a la parte que no se ha cubierto.

Casos en que no opera la excusión

Artículo 7.1022.- La excusión no tendrá lugar cuando:

I. El fiador renunció expresamente a ella;

II. Haya concurso o insolvencia probada del deudor;

III. El deudor no pueda ser judicialmente demandado dentro del Estado de México;

IV. El negocio para el que se prestó la fianza sea propio del fiador;

V. Se ignore el paradero del deudor, siempre que llamado éste por edictos, no comparezca, ni tenga bienes embargables en el lugar donde debe cumplirse la obligación.

Requisitos para que la excusión proceda

Artículo 7.1023.- Para que el beneficio de excusión aproveche al fiador, son indispensables los requisitos siguientes, que:

I. Alegue el beneficio luego que se le requiera de pago;

II. Designe bienes del deudor que basten para cubrir el crédito y que se hallen dentro del Estado de México;

III. Anticipe o asegure los gastos de excusión.

Adquisición de bienes después del requerimiento

Artículo 7.1024.- Si el deudor adquiere bienes después del requerimiento o si se descubren los que hubiese ocultado, el fiador puede pedir la excusión aunque antes no la haya pedido.

Derecho del acreedor contra el fiador

Artículo 7.1025.- El acreedor puede obligar al fiador a que haga la excusión en los bienes del deudor.

Petición al plazo por el fiador

Artículo 7.1026.- Si el fiador voluntariamente u obligado por el acreedor, hace la excusión y pide plazo, el Juez puede concederle el que crea conveniente atendiendo a las circunstancias de las personas y las calidades de la obligación.

Acreedor negligente en promover la excusión

Artículo 7.1027.- El acreedor que, cumplidos los requisitos citados anteriormente, sea negligente en promover la excusión, es responsable de los perjuicios que pueda causar al fiador, y éste queda liberado de la obligación hasta la cantidad a que alcancen los bienes que hubiere designado para la excusión.

Renuncia al beneficio de orden, pero no al de excusión

Artículo 7.1028.- Cuando el fiador haya renunciado el beneficio de orden, pero no al de excusión, el acreedor puede perseguir en un mismo juicio al deudor principal y al fiador; más éste conservará el beneficio de excusión, aún cuando se dicte sentencia contra los dos.

Denuncia del juicio al deudor principal

Artículo 7.1029.- Si hubiere renunciado a los beneficios de orden y excusión, el fiador, al ser demandado por el acreedor puede denunciar el juicio al deudor principal, para que éste rinda pruebas, en caso de que no lo haga le perjudicará la sentencia que se pronuncie contra el fiador.

Legitimación pasiva del beneficio de excusión

Artículo 7.1030.- El fiador goza del beneficio de excusión, tanto contra el fiador como contra el deudor principal.

Testigos sobre la idoneidad del fiador

Artículo 7.1031.- No son fiadores de un fiador los testigos que declaren en favor de su idoneidad.

Transacción entre acreedor y deudor o acreedor y fiador

Artículo 7.1032.- La transacción entre el acreedor y el deudor principal aprovecha al fiador, pero no le perjudica. La celebrada entre el fiador y el acreedor aprovecha, pero no perjudica al deudor principal.

Fiadores de un deudor por una sola deuda

Artículo 7.1033.- Si son varios los fiadores de un deudor por una sola deuda, responderá cada uno de ellos por la totalidad de aquélla, no habiendo convenio en contrario; pero sí sólo uno de los fiadores es demandado, podrá hacer llamar a los demás para que se defiendan juntamente, y en la proporción debida estén a las resultas del juicio.

CAPÍTULO III
DE LOS EFECTOS DE LA FIANZA ENTRE EL FIADOR Y EL DEUDOR

Derecho de indemnización del fiador que paga

Artículo 7.1034.- El fiador que paga debe ser indemnizado por el deudor, aunque éste no haya prestado su consentimiento para la constitución de la fianza. Si ésta se hubiere otorgado contra la voluntad del deudor, no tendrá derecho alguno el fiador para cobrar lo que pagó, sino en cuanto hubiere beneficiado el pago al deudor.

Aspectos que abarca la indemnización al fiador

Artículo 7.1035.- El fiador que paga por el deudor, debe ser indemnizado por éste:

I. De la deuda principal;

II. De los intereses respectivos, desde que haya notificado el pago al deudor o éste se haya hecho sabedor del pago, aún cuando éste no estuviere obligado a pagarlos al acreedor, por razón del contrato;

III. De los gastos que haya hecho desde que se dio noticia al deudor de haber sido requerido de pago;

IV. De los daños y perjuicios que haya sufrido por causa del deudor.

Subrogación del fiador que paga

Artículo 7.1036.- El fiador que paga, se subroga en todos los derechos que el acreedor tenía contra el deudor.

Derecho del fiador que transige

Artículo 7.1037.- Si el fiador hubiese transigido con el acreedor, no podrá exigir del deudor sino lo que en realidad haya pagado.

Excepciones del deudor contra el fiador

Artículo 7.1038.- Si el fiador hace el pago sin ponerlo en conocimiento del deudor, podrá éste oponerle todas las excepciones que podría oponer al acreedor al tiempo de hacer el pago.

Deudor que paga ignorando el pago por el fiador

Artículo 7.1039.- Si el deudor, ignorando el pago por falta de aviso del fiador, paga de nuevo, no podrá éste repetir contra aquél, sino sólo contra el acreedor.

Fiador que paga por resolución judicial

Artículo 7.1040.- Si el fiador ha pagado en virtud de resolución judicial y por motivo fundado no pudo hacer saber el pago al deudor, éste quedará obligado a indemnizar a aquél y no podrá oponerle más excepciones que las que sean inherentes a la obligación y que no hubieren sido opuestas por el fiador, teniendo conocimiento de ellas.

Deuda a plazo o condición pagada por el fiador

Artículo 7.1041.- Si la deuda fuere a plazo o bajo condición, y el fiador la pagare antes de aquél o que ésta se cumpla, no podrá cobrarla del deudor sino cuando fuere legalmente exigible.

Derechos del fiador contra el deudor

Artículo 7.1042.- El fiador puede, aún antes de haber pagado, exigir que el deudor asegure el pago o lo releve de la fianza si:

I. Fue demandado judicialmente por el pago;

II. El deudor sufre menoscabo en sus bienes de modo que se halle en riesgo de quedar insolvente;

III. Pretende ausentarse de la República;

IV. Se obligó a relevarlo de la fianza en tiempo determinado, y éste ha transcurrido;

V. La deuda se hace exigible por el vencimiento del plazo.

CAPÍTULO IV
DE LOS EFECTOS DE LA FIANZA ENTRE LOS COFIADORES

Derecho del fiador que paga contra los otros fiadores

Artículo 7.1043.- Cuando son dos o más los fiadores de un mismo deudor y por una misma deuda, el que la haya pagado podrá reclamar de cada uno de los otros la parte que proporcionalmente les corresponda.

Insolvencia de algún fiador

Artículo 7.1044.- Si alguno de ellos resultare insolvente, su parte recaerá sobre todos los demás en la misma proporción.

Pago por demanda judicial

Artículo 7.1045.- Para que pueda tener lugar lo dispuesto en los artículos anteriores, es preciso que se haya hecho el pago en virtud de demanda judicial, o hallándose el deudor principal en estado de concurso.

Excepciones de los cofiadores

Artículo 7.1046.- En el caso de los artículos anteriores, podrán los cofiadores oponer al que pagó las mismas excepciones que habrían correspondido al deudor principal contra el acreedor y que no fueren puramente personales del mismo deudor o del fiador que hizo el pago.

Cuando el beneficio de la división no tiene lugar entre los fiadores

Artículo 7.1047.- El beneficio de división no tiene lugar entre los fiadores cuando:

I. Se renuncia expresamente;

II. Cada uno se ha obligado mancomunadamente con el deudor;

III. Alguno o algunos de los fiadores son concursados o se hayan insolventes;

IV. El negocio sea propio del fiador;

V. Alguno o algunos de los fiadores no puedan ser demandados dentro del Estado de México, o ignorándose su paradero deban emplazarse por edictos, no comparezcan, ni tengan bienes embargables en el Estado de México.

Obligación del fiador que pide el beneficio de la división

Artículo 7.1048.- El fiador que pide el beneficio de división, sólo responde por la parte del fiador o fiadores insolventes, si la insolvencia es anterior a la petición; y ni aún por esa misma insolvencia, si el acreedor voluntariamente hace el cobro a prorrata sin que el fiador lo reclame.

Responsabilidad del que fía al fiador

Artículo 7.1049.- El que fía al fiador, en caso de insolvencia de éste, es responsable para con los otros fiadores en los mismos términos en que lo sería el fiador fiado.

CAPÍTULO V
DE LA EXTINCIÓN DE LA FIANZA

Extinción de la obligación del fiador

Artículo 7.1050.- La obligación del fiador se extingue al mismo tiempo que la del deudor y por las mismas causas que las demás obligaciones.

Confusión de obligaciones del deudor y fiador

Artículo 7.1051.- Si la obligación del deudor, y la del fiador se confunden, porque uno herede al otro, no se extingue la obligación del que fío al fiador.

Liberación del acreedor a uno de los fiadores

Artículo 7.1052.- La liberación hecha por el acreedor a uno de los fiadores, sin el consentimiento de los otros, aprovecha a todos, hasta donde alcance la parte del fiador liberado.

Liberación de la obligación de los fiadores

Artículo 7.1053.- Los fiadores, aún cuando sean solidarios, quedan liberados de su obligación, si por culpa o negligencia del acreedor no pueden subrogarse en los derechos, privilegios o hipotecas del mismo acreedor.

Prórroga o espera al deudor por el acreedor

Artículo 7.1054.- La prórroga o espera concedida al deudor por el acreedor, sin consentimiento del fiador, extingue la fianza.

Efectos de la quita

Artículo 7.1055.- La quita reduce la fianza en la misma proporción que la deuda principal, y la extingue en el caso de que, en virtud de ella, quede sujeta la obligación principal a nuevos gravámenes o condiciones.

Fianza por tiempo determinado

Artículo 7.1056.- El fiador que se ha obligado por tiempo determinado, queda libre de su obligación, si el acreedor no requiere judicialmente al deudor por el cumplimiento de la obligación principal, dentro del mes siguiente a la expiración del plazo.

Liberación del fiador

Artículo 7.1057.- El fiador también quedará liberado de su obligación, cuando el acreedor deje caducar el juicio por inactividad procesal.

Obligación principal por tiempo indefinido

Artículo 7.1058.- En los casos en que la obligación principal sea por tiempo indefinido, el fiador responderá solamente por un plazo máximo de dos años, salvo pacto en contrario.

Derecho del fiador sobre deuda exigible

Artículo 7.1059.- Cuando la deuda principal por tiempo indefinido se vuelva exigible, el fiador puede pedir al acreedor que promueva judicialmente, dentro del plazo de un mes, el cumplimiento de la obligación, si no lo hace o deja caducar el juicio por inactividad, el fiador quedará liberado.

CAPÍTULO VI
DE LA FIANZA LEGAL O JUDICIAL

Requisitos del fiador legal o judicial

Artículo 7.1060.- La fianza que haya de darse por disposición de la ley o de providencia judicial, excepto cuando el fiador sea una institución de crédito, debe tener bienes inmuebles inscritos en el Registro Público de la Propiedad y de un valor que garantice las obligaciones que contraiga.

(REFORMADO, G.G. 20 DE DICIEMBRE DE 2016)

Fiador legal o judicial que no requiere propiedad de inmuebles

Artículo 7.1061.- Cuando la fianza sea para garantizar el cumplimiento de una obligación cuya cuantía no exceda de quinientas veces el valor diario de la Unidad de Medida y Actualización vigente, no se exigirá que el fiador tenga bienes inmuebles.

Prueba de la propiedad de inmueble

Artículo 7.1062.- Cuando exceda de la cantidad mencionada en el artículo anterior, se presentará el título de propiedad y el certificado expedido por el encargado del Registro Público de la Propiedad, a fin de demostrar que el fiador tiene bienes inmuebles suficientes para responder del cumplimiento de la obligación que garantice.

La fianza puede sustituirse con prenda o hipoteca.

Anotación de la fianza en el Registro Público

Artículo 7.1063.- La persona ante quien se otorgue la fianza presentará el contrato en el que conste el otorgamiento al Registro Público de la Propiedad, para que anote en la partida relativa al inmueble que se designó para comprobar la solvencia del fiador, relativa al otorgamiento de la fianza. Extinguida ésta, se dará aviso al mismo registro, para que haga la cancelación de la anotación. La falta de este aviso hace responsable al que deba darlo, de los daños y perjuicios que su omisión origine.

Presunción de enajenación o gravamen fraudulentos

Artículo 7.1064.- Si el fiador enajena o grava los bienes inmuebles anotados en los términos del artículo anterior, y de la operación resulta su insolvencia, aquélla se presumirá fraudulenta.

Fiadores que no gozan de los beneficios de orden y excusión

Artículo 7.1065.- El fiador legal o judicial y los de éstos, no gozan de los beneficios de orden y excusión.

TÍTULO DECIMOCUARTO
DE LA PRENDA

CAPÍTULO I
DISPOSICIONES GENERALES

Concepto de prenda

Artículo 7.1066.- Mediante la prenda se constituye un derecho real, sobre un bien mueble determinado, para garantizar el cumplimiento de una obligación y su preferencia en el pago.

Requisitos formales de la prenda

Artículo 7.1067.- El contrato de prenda debe constar por escrito. Si se otorga en documento privado, se formarán dos ejemplares, uno para cada contratante.

Surtirá efecto la prenda contra tercero si consta la certeza de la fecha por el registro, escritura pública o de alguna otra manera fehaciente.

Prenda sobre frutos pendientes

Artículo 7.1068.- Puede darse en prenda los frutos pendientes de los bienes inmuebles, que deban ser recogidos en tiempo determinado, pudiendo anotarse al margen de la inscripción del inmueble respectivo.

Entrega del bien objeto de la prenda

Artículo 7.1069.- Para que se tenga por constituida la prenda, deberá ser entregada al acreedor en forma real, virtual o jurídica.

Entrega real, virtual y jurídica

Artículo 7.1070.- Hay entrega real de la prenda cuando materialmente se hace; hay entrega virtual al acreedor, siempre que éste y el deudor convengan en que la misma quede en poder de un tercero o del mismo deudor. Habrá entrega jurídica cuando expresamente lo autorice la ley. En estos casos, la prenda sólo producirá sus efectos contra terceros cuando esté inscrita en el Registro Público de la Propiedad.

Posesión del bien prendario por un tercero o deudor

Artículo 7.1071.- El tercero o deudor que permanezca en la posesión del bien sobre el cual se constituyó la prenda tendrán derecho a utilizarlo de la manera que convengan las partes. En caso de que no haya pacto expreso, tendrá los derechos y obligaciones de un depositario.

Prenda constituida por un tercero

Artículo 7.1072.- Se puede constituir prenda por un tercero, para garantizar una deuda, aún sin el consentimiento del deudor.

Prenda para garantizar obligaciones futuras

Artículo 7.1073.- Puede darse prenda para garantizar obligaciones futuras, pero en este caso no puede venderse ni adjudicarse el bien pignorado, sin que se pruebe que la obligación principal fue legalmente exigible.

Falta de entrega del bien prendario

Artículo 7.1074.- Si alguno se hubiere obligado a dar cierto bien en prenda y no lo hubiere entregado, sea con culpa suya o sin ella, el acreedor puede pedir que se le entregue el bien, o que se dé por vencido el plazo de la obligación o que se rescinda el contrato.

Caso en que el bien prendario paso a poder de un tercero

Artículo 7.1075.- En el caso del artículo anterior, el acreedor no podrá pedir que se entregue el bien si ha pasado a poder de un tercero en virtud de cualquier título legal.

Instituciones autorizadas para prestar dinero sobre prenda

Artículo 7.1076.- Las instituciones con autorización legal que presten dinero sobre prenda, se regirán por las leyes y reglamentos que las rijan y supletoriamente por las disposiciones de este título.

CAPÍTULO II
DE LA PRENDA SOBRE CRÉDITOS

Notificación al deudor del crédito

Artículo 7.1077.- Si el objeto dado en prenda fuere un crédito o acciones negociables, para que la prenda quede legalmente constituida, debe ser notificado el deudor del crédito dado en prenda.

Obligación del acreedor en poder del título

Artículo 7.1078.- Siempre que la prenda fuere un crédito, el acreedor que tuviere en su poder el título, estará obligado a hacer todo lo que sea necesario para que no se altere o menoscabe el derecho que aquél representa.

CAPÍTULO III
DE LOS DERECHOS Y OBLIGACIONES DEL ACREEDOR Y DEUDOR PRENDARIOS

Derechos del acreedor prendario

Artículo 7.1079.- El acreedor adquiere por la prenda, el derecho de:

I. Ser pagado de su deuda con el precio del bien pignorado, con la preferencia que señala la ley;

II. Recobrar la prenda de cualquier detentador, incluyendo al mismo deudor;

III. Ser indemnizado de los gastos necesarios y útiles que hiciere para conservar el bien pignorado a no ser que use de él por convenio;

IV. Exigir del deudor otra prenda o el pago de la deuda, aún antes del plazo convenido, si el bien pignorado se pierde o se deteriora sin su culpa.

Aviso al dueño para que defienda el bien

Artículo 7.1080.- Si el acreedor es turbado en la posesión del bien pignorado, debe avisar al dueño para que lo defienda; si el deudor no cumpliere con esta obligación, será responsable de los daños y perjuicios.

Pérdida del bien prendario

Artículo 7.1081.- Si perdido el bien dado en prenda el deudor ofreciera otro o alguna caución, queda al arbitrio del acreedor aceptarlos o rescindir el contrato.

Obligaciones del acreedor prendario

Artículo 7.1082.- El acreedor está obligado a:

I. Conservar el bien pignorado como si fuera propio, y a responder de los deterioros y perjuicios que sufra por su culpa o negligencia;

II. Restituir el bien pignorado luego que estén pagados deuda, intereses y gastos de conservación del bien, si se han estipulado los primeros y hechos los segundos.

Abuso del bien prendario

Artículo 7.1083.- Si quien tiene en su poder el bien pignorado, abusa de él, el deudor puede exigir que éste se deposite o que aquél dé fianza para restituirlo en el estado en que lo recibió.

Causas de abuso del bien pignorado

Artículo 7.1084.- Se abusa del bien pignorado, cuando el que lo tiene en su poder lo usa sin estar autorizado o cuando estándolo, lo deteriora o aplica a objeto diverso de aquél a que está destinado.

Enajenación o transmisión de la posesión

Artículo 7.1085.- Si el deudor enajenare el bien pignorado o concediere su uso o posesión, el adquirente no podrá exigir su entrega sino pagando el importe de la obligación garantizada, con los intereses y gastos en sus respectivos casos.

Frutos del bien pignorado

Artículo 7.1086.- Los frutos del bien pignorado pertenecen al deudor, pero si por convenio los recibe el acreedor, su importe se aplicará primero a los gastos, después a los intereses y el sobrante al capital.

Indivisibilidad del derecho y la obligación de la prenda

Artículo 7.1087.- El derecho y la obligación que resultan de la prenda son indivisibles, salvo pacto en contrario.

Reducción de la prenda por pagos parciales

Artículo 7.1088.- Cuando el deudor esté facultado para hacer pagos parciales y se hayan dado en prenda varios bienes, o uno que sea cómodamente divisible, ésta se irá reduciendo proporcionalmente a los pagos hechos, con tal que los derechos del acreedor siempre queden garantizados.

CAPÍTULO IV
DE LA VENTA DEL BIEN PIGNORADO

Incumplimiento del pago

Artículo 7.1089.- Si el deudor no paga en el plazo convenido, el acreedor podrá pedir judicialmente la venta del bien pignorado.

Aplicación del bien al acreedor

Artículo 7.1090.- El deudor puede convenir con el acreedor en que éste se quede con el bien pignorado en el precio que se le fije al vencimiento de la deuda, pero no al tiempo de celebrarse el contrato.

Venta extrajudicial

Artículo 7.1091.- Puede por convenio expreso, venderse extrajudicialmente el bien pignorado, no siendo necesario avalúo si las partes de común acuerdo fijan el precio.

Suspensión de la enajenación

Artículo 7.1092.- En cualquiera de los casos mencionados en los tres artículos anteriores, podrá el deudor hacer suspender la enajenación del bien pignorado, pagando dentro de los tres días naturales, contados desde la suspensión.

Sanción al deudor

Artículo 7.1093.- Si el deudor suspende la enajenación, y no paga, será sancionado con el diez por ciento del valor de la deuda por daños y perjuicios a favor del acreedor, perdiendo el derecho a solicitar otra suspensión.

Cláusulas nulas en la prenda

Artículo 7.1094.- Es nula toda cláusula que autoriza al acreedor adjudicarse el bien pignorado, aunque éste sea de menor valor que la deuda, o a disponer de él fuera de la manera establecida en los artículos que preceden. Es igualmente nula la cláusula que prohíba al acreedor solicitar la venta del bien dado en prenda.

Extensión del derecho de prenda

Artículo 7.1095.- El derecho que da la prenda al acreedor se extiende a los accesorios del bien.

CAPÍTULO V
DE LA EXTINCIÓN DE LA PRENDA

Causas de extinción de la prenda

Artículo 7.1096.- La prenda termina por:
I. Convenio de las partes;
II. Extinción de la obligación;
III. Venta del bien pignorado.

TÍTULO DECIMOQUINTO
DE LA HIPOTECA

CAPÍTULO I
DE LA HIPOTECA EN GENERAL

Concepto de hipoteca

Artículo 7.1097.- La hipoteca es un derecho real constituido sobre bienes que no se entregan al acreedor y que da derecho a éste, en caso de incumplimiento de la obligación garantizada, a ser pagado con el valor de los bienes, en el grado de preferencia establecido por la ley.

Requisito formal de la hipoteca

Artículo 7.1098.- La hipoteca debe otorgarse en escritura pública.

Carga impuesta a los bienes hipotecados

Artículo 7.1099.- Los bienes hipotecados quedan sujetos al gravamen impuesto, aunque pasen a poder de tercero.

Bienes hipotecables

Artículo 7.1100.- La hipoteca sólo puede ser constituida, sobre bienes inmuebles o derechos reales, o sobre un conjunto de bienes muebles e inmuebles que formen una misma unidad industrial, comercial, de servicios, agrícola o ganadera.

Extensión de la hipoteca

Artículo 7.1101.- La hipoteca se extiende, aunque no se exprese, a:

I. Las accesiones naturales del bien hipotecado;

II. Las mejoras hechas por el propietario en los bienes gravados;

III. Los nuevos edificios que el propietario construya sobre el terreno hipotecado y a los nuevos pisos que levante sobre los edificios hipotecados.

Bienes no comprendidos en la hipoteca

Artículo 7.1102.- Salvo pacto en contrario, la hipoteca no comprenderá:

I. Los frutos industriales de los bienes hipotecados, siempre que esos frutos se hayan producido antes de que el acreedor exija el pago de su crédito;

II. Las rentas vencidas y no satisfechas al tiempo de exigirse el cumplimiento de la obligación garantizada.

Bienes que no pueden ser hipotecados

Artículo 7.1103.- No se podrán hipotecar:

I. Los frutos y rentas pendientes con separación del predio que los produzca;

II. Los objetos muebles colocados permanentemente en los edificios, bien para su adorno o comodidad o bien para el servicio de alguna industria, a no ser que se hipotequen juntamente con dichos edificios;

III. Las servidumbres, a no ser que se hipotequen juntamente con el predio dominante;

IV. El derecho de percibir los frutos en el usufructo concedido por este Código, a los ascendientes sobre los bienes de sus descendientes;

V. El uso y la habitación;

VI. Los bienes litigiosos, a no ser que la demanda origen del juicio, se haya registrado previamente, o si se hace constar en el título constitutivo de la hipoteca que el acreedor tiene conocimiento del litigio; pero en cualquiera de los casos, la hipoteca quedará pendiente de la resolución del juicio.

Hipoteca de construcción en terreno ajeno

Artículo 7.1104.- La hipoteca de una construcción levantada en terreno ajeno, no comprende éste.

Hipoteca de la nuda propiedad

Artículo 7.1105.- Puede hipotecarse la nuda propiedad, en cuyo caso si el usufructo se consolidare con ella en la persona del propietario, la hipoteca se extenderá al mismo usufructo si así se hubiere pactado.

Hipoteca sobre bienes hipotecados anteriormente

Artículo 7.1106.- Pueden también ser hipotecados los bienes que ya lo estén anteriormente, salvo en todo caso los derechos de prelación que establece este Código. El pacto de no volver a hipotecar se tendrá por no puesto.

Hipoteca de porción indivisa

Artículo 7.1107.- El copropietario puede hipotecar su porción indivisa y al dividirse el bien común, la hipoteca gravará la parte que le corresponde a la división. El acreedor tiene derecho de intervenir en la división para impedir que a su deudor se le aplique una parte de la finca con valor inferior al que le corresponda.

Hipoteca sobre derechos reales

Artículo 7.1108.- La hipoteca constituida sobre derechos reales, durará mientras éstos subsistan; pero si los derechos en que aquélla se hubiere constituido se han extinguido por culpa del que los disfrutaba, éste tiene obligación de constituir una nueva hipoteca a satisfacción del acreedor. Si no lo hace o no otorga alguna otra garantía a juicio del acreedor podrá darse por vencido anticipadamente el plazo de la obligación principal y procederá al cobro de ella, y los daños y perjuicios.

Hipoteca sobre el derecho de usufructo

Artículo 7.1109.- Si el derecho hipotecado fuere el de usufructo y éste concluyera por voluntad del usufructuario la hipoteca subsistirá hasta que venza el tiempo en que el usufructo hubiera concluido, al no haber mediado el hecho voluntario que le puso fin.

Legitimación para hipotecar

Artículo 7.1110.- La hipoteca puede ser constituida por el deudor o por un tercero, pero nunca podrá ser general.

Facultad para hipotecar y bienes hipotecables

Artículo 7.1111.- Puede hipotecar el que puede enajenar, y pueden ser hipotecados los bienes que pueden ser enajenados.

Derecho del acreedor para que se mejore la hipoteca

Artículo 7.1112.- Si el inmueble hipotecado resulta insuficiente para la seguridad de la deuda, podrá el acreedor exigir que se mejore la hipoteca hasta que garantice la obligación principal.

Determinación de la disminución del valor del bien

Artículo 7.1113.- En el caso del artículo anterior, si no están de acuerdo los contratantes, decidirá el Juez la circunstancia de haber disminuido el valor de la finca hipotecada hasta hacerla insuficiente para responder de la obligación principal.

Vencimiento anticipado de la obligación garantizada

Artículo 7.1114.- Si queda comprobada la insuficiencia del valor de la finca y el deudor no mejora la hipoteca, dentro de los ocho días siguientes a la declaración judicial, procederá el vencimiento anticipado de la obligación garantizada, debiéndose hacer efectiva la hipoteca para todos los efectos legales.

Hipoteca sobre bien asegurado y destruido

Artículo 7.1115.- Si el bien estuviere asegurado y se destruyere, subsistirá la hipoteca, en lo que quede, y además, el valor del seguro quedará afecto al pago.

Si el crédito no fuere de plazo cumplido, podrá exigir el acreedor, que se constituya hipoteca en otros bienes que garanticen, o de no hacerlo así, se pague su crédito, dándose por vencido desde luego el plazo.

Subsistencia íntegra de la hipoteca

Artículo 7.1116.- La hipoteca subsistirá íntegra aunque se reduzca la obligación garantizada, y gravará cualquier parte de los bienes hipotecados que se conserven, aunque la restante hubiere desaparecido.

Bienes hipotecados para garantizar un crédito

Artículo 7.1117.- Cuando se hipotequen varios bienes para garantizar un crédito, se debe determinar por qué cantidad responde cada uno, y puede cada uno de ellos ser liberado del gravamen, pagando la parte del crédito que garantiza.

División del bien hipotecado

Artículo 7.1118.- Cuando un bien hipotecado se divida, se repartirá equitativamente el gravamen hipotecado entre las fracciones. Al efecto, se pondrán de acuerdo el propietario del bien y el acreedor hipotecario; y si no se consiguiere ese acuerdo, la distribución del gravamen se hará por resolución judicial.

Arrendamiento del bien hipotecado

Artículo 7.1119.- El propietario del predio hipotecado no puede arrendarlo sin consentimiento del acreedor, ni pactar pago anticipado de rentas por un plazo que exceda a la duración de la hipoteca, bajo pena de que sea considerado como no puesto.

Hipoteca sin plazo cierto

Artículo 7.1120.- Si la hipoteca no tiene plazo cierto, no podrá estipularse anticipo de rentas, ni arrendamiento por más de un año, si se trata de inmueble rústico, ni por más de dos meses, si se trata de inmueble urbano.

Hipoteca sobre crédito que devenga intereses

Artículo 7.1121.- La hipoteca constituida para garantizar un crédito que devengue intereses, no garantiza en perjuicio de tercero, además del capital, sino los intereses de tres años; salvo pacto en contrario, con tal que no exceda del plazo para la prescripción de los intereses y de que se haya tomado razón de esta estipulación en el Registro Público de la Propiedad.

Convenio para la adjudicación del bien hipotecado

Artículo 7.1122.- Puede convenir el acreedor con el deudor, en que se le adjudique el bien hipotecado en el precio que se fije al exigirse la deuda, pero no al constituirse la hipoteca.

Prescripción de la acción hipotecaria

Artículo 7.1123.- La acción derivada de la hipoteca prescribirá a los diez años, contados desde que pueda ejercitarse con arreglo al título inscrito.

(REFORMADO, G.G. 7 DE MAYO DE 2013)

Clases de Hipoteca

Artículo 7.1124.- La hipoteca puede ser voluntaria, necesaria o inversa.

CAPÍTULO II
DE LA HIPOTECA VOLUNTARIA

Concepto de hipoteca voluntaria

Artículo 7.1125.- Es hipoteca voluntaria la convenida entre las partes o impuesta por disposición del propietario de los bienes sobre los que se constituye.

Hipoteca constituida unilateralmente

Artículo 7.1126.- La hipoteca constituida unilateralmente por un tercero, es irrevocable desde el momento en que la hace saber al acreedor o al deudor.

Hipoteca que garantiza obligación futura o sujeta a condición

Artículo 7.1127.- La hipoteca constituida para la garantía de una obligación futura o sujeta a condición suspensiva inscritas, surtirá efecto contra terceros desde su inscripción, si la obligación llega a realizarse o la condición a cumplirse.

Hipoteca que garantiza obligación bajo condición resolutoria

Artículo 7.1128.- Si la obligación asegurada estuviese sujeta a condición resolutoria inscrita, la hipoteca no dejará de surtir su efecto respecto de terceros, sino desde que se haga constar en el Registro Público de la Propiedad el cumplimiento de la condición.

Existencia de obligación futura o cumplimiento de las condiciones

Artículo 7.1129.- Cuando se contraiga la obligación futura o se cumplan las condiciones de que tratan los dos artículos anteriores, deberán los interesados pedir que se haga constar así, por medio de una nota en la inscripción registral hipotecaria, sin cuyo requisito no podrá aprovechar ni perjudicar a terceros la hipoteca constituida.

Constancia de la obligación futura o cumplimiento de condiciones

Artículo 7.1130.- Para hacer constar en el Registro Público de la Propiedad el cumplimiento de las condiciones a que se refieren los artículos que preceden, o la existencia de las obligaciones futuras, presentará cualquiera de los interesados al propio Registro la copia del documento público que así lo acredite y, en su defecto, una solicitud formulada por ambas partes, pidiendo que se extienda la nota correspondiente y expresando claramente los hechos que deben dar lugar a ella.

Si alguno de los interesados se niega a firmar dicha solicitud, el otro podrá reclamarlo judicialmente.

Inscripción de la cancelación de una obligación hipotecaria

Artículo 7.1131.- Todo hecho o convenio entre las partes que puedan modificar o destruir la eficacia de una obligación hipotecaria anterior, no surtirá efecto contra tercero si no se hace constar en el Registro Público de la Propiedad por medio de una inscripción nueva, de una cancelación total o parcial o de una nota registral, según los casos.

Cesión del crédito garantizado con hipoteca

(REFORMADO, G.G. 10 DE AGOSTO DEL 2004)

Artículo 7.1132.- El crédito garantizado con hipoteca, puede cederse en todo o en parte, sin modificar las condiciones contractuales originales, siempre que la cesión se haga en escritura pública, se dé conocimiento al deudor y sea inscrita en el Registro Público de la Propiedad.

Se exceptúan de lo dispuesto en el párrafo anterior las instituciones del Sistema Bancario Mexicano, actuando en nombre propio o como fiduciaria, las demás entidades financieras, y los institutos de seguridad social, quienes podrán ceder sus créditos con garantía hipotecaria, sin necesidad de notificación al deudor, de escritura pública ni de inscripción en el Registro Público de la Propiedad, siempre que el cedente mantenga la administración de los créditos.

En caso de la cesión de la administración del crédito, el cedente deberá otorgar poder al cesionario para la cancelación de la hipoteca y notificar al deudor, sin modificar las condiciones originales del crédito.

En caso de variarse las condiciones originales del crédito, deberán observarse los requisitos de existencia y validez del acto jurídico, debiendo hacer la cesión en escritura pública e inscribirla en el Registro Público de la Propiedad.

Duración de la hipoteca

Artículo 7.1133.- La hipoteca generalmente durará por todo el tiempo que subsista la obligación que garantice, y cuando ésta no tuviere término para su vencimiento, la hipoteca no podrá durar más de diez años.

Los contratantes pueden señalar a la hipoteca una duración menor que la de la obligación.

Prórroga del plazo de la obligación garantizada con hipoteca

Artículo 7.1134.- Cuando se prorrogue el plazo de la obligación garantizada con la hipoteca, ésta se entenderá prorrogada por el mismo plazo, a no ser que expresamente se asigne menor tiempo a la prórroga de la hipoteca.

Efectos de la primera prórroga

Artículo 7.1135.- Si antes de que expire el plazo se prorrogare por primera vez, durante la prórroga y el plazo señalado para la prescripción, la hipoteca conservará la prelación que le corresponda desde su origen.

Efectos de la segunda y subsecuentes prórrogas

Artículo 7.1136.- La hipoteca prorrogada por segunda o más veces sólo conservará la preferencia derivada del registro de su constitución por el tiempo a que se refiere el artículo anterior; por el demás tiempo, o sea el de la segunda o ulterior prórroga, sólo tendrá la prelación que le corresponda por la fecha del último registro.

Lo mismo se observará en el caso de que el acreedor conceda un nuevo plazo para que se le pague el crédito.

CAPÍTULO III
DE LA HIPOTECA NECESARIA

Concepto de hipoteca necesaria

Artículo 7.1137.- Se llama necesaria a la hipoteca especial y expresa que por disposición de la ley, están obligadas a constituir ciertas personas para asegurar los bienes que administran, o para garantizar los créditos de determinados acreedores.

Plazo para exigir hipoteca necesaria

Artículo 7.1138.- La constitución de la hipoteca necesaria podrá exigirse en cualquier tiempo, aunque haya cesado la causa que le diere origen, siempre que esté pendiente de cumplimiento la obligación que se debiera haber asegurado.

Ofrecimiento de varios bienes para constituir hipoteca legal

Artículo 7.1139.- Si para la constitución de alguna hipoteca necesaria se ofrecieren diferentes bienes y no convinieren los interesados en la parte de responsabilidad que haya de pesar sobre cada uno, decidirá el Juez.

Calificación de la suficiencia de los bienes ofrecidos

Artículo 7.1140.- Del mismo modo decidirá el Juez las cuestiones que se susciten entre los interesados sobre la calificación de suficiencia de los bienes ofrecidos para la constitución de cualquiera hipoteca necesaria.

Duración de la hipoteca necesaria

Artículo 7.1141.- La hipoteca necesaria durará el mismo tiempo que la obligación que con ella se garantiza.

Legitimación para pedir constitución de hipoteca necesaria

Artículo 7.1142.- Tienen derecho de pedir la hipoteca necesaria para seguridad de sus créditos:

I. El coheredero o partícipe, sobre los inmuebles repartidos, en cuanto importen los respectivos saneamientos o el exceso de los bienes que haya recibido;

II. Los descendientes de cuyos bienes fueren meros administradores los ascendientes, sobre los bienes de éstos, para garantizar la conservación y devolución de aquéllos; teniendo en cuenta lo dispuesto en este Código respecto a la garantía que deben dar los tutores;

III. Los menores y demás incapacitados sobre los bienes de sus tutores, por los que éstos administren;

IV. Los legatarios, por el importe de sus legados, si no hubiere hipoteca especial designada por el mismo testador;

V. El Estado y los municipios, sobre los bienes de sus administradores y recaudadores, salvo lo que dispongan las leyes administrativas.

Personas que pueden pedir la constitución de hipoteca necesaria

Artículo 7.1143.- La constitución de la hipoteca, en los casos a que se refieren las fracciones II y III del artículo anterior, puede ser pedida:

I. En el caso de bienes de que fueren meros administradores los ascendientes, por los herederos legítimos del menor;

II. En el caso de bienes que administren los tutores, por los herederos legítimos y por el curador del incapacitado;

III. Por el Ministerio Público, si no la pidieren las personas enumeradas en las fracciones anteriores.

Derechos de los que pueden pedir la constitución de hipoteca necesaria

Artículo 7.1144.- Los que tienen derecho de exigir la constitución de hipoteca necesaria, tienen también el de objetar la suficiencia de la que se ofrezca, y el de pedir su ampliación cuando los bienes hipotecados se hagan por cualquier motivo insuficientes para garantizar el crédito; en ambos casos resolverá el Juez.

(ADICIONADO CON LOS ARTÍCULOS QUE LO INTEGRAN, G.G. 7 DE MAYO DE 2013)

CAPÍTULO III BIS
DE LA HIPOTECA INVERSA

(ADICIONADO, G.G. 7 DE MAYO DE 2013)

Concepto de la hipoteca inversa

Artículo 7.1144 Bis.- Es la que se constituye sobre un inmueble que es la vivienda habitual y propia del pensionista para garantizar el capital que se le concede por el pensionario para cubrir sus necesidades económicas de vida, en los términos de este Capítulo.

(ADICIONADO, G.G. 7 DE MAYO DE 2013)

Contrato de hipoteca inversa

Artículo 7.1144 Ter.- Es aquel por el cual el pensionario se obliga a pagar periódicamente y en forma vitalicia al pensionista o a su beneficiario que deberá ser su cónyuge, concubina o concubinario de edad igual o superior a los 60 años, una cantidad de dinero predeterminada, que el pensionista garantizará a través de la hipoteca inversa, en los términos de este Capítulo.

(ADICIONADO, G.G. 7 DE MAYO DE 2013)

Autorizados para otorgar la hipoteca inversa

Artículo 7.1144 Quater.- Están autorizadas para otorgar la hipoteca inversa las instituciones privadas, sociales, las personas físicas y las instituciones públicas, siempre que cuenten con facultades para ello.

El costo de dicho avaluó será cubierto por el pensionario y deberá actualizarse periódicamente para estar acorde con la plusvalía que el bien adquiera con el tiempo.

(ADICIONADO, G.G. 7 DE MAYO DE 2013)

Términos de la contratación

Artículo 7.1144 Quinquies.- La determinación de la hipoteca inversa se realizará previo avalúo de Institución debidamente facultada, que considere el valor comercial de mercado del inmueble que deberá actualizarse cada 2 años para estar acorde con la plusvalía que el bien adquiera con el tiempo.

El costo de dicho avaluó será cubierto por el pensionario.

El contrato de hipoteca inversa, además de lo pactado, estará sujeto a lo siguiente:

I. Que la cantidad pactada entre pensionario y pensionista sea suficiente para que éste último cubra sus necesidades básicas;

II. Que el solicitante o los beneficiarios que él designe sean personas de edad igual o superior a los 60 años;

III. El tutor, siempre que se encuentre en los supuestos señalados en el presente capítulo, podrá, con autorización judicial, constituir hipoteca inversa para garantizar un crédito otorgado a favor de su pupilo menor o incapaz;

IV. Que el pensionista disponga del importe del préstamo conforme a los plazos que correspondan a las disposiciones periódicas mediante las cuales el pensionista accederá al importe objeto de la hipoteca inversa,

V. Las personas que recibirán los pagos periódicos a que hace referencia el Artículo **7.1144 Ter**;

VI. Las condiciones que se establezcan, en su caso, para atender lo dispuesto en el artículo **7.1144 sexies**;

VII. Que la deuda sólo sea exigible por el pensionario y la garantía ejecutable cuando fallezca el pensionista y el beneficiario si lo hubiere, respetando el plazo que le concede la fracción II del artículo **7.1144 sexies** respecto a la amortización de la deuda;

VIII. El pensionista podrá realizar pago total o parcial anticipado sin penalización alguna;

IX. El pensionista habitará vitaliciamente el inmueble hipotecado, no obstante, el pensionista podrá arrendar de manera parcial o total el inmueble hipotecado, siempre y cuando, cuente con la autorización expresa del pensionario y los términos y condiciones del arrendamiento se establezcan en el contrato correspondiente, sin afectar la naturaleza propia de la hipoteca inversa;

X. Los intereses que se generen por el capital serán solamente sobre las cantidades dispuestas por el pensionista;

XI. Que en el contrato se incluyan las especificaciones del incremento anual que tendrá la pensión, de acuerdo con las condiciones del mercado y el valor del inmueble.

(ADICIONADO, G.G. 7 DE MAYO DE 2013)

Lineamientos de las amortizaciones

Artículo 7.1144 Sexies.- La amortización del capital se sujetará a las siguientes normas:

I. Cuando fallezca el pensionista y su beneficiario, en caso de haberlo, sus herederos podrán abonar al pensionario la totalidad del adeudo existente y vencido, sin compensación por la cancelación del gravamen y pago del adeudo;

II. En el supuesto de la fracción anterior, los herederos del pensionista podrán optar por no pagar el adeudo existente y vencido. Transcurridos seis meses después del fallecimiento del pensionista sin efectuarse el pago, el pensionario cobrará el adeudo hasta donde alcance el valor del bien hipotecado, pudiendo solicitar su adjudicación o su venta.

(ADICIONADO, G.G. 7 DE MAYO DE 2013)

Transmisión del bien hipotecado

Artículo 7.1144 Septies.- El inmueble hipotecado no podrá ser transmitido por acto inter vivos sin el consentimiento previo del pensionario. El incumplimiento de esta obligación le conferirá el derecho de declarar vencido anticipadamente el total del adeudo y exigible a la fecha, a menos que se sustituya la garantía en forma bastante e igual a la anterior en un plazo de seis meses.

(ADICIONADO, G.G. 7 DE MAYO DE 2013)

Extinción de la hipoteca inversa

Artículo 7.1144 Octies.- Cuando se extinga el capital pactado y los herederos del pensionista decidan no rembolsar los débitos vencidos, con sus intereses, el pensionario podrá obtener recobro hasta donde alcance el bien hipotecado.

(ADICIONADO, G.G. 7 DE MAYO DE 2013)

Rescisión de la hipoteca inversa

Artículo 7.1144 Nonies.- En caso de incumplimiento del pensionario en las ministraciones pactadas, el pensionista estará en condiciones de solicitar la rescisión del contrato y exigir el pago de los daños y perjuicios, o en su caso, el pago de la pena pactada. Además, se tendrá la deuda como liquidada y no generará más interés; debiendo el pensionario liberar a su costa el gravamen correspondiente. Para el caso de que se constituya una nueva hipoteca inversa sobre el mismo inmueble, ésta tendrá prelación respecto de la anterior.

(ADICIONADO, G.G. 7 DE MAYO DE 2013)

Supletoriedad

Artículo 7.1144 Decies.- En lo no previsto en este Código, la hipoteca inversa se regirá por lo dispuesto en la legislación que en cada caso resulte aplicable.

(ADICIONADO, G.G. 7 DE MAYO DE 2013)

Artículo 7.1144 Undecies.- No serán de aplicación para la hipoteca inversa los artículos **7.1112**, **7.1113** y **7.1114** de este Código.

CAPÍTULO IV
DE LA EXTINCIÓN DE LAS HIPOTECAS

Causas de extinción de la hipoteca

Artículo 7.1145.- La hipoteca concluye cuando:

I. Se extinga el bien hipotecado;

II. Se extinga la obligación a que sirvió de garantía;

III. Se resuelva o extinga el derecho del deudor sobre el bien hipotecado;

IV. Se expropie el bien hipotecado;

V. Se remate judicialmente el bien hipotecado;

VI. Haya remisión expresa del acreedor;

VII. Se declare prescrita la acción hipotecaria;

VIII. Se consolide o confunda la propiedad del bien hipotecado en el acreedor.

Hipoteca extinguida por dación en pago

Artículo 7.1146.- La hipoteca extinguida por dación en pago revivirá, si el pago queda sin efecto, ya sea porque el bien dado en pago se pierda por culpa del deudor estando todavía en su poder, o porque el acreedor lo pierda en virtud de la evicción.

Subsistencia del derecho del acreedor a ser indemnizado

Artículo 7.1147.- En los casos del artículo anterior, si el registro hubiere sido ya cancelado, revivirá solamente desde la fecha de la nueva inscripción; conservando el acreedor el derecho para ser indemnizado por el deudor, de los daños y perjuicios.

TÍTULO DECIMOSEXTO
DE LAS TRANSACCIONES

Concepto de contrato de transacción

Artículo 7.1148.- La transacción es un contrato por el cual las partes, haciéndose recíprocas concesiones, terminan una controversia o previenen una futura.

Requisito formal de la transacción

Artículo 7.1149.- La transacción debe constar por escrito.

Transacción de ascendientes y tutores a nombre de sus representados

Artículo 7.1150.- Los ascendientes y los tutores no pueden transigir en nombre de las personas que tienen bajo su potestad o guarda, a no ser que la transacción sea necesaria o benéfica para los intereses de los incapacitados y previa autorización judicial.

Transacción sobre acción civil originada de delito

Artículo 7.1151.- Se puede transigir sobre la acción civil proveniente de un delito.

Transacción sobre derechos patrimoniales

Artículo 7.1152.- Es válida la transacción sobre los derechos patrimoniales que de la declaración de estado civil pudieran deducirse a favor de una persona; pero la transacción, en tal caso, no importa la adquisición de estado civil.

Transacciones nulas

Artículo 7.1153.- Es nula la transacción que verse sobre:

I. Delito, dolo y culpa futuros;

II. La acción civil que nazca de un delito o culpa futuros;

III. Sucesión futura;

IV. Una herencia, antes de visto el testamento, si lo hay;

V. El derecho de recibir alimentos;

VI. El estado civil de las personas;

VII. La validez del matrimonio.

Transacción sobre monto de alimentos adeudados

Artículo 7.1154.- Podrá haber transacción sobre el monto de los alimentos adeudados.

La transacción en relación al fiador

Artículo 7.1155.- El fiador sólo queda obligado por la transacción cuando consienta en ella.

Efectos de la transacción

Artículo 7.1156.- La transacción tiene, respecto de las partes, la misma eficacia y autoridad que la cosa juzgada; pero podrá pedirse la nulidad o la rescisión de aquélla en los casos autorizados por la ley.

Anulación de la transacción

Artículo 7.1157.- Puede anularse la transacción cuando se hace en razón de un título nulo, a no ser que las partes hayan tratado expresamente de la nulidad.

Transacción válida

Artículo 7.1158.- Cuando las partes están instruidas de la nulidad del título, o la disputa es sobre esa misma nulidad, pueden transigir válidamente, siempre que los derechos a que se refiere el título sean renunciables.

Transacción en base a documentos falsos

Artículo 7.1159.- Es nula la transacción celebrada teniéndose en cuenta documentos que después han resultado falsos por sentencia judicial.

Presencia de nuevos títulos o documentos

Artículo 7.1160.- El descubrimiento de nuevos títulos o documentos no es causa para anular o rescindir la transacción, si no ha habido mala fe.

Transacción sobre negocio resuelto judicialmente

Artículo 7.1161.- Es nula la transacción sobre cualquier negocio que esté decidido judicialmente por sentencia irrevocable ignorada por los interesados.

Evicción en la transacción

Artículo 7.1162.- En las transacciones sólo hay lugar a la evicción cuando alguna de las partes da a la otra algún bien que no era objeto de controversia y que, conforme a derecho, pierde el bien que recibió.

Bien con vicios o gravámenes

Artículo 7.1163.- Cuando el bien dado tiene vicios o gravámenes ignorados del que lo recibió, ha lugar a pedir la diferencia que resulte del vicio o gravamen, en los mismos términos que respecto del bien vendido.

Efectos de la transacción

Artículo 7.1164.- Por la transacción no se transmiten, sino que se declaran o reconocen los derechos que son el objeto de las diferencias que sobre ella recae.

La declaración o reconocimiento de esos derechos no obliga al que lo hace, a garantizarlos, ni le impone responsabilidad alguna en caso de evicción, ni importa un título propio en que fundar la prescripción.

Demanda contra el valor o subsistencia de una transacción

Artículo 7.1165.- No podrá intentarse demanda contra el valor o subsistencia de una transacción, sin que previamente se haya asegurado la devolución de todo lo recibido, a virtud del convenio que se quiera impugnar.

TÍTULO DECIMOSÉPTIMO
DEL CONTRATO DE ARBITRAJE

Concepto del contrato de arbitraje

Artículo 7.1166.- El arbitraje es el contrato por el cual las partes pueden someter a la decisión de uno o varios árbitros, las controversias surgidas o que puedan surgir entre ellas respecto de una determinada relación jurídica.

Concepto de árbitro

Artículo 7.1167.- El árbitro es el profesional del derecho, que sin ser autoridad jurisdiccional es nombrado por las partes para la resolución de una controversia, conforme a las disposiciones del presente Código, y en la forma que prevé el Código de Procedimientos Civiles de la Entidad.

Formalidades del contrato de arbitraje

Artículo 7.1168.- El contrato de arbitraje deberá constar por escrito y expresar, de manera inequívoca, la voluntad de las partes de someter sus controversias de determinado negocio o negocios al arbitraje.

Cláusula compromisoria

Artículo 7.1169.- La referencia hecha en un contrato que contenga cláusula compromisoria, constituirá acuerdo de arbitraje, siempre que dicho contrato conste por escrito y la referencia implique que esa cláusula forma parte del contrato.

Cuestiones que no pueden ser objeto de arbitraje

Artículo 7.1170.- No pueden ser objeto de arbitraje:
I. El derecho de recibir alimentos;

II. Lo concerniente al estado civil, a excepción de las diferencias puramente pecuniarias;

III. Las demás en que lo prohíba expresamente la ley.

Condición o acuerdo que se tendrá por no puesto

Artículo 7.1171.- Se tendrá por no puesta la condición o el acuerdo que deje a una sola de las partes la designación de árbitros.

Arbitraje establecido por el testador

Artículo 7.1172.- Puede establecerse el arbitraje por el testador para solucionar las diferencias que surjan entre los que instituye herederos o legatarios.

Nulidad del contrato principal

Artículo 7.1173.- La nulidad de un contrato no llevará consigo de modo necesario, la del convenio arbitral accesorio.

Obligatoriedad del laudo

Artículo 7.1174.- La decisión de los árbitros es de obligada aceptación.

N. DE E. DE CONFORMIDAD CON EL DECRETO NÚMERO 329, PUBLICADO EN LA G.G. DE 18 DE AGOSTO DE 2011, SE MODIFICA DE FORMA SUSTANTIVA EL LIBRO OCTAVO DEL CÓDIGO CIVIL DEL ESTADO DE MÉXICO.

LIBRO OCTAVO
DEL REGISTRO PÚBLICO DE LA PROPIEDAD

TÍTULO PRIMERO
DISPOSICIONES GENERALES

Publicidad de los actos jurídicos

(REFORMADO, G.G. 18 DE AGOSTO DE 2011)

Artículo 8.1.- Mediante el Registro Público de la Propiedad se da publicidad a los actos jurídicos para que surtan efectos contra terceros.

El Registro Público de la Propiedad tiene como finalidad dar certeza y seguridad jurídica en el tráfico inmobiliario, así como las demás finalidades previstas en este Código, en la Ley Registral y en el Reglamento.

La seguridad jurídica es una garantía institucional que se basa en un título auténtico generador del derecho y en su publicidad que opera a partir de su inscripción o anotación registral, por lo tanto, el Registrador realizará siempre la inscripción o anotación de los documentos que se le presenten. Las causas de suspensión o denegación se aplicarán de manera estricta, por lo que sólo podrá suspenderse o denegarse una inscripción o anotación, en los casos de excepción que señala el artículo **8.32**.

Para efectos de este Libro Octavo se entenderá por "Ley Registral" a la Ley Registral para el Estado de México y "Reglamento" al Reglamento de la Ley Registral para el Estado de México; el cual proveerá en la esfera administrativa a la exacta observancia de este Código y de la Ley Registral.

Efectos declarativos del Registro Público

(REFORMADO, G.G. 18 DE AGOSTO DE 2011)

Artículo 8.2.- Las inscripciones hechas en el Registro Público de la Propiedad, tienen efectos declarativos y no constitutivos, de tal manera que los derechos provienen del acto jurídico, pero no de su inscripción, cuya finalidad es dar publicidad y no constituir el derecho.

La inscripción es el acto mediante el cual se registra la constitución, adquisición, transmisión, modificación, limitación, gravamen o extinción de derechos reales o los que sin serlo sean inscribibles de acuerdo con la Ley Registral. La anotación es el acto procedimental que en relación con el contenido de una inscripción, deja constancia en forma preventiva o provisional de una situación jurídica que limita, grava o afecta el derecho o bien que ampara dicha inscripción.

Disposiciones que rigen al Registro

(REFORMADO, G.G. 18 DE AGOSTO DE 2011)

Artículo 8.3.- El Registro Público de la Propiedad está a cargo del Instituto de la Función Registral del Estado de México y se rige por las disposiciones de este Código, de la Ley Registral, del Reglamento y de los demás ordenamientos legales aplicables.

La función registral se regirá por los Principios de: Publicidad, Rogación, Tracto Sucesivo, Legalidad, Consentimiento, Inscripción, Especialidad, Prelación, Legitimación y Fe Pública Registral, así como los demás principios y fines del sistema jurídico registral establecidos en éste Código y en la Ley Registral.

El Archivo General de Notarias del Estado de México forma parte del Instituto de la Función Registral del Estado de México.

Servicio Público del Registro

(REFORMADO, G.G. 18 DE AGOSTO DE 2011)

Artículo 8.4.- El Registro será público, por lo que los encargados del mismo tienen la obligación de permitir a las personas que lo soliciten, que se enteren de los asientos que obren inscritos, y también preservando los datos personales conforme a la Ley de los documentos relacionados con esas inscripciones que estén archivados o almacenados por el Registro Público de la Propiedad. Asimismo, tienen la obligación de expedir copias certificadas y simples de las inscripciones, anotaciones o constancias que figuren en los registros, así como, certificaciones de no existir asiento o de especie determinada sobre bienes señalados o a nombre de ciertas personas, en los términos previstos en la Ley Registral.

Certificación

(REFORMADO, G.G. 18 DE AGOSTO DE 2011)

Artículo 8.5.- La certificación es el acto a través del cual, el Registrador da fe de los asientos, actos o constancias inscritos en los libros correspondientes, folios electrónicos, registros o archivos del Registro Público de la Propiedad, o bien de la inexistencia de los mismos, así como también de las constancias que obren en los archivos respectivos.

La certificación a que se refiere el párrafo anterior no podrá ser denegada, debiéndose expedir en los términos de los asientos respectivos y en su caso, se hará mención en ellas de las discrepancias existentes entre la solicitud y los asientos registrales.

Acervo y Registros

(REFORMADO, G.G. 18 DE AGOSTO DE 2011)

Artículo 8.6.- Para garantizar la preservación, guarda, custodia y seguridad del acervo registral, el Instituto de la Función Registral del Estado de

México desarrollará sistemas y programas sustentados en la más avanzada tecnología telemática, que garantice su exactitud e inviolabilidad para otorgar seguridad jurídica a la propiedad inmobiliaria.

Los lineamientos y criterios para la preservación, guarda, custodia y seguridad del Acervo Registral, así como las bases y mecanismos para la incorporación electrónica de los documentos inscritos en el Registro Público de la Propiedad se determinarán en la Ley Registral y en el Reglamento.

Sistema de registro

(REFORMADO, G.G. 18 DE AGOSTO DE 2011)

Artículo 8.7.- La Ley Registral establecerá el sistema conforme al cual deberán llevarse los Folios Electrónicos del Registro Público y practicarse los Asientos Registrales.

El Registro Público deberá operar con un sistema informático, mediante el cual se realice la captura, almacenamiento, custodia, seguridad, consulta, reproducción, verificación, administración y transmisión de la información contenida en el Acervo Registral.

La primera inscripción de cada inmueble será de dominio o de posesión.

Valor probatorio de la información contenida en el sistema

(REFORMADO, G.G. 18 DE AGOSTO DE 2011)

Artículo 8.8.- La información e imágenes contenidas en la base de datos de los sistemas informáticos con los que opere el Registro Público de la Propiedad, tendrán la misma validez y exactitud jurídica que las contenidas en los libros, folio electrónico o en el archivo histórico, así como el carácter probatorio para los efectos correspondientes.

Formato Precodificado

(REFORMADO, G.G. 18 DE AGOSTO DE 2011)

Artículo 8.9.- El Formato Precodificado deberá ajustarse al contenido que la Ley Registral indique para los asientos de inscripción, y será el estrictamente necesario para que el Registrador no la deniegue.

TÍTULO SEGUNDO
DISPOSICIONES COMUNES

CAPÍTULO I
DE LOS DOCUMENTOS REGISTRABLES

Documentos jurídicos registrables

(REFORMADO, G.G. 18 DE AGOSTO DE 2011)

Artículo 8.10.- Sólo se registrarán:

I. Los testimonios de instrumentos notariales, copias certificadas electrónicas, formatos precodificados u otros documentos auténticos;

II. Las resoluciones y providencias judiciales que así lo determinen, así como los demás títulos registrables sobre actos jurídicos de inmatriculación administrativa o que atribuyan o transfieran el domino de un bien inmueble;

III. Los documentos privados no traslativos de dominio de inmuebles que impliquen actos u operaciones jurídicas reputados válidos bajo esa forma con arreglo a la ley, siempre y cuando se hayan ratificado sus firmas ante Notario Público, o judicialmente;

IV. Los planes de Desarrollo Urbano Regionales, Municipales y de Centros de Población que contemplen las reservas, usos, destinos y provisiones, siempre y cuando graven, limiten o afecten la propiedad individual, materializada en los folios electrónicos y en la base de datos del sistema operativo.

Quiénes pueden solicitar el registro

(REFORMADO, G.G. 18 DE AGOSTO DE 2011)

Artículo 8.11.- Podrá solicitar la inscripción o anotación de un documento, el titular del derecho en él consignado, sus causahabientes, apoderados, representantes legales o Notario Público, así como las autoridades judiciales y administrativas federales, estatales y municipales cuando así lo disponga la legislación aplicable.

Actos jurídicos realizados en otra entidad federativa o en el extranjero que sean inscribibles

(REFORMADO, G.G. 18 DE AGOSTO DE 2011)

Artículo 8.12.- Los actos ejecutados o los contratos otorgados en otra entidad federativa o en el extranjero, sólo se inscribirán si dichos actos o contratos tienen el carácter de inscribibles conforme a las leyes.

Los documentos de procedencia extranjera debidamente apostillados o legalizados que se refieran a actos inscribibles, deberán protocolizarse ante Notario Público. Cuando estuvieren redactados en idioma extranjero, serán previamente traducidos por perito.

Las sentencias dictadas en el extranjero que no contravengan disposiciones de orden público, se registrarán cuando medie orden de autoridad judicial competente.

Inoponibilidad de los actos no inscritos

(REFORMADO, G.G. 18 DE AGOSTO DE 2011)

Artículo 8.13.- Los documentos que conforme a las leyes sean registrables y no se registren, sólo producirán efectos entre las partes y no en perjuicio de tercero.

La inscripción no produce convalidación

(REFORMADO, G.G. 18 DE AGOSTO DE 2011)

Artículo 8.14.- La inscripción no convalida los actos o contratos que sean nulos con arreglo a las leyes.

Legitimación de las personas con derechos inscritos

(REFORMADO, G.G. 18 DE AGOSTO DE 2011)

Artículo 8.15.- No obstante lo dispuesto en el artículo anterior, los actos o contratos que se otorguen o celebren por personas que en el Registro aparezcan con derecho para ello, no se invalidarán en cuanto a tercero de buena fe una vez inscritos, aunque después se anule o resuelva el derecho de su otorgante o de titulares anteriores, en virtud de título no inscrito, aún siendo válido o por causas que no resulten claramente del mismo Registro. Lo dispuesto en este artículo no se aplicará al último adquirente cuya adquisición se haya efectuado en violación a disposiciones prohibitivas o de orden público. En cuanto a adquirentes a título gratuito, gozarán de la misma protección registral que la que tuviere su causante o transferente.

La buena fe se presume siempre; quien alegue lo contrario tiene la carga de la prueba.

Presunción de existencia del derecho inscrito

(REFORMADO, G.G. 18 DE AGOSTO DE 2011)

Artículo 8.16.- El derecho registrado se presume que existe y que pertenece a su titular en la forma expresada en el asiento respectivo. Se presume también que el titular de una inscripción de dominio o de posesión, tiene la posesión del inmueble inscrito.

Demanda de nulidad o cancelación de la inscripción

(REFORMADO, G.G. 18 DE AGOSTO DE 2011)

Artículo 8.17.- No podrá ejercitarse acción contradictoria del dominio de un inmueble o derechos reales sobre el mismo o de otros derechos inscritos o anotados a favor de persona o entidad determinada, sin que previa o concomitantemente, se entable demanda de nulidad o cancelación de la inscripción en que conste dicho dominio o derecho.

Sobreseimiento al procedimiento

(REFORMADO, G.G. 18 DE AGOSTO DE 2011)

Artículo 8.18.- En caso de embargo precautorio, juicio ejecutivo o procedimiento de apremio sobre bienes o derechos reales, se sobreseerá todo procedimiento respecto de los mismos o de sus frutos, inmediatamente que conste en los autos por manifestación auténtica del Registro, que dichos bienes o derechos están inscritos a favor de persona distinta de aquella contra la que se decretó el embargo o se siguió el procedimiento, a no ser que se hubiere dirigido contra ella la acción como causahabiente del que aparece dueño en el Registro.

CAPÍTULO II
DE LA PRELACIÓN

Prioridad de la inscripción

(REFORMADO, G.G. 18 DE AGOSTO DE 2011)

Artículo 8.19.- La preferencia entre derechos reales sobre un mismo inmueble o derechos, se determinará por la prioridad de su inscripción en el Registro.

Derecho real anterior a la anotación

(REFORMADO, G.G. 18 DE AGOSTO DE 2011)

Artículo 8.20.- El derecho real adquirido con anterioridad a la fecha de una anotación preventiva será preferente, aún cuando la inscripción sea posterior, siempre que se haya dado el aviso preventivo.

Efectos de los asientos

(REFORMADO, G.G. 18 DE AGOSTO DE 2011)

Artículo 8.21.- En tanto no se declare judicialmente la falsedad o nulidad de un asiento del Registro Público, en cuanto se refiera a derechos inscribibles o anotables, produce todos sus efectos. Los errores materiales o de concepto, se rectificarán en los términos de los artículos **8.35** al **8.37** inclusive, y demás aplicables de este Código o de la Ley Registral.

Prioridades por la hora y fecha de presentación

(REFORMADO, G.G. 18 DE AGOSTO DE 2011)

Artículo 8.22.- La prelación entre los diversos documentos ingresados al Registro se determinará por la prioridad en cuanto a la fecha y hora de presentación, salvo lo dispuesto en los artículos siguientes.

Exigencia de certificado de gravámenes

(REFORMADO, G.G. 18 DE AGOSTO DE 2011)

Artículo 8.23.- Cuando vaya a otorgarse una escritura en la que se declare, reconozca, adquiera, transmita, modifique, limite o grave, la propiedad o posesión de bienes inmuebles o cualquier derecho real sobre los mismos o que sin serlo sea inscribible, el Notario Público deberá solicitar al Registro, certificado sobre la existencia o inexistencia de gravámenes o anotaciones.

Requisitos de la solicitud de certificado de gravámenes

(REFORMADO, G.G. 18 DE AGOSTO DE 2011)

Artículo 8.24.- En la solicitud a que se refiere el artículo anterior, y que surtirá efectos de aviso preventivo, deberán mencionarse:

I. Ubicación del inmueble, señalando lote, manzana, sección, colonia, municipio y nombre, en su caso;

II. Medidas, colindancias y superficie en su caso, del inmueble;

III. Nombre del o de algunos de los titulares,

IV. Nombre del o de los adquirentes o titulares del derecho real a anotarse;

V. El acto o actos jurídicos a otorgarse;

VI. Clave catastral del inmueble, en su caso;

VII. Antecedentes registrales; y

VIII. Nombre y firma del Notario Público solicitante.

Anotación del aviso preventivo

(REFORMADO, G.G. 18 DE AGOSTO DE 2011)

Artículo 8.25.- El Registrador procederá a anotar, de inmediato, el aviso preventivo, sin cobro de derechos por este concepto.

(REFORMADO, G.G. 8 DE SEPTIEMBRE DE 2017)

Dicha nota tendrá vigencia de ciento ochenta días naturales a partir de la fecha de presentación de la solicitud.

Aviso definitivo por el Notario

(REFORMADO, G.G. 18 DE AGOSTO DE 2011)

Artículo 8.26.- Una vez firmada la escritura que produzca cualquiera de las consecuencias mencionadas en el artículo **8.23**, el Notario Público dará el aviso definitivo al Registro durante la vigencia del aviso preventivo que contendrá número y fecha de la escritura y la de su firma, acto, otorgantes, sello y firma del Notario Público.

El Registrador con el aviso definitivo, sin cobro de derecho y sin calificación, lo asentará de inmediato.

Sin perjuicio de la prelación que confiere la fecha de presentación del aviso definitivo, cualquier aclaración con relación a este aviso deberá ser solicitada por el registrador al Notario Público, en un plazo que no excederá de cinco días hábiles y éste deberá desahogarla en igual plazo.

La presentación del aviso definitivo podrá ser sustituida por la presentación del testimonio del instrumento, formato precodificado o copia certificada electrónica que el Notario Público presente directamente o por comunicación remota, según corresponda.

Momento en que surte efectos el aviso definitivo

(REFORMADO, G.G. 18 DE AGOSTO DE 2011)

Artículo 8.27.- Si el aviso definitivo se da durante la vigencia del aviso preventivo, surtirá efectos desde la presentación de éste, en caso contrario desde la presentación del aviso definitivo.

Momento en que surte efectos la inscripción definitiva

(REFORMADO, G.G. 18 DE AGOSTO DE 2011)

Artículo 8.28.- La inscripción definitiva de un derecho que haya sido anotado preventivamente, surtirá sus efectos desde la fecha de dicha anotación preventiva.

CAPÍTULO III
DE LA CALIFICACIÓN REGISTRAL

Requisito para inscribir o anotar

(REFORMADO, G.G. 18 DE AGOSTO DE 2011)

Artículo 8.29.- Para inscribir o anotar cualquier título, deberá constar previamente inscrito el derecho de la persona que otorgó aquél o de la que vaya a resultar perjudicada por la inscripción o anotación, a no ser que se trate de una inmatriculación judicial.

Títulos incompatibles

(REFORMADO, G.G. 18 DE AGOSTO DE 2011)

Artículo 8.30.- Inscrito o anotado un título, no podrá inscribirse o anotarse otro de igual o anterior fecha que refiriéndose al mismo inmueble o derecho real, se le oponga por ser incompatible. La incompatibilidad sólo tendrá lugar cuando los derechos de que se trate no puedan coexistir.

Si sólo se hubiere extendido el asiento de presentación, tampoco podrá inscribirse otro título de la clase antes expresada, mientras el asiento esté vigente.

No existirá incompatibilidad cuando se trate de una inexactitud por error material.

Inscripción o anotación

(REFORMADO, G.G. 18 DE AGOSTO DE 2011)

Artículo 8.31.- Los Registradores deberán inscribir o anotar, según corresponda, los documentos que se presenten al Registro para inscripción o anotación, dentro de un plazo máximo de diez días hábiles siguientes al de su presentación, salvo aquellas a las que este Código o la Ley Registral establezcan un plazo menor.

Calificación Extrínseca

(REFORMADO, G.G. 18 DE AGOSTO DE 2011)

Artículo 8.32.- Previo a la inscripción, el Registrador calificará extrínsecamente el documento presentado dentro del plazo señalado en el artículo anterior. La calificación registral consistirá en verificar únicamente que:

I. El documento presentado sea de los que deben inscribirse o anotarse;

II. El documento satisfaga los requisitos de forma establecidos en la ley que lo rige como necesarios para su validez;

III. En el documento conste acreditada la identidad, capacidad y legitimación de los otorgantes que el acto consignado requiera, en su caso. Cuando por cualquier circunstancia alguno de los titulares registrales varíe su nombre, denominación o razón social, procederá la inscripción cuando así se hubiere hecho constar ante Notario Público;

IV. Exista identidad entre el bien previamente inscrito y el descrito en el título. No habrá falta de identidad cuando no coincida la descripción en uno o algunos de los datos, si de los demás elementos comparados se desprende dicha identidad;

V. No haya incompatibilidad entre el texto del documento y los asientos del registro, conforme a lo previsto por el artículo **8.30**;

VI. Esté fijada la cantidad máxima que garantice un gravamen en el caso de obligaciones de monto indeterminado;

VII. En el acto consignado en el instrumento se observe el tracto sucesivo en los términos del artículo **8.29**;

VIII. El documento cumpla con los requisitos que deba llenar de acuerdo con el Código, la Ley Registral u otras leyes aplicables, como indispensables para su inscripción; y

IX. No haya operado el cierre de registro, por mandamiento judicial o administrativo.

Verificado lo anterior, el Registrador deberá realizar la anotación o inscripción dentro del plazo mencionado en el artículo anterior.

Los Registradores no podrán exigir otros datos, requisitos e información que la necesaria para el llenado del Formato Precodificado.

Devolución de documento con datos de inscripción

(REFORMADO, G.G. 18 DE AGOSTO DE 2011)

Artículo 8.33.- Hecho el registro, serán devueltos los documentos al que los presentó, con los datos de la inscripción, fecha, firma y sello.

Impugnación contra la calificación registral. Recurso de Inconformidad o juicio

(REFORMADO, G.G. 18 DE AGOSTO DE 2011)

Artículo 8.34.- La calificación del Registrador podrá recurrirse por el solicitante del servicio o cualquier interesado, ante el Director General del Instituto de la Función Registral del Estado de México. Si éste confirma la calificación, cualquiera de ellos podrá reclamarla en juicio.

Si mediante sentencia ejecutoriada se resuelve que el documento fue mal calificado e indebidamente rechazado y se ordena que se registre, la inscripción se practicará de inmediato y surtirá sus efectos desde que por primera vez se presentó el documento, debiéndose tener en cuenta lo dispuesto por los artículos **8.23** al **8.28** inclusive.

(REFORMADA SU DENOMINACIÓN, G.G. 18 DE AGOSTO DE 2011)

CAPÍTULO IV
DE LA RECTIFICACIÓN Y REPOSICIÓN DE ASIENTOS

Rectificación de asientos por error

(REFORMADO, G.G. 18 DE AGOSTO DE 2011)

Artículo 8.35.- La rectificación de los asientos por causa de error material o de concepto, sólo procede cuando existe discrepancia entre el título y la inscripción.

Procederá la rectificación de oficio o a petición de cualquier interesado con la exhibición de testimonio, acta o cualquier documento auténtico que reproduzca el documento que dio origen al asiento o inscripción a rectificarse. Cuando de los propios asientos registrales o legajos se desprenda el contenido de lo que se pretenda rectificar o reponer, no será necesaria la exhibición de documento alguno.

El Registrador deberá hacer la rectificación en un plazo de cinco días hábiles.

Cuando para la rectificación de una anotación o inscripción sea necesaria la consulta de algún instrumento o documento que obre depositado en el Archivo General de Notarías, tal consulta deberá hacerla el Registrador directamente en el mencionado Archivo, sin necesidad de pago de derecho alguno, en un plazo de cinco días hábiles. Lo mismo se observará en tratándose de reposición de folios, asientos o inscripciones.

Error material

(REFORMADO, G.G. 18 DE AGOSTO DE 2011)

Artículo 8.36.- Se entenderá que se comete error material cuando se escriban unas palabras por otras, se omita la expresión de alguna circunstancia, se equivoquen los nombres o las cantidades al copiarlas del documento, sin cambiar por eso el sentido general de la inscripción ni el de ninguno de los conceptos.

Error de concepto

(REFORMADO, G.G. 18 DE AGOSTO DE 2011)

Artículo 8.37.- Se entenderá que se comete error de concepto cuando al expresar en la inscripción alguno de los contenidos del documento, se altere o varíe su sentido.

Legitimación para la rectificación y reposición de asientos

(REFORMADO, G.G. 18 DE AGOSTO DE 2011)

Artículo 8.38.- Cuando se trate de errores de concepto o materiales, o de reposición de asientos deteriorados, destruidos o extraviados, podrán rectificarse o reponerse, con documento idóneo, debiendo acreditar el solicitante su interés jurídico.

Oposición del registrador a la rectificación o reposición

(REFORMADO, G.G. 18 DE AGOSTO DE 2011)

Artículo 8.39.- En caso de que el Registrador se oponga a la rectificación o reposición se observará lo mismo que en el supuesto de que suspenda o deniegue una inscripción.

Personas a quienes no afecta la rectificación o reposición de asientos

(REFORMADO, G.G. 18 DE AGOSTO DE 2011)

Artículo 8.40.- En ningún caso la rectificación o reposición de un asiento inexacto, deteriorado, destruido o extraviado perjudicará los derechos adquiridos por tercero a título oneroso y de buena fe durante la vigencia del mismo, independientemente de la responsabilidad de daños y perjuicios del Registrador.

Fecha en que surte efectos la rectificación o reposición

(REFORMADO, G.G. 18 DE AGOSTO DE 2011)

Artículo 8.41.- Independientemente de la fecha de rectificación o reposición del asiento, éste surtirá sus efectos desde la fecha en que haya sido practicado; dejando a salvo los derechos adquiridos por tercero a título oneroso y de buena fe.

Extinción de las anotaciones preventivas

(REFORMADO, G.G. 18 DE AGOSTO DE 2011)

Artículo 8.42.- Las anotaciones preventivas se extinguen por cancelación, caducidad o por su inscripción definitiva.

Cancelación por consentimiento

(REFORMADO, G.G. 18 DE AGOSTO DE 2011)

Artículo 8.43.- Las inscripciones y anotaciones pueden cancelarse por consentimiento de las personas a cuyo favor estén hechas, o sus causahabientes con o sin expresión de causa o por orden judicial.

Podrán no obstante ser canceladas a petición de parte sin dichos requisitos cuando el derecho inscrito o anotado quede extinguido.

Consentimiento expreso en escritura para cancelar

(REFORMADO, G.G. 18 DE AGOSTO DE 2011)

Artículo 8.44.- Para que el asiento pueda cancelarse por consentimiento del titular o sus causahabientes, éste deberá constar en escritura pública.

Cancelación total o parcial

(REFORMADO, G.G. 18 DE AGOSTO DE 2011)

Artículo 8.45.- La cancelación de las inscripciones y anotaciones preventivas podrá ser total o parcial.

Cancelación total

(REFORMADO, G.G. 18 DE AGOSTO DE 2011)

Artículo 8.46.- Podrá pedirse y deberá ordenarse en su caso la cancelación total cuando:

I. Se extinga por completo el bien objeto de la inscripción;

II. Se extinga por declaración judicial o disposición de la ley el derecho inscrito o anotado;

III. Se declare la nulidad o falsedad del hecho, acto jurídico o título en cuya virtud se haya hecho la inscripción o anotación;

IV. Se declare judicialmente la nulidad o falsedad del asiento;

V. Sea vendido judicialmente el inmueble que reporte gravamen, cuando así proceda conforme al artículo **7.603**; y

VI. Tratándose de cédula hipotecaria o de embargo, hayan transcurrido dos años desde la fecha del asiento, sin que se ordene su prórroga.

(ADICIONADA, G.G. 3 DE AGOSTO DE 2016)

VII. Los gravámenes inscritos en el Registro Público, podrán cancelarse a petición de parte interesada, mediante escrito dirigido al titular de la Oficina Registral correspondiente, una vez transcurridos 10 años, contados a partir del vencimiento del plazo para el cual fue constituido, previo pago de los derechos correspondientes.

Tratándose de cancelaciones de hipotecas, se considerarán accesorias a las mismas y en consecuencia deberán cancelarse simultáneamente de oficio, aún cuando no hayan sido mencionadas expresamente en el instrumento correspondiente, los asientos que contengan cédulas hipotecarias, reestructuras, ampliaciones o modificaciones a las mismas.

Cancelación parcial

(REFORMADO, G.G. 18 DE AGOSTO DE 2011)

Artículo 8.47.- Podrá pedirse y deberá decretarse en su caso, la cancelación parcial cuando se reduzca:

I. El inmueble objeto de la inscripción o anotación; y

II. El derecho inscrito o anotado.

Caducidad y prórroga de las anotaciones

(REFORMADO, G.G. 18 DE AGOSTO DE 2011)

Artículo 8.48.- Las anotaciones preventivas, caducarán a los tres años de su fecha, salvo aquellas en las que el presente Código les fije un plazo más breve. No obstante, a petición de parte interesada o por mandato de las autoridades que las decretaron, podrán prorrogarse una o más veces por dos años cada vez, siempre que la prórroga sea anotada antes de que caduque el asiento.

Efectos de la caducidad del asiento

(REFORMADO, G.G. 18 DE AGOSTO DE 2011)

Artículo 8.49.- La caducidad produce la extinción del asiento respectivo por el simple transcurso del tiempo, pero cualquier interesado podrá solicitar en este caso que se registre la cancelación de dicho asiento.

Presunción de extinción del derecho por cancelación

(REFORMADO, G.G. 18 DE AGOSTO DE 2011)

Artículo 8.50.- Cancelado un asiento se presume extinguido el derecho a que dicho asiento se refiere.

Consentimiento de representantes legales para cancelar

(REFORMADO, G.G. 18 DE AGOSTO DE 2011)

Artículo 8.51.- Los padres administradores de los bienes de sus hijos, los tutores y cualesquiera otros administradores, aunque estén habilitados para recibir pagos y dar recibos, sólo pueden consentir la cancelación del registro hecho a favor de sus representados, en el caso de pago o por sentencia judicial.

Procedencia de las cancelaciones

(REFORMADO, G.G. 18 DE AGOSTO DE 2011)

Artículo 8.52.- Las cancelaciones procederán en los supuestos que establezca la Ley Registral.

TÍTULO TERCERO
DEL REGISTRO DE LA PROPIEDAD INMUEBLE

CAPÍTULO I
DE LOS TÍTULOS INSCRIBIBLES Y DE LOS ANOTABLES

Títulos inscribibles

(REFORMADO, G.G. 18 DE AGOSTO DE 2011)

Artículo 8.53.- En el Registro de la Propiedad inmueble se inscribirán:

I. Los títulos por los cuales se cree, declare, reconozca, adquiera, transmita, modifique, limite, grave o extinga el dominio, la posesión originaria o los demás derechos reales sobre inmuebles;

II. Los contratos de arrendamiento de parte o de la totalidad de bienes inmuebles, por un período mayor de seis años y aquellos en que haya anticipos de rentas por más de tres años; y

III. Los demás títulos que la ley ordene expresamente que sean registrados.

Documentos anotables

(REFORMADO, G.G. 18 DE AGOSTO DE 2011)

Artículo 8.54.- Se anotarán preventivamente en el Registro:

I. Por orden judicial, las demandas relativas a la propiedad de bienes inmuebles o a la constitución, declaración, modificación o extinción de cualquier derecho real sobre aquellos;

II. El mandamiento y el acta de embargo que se haya hecho efectivo en bienes inmuebles del demandado;

III. Por orden judicial, las demandas promovidas para exigir el cumplimiento de contratos preparatorios o para dar forma legal al acto o contrato concertado cuando tenga por objeto inmuebles o derechos reales sobre los mismos;

IV. Las providencias judiciales y administrativas que ordenen el secuestro o prohíban la enajenación de bienes inmuebles o derechos reales;

V. Los títulos presentados al Registro Público y cuya inscripción haya sido denegada o suspendida por el Registrador. En este caso, el Registrador asentará de oficio y de inmediato la anotación preventiva ordenada en esta fracción la cual caducará en un plazo de dos años, a fin de que si la autoridad jurisdiccional ordena que se registre el título rechazado, la inscripción definitiva surta sus efectos desde la fecha de su presentación, en los términos previstos por los artículos **8.23** al **8.28** inclusive;

VI. Las fianzas legales o judiciales;

VII. El decreto de expropiación y de ocupación temporal y declaración de limitación de dominio de bienes inmuebles;

VIII. Las resoluciones judiciales en materia de amparo que ordenen la suspensión provisional o definitiva de actos de autoridad de cualquier tipo que afecten o pudieren afectar bienes o derechos inscritos en el Registro; y

IX. Cualquier otro título que sea anotable de acuerdo con este Código, la Ley Registral u otras leyes.

La anotación tiene un carácter transitorio y hace referencia a una inscripción principal, en forma preventiva o provisional, y tiene por objeto consignar una situación jurídica que afecta o grava el bien o el derecho que consta en la inscripción.

Las anotaciones preventivas se realizarán en los términos previstos al efecto en la Ley Registral.

CAPÍTULO II
DE LOS EFECTOS DE LAS ANOTACIONES

Personas a quienes perjudica la anotación

(REFORMADO, G.G. 18 DE AGOSTO DE 2011)

Artículo 8.55.- La anotación perjudicará a cualquier adquirente del inmueble o derecho real a que se refiere la anotación, cuya adquisición sea posterior a la fecha de aquélla, o siendo anterior no haya sido anotada o inscrita, y dará preferencia para el cobro del crédito sobre cualquier otro de fecha posterior a la anotación.

Anotaciones judiciales o administrativas

(REFORMADO, G.G. 18 DE AGOSTO DE 2011)

Artículo 8.56.- En los casos de las anotaciones judiciales o administrativas, podrá producirse el cierre del registro en los términos de la resolución correspondiente.

Anotación de fianzas

(REFORMADO, G.G. 18 DE AGOSTO DE 2011)

Artículo 8.57.- En el caso de anotación de fianzas producirá el efecto fijado por el capítulo respectivo, así como las fianzas a que se refieren los artículos 31 y 100 de la Ley Federal de Instituciones de Fianzas.

Efectos de la anotación respecto a los bienes

(REFORMADO, G.G. 18 DE AGOSTO DE 2011)

Artículo 8.58.- Salvo los casos en que la anotación cierre el registro, los bienes inmuebles o derechos reales anotados podrán enajenarse y gravarse, sin perjuicio del derecho de la persona a cuyo favor se haya hecho la anotación.

CAPÍTULO III
DE LA INMATRICULACIÓN

Inmuebles carentes de antecedentes registrales

(REFORMADO, G.G. 18 DE AGOSTO DE 2011)

Artículo 8.59.- La inmatriculación es la inscripción de la propiedad o posesión de un inmueble que carece de antecedentes registrales.

Medios de inmatriculación

(REFORMADO, G.G. 18 DE AGOSTO DE 2011)

Artículo 8.60.- La inmatriculación se verifica mediante:

I. Información de dominio;

II. Información posesoria;

III. Resolución judicial que la ordene y que se haya dictado como consecuencia de la presentación de título fehaciente que abarque, sin interrupción, un período por lo menos de cinco años;

IV. La inscripción del decreto publicado en la Gaceta del Gobierno del Estado que convierta en bien de dominio privado un inmueble que no tenga tal carácter, o del título o títulos que se expidan con fundamento en aquel decreto;

V. Resolución administrativa que la ordene y que se haya dictado como consecuencia de la presentación de la solicitud del interesado; y

VI. La inscripción de los títulos de solares urbanos expedidos por el Registro Agrario Nacional o de los documentos que conviertan un bien ejidal a propiedad privada.

Información posesoria

(REFORMADO, G.G. 18 DE AGOSTO DE 2011)

Artículo 8.61.- El que haya poseído bienes inmuebles por el tiempo y con las condiciones exigidas para prescribirlos y no tenga título de propiedad o teniéndolo no sea inscribible, podrá demostrar ante el Juez competente que ha tenido esa posesión, rindiendo la información respectiva en los términos que establezca el Código de Procedimientos Civiles.

Consumación de la usucapión por inscripción de la posesión

(REFORMADO, G.G. 18 DE AGOSTO DE 2011)

Artículo 8.62.- Transcurridos cinco años desde la inscripción de posesión, sin que en el Registro aparezca algún asiento que la contradiga, tiene derecho el poseedor, a que el Juez declare que se ha convertido en propietario en virtud de la prescripción y ordene se haga en el Registro la inscripción de dominio.

Derechos inmatriculables mediante información posesoria

(REFORMADO, G.G. 18 DE AGOSTO DE 2011)

Artículo 8.63.- No podrán inscribirse mediante información posesoria, las servidumbres continuas no aparentes, tampoco el derecho hipotecario.

Inmatriculación de título fehaciente

(REFORMADO, G.G. 18 DE AGOSTO DE 2011)

Artículo 8.64.- El que tenga título fehaciente que abarque cuando menos un período ininterrumpido de cinco años inmediatamente anteriores a su promoción, podrá inmatricular su predio mediante resolución judicial, siempre y cuando se satisfagan los requisitos que señala el Código de Procedimientos Civiles.

Inmatriculación de Inmuebles que carezcan de antecedentes registrales

(REFORMADO, G.G. 18 DE AGOSTO DE 2011)

Artículo 8.65.- Para la inmatriculación de inmuebles que carezcan de antecedentes registrales los que tengan interés legítimo podrán ocurrir ante el Registro Público a solicitarla, debiendo acompañar a su promoción:

I. Certificado del Registro Público de la Propiedad que acredite que el bien de que se trata no está inscrito; y

II. Comprobante del pago del impuesto predial al corriente a nombre de quién se promueve.

Las personas que soliciten la inmatriculación de inmuebles, deberán cumplir los requisitos y sujetarse al procedimiento que establezca el reglamento respectivo.

La inmatriculación en relación a terceros

(REFORMADO, G.G. 18 DE AGOSTO DE 2011)

Artículo 8.66.- La inmatriculación de un inmueble por resolución del titular del Registro Público, dejará siempre a salvo los derechos de terceros.

Rectificación de las inmatriculaciones

(REFORMADO, G.G. 18 DE AGOSTO DE 2011)

Artículo 8.67.- Una vez realizada la inmatriculación, sólo podrá rectificarse por el Director General del Instituto de la Función Registral del Estado de México cuando se hubieren cometido errores mecanográficos, ortográficos o de otra índole que no afecten sus datos esenciales, sin cambiar por eso el sentido general de la inscripción ni el de ninguno de los conceptos. Tratándose de un error de concepto, sólo podrá rectificarse o cancelarse por determinación judicial.

Se entenderá que se comete error de concepto cuando al expresar en la inmatriculación alguno de los contenidos del título, se altere o varíe su sentido.

Inscripción de la inmatriculación administrativa

(REFORMADO, G.G. 18 DE AGOSTO DE 2011)

Artículo 8.68.- Dictada la resolución de inmatriculación de un inmueble, se ordenará su inscripción, previo pago de los derechos por este concepto.

Oposición a la inmatriculación administrativa

(REFORMADO, G.G. 18 DE AGOSTO DE 2011)

Artículo 8.69.- Cualquiera que se crea con derecho a los bienes materia de inmatriculación administrativa, podrá oponerse reuniendo los requisitos que señala el reglamento.

Sistema de registro

(REFORMADO, G.G. 18 DE AGOSTO DE 2011)

Artículo 8.70.- El Reglamento establecerá los sistemas y procesos conforme a los cuales deben llevarse las inscripciones y anotaciones. El contenido de los asientos de inscripción y las anotaciones, así como los efectos, cancelación, requisitos y calificación de dichas inscripciones y anotaciones y los demás actos y procedimientos registrales del Registro Público de la Propiedad se regularán conforme a lo previsto en el presente Código y el Reglamento.

Las inscripciones, registros, anotaciones y asientos a que se refiere este Libro Octavo se practicarán en folios que podrán evidenciarse en forma impresa, documental, magnética, informática, electrónica o cibernética conforme a lo previsto en este Código y el Reglamento.

Las anotaciones que se realicen al margen de los asientos o inscripciones correspondientes se harán constar conforme a lo previsto en el mencionado Reglamento.

La operación del Registro Público de la Propiedad podrá llevarse a cabo mediante un sistema informático, el cual utilice formas precodificadas para la realización de trámites registrales, de acuerdo con las disposiciones que al efecto se establezcan.

El Reglamento regulará los sistemas y procesos informáticos para la captación, desarrollo, recuperación, almacenamiento, explotación, custodia, seguridad, consulta, reproducción, verificación, administración y transmisión de la información contenida tanto en libros como en la base de datos respectiva.

(REFORMADO, G.G. 18 DE AGOSTO DE 2011)

Artículo 8.71.- La información contenida en libros u otros documentos servirá de base para la conformación del folio, el cual se integrará con el total de las anotaciones y registros existentes, vinculando el tracto sucesivo. La información será validada por la autoridad registral, asignando el folio respectivo y formará parte de la base de datos que al efecto opere el Instituto de la Función Registral del Estado de México.

Las bases para la extracción y captura de información para integrar el folio se precisarán en el Reglamento.

(REFORMADO, G.G. 18 DE AGOSTO DE 2011)

Artículo 8.72.- La información e imágenes contenidas en la base de datos de los sistemas informáticos con los que opere el Registro Público de la Propiedad, tendrán la misma validez y exactitud jurídica que las contenidas en los libros o en el archivo histórico, así como el carácter probatorio para los efectos correspondientes.

(REFORMADA SU DENOMINACIÓN, G.G. 18 DE AGOSTO DE 2011)

TÍTULO CUARTO
DEL REGISTRO DE PERSONAS JURÍDICAS COLECTIVAS

Actos jurídicos sobre personas jurídicas colectivas

(REFORMADO, G.G. 18 DE AGOSTO DE 2011)

Artículo 8.73.- En el registro de las personas jurídicas colectivas se inscribirán los instrumentos por los que se constituyan, reformen, disuelvan o liquiden:

I. Las sociedades y asociaciones civiles;

II. Las sociedades y asociaciones extranjeras de carácter civil; y

III. Las Instituciones de asistencia privada.

Disposiciones aplicables del registro de inmuebles

(REFORMADO, G.G. 18 DE AGOSTO DE 2011)

Artículo 8.74.- Serán aplicables a estas inscripciones las disposiciones relativas del registro de bienes inmuebles, en cuanto sean compatibles con la naturaleza de los actos o contratos materia del presente capítulo y con los efectos que las inscripciones producen.

(REFORMADA SU DENOMINACIÓN, G.G. 18 DE AGOSTO DE 2011)

TÍTULO QUINTO
DE LOS SERVIDORES PÚBLICOS DEL INSTITUTO DE LA FUNCIÓN REGISTRAL DEL ESTADO DE MÉXICO

Régimen aplicable

(REFORMADO, G.G. 18 DE AGOSTO DE 2011)

Artículo 8.75.- En el desempeño de sus funciones y cumplimiento de sus responsabilidades, los servidores públicos del Instituto de la Función Registral del Estado de México deberán cumplir con las disposiciones de este Código, la Ley Registral, su Reglamento, la Ley que Crea el Organismo Público Descentralizado Denominado Instituto de la Función Registral del Estado de México, su reglamento interior, los manuales administrativos y demás disposiciones legales, reglamentarias y administrativas aplicables.

(ADICIONADO, G.G. 18 DE AGOSTO DE 2011)

Artículo 8.76.- El Instituto de la Función Registral del Estado de México, proveerá lo necesario para capacitar, actualizar y profesionalizar al personal del mismo, de conformidad con lo que se establezca en la Ley Registral, su Reglamento, la Ley que crea el Organismo Publico Descentralizado denominado Instituto de la Función Registral del Estado México y su Reglamento Interior.

TRANSITORIOS

Primero.- Publíquese el presente decreto en el periódico Oficial "Gaceta del Gobierno".

Segundo.- Este decreto entrará en vigor a los quince días siguientes al de su publicación.

Tercero.- Se abroga el Código Civil del Estado de México del 29 de diciembre de 1956.

Cuarto.- Cuando en otros ordenamientos se haga mención a personas morales, deberá entenderse a las personas jurídicas colectivas, conforme a las disposiciones de este Código.

Quinto.- Cuando en el presente Código se haga mención a Fedatario Público se entiende que quedan comprendidos bajo este concepto los Notarios Públicos del Estado de México y los Corredores Públicos habilitados para ejercer en la plaza correspondiente al Estado de México, y en este último caso sus actuaciones quedarán limitadas a las que provengan o deriven de la actividad mercantil de los solicitantes de sus servicios.

Sexto.- Las disposiciones del presente Código no tendrán efecto retroactivo. Para aplicar la legislación que corresponda, se observaran las reglas siguientes:

1. Se regirán por la legislación anterior al presente Código los derechos nacidos y los hechos realizados al amparo de aquélla, aunque el presente Código los regule de otro modo o no los reconozca. Pero si el derecho apareciere declarado por primera vez en el Código, tendrá efecto desde luego, aunque el hecho que lo origine se hubiese verificado bajo el régimen de la legislación anterior, siempre que no perjudique a otro derecho adquirido de igual origen.

2. Los actos y contratos celebrados bajo el régimen del Código anterior y que sean validos con arreglo a éste, surtirán todos sus efectos según aquél ordenamiento, con las limitaciones establecidas en estas disposiciones transitorias. En consecuencia, serán validos los testamentos que se suprimen por la presente legislación.

3. Las acciones y los derechos adquiridos no ejercitados antes de la vigencia del presente Código subsistirán en los términos que le reconociera la legislación precedente; pero sujetándose, en cuanto a su ejercicio, duración y procedimientos para hacerlos valer conforme a lo dispuesto en este Código.

4. Los derechos a la herencia del que hubiese fallecido, con testamento o sin él, antes de la entrada en vigor del presente Código, se regirán por la legislación anterior.

LO TENDRÁ ENTENDIDO EL GOBERNADOR DEL ESTADO, HACIENDO QUE SE PUBLIQUE Y SE CUMPLA.

Dado en el Palacio del Poder Legislativo, en la ciudad de Toluca de Lerdo, capital del Estado de México, a los treinta y un días del mes de mayo de 2002.- Diputado Presidente.- C. Roberto Modesto Flores González.- Diputados

Secretarios.- C. Víctor Ernesto González Huerta.- C. Andrea María del Rocío Merlos Nájera.- Rúbricas.

Por lo tanto mando se publique, circule, observe y se le dé el debido cumplimiento.

Toluca de Lerdo, Méx., a 7 de junio del 2002.

EL GOBERNADOR CONSTITUCIONAL DEL ESTADO DE MÉXICO
ARTURO MONTIEL ROJAS
(RUBRICA).
EL SECRETARIO GENERAL DE GOBIERNO
MANUEL CADENA MORALES
(RUBRICA)

CÓDIGO NACIONAL DE PROCEDIMIENTOS CIVILES Y FAMILIARES

TEXTO ORIGINAL

Código publicado en el Diario Oficial de la Federación, el miércoles 7 de junio de 2023.

Al margen un sello con el Escudo Nacional, que dice: Estados Unidos Mexicanos.- Presidencia de la República.

ANDRÉS MANUEL LÓPEZ OBRADOR, Presidente de los Estados Unidos Mexicanos, a sus habitantes sabed:

Que el Honorable Congreso de la Unión, se ha servido dirigirme el siguiente

DECRETO

"EL CONGRESO GENERAL DE LOS ESTADOS UNIDOS MEXICANOS, DECRETA:

SE EXPIDE EL CÓDIGO NACIONAL DE PROCEDIMIENTOS CIVILES Y FAMILIARES

Artículo Único.- Se expide el Código Nacional de Procedimientos Civiles y Familiares, para quedar como sigue:

CÓDIGO NACIONAL DE PROCEDIMIENTOS CIVILES Y FAMILIARES

LIBRO PRIMERO
DEL SISTEMA DE IMPARTICIÓN DE JUSTICIA EN MATERIA CIVIL Y FAMILIAR

TÍTULO PRIMERO
DISPOSICIONES GENERALES

CAPÍTULO I
DEL CÓDIGO NACIONAL DE PROCEDIMIENTOS CIVILES Y FAMILIARES

SECCIÓN PRIMERA
FORMALIDADES DEL PROCEDIMIENTO

Artículo 1. Las disposiciones de este Código Nacional son de orden público, interés social y observancia general en todo el territorio nacional, tienen por objeto establecer la regulación procesal civil y familiar, con base en los derechos humanos previstos en la Constitución Política de los Estados Unidos Mexicanos y en los Tratados Internacionales de los que el Estado mexicano sea parte.

Artículo 2. Para los efectos de este Código Nacional de Procedimientos Civiles y Familiares, se entenderá por:

I. Ajustes de Procedimiento. Las modificaciones y adaptaciones necesarias y adecuadas para facilitar y garantizar el desempeño de las funciones efectivas de las personas que pertenecen a los grupos sociales en situación de vulnerabilidad como participantes directos e indirectos, en todos los procedimientos judiciales, así como el acceso a la justicia en igualdad de condiciones;

II. Apoyo. Formas de asistir en el Procedimiento a las personas para facilitar su comprensión, ejercicio y manifestación de voluntad, derechos y obligaciones;

III. Archivo o documento electrónico. Con independencia del formato en que se encuentre, comprenden el escrito que es generado, consultado, modificado o procesado por medios electrónicos, digitales u ópticos, enviado, recibido, almacenado o utilizado a través de sistemas de justicia digital;

IV. Área de transmisión. Espacio físico desde donde los intervinientes en un procedimiento en línea participan en una audiencia o diligencia virtuales, usando la herramienta de sala virtual designada para tal propósito;

V. Audiencia virtual. Cualquier audiencia de las previstas en este Código Nacional celebrada a través de una sala virtual;

VI. Autoridad jurisdiccional. Jueza, juez, magistrada, magistrado u órganos del Poder Judicial, con facultades para emitir resoluciones en el ejercicio de impartición de justicia dentro del ámbito de sus respectivas competencias;

VII. Cadena de bloques. Conjunto de tecnologías cuyas características buscan posibilitar la transferencia de valor en entornos digitales a través de métodos de consenso y cifrado. Desde un punto de vista técnico, y atendiendo a sus características, una cadena de bloques es una base de datos, descentralizada y distribuida en una red de computadoras, formada por un conjunto de registros vinculados donde se almacenan transacciones o datos, que han sido diseñados para evitar su modificación o manipulación no autorizada, una vez que un dato ha sido publicado. Una cadena de bloques es pública cuando es abierta, transparente, cualquiera puede unirse, tener acceso a ella, enviar transacciones y participar en el proceso de consenso o validación de datos. Se consideran cadenas de bloques sin permiso o no permisionadas, ya que no hay restricciones y la participación en ellas no está controlada por un administrador o por un cuerpo central de gobierno;

VIII. Certificado digital. Mensaje de datos o registro que confirme el vínculo entre un firmante y la clave privada;

IX. Clave privada. Los datos que el firmante genera de manera secreta y utiliza para crear su firma electrónica avanzada, a fin de lograr el vínculo entre dicha firma electrónica avanzada y el firmante;

X. Código Civil. Los Códigos Civiles y Familiares, Federal o Locales;

XI. Código Nacional. El Código Nacional de Procedimientos Civiles y Familiares;

XII. Declaración especial de ausencia por desaparición. Se entenderá lo previsto en la Ley General en materia de Desaparición Forzada, Desaparición cometida por Particulares y del Sistema Nacional de Búsqueda, en la Ley Federal de Declaración Especial de Ausencia para Personas Desaparecidas, así como en las leyes especiales de la materia en las Entidades Federativas;

XIII. Digitalización. Migración de documentos en soporte físico a un medio electrónico, óptico, digital o de cualquier tecnología, que genera como resultado un mensaje de datos, mediante un proceso que permita asegurar la fidelidad e integridad conforme a los documentos amparados en soportes físicos;

XIV. Diligencia virtual. Actuaciones procesales, distintas de las audiencias virtuales y promociones electrónicas, desarrolladas por personas funcionarias judiciales, las partes o sus representantes y cualquier interviniente autorizado dentro de un procedimiento judicial que se lleva a cabo a distancia o de forma remota, mediante el uso de cualquier sistema de justicia digital;

XV. Documento digitalizado. Escrito que contiene información que ha sido creado originalmente en soporte físico o de forma impresa y posteriormente ha migrado a un medio electrónico, digital o de cualquier tecnología;

XVI. Documento electrónico. Escrito que es generado, consultado, modificado o procesado por medios electrónicos, que es enviado, recibido, almacenado o utilizado a través de sistemas de justicia digital;

XVII. Enlace. Dirección electrónica o hipervínculo de la sala virtual a través de la cual las partes y el órgano jurisdiccional llevarán a cabo las audiencias o diligencias virtuales correspondientes a los procedimientos en línea;

XVIII. Expediente electrónico. Conjunto de información contenida en documentos electrónicos, documentos digitalizados o mensajes de datos que conforman un determinado procedimiento jurisdiccional, independientemente de que esté conformado por texto, imagen, audio, video o cualquier otra tecnología;

XIX. Expediente físico. Conjunto de documentos físicos que contienen las actuaciones y resoluciones judiciales, así como las promociones de las partes y demás intervinientes en un determinado procedimiento judicial;

XX. Firma electrónica avanzada. El conjunto de datos y caracteres que permite la identificación del firmante, que ha sido creada por medios electrónicos bajo su exclusivo control, de manera que está vinculada únicamente al mismo y a los datos a los que se refiere, lo que permite que sea detectable cualquier modificación ulterior de éstos, la cual produce los mismos efectos jurídicos que la firma autógrafa. La firma electrónica avanzada prevalece frente a la firma electrónica simple, ya que los requisitos de producción de la primera la dotan de más seguridad que la segunda. A pesar de que las autoridades utilicen una terminología distinta para este tipo de firma, si la misma cuenta con los atributos y características señaladas en esta definición, será considerada como firma electrónica avanzada para los efectos de este Código Nacional;

XXI. Firma electrónica o firma electrónica simple. Los datos en forma electrónica consignados en un mensaje de datos, o adjuntados o lógicamente asociados al mismo por cualquier tecnología, que son utilizados para identificar al firmante en relación con el mensaje de datos e indicar que el firmante aprueba la información contenida en el mensaje de datos, y que produce los mismos efectos jurídicos que la firma autógrafa, siendo admisible como prueba en juicio;

XXII. Grupos sociales en situación de vulnerabilidad. Las personas que pertenecen a grupos sociales en situación de vulnerabilidad, que, por causas diversas, enfrentan situaciones de riesgo o discriminación;

XXIII. Integridad. Se considerará que el contenido de un documento electrónico o mensaje de datos es íntegro, si éste ha permanecido completo e inalterado independientemente de los cambios que hubiere podido sufrir el medio que lo contiene, resultado del proceso de comunicación, archivo o presentación. El grado de confiabilidad requerido será determinado conforme a los fines para los que se generó la información y de todas las circunstancias relevantes del caso;

XXIV. Medio de comunicación judicial. El boletín judicial, lista de acuerdos, lista electrónica de acuerdos o medios electrónicos o informáticos por los que la autoridad jurisdiccional, en sus respectivos ámbitos de competencia, hace del conocimiento de las partes, la emisión de una resolución judicial;

XXV. Mensaje de datos. La información generada, enviada, recibida, archivada o comunicada a través de medios de comunicación electrónica, que puede contener documentos electrónicos;

XXVI. Metaverso. Espacio virtual que posibilita la convivencia social en mundos digitales a través de experiencias gráficas inmersivas en tercera dimensión, que suele utilizar tecnologías de realidad virtual, realidad aumentada, realidad mixta o híbrida, tokens y cadena de bloques;

XXVII. Notificación electrónica. Acto mediante el cual se hace saber a las personas a quienes va dirigida, a través de medios electrónicos, una resolución judicial;

XXVIII. Persona Desaparecida. Se entenderá lo previsto en la Ley General en materia de Desaparición Forzada, Desaparición cometida por Particulares y del Sistema Nacional de Búsqueda, en la Ley Federal de Declaración Especial de Ausencia para Personas Desaparecidas, así como las leyes especiales de la materia en las Entidades Federativas;

XXIX. Personas Mayores. Las personas determinadas como tales por la ley de la materia;

XXX. Persona Representante Autorizada. La persona autorizada por cualquiera de las partes con funciones de representación en el procedimiento judicial, de carácter público o privado que se encuentre legalmente autorizado para ejercer la profesión de abogado o licenciado en derecho con cédula profesional expedida por la autoridad competente;

XXXI. Procedimiento en línea. Todo procedimiento, contencioso o no contencioso, regulado en el presente Código Nacional, que se tramite utilizando sistemas de justicia digital;

XXXII. Promoción electrónica. Cualquier documento enviado o presentado ante un órgano jurisdiccional, a través de sistemas de justicia digital;

XXXIII. Representante social. Autoridad administrativa encargada de procurar la legalidad en los asuntos civiles y familiares, así como la representación de la sociedad en los procedimientos de orden e interés público, de acuerdo con la legislación de cada Entidad Federativa;

XXXIV. Sala virtual. Programa de cómputo, herramienta, plataforma electrónica de videoconferencia, metaverso, sistema de realidad virtual o aumentada, sistema holográfico, o cualquier otro medio tecnológico designado como sistema de interacción a distancia, que permita la transmisión de audio, video o imágenes, así como la comunicación sincrónica entre las partes que participan en cualquier acto procesal y el órgano jurisdiccional;

XXXV. Sistemas de justicia digital. Todo dispositivo electrónico, programa de cómputo, aplicación, herramienta tecnológica o plataforma electrónica, propiedad del Poder Judicial o de terceros, que sea utilizada para consultar, usar, enviar o llevar a cabo procedimientos en línea, audiencias virtuales, diligencias virtuales, expedientes electrónicos, firmas electrónicas, mensajes de datos, documentos electrónicos o digitalizados, promociones electrónicas, salas virtuales y videoconferencias, y

XXXVI. Videoconferencia. Sistema interactivo de comunicación que transmita, de forma simultánea y en tiempo real, imagen, sonido y datos a distancia de una o más personas, ubicadas en un lugar distinto del recinto del órgano jurisdiccional.

Artículo 3. En el sistema de impartición de justicia en materia civil y familiar se ponderará en todo tiempo la solución de la controversia sobre los formalismos procesales, serán aplicables las reglas y principios del juicio oral en lo que resulte compatible; asimismo, serán considerados los beneficios de la justicia alternativa o procedimientos convencionales que pacten las partes y de conformidad con lo dispuesto en este Código Nacional, podrá tramitarse mediante el uso de las tecnologías de la información y la comunicación.

Artículo 4. Las autoridades jurisdiccionales contarán con las más amplias facultades de dirección procesal para decidir en forma pronta y expedita lo que en derecho corresponda al procedimiento respectivo. Para hacer cumplir sus determinaciones podrán hacer uso de las medidas de apremio previstas en este Código Nacional.

Las autoridades jurisdiccionales deberán cerciorarse en todos los casos que las partes se encuentren debidamente representadas por persona representante autorizada.

Artículo 5. En los asuntos de orden familiar y civil, y sin alterar el principio de igualdad procesal, las partes podrán revelar su condición de vulnerabilidad, a fin de que la autoridad jurisdiccional provea ajustes de procedimiento en su caso y supla oportunamente de oficio, las deficiencias de sus planteamientos sobre la base de proteger los intereses de la familia, personas mayores, niñas, niños, adolescentes, personas con discapacidad o cualquier otra persona que se encuentre en alguna condición de vulnerabilidad.

En los casos que se involucren derechos de niñas, niños y adolescentes, así como los derechos de las mujeres, la autoridad jurisdiccional deberá actuar y resolver con base en el interés superior de las niñas, niños, o adolescentes, así como con perspectiva de género de conformidad con los Tratados Internacionales de los que el Estado Mexicano sea parte.

Asimismo, deberán adecuar sus actuaciones a las circunstancias de los grupos sociales en situación de vulnerabilidad mediante formatos alternativos, a fin de garantizar equidad y accesibilidad estructural y de comunicación, durante el procedimiento, en estricto apego al ejercicio de los derechos humanos.

Artículo 6. Tratándose de personas que pertenezcan a pueblos y comunidades indígenas y afromexicanas, la autoridad jurisdiccional deberá cerciorarse que cuenten con intérprete y traductor y en todos los casos considerará sus sistemas normativos, usos y costumbres, siempre que no contravengan lo dispuesto por la Constitución Política de los Estados Unidos Mexicanos y los Tratados Internacionales de los que el Estado mexicano sea parte.

Las personas intérpretes y traductoras al iniciar su función serán advertidos de las penas en que incurren los falsos declarantes y sobre su obligación de traducir o interpretar fielmente lo dicho. Si para el desahogo de la audiencia no es posible contar con la asistencia requerida, deberá suspenderse y ordenarse nueva fecha. En ningún caso las partes o los testigos podrán ser intérpretes.

Artículo 7. Son principios rectores del sistema de impartición de justicia en materia civil y familiar:

I. Acceso a la justicia. Cualquier persona tiene derecho a acudir ante la autoridad jurisdiccional para formular una pretensión jurídica concreta de carácter familiar y la autoridad jurisdiccional requerida deberá de proveer sobre sus peticiones;

II. Concentración. Se procurará desahogar la mayor cantidad de actuaciones procesales en una sola audiencia o el menor número de diligencias procesales;

III. Colaboración. Se propiciará que las partes resuelvan por sí mismas el conflicto en cualquier etapa del procedimiento, por tanto, las autoridades jurisdiccionales facilitarán que sean ellas las que pongan fin a la controversia mediante acuerdos conciliatorios, exceptuando aquellos casos en que existan conductas de violencia en cualquiera de sus modalidades, o que se discutan derechos intransigibles;

IV. Continuidad. Las audiencias deberán ser ininterrumpidas, permitiendo excepcionalmente su suspensión en los casos establecidos en el presente Código Nacional;

V. Contradicción. Las partes tienen derecho a debatir los hechos, argumentos jurídicos y pruebas de su contraparte, en los términos establecidos en este Código Nacional;

VI. Dirección Procesal. La rectoría del proceso está confiada únicamente a las autoridades jurisdiccionales en primera o en segunda instancia, según sea el caso;

VII. Igualdad Procesal. Desde el escrito inicial de demanda y hasta la ejecución de la sentencia, las personas recibirán el mismo trato, oportunidades, derechos y cargas procesales sin discriminación alguna. Con las excepciones que se establezcan expresamente en este Código Nacional, cuando en la controversia se involucren derechos de niñas, niños, adolescentes y personas en grupos sociales en situación de vulnerabilidad;

VIII. Inmediación. El contacto directo, personal e indelegable de la autoridad jurisdiccional con las partes y las pruebas, salvo las excepciones previstas en este Código Nacional;

IX. Interés superior de la niñez. Observancia que debe darse para hacer prevalecer los derechos de las niñas, niños o adolescentes, por sobre los otros derechos que pudieran estar en pugna en el litigio;

X. Impulso procesal. Las partes tienen la facultad para solicitar las diligencias necesarias que impidan la paralización del procedimiento, con independencia del principio de Dirección procesal que le corresponde a la autoridad jurisdiccional;

XI. Lealtad procesal. Quienes participen en el proceso, ajustarán su conducta a la dignidad de la justicia, al respeto que se deben, a la probidad y buena fe;

XII. Litis abierta. En materia familiar, la litis no se reduce a la demanda y a la contestación, o en su caso, a la reconvención y a la contestación de ésta, sino que la autoridad jurisdiccional debe hacer mérito de los hechos constitutivos, modificativos o extintivos, producidos durante la sustanciación del proceso y debidamente probados, aunque no hubiesen sido invocados oportunamente como hechos nuevos;

XIII. Oralidad. El proceso se desarrollará en audiencias orales, salvo las excepciones previstas en este Código Nacional y las que, en casos debidamente fundados y motivados, considere la autoridad jurisdiccional;

XIV. Perspectiva de género. Es una visión científica, analítica y política sobre las mujeres y los hombres. Se propone eliminar las causas de la opresión de género como la desigualdad, la injusticia y la jerarquización de las personas basada en el género. Promueve la igualdad entre los géneros a través de la equidad, el adelanto y el bienestar de las mujeres; contribuye a construir una sociedad en donde las mujeres y los hombres tengan el mismo valor, la igualdad de derechos y oportunidades para acceder a los recursos económicos y a la representación política y social en los ámbitos de toma de decisiones;

XV. Preclusión. El no ejercicio de los derechos procesales en la etapa correspondiente extingue la oportunidad de ejercerlos en la posterior;

XVI. Privacidad. En materia familiar el acceso a las audiencias queda reservado a las partes y a quienes deban comparecer conforme a la ley, y

XVII. Publicidad. En materia civil, las audiencias serán públicas, de conformidad con lo dispuesto en este Código Nacional, por las Leyes de Protección de Datos Personales, Transparencia y Acceso a la Información Pública, y demás ordenamientos aplicables en sus respectivos ámbitos de competencia.

SECCIÓN SEGUNDA
DE LA ACCIÓN

Artículo 8. El ejercicio de la acción requiere:

I. La existencia de un derecho;

II. La violación de un derecho, el incumplimiento o desconocimiento de una obligación, o la necesidad de declarar, preservar o constituir un derecho o imponer una condena, y

III. La capacidad o legitimación para ejercitar la acción por sí o por quien represente legalmente, al Ministerio Público, procurador, fiscal o representante social y a quienes cuya intervención esté autorizada por la Ley en casos especiales.

Se exceptúa de lo señalado en la fracción III anterior, el derecho o interés difuso, colectivo o individual de incidencia colectiva, de conformidad con lo dispuesto en el Libro respectivo de este Código Nacional.

Artículo 9. Las instituciones, servicios y dependencias de la Administración Pública de la Federación y de las Entidades Federativas, tendrán dentro del procedimiento judicial, en cualquier forma en que intervengan, la misma situación que otra parte cualquiera; pero nunca podrá dictarse en su contra, mandamiento de ejecución ni providencia de embargo, y estarán exentos de prestar las garantías que este Código Nacional exija de las partes.

Las resoluciones dictadas en su contra serán cumplimentadas por las autoridades correspondientes, dentro de los límites de sus atribuciones.

Artículo 10. La acción procede en juicio aun cuando no se exprese su nombre o se manifieste equivocadamente, siempre que se determine con claridad la prestación que se exija de la parte demandada y el título o causa de la acción.

Artículo 11. Por razón de su objeto, las acciones se clasifican en:

I. Reales;

II. Personales, y

III. Del estado civil de las personas.

Artículo 12. Son acciones reales las que tienen por objeto:

I. La reclamación de un bien que pertenece a título de dominio;

II. La reclamación de gravámenes, de servidumbre o la declaración que un fundo está libre de ellas;

III. La reclamación de los derechos de usufructo, uso y habitación;

IV. Las hipotecarias;

V. Las de prenda;

VI. Las de herencia;

VII. Las de posesión, y

VIII. Las demás acciones que tiendan a ejercitar un derecho contra una persona a título de propietaria o poseedora y no de obligada.

Artículo 13. Las acciones personales se deducirán para exigir el cumplimiento de una obligación personal, ya sea de dar, de hacer o no hacer determinado acto. Éstas no pueden ejercitarse sino contra la persona obligada, contra quien la haya garantizado y contra quienes legalmente le sucedan en la obligación.

Artículo 14. Las acciones de estado civil tienen por objeto las cuestiones relativas al nacimiento, reconocimiento, defunción, matrimonio, concubinato y su cesación, pacto civil de solidaridad, sociedad de convivencia o sus equivalentes.

Artículo 15. La reivindicación compete a quien no está en posesión del bien del cual tiene la propiedad, y su efecto será declarar que la parte actora tiene dominio sobre este y ordenar la entrega con sus frutos y accesiones en los términos prescritos por el Código Civil.

Artículo 16. El tenedor del bien puede declinar la responsabilidad del juicio designando a quien posee a título de dueño.

Artículo 17. El poseedor que niegue la posesión la perderá en beneficio del demandante.

Artículo 18. Pueden ser demandadas en reivindicación, aunque no posean el bien, quienes para evitar los efectos de la acción reivindicatoria dejaron de poseer y quienes están obligadas a restituir el bien o su estimación si la sentencia fuera condenatoria. La parte demandada que paga la estimación del bien puede ejercitar a su vez la reivindicación.

Artículo 19. No pueden reivindicarse los bienes que están fuera del comercio, los géneros no determinados al entablarse la demanda, las cosas unidas a otras por vía de accesión según lo dispuesto por el Código Civil, ni los bienes muebles pérdidas o robadas (sic) que una tercera persona haya adquirido de buena fe en almoneda, o de comerciante que en mercado público se dedica a la venta de objetos de la misma especie, sin previo reembolso del precio que se pagó. Se presume que no hay buena fe del adquirente, si de la pérdida o robo la persona propietaria dio aviso oportunamente a la autoridad, institución, dependencia u organismo público que corresponda, y ello se hizo del conocimiento público a través de los registros respectivos, y éstos pudieron ser consultados por el adquiriente.

Artículo 20. A quien adquiere con justo título y de buena fe, le compete la acción plenaria de posesión para que se le restituya el bien con sus frutos y accesiones en los términos del artículo 15 de este Código Nacional, incluso cuando no lo haya prescrito.

La acción se ejercitará contra el poseedor de mala fe o contra el que teniendo título de igual calidad al de la parte actora, ha poseído por menos tiempo el bien.

No procede esta acción en casos en que ambas posesiones fuesen dudosas, o la parte demandada tuviere su título registrado y la parte actora no, así como contra quien sea legítima propietaria.

Artículo 21. Procederá la acción negatoria para obtener la declaración de libertad o la de reducción de gravámenes de bien inmueble y la demolición de obras o señales que importen gravámenes, la cancelación o anotación en el Registro Público de la Propiedad, Oficina Registral o cualquier otra Institución análoga según la Entidad Federativa de que se trate, y conjuntamente, en su caso, la indemnización de daños y perjuicios. Cuando la sentencia sea condenatoria, la parte actora puede exigir de la parte demandada que caucione el respeto de la libertad del inmueble. Sólo se dará esta acción a quien posea a título de dueño o que tenga derecho real sobre el bien.

Artículo 22. Compete la acción confesoria al titular del derecho real sobre el inmueble y a quien posea el fundo dominante interesado en la existencia de la servidumbre. Se da esta acción contra el tenedor o poseedor jurídico que contraría el gravamen, para que se obtenga el reconocimiento, la declaración de los derechos y obligaciones del gravamen y el pago de frutos, daños y perjuicios, en su caso, y se haga cesar la violación. Si fuere la sentencia condenatoria, la parte actora puede exigir de la demandada que garantice el respeto del derecho.

Artículo 23. Se intentará la acción hipotecaria para constituir, ampliar y registrar una hipoteca, o bien, para obtener el pago o prelación del crédito que una hipoteca garantiza o cuando tenga por objeto la división, registro y extinción de ésta, así como su nulidad, cancelación o para obtener el pago o prelación del crédito que la hipoteca garantice. Procederá contra quien posea a título de dueña del fundo hipotecado y, en su caso, contra personas acreedoras. Cuando después de anotada la demanda en el Registro Público de la Propiedad, Oficina Registral o cualquier otra Institución análoga según la Entidad Federativa de que se trate y contestada ésta, cambiare el dueño y poseedor jurídico del fundo, con éste continuará el juicio.

Artículo 24. La acción de petición de herencia se ejercitará para que sea declarado heredero quien demande, se le haga entrega de los bienes hereditarios con sus accesiones, sea indemnizado y le rindan cuentas.

Artículo 25. La petición de herencia se deducirá por la persona presunta heredera por testamento o sucesión legítima, así como la legataria, y se da contra quien tenga el cargo de albacea y contra quien posea los bienes hereditarios con carácter de heredera o cesionaria de ésta, y contra quien no alega título ninguno de posesión del bien hereditario, o dolosamente dejó de poseerlo.

Para el caso que el juicio sucesorio ya hubiera concluido, la acción de petición de herencia deberá formularse en contra de quienes tengan la calidad de causahabientes; y de no haberse formalizado en escritura la titularidad de los bienes, esta acción real se hará en contra de quien se haya adjudicado.

Artículo 26. El copropietario puede deducir las acciones relativas al bien común, en calidad de dueño, salvo pacto en contrario o ley especial que así lo determine. La acción reivindicatoria puede ser ejercida por todos los copropietarios del bien común, una parte de ellos o uno solo, debiendo la autoridad jurisdiccional en este caso, llamar a todos al juicio ante la existencia de un litisconsorcio activo necesario. Por otro lado, el copropietario, no podrá transigir ni comprometer en árbitros el procedimiento, sin consentimiento unánime de los copropietarios.

Artículo 27. A quien se perturbe en la posesión jurídica, tanto originaria como derivada de un bien inmueble, compete el interdicto de retener la posesión contra quien le perturbe, mandó tal perturbación o que a sabiendas y directamente se aproveche de ella, y contra la sucesora de la despojante. El objeto de esta acción es poner término a la perturbación, indemnizar a la poseedora y que la parte condenada garantice no volver a perturbar.

La procedencia de esta acción requiere que la perturbación consista en actos preparatorios tendientes directamente a la usurpación violenta, o a impedir el ejercicio del derecho. Que se reclame dentro de un año, y que la persona poseedora no haya obtenido la posesión de la contraria.

Artículo 28. Quien sea despojada de la posesión jurídica de un bien inmueble, tanto originaria como derivada, debe ser restituida, y le compete la acción de recobrar contra quien despoje o lo haya mandado hacer, contra quien a sabiendas y directamente se aprovecha del despojo y contra la sucesora de quien despojó.

Artículo 29. El interdicto de recuperar la posesión tiene por objeto reponer a la persona despojada en la posesión, indemnizarla de los daños y perjuicios, obtener de la parte condenada que garantice su abstención y a la vez apercibirla con multa y arresto para el caso de reincidencia.

Artículo 30. La acción de recuperar la posesión se deducirá dentro de los dos años siguientes a los actos violentos o vías de hecho causantes del despojo. No procede en favor de aquella persona que, con relación a la parte demandada, poseía clandestinamente, por la fuerza o a ruego; pero sí contra la persona propietaria despojante que transfirió el uso y el aprovechamiento del bien por medio de contrato.

Artículo 31. A quien posea el fundo o derecho real sobre éste, compete la acción para suspender la conclusión de una obra perjudicial a sus posesiones, su demolición o modificación en su caso, y la restitución de las cosas al estado anterior a la obra nueva. Compete también a vecinos del lugar cuando la obra nueva se construye en bienes de uso común. Se da contra la persona que la mandó construir, sea poseedora o detentadora del bien donde se construye.

Para los efectos de esta acción por obra nueva, se entiende por tal no sólo la construcción de nueva planta, sino también la que se realiza sobre edificio antiguo, añadiéndole, quitándole o dándole una forma distinta.

Artículo 32. La autoridad jurisdiccional que conozca del procedimiento podrá ordenar la suspensión de la construcción hasta que el juicio se resuelva, mediante garantía que otorgue la parte actora para responder de los daños y perjuicios que se causen al demandado por obra nueva.

La suspensión quedará sin efecto, si la persona propietaria de la obra nueva da a su vez, contragarantía bastante para restituir las cosas al estado que guardaban antes o paga los gastos que erogó la parte actora para garantizar la suspensión de la obra, así como los daños y perjuicios que le sobrevengan a éste en caso de que se declare procedente la acción, salvo que la restitución se haga físicamente imposible con la conclusión de la obra, o con ésta se siga perjuicio al interés social o se contravengan disposiciones de orden público.

Artículo 33. La acción de obra peligrosa se da a quien esté en la posesión jurídica o derivada de una propiedad contigua o cercana que pueda resentirse o padecer por la ruina o derrumbe de la otra, caída de un árbol u otro objeto análogo. Su finalidad es adoptar medidas urgentes para evitar los riesgos que ofrezca el mal estado de los objetos referidos, obtener la demolición total o parcial de la obra o la destrucción del objeto peligroso.

Compete la misma acción a quienes tengan derecho privado o público de paso por las inmediaciones de la obra, árbol u otro objeto peligroso.

Artículo 34. La autoridad jurisdiccional que conozca del procedimiento podrá, previa garantía que otorgue la parte actora para responder de los daños y perjuicios que se causen a la demandada, ordenar desde luego y sin esperar la sentencia, que la persona demandada suspenda la obra o realice las obras indispensables para evitar daños a la actora.

Artículo 35. Compete acción a terceras personas para coadyuvar en el juicio seguido contra sus codeudores solidarios. Igual facultad corresponde a quienes cuyo derecho dependa de la subsistencia del derecho de la parte demandada o de la actora.

La persona deudora de obligación indivisible que sea demandada por la totalidad de la prestación puede hacer concurrir a juicio a sus codeudores, siempre y cuando su cumplimiento no sea de tal naturaleza que sólo pueda satisfacerse por la parte demandada.

Artículo 36. La parte demandada al contestar la demanda podrá denunciar el pleito a quien esté obligada a la evicción; de así considerarlo, la autoridad jurisdiccional, ordenará su llamamiento para que conteste dentro del plazo previsto por este ordenamiento para la contestación a la demanda. Quien sea llamada como obligada a la evicción, una vez salida al pleito, se convierte en principal.

El llamamiento a juicio se hará con las mismas formalidades que el emplazamiento. La parte demandada que pida sea llamada la tercera, deberá proporcionar el domicilio de ésta, y si no lo hace no se dará curso a la petición respectiva; si afirmare que desconoce, se procederá en términos de la fracción II del artículo 209 de este Código Nacional, y será a su costa el importe de la publicación de los edictos para el emplazamiento.

Artículo 37. Quien sea llamada a juicio para que le pare perjuicio la sentencia, podrá comparecer al mismo en un plazo de quince días, y estará en aptitud de ofrecer pruebas, alegar e interponer toda clase de defensas y recursos. El llamamiento a juicio se hará corriéndole traslado con los escritos y documentos que formen la litis, que deberán ser exhibidos por quien solicite la citación o en su caso, quien lo solicite deberá cubrir el pago por derecho de expedición de las copias simples necesarias para su llamamiento.

Artículo 38. Quien se ostente como tercero e intente excluir los derechos de la parte actora y de la demandada, o los de la primera solamente, tiene la facultad de concurrir al procedimiento o de iniciar uno nuevo, en el caso de que ya se haya dictado sentencia firme en aquel.

Artículo 39. Los procedimientos relacionados con el estado civil, así como su rectificación, serán competencia de la autoridad jurisdiccional o autoridad administrativa, de conformidad con las disposiciones del Código Civil respectivo.

Artículo 40. Tratándose de acciones del estado civil, salvo lo dispuesto en el párrafo siguiente, se realizará la anotación al margen o al calce del atestado respectivo, en los términos que sean ordenadas por la autoridad jurisdiccional o autoridad administrativa.

En los procedimientos de reconocimiento de identidad de género, o de reasignación por concordancia sexo genérica, en la sentencia o constancia se deberá ordenar el levantamiento de una nueva acta de nacimiento, y la cancelación del acta de nacimiento primigenia.

Artículo 41. Las acciones del estado civil fundadas en la posesión de estado de hijo o hija producirán el efecto que se ampare o restituya a quien la disfrute contra cualquier perturbador.

Las decisiones judiciales recaídas en el ejercicio de acciones de estado civil perjudican aún a quienes no litigaron.

Artículo 42. La autoridad competente tendrá a su cargo el control del registro de personas deudoras alimentarias morosas, en el que harán las inscripciones.

Artículo 43. El enriquecimiento sin causa de una parte en detrimento de otra, da derecho a la parte perjudicada para ejercitar la acción de indemnización en la medida en que aquélla se enriqueció.

Artículo 44. Quien sea perjudicado por falta de título legal, le compete la acción proforma para exigir de quien esté obligado le extienda el documento correspondiente, siempre y cuando se acredite la titularidad registral del bien inmueble transmitido por quien esté obligado a realizar la formalización que se exige.

Artículo 45. En las acciones mancomunadas por título de herencia o legado, sean reales o personales, se observarán las reglas siguientes:

I. Si no se ha nombrado albacea, interventor o albacea judicial o provisional, puede ejercitarlas quienes tengan un derecho reconocido de herencia o legado, y

II. Si se ha nombrado albacea, interventor o albacea judicial o provisional, sólo a ellos compete la facultad de deducirlas en juicio, y sólo podrán hacerlo quienes tengan reconocido derecho de herencia o legado cuando, requeridos por estos, aquéllos se rehúsen a hacerlo.

Artículo 46. Procede la acción oblicua cuando la persona acreedora tenga interés en ejercitar las acciones que competan a su deudor, cuando conste el crédito en título ejecutivo y, requerido quien sea deudor para deducirlas, descuide o rehúse hacerlo. La persona tercera demandada puede paralizar la acción pagando a la demandante el monto de su crédito.

Las acciones derivadas de derechos inherentes a la persona del deudor nunca se ejercitarán por quien sea acreedor.

Quienes acepten la herencia que corresponda a su deudor, ejercitarán las acciones pertenecientes a éste, en los términos previstos por el Código Civil correspondiente.

Artículo 47. Las acciones que pueden ejercitarse contra los herederos no obligan a éstos sino en proporción a su masa hereditaria, salvo en todo caso, la responsabilidad que les resulte cuando sea solidaria la obligación con el autor de la herencia, por ocultación de bienes o por dolo o fraude en la administración de los bienes indivisos.

Artículo 48. Cuando haya varias acciones contra una misma persona, respecto de un mismo bien y provengan de una misma causa, deberán intentarse en una sola demanda y por el ejercicio de una o más quedan extinguidas las otras. No pueden acumularse en la misma demanda las acciones contrarias o contradictorias, ni las posesorias con las petitorias ni cuando una dependa del resultado de la otra. Tampoco son acumulables acciones que por su cuantía, materia o naturaleza correspondan a jurisdicciones diferentes. Queda abolida la práctica de deducir subsidiariamente acciones contrarias o contradictorias.

Artículo 49. A nadie puede obligarse a intentar o proseguir una acción contra su voluntad, excepto cuando alguno tenga acción o excepción que dependa del ejercicio de la acción de otro, a quien pueda exigir que la deduzca, oponga o continúe desde luego; y si se rehusare, lo podrá hacer aquel.

Artículo 50. Admitida la demanda, así como formulada la contestación, no podrán modificarse ni alterarse, salvo en los casos que este Código Nacional lo disponga.

El desistimiento de la instancia que se realice con posterioridad al emplazamiento requerirá del consentimiento de la persona demandada.

Para tal efecto, se dará vista a la contraria por el término de tres días para que manifieste su conformidad o inconformidad, y en caso de silencio, se tendrá por conforme con dicho desistimiento y su efecto será que las cosas vuelvan al estado que tenían antes de la presentación de la demanda, sin perjuicio del pago a la contraparte de las costas, daños y perjuicios, en el caso de que éste haya sido emplazado, salvo convenio en contrario.

Artículo 51. El desistimiento de la acción, la extingue, aún sin consentimiento de la parte demandada, y obliga a quien lo hizo, a resarcir a la contraria en los mismos términos del desistimiento de la instancia.

Artículo 52. La acción de nulidad de juicio concluido procede en aquellos asuntos en los cuales se ha dictado sentencia o auto definitivo que han causado ejecutoria, y se actualiza alguna de las siguientes hipótesis:

I. Si se falló con base en pruebas reconocidas o declaradas de cualquier modo falsas con posterioridad a la resolución, o que la parte vencida ignoraba que se habían reconocido o declarado como tales antes de la sentencia, y

II. Cuando existiere colusión u otra maniobra fraudulenta de las partes litigantes en el juicio cuya nulidad se pide, en perjuicio de la parte promovente de la acción de nulidad de juicio concluido.

Artículo 53. La acción de nulidad de juicio concluido puede ser ejercitada por quienes hayan sido parte en el procedimiento, sus sucesores o causahabientes y los terceros a quienes perjudique la resolución.

Artículo 54. Es competente la autoridad jurisdiccional de proceso oral civil para conocer de la acción de nulidad de juicio concluido, independientemente de la cuantía del juicio solicitado como nulo.

Artículo 55. En ningún caso podrá interponerse la acción de nulidad de juicio concluido:

I. Si ha transcurrido un año desde que hubiere causado ejecutoria la resolución que en ese juicio se dictó, o

II. Si han transcurrido tres meses desde que el recurrente hubiere conocido o debió conocer los motivos en que se fundare la misma.

No procede la acción de nulidad de juicio concluido contra las sentencias dictadas en el mismo juicio de nulidad.

Artículo 56. Si se encuentra juicio pendiente de resolver sobre la falsedad de alguna prueba que fue determinante en fallo dictado en el juicio reclamado como nulo, se suspenderán los plazos a que se refiere el artículo anterior.

Artículo 57. La interposición de la acción de nulidad de juicio concluido no suspenderá la ejecución de la resolución firme que la motivare. Sin embargo, quien promueva la nulidad podrá solicitar a la autoridad jurisdiccional que conociere de la misma, la suspensión de la ejecución de aquella sentencia que motive la acción de nulidad. Para este fin, deberá otorgar garantía que fije la autoridad jurisdiccional que conoce de la acción de nulidad, por los daños y perjuicios que, de manera inmediata y directa, pudieran ocasionarse con motivo de la suspensión a la parte vencedora del juicio cuya nulidad se solicita.

Artículo 58. Cuando la acción de nulidad de juicio concluido se declare infundada, la garantía se adjudicará a la parte demandada por concepto de daños y perjuicios ocasionados por la suspensión, sin necesidad de prueba alguna.

No será necesaria la garantía cuando se acredite fehacientemente que la ejecución pueda causar un daño irreparable a quien promueve la nulidad. En este supuesto, de resultar infundada la acción de nulidad, la parte actora será condenada al pago de los daños y perjuicios ocasionados con motivo de la suspensión, sin necesidad de prueba alguna, en los términos del artículo anterior, junto con el pago de gastos y costas, así como una multa equivalente a un año de valor de la Unidad de Medida y Actualización para la persona licenciada en derecho o abogada que la haya intentado.

Artículo 59. Contra la sentencia dictada en el juicio de nulidad de juicio concluido procederá el recurso de apelación, en los términos previstos en este Código Nacional.

Artículo 60. La parte demandada que haya dado lugar a alguna de las causales para declarar nulo el juicio, será responsable de los daños y perjuicios que con su conducta haya causado.

Siempre será condenada la parte demandada al pago de los gastos y costas en el juicio en que declare fundada la acción de nulidad, conforme al arancel correspondiente.

En caso de ser improcedente o infundada la acción de nulidad de juicio concluido, siempre se condenará a la actora a una indemnización por concepto de daños y perjuicios, y a pagar gastos y costas.

El pago de los gastos y costas será conforme al arancel establecido.

Artículo 61. Quien haya actuado en ejercicio del mandato judicial de la parte actora y que intervenga de cualquier forma en el ejercicio de la acción de nulidad, podrá ser responsable solidario respecto de las prestaciones condenadas en la sentencia ejecutoriada, siempre y cuando se acredite el dolo.

SECCIÓN TERCERA
DE LAS EXCEPCIONES

Artículo 62. Las excepciones procesales son las oposiciones de la parte demandada para impugnar o contradecir el procedimiento, sin atacar el derecho sustantivo en litigio, las cuales se deben resolver antes del dictado de la sentencia definitiva.

Artículo 63. Son excepciones procesales las siguientes:

I. La falta de cumplimiento del plazo o condición a que esté sujeta la obligación;

II. La improcedencia de la vía;

III. La incompetencia de la autoridad jurisdiccional;

IV. La litispendencia;

V. La conexidad de la causa;

VI. La falta de personalidad del actor o del demandado o la falta de capacidad del actor;

VII. La cosa juzgada;

VIII. La remisión al arbitraje, y

IX. Las demás a las que les den ese carácter las leyes.

Se harán valer al contestar la demanda, la reconvención o la solicitud de medidas cautelares y en ningún caso suspenderán el procedimiento. De todas las excepciones se dará vista a la contraria por el término de tres días para que manifieste lo que a su derecho convenga, y se resolverán mediante sentencia interlocutoria en procedimientos escritos y de manera oral dentro de la audiencia preliminar en juicio oral dejando constancia de ello en el acta mínima que se levante con motivo de ésta, salvo la de cosa juzgada que se tramitará conforme a las disposiciones previstas en este Código Nacional. Contra la resolución de excepciones procesales en juicio oral no procede recurso alguno.

En las excepciones de falta de personalidad, conexidad o litispendencia, sólo se admitirá la prueba documental en copia certificada, las que se deberán exhibir antes de la audiencia preliminar, en términos de lo dispuesto en este Código Nacional.

Artículo 64. En la excepción de falta de cumplimiento del plazo o condición a que esté sujeta la obligación, si se allana la contraria, se declarará procedente de plano. De no ser así, la excepción se resolverá en la audiencia respectiva y de declararse procedente, el efecto será dejar a salvo el derecho para que se haga valer cuando cambien las circunstancias que afectan su ejercicio, debiendo condenar al pago de gastos y costas que se hubieren causado.

Artículo 65. Cuando se declare la improcedencia de la vía, el efecto será el de continuar el procedimiento para el trámite del juicio en la vía que se considere procedente declarando la validez de lo actuado, sin perjuicio de la obligación de la autoridad jurisdiccional para regularizar el procedimiento de acuerdo con la vía que se declare procedente.

Artículo 66. La incompetencia puede promoverse por declinatoria o inhibitoria, que se substanciarán conforme a lo dispuesto en este Código Nacional.

Artículo 67. La excepción de litispendencia procede cuando la autoridad jurisdiccional conoce de un juicio en el que hay identidad entre partes, acciones deducidas y objetos reclamados, cuando las partes litiguen con el mismo carácter. Quien la oponga, debe señalar precisamente la autoridad jurisdiccional ante quien se tramita el primer juicio y declarar bajo protesta de decir verdad, que no se ha dictado sentencia definitiva en el juicio primeramente promovido.

La excepción de litispendencia sólo podrá acreditarse con la copia autorizada o certificada de la demanda y contestación, así como con el original de la constancia de emplazamiento del juicio primeramente promovido, mismas que deberán exhibirse hasta el momento de celebración de la audiencia respectiva. El mismo tratamiento se dará cuando se trate de autoridad jurisdiccional que no pertenezca a la misma jurisdicción de apelación.

Artículo 68. Si se declara procedente la litispendencia, el efecto será sobreseer el juicio que en segundo lugar previno.

En materia familiar persistirán las medidas provisionales y cautelares impuestas que estén ordenadas en el juicio, hasta que determine lo contrario la autoridad jurisdiccional que previno. Lo anterior resulta aplicable tratándose de personas que pertenezcan a los pueblos y comunidades indígenas y afromexicanas y demás grupos sociales en situación de vulnerabilidad.

Artículo 69. Existe conexidad de causas en cualquiera de los supuestos siguientes:

I. Identidad de personas y acciones, aunque los bienes sean distintos;

II. Identidad de personas y bienes, aunque las acciones sean distintas;

III. Acciones que provengan de una misma causa, aunque sean diversas las personas y los bienes, y

IV. Identidad de acciones y de bienes, aunque las personas sean distintas.

Quien oponga la conexidad debe señalar precisamente la autoridad jurisdiccional ante la que se tramita el juicio conexo, y declarar bajo protesta de decir verdad el estado procesal que guarda. La conexidad sólo podrá acreditarse con la copia autorizada o certificada de la demanda y contestación, formuladas en el juicio conexo, así como con original de la constancia de emplazamiento, mismas que deberán exhibirse hasta el momento de celebración de la audiencia respectiva.

La excepción de conexidad tiene por objeto la remisión de los autos del segundo juicio a la autoridad jurisdiccional que previno conociendo primero de la causa conexa, para que se acumulen ambos juicios y se tramiten por cuerda separada, decidiéndose en una sola sentencia, evitando que exista contradicción alguna.

Artículo 70. No procede la excepción de conexidad:

I. Cuando los pleitos están en diversas instancias;

II. Cuando las autoridades jurisdiccionales que conozcan respectivamente de los juicios pertenezcan a autoridad jurisdiccional de segunda instancia o Poder Judicial diferente;

III. Cuando ambos juicios tengan trámites incompatibles, y

IV. Cuando se trate de un procedimiento que se tramite en el extranjero.

Artículo 71. La autoridad jurisdiccional estudiará de oficio la personalidad al momento de proveer el escrito inicial de demanda y su posible contestación, y el interesado podrá corregir cualquier deficiencia al respecto, siempre y cuando fuese subsanable, en un plazo no mayor de diez días, con la consecuencia de no admitir la demanda, en caso de la parte actora, o de no tener por contestada la demanda y continuar el juicio en su rebeldía, en caso de la demandada.

En caso de juicios orales, la posibilidad de subsanar la personalidad de las partes deberá realizarse a más tardar al inicio de la audiencia preliminar. Siempre que un litigante se presente en representación de alguna de las partes, la autoridad jurisdiccional estudiará de oficio su personalidad, independientemente del derecho de la contraparte de excepcionarse o realizar la objeción pertinente.

Artículo 72. La excepción de falta de personalidad de la parte actora y, en su caso, la objeción de la personalidad que haga valer la actora en contra de la demandada en la etapa postulatoria, se tramitarán incidentalmente en los procedimientos escritos, conforme a las reglas que se establecen en el presente Código Nacional.

En los juicios orales se resolverá, previo derecho de contradicción por tres días, si la excepción se hace valer en la fase postulatoria, al momento de celebrar la audiencia preliminar en la etapa de depuración del procedimiento, en la que se recibirán las pruebas que se encuentren debidamente admitidas y preparadas, dejando constancia de los puntos resolutivos en el acta mínima que se levante con motivo de la misma.

Artículo 73. En los juicios orales si la excepción de falta de personalidad fuere sobrevenida en la audiencia preliminar, se resolverá previo derecho de contradicción en la misma audiencia de la parte contraria, en la que la autoridad jurisdiccional escuchará los argumentos de las partes, proveerá lo necesario para la admisión o desechamiento de pruebas y las mandará recibir en la misma audiencia si fuere posible, resolviendo en el acto la resolución que en derecho proceda, de forma fundada y motivada, dejando constancia de los puntos resolutivos en el acta mínima que se levante con motivo de la misma.

Cuando se declare fundada una u otra, si fuere subsanable el defecto, la autoridad jurisdiccional concederá un plazo no mayor a diez días para que se subsane, y de no hacerse así, cuando se tratare de la parte actora se sobreseerá el juicio y en tratándose de la demandada se continuará el juicio en su rebeldía.

Artículo 74. Cuando se trate de objeciones de personalidad posteriores a los escritos que fijan la litis y hasta antes del dictado de la sentencia definitiva, se tramitarán de manera incidental conforme a las reglas previstas en el presente Código Nacional para los juicios del sistema escrito. En tratándose de objeción de personalidad dentro del sistema de audiencia en juicios orales, se deberá hacer valer dentro de la audiencia respectiva y resolver cumpliendo con el principio de contradicción y de manera oral en la misma audiencia cuando la naturaleza de las pruebas ofrecidas y admitidas así lo permitan; en caso de ser procedente la objeción, el interesado no podrá actuar dentro del procedimiento y se declarará nulo lo actuado por él en la audiencia respectiva.

Artículo 75. En la excepción de cosa juzgada, además de la copia certificada o autorizada de la demanda y contestación de demanda, deberá exhibirse copia certificada o autorizada de la sentencia de segunda instancia o, la de la autoridad jurisdiccional de primera instancia y del auto que la declaró ejecutoriada o, en su caso, original o copia certificada del convenio emanado del procedimiento de mediación a que se refiere la ley correspondiente que regule los medios alternativos de solución de conflictos o justicia alternativa, o cualquier otra disposición al respecto de cada Entidad Federativa.

La excepción de cosa juzgada debe oponerse al dar contestación a la demanda o la reconvención y con la misma se dará vista a la contraparte para que dentro del término de tres días manifieste lo que a su derecho convenga. Se debe resolver mediante sentencia interlocutoria en los juicios escritos y en la audiencia preliminar dentro de la etapa de depuración del procedimiento en los juicios orales; y en su caso, será apelable en ambos efectos si se declara procedente, y en el efecto devolutivo de tramitación conjunta con la sentencia definitiva si se declara improcedente. En dicho caso la autoridad jurisdiccional asumirá plena jurisdicción, resolviendo el fondo del asunto, sin necesidad de reenvío a la autoridad jurisdiccional de primera instancia del sistema escrito o sistema oral, sea en el trámite o resolución del recurso, cuando éste modifique o revoque la sentencia interlocutoria combatida.

Artículo 76. Salvo disposición expresa que señale alguna otra excepción como procesal, las demás defensas y excepciones que se opongan se resolverán en la sentencia definitiva.

TÍTULO SEGUNDO
DE LA COMPETENCIA OBJETIVA Y SUBJETIVA

CAPÍTULO I
DISPOSICIONES GENERALES

Artículo 77. Toda demanda debe formularse ante la autoridad jurisdiccional competente. La competencia de la autoridad jurisdiccional se determinará por la materia, el grado y el territorio.

La competencia por cuantía sólo aplicará en el caso de que la Ley Orgánica respectiva establezca órganos jurisdiccionales cuya competencia se defina con dicho criterio.

Artículo 78. Los Tribunales Colegiados de Circuito, Tribunales Colegiados de Apelación y Plenos Regionales, así como la Suprema Corte de Justicia de la Nación, conocerán en segunda instancia, de los procedimientos en que resulte aplicable este Código Nacional y que sea competencia de los Juzgados de Distrito, en términos de lo que disponga la Ley Orgánica del Poder Judicial de la Federación.

Cuando, en el lugar que haya de seguirse el juicio, hubiere dos o más Tribunales Federales, será competente el que elija el actor.

Las competencias entre los Tribunales Federales y los de las Entidades Federativas, se decidirán declarando cuál es el fuero en que radica la jurisdicción, y se remitirán los autos a la autoridad jurisdiccional que hubiere obtenido.

Esta resolución no impide que otras autoridades jurisdiccionales del fuero al que pertenezca la que obtuvo, le puedan iniciar competencia para conocer del mismo procedimiento.

Artículo 79. Ninguna autoridad jurisdiccional del Poder Judicial de la Federación o de las Entidades Federativas pueden negarse a conocer de un asunto, sino por considerar que carece de competencia legal. En este caso debe expresar en su resolución la motivación y los fundamentos legales en que se apoye y la autoridad que considere competente. El auto en que una autoridad jurisdiccional se negare a conocer es apelable en ambos efectos.

Artículo 80. Ninguna autoridad jurisdiccional puede sostener competencia con otra bajo cuya jurisdicción se halle, pero sí con otra que, aunque sea superior en su clase, no ejerza jurisdicción sobre ella.

Artículo 81. La autoridad jurisdiccional que reconozca la jurisdicción de otra por resolución expresa, no puede sostener su competencia.

Si el acto del reconocimiento consiste sólo en la cumplimentación de un exhorto, la autoridad jurisdiccional exhortada no estará impedida para sostener su competencia.

Artículo 82. Las partes pueden desistirse de seguir sosteniendo la competencia de una autoridad jurisdiccional, hasta antes que se resuelva la misma, si se trata de competencia por territorio.

Artículo 83. La competencia por razón del territorio y materia, son las únicas que se pueden prorrogar, salvo que correspondan al fuero federal.

La competencia por razón de materia, únicamente es prorrogable en las materias civil y familiar, y en aquellos casos en que las prestaciones tengan íntima conexión entre sí, o por los nexos entre las personas que litiguen, sea por razón de parentesco, negocios, sociedad o similares, o deriven de la misma causa de pedir, sin que para que opere la prórroga de competencia en las materias señaladas, sea necesario convenio entre las partes, ni dará lugar a excepción sobre el particular.

En consecuencia, ninguna autoridad jurisdiccional podrá abstenerse de conocer de asuntos, argumentando falta de competencia por materia cuando se presente alguno de los casos señalados, que daría lugar a la división de la continencia de la causa o a multiplicidad de litigios con posibles resoluciones contradictorias.

Artículo 84. Si la autoridad jurisdiccional deja de conocer por excusa o recusación, conocerá la que siga en número o turno, que corresponda de conformidad con la Ley Orgánica del Poder Judicial de la Federación, así como de la Entidad Federativa correspondiente.

Artículo 85. Es autoridad jurisdiccional competente aquella a la que las partes litigantes se hubieren sometido expresa o tácitamente, cuando se trate de fuero renunciable.

Artículo 86. Hay sumisión expresa cuando las partes interesadas renuncian de forma clara y precisa, sin que admita duda al fuero que la ley les concede, y se sujetan a la competencia de la autoridad jurisdiccional en turno de la materia y territorio correspondiente, o al que precisen que se someten.

Artículo 87. Se entienden sometidos:

I. La parte demandante, por el hecho de ocurrir a la autoridad jurisdiccional en turno, entablando su demanda;

II. La parte demandada, por contestar la demanda o por reconvenir a la parte actora;

III. La persona que habiendo promovido una incompetencia se desiste de ella, y

IV. La persona tercera opositora y la que por cualquier motivo viniere al juicio.

Artículo 88. Será nulo todo lo actuado por la autoridad jurisdiccional declarada incompetente, salvo que se trate de incompetencia sobrevenida, caso en el cual será nulo todo lo actuado a partir del momento en que tiene efectos dicha incompetencia.

Esta nulidad de actuaciones es de pleno derecho, y solo bastará para ello que se declare la incompetencia por la autoridad jurisdiccional para que las cosas se restituyan al estado en que se encontraban hasta antes de que se practicaran dichas actuaciones.

Serán válidas las actuaciones de una autoridad jurisdiccional competente, aun cuando declare nulo o inexistente el acuerdo en el cual se pactó su competencia.

SECCIÓN PRIMERA
DE LA FIJACIÓN DE LA COMPETENCIA

Artículo 89. Es autoridad jurisdiccional competente:

I. La del lugar que la persona deudora haya designado para ser requerida judicialmente de pago;

II. La del lugar convenido en el contrato o convenio para el cumplimiento de la obligación;

III. La de la ubicación del bien, si se ejercita una acción real sobre éste. Lo mismo se observará respecto a las cuestiones derivadas del contrato de arrendamiento de inmuebles. Cuando estuvieren comprendidos en dos o más jurisdicciones, será competente aquella en que se encuentre la mayor parte de ellos;

IV. La del domicilio de la parte demandada, si se trata del ejercicio de una acción sobre bienes muebles, de acciones personales, colectivas o del estado civil. Cuando sean varias las personas demandadas y tuvieren diversos domicilios, será competente la autoridad jurisdiccional que se encuentre en turno del domicilio que elija la parte actora;

V. En los juicios sucesorios, la autoridad jurisdiccional en cuya jurisdicción haya tenido su último domicilio el autor de la sucesión. A falta de ese domicilio, lo será el de la ubicación de los bienes inmuebles que forman la herencia y si estuvieren en varias jurisdicciones, el de aquel en que se encuentre el mayor número; y a falta de domicilio y bienes inmuebles, el del lugar del fallecimiento de la persona autora de la herencia, sin que pueda alterarse el orden anterior. Lo mismo se observará en casos de declaración especial de ausencia por desaparición o presunción de muerte. En los supuestos de la presente fracción no procede sometimiento expreso o tácito alguno;

VI. Aquella en cuyo territorio radica un juicio sucesorio para conocer:

a) De las acciones de petición de herencia.

b) De la nulidad de testamento.

c) Las relativas a la partición hereditaria.

d) De todas las acciones legales contra la sucesión antes de la partición y adjudicación de los bienes.

e) De las acciones de nulidad, rescisión y evicción de la partición hereditaria.

f) De la declaración especial de ausencia por desaparición, así como la declaración de ausencia y presunción de muerte, en los términos de la legislación aplicable.

VII. La del lugar que la persona deudora haya designado para ser requerida judicialmente de pago, o el domicilio de ésta en caso de concursos;

VIII. En los actos de jurisdicción voluntaria, la del domicilio de quien las promueve, pero si se tratare de bienes inmuebles, lo será la del lugar donde estén ubicados. En caso de conflicto de competencias se decidirá a favor del que haya prevenido en el conocimiento;

IX. La del domicilio de las niñas, niños y adolescentes, tratándose de asuntos en materia familiar;

En los procedimientos relativos a suplir el consentimiento de quien ejerce la patria potestad, o impedimentos para contraer matrimonio, la del lugar donde se hayan presentado las partes pretendientes;

X. Para decidir las controversias del estado civil de las personas, la del domicilio conyugal, o aquel en el que habiten los concubinos o convivientes;

XI. En los juicios de divorcio, lo es la del último domicilio conyugal;

XII. En los juicios de nulidad o inexistencia del matrimonio o institución equivalente o similar, lo es la del domicilio donde tuvo lugar el acto cuya nulidad se alega;

XIII. En los juicios de rectificación de actas del estado civil, lo es la del domicilio del actor;

XIV. En caso de abandono de hogar, la del domicilio en el que residía al momento del abandono el cónyuge, concubina o concubino, o conviviente que alega dicho abandono;

XV. En los juicios de alimentos o violencia familiar, la del domicilio de la persona acreedora alimentaria, la de la receptora de la violencia o la de la parte demandada, a elección de la parte actora;

XVI. La del domicilio de la hija o hijo en las acciones de filiación, sean de impugnación, contradicción, reconocimiento o desconocimiento sobre la maternidad o paternidad, y

XVII. Tratándose de juicios en los que la parte demandada sea una persona perteneciente a los pueblos y comunidades indígenas o afromexicanas, será competente la autoridad jurisdiccional del lugar en que dicha persona tenga su domicilio. Si ambas partes lo son, lo será la que ejerza jurisdicción en el domicilio del demandante.

Artículo 90. En los interdictos conocerá siempre la autoridad jurisdiccional de la ubicación del bien.

Artículo 91. Es competente para conocer de la reconvención la autoridad jurisdiccional que conoce de la demanda en el juicio principal, cualquiera que sea la materia.

Artículo 92. Las cuestiones de tercerías deben substanciarse y decidirse por la autoridad jurisdiccional que sea competente para conocer del asunto principal.

Artículo 93. Para los actos preparatorios del juicio, será competente la autoridad jurisdiccional que lo fuere para el procedimiento principal.

En las providencias precautorias y medidas cautelares o medidas provisionales regirá lo dispuesto en el párrafo anterior.

Si el expediente estuviere en segunda instancia, será competente para dictar la providencia precautoria, medidas cautelares o medidas provisionales la autoridad jurisdiccional que conoció de ellos en primera instancia. Cuando se trate de asuntos en materia familiar, de pueblos y comunidades indígenas y afromexicanas y demás grupos sociales en situación de vulnerabilidad, será competente la autoridad jurisdiccional de segunda instancia para dictarlas y en su caso, ejecutarlas con plenitud de jurisdicción.

En caso de urgencia, puede dictarla la autoridad jurisdiccional del lugar donde se hallen la persona o el bien objeto de la providencia, y una vez ejecutada, se remitirán las actuaciones a la autoridad jurisdiccional competente que conozca del procedimiento principal.

SECCIÓN SEGUNDA
DE LA SUBSTANCIACIÓN Y DECISIÓN DE COMPETENCIAS

Artículo 94. Las contiendas sobre competencia, podrán promoverse por inhibitoria o por declinatoria.

La inhibitoria se intentará ante la autoridad jurisdiccional a quien se considere competente.

La declinatoria se propondrá ante la autoridad jurisdiccional a quien se considere que carece de competencia legal, pidiéndole que resuelva no conocer del procedimiento, y remita los autos al que se estime competente. La declinatoria se promoverá y substanciará en forma incidental.

En ningún caso se promoverán de oficio las contiendas de competencia.

Artículo 95. La declinatoria se propondrá al contestar la demanda, ante la autoridad jurisdiccional que se considere que carece de competencia legal, y se expondrán las razones jurídicas esenciales, ofreciendo únicamente pruebas documentales. Se pedirá se abstenga del conocimiento del procedimiento y remita los autos a la autoridad jurisdiccional considerada competente. Al admitirla la autoridad jurisdiccional de primera instancia, se dará vista por tres días a la contraparte para que contradiga y alegue lo que a su interés convenga, así como ofrezca pruebas documentales. Vencido el término concedido con o sin el desahogo de la vista, dentro los cinco días posteriores se remitirá a la autoridad jurisdiccional de segunda instancia el testimonio de las actuaciones respectivas, haciéndolo saber a las partes interesadas para que en su caso comparezcan ante aquella.

Recibido el testimonio de las constancias por la autoridad jurisdiccional de segunda instancia, proveerá con respecto a las pruebas documentales ofrecidas su admisión o desechamiento, procediendo a desahogar en el acto las admitidas conforme a derecho. Hecho lo anterior, se dictará resolución dentro del término improrrogable de cinco días.

Artículo 96. En el caso que las partes no ofrezcan prueba, o las ofrecidas no se admitan, y no formulen alegatos, la autoridad jurisdiccional de segunda instancia citará para resolución, la que se pronunciará dentro del término improrrogable de cinco días.

Decidida la competencia, la autoridad jurisdiccional de segunda instancia lo comunicará a la autoridad jurisdiccional ante quien se promovió la declinatoria, y en su caso, al que se declare competente. Si la declinatoria se declara improcedente o infundada, la autoridad jurisdiccional de segunda instancia lo comunicará a la autoridad jurisdiccional respectiva.

Artículo 97. La autoridad jurisdiccional ante quien se promueva inhibitoria girará oficio requiriendo al que se estime incompetente, para que deje de conocer del procedimiento, y le remita los autos dentro de los cinco días posteriores. La resolución que niegue el requerimiento es apelable. Si la inhibitoria se promueve ante la autoridad jurisdiccional de segunda instancia respectiva, la resolución que niegue al requerimiento, no admite recurso ordinario alguno.

La autoridad jurisdiccional requerida, dentro del término de cinco días, resolverá si acepta o no la inhibitoria. Si las partes estuvieren conformes al ser notificadas del proveído que acepte la inhibición, se remitirá los autos a la autoridad jurisdiccional requirente dentro de los cinco días posteriores. En cualquier otro caso, se remitirán los autos a la autoridad jurisdiccional en turno que faculte la Ley Orgánica del Poder Judicial de la Federación, en tratándose de autoridades jurisdiccionales federales, comunicándolo así al requirente, para que haga igual cosa.

Recibidos los autos por la autoridad jurisdiccional de segunda instancia o aquella que faculte la Ley Orgánica del Poder Judicial de la Federación, dará vista a las partes por tres días para que aleguen por escrito lo que a su derecho corresponda y resolverá dentro del término improrrogable de cinco días.

Decidida la competencia, se comunicará la sentencia a las autoridades jurisdiccionales contendientes, y al declarado competente además se le remitirán los autos originales dentro del término de cinco días la substanciación del procedimiento y resolución.

Artículo 98. En caso de no promoverse cuestión de competencia alguna dentro de los términos señalados por la parte que se estime afectada, se considerará sometida a la autoridad jurisdiccional que lo emplazó y perderá todo derecho para intentarla.

Las cuestiones de competencia en ningún caso suspenderán el procedimiento principal, pero deberán resolverse antes de dictarse sentencia definitiva, reservándose el dictado de ésta, salvo los casos señalados en el presente Código Nacional.

Artículo 99. Si por los documentos que se hubieren presentado o por otras constancias de autos, apareciere que la parte litigante que promueve la declinatoria se ha sometido a la jurisdicción de la autoridad jurisdiccional que conoce del procedimiento, se desechará de plano, continuando su curso el juicio.

También se desechará de plano la competencia promovida que no tenga por objeto decidir cuál ha de ser la autoridad jurisdiccional que deba conocer de un asunto.

Artículo 100. Las autoridades jurisdiccionales quedan impedidas para promover oficiosamente las cuestiones de competencia, y sólo deberán inhibirse del conocimiento de un procedimiento, cuando se trate de competencias por razón de territorio, materia, con excepción de lo dispuesto en el artículo 83 de este Código Nacional, siempre y cuando se inhiban en el primer proveído que se dicte respecto de la demanda principal.

Cuando dos o más autoridades jurisdiccionales locales de la misma jurisdicción se nieguen a conocer de determinado asunto, quien se vea perjudicada ocurrirá ante la autoridad jurisdiccional de segunda instancia en turno, dentro del término de cinco días contados a partir de que la última de dichas autoridades se negó a conocer del asunto, a fin de que ésta ordene a esas autoridades jurisdiccionales, que en el término de tres días remitan los expedientes originales en que se contengan sus respectivas resoluciones. Si las dos partes consideran que les causa perjuicio la negativa a conocer del asunto siendo de materia diversa y ambas ocurrieran a autoridades jurisdiccionales de segunda instancia de diferentes Tribunales, será competente para resolver, el que primero reciba la inconformidad.

Artículo 101. Una vez recibidos los autos por la autoridad jurisdiccional de segunda instancia correspondiente, los pondrá a la vista de las partes, por el término de tres días para que ofrezcan pruebas documentales y aleguen lo que a su interés convenga.

En lo demás, será aplicable el procedimiento previsto en el artículo 95 de este ordenamiento.

Artículo 102. Cuando dos o más autoridades jurisdiccionales federales se nieguen a conocer de un determinado procedimiento, la parte interesada ocurrirá a la autoridad jurisdiccional que faculte la Ley Orgánica del Poder Judicial de la Federación, sin necesidad de agotar los recursos ordinarios, a fin de que ordene a los que se nieguen a conocer, que le envíen los expedientes en que se contengan sus respectivas resoluciones.

Recibidos los autos, se correrá de ellos traslado, por cinco días, al Ministerio Público Federal, y, desahogada que sea, se dictará la resolución que proceda, dentro de igual término.

Cuando la negativa a conocer se suscite entre dos o más autoridades jurisdiccionales del fuero común y federal, y además se encuentren en el mismo circuito judicial, corresponderá al Pleno Regional del Poder Judicial de la Federación respectivo resolver. Cuando sea entre autoridades jurisdiccionales de distintos circuitos judiciales, será el Pleno Regional del Poder Judicial de la Federación de la autoridad jurisdiccional que conoció en primer momento del asunto.

Una vez recibidos los expedientes, el procedimiento para resolver se ajustará a lo dispuesto en el artículo 95 de este Código Nacional.

Artículo 103. En el caso de que se declare infundada o improcedente la incompetencia, se aplicará una corrección disciplinaria por los montos que establece el artículo 192 fracción III de este Código Nacional, en beneficio del Fondo de Administración de Justicia del Poder Judicial de que se trate.

CAPÍTULO II
DE LA COMPETENCIA SUBJETIVA

SECCIÓN PRIMERA
DE LOS IMPEDIMENTOS Y EXCUSAS

Artículo 104. Las autoridades jurisdiccionales se tendrán por forzosamente impedidas para conocer en los casos siguientes:

I. Cuando tengan interés directo o indirecto en el procedimiento;

II. En los procedimientos que sean del mismo interés para su cónyuge, concubina, concubinario, conviviente o para sus parientes consanguíneos en línea recta sin limitación de grados, a los colaterales dentro del cuarto grado, y a los afines dentro del segundo;

III. Siempre que, entre su cónyuge, concubina, concubinario, conviviente, ascendientes o sus descendientes, y alguno de las partes interesadas, haya relación de intimidad nacida de algún acto civil o religioso, sancionado y respetado por la costumbre, relación de amistad o económica, de subordinación o lealtad, sin importar su origen;

IV. Si fuere pariente por consanguinidad o afinidad de la persona representante autorizada, abogado o procurador de alguna de las partes, en los mismos grados a que se refiere la fracción II de este artículo;

V. Cuando la autoridad jurisdiccional, su cónyuge, concubina, concubinario, conviviente o alguno de sus ascendientes o descendientes sea parte heredera, legataria, donante, donataria, socia, acreedora, deudora, fiadora, fiada, arrendadora, arrendataria, principal, dependiente o comensal habitual de alguna de las partes, o administradora actual de sus bienes;

VI. Si ha hecho promesas o amenazas, o ha manifestado de otro modo su odio o afecto por alguna de las partes; o ha sido sujeto de amenazas o la animadversión de alguna de las partes ha influido en su fuero interno de tal manera que se ponga en riesgo su imparcialidad;

VII. Si asiste o ha asistido a convites que especialmente se le ofrecieren o costeare alguna de las partes que litigan el asunto o sus personas representantes autorizadas, antes y después de comenzado el procedimiento, o si se tiene familiaridad con los mencionados, o cohabitan con ellas;

VIII. Cuando después de iniciado el procedimiento, la autoridad jurisdiccional, su cónyuge, concubina, concubinario, conviviente, ascendientes o descendientes, parientes colaterales en segundo grado y por afinidad en primer grado, haya recibido dádivas o servicios de alguna de las partes;

IX. Si ha sido abogado o procurador, ha fungido como apoyo o ha recibido apoyo para el ejercicio de la capacidad jurídica, perito o testigo en el procedimiento de que se trate o de cualquiera de las partes en éste, en cualquier otro procedimiento;

X. Si ha conocido del procedimiento como autoridad jurisdiccional, arbitro o asesor, resolviendo algún punto que afecte a la sustancia de la cuestión, en la misma instancia o en otra;

XI. Cuando la autoridad jurisdiccional, su cónyuge, concubina, concubinario, conviviente o alguno de sus parientes consanguíneos en línea recta, sin limitación de grados, de los colaterales dentro del segundo, o de los afines en el primero, siga contra alguna de las partes, o no ha pasado un año, de haber seguido un juicio civil, o una causa criminal, como parte acusadora, querellante o denunciante, o se haya constituido parte civil en causa criminal seguida contra cualquiera de ellas;

XII. Cuando alguna de las personas representantes autorizadas, sigan o hayan seguido un juicio civil, o una causa criminal, y no ha pasado un año o más, de haber causado ejecutoria, un procedimiento jurisdiccional, en contra de la autoridad jurisdiccional de que se trate, su cónyuge, concubina, concubinario, conviviente, ascendientes o descendientes, parientes colaterales en segundo grado y por afinidad en primer grado;

XIII. Cuando la persona servidora pública, su cónyuge, concubina, concubinario, conviviente, ascendientes o descendientes, parientes colaterales en segundo grado y por afinidad en primer grado, sea contrario a cualquiera de las partes en procedimiento administrativo que afecte a sus intereses;

XIV. Si la persona servidora pública, su cónyuge, concubina, concubinario, conviviente o alguno de sus expresados parientes sigue algún procedimiento civil o criminal en que sea autoridad jurisdiccional, agente del Ministerio Público Federal o Local, Procurador o Representante Social, árbitro o arbitrador, de alguno de los litigantes;

XV. Si es persona tutora, tutriz, curador o curadora de alguna de las partes interesadas, administra sus bienes, es gerente de alguna sociedad, asociación que tenga interés en la causa o no hayan pasado tres años de haberlo sido, y

XVI. Siempre que haya externado su opinión públicamente, adelantando el sentido de su fallo.

Las opiniones expresadas por la autoridad jurisdiccional al intentar conciliar entre las partes, y aquellas que se emitan con carácter doctrinario o académico, no constituyen motivo de impedimento.

Artículo 105. Las autoridades jurisdiccionales tienen el deber de excusarse del conocimiento de los procedimientos en que ocurra alguna de las causas expresadas en el artículo anterior, aún y cuando las partes no los recusen. La excusa debe expresar concretamente la causa en que se funde. Sin perjuicio de las providencias que conforme a este Código Nacional se deben dictar, tienen la obligación de excusarse inmediatamente que se avoquen al conocimiento de un procedimiento del que no deben conocer por impedimento, o dentro de los tres días siguientes en que ocurra el hecho que origina el impedimento o de que tengan conocimiento de él.

SECCIÓN SEGUNDA
DE LA RECUSACIÓN

Artículo 106. Cuando la autoridad jurisdiccional no se excusare a pesar de existir alguno de los impedimentos expresados, procede la recusación, que siempre se fundará en causa legal.

Artículo 107. Sólo pueden hacer uso de la recusación:

I. Las partes, personas interesadas o sus representantes;

II. La persona que represente a los acreedores en los concursos sólo podrá hacer uso de la recusación en los procedimientos que afecten al interés general, el cual se calculará por el importe de las porciones. En los que afecten al interés particular de alguno (sic) de las personas acreedoras, podrá la parte interesada hacer uso de la recusación, pero la autoridad jurisdiccional no quedará impedida más que en el punto de que se trate. Resuelta la cuestión se reintegra al principal;

III. La persona designada como albacea o interventor en los juicios sucesorios, y

IV. La persona que funja como representante común en caso de litisconsorcio y cuando no se haya designado aún, por cualquiera de las partes.

Artículo 108. Conocerán de las excusas y recusaciones:

I. Las autoridades jurisdiccionales respecto de las personas ante ella adscritas;

II. Los Tribunales de Segunda Instancia respecto de las autoridades jurisdiccionales de primera instancia;

III. La autoridad jurisdiccional de conformidad con lo dispuesto por la Ley Orgánica que corresponda, respecto de las personas magistradas.

En el Tribunal de segunda instancia, la recusación sólo importa la de aquellas persona o personas recusadas expresamente, y si fueren varias, deberá fundarse en la causa de impedimento que afecte a cada una.

Artículo 109. No procederá recusación:

I. En los actos prejudiciales;

II. Al cumplimentar exhortos, despachos o cartas rogatorias;

III. En las diligencias de mera ejecución;

IV. En los juicios ejecutivos mientras no se lleve a cabo el aseguramiento, y en los hipotecarios mientras no se expida el oficio de inscripción de la demanda;

V. Tratándose de ejecución de sentencia, desde la fecha del auto en que se señala término a las personas deudoras para que cumplan con ella, y

VI. En los demás actos que no radiquen jurisdicción, ni importen conocimiento de causa.

Si la ejecución de sentencia fuera mixta o si hubiere oposición de tercera persona o se opusieren excepciones en contra de la ejecución, será admisible la recusación.

Artículo 110. En los procedimientos de apremio y en el juicio que empieza por ejecución, no se dará curso a ninguna recusación sino una vez practicado el aseguramiento, hecho en el embargo o levantamiento del embargo, en su caso, o anotada la demanda en el Registro Público de la Propiedad, oficina registral o cualquier otra institución análoga según la Entidad Federativa de que se trate.

Artículo 111. La recusación puede interponerse en todo momento hasta antes de la admisión de pruebas. La recusación deberá presentarse a más tardar dentro de los cinco días a partir de que se conozca la causal que la motivó.

Artículo 112. En tanto se califica o decide la recusación, se suspenderá la jurisdicción de la autoridad jurisdiccional, excepto para la fijación de la garantía y admisión de la recusación; así como para el dictado de las medidas provisionales sobre alimentos, separación de personas o aquellas que afecten derechos de las niñas, niños o adolescentes, y demás personas que pertenezcan a grupos sociales en situación de vulnerabilidad, o a las que se refieren a providencias cautelares o diligencias de ejecución.

Artículo 113. Declarada procedente o fundada la recusación, termina la jurisdicción de la autoridad jurisdiccional en el procedimiento de que se trate.

Artículo 114. Una vez interpuesta la recusación, la parte recusante no podrá retirarla en ningún tiempo, ni variar la causa, a menos que surgiere un impedimento superveniente, en cuyo caso, se podrá permitir la substanciación de una nueva recusación.

Artículo 115. Si se declarare improcedente o no probada la causa de recusación que se hubiere alegado, no se volverá a admitir otra recusación contra la misma autoridad jurisdiccional por la misma causal, salvo cuando ésta se sustituya, en cuyo caso podrá hacerse valer la recusación.

Artículo 116. La autoridad jurisdiccional o el órgano disciplinario que conozca de la recusación la desechará de plano:

I. Por extemporánea;

II. Cuando no se funde en alguna de las causas a que se refiere el presente Título;

III. Cuando no se precisen los hechos en que se motive, no se ofrezca prueba o no se precisen los puntos sobre los que deban versar las mismas, y

IV. Cuando se interponga en procedimientos en que no puede tener lugar.

Artículo 117. Toda recusación se interpondrá ante la autoridad jurisdiccional que conozca del procedimiento, expresándose con toda claridad y precisión la causa en que se funde, así como las pruebas tendientes a justificarla, y la autoridad recusada remitirá a la autoridad competente para resolver sobre ésta, dentro del término improrrogable de cinco días, el testimonio de las actuaciones respectivas, acompañado del informe justificado, manifestando bajo protesta de decir verdad las argumentaciones que considere apoyan la inexistencia de la causa en que se funde la recusación. La falta de informe hará presumir como cierto el impedimento alegado por la parte promovente.

La autoridad jurisdiccional que conozca de una recusación, resulta irrecusable para este solo efecto.

Artículo 118. La recusación debe decidirse sin audiencia de la parte contraria, y se tramita en forma de incidente.

Artículo 119. En el incidente de la recusación son admisibles todos los medios de prueba establecidos por este Código Nacional, excepto la declaración de la autoridad jurisdiccional de la que se trate.

Artículo 120. De la recusación de las autoridades jurisdiccionales integrantes de un Tribunal de Segunda Instancia conocerá aquella a la que corresponda, y para tal efecto se integrará de acuerdo con la Ley Orgánica respectiva.

Si una autoridad jurisdiccional de segunda instancia dejare de conocer de algún asunto por impedimento o recusación, conocerá de éste la autoridad jurisdiccional que se designe mediante el turno, conforme a lo dispuesto en la Ley Orgánica respectiva.

Cuando todas las autoridades jurisdiccionales que integren la Sala estuvieren impedidas de conocer un procedimiento, pasará éste al conocimiento de la Sala que le siga en número.

Si todas las autoridades jurisdiccionales de las Salas de la materia civil y familiar estuvieren impedidas de conocer, pasará el asunto al conocimiento de las Salas de otra materia, por el orden indicado, y si éstas también se agotaren, se integrará una Sala que conozca del asunto con autoridades jurisdiccionales de todas las materias según corresponda, designadas por el Pleno, conforme a lo dispuesto en la Ley Orgánica respectiva, que al efecto se reunirá inmediatamente y sin perjuicio de sus demás labores y funciones.

Artículo 121. Para el caso que una autoridad jurisdiccional deje de conocer un caso por impedimento, recusación o excusa, ésta deberá remitir el expediente a la autoridad jurisdiccional respectiva, a la dirección o área administrativa que corresponda del Poder Judicial conforme a la Ley Orgánica respectiva, para que lo envíe a la autoridad jurisdiccional que corresponda en turno.

Artículo 122. Si en la sentencia incidental se declara procedente la recusación, se comunicará a la autoridad jurisdiccional correspondiente, para que ésta a su vez, remita los autos a la que corresponda, dentro del término de tres días posteriores a la recepción del comunicado anteriormente descrito. En la Sala, la autoridad jurisdiccional recusada quedará separada del conocimiento del procedimiento y se completará la misma en la forma en que determina la Ley Orgánica respectiva.

Si se declara improcedente la recusación, se comunicará la resolución a la autoridad jurisdiccional de su origen. Si la autoridad jurisdiccional recusada fuese una persona Magistrada, continuará conociendo del procedimiento la misma Sala como antes de la recusación.

Artículo 123. La recusación promovida contra otras personas servidoras públicas de acuerdo con el organigrama del Poder Judicial Federal o de la Entidad Federativa de que se trate, no suspenderá el procedimiento, y se proveerá de inmediato quien deba sustituirlo, en tanto se resuelva la recusación a fin de dar continuidad al juicio respectivo.

La recusación de las personas servidoras públicas antes mencionadas se substanciará ante la autoridad jurisdiccional ante la que se encuentren adscritas respectivamente, resolviendo esta de plano.

Artículo 124. En todos los casos la resolución que decida una recusación es irrecurrible.

LIBRO SEGUNDO
DEL PROCEDIMIENTO ORAL CIVIL Y FAMILIAR

TÍTULO PRIMERO
DE LAS FORMALIDADES JUDICIALES

CAPÍTULO I
DE LAS PARTES EN EL PROCEDIMIENTO

Artículo 125. Sólo puede iniciar o intervenir en un procedimiento judicial, quien tenga interés en que la autoridad jurisdiccional declare, constituya, preserve o modifique un derecho o imponga una condena y quien tenga el interés contrario.

Artículo 126. Cuando haya transmisión del interés a un tercero, en términos del artículo anterior, dejará de ser parte quien haya perdido el interés, y lo será quien lo haya adquirido. Esas transmisiones no afectarán el procedimiento judicial, excepto en los casos en que hagan desaparecer, por confusión substancial de intereses, la materia del litigio.

Las relaciones recíprocas de las partes dentro del procedimiento, con sus respectivas facultades y obligaciones, así como los términos, recursos y toda clase de medios que este Código Nacional concede para hacer valer en el litigio, no pueden sufrir modificación en ningún sentido. En todo caso, debe observarse la norma tutelar de la igualdad de las partes dentro del procedimiento, de manera tal que su curso será el mismo, aunque se inviertan los papeles de los litigantes.

Artículo 127. Los cambios de representante procesal de una parte, no causan perjuicio alguno a la contraria, mientras no sean hechos saber judicialmente. Tampoco perjudicarán a una parte los cambios operados en la parte contraria, por relaciones de causante a causahabiente, mientras no se hagan conocer en igual forma.

Cuando se verifiquen estos cambios sin cumplir con las notificaciones de sustitución o inclusión de representante procesal, la actividad procesal se desarrollará y producirá sus efectos con toda validez, como si no se hubiese operado el cambio, en tanto no se haga saber judicialmente.

Artículo 128. Tienen legitimación en el procedimiento para comparecer en juicio:

I. Las personas físicas por sí mismas o por conducto de sus personas representantes autorizadas, así como las personas que designen para su apoyo, en su caso;

II. Las personas jurídicas públicas o privadas por medio de quienes las representen, sea por disposición de la ley o reglamento, o bien, conforme a sus escrituras constitutivas, estatutos, poderes o mandatos;

III. Las agrupaciones o entes que no constituyan personas jurídicas reconocidas por la Ley, por medio de quienes en su nombre hayan actuado;

IV. Las instituciones y dependencias de la administración pública, por medio de sus órganos autorizados conforme a la normatividad que las regule;

V. Cualquiera que integre un grupo afectado, que busque una adecuada defensa para el interés general; y las instituciones, asociaciones o agrupaciones privadas, especializadas en la defensa de los intereses sociales o colectivos cuando se trata de la tutela de intereses difusos y de grupos indeterminados, siempre que no sean políticas o gremiales reguladas;

VI. En el caso de las personas de los pueblos y comunidades indígenas y afromexicanas, sus propias autoridades o las personas que designen con base en sus usos y costumbres, y

VII. El Ministerio Público Local o Federal.

Artículo 129. Podrán comparecer como terceras personas, quienes tengan interés propio y distinto de la parte actora o demandada, y la sentencia les pueda afectar.

Artículo 130. Las niñas, niños y adolescentes, comparecerán por conducto de las siguientes personas:

I. Quienes ejerzan la patria potestad;

II. Quien ejerza la tutela;

III. Las personas designadas legalmente por quien ejerza la patria potestad o la tutela, y

IV. La Procuraduría de Protección de Niñas, Niños y Adolescentes o institución con facultades de representación coadyuvante o en suplencia, de conformidad con la Ley General de los Derechos de Niñas, Niños y Adolescentes.

Sin embargo, las niñas, niños y adolescentes, podrán comparecer a juicio por sí o por cualquier persona en su nombre, sin la intervención de su legítimo representante cuando éste se halle ausente o desaparecido, se ignore quién sea, esté impedido, se negare a promover la acción o hubiese un conflicto de interés con su representado.

La autoridad jurisdiccional, nombrará un representante independiente para que intervenga en el juicio, debiendo preferir a un familiar cercano, salvo cuando haya conflicto de intereses o motivo que justifique la designación de persona diversa, sin perjuicio de dictar las providencias y medidas de protección especiales o urgentes, conforme a la Ley de la materia y, los tratados internacionales que resulten aplicables.

Artículo 131. Las personas ausentes o ignoradas y las personas desaparecidas serán representadas como se previene en el Código Civil o ley correspondiente. Si a juicio de la autoridad jurisdiccional la diligencia fuere urgente o perjudicial la dilación, la persona será representada por el Ministerio Público, Fiscalía o Representación Social.

En materia civil, si se presentare por quien esté ausente o desaparecida una persona que pueda comparecer en juicio, será admitida como gestor judicial; quien tendrá las obligaciones y responsabilidades que establezca el Código Civil Federal o Local correspondiente. Dicha persona deberá dar fianza equivalente al monto del procedimiento judicial en que intervenga; y en su caso de pagar lo juzgado y sentenciado e indemnizar los perjuicios y gastos que se causen. La fianza será calificada por la autoridad jurisdiccional.

Las resoluciones que admitan o no la figura de gestor judicial, así como la que fije la fianza, serán apelables en efecto devolutivo de tramitación inmediata.

Artículo 132. Si varios actores ejercen la misma acción en una demanda, o varios demandados niegan la acción u oponen la misma excepción, se aplicarán las disposiciones siguientes:

I. Los actores deberán tener un solo representante común;

II. El representante común de los actores será nombrado por estos en su primera intervención;

III. Los demandados deben tener un sólo representante común, y

IV. El nombramiento del representante común de los demandados lo harán en la contestación de la demanda.

Cuando la multiplicidad de personas surja en cualquier otro momento del juicio, o en actos de jurisdicción voluntaria, el nombramiento de representante común deberá hacerse, dentro de los tres días siguientes al primer acto procesal en el que aparezca la multiplicidad.

Si el nombramiento no fuere hecho por quienes tienen interés, previa prevención hecha de forma legal, lo hará la autoridad jurisdiccional, de entre las mismas personas interesadas.

La persona que como representante común designe la autoridad jurisdiccional, tendrá las mismas facultades que si litigara exclusivamente por su propio derecho, excepto las de desistirse, transigir y comprometer en árbitros. La que designen los interesados, sólo tendrá estas últimas facultades, si expresamente le fueren concedidas por quienes conforman el litisconsorcio.

Artículo 133. En los casos de litisconsorcio se observarán las siguientes reglas:

I. La carga de impulsar el procedimiento corresponderá al representante común del litisconsorcio;

II. Mientras continúe la persona designada como persona representante autorizada o representante común en su encargo, las notificaciones y citaciones de toda clase que se le hagan, tendrán la misma fuerza que si se hicieren a las personas que representan, sin que le sea permitido pedir que se entiendan con éstas, y

III. Cualquier persona interesada podrá excluirse de la representación común, para litigar por sí mismo y deducir su propio derecho.

Artículo 134. En cualquiera de los procedimientos previstos en el presente Código Nacional, sin que obste el derecho de las partes, sus abogados y representantes autorizados de comparecer a exponer sus alegatos en la audiencia respectiva, bajo el principio de igualdad procesal y publicidad, podrán solicitar fuera de audiencia, una cita a la autoridad jurisdiccional para manifestar en lo particular, los aspectos que consideren relevantes en la solución del juicio en el que intervengan. La misma se solicitará por escrito y le recaerá mandamiento judicial en el que se indique día, hora y duración de la cita, la que se autorizará con la finalidad de que comparezcan al recinto judicial el interesado y su contra parte; o bien sus asesores jurídicos; con el objeto de respetar el principio de contradicción. Fuera de estos casos, las autoridades jurisdiccionales estarán impedidas para escuchar en lo particular o individual a cualquiera de las partes.

CAPÍTULO II
DE LAS ACTUACIONES JUDICIALES

Artículo 135. Las autoridades jurisdiccionales se sujetarán al procedimiento convencional que las partes hubieren pactado, siempre que el mismo se hubiere formalizado en documento público o ante la misma autoridad jurisdiccional que conozca de la demanda en cualquier estado del juicio, y se respeten las formalidades esenciales del procedimiento; salvo los procedimientos en materia familiar, los cuales son de orden público.

Para su validez, el documento en que se encuentre el acuerdo a que se refiere este artículo, deberá contener como mínimo, por inclusión o referencia, las previsiones sobre la presentación de la demanda, el emplazamiento, la contestación de la demanda, las pruebas y los alegatos, en cuyo caso no puede imponer a las partes mayores cargas que las previstas en este Código Nacional. También podrá regular lo relacionado con:

I. El negocio o negocios en que se ha de observar el procedimiento convenido;

II. La sustanciación que debe observarse, siempre que no afecte las formalidades esenciales del procedimiento ni se vulneren derechos humanos;

III. Los términos que deberán seguirse durante el juicio, cuando se modifiquen los señalados en el presente Código Nacional;

IV. Los recursos legales a que renuncien, siempre que no se afecten las formalidades esenciales del procedimiento, ni se vulneren derechos humanos;

V. La autoridad jurisdiccional que debe conocer del litigio para el cual se convino el procedimiento en los casos en que conforme a este Código Nacional pueda prorrogarse la competencia, y

VI. El convenio también deberá expresar los nombres de los otorgantes, su capacidad para obligarse, el carácter con que contraten, sus domicilios y cualquiera otro dato que defina la especialidad del procedimiento.

Artículo 136. En caso de no existir convenio de las partes sobre el procedimiento en los términos del anterior artículo, los juicios civiles se regirán por las disposiciones de este Código Nacional.

Artículo 137. Los expedientes que se integren en los juicios civiles y familiares se sujetarán a las siguientes reglas:

I. Tanto los físicos como los electrónicos se formarán por la autoridad jurisdiccional;

II. Las promociones físicas o electrónicas de las partes deberán redactarse en español, debiendo estar firmados de manera autógrafa o mediante firma electrónica avanzada, según corresponda;

III. Quienes no supieren o no pudieren firmar autógrafamente, por presentar una condición de discapacidad física, imprimirán su huella digital, firmando otra persona en su nombre y a su ruego, indicando esta circunstancia;

IV. Las promociones subsecuentes físicas o electrónicas deberán tener la debida identificación del litigio, que contendrá los nombres de la parte actora, de la parte demandada y en su caso, de quien haga la solicitud, así como el número de expediente, situación que se observará tanto en el expediente físico como en el electrónico;

V. Los documentos redactados en idioma extranjero deberán acompañarse con la correspondiente traducción al español. Si la contraparte la objeta o la autoridad jurisdiccional lo estima necesario se nombrará a quien haga la traducción para el cotejo. Sólo para el caso que la traducción sea requerida por la autoridad jurisdiccional, los honorarios de quien realice el peritaje correrán a cargo del erario público;

VI. Las promociones a cargo de personas de los pueblos y comunidades indígenas y afromexicanas, que se hicieren en su lengua o idioma original, no necesitarán acompañarse de la traducción al español, la autoridad jurisdiccional de oficio designará persona autorizada a realizar la traducción correspondiente;

VII. En los procedimientos en los que una o ambas partes sean indígenas y no supieran leer el idioma español, podrán designar a quien traduzca o conozca su lengua nativa, y la autoridad jurisdiccional realizará una versión sintetizada de los puntos esenciales de las actuaciones y de la sentencia dictada, en dicha lengua; debiendo agregar constancia de que se cumplió con esta obligación en los autos;

VIII. En los procedimientos en los que una o ambas partes presenten una discapacidad auditiva, visual o intelectual, se estará a lo dispuesto en la fracción anterior y dichas personas podrán designar como apoyo, a quien sea intérprete de la Lengua de Señas Mexicana y la versión sintetizada de los puntos esenciales de las actuaciones y de la sentencia dictada, se les facilitará en los medios y formatos que les resulten accesibles;

IX. En las actuaciones judiciales, las fechas y cantidades se redactarán con letra, y no se emplearán abreviaturas, ni se rasparán las frases equivocadas, sobre las que sólo se pondrá una línea delgada que permita la lectura, salvándose al final del documento con toda precisión el error cometido;

X. Las actuaciones judiciales deberán ser autorizadas, bajo pena de nulidad, por la autoridad jurisdiccional o persona secretaria judicial a quien corresponda dar fe o certificar el acto;

XI. Todos los expedientes se llevarán en la forma y términos prescritos en las fracciones que anteceden y deberán integrarse electrónicamente en todos los casos, y

XII. Todas las resoluciones judiciales deberán redactarse en términos claros y sencillos.

Los Poderes Judiciales, de conformidad con la legislación de la materia o los Lineamientos que emita el Consejo de la Judicatura que corresponda, habilitarán los sistemas de justicia digital necesarios, con diseños y formatos accesibles, para facilitar la integración, promociones y consulta de los expedientes electrónicos.

Artículo 138. Es deber de las partes asistir a las audiencias del procedimiento, por sí o a través de sus personas representantes autorizadas, con facultades necesarias para celebrar el convenio correspondiente.

La persona representante autorizada que deje de asistir a las audiencias sin justa causa calificada, se le impondrá una multa a favor del Fondo de Apoyo a la Administración de Justicia del Tribunal o Poder Judicial de cada Entidad Federativa o la Federación, hasta el equivalente a cien veces el valor diario de la Unidad de Medida y Actualización vigente al momento de su aplicación. Contra dicha resolución procede el recurso de apelación.

Cuando las actuaciones involucren derechos de niñas, niños, adolescentes, personas con discapacidad o personas de los pueblos y comunidades indígenas o afromexicanas, la defensa pública en su caso, deberá ser preferentemente especializada.

Artículo 139. Si una de las partes comparecientes carece de la persona representante autorizada, la autoridad jurisdiccional por una sola ocasión diferirá la audiencia a fin de garantizar que las partes vengan asistidas. No se requiere el diferimiento de la audiencia, cuando ésta sólo se refiera al desahogo de pruebas documentales, instrumentales o presuncionales.

En caso de que las partes designen a varias personas representantes autorizadas, deberán designar quién de ellas quedará nombrada como abogado patrono para comparecer a las audiencias, así como designar quien la sustituya para el supuesto que la primera no pueda acudir, quienes quedarán vinculadas a las responsabilidades y sanciones a que alude este artículo.

La autoridad jurisdiccional dictará proveído de ejecución al finalizar la audiencia.

Artículo 140. En las audiencias se observarán las siguientes reglas:

I. Se sujetarán a los principios procesales previstos en este Código Nacional;

II. Se celebrarán presencialmente en la sede judicial o de forma virtual;

III. La autoridad jurisdiccional deberá presidir las audiencias, mismas que serán públicas salvo disposición expresa de la ley;

IV. La autoridad jurisdiccional tiene el deber de mantener el buen orden, evitar las digresiones, faltas de decoro y probidad, y exigir que se guarde el debido respeto a toda persona presente en el acto de la audiencia o sede judicial, pudiendo imponer las correcciones disciplinarias establecidas en el artículo 192 de este Código Nacional e incluso ordenar la expulsión de la sala de audiencia con uso de la fuerza pública o a través de los mecanismos tecnológicos correspondientes, tratándose de audiencias virtuales;

V. Cuando la infracción llegare a actualizar un hecho probablemente constitutivo de un delito conforme a las leyes Penales, se dará vista al Ministerio Público competente;

VI. La autoridad jurisdiccional determinará el inicio y la conclusión de cada una de las etapas de las audiencias de forma continua, precluyendo los derechos procesales que debieron ejercitar las partes en cada una de ellas, sin necesidad de declaración judicial;

VII. La parte que asista tardíamente a las audiencias, se incorporará en la etapa en que éstas se encuentren, sin perjuicio de la facultad de la autoridad jurisdiccional en materia de conciliación y en el entendido de que esto no altera los derechos que han quedado precluidos;

VIII. Podrán decretarse los recesos que la autoridad jurisdiccional o las partes soliciten razonablemente, siempre que no constituyan una dilación procesal innecesaria;

IX. La autoridad jurisdiccional señalará el orden del desahogo de las pruebas atendiendo a la propuesta de las partes, exigiendo el cumplimiento de las formalidades que correspondan y tendrá la facultad para hacer a los testigos, peritos y a las mismas partes, las preguntas que estime conducentes sin romper el principio de contradicción, dirigiendo el debate, moderando la discusión y podrá impedir que las alegaciones se desvíen hacia aspectos no pertinentes o inadmisibles o no controvertidos, e incluso limitar el tiempo y número de veces del uso de la palabra a las partes que intervienen, interrumpiendo a quienes hicieran uso abusivo de su derecho;

X. Una vez que testigos, peritos o partes concluyan su intervención, podrán retirarse de la audiencia cuando así lo soliciten y la autoridad jurisdiccional lo autorice;

XI. Las resoluciones judiciales pronunciadas oralmente o por escrito en las audiencias, según el tipo de juicio, se tendrán por notificadas en ese mismo acto a quienes estén presentes o debieron haber estado, sin necesidad de formalidad alguna;

XII. Las audiencias podrán diferirse o suspenderse por caso fortuito o fuerza mayor, o porque de las partes de común acuerdo lo soliciten. De ser posible en el mismo acto, se señalará fecha y hora para su continuación, de la que se tendrá por notificadas a las partes. Al reanudarse, la autoridad jurisdiccional expondrá una síntesis de los actos realizados hasta ese momento, y

XIII. Al terminar las audiencias, en los juicios orales se levantará acta mínima que deberá contener, cuando menos, el lugar, la fecha, el expediente y la autoridad jurisdiccional al que corresponda; el nombre de los participantes, una relatoría sucinta del desarrollo de la audiencia, y la firma autógrafa o electrónica avanzada de la autoridad jurisdiccional.

Tratándose de audiencias virtuales, se seguirán las reglas previstas en el Libro Octavo de este Código Nacional.

Artículo 141. En las audiencias en las que participen personas con discapacidad, podrán contar con la presencia de las personas de apoyo que, en su caso, designen.

Asimismo, podrán hacerse acompañar de los animales que para dichos efectos consideren, en su caso.

Artículo 142. La autoridad jurisdiccional podrá, por razones de orden o seguridad, antes del inicio y en el desarrollo de la audiencia, prohibir el ingreso físico o digital, a:

I. Personas armadas;

II. Personas que porten distintivos gremiales o partidarios;

III. Personas que porten objetos peligrosos o prohibidos;

IV. Personas que no observen las disposiciones de orden o seguridad física o informática que se establezcan;

V. Personas que puedan afectar la integridad de alguna de las partes, o de alguna persona citada para participar en la audiencia, y

VI. Cualquier otra persona que la autoridad jurisdiccional justificadamente considere como inapropiada para el orden o seguridad en el desarrollo de la audiencia.

En el desarrollo de las audiencias, las actuaciones de la autoridad jurisdiccional en el ejercicio de sus funciones serán válidas de pleno derecho, sin requerir de la fe de ninguna otra.

Artículo 143. La autoridad jurisdiccional podrá aplicar excepciones al principio de publicidad cuando, alguna situación o hecho derivados de las audiencias:

I. Pueda afectar la integridad de alguna de las partes, o de alguna persona citada para participar en la audiencia;

II. Se divulgue información gubernamental confidencial, información confidencial o secreto industrial, cuya revelación sea indebida;

III. Se afecte el interés superior de niñas, niños y adolescentes;

IV. Cuando se trate de juicios en materia familiar, y

V. En los casos previstos en este Código Nacional o en otra ley.

Artículo 144. La autoridad jurisdiccional podrá limitar el ingreso del público a una cantidad determinada de personas, de conformidad con las disposiciones aplicables en materia de protección civil.

Las personas periodistas y demás integrantes de los medios de comunicación, deberán informar su presencia a la autoridad jurisdiccional con el objeto de ser ubicados en un lugar adecuado y deberán abstenerse de grabar y transmitir por cualquier medio la audiencia, cuando así lo disponga la autoridad jurisdiccional.

Artículo 145. Las audiencias se registrarán por medios electrónicos. Excepcionalmente, y estableciendo la motivación y fundamentación correspondiente, se registrarán por escrito o por cualquier otro medio idóneo a juicio de la autoridad jurisdiccional. En caso de ser videograbadas, no requerirán transcripción escrita para su eficacia.

En el uso de tales medios, se deberán prever diseños y formatos de accesibilidad para personas con discapacidad a las que les resulte necesario consultar dicha información.

Al inicio de las audiencias la persona secretaria judicial, hará constar oralmente en el registro a que hace referencia el párrafo anterior, la fecha, hora y el lugar de realización, datos del asunto y el nombre de quien preside la audiencia.

Si a dicha audiencia comparece una persona con discapacidad auditiva, deberá estar presente a lo largo de la misma, un intérprete de la Lengua de Señas Mexicana y los intervinientes deberán emplear palabras sencillas para que sean comprendidas por una persona con discapacidad intelectual en su caso.

Artículo 146. Las personas que intervengan en las audiencias deberán identificarse previamente. Los testigos, las partes cuando declaren o sean interrogadas, o los peritos, protestarán declarar con verdad, haciendo de su conocimiento las penas que se imponen a quienes declaran con falsedad.

La autoridad jurisdiccional será quien dará fe de todo lo actuado en la audiencia respectiva.

Artículo 147. La persona secretaria judicial certificará el medio en donde se encuentren registradas las audiencias respectivas e identificará dicho medio con el número de expediente. La conservación de los registros de audio y video estará igualmente a su cargo, y las partes podrán solicitar copia que siempre será certificada, a su costa, asegurando que estén disponibles para consulta para las partes desde el momento en que concluya la audiencia.

La conservación de registros de audios y video de las audiencias deberá realizarse a través de medios que permitan garantizar la fiabilidad e integridad de la información, así como la reproducción de su contenido y acceso al mismo.

Cuando por cualquier causa se dañe el soporte material del registro afectando su contenido, la autoridad jurisdiccional ordenará su reposición conforme a lo establecido en las reglas generales del procedimiento.

Artículo 148. En el Poder Judicial respectivo estarán disponibles los documentos y personal de auxilio para que las partes tengan acceso a los registros de audiencias, a fin de conocer su contenido.

La autoridad jurisdiccional, con base en los ajustes de procedimiento conducentes a cada caso, proporcionará toda la información relacionada desde un inicio, y en todas las etapas del procedimiento. Queda a cargo de los Poderes Judiciales la elaboración de los manuales correspondientes, que deberán estar disponibles, actualizados, comprensibles y accesibles.

Desde el primer proveído y en cualquier etapa del procedimiento, las personas con discapacidad podrán solicitar a la autoridad jurisdiccional, la forma o medio que requiere para recibir la información del juicio en que interviene.

Artículo 149. Para la validez de las actuaciones judiciales es necesario que se practiquen en días y horas hábiles.

Son días hábiles todos los del año, excepto sábados y domingos y aquellos que las Leyes declaren festivos, además en los que por cualquier motivo no tengan lugar actuaciones judiciales.

Son horas hábiles las comprendidas de las siete a las diecinueve horas, pero cuando alguna diligencia se prolongue de tal manera que haya necesidad de continuarla en horas inhábiles, no se requerirá mandamiento de habilitación y cuando haya necesidad de diferirla, se continuará en la primera hora hábil siguiente.

Artículo 150. En los juicios que versen sobre alimentos, derechos de niñas, niños y adolescentes, controversias familiares, cualquier tipo de violencia intrafamiliar, y los demás que determinen las Leyes, todos los días y horas son hábiles.

En los demás casos, la autoridad jurisdiccional puede habilitar los días y horas inhábiles para actuar o para que se practiquen diligencias, cuando hubiere causa urgente que lo exija, expresando cuál sea ésta y las diligencias que hayan de practicarse.

Artículo 151. El Poder Judicial contará con una Oficialía de Partes Común, a través de la cual se presenten los escritos de demanda o promociones posteriores de manera electrónica y escrita, en los siguientes términos:

I. La demanda o escrito inicial podrá promoverse de forma física o electrónica a través de la oficina o portal autorizado por el Consejo de la Judicatura, conforme a lo dispuesto en la Ley Orgánica, que corresponda;

II. Por lo que hace a los procedimientos en línea, la demanda y documentos siempre deberán presentarse vía electrónica, debiendo verificar en todos los casos que cuenten con la firma electrónica avanzada de quien suscribe el escrito inicial, para ser turnada a la autoridad jurisdiccional que corresponda, y

III. Una vez recibido el escrito de demanda, se emitirá acuse de recibo físico o electrónico, en el que se conste la fecha y hora de presentación, número de expediente y autoridad jurisdiccional que conocerá del mismo.

En ningún caso se requerirá manifestación bajo protesta de decir verdad de que los documentos digitalizados son copia fiel e inalterada de los documentos físicos; sin embargo, deberá manifestar si los documentos digitalizados son originales, copias certificadas o copias simples, y si es el caso que están disponibles cuando la autoridad jurisdiccional se los requiera, en el entendido que de no hacerlo precluirá su derecho y se tendrán por no presentados oportunamente, con las consecuencias legales.

Artículo 152. Las promociones electrónicas subsecuentes, se podrán presentar en cualquier hora en el sistema de justicia digital autorizado, para ser remitidas a la autoridad jurisdiccional correspondiente al día y hora hábil siguiente a su presentación y deberán contener los datos de identificación, es decir, nombre de las partes, juicio y número de expediente, para ser remitidas vía electrónica a la autoridad jurisdiccional del conocimiento, sea de procedimiento escrito u oral, a efecto de que la autoridad jurisdiccional provea lo conducente.

Cuando sean promociones por escrito subsecuentes, serán recibidas físicamente cuando se presenten después de las horas de atención al público y hasta el horario que determine cada Ley Orgánica respectiva, y si exhiben copia de ellos se les devolverá sellada y firmada, con fecha y hora de su presentación, las cuales deberán contener la debida identificación del nombre de las partes, juicio, número de expediente y autoridad a la cual se dirige, para ser remitidas a la autoridad jurisdiccional correspondiente al día y hora hábil siguiente a su presentación, a fin de ser proveídas.

Artículo 153. Quedan exceptuados del cumplimiento de dichas formalidades los juicios relativos a las comparecencias para la solicitud de pensión alimenticia, así como los juicios sumarios, en los que se podrá acudir de manera directa ante la autoridad jurisdiccional que corresponda por razón de turno.

Artículo 154. La Oficialía de Partes o área de recepción de los órganos jurisdiccionales, recibirá todas las promociones subsecuentes de los procedimientos que les hayan sido turnados, durante las horas de labores correspondientes, y quien esté interesado podrá exhibir una copia de sus escritos, a fin de que se le devuelva con la anotación de la fecha y hora de presentación, sellada y firmada por la persona servidora pública que lo reciba en la Oficialía de Partes de la autoridad jurisdiccional, a fin de que le recaiga el acuerdo que le corresponda. Se implementará una Oficialía de Partes virtual, conforme a lo establecido en la Ley Orgánica o los lineamientos que al efecto emita el Consejo de la Judicatura correspondiente.

Diariamente se efectuará la descarga e impresión de las promociones físicas, así como en las virtuales presentadas en la Oficialía de Partes; hecho lo anterior se integrarán inmediatamente al expediente físico y electrónico, para ser proveídos.

Artículo 155. Las personas servidoras públicas encargadas de la recepción de escritos y documentos de la Oficialía de Partes Común, en ningún caso y por ningún motivo podrán rechazar promoción alguna.

Artículo 156. En caso de detectarse cualquier acción tendiente a eludir el turno establecido en las Oficialías de Partes, una vez presentado un escrito por el cual se inicie un procedimiento, ya sea exhibiendo varios de éstos para elegir la autoridad jurisdiccional que convenga, o desistiéndose de la instancia más de una vez, sin acreditar la necesidad de hacerlo, o cualquier acción similar, la parte promovente y quienes aparezcan autorizadas en los escritos como personas representantes autorizadas, abogadas patronas, procuradoras o asesoras jurídicas, o cualquier figura análoga, se harán acreedores, solidariamente, a una multa que será fijada por la autoridad jurisdiccional, la que no será inferior a doscientas cincuenta ni excederá de quinientas veces el valor diario de la Unidad de Medida y Actualización vigente; además, se anotará en el Registro Judicial y se dará vista al Ministerio Público.

Artículo 157. La persona secretaria judicial o quien determine la Ley, dará cuenta con las promociones que reciba física o electrónicamente, dentro de las veinticuatro horas de su presentación, sin perjuicio de hacerlo desde luego cuando se trate de un asunto urgente; la inobservancia a este artículo será sancionada de acuerdo a la Ley Orgánica respectiva y, a falta de ésta, la primera vez con amonestación y, las subsecuentes, con apercibimiento en términos de lo dispuesto por el artículo 192 de este Código Nacional.

Asimismo, cuidará que las resoluciones judiciales, actuaciones y las promociones originales o en copias sean claramente legibles y de que los expedientes sean exactamente foliados, al agregarse cada una de las hojas. En el caso del expediente físico, se firmarán todas éstas en el centro de los escritos y pondrán el sello en el fondo del cuaderno, de manera que queden selladas las dos caras. Asimismo, deberá cumplir con los requisitos para la conservación e integración de los expedientes electrónicos, de acuerdo con el Libro Octavo de este Código Nacional.

Artículo 158. La frase "dar vista" significa que los autos quedan en la secretaría para que los interesados se impongan de ellos y para tomar apuntes dentro del local de la autoridad jurisdiccional, sin que les sea permitida la sustracción fuera del recinto judicial.

La expresión "correr traslado" significa que se entreguen las copias, exhibidas al interesado. Las disposiciones de este artículo comprenden a la persona del Ministerio Público, así como a la Procuraduría de la Defensa del Menor o cualquier institución análoga según la Entidad Federativa de que se trate.

Artículo 159. Los autos que se perdieren serán repuestos a costa de quien fuere responsable de la pérdida, quien además pagará los daños y perjuicios, quedando sujeto a las disposiciones del Código Penal correspondiente.

La reposición se substanciará incidentalmente con intervención del Ministerio Público; la persona secretaria judicial certificará la existencia anterior y falta posterior del expediente en cuestión.

La autoridad jurisdiccional está obligada a investigar de oficio la existencia de las piezas de autos desaparecidos, valiéndose para ello de todos los medios que no sean contrarios al derecho.

En la reposición de los expedientes, las partes están obligadas a aportar las copias de documentos, diligencias o resoluciones judiciales que obren en su poder, incluyendo los registros que consten en el expediente electrónico.

En el caso de resultar que algunas de las partes, sus personas representantes autorizadas, fueren responsables por autoría, complicidad o encubrimiento, de la sustracción o pérdida del expediente, se dará vista de oficio por parte de la autoridad jurisdiccional o a petición de parte, al Ministerio Público para los efectos legales procedentes, sin necesidad de denuncia por parte de la autoridad jurisdiccional.

Artículo 160. La autoridad jurisdiccional está obligada a expedir a costa de la parte que lo solicite, copia simple de los documentos o resoluciones que obren en autos, bastando que lo peticione verbalmente, sin que se requiera decreto judicial, pero dejando constancia en autos de su recepción. Cuando la solicitud se realice por conducto de quien ejerza como defensora pública o de institución pública, las copias de referencia podrán expedirse exentas de pago.

Artículo 161. Para obtener copia certificada de cualquier documento o registro electrónico que obre en juicio, la parte interesada deberá solicitarlo en comparecencia, por escrito o por vía electrónica requiriéndose decreto judicial, y sólo se expedirá con citación de la contraria cuando se pidiera copia o testimonio de parte de un documento contenido en el expediente.

Cuando la parte interesada solicite copia certificada de uno o varios documentos completos, en ningún caso se dará vista a la contraria. Al entregarse las copias certificadas, quien las reciba deberá dejar razón y constancia de su recibo. Cualquier circunstancia especial se hará constar en la certificación correspondiente.

Artículo 162. Queda prohibida la reproducción, difusión o puesta a disposición por cualquier medio, de las constancias, videos o audio grabaciones de las audiencias, en términos de las leyes de transparencia, acceso a la información, privacidad y protección de datos personales que resulten aplicables.

La violación a este precepto, hará a la persona que lo infrinja, acreedora a las sanciones previstas para tal caso en la legislación administrativa, civil y penal, con independencia de las medidas disciplinarias que procedan conforme a este Código Nacional.

Artículo 163. Las actuaciones serán nulas cuando les falte alguna de las formalidades esenciales, de manera que quede sin defensa cualquiera de las partes, y cuando la Ley expresamente lo determine, pero no podrá ser invocada esa nulidad por la parte que dio lugar a ella.

Artículo 164. La nulidad establecida en beneficio de una de las partes no puede ser invocada por la otra.

Artículo 165. Las notificaciones hechas en forma distinta a la prevenida en el presente Código Nacional serán nulas; pero si la persona notificada se hubiere manifestado en juicio, sabedora de la providencia, la notificación surtirá desde entonces sus efectos como si estuviese legítimamente hecha.

Sólo por errores u omisiones sustanciales que hagan no identificables los juicios, podrá pedirse la nulidad de las notificaciones practicadas en términos del párrafo que antecede.

Artículo 166. La nulidad de una actuación debe reclamarse en la actuación subsecuente, pues de lo contrario, aquélla queda convalidada de pleno derecho, con excepción de la nulidad por defecto en el emplazamiento o de la primera notificación en los procedimientos judiciales; su trámite será en la vía incidental.

Cualquier nulidad que se genere en audiencia, deberá reclamarse de forma oral en la propia audiencia en que se actualice y antes del cierre de la etapa procesal respectiva tratándose de la audiencia preliminar, en las demás audiencias deberá hacerse valer antes de que ésta concluya. Hecha valer, la autoridad jurisdiccional proveerá sobre su admisión y estando presente la contraria, bajo el principio de contradicción contestará en el acto de la audiencia y ofrecerán sus pruebas. En la misma diligencia la autoridad jurisdiccional ordenará la admisión o desechamiento de pruebas y en su caso, ordenará desahogar las que no requieran preparación especial, dictando en el acto, de forma fundada y motivada su fallo interlocutorio, asentando en el acta mínima únicamente los puntos resolutivos. Para el caso de existir pruebas que requieran preparación especial, se señalará fecha de audiencia especial dentro del plazo de ocho días, en el que se dictará la sentencia interlocutoria.

Los incidentes que se susciten con motivo de otras nulidades de actuaciones o de notificaciones se tramitarán y resolverán en los términos de lo dispuesto por el artículo 185.

CAPÍTULO III
DE LAS RESOLUCIONES JUDICIALES

Artículo 167. Para los efectos de este Código Nacional, las resoluciones judiciales se clasifican en la forma siguiente:

I. Decretos: son simples determinaciones de trámite que no impliquen impulso u ordenación al procedimiento;

II. Autos: decisiones que tienden al impulso, desarrollo y orden del procedimiento;

III. Autos provisionales: todas aquellas determinaciones que se ejecutan de manera provisional;

IV. Autos preparatorios: resoluciones que disponen el conocimiento del asunto, ordenando la admisión de las pruebas y su preparación o su desechamiento;

V. Autos definitivos: decisiones que ponen fin la acción principal o las que impiden la continuación del procedimiento, dándolo como totalmente concluido, cualquiera que sea la naturaleza de éste;

VI. Sentencias interlocutorias: decisiones que resuelven un incidente promovido antes o después de dictada la sentencia definitiva, y

VII. Sentencias definitivas: las que resuelven el fondo del asunto en lo principal.

Artículo 168. Todas las resoluciones, de cualquier clase, dictadas por escrito en primera o segunda instancia, serán autorizadas con las rúbricas, firmas autógrafas o electrónicas avanzadas de las autoridades jurisdiccionales que las dicten y por la de la persona secretaria judicial, o a quien corresponda dar fe o certificar el acto.

Artículo 169. Todas las resoluciones, sean decretos, autos provisionales, definitivos, preparatorios o sentencias interlocutorias, deben ser dictados con plena autonomía e independencia judicial, cualquier atentado contra estos dos principios se hará del conocimiento del Ministerio Público. Igualmente serán claras, precisas y congruentes con las promociones de las partes, resolviendo sobre todo lo que éstas hayan pedido.

Cuando la autoridad jurisdiccional sea omisa en resolver todas las peticiones planteadas, de oficio o a simple instancia verbal del interesado, deberá dar nueva cuenta y resolver las cuestiones omitidas dentro del plazo de los tres días siguientes. Las sentencias definitivas también deben ser claras, precisas y congruentes con las demandas y las contestaciones, y con las demás pretensiones deducidas oportunamente en el procedimiento, condenando o absolviendo a la parte demandada, y decidiendo todos los puntos litigiosos que hayan sido objeto del debate. Cuando éstos hubieren sido varios, se hará el pronunciamiento correspondiente a cada uno de ellos.

Artículo 170. Las sentencias deben tener el lugar, fecha, nombre de la autoridad jurisdiccional que las pronuncie, nombre de las partes contendientes, el carácter con que litiguen, el objeto del pleito, y bastará que la autoridad jurisdiccional funde y motive su resolución en preceptos legales, su interpretación o principios jurídicos, de acuerdo con los artículos 14 y 16 de la Constitución Política de los Estados Unidos Mexicanos.

En el caso de que alguna de las partes sea persona, comunidad o pueblo originario, indígena y afromexicana, la fundamentación y motivación de las resoluciones judiciales deberán tomar en cuenta su derecho consuetudinario y las mismas constarán en formato de comunicación culturalmente adecuada para comunidades indígenas, anexando en su caso, una versión original e idéntica en la lengua originaria de que se trate; en términos de lo que ordena el presente Código Nacional.

En el caso de que alguna de las partes sea persona con discapacidad, las resoluciones judiciales constarán en los formatos accesibles de acuerdo con las circunstancias de cada caso.

Artículo 171. La autoridad jurisdiccional no podrá, bajo ningún pretexto, aplazar, dilatar, ni negar la resolución de las cuestiones que hayan sido discutidas en el pleito, salvo los casos previstos por la Ley.

Artículo 172. Tampoco podrán variar ni modificar sus sentencias o autos después de firmados, pero sí aclarar algún concepto que contengan (sic) omisiones sobre puntos discutidos, errores materiales o de cálculo, edades, nombres, ambigüedades, contradicciones evidentes, oscuridad de las expresiones o de las palabras, cuando sean imprecisos sin alterar su esencia.

Estas aclaraciones podrán hacerse de oficio o a petición de parte en un plazo no mayor a tres días hábiles y en su caso, la autoridad jurisdiccional resolverá lo que estime procedente dentro del tercer día hábil siguiente al de la presentación del escrito en que se solicite la aclaración conforme a lo dispuesto en el presente Código Nacional.

Artículo 173. La autoridad jurisdiccional no admitirá demandas, promociones, peticiones, incidentes o recursos notoriamente improcedentes; las desechará de plano, sin necesidad de mandarlas hacer saber o correr traslado a la otra parte ni de formar incidente.

Se entiende por notoriamente improcedente, toda actuación de las partes que, sin necesidad de demostración, es contrario a la letra de la Ley, al estado o naturaleza del procedimiento o a las facultades de la autoridad jurisdiccional.

Al desechar las promociones o solicitudes, incluyendo los recursos e incidentes que los tribunales consideren notoriamente frívolos o improcedentes, los tribunales deben fundar y motivar su determinación.

Los incidentes ajenos al procedimiento principal o notoriamente frívolo e improcedente, deberán ser repelidos de oficio por los jueces.

Artículo 174. Los decretos y los autos deben dictarse y mandarse notificar mediante su publicación en el medio de comunicación procesal oficial correspondiente, dentro del plazo de tres días siguientes a las veinticuatro horas en que se dé cuenta a la autoridad jurisdiccional de la promoción respectiva.

Se exceptúan aquellos que por disposición de este ordenamiento tenga señalado un término o forma de notificación distinta.

Artículo 175. Las sentencias interlocutorias deben dictarse y mandarse notificar por publicación en el medio correspondiente, dentro de los diez días siguientes a aquel en que surta sus efectos la notificación del auto que ordena la citación.

Las sentencias definitivas deben dictarse y mandarse notificar mediante su publicación en el medio respectivo, dentro de los quince días siguientes a aquel en que surta sus efectos la notificación del auto que ordena la citación.

En ambos casos cuando hubiere necesidad de que la autoridad jurisdiccional examine documentos o expedientes voluminosos, al resolver, podrá disfrutar de un término ampliado de diez días más para los dos fines ordenados anteriormente.

En los juicios orales la sentencia definitiva se emitirá en la misma audiencia de juicio, y, además, se explicará con un lenguaje cotidiano, en forma breve, clara y sencilla y leerá únicamente los puntos resolutivos, así como, en los casos que proceda, el derecho que tienen las partes para apelar dicha sentencia conforme a lo establecido en este Código Nacional. Acto seguido, en la audiencia entregará a cada una de las partes copia por escrito de la sentencia. En caso de asuntos voluminosos o muy complejos o de un alto grado de dificultad, la autoridad jurisdiccional podrá diferir la audiencia de juicio hasta por diez días para el dictado y explicación de la sentencia definitiva.

Artículo 176. Cuando este Código Nacional no señale términos para la práctica de algún acto judicial, o para el ejercicio de algún derecho, se tendrán por señalados los siguientes:

I. Nueve días para interponer el recurso de apelación contra sentencia definitiva;

II. Cinco días para apelar de sentencia interlocutoria o auto contra el que proceda apelación de tramitación inmediata;

III. Tres días para la celebración de juntas, reconocimientos de firmas, exhibición de documentos; a no ser que, por circunstancias probadas, solicite ampliar el término, lo cual podrá hacerse hasta por tres días más, y

IV. Tres días para todos los demás casos.

Artículo 177. El retardo sin justa causa en el pronunciamiento y publicación de decretos, autos o sentencias dará lugar a queja administrativa que se presentará ante el Consejo de la Judicatura para su trámite y sanción respectiva.

Artículo 178. Las resoluciones judiciales dictadas con el carácter de provisionales pueden modificarse en sentencia interlocutoria o definitiva.

Sin perjuicio de que la autoridad jurisdiccional, de oficio o a petición de parte, esté facultada para modificar en cualquier etapa del procedimiento las medidas provisionales, cuando cambien las circunstancias o exista causa legal acreditada que así lo amerite o se afecte el ejercicio de la acción que se dedujo en el juicio correspondiente.

Las resoluciones judiciales firmes dictadas en procedimientos de alimentos, ejercicio y suspensión de la patria potestad, jurisdicción voluntaria y las demás que prevengan las leyes, pueden alterarse y modificarse cuando cambien las circunstancias que afectan el ejercicio de la acción que se dedujo en el juicio correspondiente.

Artículo 179. Cuando hubiere condena de frutos, intereses, daños o perjuicios, se fijará su importe en cantidad líquida o se establecerán, por lo menos, las bases con arreglo a las cuales deba hacerse la liquidación.

Sólo en el caso de no ser posible lo uno ni lo otro, se hará la condena genérica, a reserva de fijar su importe y hacerlo efectivo en la ejecución de la sentencia.

CAPÍTULO IV
DE LAS COSTAS

Artículo 180. Por ningún acto judicial se cobrarán costas, ni aun cuando se actuare con testigos de asistencia, o se practicaren diligencias fuera del lugar del juicio.

Artículo 181. Cada parte será inmediatamente responsable de los gastos y costas que originen las diligencias que promueva. El pago de los gastos será a cargo de quien faltare al cumplimiento de la obligación. Cuando las leyes utilicen solamente las palabras gastos, o solamente costas, se incluyen ambos conceptos de gastos y costas, y la condenación abarcará los dos.

La condena en costas sólo comprenderá la remuneración de la persona representante autorizada para ejercer la profesión de licenciado en derecho o abogado. Las personas de origen extranjero no podrán cobrar gastos, sino cuando estén autorizados legalmente en el territorio nacional, para ejercer como licenciadas en derecho o el ejercicio de la abogacía.

Artículo 182. La condena en costas se hará cuando así lo prevenga la Ley, o cuando, a juicio de la autoridad jurisdiccional, se haya procedido con temeridad o mala fe, conforme al arancel autorizado en la Ley Orgánica respectiva.

Siempre serán condenados:

I. La persona que ninguna prueba rinda para justificar su acción o su excepción, si se funda en hechos disputados;

II. La persona que presente instrumentos o documentos falsos, testigos falsos, aleccionados o sobornados, peritos aleccionados o sobornados, oponga acciones o excepciones procesales notoriamente frívolas e improcedentes, o haga valer recursos o incidentes de ese tipo con el fin de generar dilaciones al procedimiento, no solamente se le condenará respecto de los señalados, sino que, si la sentencia definitiva le es adversa, también se le condenará por todos los demás trámites, y así lo declarará dicha resolución definitiva;

III. La persona que fuere condenada en los juicios ejecutivos, hipotecarios, en los interdictos de retener y recuperar la posesión, y la que intente alguno de estos juicios si no obtiene sentencia favorable. En estos casos, la condenación se hará en la primera instancia, observándose en la segunda lo dispuesto en la fracción siguiente;

IV. La persona que fuere condenada por dos sentencias conformes de toda conformidad de su parte resolutiva, sin tomar en cuenta la declaración sobre costas. En este caso, la condenación comprenderá las costas de ambas instancias, y

V. Las demás que prevenga este Código Nacional.

Artículo 183. Las costas judiciales tienen por objeto resarcir los gastos y erogaciones ejecutadas con motivo del juicio a cargo de la parte vencida.

Las costas serán reguladas por cualquiera de las partes contendientes, se substanciará y resolverán mediante el incidente respectivo en términos de lo dispuesto en este Código Nacional.

La autoridad jurisdiccional deberá analizar la cuantificación y liquidación que se presente por las personas que ejerzan como notaria o notario público, personas representantes autorizadas, corredor público o peritos, y para aprobarla deberá comprobar que se apega al arancel porcentual del monto del procedimiento o por actuación respectivo de la localidad de que se trate, así como a las constancias de autos, en caso, de no existir arancel, sólo se autorizará la cuantificación y liquidación formulada a juicio de peritos, debiendo mediar prudencialmente la autoridad jurisdiccional la liquidación, siempre y cuando no exista un treinta por ciento de diferencia entre el más alto y el más bajo, en cuyo caso se despachará perito adscrito tercero en discordia.

La decisión que se pronuncie será apelable en efecto devolutivo de tramitación inmediata.

Artículo 184. La condena en costas no procede en los juicios o procedimientos relacionados con el derecho familiar, o civil cuando se encuentren involucrados derechos que afecten a niñas, niños, adolescentes o personas que pertenezcan a grupos sociales en situación de vulnerabilidad, siempre que no tengan un fin preponderantemente patrimonial.

CAPÍTULO V
DE LOS INCIDENTES

Artículo 185. Los incidentes, cualquiera que sea su naturaleza, nunca suspenderán el procedimiento, además:

I. Se tramitarán oralmente en el caso de desarrollarse en el sistema de audiencias, sea en la audiencia preliminar, la de juicio o para la ejecución de la sentencia o cualquier audiencia. En caso de promoverse en la etapa postulatoria o fuera del sistema de audiencias, se hará por escrito;

II. Los incidentes que surjan en audiencia, deberán plantearse de forma oral en la misma, exponiendo los hechos, ofreciendo las pruebas e invocando la norma vulnerada. Hecho valer, la autoridad jurisdiccional proveerá sobre su admisión o desechamiento y estando presente la contraria, contestará en el acto de la audiencia y ofrecerán sus pruebas;

III. En la misma audiencia la autoridad jurisdiccional ordenará la admisión o desechamiento de pruebas y en su caso, ordenará desahogar las que no requieran preparación especial, dictando en el acto de forma fundada y motivada su fallo interlocutorio, asentando en el acta mínima únicamente los puntos resolutivos. Para el caso de existir pruebas que requieran preparación especial, se señalará fecha de audiencia especial dentro del plazo de ocho días, en el que se dictará el fallo interlocutorio, conforme a las disposiciones anteriores;

IV. En caso de no estar presente la parte contraria, se mandará correr traslado para que conteste por escrito dentro del término de tres días. Enseguida se admitirán las pruebas y se señalará dentro del término de ocho días fecha de audiencia de resultar necesario desahogo especial alguno, dictando en el acto de forma fundada y motivada el fallo interlocutorio, asentando en el acta mínima únicamente los puntos resolutivos;

V. Los incidentes fuera del sistema de audiencias, se tramitarán, cualquiera que sea su naturaleza, con un escrito de cada parte, y tres días para resolver. Si se promueve prueba, deberá ofrecerse en los escritos respectivos, fijando los puntos sobre los que verse. En ambas vías, oral y escrita, si las pruebas no tienen relación con los puntos cuestionados incidentalmente, o si éstos son puramente de derecho, la autoridad jurisdiccional deberá desecharlas. En caso de admitirlas se citará para audiencia dentro del término de ocho días, diferible por una sola vez, en que se reciban pruebas, se oigan brevemente las alegaciones, y se dicte en el acto de forma fundada y motivada el fallo interlocutorio, asentando en el acta mínima únicamente los puntos resolutivos. Los incidentes que por la naturaleza de las pruebas de que se tratan no requieran de señalamiento de audiencia, mediante acuerdo, se admitirán las mismas y se desahogarán en el acto, citando de inmediato para sentencia interlocutoria que se dictará en el plazo de cinco días por escrito.

Artículo 186. En caso de impugnación de falsedad de documentos, se estará a lo dispuesto en el presente Código Nacional.

Artículo 187. Los incidentes que se susciten con motivo de nulidades de actuaciones o de notificaciones se tramitarán conforme a lo dispuesto en este Código Nacional.

Si, dicho incidente de nulidad es notoriamente frívolo e improcedente, se desechará de plano de manera fundada y motivada, y se impondrá solidariamente a quien lo promueva y a su persona representante autorizada, una multa en términos del artículo 192 fracción III de este Código Nacional.

Artículo 188. La nulidad por defecto en el emplazamiento implica la nulidad de todo lo actuado con posterioridad al mismo de resultar procedente. Si el incidente se hace valer en cualquiera de las audiencias y, si está presente e identificada la parte interesada en la diligencia en que se declare la nulidad del emplazamiento, en el acto y de forma inmediata se procederá a emplazarlo, debiendo entregar la cédula y traslados respectivos.

La nulidad por defecto en el requerimiento en cumplimiento a la sentencia definitiva para que una persona lleve a cabo un acto determinado de ejecución inmediata, sólo implica la nulidad de la diligencia de requerimiento y sus consecuencias materiales, así como las correcciones disciplinarias o medios de apremio que se hayan decretado para hacer cumplir la orden judicial respectiva.

Artículo 189. Las demás nulidades de actuaciones o notificaciones, por regla general, solo implican la nulidad de la propia actuación o notificación defectuosa.

En todos los casos de nulidad de actuaciones o notificaciones sólo se repetirán las declaradas nulas cuando así lo solicitare la parte interesada, salvo que se trate de alguna diligencia decretada de oficio pues, en este caso, la autoridad jurisdiccional obrará discrecionalmente.

Artículo 190. En todos los casos contra la sentencia interlocutoria procede el recurso de apelación en efecto devolutivo.

CAPÍTULO VI
DE LAS MEDIDAS DE APREMIO Y LAS CORRECCIONES DISCIPLINARIAS

Artículo 191. Para hacer cumplir sus determinaciones, las autoridades jurisdiccionales, previo apercibimiento, pueden emplear cualquiera de los siguientes medios de apremio, cuantas veces crean necesario, sin que para ello sea indispensable que se ciñan al orden que a continuación se señala:

I. Multa hasta por las cantidades a que se refiere el artículo 192 fracción III de este Código Nacional, la cual podrá duplicarse en caso de reincidencia;

II. Auxilio de la fuerza pública y la fractura de cerraduras si fuere necesario;

III. Cateo por orden escrita, de conformidad con los requisitos del Artículo 16 de la Constitución Política de los Estados Unidos Mexicanos;

IV. Arresto hasta por treinta y seis horas, y

V. Presentación de testigos por la fuerza pública.

Las personas servidoras públicas habilitadas para tal efecto de acuerdo con el organigrama de la Entidad Federativa de que se trate, podrán solicitar directamente y deberán prestárseles el auxilio inmediato de la fuerza pública, cuando actúen para cumplimentar un emplazamiento, notificación o determinación de la autoridad jurisdiccional.

Si agotados los medios de apremio no se obtuviera el cumplimiento de la resolución que motivó el uso de ellos, se dará vista al Ministerio Público, Fiscal o Representante Social.

La resolución que imponga una medida de apremio será irrecurrible.

Artículo 192. Se entenderá por corrección disciplinaria:

I. La amonestación, consistente en la reprensión verbal, electrónica o escrita, que se haga al infractor por la falta cometida;

II. El apercibimiento, consistente en la prevención verbal, electrónica o escrita, que se haga a la persona infractora, en el sentido de que, de incurrir en nueva falta, se le aplicarán una o más de las sanciones previstas por este Código Nacional;

III. La multa que no podrá ser inferior a cien ni exceder de trescientas veces el valor diario de la Unidad de Medida y Actualización;

IV. La expulsión cuando las circunstancias así lo ameriten y se altere el orden de la audiencia, se retirará al responsable del recinto judicial, inclusive, con auxilio de la fuerza pública, y

V. Arresto. Quienes se resistieren a cumplir la orden de expulsión, serán sujetos a un arresto hasta por un término de treinta y seis horas.

La autoridad jurisdiccional deberá fundar y motivar la imposición de la medida que imponga.

Artículo 193. Dentro de los tres días de haberse hecho saber una corrección disciplinaria, a quien se le haya impuesto, podrá pedir a la autoridad jurisdiccional que la oiga en justicia; y se citará para la audiencia dentro del quinto día, en la que se resolverá, confirmará, atenuará o dejará sin efecto la corrección disciplinaria, sin que en contra de dicha resolución proceda recurso alguno.

CAPÍTULO VII
DEL EMPLAZAMIENTO Y LAS NOTIFICACIONES

Artículo 194. El emplazamiento, es el primer acto por el que se hace saber a una persona que se ha iniciado un juicio en su contra, para que dentro del término que se señale comparezca a contestar la demanda.

La notificación, que es el acto procesal mediante el cual la autoridad jurisdiccional da a conocer el contenido de una resolución a las partes.

La citación, que es el llamamiento para que alguna persona comparezca o intervenga en la práctica de algún acto procesal.

El requerimiento, que es el medio a través del cual la autoridad jurisdiccional conmina a las partes o a terceros, para que cumplan con un mandato judicial.

Artículo 195. El emplazamiento deberá hacerse en el domicilio que señale la parte actora, precisamente en donde vive, trabaja o habite la parte a emplazar si esta es persona física; si se trata de persona jurídica, en su domicilio social, en sus oficinas, sucursales o principal asiento de sus negocios.

Artículo 196. El emplazamiento se entenderá con la persona a quien se dirija el mandato judicial, para lo cual la persona servidora pública judicial deberá cerciorarse previamente que el lugar designado es el domicilio de la persona a la que se dirige. Si no se encontrare, se identificará con sus rasgos particulares a la persona con la que se atendió el llamado.

En la cédula se hará constar la fecha y la hora en que se entregue; la clase de procedimiento, el nombre de las partes, en su caso la denominación o razón social, la autoridad jurisdiccional que manda practicar la diligencia; transcripción de la determinación que se manda notificar y el nombre de la persona a quien se entrega, levantándose acta de la diligencia, a la que se agregará copia de la cédula entregada en la que se procurará recabar la firma de la persona con quien se entendió la actuación.

Artículo 197. El emplazamiento por medio de cédula, ésta se entregará, se asentarán, en todo caso, los medios por los cuales la persona servidora pública se haya cerciorado de que ahí tiene su domicilio la persona buscada, pudiendo recabar fotografías del exterior del domicilio en que se realizó la diligencia. En ambos casos, además de la cédula, la persona servidora pública judicial entregará y verificará, previo cotejo, que se trate de las mismas copias simples de la demanda, debidamente cotejada y sellada, más las copias simples de los demás documentos que el actor haya exhibido con su demanda, o en su caso, la entrega del dispositivo de almacenamiento de datos que garantice la inalterabilidad del o los archivos que contengan la reproducción de los anexos citados.

Artículo 198. La persona servidora pública judicial se identificará ante quien entienda la diligencia; requiriendo a ésta para que a su vez se identifique, asentando su resultado, así como los medios por los que se cerciore de ser el domicilio del buscado, pudiendo pedir la exhibición de documentos que lo acrediten, precisándolos en caso de su presentación, así como aquellos signos exteriores del inmueble que puedan servir de comprobación de haber acudido al domicilio señalado como el del buscado, y las demás manifestaciones que haga la persona con quien se entienda el emplazamiento en cuanto a su relación laboral, de parentesco, de negocios de habitación o cualquier otra existente con el interesado.

Artículo 199. Si en el domicilio señalado, cerciorado de que ahí tiene su domicilio la persona buscada pero no se encontrara, así como tampoco persona alguna que pudiera legalmente recibir la notificación o bien si se negare a recibirla, entonces procederá la persona servidora pública judicial a fijar en lugar visible del domicilio, un citatorio de emplazamiento en donde se señalará el motivo de la diligencia, la fecha, la hora y el lugar de la misma, así como la fecha y hora del día para que le espere, que en ningún caso podrá ser menor de veinticuatro horas ni exceder de cuarenta y ocho horas, contadas a partir del día en que se dio la citación, nombre de quien promueve, autoridad jurisdiccional que ordena la diligencia, la determinación que se manda notificar y el apercibimiento de que, si en la fecha señalada para llevar a cabo la diligencia de emplazamiento no se encontrara a la persona buscada o destinataria del procedimiento judicial, se aplicarán las siguientes reglas:

I. En segunda diligencia y pese al citatorio con antelación adherido, si nuevamente la demandada o persona destinataria del procedimiento judicial no se encontrare y no hubiere con quien entender la diligencia, entonces se procederá a realizar el emplazamiento por adhesión, que consistirá en que la persona servidora pública judicial dejará adherido en lugar visible al domicilio, las cédulas de notificación con las copias de traslado correspondientes así como el instructivo en el que se explique el motivo del emplazamiento por adhesión, mismo que tendrá las características de la cédula de notificación usual, dicho emplazamiento o notificación tendrá el carácter de personal;

II. Cuando el acceso a la casa, local, oficina o despacho, donde se haya ordenado el emplazamiento se encuentre restringido para su acceso, por estar en el interior de negociaciones mercantiles, establecimientos abiertos al público, clubes privados, unidades habitacionales, fraccionamientos, condominios, colonias o cualquier otro lugar similar; la persona servidora pública judicial solicitará, el ingreso a quien se encuentre resguardando la entrada y, en caso de negativa, hará uso del auxilio de la fuerza pública previamente autorizada, a fin de que ésta ejecute todos los actos tendientes a permitir el ingreso de la persona servidora pública para que se constituya en el domicilio; lo anterior, sin perjuicio de la decisión judicial de dar vista al Ministerio Público para que investigue la probable existencia de un hecho que la ley señale como delito y; en su caso, la aplicación de otras medidas de apremio que determine ordenar la autoridad jurisdiccional, para lo cual el notificador o actuario podrá ser acompañado por el interesado o el autorizado en autos, a efecto de que bajo su responsabilidad identifique plenamente a la persona con quien se entienda la diligencia;

III. La persona servidora pública judicial describirá y certificará en el acta que elabore, los documentos que en copia se adjuntaron a la demanda y que fueron entregados al destinatario del emplazamiento, y

IV. La parte actora podrá acompañar a la persona servidora pública judicial a la práctica del emplazamiento.

Deben firmar las notificaciones tanto la persona que la hace como aquella a quien se le hace, si ésta no supiere firmar, lo hará un tercero a su ruego y si no quisiere firmar, lo hará el servidor público, haciendo constar esta circunstancia. A toda persona se le dará copia simple de la resolución que se le notifique, sin necesidad de acuerdo judicial. Las copias que no recojan las partes se conservarán en la secretaría, mientras esté pendiente el procedimiento.

Artículo 200. El emplazamiento deberá hacerse en el domicilio de la parte demandada. Desde la admisión de la demanda, la autoridad jurisdiccional habilitará los domicilios que le hubiera señalado la parte actora donde se pueda encontrar a la parte contraria, siempre y cuando obren en autos datos precisos de los mismos, y la persona servidora pública judicial lo haga constar así en autos y cumpla en lo conducente con lo que se previene en los artículos anteriores.

Artículo 201. Cuando no se conociere el lugar en donde la persona que debe emplazarse o notificarse tenga su domicilio o el principal asiento de sus negocios, o en éstos no se pudiese llevar a cabo la diligencia, se podrá hacer ésta en el lugar en donde habitual o transitoriamente se encuentre. En este caso el emplazamiento o las notificaciones se firmarán por la persona servidora pública judicial y por la persona a quien se hiciere. Si ésta no supiere o no pudiera firmar lo hará a su ruego un testigo, si no quisiere firmar o presentar testigo que lo haga por ella, firmarán dos testigos requeridos al efecto por la persona servidora pública judicial. Quienes sean testigos, no podrán negarse hacerlo bajo pena de multa por los equivalentes precisados en el artículo 192 de este Código Nacional.

Artículo 202. Las personas servidoras públicas judiciales, deberán practicar los emplazamientos, notificaciones, citaciones o requerimientos dentro de los tres días siguientes a aquél en que reciban el expediente o las actuaciones correspondientes, salvo que la ley disponga otra cosa.

Artículo 203. Las notificaciones en juicio se podrán hacer:

I. Personalmente, por cédula, por instructivo, por adhesión o por correo electrónico;

II. Por medio de comunicación judicial, según corresponda;

III. Por edictos;

IV. Por correo certificado;

V. Por telégrafo, y

VI. Por cualquier otro medio de comunicación electrónica o sistema de justicia digital, mediante dispositivos físicos o móviles, autorizados en los lineamientos aprobados por el Consejo de la Judicatura conforme a la Ley Orgánica del Poder Judicial correspondiente.

La persona servidora pública judicial, elaborará la razón respectiva, acompañando las evidencias de la ejecución de la misma.

Artículo 204. Las partes, en el primer escrito o en la primera diligencia judicial, deberán designar un domicilio ubicado en el lugar del procedimiento para que se les hagan las notificaciones personales y se practiquen las diligencias que sean necesarias.

Asimismo, podrán designar en cualquier momento una dirección de correo electrónico, para que las segundas y ulteriores notificaciones, incluso las personales, se puedan practicar por esa vía; en cuyo caso, se deberá asentar razón del día y hora en que se verifiquen las notificaciones así practicadas.

Todas las notificaciones que por disposición de este Código Nacional deban hacerse personalmente, con excepción del emplazamiento o la primera notificación de un procedimiento judicial, se harán por correo electrónico cuando así haya sido designado en términos del párrafo que antecede, salvo que excepcionalmente a juicio de la autoridad jurisdiccional deba practicarla personalmente en el domicilio señalado, con las salvedades previstas en el presente Código Nacional.

Artículo 205. En caso de omisión en la designación del domicilio o dirección electrónica, las notificaciones le surtirán a la parte omisa por el medio de comunicación procesal oficial respectivo.

Las entidades públicas que participen en un procedimiento amparado por el presente Código Nacional, deberán designar una dirección de correo electrónico, y contar con el equipo y los recursos de infraestructura necesarios para la recepción de notificaciones.

Artículo 206. Las notificaciones personales y por correo electrónico, en lo que corresponda, se entenderán con la parte interesada, la persona representante autorizada en autos, entregando cédula en la que hará constar la fecha y la hora en que se entregue; la clase de procedimiento, el nombre de las partes, autoridad jurisdiccional que mande practicar la diligencia; transcripción de la determinación que se manda notificar y el nombre de la persona a quien se entrega, levantándose acta de la diligencia, a la que se agregará copia de la cédula entregada en la que se procurará recabar la firma de la persona con quien se hubiera entendido la actuación o en su caso, explicando las razones por las que no se haya recabado la firma.

Artículo 207. Salvo disposición legal en contrario, cuando se trate de diligencias de embargo, la persona servidora pública judicial, no podrá practicarla cuando por primera ocasión en que la intente no se entienda con la parte interesada. En este caso, dejará citatorio para que la espere dentro de las horas que se le precisen, que serán para después de seis horas de la del citatorio y entre las cuarenta y ocho horas siguientes. Si la persona buscada no atiende el citatorio, la diligencia se practicará con quienes tengan con ella algún parentesco o sean sus trabajadoras, o con cualquier otra persona que viva en el domicilio señalado.

En todos los casos, practicada la diligencia de ejecución decretada, la persona servidora pública judicial, entregará a las partes, copia del acta que se levante o constancia firmada por ella, en donde consten los bienes sobre los que se haya trabado embargo y el nombre y domicilio de la persona depositaria designada. Quien funja como depositaria, deberá aceptar y protestar su cargo si se encuentra presente en la diligencia para tomar posesión del mismo, o en su caso, en comparecencia ante la autoridad jurisdiccional.

La persona servidora pública judicial, expresará las causas precisas por las que no se pueda practicar la diligencia o notificación, así como las oposiciones, para que la autoridad jurisdiccional con vista al resultado, imponga las correcciones disciplinarias y medios de apremio que considere procedentes.

A petición de parte la autoridad jurisdiccional, dentro de un término de cinco días, deberá poner el oficio respectivo a disposición de la parte interesada, acompañado de la constancia debidamente certificada del embargo de bienes inmuebles, para que se presente al Registro de la Propiedad, Oficina Registral o cualquier otra institución análoga según la Entidad Federativa de que se trate, para su inscripción preventiva, la cual tendrá el efecto señalado en el Código Civil y la Ley Registral de la Entidad Federativa correspondiente. En caso de negativa sin causa justificada a la inscripción del embargo, la dependencia pública será responsable de los daños y perjuicios que se ocasionen con motivo de su omisión.

Artículo 208. Mientras las partes no hicieren nueva designación del domicilio o medio a través del cual se deban practicar las diligencias y las notificaciones personales, se seguirán practicando en el autorizado para ello.

En caso de no existir dicho domicilio, o haber negativa a recibirla en el autorizado o se encuentre vacío y desocupado, la notificación personal le surtirá por medio de publicación en el medio de comunicación procesal oficial, así como todas las notificaciones subsecuentes incluyendo las personales, previniendo a la parte para que señale nuevo domicilio o medio de comunicación con los datos precisos.

Artículo 209. Procede el emplazamiento o la notificación por edictos:

I. Cuando se trate de personas inciertas;

II. Cuando se refiera a personas cuyo domicilio se ignora, se manifieste así bajo protesta de decir verdad y previo informe o informes que electrónicamente se soliciten y rindan por el mismo medio y que, a juicio de la autoridad jurisdiccional requiera a las autoridades o instituciones públicas que cuenten con registro oficial de personas y sus domicilios, y

III. Cuando hubiere que citar a juicio a alguna persona que haya desaparecido, no tenga domicilio conocido o se ignore donde se encuentra.

En los casos dispuestos en las fracciones anteriores, los edictos contendrán una relación sucinta de la demanda, señalándose únicamente los puntos sustanciales y se publicarán por tres veces, de tres en tres días, en el medio de comunicación procesal oficial del Poder Judicial de la Entidad Federativa o de la Federación, según corresponda, haciéndosele saber que debe presentarse dentro de un término que no será inferior a quince días ni excederá de treinta días, contados a partir del siguiente al de la última publicación.

Lo anterior en la inteligencia de que, si se presentare la persona requerida ante la autoridad jurisdiccional dentro del término que se haya otorgado, será emplazada y empezará a correr el plazo para contestar la demanda al día siguiente; y de no ser así, concluido el plazo otorgado iniciará al día siguiente el plazo para dar contestación a la demanda respectiva, quedando en la secretaría de la autoridad jurisdiccional el traslado correspondiente.

Artículo 210. Se harán mediante notificación personal las siguientes resoluciones:

I. El emplazamiento a juicio al demandado, y en todo caso en que se trate de la primera notificación en cualquier procedimiento;

II. El auto que admite la reconvención, salvo que se haga sabedor de la misma;

III. Los incidentes en ejecución de sentencia;

IV. La primera resolución que se dicte cuando se dejare de actuar por más de seis meses por cualquier motivo;

V. En caso de ejecución de sentencia o convenio judicial, cuando la misma se solicite fuera de los tres meses de que haya quedado firme la sentencia definitiva;

VI. Cuando se estime que se trata de un caso urgente o que la situación de vulnerabilidad de la persona lo requiera, a juicio de la autoridad jurisdiccional y así se ordene;

VII. El requerimiento de un acto a la parte que deba cumplirlo;

VIII. La primera resolución dictada por la autoridad jurisdiccional distinto al que previno en el conocimiento;

IX. En todo caso, a las personas titulares de las fiscalías, Agentes del Ministerio Público y cuando la ley expresamente lo disponga, y

X. En los demás casos que este Código Nacional lo disponga.

Para el supuesto que se ordene la entrega de niñas, niños o adolescentes, el requerimiento se hará de manera personal, pero dicha notificación se practicará en el lugar donde se encuentre quien tenga la calidad de requerida y podrá hacerse acompañar la persona servidora pública del auxilio de la fuerza pública de ser necesario para el cumplimiento de dicha orden judicial.

Artículo 211. Hecho el emplazamiento, quedarán obligadas las partes y sus personas autorizadas, a imponerse de todas las actuaciones que se dicten en el procedimiento y se publiquen a través del medio de comunicación procesal oficial respectivo, dándose por hecha el día de su publicación y surtiendo sus efectos al día siguiente; y, en caso de que sea una notificación personal, cuando comparezca la parte interesada ante la autoridad jurisdiccional, se les deberá de notificar dejando constancia en autos de la razón de notificación, firmada por la persona servidora pública, habilitada para tal efecto de acuerdo al organigrama de la Entidad Federativa de que se trate, haciendo saber si la persona notificada se negó a firmar; caso en el cual las partes podrán comparecer el mismo día en que se dicten las resoluciones para el efecto de notificarse, sin necesidad de esperar a que se publiquen en los medios antes referidos.

Artículo 212. Cuando variare el personal de la autoridad jurisdiccional, no se proveerá decreto haciendo saber el cambio, sino que al margen del primer proveído que se dictare, después de ocurrido, se pondrán completos los nombres de las personas funcionarios judiciales nuevas. Sólo que el cambio ocurriere cuando el procedimiento esté pendiente únicamente de la sentencia, se mandará hacer saber a las partes.

Artículo 213. Cuando se trate de citar a peritos y testigos, la citación se hará por conducto de quien haya ofrecido dichas pruebas, quien estará obligada a realizar cuanta gestión sea conducente para llevarla a cabo y será en su perjuicio la falta de comparecencia de las personas, a quienes no se les volverá a buscar si la parte interesada no efectuó la citación oportuna y debidamente, pero su inasistencia no dará lugar a la imposición de medida de apremio, si no que se desechará tal probanza.

Artículo 214. Es un deber procesal de las partes interesadas concurrir a las autoridades jurisdiccionales, para ser notificados de las resoluciones e imponerse de los autos. Todas las que se dicten en cualquier procedimiento se notificarán a través del medio de comunicación procesal oficial, que contendrá la lista de los asuntos que se hayan acordado cada día, expresando solamente el número de toca o expediente, nombre de las partes interesadas y clase de juicio, con excepción de los que la autoridad jurisdiccional estime de publicación reservada o secreta dada la naturaleza del juicio.

La persona que concurra a consultar los autos de forma física a las instalaciones de la autoridad jurisdiccional, por ese sólo hecho, se tendrá por notificada de los proveídos en la que así estuviera ordenada práctica de la diligencia, dejando constancia de ello el funcionario judicial que cuente con fe pública.

Artículo 215. Las partes podrán autorizar para oír notificaciones en su nombre, a una o varias personas, quienes quedarán facultadas para intervenir en representación de quien los autoriza en todas las etapas procesales del juicio, comprendiendo la de segunda instancia y la ejecución, con todas las facultades generales y las especiales que requieran cláusula especial, incluyendo la de absolver y articular posiciones, debiendo en su caso, especificar aquellas facultades que no se les otorguen, pero no podrán sustituir o delegar dichas facultades en tercera persona. Sin embargo, requerirán manifestación expresa que los faculte para transigir, desistirse de la instancia, de la acción y de los recursos o medios de defensa.

Las personas autorizadas conforme al párrafo anterior, deberán acreditar encontrarse legalmente autorizadas para ejercer la profesión de persona licenciada en derecho o abogada, debiendo proporcionar los datos correspondientes en el escrito en que se otorgue dicha autorización y exhibir la cédula profesional o carta de pasante en su primera intervención, en el entendido que quien no cumpla con lo anterior, perderá la facultad a que se refiere este artículo en perjuicio de la parte que la hubiere designado, y únicamente tendrá las que se indican en el penúltimo párrafo del artículo 216.

Artículo 216. Las personas autorizadas en los términos del artículo anterior, serán responsables de los daños y perjuicios que causen al que las autorice, de acuerdo a las disposiciones aplicables del Código Civil para el mandato y las demás conexas, salvo prueba en contrario. Se podrá renunciar a dicha calidad, mediante escrito presentado a la autoridad jurisdiccional, haciendo saber las causas de la renuncia. En ningún caso se requerirá registro ante los poderes judiciales, ni la falta de este registro será impedimento para que las autoridades jurisdiccionales tengan por autorizadas a las personas representantes autorizadas.

Las partes podrán autorizar a personas solamente para oír notificaciones e imponerse de los autos, a cualquiera con capacidad legal, quien no gozará de las demás facultades a que se refieren los párrafos anteriores.

Al acordar lo relativo a la autorización a que se refiere este artículo, se deberá expresar con toda claridad el alcance con el que se reconoce la autorización otorgada.

CAPÍTULO VIII
DE LOS EXHORTOS Y DESPACHOS

Artículo 217. Los exhortos y despachos que se reciban de las autoridades judiciales del territorio nacional, se proveerán dentro de las veinticuatro horas siguientes a su recepción, y se diligenciarán dentro de los cinco días siguientes, a no ser que lo que haya de practicarse, exija necesariamente mayor tiempo.

En ningún caso para la diligenciación de exhortos y despachos entrantes o salientes enviados por el Poder Judicial de la Entidad Federativa que corresponda, se requerirá la legalización de las firmas de los funcionarios que los expidan.

Artículo 218. De acuerdo con la naturaleza del exhorto o despacho, podrán autorizarse áreas o autoridades jurisdiccionales especializadas para su diligenciación a cargo de personas servidoras públicas con facultades suficientes para su cumplimiento. Para la recepción y devolución de exhortos, cartas rogatorias y despachos, los Poderes Judiciales preferentemente harán uso de las tecnologías de la información y comunicación, de conformidad con lo dispuesto en la Ley Orgánica respectiva.

En materia familiar, la autoridad jurisdiccional diligenciará los exhortos, cartas rogatorias o despachos, de oficio, salvo que se requiera la presencia de parte interesada para el cumplimiento de lo encomendado.

Artículo 219. Las autoridades jurisdicciones podrán encomendar a sus diversas, la práctica de las diligencias encomendadas dentro de su propia jurisdicción si por razones de la distancia se facilita su práctica.

Los despachos, exhortos o cualquier otra comunicación similar que tenga que diligenciarse entre las autoridades judiciales de una misma Entidad Federativa, deberán ser remitidos conforme lo establezcan las leyes o reglamentos de cada Entidad Federativa.

Los exhortos y despachos a los que alude el párrafo anterior, se deberán remitir a la autoridad jurisdiccional que deba cumplir la encomienda, a través del correo electrónico institucional de la Administración de Gestión Judicial o Institución análoga que corresponda, conjuntamente con los documentos digitalizados de las constancias conducentes. Una vez recibido, la persona secretaria judicial hará constar en el citado documento, la fecha y hora de su recepción. De la misma manera, se devolverán las constancias que deriven de la diligenciación de dichos exhortos.

Artículo 220. Las diligencias de los exhortos que deban practicarse fuera del territorio de la competencia de la Entidad Federativa de que se trate, deberán encomendarse, vía correo electrónico, al Tribunal o Poder Judicial del lugar en que han de realizarse o directamente a la autoridad jurisdiccional de la jurisdicción en que deban ejecutarse, conjuntamente con las constancias conducentes; asimismo, la autoridad jurisdiccional exhortada, de resultar incompetente por razón de territorio o cuantía, emitirá los proveídos necesarios a fin de que por su conducto y vía correo electrónico lo haga llegar a la autoridad jurisdiccional competente, informando de dicha situación a la autoridad ordenadora.

El exhorto contendrá:

I. La designación de la autoridad jurisdiccional exhortante;

II. La del lugar o población en que tenga que llevarse a cabo la actividad solicitada, aunque no se designe la ubicación del Tribunal o Poder Judicial exhortado;

III. Las actuaciones cuya práctica se intenta;

IV. El término o plazo en que habrán de practicarse las mismas, y

V. El exhorto preferentemente deberá realizarse, enviarse y devolverse en forma electrónica, mediante los correos institucionales o plataformas diseñadas para ello, conforme a las disposiciones de la Ley Orgánica o los lineamientos del Consejo de la Judicatura del Poder Judicial respectivo.

Artículo 221. Excepcionalmente, de no contar con los medios para la tramitación de los exhortos de la forma antes señalada, su diligenciación se hará vía ordinaria, ya sea por servicio postal o a través de las partes interesadas o de las personas previamente autorizadas o sus representantes, para hacerlos llegar a su destino, quienes tendrán la obligación de gestionar la diligenciación ante la autoridad jurisdiccional exhortada y devolverlos con lo que se practicare, si por su conducto se hiciere la devolución, y para el caso de que sea por servicio postal, una vez cumplimentado se devolverá a su lugar de origen por el mismo medio.

Artículo 222. En caso de que no se hubieran remitido por medio electrónico para su gestión, los tribunales pueden acordar que los exhortos y despachos que manden expedir se entreguen, para hacerlos llegar a su destino, a la parte interesada que hubiere solicitado la práctica de la diligencia.

El Tribunal o Poder Judicial de cada Entidad Federativa redactará el exhorto con las inserciones respectivas, dentro del término de tres días, contados a partir de que surta efectos el proveído que ordene su remisión y lo pondrá a disposición de la parte promovente, mediante publicación por medio de comunicación procesal oficial, que se hará dentro del mismo plazo, para que a partir del día siguiente al que surta sus efectos dicha publicación, se inicie el término que se haya concedido para su diligenciación.

Cuando el exhorto tenga algún defecto, la parte promovente deberá hacerlo saber a la autoridad jurisdiccional y devolverlo dentro de los cinco días siguientes, para que sea corregido y se proceda como se ordena en el párrafo anterior. De no hacerse la devolución del exhorto defectuoso, el plazo para su diligenciación no se interrumpirá.

Artículo 223. En la resolución que ordene librar el exhorto podrá designarse, a instancia de parte, persona o personas para que intervengan en su tramitación, con expresión del alcance de su intervención y del término para su comparecencia ante la autoridad exhortada, expresando a la autoridad jurisdiccional exhortada si su incomparecencia determina o no del exhorto. No procederá la nulidad de actuaciones por las diligencias practicadas por las personas mencionadas.

De igual manera, la autoridad jurisdiccional exhortante o de oficio, otorgará plenitud de jurisdicción al exhortado, para que se practiquen cuantas diligencias sean necesarias para el cumplimiento de lo ordenado.

No se exigirá poder alguno a las personas a que se refieren el párrafo que antecede.

La autoridad jurisdiccional exhortada devolverá a la exhortante una vez cumplimentado, salvo que se designase a una o varias personas para la tramitación, en cuyo caso, se le entregarán bajo su responsabilidad, previa razón que por su recibo obre en autos, para que haga su devolución dentro del término de cinco días como máximo. La autoridad jurisdiccional exhortada, no podrá negar el despacho del exhorto por falta de formalidades que puedan ser subsanadas por ella misma, ni negar el despacho por falta de cotejos o requisitos no previstos en el presente Código Nacional.

Artículo 224. La autoridad jurisdiccional exhortante podrá inquirir del resultado de la diligenciación a la exhortada por alguno de los medios autorizados en el presente Código Nacional, dejando constancia en autos de lo que resulte. Si a pesar del recordatorio, continuase la misma situación, la autoridad jurisdiccional exhortante lo pondrá en conocimiento directo del Superior inmediato del que deba cumplimentarlo, rogándole adopte las medidas pertinentes a fin de obtener el cumplimiento.

El exhorto deberá cumplimentarse en el tiempo previsto en el mismo. De no ocurrir así, se recordará por cualquier medio de comunicación de la urgencia del cumplimiento, lo que se podrá hacer de oficio o a instancia de parte interesada.

La autoridad jurisdiccional exhortante deberá facultar a la exhortada, para que cuando el exhorto haya sido remitido a autoridad jurisdiccional diferente al que deba prestar el auxilio, el que lo reciba lo envíe directamente al que corresponda inmediatamente, si es que le consta cuál sea éste, solicitando el exhortante que se le dé cuenta de dicha circunstancia por oficio.

Si quien reciba un exhorto para los fines que se precisan en este artículo, no hace la devolución dentro de los cinco días siguientes al plazo que se le hubiere concedido para su diligenciación, sin justificar que para ello tuvo impedimento bastante, será sancionado en los términos del artículo 192 fracción III de este ordenamiento, y se dejará de desahogar la diligencia por causas imputables.

La parte a cuya instancia se libre exhorto, queda obligada a satisfacer los gastos que origine su diligenciación.

Artículo 225. Tratándose de exhortos o despachos que libren las autoridades jurisdiccionales, serán remitidos por cualquier medio de comunicación, de manera directa a las autoridades jurisdiccionales que por razón de jurisdicción y competencia deban diligenciarlos, a través del correo electrónico institucional de la Administración de Gestión Judicial o Institución análoga que corresponda, conjuntamente con los documentos digitalizados de las constancias conducentes, mismos que una vez cumplimentados deberán ser devueltos por cualquiera de estas vías.

Del empleo de los medios de comunicación indicados se dejará razón en el expediente, la cual deberá de contener, en su caso, los datos de la persona con la que se entendió la comunicación, la fecha y hora de envío o recepción y la solicitud encomendada, anexando constancia como fotografías, impresión o capturas de pantalla del medio que se haya utilizado.

Artículo 226. Las diligencias judiciales que deban practicarse en el extranjero, se cursarán en la forma que establezca el Libro Décimo de este Código Nacional, los Tratados y los Convenios Internacionales de los que los Estados Unidos Mexicanos sea parte.

La parte a cuya instancia se libre exhorto, queda obligada a satisfacer los gastos que origine su diligenciación.

CAPÍTULO IX
DE LOS TÉRMINOS JUDICIALES

Artículo 227. Los términos empezarán a correr:

I. El día siguiente en que se hubiere hecho el emplazamiento o notificación personal;

II. Fuera de los casos señalados en la fracción anterior, el día siguiente a aquel en que surtió sus efectos la notificación realizada por el medio de comunicación procesal oficial;

III. La notificación realizada por medio de comunicación judicial surtirá efectos el mismo día a aquel en que por sistema se confirme que recibió el archivo electrónico correspondiente;

IV. También podrán notificarse por correo certificado y el plazo correrá a partir del día siguiente hábil en que fue recibida la notificación, y

V. En las audiencias del juicio oral las resoluciones dictadas por la autoridad jurisdiccional surtirán efectos en el momento en que las emita, estén o no presentes las partes.

Asimismo, podrá notificarse mediante otros sistemas autorizados en las leyes que corresponda, siempre que no causen indefensión.

Artículo 228. La Ley sólo reconoce como términos comunes en los juicios, los siguientes:

I. Para todas las partes que intervengan en el juicio, el relativo a ofrecimiento de pruebas, así como aquéllos en que la autoridad jurisdiccional determine la vista para desahogo por las partes al mismo tiempo;

II. En el litisconsorcio pasivo, tratándose del emplazamiento, y

III. Los demás que expresamente señale este Código Nacional como términos comunes.

Los términos comunes se empezarán a contar desde el día siguiente a aquel en que todas las personas que conformen el posible litisconsorcio pasivo o todas las partes hayan quedado notificadas.

Los demás términos se considerarán individuales y empezarán a correr para cada parte interesada en particular, cuando se haya realizado la notificación o surtido sus efectos según el caso.

Artículo 229. En ningún término se contarán los días en que no puedan tener lugar actuaciones judiciales.

Artículo 230. En los autos se hará constar el día en que comiencen a correr los términos y aquel en que deben concluir.

Artículo 231. Una vez concluidos los términos fijados a las partes, sin necesidad de que se acuse rebeldía, seguirá el juicio su curso y se tendrá por precluido el derecho que, dentro de ellos, debió ejercitarse, salvo los casos de caducidad o excepción previstos en el presente Código Nacional.

Artículo 232. Siempre que la práctica de un emplazamiento deba realizarse fuera del lugar del juicio, para que se concurra ante la autoridad jurisdiccional sea local o Federal, se debe fijar un término en el que se aumente al señalado por la Ley, un día más por cada doscientos kilómetros de distancia o fracción que exceda de la mitad, salvo que la Ley disponga otra cosa expresamente o que la autoridad jurisdiccional estime que deba ampliarse. Si la parte demandada residiere en el extranjero, se ampliará el término del emplazamiento por el lapso que se considere necesario, atendidas las distancias y la mayor o menor facilidad de las comunicaciones.

Artículo 233. Para fijar la duración de los términos, los meses se regularán por el número de días que les correspondan, y los días se entenderán de veinticuatro horas naturales, sin perjuicio de que las actuaciones judiciales se sujeten al horario que establece el presente Código Nacional.

Artículo 234. Operará de pleno derecho la caducidad de la primera instancia cualquiera que sea el estado del juicio, desde el primer auto que se dicte en el mismo, hasta antes de que concluya la audiencia de juicio, si transcurridos cuarenta días hábiles contados a partir de la notificación de la última determinación judicial no hubiere promoción que tienda a impulsar el procedimiento de cualquiera de las partes. Los actos o promociones de mero trámite que no impliquen ordenación o impulso del procedimiento, no se considerarán como actividad de las partes ni impedirán que la caducidad se alcance.

Los efectos y formas de su declaración se sujetarán a las siguientes normas:

I. La caducidad de la instancia es de orden público, irrenunciable y no puede ser materia de convenio entre las partes. La autoridad jurisdiccional la declarará de oficio o a petición de cualquiera de las partes, cuando concurran las circunstancias a que se refiere el presente artículo;

II. La caducidad extingue el procedimiento, pero no la acción; en consecuencia, se puede iniciar un nuevo juicio, sin perjuicio de lo dispuesto en la fracción V de este artículo;

III. La caducidad de la primera instancia convierte en ineficaces las actuaciones del juicio y las cosas deben volver al estado que tenían antes de la presentación de la demanda y se levantarán los embargos preventivos, dejando sin efectos las medidas provisionales o cautelares. Se exceptúan de la ineficacia referida, las resoluciones firmes sobre competencia, litispendencia, conexidad, personalidad y capacidad de las partes litigantes, que regirán en el juicio ulterior si se promoviere. Las pruebas rendidas en el procedimiento extinguido por caducidad, podrán ser invocadas en el nuevo si se promoviere, siempre que se ofrezcan y precisen en la forma legal;

IV. La caducidad de la segunda instancia se da si en el lapso de treinta días hábiles contados a partir de la notificación de la última determinación judicial, ninguna de las partes hubiere promovido impulsando el procedimiento y su efecto será dejar firme lo actuado ante la autoridad jurisdiccional;

V. La caducidad de los incidentes se causa por el transcurso de quince días hábiles contados a partir de la notificación de la última determinación judicial sin promoción alguna de las partes; la declaración respectiva sólo afectará a las actuaciones del incidente, sin abarcar las de la instancia principal;

VI. Para los efectos de la interrupción de la prescripción por demanda o cualquier género de interpelación judicial notificada a la persona poseedora o deudora en su caso, se equipará a la desestimación de la demanda la declaración de caducidad del procedimiento;

VII. No tiene lugar la declaración de caducidad:

a) En los juicios universales de concursos y sucesiones, pero sí en los juicios con ellos relacionados que se tramiten independientemente, que de aquéllos surjan o por ellos se motive;

b) En las actuaciones de jurisdicción voluntaria o procedimientos no contenciosos;

c) En los juicios de alimentos, y

d) Cuando sea en perjuicio de niñas, niños y adolescentes;

VIII. El término de la caducidad sólo se interrumpirá por promociones de las partes o por actos de las mismas realizados ante autoridad judicial diversa, siempre que tengan relación inmediata y directa con la instancia;

IX. La suspensión del procedimiento produce la interrupción del término de la caducidad. La suspensión del procedimiento tiene lugar:

a) Cuando por fuerza mayor la autoridad jurisdiccional o las partes no puedan actuar;

b) En los casos en que es necesario esperar la resolución de una cuestión previa o conexa por la misma autoridad jurisdiccional o por otras autoridades;

c) Cuando la autoridad jurisdiccional tenga conocimiento de que las partes están participando en un procedimiento alternativo de solución de conflictos, conforme a la Ley de la materia, y

d) En los demás casos previstos por la Ley.

X. Contra la declaración de caducidad de la primera instancia procede el recurso de apelación en ambos efectos. Si la declaratoria se hace en segunda instancia, procede el recurso de reposición. Contra la negativa a la declaración de caducidad no procede recurso alguno, y

XI. Las costas serán a cargo de la parte actora; pero serán compensables con las que corran a cargo de la parte demandada en aquellos en que opusiere reconvención, compensación, nulidad y en general las excepciones que tienden a variar la situación jurídica que privaba entre las partes antes de la presentación de la demanda.

TÍTULO SEGUNDO
DE LA ETAPA POSTULATORIA

CAPÍTULO I
DE LA DEMANDA

SECCIÓN PRIMERA
REQUISITOS DE LA DEMANDA

Artículo 235. La demanda deberá cumplir los requisitos siguientes:

I. La autoridad jurisdiccional ante la que se promueve;

II. Nombre, denominación o razón social de la parte actora o de quien promueve a su nombre, el domicilio para oír y recibir notificaciones dentro de la jurisdicción, número telefónico y dirección de correo electrónico para los mismos efectos procesales. Cuando proceda, revelar si el promovente pertenece a grupos sociales en situación de vulnerabilidad;

III. Nombre de la persona designada como la persona representante autorizada. En ningún caso se exigirá contar con registro ante el Tribunal o Poder Judicial que corresponda;

IV. Nombre, denominación o razón social de la parte demandada, y su domicilio;

V. Las pretensiones, el objeto u objetos que se reclamen con sus accesorios;

VI. La exposición clara y sucinta de los hechos en que el actor funde la demanda, relacionándolos a su vez con el título o títulos de las acciones que se ejerzan;

VII. Los fundamentos de derecho, procurando citar la clase de acción intentada, los preceptos legales y, en su caso, convencionales, los criterios jurisprudenciales o doctrinales, o principios jurídicos aplicables;

VIII. En su caso, el valor de lo demandado para determinar la competencia de la autoridad jurisdiccional;

IX. El ofrecimiento de pruebas, mencionando con toda precisión el hecho o hechos que se tratan de demostrar con cada prueba, debiendo proporcionar el nombre de las personas que deban rendir testimonio;

X. Las firmas de la parte actora o de su persona representante autorizada. Si éstos no pudieran o no supieran firmar, pondrán su huella dactilar, firmando otra persona en su nombre y a su ruego indicando estas circunstancias. Igualmente podrá firmar la parte actora, la persona representante autorizada, el escrito, usando su firma electrónica avanzada, la cual deberá corresponder a la persona que promueva;

XI. Exhibir por cada demandado un ejemplar de las copias de traslado tanto de la demanda y sus anexos, ya sean en formato electrónico o físico, las cuales deberán estar debidamente foliadas e identificadas como copia; si los interesados fueran varios, se acompañará un ejemplar para cada uno de ellos. Esta exigencia no será necesaria en los casos que la demanda se presente en forma electrónica, y

XII. Los demás requisitos relacionados con las pruebas conforme a lo dispuesto en este Código Nacional.

Artículo 236. Si la demanda fuere oscura, irregular o no cumpliera con alguno de los requisitos del artículo anterior, por una sola ocasión se señalará con toda precisión en qué consisten los defectos de la misma en el proveído que al efecto se dicte y publique en el medio de comunicación judicial, para que en el término de tres días contados a partir del día siguiente a aquel en que surta efectos la notificación se desahogue en tiempo y forma.

La autoridad jurisdiccional debe hacer una nueva y exhaustiva revisión de la demanda, y si en ésta encuentra que los requisitos que omitió están satisfechos, o que no son realmente indispensables para los fines que les asigna la ley o la naturaleza del proceso, debe rectificar y admitir la demanda, sin estar vinculado ineludiblemente por su propia prevención, aunque el demandante no haya presentado ningún escrito encaminado a cumplir con lo pedido o el presentado se considere insuficiente.

Si a pesar de lo anterior, no se cumplieron los motivos de prevención dentro del término señalado para tal efecto, se desechará la demanda y devolverá al interesado todos los documentos originales y electrónicos, así como las copias simples que se hayan exhibido, con excepción de la demanda con la que se haya formado el expediente respectivo, salvo lo dispuesto en el artículo 5 del presente Código Nacional.

En caso de que se promueva la acción o una petición en una vía incorrecta, la autoridad jurisdiccional la reencausará a la que sea procedente, proveyendo sobre las medidas cautelares o provisionales solicitadas.

Artículo 237. La determinación de no admitir la demanda o cualquier otra por la que no se le dé curso, se podrá impugnar mediante el recurso de queja, para que el Tribunal de Segunda Instancia competente dicte la resolución que corresponda, bajo los lineamentos que en derecho le ordene a la autoridad jurisdiccional. En contra de dicha resolución no procede recurso ordinario alguno.

En contra del auto que admita la demanda no es procedente recurso alguno.

Los efectos de la presentación de la demanda son: interrumpir la prescripción, si no lo está por otros medios, señalar el principio de la instancia, y determinar el valor de las prestaciones exigidas, cuando no pueda referirse a otro tiempo.

Artículo 238. Cuando se trate de demandas por controversias sobre bienes inmuebles, o en caso de que se intente la acción hipotecaria, la autoridad jurisdiccional podrá ordenar su anotación preventiva ante el Registro Público de la Propiedad, Oficina Registral o cualquier Institución análoga según la Entidad Federativa de que se trate, de conformidad con las disposiciones aplicables del Código Civil respectivo, siempre que previamente se otorgue garantía suficiente a criterio de la autoridad jurisdiccional para responder de los daños y perjuicios que se puedan causar a la persona demandada, la que deberá ser fijada al prudente arbitrio de la autoridad jurisdiccional. Este requisito no será exigible en el caso de la acción hipotecaria.

Artículo 239. Admitida la demanda, se ordenará emplazar al demandado, corriéndole traslado con copias de la misma, de los documentos exhibidos por el actor y, en su caso, con la propuesta de convenio y el formulario correspondiente, a fin de que, dentro del término de quince días conteste la demanda.

Artículo 240. Los efectos del emplazamiento son:

I. Prevenir el juicio en favor de la autoridad jurisdiccional que lo hace;

II. Sujetar al emplazado a seguir el juicio ante la autoridad jurisdiccional que lo emplazó, siendo competente al tiempo de la citación, aunque después deje de serlo con relación a la parte demandada, porque éste cambie de domicilio, o por otro motivo legal;

III. Obligar a la parte demandada a contestar ante la autoridad jurisdiccional que lo emplazó, dejando en su caso a salvo, siempre el derecho de provocar la incompetencia respectiva;

IV. Producir todas las consecuencias de la interpelación judicial, si por otros medios no se hubiere constituido ya en mora el obligado, y

V. Originar el interés legal en las obligaciones pecuniarias sin causa de réditos.

SECCIÓN SEGUNDA
DE LA CONTESTACIÓN A LA DEMANDA

Artículo 241. La contestación a la demanda deberá cumplir con los siguientes requisitos:

I. Presentarse ante la autoridad jurisdiccional que lo emplazó;

II. Nombre, denominación o razón social de la parte demandada o de quien actúe en su representación, el domicilio para oír y recibir notificaciones dentro de la jurisdicción correspondiente, número telefónico y dirección de correo electrónico para los mismos efectos procesales. Cuando proceda, revelar si el promovente pertenece a grupos sociales en situación de vulnerabilidad y acreditarlo o, en su caso, solicitar el apoyo especial a que se refiere el artículo 141 de este Código Nacional;

III. El nombre de la persona designada como la persona representante autorizada. En ningún caso se exigirá contar con registro ante el Tribunal o Poder Judicial que corresponda;

IV. Contestará categóricamente cada uno de los hechos en que la parte actora funde su pretensión, aceptándolos, negándolos o manifestando bajo protesta de decir verdad los que desconozca, apercibida que en caso de no hacerlo o de evadir su respuesta se tendrán por ciertos los hechos expresados por la parte actora, salvo prueba en contrario;

V. Deberá ofrecer sus pruebas, mencionando con toda precisión el hecho o hechos que trata de demostrar, debiendo proporcionar el nombre de las personas que deban rendir testimonio;

VI. Las excepciones y defensas que se tengan, se harán valer en la contestación y nunca después, salvo las supervenientes. Se procurará citar los preceptos legales, convencionales, los criterios jurisprudenciales o doctrinales, o principios jurídicos aplicables;

VII. Las firmas de la parte demandada, o de la persona representante autorizada. Si éstos no pudieren o no supieren firmar, pondrán su huella dactilar, firmando otra persona en su nombre y a su ruego indicando estas circunstancias. La parte demandada o la persona representante autorizada podrá firmar el escrito usando su firma electrónica avanzada;

VIII. Acompañar copia simple del escrito de contestación debidamente foliada e identificada como copia para dar vista a la parte actora por el término de tres días, y

IX. Los demás requisitos relacionados con las pruebas conforme a lo dispuesto en este Código Nacional.

Artículo 242. Dentro del término para contestar la demanda, se podrá proponer la reconvención en los casos que proceda, ajustándose a las disposiciones de la demanda.

En caso de reconvención, se seguirán las reglas previstas en este Código Nacional tanto para la demanda como para la contestación. Sin embargo, el emplazamiento deberá hacerse a través de la dirección de correo electrónico señalada por la parte actora en la demanda principal.

Artículo 243. Si las partes en sus respectivos escritos quisieran llamar a un tercero deberán manifestarlo en los mismos. El llamamiento a juicio se hará corriéndole traslado con los escritos y anexos, que deberán ser exhibidos por quien solicite la citación, debiendo proporcionar el domicilio de éste, sin cuyos requisitos no se dará curso a la petición respectiva.

Si se alega que se desconoce el domicilio se procederá a su búsqueda y en su caso a publicación de edictos en los términos de las disposiciones del presente Código Nacional. El tercero llamado a juicio podrá comparecer en el mismo plazo de quince días; estando en aptitud de ofrecer pruebas, alegar e interponer toda clase de excepciones defensas y recursos.

La petición contenida en este artículo no será tramitada a no ser que se trate de cuestiones supervinientes.

Artículo 244. A toda demanda o contestación deberá acompañarle necesariamente:

I. El o los documentos que acrediten, la personalidad o carácter de aquel que comparece en representación de alguna de las partes o terceros;

II. Los documentos en los que la parte actora funde su acción y aquellos en que la parte demandada funde sus excepciones, ya sea en forma física o electrónica. Si no los tuvieren a su disposición, acreditarán haber solicitado su expedición con el acuse de recibo por el archivo o lugar en que se encuentren los originales, para que, a su costa, se les expida certificación de ellos, en la forma que prevenga la Ley. Se entiende que las partes tienen a su disposición los documentos, siempre que legalmente puedan pedir copia autorizada de los originales y exista obligación de expedírselos. Si las partes no pudiesen presentar los documentos en que funden sus acciones o excepciones, declararán, bajo protesta de decir verdad, la causa por la que no pueden presentarlos o no se les expidieren sin causa justificada; en este caso, si la autoridad jurisdiccional lo estima procedente, ordenará al responsable de la expedición que el documento solicitado por la parte interesada se expida a costa de ésta, apercibiéndolo con la imposición de alguna de las medidas de apremio;

III. Salvo disposición legal en contrario o que se trate de pruebas supervenientes, de no cumplirse por las partes con alguno de los requisitos anteriores, no se les recibirán las pruebas documentales que no obren en su poder al presentar la demanda o contestación, como tampoco si en esos escritos se dejan de identificar las documentales, para el efecto de que oportunamente sean requeridos por la autoridad jurisdiccional y sean recibidas; el mismo tratamiento se dará a los informes que se pretendan rendir como prueba;

IV. Los documentos que las partes tengan en su poder y que deban servir como pruebas de su parte y, los que presentaren después, con violación de este precepto, no les serán admitidos, salvo que se trate de pruebas supervenientes o la demanda se haya presentado vía electrónica con los documentos digitalizados para que con posterioridad sean presentados sus originales, y

V. Copias simples, siempre que sean legibles, tanto del escrito de demanda como de los demás documentos referidos, incluyendo la de los que se exhiban como prueba según los párrafos precedentes, incluyendo archivos o documentos electrónicos y si se acompañan grabaciones de audio o video, para que se impongan de ellos, se exhibirá un duplicado de los mismos para correrle traslado a la contraria. Las copias simples de los documentos que sirvan como prueba y las grabaciones de audio o video, se podrán exhibir como archivos dentro de un dispositivo de almacenamiento de datos que garantice la integridad de los mismos, debiendo el promovente identificar y precisar con toda claridad su contenido. Al momento de proveer el escrito de demanda o contestación, la persona secretaria judicial deberá cotejar que las copias exhibidas o las que se contienen en los archivos del dispositivo de almacenamiento correspondan a los documentos exhibidos como pruebas.

Artículo 245. La presentación de documentos cuando sean públicos, podrá hacerse por copia simple, si la parte interesada manifestare, bajo protesta de decir verdad, que carece de otra fehaciente; pero no producirá aquélla ningún efecto si durante el desarrollo de la audiencia respectiva, no se presentare una copia del documento con los requisitos necesarios para que haga fe en juicio, o se cotejen las copias simples con sus originales por la persona secretaria judicial y a costa de la parte interesada, pudiendo asistir a la diligencia de cotejo la contraparte, para que en su caso haga las observaciones que considere pertinentes.

Artículo 246. Después de la demanda y contestación, no se admitirán a las partes, otros documentos que los que se hallen en alguno de los casos siguientes:

I. Ser de fecha posterior a dichos escritos;

II. Los anteriores respecto de los cuales, protestando decir verdad, asevere la parte que los presente no haber tenido antes conocimiento de su existencia;

III. Los que no haya sido posible adquirir con anterioridad por causas que no sean imputables a la parte interesada, y siempre que haya hecho oportunamente la designación expresa en los términos de lo dispuesto en el presente Código Nacional;

IV. Los documentos que sirvan de pruebas contra excepciones alegadas o contra acciones en lo principal o reconvencional, y

V. Los que se ofrezcan para la impugnación de pruebas de la contraria.

Artículo 247. A ninguna de las partes se le admitirá documento alguno después de concluido el desahogo de pruebas. La autoridad jurisdiccional, de oficio, no deberá admitirlos y mandará devolverlos a la parte sin ulterior recurso, sin agregarlos al expediente en ningún caso, salvo las excepciones previstas en este Código Nacional.

Artículo 248. De todo documento que se presente después de la demanda y contestación, se dará traslado a la otra parte, para que dentro del plazo de tres días manifieste lo que a su derecho convenga.

Una vez desahogada la vista por la contraria, o transcurrido el plazo para ello, la autoridad jurisdiccional resolverá sobre su admisión.

Si la exhibición del documento se hace en el acto de la audiencia y estuviera presente la parte contraria, se le dará vista en la misma audiencia para que manifieste lo que a su derecho convenga, evaluando en todo caso la autoridad jurisdiccional su admisión o desechamiento.

Artículo 249. La omisión de presentar las copias simples no será motivo para dejar de admitir los escritos y documentos que se presenten en tiempo oportuno. En este caso, se señalará un plazo que no excederá de tres días para exhibir las copias antes referidas, y si no se presentaren en dicho plazo, se tendrán por no admitidas. Lo anterior no resulta aplicable para el caso de presentación de la demanda y sus anexos por vía electrónica o digital.

Artículo 250. En los escritos de demanda, contestación, reconvención, contestación a la reconvención y desahogo de vista, las partes ofrecerán sus pruebas, exhibirán las documentales físicas o electrónicas que tengan en su poder o el acuse de recibo mediante el cual hayan solicitado las que no tuvieren en su poder.

En el caso de documentos físicos o electrónicos que hayan sido anunciados y no se tenga la posibilidad de exhibir, deberá presentarse el acuse de recibo de la solicitud de los mismos ante la oficina o archivo en que se encuentren, la parte interesada deberá continuar con las gestiones necesarias para recabar la prueba a fin de exhibirla en la etapa de admisión de pruebas de la audiencia preliminar. Sin embargo, cuando se manifieste bajo protesta de decir verdad la imposibilidad para exhibir las documentales físicas o electrónicas ofrecidas como prueba, por causa justificada la autoridad jurisdiccional desde la admisión de la demanda, contestación o desahogo de vista de excepciones, auxiliará al oferente girando las órdenes correspondientes para que sean remitidas a más tardar en la audiencia preliminar, con los apercibimientos de las medidas de apremio que considere pertinente.

Dicha medida sólo se hará efectiva si la prueba resulta admisible y conforme a las disposiciones aplicables de las leyes vigentes en materia de transparencia, acceso a la información pública y datos personales, según corresponda.

Si se trata de documentos físicos o electrónicos a disposición de la contraparte, se le requerirán en el acuerdo que recaiga al ofrecimiento y anuncio de la prueba, quien deberá exhibirlo en el escrito subsecuente referido en el primer párrafo de este artículo o en la etapa de admisión de pruebas de la audiencia preliminar, según corresponda. En este caso, de ser admisible la prueba y no se presente oportunamente, se presumirán ciertos los hechos, salvo causa justificada y previo apercibimiento.

En el supuesto de pruebas documentales o de informe a cargo de personas ajenas al juicio y que legalmente no estén obligados a su expedición, la autoridad jurisdiccional sin perjuicio de decidir su admisión en el momento oportuno, autorizará los requerimientos respectivos en el acuerdo que recaiga al anuncio y ofrecimiento de la prueba.

Artículo 251. Una vez contestada la demanda y, en su caso, la reconvención o transcurridos los términos para ello, se señalará fecha y hora para la celebración de la audiencia preliminar, dentro de los quince días siguientes.

En el mismo auto, se admitirán o desecharán las pruebas ofrecidas en relación con las excepciones procesales, para que, en su caso, se desahoguen en la audiencia preliminar. En caso de no desahogarse las pruebas en dicha audiencia, se declararán desiertas por causa imputable al oferente.

En las excepciones de conexidad, litispendencia y cosa juzgada sólo será admisible como prueba la documental.

Artículo 252. Una vez publicado el auto que señala fecha para la celebración de la audiencia preliminar y hasta el dictado de la sentencia definitiva, las promociones de las partes que se encuentren relacionadas con el procedimiento deberán formularse oralmente al inicio de la audiencia respectiva. Las peticiones que no impulsen el procedimiento se harán valer antes del cierre de la audiencia. Cualquier promoción o petición que se presente por escrito en dichas etapas, serán devueltas al interesado, sin necesidad de acuerdo.

Las cuestiones debatidas en una audiencia deberán ser resueltas en ella. Las partes no podrán dar lectura a escritos o registros de forma íntegra, pero sí a sus notas o apuntes.

Artículo 253. La nulidad de una actuación deberá reclamarse en la audiencia subsecuente, bajo pena de quedar validada de pleno derecho. La producida en la audiencia de juicio deberá reclamarse durante ésta hasta antes de que la autoridad jurisdiccional emita la sentencia definitiva. La del emplazamiento, por su parte, podrá reclamarse en cualquier momento hasta antes de que se dicte sentencia definitiva.

Artículo 254. En los juicios orales civil y familiar, únicamente será notificado personalmente el emplazamiento y el auto que admita la reconvención.

Las demás determinaciones se notificarán a las partes a través del medio de comunicación oficial, salvo lo dispuesto para las audiencias.

SECCIÓN TERCERA
DEL ALLANAMIENTO Y REBELDÍA

Artículo 255. Transcurrido el plazo fijado en el emplazamiento sin contestar la demanda, se tendrán por contestados los hechos en sentido negativo y se hará la declaratoria de rebeldía correspondiente. A continuación, se señalará fecha para la audiencia de juicio, dictando auto de admisión de las pruebas ofrecidas por la parte actora.

Artículo 256. La parte demandada podrá allanarse a la demanda. En caso de allanamiento total, este deberá ser ratificado ante la autoridad jurisdiccional, en donde ambas partes serán asistidas técnica y efectivamente por la persona representante autorizada.

Habiéndose ratificado el allanamiento, la autoridad jurisdiccional estudiará la legitimación procesal, y dictará sentencia en un plazo que no excederá de diez días.

Artículo 257. En materia familiar, en caso de allanamiento total, además de la ratificación a que se refiere al artículo anterior, la autoridad jurisdiccional deberá proveer de la preparación de las pruebas y se fijará fecha para el desahogo de la audiencia de juicio dentro de los diez días siguientes, actuación en la que se escucharan los alegatos, se desahogaran las pruebas, y se dictará el fallo correspondiente en la misma audiencia.

Artículo 258. Cuando la controversia se refiera sólo a puntos de derecho, y no de hecho, se citará para la audiencia de juicio en el término de diez días y después de escuchar los alegatos, la autoridad jurisdiccional expondrá de forma breve, clara y sencilla su fallo y leerá únicamente los puntos resolutivos, entregando copia simple de la sentencia a las partes, así como, en los casos que proceda, el derecho que tienen las partes para apelar dicha sentencia conforme a lo establecido en este Código Nacional.

Artículo 259. En los casos de declaración de rebeldía de la parte demandada por falta de contestación, tendrán aplicación las siguientes reglas:

I. Todas las resoluciones que de ahí en adelante recaigan en el pleito y cuantas citaciones deban hacérsele, aún las de carácter personal, se notificarán por el medio de comunicación procesal oficial, salvo los casos en que otra cosa se prevenga o a juicio de la autoridad jurisdiccional;

II. Desde el día en que fue declarada rebelde o quebrantó la radicación de persona la parte demandada, se decretarán las medidas cautelares solicitadas por la parte actora, si la parte contraria lo pidiere, la retención de sus bienes muebles y el embargo de los inmuebles en cuanto se estime necesario, para asegurar lo que sea objeto del juicio, aplicando en lo conducente las reglas de las medidas cautelares.

Artículo 260. La persona declarada en rebeldía podrá apersonarse a la audiencia de juicio para participar en el desahogo de las pruebas y rendir alegatos finales, sin que en ningún caso pueda retrotraerse el procedimiento.

CAPÍTULO II
DE LAS PRUEBAS

SECCIÓN PRIMERA
DE LAS PRUEBAS EN GENERAL

Artículo 261. Las partes, para soportar su acción, excepciones y defensas, así como acreditar los hechos, podrán ofrecer medios de prueba que no sean contrarios a derecho, y les serán admitidas por la autoridad jurisdiccional, las que resulten pertinentes e idóneas y guarden relación con los hechos narrados y cumplan con los requisitos de ofrecimiento previstos en este Código Nacional.

Son admisibles como medios de prueba, todos aquellos elementos que puedan producir convicción en el ánimo de la autoridad jurisdiccional acerca de los hechos controvertidos.

Artículo 262. La autoridad jurisdiccional, de oficio podrá decretar en todo tiempo, sea cual fuere la naturaleza del procedimiento la práctica o ampliación de cualquier diligencia probatoria. En la práctica de estas diligencias, la autoridad jurisdiccional obrará como estime procedente para obtener el mejor resultado de ellas, sin lesionar el derecho de las partes, oyéndolas y procurando en todo, su igualdad y justo equilibrio, se tomará en cuenta cualquier situación de vulnerabilidad que pueda afectar el equilibrio procesal.

Artículo 263. Las diligencias de desahogo de pruebas que deban verificarse fuera del recinto asiento, de la autoridad jurisdiccional, pero dentro de su ámbito de competencia territorial, deberán ser presididas por la autoridad jurisdiccional, registradas por personal técnico adscrito al Tribunal o Poder Judicial, por cualquiera de los medios autorizados en este Código Nacional y certificadas de conformidad con lo dispuesto para el desarrollo de las audiencias.

Artículo 264. La parte que niega sólo estará obligada a probar:

I. Cuando la negación envuelva la afirmación expresa de un hecho;

II. Cuando se desconozca la presunción legal que tenga en su favor la parte colitigante;

III. Cuando la negativa fuere elemento constitutivo de la acción o de la excepción.

Artículo 265. Ni la prueba en general ni los medios de pruebas establecidos por la Ley son renunciables.

No obstante, lo dispuesto en el párrafo que antecede, las partes podrán desistirse de las pruebas que estén pendientes de desahogo, a fin de que el procedimiento continúe en sus demás etapas, pero no podrán hacerlo una vez que éstas hayan sido desahogadas. Tratándose de documentales que lleguen con posterioridad al desistimiento, no podrán agregarse al expediente en ningún caso.

Artículo 266. Sólo los hechos estarán sujetos a prueba; el derecho lo estará únicamente cuando se trate de normas diversas a las generales o cuando se funde en usos y costumbres.

Artículo 267. La autoridad jurisdiccional aplicará el derecho extranjero tal como lo harían las del Estado cuyo derecho resultare aplicables sin perjuicio de que las partes puedan alegar la existencia y contenido del derecho extranjero invocado.

Respecto del texto, vigencia, sentido y alcance del derecho extranjero, la autoridad jurisdiccional podrá valerse de informes oficiales; los cuales podrá solicitar al servicio exterior mexicano, admitir las pruebas ofrecidas por las partes o bien ordenar las que considere necesarias.

Artículo 268. La autoridad jurisdiccional debe recibir las pruebas que le presenten las partes, siempre que estén permitidas por la Ley y se refieran a los puntos cuestionados. Si las partes estiman que las resoluciones judiciales que admitan o desechan pruebas les causan agravio, lo harán valer en la apelación contra la sentencia definitiva que, en su caso, interpongan; y la autoridad jurisdiccional de segunda instancia deberá resolver con plenitud de jurisdicción sin reenvío.

Tratándose de juicios del arrendamiento inmobiliario, la prueba pericial sobre cuantificación de daños, reparaciones o mejoras, sólo será admisible en el periodo de ejecución de sentencia, en la que se haya declarado la procedencia de dicha prestación. Asimismo, tratándose de informes que deban rendirse en dichos juicios, los mismos deberán ser recabados por la parte interesada.

Artículo 269. Los hechos notorios no necesitan ser probados, y la autoridad jurisdiccional puede invocarlos, aunque no hayan sido alegados por las partes.

Artículo 270. Cuando una de las partes se oponga a la inspección o reconocimiento, ordenados por la autoridad jurisdiccional, se tendrán por ciertas las afirmaciones de la contraparte, salvo prueba en contrario. Lo mismo se hará si una de las partes no exhibe a la inspección de la autoridad jurisdiccional el bien, documento o archivo electrónico que tiene en su poder, siempre que la posesión esté debidamente acreditada, que por disposición de la Ley deba tenerlo o deba acreditarlo o, atendiendo al caso en concreto, por la naturaleza de los hechos sea evidente su disponibilidad.

Artículo 271. Las personas terceras están obligadas, en todo tiempo, a prestar auxilio a las autoridades jurisdiccionales, en consecuencia, deben sin demora, exhibir documentos, informes, bienes y archivos electrónicos que tengan en su poder, cuando para ello fueren requeridos o permitir su inspección.

La autoridad jurisdiccional tiene la facultad y el deber de compeler a las personas terceras, por los apremios más eficaces, para que cumplan con esta obligación; y en caso de oposición, oirán las razones en que la funden y resolverán sin ulterior recurso.

De la mencionada obligación están exentas las personas ascendientes, descendientes, tutores o curadores de niñas, niños y adolescentes, personas designadas como apoyo para el ejercicio de la capacidad jurídica, pupilos, cónyuges, concubinos, convivientes, en los casos en que se trate de probar contra la parte con la que están relacionadas, sin perjuicio de que, si alguna de ellas manifiesta su voluntad de hacerlo, se les permitirá, dejando constancia de dicha circunstancia.

Es inadmisible el testimonio de personas que, respecto del objeto de su declaración, tengan el deber de guardar secreto con motivo del conocimiento que tengan de los hechos debido a su empleo, cargo, puesto, oficio, profesión o relación de negocios.

Cuando deba recibirse testimonio de menores de edad y se tema por su afectación psicológica o emocional, así como en caso de víctimas de cualquier tipo de violencia, la autoridad jurisdiccional a petición de las partes, podrá ordenar su recepción con el auxilio de familiares o peritos especializados.

Para ello deberán utilizarse las técnicas audiovisuales adecuadas que favorezcan evitar la confrontación con el generador de violencia.

Artículo 272. Las personas que no puedan concurrir a la sede judicial, por tener algún impedimento debidamente acreditado, podrán ser examinadas en el lugar donde se encuentren y su testimonio podrá ser rendido o transmitido utilizando sistemas de justicia digital, en presencia de la autoridad jurisdiccional.

Artículo 273. Las autoridades tendrán la obligación de proporcionar los informes que se les pidan respecto de los hechos relacionados con el procedimiento, y de los que hayan tenido conocimiento o en los que hubieren intervenido por razón de su cargo, los que serán proporcionados en el plazo de cinco días a que le fueran judicialmente requeridos y, en caso de incumplimiento a un mandato judicial o retardo injustificado en el cumplimiento de sus determinaciones, podrá imponerse una medida de apremio establecida en el presente Código Nacional, salvo que exista impedimento legal para ello.

Artículo 274. Las pruebas deberán ofrecerse en los escritos de demanda, contestación a la demanda, en la reconvención, y en el escrito de contestación a la reconvención, así como de las excepciones. En el caso de incidentes, se hará en el escrito que lo promueva y su contestación, si se realiza por escrito o, en el mismo acto, si se realiza oralmente en la audiencia respectiva.

Artículo 275. Las pruebas deben ofrecerse expresando con toda claridad cuál es el hecho o hechos que se pretende probar, declarando, en su caso, en los términos anteriores el nombre y domicilio de testigos y peritos, y pidiendo la citación de la contraparte para responder al interrogatorio respectivo. Si a juicio de la autoridad jurisdiccional las pruebas ofrecidas no cumplen con las condiciones apuntadas, serán desechadas. Con la taxativa de que no será necesario proporcionar el domicilio de testigos, cuando las partes por sí mismas se comprometan a presentarlas.

Artículo 276. En la etapa de admisión de pruebas de la audiencia preliminar o en la misma resolución que recaiga a la demanda incidental o contestación, la autoridad jurisdiccional se pronunciará sobre la admisión o desechamiento de pruebas, pudiendo limitar el número de testigos prudencialmente. En ningún caso, la autoridad jurisdiccional admitirá pruebas o diligencias en los siguientes supuestos:

I. Las que hayan sido ofrecidas extemporáneamente;

II. Las que sean contrarias a derecho;

III. Las que no versen sobre los hechos narrados por las partes, o hechos imposibles o notoriamente inverosímiles, y

IV. Las que no reúnan los requisitos establecidos en este Código Nacional.

En los casos en que las partes dejen de mencionar las personas testigos que estén relacionados con los hechos que fijen la litis; o se dejen de acompañar los documentos que se deben presentar, salvo en los casos autorizados en el presente Código Nacional, la autoridad jurisdiccional no admitirá tales pruebas.

Contra el auto que admita o deseche pruebas deberá estarse a lo dispuesto en el artículo 268 del presente Código Nacional.

Artículo 277. La autoridad jurisdiccional, en la audiencia preliminar al admitir las pruebas ofrecidas, procederá a señalar fecha y hora para audiencia de juicio en la que se recibirán oralmente las pruebas, para dichos efectos tomará en consideración el tiempo para su preparación.

Se señalará audiencia de juicio dentro de los siguientes cuarenta días. Presentes o no las partes en las audiencias, se les tendrá por notificadas y apercibidas de las consecuencias legales en caso de inasistencia.

La audiencia de juicio, incidental o de ejecución se celebrará con las pruebas que estén preparadas, por regla general no se diferirá y sólo se señalará nuevo día y hora para recibir las que se encuentren pendientes y que no sean imputables a la persona oferente. La nueva fecha se señalará en el menor tiempo posible que se requiera para su preparación.

Si en la siguiente ocasión no se encuentra debidamente preparada la prueba o en su caso no se puede hacer comparecer al testigo respectivo en la nueva fecha, se dejará de recibir la prueba o testimonio.

Artículo 278. Las partes, estén o no presentes en las audiencias, se les tendrá por notificadas y apercibidas de todas las resoluciones que la autoridad jurisdiccional emita de las consecuencias legales, en caso de inasistencia.

Artículo 279. Los medios de prueba también podrán desahogarse en audiencia virtual, cuando su naturaleza así lo permita, sea posible técnicamente, exista consenso de las partes y resulte necesario a juicio de la autoridad jurisdiccional, conforme a lo dispuesto en el Libro Octavo del presente Código Nacional.

Artículo 280. Cuando hubiere de practicarse alguna diligencia o aportarse pruebas fuera del lugar del juicio, de acuerdo con la naturaleza de la prueba, podrá ordenarse su recepción a distancia. Con este fin, la autoridad jurisdiccional exhortante podrá coordinarse con la exhortada, de acuerdo a los sistemas de justicia digital con que cuenten, para celebrar la audiencia respectiva de forma virtual, tramitar y devolver el exhorto o documentos en formato electrónico a través de correo electrónico o de las plataformas tecnológicas correspondientes, tomando las medidas necesarias para garantizar la integridad y autenticidad de actuaciones judiciales, conforme a las disposiciones del Código Nacional y, en su caso, el convenio de colaboración que entre los Poderes Judiciales exista.

En caso de que no se cuente con los recursos tecnológicos necesarios o que por la naturaleza de la prueba no lo permita, la prueba se preparará y se desahogará mediante el exhorto respectivo tramitado en forma escrita, a cargo de la parte interesada.

Artículo 281. En los casos establecidos en el artículo anterior, a petición de parte interesada, se concederá el siguiente término para la tramitación y diligenciación del exhorto respectivo:

I. Un mes si el lugar está comprendido dentro del territorio nacional;

II. Dos meses si lo está en los Estados Unidos de América o Canadá;

III. Tres meses si está comprendido en Centroamérica y el Caribe;

IV. Seis meses si estuviere en Europa o en la América del Sur, y

V. Siete meses cuando esté situado en cualquiera otra parte.

El término referido no será prorrogado, salvo caso fortuito o fuerza mayor plenamente acreditado.

Artículo 282. Para otorgarse el término antes referido, deberá de cumplirse con los siguientes requisitos:

I. Que se solicite en los escritos de fijación de la litis;

II. Que se indiquen los nombres y domicilios de las personas testigos que hayan de ser examinados, cuando la parte que los ofrezca no se haya comprometido a presentarlos cuando la prueba sea testimonial. Para el caso de ser inexactos los datos de identificación, domicilio o simplemente no existan, se declarará desierta la prueba;

III. Que se designen, en caso de ser prueba instrumental, los archivos públicos o particulares donde se hallen los documentos físicos o electrónicos que han de cotejarse, o presentarse originales, y

IV. En tratándose de cualquier otra diligencia, deberá indicarse con toda claridad lo que se pretende rendir o recibir y los puntos sobre los que deba versar.

La autoridad jurisdiccional al calificar la admisibilidad de las pruebas determinará el monto de la cantidad que el interesado deberá depositar como multa en caso de no rendirse la prueba, que no podrá ser superior a ciento veinte veces el valor diario de la Unidad de Medida y Actualización vigente al momento de su imposición. Sin este depósito no se hará el señalamiento para la recepción de la prueba. El acuerdo que autorice el término para el desahogo de prueba foránea no será recurrible.

Artículo 283. A la parte a la que se le hubiere concedido la ampliación a que se refiere el artículo anterior, se le entregarán en el término de cinco días los exhortos para su diligenciación, poniéndolos a su disposición, si no los recibiera en ese plazo se hará efectiva la multa y se dejará de recibir la prueba y si no rindiere las pruebas que hubiere propuesto, sin justificar que para ello tuvo impedimento bastante, se le impondrá una sanción pecuniaria a favor de su contraparte, equivalente al monto del depósito a que se hace mención en el mismo artículo anterior, incluyendo la anotación en el Registro Judicial a que se refiere el presente Código Nacional, y además se dejará de recibir la prueba por causas imputables al interesado.

En caso de que las partes, estando obligadas a presentar a sus testigos o peritos no cumplan con dicha comparecencia, se les tendrá por desistidos de la prueba, a menos que justifiquen la imposibilidad que se tuvo para presentarlos, dentro de esa misma audiencia, en la que la autoridad jurisdiccional ordenará lo procedente.

SECCIÓN SEGUNDA
DE LA DECLARACIÓN DE PARTE PROPIA Y CONTRARIA

Artículo 284. Podrá ofrecerse la prueba de declaración voluntaria de parte propia, así como la declaración de la parte contraria, a través del interrogatorio que se les formule en forma personal en el acto de la audiencia de juicio, con el fin de obtener información sobre los hechos controvertidos dentro del proceso, le sean propios o no.

La declaración voluntaria de parte propia será a cargo de la misma parte oferente de la prueba, para que sea interrogada en forma oral por su representante y su contraparte.

Artículo 285. Cuando se trate de una persona jurídica, sólo podrá ser desahogada por la persona representante autorizada, con facultades, sin que pueda exigirse que se lleve a cabo por representante o apoderado específico, quien deberá conocer de los hechos litigiosos.

La declaración voluntaria de parte propia no será admisible para las personas jurídicas públicas.

La declaración de parte contraria será a cargo de la contraparte, para que sea interrogada, por la oferente o la persona representante autorizada de la oferente de forma oral en el acto de la audiencia de juicio.

La declaración será a cargo de la contraparte, para que sea interrogada oralmente por la parte oferente o la persona representante autorizada en la audiencia respectiva. Su objetivo será aportar información de calidad o su confesión judicial para la autoridad jurisdiccional, sobre hechos materia de la controversia, conforme al caso en concreto. En el caso de persona física solo será por conducto de la propia parte interesada de forma personal.

La declaración de parte contraria de personas jurídicas de carácter público deberá de desahogarse por escrito.

Artículo 286. A la parte que corresponda desahogar el interrogatorio se le tendrá por citada, haya estado presente o no, desde la audiencia preliminar en que se admitió la prueba. En el caso de la declaración de parte contraria, quedará apercibida que, de no presentarse a la audiencia de juicio, o en caso de responder con evasivas el interrogatorio o negarse a contestarlo, se presumirán ciertos los hechos que se pretendieron demostrar, salvo prueba en contrario. Si se trata de una declaración voluntaria de parte propia, de no presentarse, el apercibimiento será dejar de recibir dicha probanza.

Artículo 287. Tanto el interrogatorio formulado para el desahogo de la prueba de declaración voluntaria de parte propia y de parte contraria deberá ajustarse a las siguientes reglas:

I. Las preguntas se formularán de manera oral, libre y directa sin incorporar valoraciones ni calificaciones, de manera que puedan ser comprendidas con facilidad por quien ha de declarar;

II. Estar dirigido a demostrar hechos controvertidos que sean objeto de la litis;

III. Estar formulado en términos sencillos, claros y precisos;

IV. Referir sobre hechos percibidos o con conocimiento de la parte respectiva, y no a conceptos subjetivos u opiniones;

V. Podrán formularse respecto de hechos complejos;

VI. Las preguntas no podrán ser insidiosas, entendiéndose por tales las que se dirijan a ofuscar la inteligencia del que ha de responder, con objeto de obtener una confesión contraria a la verdad;

VII. Las preguntas no serán repetitivas;

VIII. No se permitirán preguntas sobre cuestiones de derecho o desconocidas técnicamente por la parte respectiva, y

IX. Podrán formularse preguntas abiertas, caso en el cual la persona responderá ampliamente; o cerradas, supuesto en el cual deberá responder primero categóricamente, afirmando o negando, sin perjuicio de realizar las aclaraciones pertinentes.

Artículo 288. La declaración voluntaria de parte propia y parte contraria se desahogará conforme a las siguientes disposiciones:

I. Se desahogará primero la de la parte actora y con posterioridad la de la parte demandada;

II. En el caso de que una o ambas partes hayan ofrecido la declaración voluntaria de parte propia y declaración de parte contraria, la autoridad jurisdiccional establecerá que, quien declare primero, en una u otra modalidad, inmediatamente que concluya su desahogo, permanezca en el lugar de recepción, para el desahogo de la declaración voluntaria de parte propia y declaración de parte contraria, según corresponda, admitida a la contraparte, a fin de contribuir a la continuidad y concentración de las pruebas;

III. Quien responda al interrogatorio, al inicio de la diligencia se le tomarán sus datos de identificación general y domicilio. Del mismo modo, no podrá recibir asistencia jurídica alguna durante el desahogo de la prueba, de quien ostente su representación como persona representante autorizada;

IV. El oferente de la prueba formulará su interrogatorio en primer término, concluido éste, la parte contraria a su vez tiene derecho a formular preguntas;

V. Ante la formulación de cada pregunta la contraparte tendrá derecho a objetar la misma, exponiendo la causa fundada de la objeción. Quien interroga podrá contradecir la objeción o retirar la pregunta, resolviendo la autoridad jurisdiccional;

VI. En el caso de la declaración de parte contraria, si quien objeta, en su argumentación asiste al dar información o indicar a su representado sobre cómo responder la pregunta, se tendrán por presuntamente ciertos los hechos que se pretende demostrar con la prueba. Mismo criterio se seguirá cuando pretenda defender una pregunta en el caso de declaración voluntaria;

VII. Previo apercibimiento, en caso de que no asista a la audiencia respectiva la parte que responda al interrogatorio de declaración de parte contraria, se tendrán por ciertos los hechos que el oferente de la prueba pretendió demostrar con la misma. Mismo criterio se aplicará si no responde, responde con evasivas u omite responder categóricamente a las preguntas;

VIII. Si quien ofreció la declaración de parte propia no asiste a la audiencia respectiva, se declarará desierta la prueba;

IX. Si fueren varias las personas colitigantes que hayan de responder al interrogatorio, las diligencias se practicarán separadamente y en un mismo acto, evitando que las partes se comuniquen entre sí;

X. La parte que interroga, podrá reformular aquellas preguntas durante la audiencia cuando retire la pregunta anterior o porque no sea aprobada por objeción, y

XI. Durante el desahogo de esta prueba, podrán tenerse a la vista, así como usarse, bienes, instrumentos y apoyos técnicos, o incluso documentos, previamente admitidos, para ser mostrados al declarante para que pueda contestar los cuestionamientos que se le realicen.

Artículo 289. No estarán obligadas a comparecer en los términos previstos en los artículos anteriores y declararán por escrito las siguientes personas:

I. Las previstas en el artículo 110 de la Constitución Política de los Estados Unidos Mexicanos;

II. Los extranjeros que gozaren en el país de inmunidad diplomática, de conformidad con los Tratados sobre la materia, y

III. Quienes, por enfermedad grave u otro impedimento acreditado con certificado de salud emitido por Institución de Salud pública.

En casos urgentes podrán rendir declaraciones personalmente, con este fin, desde el ofrecimiento de pruebas se adicionará el interrogatorio a fin de dar la oportunidad a la contraparte de proponer el contra interrogatorio respectivo, conforme a las reglas establecidas en el presente Capítulo. En este caso también se tendrá la oportunidad de formular la objeción respectiva, lo cual deberá garantizar la autoridad jurisdiccional. Serán calificados por la autoridad jurisdiccional antes de su envío para su respuesta.

Artículo 290. Las personas señaladas en el artículo anterior declararán por medio de preguntas cerradas o abiertas y mediante oficio, en el que se insertará el interrogatorio que quiera hacerles la contraparte, para que, por vía de informe, contesten dentro del término improrrogable de tres días. En el oficio se apercibirá a la parte declarante de tenerla por cierta de los hechos sostenidos por la oferente de la prueba, si no contestare, se negaré u omitiera contestar el interrogatorio dentro del término concedido.

Únicamente en este caso, la autoridad jurisdiccional se impondrá del interrogatorio que se exhiba por escrito al momento de ofrecerse la prueba respectiva, en los escritos de fijación de litis; así como calificará las que resulten procedentes formular y enviar en el acto de la audiencia preliminar, en la etapa de admisión y preparación de pruebas.

Las determinaciones que adopte la autoridad jurisdiccional durante el desahogo de la prueba de declaración de parte propia o declaración de parte contraria, solo podrán recurrirse junto con la sentencia definitiva.

SECCIÓN TERCERA
DE LA DECLARACIÓN DE TESTIGOS

Artículo 291. Se podrá ofrecer la prueba testimonial para que cualquier persona que tenga conocimiento sobre los hechos relacionados al litigio comparezca a proporcionar su declaración testimonial a través del interrogatorio que oralmente se le formule. La autoridad jurisdiccional podrá prevenir al oferente para el efecto de reducir prudencialmente el número de testigos, debiendo admitir cuando menos dos por cada hecho controvertido.

Toda persona que no tenga impedimento legal y sea conocedora de los hechos que las partes deben de probar, están obligadas a declarar como testigos.

Artículo 292. Las partes tendrán la obligación de presentar a sus testigos, para cuyo efecto, de solicitarlo, se les entregarán las cédulas de notificación. Sin embargo, cuando razonable y justificadamente estén imposibilitadas para hacerlo, manifestando bajo protesta de decir verdad, dichas circunstancias calificadas por la autoridad jurisdiccional, podrán ser auxiliadas para su presentación en la audiencia respectiva.

La autoridad jurisdiccional ordenará la citación con el apercibimiento que, en caso de desobediencia, se le impondrá a la persona testigo una medida de apremio que considere la autoridad jurisdiccional y que garantice la pronta resolución del juicio.

En los casos de urgencia, podrán ser citados por cualquier medio que garantice la recepción de la citación, de lo cual se deberá dejar constancia.

Tratándose de testigos que sean citados en su calidad de servidores públicos, la dependencia en la que se desempeñen adoptará las medidas correspondientes para garantizar su comparecencia, en cuyo caso absorberá además los gastos que se generen.

La citación se realizará, por lo menos, con dos días de anticipación al día en que deban presentarse a declarar.

Si el testigo citado de esta forma no asistiere a rendir su declaración en la audiencia programada, la autoridad jurisdiccional le hará efectivo el apercibimiento realizado y reprogramará su desahogo en una nueva audiencia. Si el testigo debidamente citado no se presentara a la primera citación o haya temor fundado de que se ausente o se oculte, se le hará comparecer en ese acto por medio de la fuerza pública sin necesidad de agotar ningún otro medio de apremio. Las autoridades están obligadas a auxiliar oportuna y diligentemente a la autoridad jurisdiccional para garantizar la comparecencia obligatoria de los testigos. En este caso, deberán desahogarse las pruebas preparadas.

Artículo 293. La prueba se declarará desierta si, aplicado el uso de la fuerza pública, no se logra la presentación de los testigos. Igualmente, en caso de que el señalamiento del domicilio de algún testigo resulte inexacto, o no existe, o de comprobarse que se solicitó su citación con el propósito de retardar el procedimiento. En estos casos, además se impondrá al oferente una sanción pecuniaria a favor de la contraparte hasta por el importe autorizado para correcciones disciplinarias, conforme a lo dispuesto en el presente Código Nacional. La autoridad jurisdiccional despachará de oficio ejecución en contra del infractor, sin perjuicio de dar vista al Ministerio Público, se declarará desierta de oficio la prueba testimonial.

Artículo 294. Para el desahogo de la prueba testimonial se estará a las siguientes reglas:

I. Las personas que tengan la calidad de testigos serán protestadas para conducirse con verdad al iniciar la audiencia; se recabarán sus generales; y se procederá a su traslado y separación en el área de testigos correspondiente, hasta que sean llamados a declarar;

II. El interrogatorio estará a cargo de la parte oferente, quien será responsable de justificar la credibilidad e idoneidad del testigo, así como de plantear el interrogatorio correspondiente, conforme a los hechos controvertidos objeto de la prueba;

III. El contrainterrogatorio estará a cargo de la contraparte, quien podrá formular preguntas tendientes tanto a desvirtuar la credibilidad o idoneidad del testigo como de su declaración;

IV. El interrogatorio y contrainterrogatorio deberá formularse en términos sencillos, claros y precisos, deberá dirigirse a los hechos controvertidos objeto de la prueba; podrá destinarse a la credibilidad o idoneidad de quien declara; será libre y directo; y se hará bajo la completa responsabilidad de quien lo formule, atendiendo a los fines propios de su postulación y el debate;

V. Agotado el interrogatorio del oferente, se procederá al contrainterrogatorio de la contraparte; sin perjuicio de poder formularse un reinterrogatorio, a cargo del oferente, o recontrainterrogatorio, a cargo de la contraparte, respectivamente, sin que puedan autorizarse preguntas que debieron formularse con anterioridad;

VI. Cada una de las partes tiene el derecho de objetar las preguntas formuladas por su contraparte, exponiendo brevemente las razones para ello, antes de que se emita la respuesta. En este caso, quien formule la pregunta será escuchado para que defienda o retire la pregunta y la autoridad jurisdiccional resolverá inmediatamente en la misma audiencia;

VII. Quien comparezca como testigo, deberá responder a todas las preguntas que se le formulen, en caso de negativa o responder evasivamente, a petición de parte, la autoridad jurisdiccional lo apremiará y, en su caso, determinará las consecuencias de ello, según el caso, en sentencia definitiva, para alguna de las partes;

VIII. No se permitirá la tacha de testigos, están permitidas las preguntas para destruir la idoneidad y credibilidad, momento en el cual, podrán exhibirse y ofrecerse, en su caso, pruebas documentales para justificarlo;

IX. De admitirse, y escuchando en estricta igualdad a la parte oferente, se reservará lo conducente para la sentencia definitiva, y

X. Únicamente serán admisibles pruebas documentales exhibidas en la audiencia, que no requieran preparación y dirigidas específicamente para los fines establecidos en la fracción VIII de este artículo.

Artículo 295. La autoridad jurisdiccional cuenta con la facultad de hacer las preguntas que estime conducentes a las personas testigos, siempre y cuando sean de naturaleza aclaratoria, sin incorporar información adicional que correspondía generar a las partes involucradas y garantizando, ante todo, el principio de igualdad e inmediación, salvo que se trate de la materia familiar, en cuyo caso la autoridad jurisdiccional estará facultada para cuestionar a la persona testigo sin limitación alguna, en aras de allegarse de la verdad material o cuando advierta violaciones a derechos humanos.

Artículo 296. Si la persona testigo o declarante no hablara o entendiera el idioma español, no sabe leer; o tiene algún impedimento de comunicación para la manifestación de su voluntad, declarará a través de la persona intérprete que le acompañe o la persona que para dichos efectos designe la autoridad jurisdiccional, preferentemente de forma gratuita, según el caso en particular.

Artículo 297. A las personas mayores, con discapacidad permanente o temporal, debidamente acreditada por instituciones de salud pública, que lo soliciten, así como a las personas que se encuentren privadas de su libertad por mandato judicial, la autoridad jurisdiccional podrá recibirles la declaración en el lugar en que se encuentren en presencia de la otra parte, si asistiere.

En los casos que se acredite la discapacidad temporal o permanente por instancias de salud privada, el médico deberá exhibir cédula profesional y concurrir a la audiencia en la que comparezca la persona que testifica, para ratificar el diagnóstico, bajo protesta de decir verdad. En caso de inasistencia, la prueba no será recibida.

En todo caso, el desahogo de la prueba testimonial deberá realizarse en audiencia de juicio que se iniciará desde la Sala de Audiencias respectiva, para trasladarse al lugar y luego regresar a la misma.

Asimismo, de acuerdo a cada caso en particular, la autoridad jurisdiccional podrá autorizar su desahogo a distancia, conforme a las reglas establecidas en este Código Nacional.

Artículo 298. Ambas partes podrán solicitar a las personas previstas en el artículo 110 de la Constitución Política de los Estados Unidos Mexicanos, así como a las personas integrantes de las fuerzas armadas con mando, que desahoguen las preguntas vía informe, previo a la celebración de la audiencia de juicio.

A criterio de la autoridad jurisdiccional, podrá solicitarles la declaración personal dada su relación en los hechos materia de la controversia y no en virtud de su encargo.

Artículo 299. Cuando la persona testigo resida fuera del ámbito de competencia territorial de la autoridad jurisdiccional y no sea posible su desahogo por medios electrónicos, la parte oferente de la prueba, sin perjuicio que solicite la comparecencia del testigo, podrá optar por presentar sus interrogatorios con las copias respectivas para las otras partes, junto con la traducción y apostilla necesarias para el caso de girar carta rogatoria y; con la finalidad que tenga la oportunidad de formular sus contrainterrogatorios y ser agregados al exhorto o carta rogatoria, debiendo el contrainterrogatorio de cumplir con los mismos requisitos. Sin la exhibición de los interrogatorios por parte de la oferente no se admitirá la prueba.

El interrogatorio será previamente calificado por la autoridad jurisdiccional una vez que admita la prueba y enviados en sobre cerrado a la autoridad exhortada.

En todo caso, deberá preferirse y estarse al desahogo a distancia de la prueba testimonial, caso en el cual no se requerirá de dicho interrogatorio escrito.

SECCIÓN CUARTA
DE LA PRUEBA PERICIAL

Artículo 300. La prueba pericial solo procede cuando:

I. Sean necesarios conocimientos especiales en alguna ciencia, arte, técnica o industria o, en aquellos casos que la mande la Ley;

II. Cuando la autoridad jurisdiccional lo requiera para llegar a una solución;

III. Se ofrecerá expresando los puntos y cuestionamientos sobre los que versará y que deban resolver los peritos, sin lo cual no será admitida;

IV. Las personas designadas deben tener título en la ciencia, arte, técnica, oficio o industria a que pertenezca, y cédula si se requiere legalmente para su ejercicio;

V. Si los conocimientos especiales no estuvieren legalmente reglamentados con título oficial o, estándolo, no hubiere peritos en el lugar, podrá ser nombrada a satisfacción de la autoridad jurisdiccional, cualquier persona entendida, o bien con experiencia práctica en el ejercicio de un servicio u oficio;

VI. Se desechará la pericial cuando se trate de conocimientos generales, hechos acreditados en autos o tratándose de simples operaciones aritméticas, y

VII. El título de habilitación de corredor público acredita para todos los efectos la calidad de perito valuador.

Artículo 301. El ofrecimiento de la prueba pericial en materia civil deberá llevarse a cabo en los términos establecidos en el presente Código Nacional, con las salvedades siguientes:

I. Si se ofrece la prueba pericial en la demanda o en la reconvención, la contraria al contestar deberá designar perito de su parte, además de proponer la ampliación de los puntos y cuestiones que argumentó el oferente para que los peritos dictaminen. Si se ofrece al contestar la demanda principal o reconvencional, la contraria deberá designar a su perito, en la misma forma del párrafo anterior. Si se ofrece en el desahogo de las vistas con excepciones y defensas, la contraria lo designará dentro del término de tres días. En todo caso, deberá precisarse la ciencia, técnica o arte a que se refiere, proporcionando el nombre de la persona designada;

II. De estar debidamente ofrecida, la autoridad jurisdiccional la admitirá en la etapa de admisión de pruebas de la audiencia preliminar o, en su caso, en la audiencia donde haya ofrecido. Asimismo, conforme a la complejidad del caso, determinará un plazo de cinco a diez días para que las partes exhiban por escrito el dictamen respectivo, salvo que existiera causa bastante para modificar dicho término;

III. La autoridad jurisdiccional proveerá lo conducente con el fin de que los peritos en estricta igualdad cuenten con los elementos necesarios solicitados por las partes para emitir el dictamen y evitar dilaciones procesales;

IV. En caso de que alguna de las personas peritos de las partes no exhiba su dictamen dentro del plazo señalado por la autoridad jurisdiccional, precluirá su derecho para hacerlo y, en consecuencia, la prueba se desahogará con el dictamen que se tenga por rendido. En el supuesto de que ninguno de los peritos exhiba su dictamen en el plazo señalado se dejará de recibir la prueba;

V. Las partes deberán presentar a sus peritos en la audiencia de juicio, quienes deberán acreditar, bajo su responsabilidad, su calidad científica, técnica, artística o industrial para el que fueron propuestos, con el original o copia certificada de su cédula profesional o los documentos respectivos. Asimismo, deberán exponer verbal y brevemente las conclusiones de sus dictámenes, a efecto de que se desahogue la prueba con los exhibidos oportunamente y respondan las preguntas que la autoridad jurisdiccional o las partes les formulen con apoyo de auxiliar técnico, y

VI. El interrogatorio a los peritos seguirá las mismas reglas de la prueba testimonial.

En caso de no asistir el perito o los peritos designados por las partes, se procederá conforme a lo señalado en la fracción IV del presente artículo.

Artículo 302. Las partes podrán sustituir al perito designado a más tardar en la audiencia preliminar en la que se pronuncien sobre la admisibilidad de la prueba. Si las causas de sustitución acontecen después de la audiencia preliminar, la parte interesada podrá sustituir al perito designado, siempre y cuando se exhiba el dictamen dentro del plazo señalado para ello. Subsistiendo todas las cargas y apercibimientos para su comparecencia en la audiencia de juicio respectiva.

Artículo 303. Desahogados los dictámenes de ambas partes, si la autoridad jurisdiccional los estima substancialmente contradictorios de tal modo que no es posible encontrar conclusiones que le aporten elementos de convicción, podrá designar un perito tercero en discordia en la misma audiencia de juicio. En este caso, desahogará las pruebas preparadas y diferirá la misma para la recepción de dicho dictamen, según el caso, al prudente arbitrio de la autoridad jurisdiccional, siempre y cuando no exceda de quince días.

A la persona perito tercero en discordia deberá notificársele para que, dentro del plazo de tres días, presente escrito en el que acepte el cargo conferido y proteste su fiel y legal desempeño. Asimismo, señalará el monto de sus honorarios, en los términos de la legislación correspondiente o, en su defecto los que determine, mismos que deben ser autorizados por la autoridad jurisdiccional, y serán cubiertos por ambas partes en igual proporción en la audiencia de juicio donde comparezca. En caso de incumplir, la autoridad jurisdiccional en la audiencia respectiva emitirá auto de ejecución en contra de la parte que haya omitido el pago.

La persona perito tercero en discordia designado deberá rendir su dictamen por escrito a más tardar tres días hábiles antes de la audiencia de juicio o su continuación, debiendo asistir a la misma para efectos de explicar oralmente sus conclusiones y ser interrogado por las partes o la autoridad jurisdiccional.

En caso de incumplimiento por parte de la persona perito designado, dará lugar a que la autoridad jurisdiccional le imponga como sanción pecuniaria, en favor de las partes y de manera proporcional a cada una de ellas, por el importe de una cantidad igual a la que cotizó por sus servicios al aceptar y protestar el cargo. En el mismo acto, la autoridad jurisdiccional dictará proveído de ejecución en contra de dicha persona perito tercero en discordia, además de hacerla saber al Consejo de la Judicatura, a la asociación, colegio de profesionistas o institución que lo hubiera propuesto por así haberlo solicitado la autoridad jurisdiccional, para los efectos correspondientes, independientemente de las sanciones administrativas y legales a que haya lugar.

En el supuesto del párrafo anterior, la autoridad jurisdiccional designará otro perito tercero en discordia y, de ser necesario, diferirá la audiencia para el desahogo de la prueba en cuestión.

Artículo 304. La autoridad jurisdiccional podrá designar personas peritos terceros en discordia de entre aquéllos autorizados como auxiliares de la administración de justicia por la autoridad jurisdiccional competente del Poder Judicial respectivo; o, de entre aquéllos propuestos, a su previa solicitud, por colegios, asociaciones o barras de profesionales, artísticas, técnicas o científicas o de las instituciones de educación superior públicas o privadas o las cámaras de industria, comercio, confederaciones de cámaras, conforme al objeto del peritaje.

En todos los casos en que se trate únicamente de peritajes sobre el valor de cualquier clase de bienes y derechos, los mismos se realizarán por avalúos que practique un corredor público, una institución de crédito, monte de piedad, perito valuador o demás entidades que se dediquen a avalúos, nombrados por cada una de las partes y, en caso de diferencias en los montos que arrojen los avalúos, no mayor del veinte por ciento en relación con el monto mayor, se mediarán estas diferencias. De ser mayor tal diferencia, se nombrará una persona perito tercero en discordia, conforme a lo dispuesto en el presente Código Nacional. En este caso, de no designar perito alguna de las partes, se desahogará la prueba con el dictamen con que se cuente.

En caso de avalúos realizados para remates judiciales deberá estarse a las reglas especiales de los mismos.

Artículo 305. En materia civil, cuando la parte que promueve lo haga a través de la Defensoría Pública o Institución Pública o Privada que preste dichos servicios y ésta no cuente con la persona perito solicitado, la autoridad jurisdiccional, previa la comprobación de dicha circunstancia, nombrará una persona perito adscrita de alguna Institución Pública que cuente con el mismo. Aplicándose, en lo conducente, las disposiciones del presente Capítulo para garantizar la designación del perito respectivo.

Artículo 306. En materia familiar, para la prueba pericial se seguirán las siguientes reglas:

I. En todos los casos se nombrará persona perito oficial y sus honorarios serán cubiertos por el Estado, sin perjuicio de las personas peritos que puedan ser ofrecidas por las partes. Tratándose de avalúos sobre bienes, no habrá persona perito oficial, por lo que dicha pericial deberá de sujetarse a las reglas establecidas por la materia civil;

II. No será admisible persona perito tercero;

III. Las personas expertas forenses o peritos deberán comparecer a la etapa de admisión de pruebas de la segunda fase de la audiencia preliminar, para acreditar su experticia, así como protestar y aceptar el cargo, para el caso de su inasistencia se desechará la probanza, y

IV. Las personas designadas para emitir un peritaje quedan obligadas a rendir su dictamen dentro de los quince días siguientes a la fecha en que hayan aceptado y protestado el cargo o bien, de la fecha que señale la autoridad jurisdiccional atendiendo a las circunstancias del caso. Lo anterior en el entendido de que las partes deberán de estar en aptitud de imponerse de su contenido por lo menos con tres días de anticipación a la celebración de la audiencia del juicio.

Artículo 307. La persona perito tercero puede ser recusado en la audiencia de juicio en la que comparezca, por las mismas causas de las excusas e impedimentos que pueden (sic) serlo la autoridad jurisdiccional.

La parte que haga valer la recusación deberá presentar las pruebas necesarias para demostrar la causa que se alegue en la misma audiencia. En el mismo acto de la audiencia se hará saber a la persona perito tercero en discordia, a fin de que responda a la misma ofreciendo y presentando, en su caso, las pruebas pertinentes para ello. Si la reconoce como cierta, se niega a responder la recusación, se niega la misma sin ofrecerse prueba alguna o si se declaran desiertas las pruebas admitidas, la autoridad jurisdiccional lo tendrá por recusado sin más trámites y en el mismo acto nombrará otro perito.

Las pruebas ofrecidas por la parte recusante deben desahogarse en la misma audiencia. En caso contrario, se desechará de plano la recusación. En caso de que la persona perito tercero en discordia ofrezca pruebas, deberá ofrecerlas y exhibirlas en el momento, de no ser así y de requerir prepararse las mismas, se señalará una audiencia especial indiferible dentro del término de tres días, en la que se desahogaran y se resolverá lo conducente por la autoridad jurisdiccional.

En ese caso, no se suspenderá el desahogo del dictamen tercero en discordia, el cual quedará desierto, de declararse fundada la causa de recusación.

Cuando la recusación se declare fundada se designará otra persona perito tercero en discordia. En caso de declararse infundada, se impondrá a la parte recusante una multa equivalente al importe de los honorarios fijados por el perito a favor de la contraparte, por el retardo injustificado del procedimiento.

No habrá recurso alguno contra las resoluciones que se dicten en el trámite o la decisión de la recusación.

SECCIÓN QUINTA
DE LA PRUEBA DOCUMENTAL FÍSICA O ELECTRÓNICA

Artículo 308. Las pruebas documentales, físicas o electrónicas recibirán el mismo trato, atendiendo los principios de equivalencia funcional y neutralidad tecnológica. En todo caso, atendiendo a su naturaleza, se estará a las reglas generales y especiales, en lo relativo a su objeción, impugnación o fiabilidad.

Artículo 309. Las partes están obligadas a exhibir todas las pruebas documentales físicas o electrónicas que ofrezcan relacionadas con sus pretensiones en la demanda o su contestación, sea principal o reconvencional, así como sus respectivas vistas. Cuando estén a su disposición, pero por alguna circunstancia no pueda acompañarse a su escrito respectivo, deberá realizar todas las gestiones necesarias para hacerse de la prueba, acreditando dicha obligación al ofrecerla y, en su caso, la autoridad jurisdiccional emitirá las órdenes necesarias para su auxilio, si llegada la audiencia preliminar no se ha exhibido, no obstante ser admitida.

En el caso de información que no esté a su disposición, expresará el archivo o documento físico o electrónico en que se encuentre, o si está en poder de personas terceras, realizando las gestiones necesarias a su alcance para hacerse de la prueba, caso en el cual la autoridad jurisdiccional emitirá las órdenes y apercibimientos respectivos para su auxilio, en el entendido que subsistirá el deber de la parte interesada para gestionar dichas pruebas.

De no cumplirse con las cargas procesales antes referidas la prueba será desechada o, en su caso, declarada desierta.

Artículo 310. Los documentos que ya se exhibieron antes del período probatorio y las constancias de autos se tomarán como prueba, aunque no se ofrezcan.

Artículo 311. Los archivos o registros electrónicos de audiencias o diligencias del juicio oral, cualquiera que sea el medio, serán documentos públicos que harán prueba plena y acreditarán el contenido y modo en que se desarrolló la audiencia.

Artículo 312. Son documentos públicos:

I. Las escrituras públicas, pólizas y actas otorgadas ante corredor público, notaria o notario público, según corresponda y los testimonios y copias certificadas de dichos documentos, firmadas en forma autógrafa o con firma electrónica avanzada;

II. Los documentos auténticos e informes expedidos por personas funcionarias que desempeñen cargo público, en lo que se refiere al ejercicio de sus funciones, con firma autógrafa o electrónica avanzada;

III. Los documentos auténticos, libros de actas, estatutos, registros y catastros que se hallen en los archivos públicos, o los dependientes del Gobierno Federal, de los Estados, de los Ayuntamientos, con firma original o electrónica autorizada;

IV. Las certificaciones de las actas del estado civil expedidas por las autoridades jurisdiccionales, personas funcionarias públicas del Registro Civil o dependencia pública de acuerdo con cada Entidad Federativa, y las certificaciones que sean expedidas por medios manuales o electrónicos y que cuenten con la firma autógrafa digitalizada o firma electrónica avanzada de las personas facultadas para ello, respecto a constancias existentes en los libros correspondientes;

V. Las certificaciones de constancias existentes en los archivos públicos físicos o electrónicos firmados en forma autógrafa o electrónicamente expedidas por personas funcionarias a quienes competa;

VI. Las certificaciones de constancias existentes en los archivos parroquiales y que se refieran a actos pasados, antes del establecimiento del Registro Civil, siempre que fueren cotejadas por Notario Público o quien haga sus veces con arreglo a derecho;

VII. Las ordenanzas, estatutos, reglamentos y actas de sociedades o asociaciones, universidades, siempre que estuvieren aprobados por el Gobierno Federal o de los Estados, y las copias certificadas que de ellos se expidieren;

VIII. Las actuaciones judiciales de toda especie, incluyendo las de los expedientes electrónicos publicados y generados por cualquier autoridad jurisdiccional, en forma física o electrónica, de los Poderes Judiciales que les corresponda;

IX. Las certificaciones que expidieren las bolsas mercantiles o mineras autorizadas por la Ley y las expedidas por corredor público con arreglo al Código de Comercio;

X. Los convenios emanados del procedimiento de mediación o de Centro de Mediación o mecanismos alternativos para la solución de conflictos, que cumplan con los requisitos previstos en la Ley de la materia, y

XI. Los demás a los que se les reconozca ese carácter por la Ley.

Artículo 313. Los documentos públicos expedidos por Autoridades Federales, Locales, Municipales, Alcaldías o cualquier semejante, firmados en forma autógrafa o con la firma electrónica avanzada harán fe en las autoridades jurisdiccionales ante las que se presenten, sin necesidad de legalización.

Artículo 314. Para que los documentos públicos procedentes del extranjero, hagan fe en los Estados Unidos Mexicanos, deberán presentarse debidamente legalizados por las autoridades diplomáticas o consulares en los términos que establezcan los tratados y convenciones de los que México sea parte, la Ley del Servicio Exterior Mexicano y demás disposiciones aplicables.

En caso de imposibilidad para obtener la legalización, ésta se sustituirá por cualquier prueba adecuada para garantizar su autenticidad. En todo caso deberá estarse a lo señalado en los instrumentos internacionales en los que el Estado mexicano sea parte.

Artículo 315. De la traducción de los documentos que se presenten en idioma extranjero, se mandará dar vista a la parte contraria para que, en un plazo de tres días, manifieste si está conforme; en caso de no estarlo, dentro del mismo plazo de tres días deberá presentar traducción emitida por un perito traductor.

Si la traducción presentada por ambas partes fuese distinta en aspectos relevantes para la solución del conflicto, a costa de las partes, la autoridad jurisdiccional ordenará la traducción a través de un perito traductor oficial o una institución educativa.

En ambos casos, si hubiere conformidad o no dijere nada el contrario, se tendrá por consentida la traducción.

Artículo 316. Siempre que una de las partes litigantes pidiere copia o testimonio de parte de un documento, firmados de forma autógrafa o electrónicamente que obren en los archivos públicos físicos o electrónicos, la parte contraria tendrá derecho de que a su costa se adicione con lo que crea conducente del mismo documento. No así de los documentos que existen en archivos físicos o electrónicos de particulares.

Artículo 317. Los documentos existentes en un sitio distinto de aquel en que se sigue el juicio, se compulsarán a virtud de despacho o exhorto que dirija la autoridad jurisdiccional competente y; siempre que estos documentos se encuentren en los archivos públicos físicos o electrónicos.

Cuando se trate de documentos con firma electrónica, simple o avanzada, de ser posible se compulsarán levantando la actuación correspondiente y se observará el documento en la página de internet o en la base de datos de la dependencia que lo expidió. De no ser posible el referido cotejo, se procederá en los términos del párrafo anterior.

Artículo 318. Los documentos públicos que hayan venido al procedimiento sin citación contraria, se tendrán por legítimos y eficaces, salvo que se impugnare expresamente su autenticidad o exactitud por la parte a quien perjudiquen. En este caso, a petición de parte, se decretará el cotejo con los protocolos y archivos físicos o electrónicos de los que provengan, mismo que se practicará en la audiencia respectiva por parte de la autoridad jurisdiccional acompañado del personal necesario y competente, así como las partes involucradas, al efecto de ingresar en el local del archivo físico, la página de internet o matriz, el día y hora señalado, a realizar dicho cotejo. Si no comparece la parte interesada o no provee los medios tecnológicos para su desahogo se declarará desierta la prueba.

Los documentos firmados en forma autógrafa o electrónica, simple o avanzada, emitidos por autoridades federales, locales, municipales, alcaldías o cualquier otra semejante; así como por países extranjeros, tendrán el mismo valor y serán tratados con las mismas condiciones que los que se hayan elaborado físicamente, autenticados con firma autógrafa.

Artículo 319. Son documentos privados los que otorgan personas particulares sin intervención de Notario Público u otra persona funcionaria dotado de fe pública, o legalmente autorizado para certificar tal documento.

También se consideran documentos privados, aquellos que provengan de personas terceras y que este Código Nacional no reconozca como documentos públicos.

Artículo 320. Los documentos privados y la correspondencia procedente de las partes, presentados en juicio por vía de prueba y no objetados por la parte contraria, se tendrán por admitidos y surtirán sus efectos como si hubieren sido reconocidos expresamente. Puede exigirse el reconocimiento expreso, si la parte que los presenta así lo pidiere; con este objeto se exhibirán los originales a quien deba reconocerlos y se le dejará verlos en su integridad y no sólo la firma.

Quien ofrezca pruebas documentales privadas está obligada a exhibir el original, si lo exhibe en copia certificada o simple y no lo exhibe para los efectos del reconocimiento o la elaboración de pruebas periciales, se presumirá ciertos los hechos que pretende demostrar la parte impugnante u objetante, salvo prueba en contrario.

Artículo 321. Los documentos privados originales, cuando formen parte de un libro, expediente o legajo, se exhibirán para que se compulse la parte que señalen las partes interesadas.

Artículo 322. Si el documento se encuentra en libros, papeles de casa, de comercio o de algún establecimiento industrial, así como archivo que, por sus características y estado no permita su reproducción sin deteriorarse, quien pida el documento o la constancia, deberá fijar con precisión cuál sea, y la copia testimoniada se tomará en el escritorio del establecimiento, sin que las personas directoras de él, estén obligados a llevar a la autoridad jurisdiccional los libros de cuentas, ni a más que a presentar las partidas o documentos designados.

Artículo 323. Cuando las partes deban servirse de documentos en poder de terceros, solicitarán del juzgado, que se intime a los mismos la exhibición o para que faciliten la obtención de copia fotográfica, electrónica o testimonio certificado de ellos, siendo los gastos que se originen a cargo de la parte que pida la prueba. Las personas terceras pueden rehusarse si tienen derechos exclusivos sobre los documentos u otra cosa, debiendo justificarlo de manera fehaciente.

Si se trata de documento que se halle en poder de la contraparte, se le intimará para que lo presente en el primer ocurso que comparezca a juicio o en la audiencia respectiva, y de no presentarlo se presumirán ciertos los hechos que pretende demostrar su contraparte. La parte que promueva la prueba podrá presentar copia del documento o proporcionar los datos que conozca acerca de su contenido, mismo que se tendrá por exacto si se probare que el documento se halla o estuvo en poder de la parte adversaria, y ésta sin justa causa no lo presenta.

Artículo 324. La obligación de exhibir documentos y cosas en procedimientos que se sigan en el extranjero, no comprenderá la de exhibir documentos o copias de éstos identificados por características genéricas.

En ningún caso podrá una autoridad jurisdiccional ordenar ni llevar a cabo la inspección de archivos que no sean de acceso público, salvo en los casos permitidos por las Leyes nacionales.

Artículo 325. Los documentos que presenten las partes en los escritos de demanda y contestación, o en el desahogo de vista, podrán ser objetados en cuanto a su alcance y valor probatorio en esos propios escritos o una vez admitidos en la audiencia preliminar. Los documentos que surjan con posterioridad, deberán ser exhibidos o incorporados sólo durante audiencia por parte interesada y, de ser admitidos, en el mismo acto podrá realizarse su objeción.

Artículo 326. En el reconocimiento de documentos se protestará en términos de Ley a la persona que debe hacerlo, ya sea tratándose de una de las partes o de un tercero, quien en la audiencia de juicio contestará oralmente los cuestionamientos que se le realicen sólo sobre el documento a reconocer. Si se niega a responder y es parte en el juicio, el documento se tendrá por reconocido.

Sólo puede reconocer un documento privado la persona que lo firmó, la que lo manda extender o la persona legítima representante con poder o cláusula especial.

Artículo 327. Podrá pedirse el cotejo de firmas y letras, siempre que se niegue o que se ponga en duda la autenticidad de un documento privado o de un documento público que carezca de matriz. Para este objeto se procederá con sujeción a lo que se previene para la prueba pericial.

Artículo 328. La falsedad consiste en la formación de un documento no verdadero, o en la alteración de uno auténtico, o bien en la falta de veracidad de los hechos representados en un documento público que se afirman como ocurridos ante una persona funcionaria pública, Notario o Corredor públicos.

La parte que redarguye de falso un documento debe indicar específicamente los motivos y las pruebas; cuando se impugne la autenticidad del documento privado o público sin matriz deben señalarse los documentos indubitables para el cotejo y promover la prueba pericial correspondiente. Sin estos requisitos se tiene por no redargüido o impugnado el documento.

Realizada la impugnación, se procederá a desahogar la prueba pericial en términos del presente Código Nacional.

Lo dispuesto en este artículo sólo da competencia a la autoridad jurisdiccional para conocer y decidir en lo principal la fuerza probatoria del documento impugnado, sin que pueda hacerse declaración alguna general que afecte al documento, y sin perjuicio del procedimiento penal a que hubiere lugar.

Si en el momento de la celebración de la audiencia se tramitare procedimiento penal sobre la falsedad del documento en cuestión, la autoridad jurisdiccional, sin suspender el procedimiento y según las circunstancias, determinará al dictar sentencia, si se reservan los derechos del impugnador para el caso en que penalmente se demuestre la falsedad, o bien puede subordinar la eficacia ejecutiva de la sentencia a la prestación de una caución.

Artículo 329. La impugnación de falsedad de un documento debe realizarse en la etapa postulatoria del juicio. Si se trata de los exhibidos en la demanda, sea principal o reconvencional, la parte demandada deberá oponer la excepción de falsedad de documento y ofrecerá las pruebas para tal fin. La parte actora podrá responder a dicha impugnación, ampliará su cuestionario y ofrecerá la pericial correspondiente, en su caso.

Si se trata de documentos exhibidos al contestar la demanda o la reconvención, la contraparte deberá promover la impugnación al desahogar la vista y ofrecerá las pruebas para ello, dando vista por tres días a su contraria para el derecho de contradicción.

En el caso de los documentos exhibidos en los escritos de desahogo de vista de excepciones, la demandada podrá impugnarlos dentro del término de tres días contados a partir del acuerdo en que se tienen por exhibidos, ofreciendo las pruebas pertinentes; y la actora en el principal o en la reconvención, responderán a dicha impugnación por escrito en el término de tres días, en el entendido de que sólo podrán adicionar puntos o cuestionamientos y, en su caso, documentos indubitables para cotejo. En el caso de documentos exhibidos en audiencia, la impugnación de falsedad se hará en la misma audiencia donde se exhiben. Las partes tienen la obligación de acudir a la audiencia respectiva debidamente preparados para tales efectos, bajo el apercibimiento de no dar trámite a su petición.

Artículo 330. Quien pida el cotejo designará el documento o documentos indubitables con que deba hacerse, o pedirá a la autoridad jurisdiccional que cite a la persona interesada, para que en su presencia y en audiencia especial o simple comparecencia asiente la firma, letras o huella digital que servirán para el cotejo. En este caso, la autoridad jurisdiccional podrá aprovechar la presencia de la persona en cualquiera de las audiencias para recabar sus firmas.

Artículo 331. Se considerarán indubitables para el cotejo:

I. Los documentos físicos o electrónicos firmados de manera autógrafa o con firma electrónica avanzada que las partes, según el caso, de común acuerdo, reconozcan como tales;

II. Los documentos privados físicos o electrónicos cuya letra o firma autógrafa o con firma electrónica avanzada hayan sido reconocidos en juicio por aquel a quien se atribuye la dudosa;

III. Los documentos físicos o electrónicos cuya letra, firma autógrafa o con firma electrónica avanzada, o huella dactilar, haya sido judicialmente declarada propia de aquel a quien se atribuye la dudosa, exceptuándose el caso en que la declaración haya sido hecha en rebeldía;

IV. El escrito impugnado, en la parte en que reconozca la letra como suya aquella parte a quien perjudique, y

V. Las firmas o huellas digitales puestas en actuaciones judiciales, en presencia de la persona secretaria judicial, auxiliar o judicial de la autoridad jurisdiccional, por la parte cuya firma, letra o huella dactilar se trata de comprobar y las puestas ante cualquier otra persona funcionaria revestida de fe pública.

SECCIÓN SEXTA
DE LA INSPECCIÓN O RECONOCIMIENTO JUDICIAL

Artículo 332. Al ofrecerse la prueba de inspección judicial, se deberá señalar e identificar los puntos sobre los que debe versar y puede verificarse respecto de lugares, bienes muebles e inmuebles, información publicada y de libre acceso en internet o personas, y que no requieran de conocimientos técnicos especializados, debiendo indicar con toda precisión, la materia u objeto de la prueba y su relación con algún punto del debate, sin cuyos requisitos no se admitirá.

El reconocimiento o inspección judicial, es el acto contingente y momentáneo, en el que la autoridad jurisdiccional, a través de sus sentidos, da fe de aspectos reales o cuestiones materiales para crear convicción respecto de los hechos materia del litigio.

Cuando el reconocimiento a cargo de una persona verse sobre algún documento, deberá desahogarse en la audiencia de juicio, apercibido que, en caso, de no comparecer, se le tendrá por cierto el contenido del mismo.

Artículo 333. La inspección o reconocimiento deberá cumplir con las siguientes reglas:

I. Deberá desahogarse en la audiencia de juicio o, según las circunstancias, o bien, antes o después de la misma en cualquier diligencia, con día de diferencia máximo, a efecto de no afectar el principio de continuidad y concentración de la información que arroje;

II. En el caso de haberse solicitado la elaboración de planos o toma de fotografías éstas deberán desahogarse necesariamente en audiencia de juicio por la parte interesada;

III. Las partes, peritos o testigos podrán estar presentes en la inspección judicial, dejando razón de su asistencia. La autoridad jurisdiccional deberá estar presente, sin poder delegar su presencia, con el personal necesario para el desarrollo de la audiencia, en caso, contrario resultará nula la diligencia de pleno derecho;

IV. De recibirse la inspección judicial en audiencia de juicio, la autoridad jurisdiccional decidirá el momento procesal para decretar el receso respectivo, definiendo las condiciones, tiempos, apercibimientos y demás medidas que considere pertinentes para llevar a cabo el desahogo y regresar a la sala de audiencias respectiva para la continuación de la audiencia, si fuera el caso;

V. Con este fin, la audiencia iniciará en la sala de audiencias de la autoridad jurisdiccional respectiva, en la que, después de cumplir con las demás formalidades de la misma, se decretará el receso para trasladarse al lugar de la inspección y, posteriormente, al regreso, continuar con la audiencia respectiva de poderse celebrar el mismo día, en caso contrario, se podrá señalar nuevo día y hora para su continuación, y

VI. En caso de no presentarse a la audiencia o diligencia la parte interesada, la prueba dejará de recibirse. Durante el desahogo de la inspección las partes, testigos o peritos, según el caso, podrán realizar las observaciones que consideren pertinentes, debiendo la autoridad jurisdiccional resolver en el acto lo que en derecho proceda, y la inspección judicial deberá videograbarse en su totalidad, sin incluir el traslado de personas; adicionándose, en su caso, los planos y fotografías respectivas. De no ser posible, se hará constar en cualquier medio a juicio de la autoridad jurisdiccional.

SECCIÓN SÉPTIMA
DE LA PRUEBA DE INFORMES

Artículo 334. El informe es un medio de prueba autónomo, que consiste en la rendición de datos, a través de un comunicado que debe contener la información que la parte oferente de la prueba proponga, o que el juzgado requiera oficiosamente y que la persona informante tenga a su disposición, en cualquier fuente que la pueda contener, ya sea electrónica o documental.

Los informes que se soliciten deberán versar sobre puntos claramente individualizados y referirse a hechos o actos que resulten de la documentación, archivo o registro de la persona informante.

La contraparte podrá formular las peticiones tendientes a que los informes sean completos y ajustados a los hechos a que han de referirse.

SECCIÓN OCTAVA
DE OTROS MEDIOS DE PRUEBA

Artículo 335. Para acreditar hechos o circunstancias que tengan relación con el procedimiento que se ventile, las partes pueden presentar otros medios de prueba que no estén expresamente reconocidos y regulados en el Código Nacional, como son, ejemplificativamente, videos, fotografías, cintas cinematográficas, disquetes o discos compactos, de sistemas computacionales, grabaciones de imágenes y sonidos, así como la información generada o comunicada que conste en medios electrónicos, magnéticos, ópticos, u otros medios de reproducción; o bien, copias digitales, impresiones de documentos electrónicos, simples o al carbón, documentos taquigráficos; así como registros dactiloscópicos, fonográficos y, en general, cualesquiera otros elementos proporcionados por la ciencia y la tecnología, que puedan producir convicción en el ánimo de la autoridad jurisdiccional.

Las pruebas ofrecidas que, por su naturaleza, requieran de dispositivos electrónicos para su reproducción o percepción, o de alguna traducción o interpretación técnica, serán admitidas siempre y cuando la autoridad jurisdiccional cuente con ellas, y en caso contrario el oferente proporcione dichas herramientas para su desahogo en la audiencia respectiva, bajo el apercibimiento de dejar de recibir la prueba.

Los registros electrónicos generados y publicados en un expediente electrónico, únicamente podrán ofrecerse precisando la liga respectiva, la parte conducente que se desea aportar como prueba, así como el nombre de las partes, número de expediente, tipo de juicio, juzgado en el que se tramita o tramitó el procedimiento respectivo, y cualquier otro dato que permita a la autoridad jurisdiccional su localización electrónica.

En todo caso, deberán respetarse los principios de equivalencia funcional o no discriminación y de neutralidad tecnológica de todo documento electrónico, conforme a las reglas de la prueba documental, atendiendo a la naturaleza del mismo.

Artículo 336. Si alguna de las partes estima que la reproducción de estos medios puede atentar contra la intimidad de las personas o poner en riesgo información reservada, confidencial o secretos industriales, lo expresará a la autoridad jurisdiccional, quien calificará tal solicitud y de considerarla fundada se recibirá en audiencia privada, dejando constancia de ello en el acta mínima que al efecto se levante.

SECCIÓN NOVENA
DE LAS PRESUNCIONES

Artículo 337. Presunción es la consecuencia que la norma jurídica o la autoridad jurisdiccional, deduce de un hecho conocido para averiguar la verdad de otro desconocido: la primera se llama legal y la segunda humana.

Artículo 338. Hay presunción legal cuando la Ley la establece expresamente y cuando la consecuencia nace inmediata y directamente de la Ley; hay presunción humana, cuando de un hecho debidamente probado, se deduce otro que es consecuencia ordinaria de aquél.

Artículo 339. La persona que tiene a su favor una presunción legal, sólo está obligada a probar el hecho en que se funda la presunción.

Artículo 340. No se admite prueba contra la presunción legal, cuando la Ley lo prohíbe expresamente y cuando el efecto de la presunción, es anular un acto o negar una acción, salvo el caso en que la Ley haya reservado el derecho de probar.

Artículo 341. La presunción debe ser grave, esto es, digna de ser aceptada por persona de buen criterio. Debe también ser precisa, esto es, que el hecho probado en que se funde, sea parte o antecedente o consecuencia del que se quiera probar, y que cuando fueren varias las presunciones han de ser concordantes entre sí.

Artículo 342. En los supuestos de presunciones legales que admiten prueba en contrario, opera la inversión de la carga de la prueba.

SECCIÓN DÉCIMA
DE LA VALORACIÓN DE LAS PRUEBAS

Artículo 343. Las autoridades jurisdiccionales apreciarán la prueba según su libre convicción extraída de la totalidad del debate y la instrumental de actuaciones, lo harán de manera libre, lógica y basada en la experiencia. En la resolución judicial respectiva siempre expondrán la motivación racional de las pruebas desahogadas tanto en lo individual como en su conjunto, salvo que se hayan desestimado, indicando las razones que se tuvieron para hacerlo.

En el caso de los recursos que se encuentran previsto en el presente Código Nacional, la autoridad de apelación deberá realizar la inmediación directa de las pruebas cuando así resulte procedente, valorándolas en los términos señalados en el párrafo anterior.

Artículo 344. Los documentos públicos siempre harán prueba plena, salvo el caso de objeción declarada procedente o probado el incidente de impugnación.

Las actuaciones e inspección judiciales que no requiera conocimientos especiales o científicos hacen prueba plena.

Artículo 345. Los documentos privados provenientes de las partes, harán prueba plena cuando no fueren objetados, cuando no se pruebe la objeción, cuando no fueren impugnados, cuando no se demuestre la impugnación o cuando fueren legalmente reconocidos.

El reconocimiento de documentos por su autor o autores, sea en etapa escrita o en audiencia, hace prueba plena salvo que existan otras que las contradigan. Los documentos privados provenientes de extraños al juicio, no reconocidos, ni objetados, constituyen indicio que requiere concatenación con otros medios de prueba para que funden una presunción.

Artículo 346. Los libros, instrumentos técnicos y demás que conforme a la Ley se deben llevar por cualquier persona, tendrán el valor probatorio que les asigne su normatividad específica.

Los documentos simples reconocidos por testigos, tendrán el valor que merezcan sus testimonios.

Artículo 347. Las presunciones legales hacen prueba plena, salvo que existan otras que la contradigan o el presente Código Nacional disponga lo contrario.

El órgano jurisdiccional según la naturaleza de los hechos, la prueba de ellos, los indicios y el enlace necesario que exista entre la verdad conocida y la que se busca, apreciará discrecionalmente el valor de las presunciones humanas.

Artículo 348. Se reconoce como prueba la información generada o comunicada que conste en medios electrónicos, ópticos, digitales, en una cadena de bloques o en cualquier otra tecnología.

Artículo 349. Para valorar la fuerza probatoria de la información a que se refiere el artículo anterior, se estimará primordialmente la fiabilidad del método en que haya sido generada, comunicada, recibida o archivada y, en su caso, si es posible atribuir a las personas obligadas el contenido de la información relativa y ser accesible para su ulterior consulta.

Artículo 350. Cuando la ley requiera que un documento sea conservado y presentado en su forma original, ese requisito quedará satisfecho si se acredita que la información generada, comunicada, recibida o archivada por medios electrónicos, ópticos, digitales, cuánticos o de cualquier otra tecnología, se ha mantenido íntegra e inalterada a partir del momento en que se generó por primera vez en su forma definitiva y ésta pueda ser accesible para su ulterior consulta.

La información, documentos electrónicos o mensajes de datos contenidos o almacenados en una cadena de bloques pública hacen prueba plena, siempre que no existan circunstancias fehacientes de que los registros vinculados en la cadena de bloques han sido vulnerados o manipulados sin autorización, o no son confiables.

CAPÍTULO III
DEL JUICIO ORAL SUMARIO

Artículo 351. Corresponde a los Consejos de la Judicatura de los Poderes Judiciales de las Entidades Federativas y del Poder Judicial de la Federación, mediante acuerdos generales, determinar qué asuntos serán gestionados en el juicio oral sumario que trata este Capítulo.

Artículo 352. Al juicio oral sumario le resultan aplicables las disposiciones generales de este Código Nacional, siempre que no contravengan lo previsto en este Capítulo.

Artículo 353. La demanda será formulada por comparecencia y en ella se expresarán en forma sucinta el objeto que se persigue y los hechos que fundan la pretensión, se ofrecerán las pruebas de tales hechos, y se indicará el nombre y domicilio de la parte demandada.

Artículo 354. De reunirse los presupuestos procesales, en la misma comparecencia la autoridad jurisdiccional admitirá la demanda y ordenará emplazar a la parte demandada para una audiencia que se celebrará en un plazo no menor a cinco días contados a partir del emplazamiento, de conformidad con lo siguiente:

I. La parte demandada dará respuesta a los hechos expuestos por su contraria y ofrecerá las pruebas que estime a su favor; en caso de documentos, deberá proporcionar copia de los mismos a la parte actora.

II. La autoridad judicial podrá suspender la audiencia para, en sesión privada, intentar la solución del asunto a través de los medios alternativos, así como informar a las partes la posibilidad de acudir ante los centros de justicia alternativa, en los casos en que procedan dichos medios.

III. La autoridad judicial admitirá a las partes las pruebas que estime pertinentes, según la naturaleza de los hechos controvertidos, y señalará día y hora para la audiencia de juicio.

Artículo 355. Para el emplazamiento se aplicarán las reglas generales previstas en este Código Nacional, pero se dará traslado a la parte demandada del registro en que conste la comparecencia para formular la demanda, así como la resolución de admisión de esta, y se le entregarán copias de los documentos o registros presentados al formular la demanda.

Artículo 356. Si solo se admiten pruebas documentales, declaración de parte, instrumental y presuncional, la autoridad judicial iniciará en ese momento la audiencia de juicio, en la cual desahogará las pruebas admitidas, escucharán los alegatos orales y emitirá la sentencia definitiva, que explicará a las partes y documentará dentro de los tres días siguientes.

Artículo 357. Cuando el allanamiento vincule a la autoridad jurisdiccional de conformidad con lo dispuesto en este Código Nacional, si la parte demandada se allana a la demanda, en la misma audiencia la autoridad judicial dictará la sentencia definitiva, que explicará a las partes y documentará dentro de los tres días siguientes. En caso de allanamiento no procederá la condenación en costas.

Artículo 358. En los casos de reconvención:

I. La autoridad jurisdiccional admitirá la reconvención, de ser procedente;

II. Ordenará emplazar al demandado reconvencional en ese mismo acto para otra audiencia que se celebrará en un plazo no menor a cinco días contados a partir de concluida la audiencia;

III. El demandado de la reconvención dará respuesta a los hechos expuestos por su contraria y ofrecerá las pruebas que estime a su favor; en caso de documentos, deberá proporcionar copia de los mismos a la parte actora, y

IV. Concluida la reconvención se estará a lo dispuesto por este Capítulo.

Artículo 359. En la audiencia de juicio se recibirán las pruebas, conforme a las disposiciones de este Código Nacional.

Los documentos y objetos que se hayan presentado serán mencionados, leídos, descritos, exhibidos o reproducidos, según corresponda.

Concluido el desahogo, se escucharán alegaciones breves de las partes y la autoridad jurisdiccional emitirá la sentencia definitiva, que explicará a las partes y documentará dentro de los cinco días siguientes.

El escrito en que se consigne la sentencia deberá corresponder a la que en la audiencia pronunció la autoridad judicial, sin que sea permitido incorporar argumentos diversos.

Artículo 360. Siempre se procurará resolver el fondo de todas las controversias planteadas.

Artículo 361. Contra la sentencia definitiva procede recurso de apelación; contra cualquier otra resolución no procede recurso alguno.

El plazo de la apelación se contará tomando en cuenta la notificación de la sentencia escrita.

Artículo 362. La autoridad jurisdiccional, sin afectar el debido proceso o los derechos humanos, bajo su prudente arbitrio y atendiendo a la naturaleza de la controversia, dispondrá de amplias facultades para orientar el desahogo de esta.

Artículo 363. La autoridad judicial podrá señalar y desahogar tantas audiencias cuantas considere necesarias para decidir los debates que establezcan las partes, sean principales, incidentales o sobre medidas cautelares.

Artículo 364. La autoridad judicial concederá la palabra a las partes las veces que estime convenientes para aclarar los puntos del propio debate y podrá interrogarlas para ese fin.

Artículo 365. En los procedimientos orales sumarios no existirá expediente.

Las audiencias se registrarán por cualquier medio que se estime conveniente, que asegure la preservación de la información para que pueda ser consultada.

No será necesario que la autoridad judicial sea asistida por persona secretaria judicial.

Artículo 366. Los Consejos de la Judicatura de los Poderes Judiciales de las Entidades Federativas y del Poder Judicial de la Federación, mediante acuerdos generales, podrán establecer los mecanismos necesarios para que los procedimientos a que se refiere este Capítulo se desahoguen a través de sistemas de justicia digital.

LIBRO TERCERO
DE LA JUSTICIA CIVIL

TÍTULO PRIMERO
DE LOS ACTOS PREJUDICIALES EN MATERIA CIVIL

CAPÍTULO I
DE LOS MEDIOS PREPARATORIOS DEL JUICIO EN GENERAL

SECCIÓN PRIMERA
DISPOSICIONES GENERALES

Artículo 367. El juicio podrá prepararse:

I. Pidiendo información a través de declaración o interrogatorio bajo protesta, a la persona que se pretenda demandar, acerca de un hecho relativo a su personalidad, negocios, la calidad de su posesión o tenencia de bienes;

II. Pidiendo la exhibición del bien mueble que haya de ser objeto de la acción real que se trate de entablar;

III. Pidiendo la persona legataria o cualquier otra que tenga el derecho de elegir uno o más bienes entre varios, su exhibición;

IV. Pidiendo la persona que se crea heredera, o coheredera o legataria, la exhibición de un testamento;

V. Pidiendo la persona compradora a la vendedora, o la vendedora a la compradora, en el caso de evicción, la exhibición de títulos u otros documentos que se refieran a los bienes vendidos;

VI. Pidiendo a una persona socia o comunera la presentación de los documentos y cuentas de la sociedad o comunidad, a una persona socia o copropietaria que los tenga en su poder;

VII. Pidiendo el examen de personas testigos, cuando se trate de personas mayores o se hallen en peligro inminente de perder la vida, o próximas a ausentarse a un lugar con el cual sean tardías o difíciles las comunicaciones y no pueda deducirse aún la acción, por depender su ejercicio de un plazo o de una condición que no se haya cumplido todavía;

VIII. Pidiendo el examen de personas testigos para probar alguna excepción, siempre que la prueba sea indispensable y las personas testigos se hallen en alguno de los casos señalados en la fracción anterior;

IX. Pidiendo el examen de personas testigos u otras declaraciones que se requieran en un procedimiento extranjero;

X. Cuando pida la exhibición de un protocolo o de cualquier otro documento archivado, la diligencia se practicará en la oficina del Notario o Notaria Pública; del Corredor o Corredora Pública o en la oficina respectiva de conformidad con lo dispuesto por la legislación Local aplicable, sin que, en ningún caso, salgan de ellas los documentos originales, y

XI. Pidiendo la exhibición de instrumentos o documentos relativos a la posesión, propiedad y tenencia de bienes muebles o inmuebles que se pretenda recuperar; así como de actos o hechos jurídicos que puedan ser materia de controversia.

La acción que pueda prepararse conforme a las fracciones I a III y XI, procede contra cualquier persona que tenga en su poder los bienes que en ellas se mencionan.

Artículo 368. Los medios preparatorios tienen por objeto que una persona se allegue de aquellos elementos que estime necesarios para ejercitar una acción o hacer valer un derecho o excepción, dentro de un procedimiento jurisdiccional.

Artículo 369. Estos procedimientos se tramitarán de forma escrita y únicamente serán aplicables los principios del juicio oral y sus reglas probatorias, durante las audiencias.

Artículo 370. Los medios preparatorios a juicio deberán solicitarse por escrito ante autoridad jurisdiccional competente y reunir al menos los siguientes requisitos:

I. Nombre, domicilio y dirección electrónica de quien promueve, en su caso;

II. El nombre y domicilio de las personas que deberán comparecer ante la autoridad jurisdiccional para rendir su declaración o exhibir los documentos o bienes solicitados;

III. Señalar el objeto que se persigue con la práctica de las diligencias;

IV. Señalar la acción, derecho o excepción que se pretenda ejercer u oponer;

V. El ofrecimiento de los medios de prueba que estime para acreditar la pertinencia de la solicitud, y

VI. La firma autógrafa o electrónica de quien promueve.

Artículo 371. La autoridad jurisdiccional podrá ordenar la práctica de diligencias que estime necesarias para cerciorarse sobre la personalidad y legitimación de quien solicita los medios preparatorios, así como de la necesidad o pertinencia de lo solicitado.

Artículo 372. Contra la resolución que concede la diligencia preparatoria, no habrá ningún recurso. Contra la resolución que niegue alguna de las diligencias enumeradas en el artículo 367 del presente Código Nacional, procede la queja.

Artículo 373. Una vez que la autoridad jurisdiccional admitió la solicitud y concedió la práctica de las diligencias preparatorias, se citará a la persona de la cual se requiera la declaración o la exhibición de los documentos o bienes, informándosele la naturaleza del procedimiento y el contenido de la solicitud, para que dentro del plazo de cinco días se lleve a cabo la audiencia respectiva o la práctica de la diligencia a que haya lugar.

Artículo 374. La solicitud de exhibición interrumpe la prescripción de la acción, siempre que se presente la demanda correspondiente dentro de los cinco días siguientes al que se efectúo la exhibición, o dentro de los cinco días siguientes al que judicialmente conste que aquella no puede efectuarse.

Artículo 375. Desahogada la diligencia, quien intentó la medida ante la autoridad jurisdiccional competente, deberá presentar la demanda dentro del término de cinco días, la que se engrosará y tramitará con el mismo número de expediente con que se radicó el medio preparatorio. Si por razón de turno, le corresponde la nueva demanda a la misma autoridad jurisdiccional que conoció de la diligencia preparatoria, en caso contrario, se remitirá al que por razón de turno le corresponda.

Artículo 376. La autoridad jurisdiccional podrá usar los medios de apremio previstos en el presente Código Nacional para hacer cumplir sus determinaciones. La persona rebelde responderá de los daños y perjuicios que cause.

Artículo 377. No se practicará diligencia alguna de jurisdicción voluntaria de la que pueda resultar perjuicio a la Federación. Las que se practicaren en contravención de este precepto serán nulas de pleno derecho y no producirán efecto legal alguno.

SECCIÓN SEGUNDA
DE LOS MEDIOS PREPARATORIOS DEL JUICIO EJECUTIVO CIVIL

Artículo 378. Los medios preparatorios a juicio ejecutivo tienen por objeto que una persona presunta deudora comparezca ante la autoridad jurisdiccional para reconocer el contenido de un documento o la firma de este, así como por solicitud de la persona acreedora y sobre una obligación cierta, liquida y exigible.

Artículo 379. La solicitud deberá formularse por escrito ante la autoridad jurisdiccional competente y contendrá al menos lo siguiente:

I. Nombre, domicilio y dirección electrónica de quien promueve;

II. Nombre y domicilio de la persona presunta deudora;

III. Los hechos en que funde su solicitud, y

IV. La firma autógrafa o electrónica de quien promueve.

Artículo 380. Tratándose de reconocimiento de documento o firma, se deberá adjuntar el documento a reconocer.

Artículo 381. Una vez que la autoridad jurisdiccional admita la solicitud, señalará fecha de audiencia dentro del plazo de veinte días y citará a la persona de la cual se requiera el reconocimiento del documento o su declaración en torno a una presunta deuda liquida y exigible, con el apercibimiento que, en caso de inasistencia o falta de contestación al interrogatorio, se le tendrá por cierto el reconocimiento de la obligación, contenido del documento o la firma de este.

Artículo 382. Practicada la citación se llevará a cabo la audiencia de reconocimiento, misma que deberá desahogarse mediante su declaración y en su caso, con la exhibición del documento. En la audiencia de reconocimiento se observará lo siguiente:

I. El interrogatorio que se le formule a la persona citada deberá estar destinado únicamente al objeto de la solicitud, sin introducir hechos ajenos al reconocimiento o declaración;

II. La autoridad jurisdiccional calificará de oficio el interrogatorio y rechazará las que resulten impertinentes. Contra dicha resolución no procede recurso alguno;

III. Se redactará acta que contenga el reconocimiento de lo solicitado, cuando así proceda.

Artículo 383. Puede hacerse el reconocimiento de documentos firmados ante Corredora o Corredor Público, Notaria o Notario Público, según corresponda de conformidad con lo dispuesto por la legislación aplicable, en forma autógrafa o con la firma electrónica, ya en el momento del otorgamiento o con posterioridad, siempre que lo haga la persona directamente obligada, la persona representante legítima o persona representante autorizada con poder bastante.

La Corredora o Corredor Público, Notaria o Notario Público hará constar el reconocimiento al pie del documento mismo, asentando si la persona que reconoce es representante legal o apoderada de la persona deudora, y la cláusula relativa, señalando también los datos de la escritura o póliza en su caso, en que se asiente tal constancia.

Artículo 384. Si el instrumento público o privado reconocido no contiene cantidad líquida, puede prepararse la acción ejecutiva siempre que la liquidación pueda hacerse en un término que no excederá de quince días.

La liquidación se hace incidentalmente con un escrito de cada parte, un plazo probatorio no mayor de seis días, si las partes lo pidieren y la autoridad jurisdiccional lo estima necesario y la resolución se dictará dentro de los tres días siguientes al desahogo de las pruebas; pronunciamiento contra el cual no procederá recurso alguno.

Artículo 385. En lo no previsto en este Capítulo se observarán las reglas para los medios preparatorios del juicio en general en lo que resulte aplicable.

SECCIÓN TERCERA
DE LA PREPARACIÓN DEL JUICIO ARBITRAL

Artículo 386. Cuando en un contrato o instrumento público se haya establecido cláusula de arbitraje y no se haya nombrado árbitro, éste se rehusare o falleciere y no exista sustituto, cualquiera de las partes contratantes podrá acudir ante la autoridad jurisdiccional para que se designe uno a través de un medio preparatorio.

Artículo 387. Presentándose por cualquiera de los interesados el documento firmado ya sea de manera electrónica o autógrafa, en el que se contiene la cláusula compromisoria, la autoridad jurisdiccional citará a una audiencia dentro del quinto día para que se presenten a elegir árbitro, apercibiéndolos de que, en caso de no hacerlo, lo hará en su rebeldía.

Artículo 388. Si la cláusula compromisoria forma parte de documento privado, al emplazar a la otra parte a la audiencia a que se refiere el artículo anterior, la persona secretaria judicial la requerirá previamente para que reconozca o no la firma autógrafa o electrónica del documento, y si se rehusare a contestar, se tendrá por reconocida.

Artículo 389. En la audiencia, la autoridad jurisdiccional exhortará a que elijan árbitro de común acuerdo, y en caso de no conseguirlo, designará uno entre las personas que aparezcan en las listas oficiales del Poder Judicial de la Federación o de las Entidades Federativas; también podrá consultar a instituciones arbitrales, colegios de corredores o notarios públicos debidamente certificados para tal fin.

Lo mismo se hará cuando el árbitro nombrado en el compromiso renunciare o fallezca y no hubiere sustituto designado.

Artículo 390. Habiéndose nombrado árbitro, se levantará acta de la audiencia, a través de la cual se iniciarán las actuaciones de este, emplazando a las partes como se determina en las reglas generales del juicio arbitral.

SECCIÓN CUARTA
DE LAS PRELIMINARES DE LA CONSIGNACIÓN

Artículo 391. Si la persona acreedora rehusare, sin justa causa recibir la prestación debida, dar el documento justificativo de pago o si fuere persona incierta o no tenga la habilidad o facultad jurídica de recibir pagos, la deudora podrá librarse de la obligación, mediante el ofrecimiento judicial de pago, seguido de consignación.

Artículo 392. Si la persona acreedora fuere cierta y conocida, se le citará para día, hora y lugar determinados, a fin de que reciba o vea depositar el bien debido. Si este fuere bien mueble de difícil conducción, la diligencia se practicará en el lugar donde se encuentre, siempre que esté dentro de la competencia territorial de la autoridad jurisdiccional; si estuviere fuera, se le citará y se librará el exhorto por escrito o vía correo electrónico o el despacho correspondiente a la autoridad jurisdiccional del lugar para que en su presencia el acreedor reciba o vea depositar el bien debido.

Artículo 393. Si se tratare de valores, alhajas o muebles de fácil conducción, la consignación se hará mediante entrega directa, o bien si fuese dinero, exhibiendo el certificado de depósito expedido por instituciones de crédito autorizadas, ante la autoridad jurisdiccional o área de apoyo judicial respectiva para tal efecto en la Ley Orgánica del Poder Judicial competente.

Artículo 394. Si la consignación fuere de inmuebles, se citará al acreedor para que dentro del plazo de tres días manifieste lo que a su derecho corresponda y, en su caso, comparezca a recibir la posesión del inmueble relativo. Para ello, es necesaria la aprobación de la consignación por parte de la autoridad jurisdiccional, a fin de que la misma surta efectos, pudiendo también, en su momento, ordenar que se entregue al acreedor la posesión del bien, lo cual determinará con base en las circunstancias que resulten de las diligencias que se practiquen.

Artículo 395. Si la persona acreedora fuere desconocida, se le citará de conformidad con lo previsto en este Código Nacional, en términos de las disposiciones que se utilizan para las notificaciones de personas inciertas o cuyo domicilio se ignore.

Si la persona acreedora estuviere ausente o desaparecida, será citada a través de representante de conformidad con las leyes de la materia, y en su caso por conducto del Ministerio Público o la Representación Social.

Artículo 396. La persona acreedora comparecerá personalmente o a través de su persona representante autorizada, el día, hora y lugar designados, ante el área de apoyo judicial respectiva o la autoridad jurisdiccional, donde se levantará constancia de la comparecencia, o no, describiendo el bien consignado, su recepción y, en su caso, que quedó constituido el depósito en la persona o establecimiento designado por la autoridad jurisdiccional, oficina de apoyo judicial, o en el lugar indicado por la Ley Orgánica respectiva.

Si la persona acreedora se negare a recibir los bienes consignados, se harán constar sus argumentos en el acto respectivo.

Artículo 397. Si el bien debido fuese cierto y determinado, que debiera ser consignado en el lugar en donde se encuentre, y la persona acreedora no lo retirara ni lo transportara, la deudora puede obtener autorización de la autoridad jurisdiccional para depositarlo en otro lugar adecuado y bajo su responsabilidad.

Artículo 398. Cuando la persona acreedora no haya estado presente en el ofrecimiento y depósito del bien debido, debe ser notificada personalmente de esas diligencias, entregándosele copia simple de ellas, si las pidiere, conforme a las formalidades establecidas en el presente Código Nacional.

Artículo 399. La consignación del dinero puede hacerse en el lugar o cuenta bancaria que designe la persona acreedora y en su defecto, mediante certificado de depósito o cheque certificado, ante el área de apoyo judicial, dispuesta para dichos efectos en la Ley Orgánica respectiva, Secretaría de Finanzas o Tesorería de cada Entidad Federativa.

Artículo 400. La consignación y el depósito de que hablan los artículos anteriores pueden hacerse por conducto de Fedatario Público, en este caso la designación de la persona depositaria será hecha bajo la responsabilidad de la persona deudora.

La Corredora o el Corredor Público, Notaria o Notario Público, en su caso atenderán personalmente la diligencia y se limitarán a hacer el ofrecimiento y expedir a la persona deudora la certificación respectiva, en la que dé fe de los hechos. La tramitación de oposiciones de la persona acreedora y declaración de liberación deberá hacerse por la autoridad jurisdiccional competente.

Artículo 401. Las mismas diligencias previstas en el artículo que antecede, se seguirán si la persona acreedora fuere conocida, pero dudosos sus derechos. Este depósito sólo podrá hacerse bajo la intervención judicial y bajo la condición de que la persona interesada justifique sus derechos por los medios legales.

Artículo 402. Cuando la persona acreedora se rehusare en el acto de la diligencia a recibir, el bien, con la certificación a que se refieren los artículos anteriores, podrá la deudora pedir la declaración de liberación en contra de la acreedora.

Mientras la acreedora no acepte la consignación o no se pronuncie resolución sobre ella, podrá la deudora retirar el depósito del bien; pero en este caso la obligación conserva todo su vigor.

Artículo 403. La persona depositaria que se constituya en estas diligencias será designada por la autoridad jurisdiccional si con intervención de ella se practicaren. Si fueren hechas con intervención de Corredor o Corredora Pública, Notaria o Notario Público, la designación será bajo la responsabilidad de la deudora.

CAPÍTULO II
DE LAS MEDIDAS CAUTELARES EN MATERIA CIVIL

SECCIÓN PRIMERA
DE LAS PROVIDENCIAS PRECAUTORIAS

Artículo 404. Las providencias precautorias son las siguientes:

I. Radicación de persona, cuando hubiere temor fundado de que se ausente u oculte la persona contra quien deba promoverse o se haya promovido una demanda. Dicha medida se reducirá a prevenir a la parte demandada que no se ausente del lugar del juicio sin dejar quien la represente legalmente, suficientemente instruida y expensada, para responder a las resultas del juicio. Quien quebrante la providencia de radicación de persona, será sancionado con la pena que señala el Código Penal respectivo por el delito de desobediencia a un mandato legítimo de la autoridad judicial, sin perjuicio de ser compelido por los medios de apremio que correspondan a volver al lugar del juicio. Quien ostente la representación legal y que se presente instruida y expensada, quedará obligada solidariamente con la persona deudora, respecto del contenido de la sentencia;

II. Retención de bienes, en cualquiera de los siguientes casos:

a) Cuando exista temor fundado de que los bienes que se hayan consignado como garantía o respecto de los cuales se vaya a ejercitar una acción real, se dispongan, oculten, dilapiden, enajenen o sean insuficientes, y

b) Tratándose de acciones personales, siempre que la persona contra quien se pida no tuviere otros bienes que aquellos en que se ha de practicar la diligencia, y exista temor fundado de que los disponga, oculte, dilapide o enajene. En los supuestos a que se refiere esta fracción, si los bienes consisten en dinero en efectivo o en depósito en instituciones de crédito, u otros bienes fungibles, se presumirá, para los efectos de este artículo, el riesgo de que los mismos sean dispuestos, ocultados o dilapidados, salvo que el afectado con la medida garantice el monto del adeudo.

III. Depósito o aseguramiento de las cosas, libros, documentos o papeles sobre que verse el litigio, cuando se demuestre la existencia de un temor fundado o el peligro de que las cosas, libros, documentos o papeles puedan ocultarse, perderse o alterarse, y

IV. El aseguramiento de bienes y condiciones necesarias para conservar la causa de pedir y garantizar la ejecución efectiva de la sentencia, siempre y cuando las cosas se mantengan en el estado en que se encuentren a la fecha de notificación de la providencia, no se afecten el orden e interés público o de terceras personas, y no se constituyan derechos a favor de la promovente equivalentes a los que obtendría, en el caso de obtener sentencia definitiva favorable. Las disposiciones de las fracciones anteriores comprenden no sólo a la persona deudora, sino también a quienes tengan la calidad de socias y administradoras de bienes ajenos.

Artículo 405. Las providencias precautorias establecidas por este Código Nacional podrán decretarse, tanto como actos prejudiciales, como después de iniciado el juicio respectivo.

En el primer caso, se tramitará en expediente que se forme por cuerda separada, previo a iniciar el juicio principal conforme al procedimiento de dos fases que prevé el artículo 409 del presente Código Nacional; en el caso de que la petición sea la radicación de persona, quien promueva deberá garantizar el pago de los daños y perjuicios que se generen si no se presenta la demanda. El monto de la garantía deberá ser determinado por la autoridad jurisdiccional prudentemente, con base en la información que se le proporcione y cuidando que la misma sea asequible para el promovente; si la autoridad jurisdiccional que decretó las providencias no fuere la que conozca del procedimiento, desde luego remitirá las mismas a la que le haya sido encomendado el mismo, quien podrá, en su caso, confirmar o revocar la decisión dictada.

En el segundo caso, se tramitará en vía incidental directamente ante la autoridad jurisdiccional que conoce del procedimiento conforme al procedimiento de dos fases del mismo artículo 409 del presente Código Nacional.

Si se pide la radicación de persona, bastará la petición de la promovente y el otorgamiento de la garantía a que se refiere este artículo para que se decrete y se haga a la persona demandada la correspondiente notificación.

Artículo 406. Quien solicite la radicación de persona, deberá acreditar el derecho que tiene para gestionar dicha medida. Se podrá probar lo anterior mediante documentos o con testigos idóneos.

Artículo 407. La autoridad jurisdiccional deberá decretar de plano la retención de bienes, cuando la persona que la pida cumpla con los siguientes requisitos:

I. Pruebe la existencia de un crédito cierto, líquido y exigible a su favor;

II. Exprese el valor de las prestaciones o el de la cosa que se reclama, designando ésta con toda precisión;

III. Manifieste, bajo protesta de decir verdad, las razones por las cuales tenga temor fundado de que los bienes consignados como garantía o respecto de los cuales se vaya a ejercitar la acción real serán ocultados, dilapidados, dispuestos o enajenados. En caso de que dichos bienes sean insuficientes para garantizar el adeudo, deberá acreditarlo con el avalúo o las constancias respectivas;

IV. Tratándose de acciones personales, manifieste bajo protesta de decir verdad que la persona deudora no tiene otros bienes conocidos que aquellos en que se ha de practicar la diligencia. Asimismo, deberá expresar las razones por las que exista temor fundado de que el deudor oculte, dilapide o enajene dichos bienes, salvo que se trate de dinero en efectivo o en depósito en instituciones de crédito, o de otros bienes fungibles. Tratándose de alimentos, bastará la protesta de decir verdad del acreedor de que la persona deudora ha dejado de suministrar alimentos por tres meses consecutivos o discontinuos, y

V. Garantice los daños y perjuicios que pueda ocasionar la medida precautoria a la persona deudora, en el caso de que no se presente la demanda dentro del plazo previsto en este Código Nacional o bien porque promovida la demanda, sea absuelta su contraparte. El monto de la garantía deberá ser determinado por la autoridad jurisdiccional prudentemente, con base en la información que se le proporcione y cuidando que la misma sea asequible para quien la solicite. Salvo en asuntos que afecten derechos de familia, niñas, niños, adolescentes o mujeres que sufran cualquier tipo de violencia, en las que no será necesaria tal garantía.

Artículo 408. Si la parte demandada consigna el valor u objeto reclamado, si da fianza bastante a juicio de la autoridad jurisdiccional o prueba tener bienes inmuebles bastantes para responder del éxito de la demanda, comprometiéndose a no transmitirlos de ningún modo, no se llevará a cabo la providencia precautoria o se levantará la que se hubiere dictado.

Artículo 409. El procedimiento para decretar una providencia precautoria constará de dos fases, una provisional y una definitiva.

En la fase provisional no se requerirá de citación de la parte afectada y tendrá por objeto proteger el peligro en la demora que afirme y demuestre el peticionario. En caso de ser otorgada, la providencia precautoria provisional surtirá sus efectos hasta que se resuelva sobre el otorgamiento de la providencia precautoria definitiva.

Para el otorgamiento de la providencia precautoria definitiva el peticionario deberá demostrar, además de los requisitos particulares que este Código Nacional exige respecto de cada providencia precautoria, la apariencia del buen derecho y el peligro en la demora. Para tal efecto, se correrá traslado a la parte afectada con la solicitud respectiva para que en el plazo de tres días hábiles manifieste lo que a su derecho convenga.

En dicho caso, las partes deben ofrecer sus pruebas en la comparecencia o en los escritos de solicitud de providencia precautoria y en el de su contestación, y cada una de ellas es responsable de su preparación de forma que puedan recibirse en la audiencia especial para la determinación de la procedencia de la providencia precautoria definitiva.

Una vez transcurrido el plazo para que la parte afectada desahogue la vista con la solicitud de la providencia precautoria, se citará a las partes para una audiencia oral que tendrá lugar en un plazo de cinco días en la que se recibirán las pruebas y alegatos de las partes. En la misma audiencia se abordará el debate sobre procedencia, en su caso, de establecer una garantía a cargo del peticionario de la providencia precautoria.

Cerrada la instrucción, la autoridad jurisdiccional gozará de un plazo de tres días hábiles para dictar la sentencia interlocutoria en la que confirme, modifique o levante la providencia precautoria, en definitiva. En todo lo relacionado a ofrecimiento, admisión, preparación, desahogo de pruebas y celebración de audiencia oral, se aplicarán las reglas previstas en el presente Código Nacional.

Artículo 410. De toda providencia precautoria queda responsable la persona que la pida; por consiguiente, son a su cargo los daños y perjuicios que se causen.

Artículo 411. El aseguramiento de bienes decretado por providencia precautoria y la consignación a que se refiere este Capítulo, se rigen en lo que sea aplicable por lo dispuesto en las reglas generales del secuestro formándose la sección de ejecución que se previene en los juicios ejecutivos.

Artículo 412. Ejecutada la providencia precautoria antes de ser presentada la demanda, la persona que la pidió deberá entablar el juicio respectivo dentro de los quince días siguientes.

Artículo 413. Si la parte actora no cumple con lo dispuesto en el artículo que precede, la providencia precautoria se revocará de oficio o a petición de parte. Dentro del término a que se refiere el artículo anterior, deberá exhibir copia certificada u original del escrito inicial de demanda debidamente recibido por la Oficialía de Partes y; en su caso, el auto que la admitiera, de lo contrario se levantará la misma.

Artículo 414. La persona contra quien se haya dictado una providencia precautoria, puede en cualquier tiempo, pero antes de la sentencia ejecutoria, solicitar a la autoridad jurisdiccional su modificación o revocación, cuando ocurra un hecho superveniente y conforme al procedimiento que establece el artículo 409 del presente Código Nacional.

Artículo 415. Puede reclamar la providencia precautoria un tercero, cuando sus bienes hayan sido objeto del secuestro. Esta reclamación se sustanciará por cuaderno separado. El tercero que reclame una providencia, deberá hacerlo mediante escrito en el que ofrezca las pruebas respectivas. La autoridad jurisdiccional correrá traslado al promovente de la precautoria y a la persona contra quien se ordenó la medida, para que la contesten dentro del término de cinco días y ofrezcan las pruebas que pretendan se les reciban. Transcurrido el plazo para la contestación, se proveerá respecto a la admisión o desechamiento de las pruebas que se hayan ofrecido y se señalará fecha para su desahogo dentro de los diez días siguientes, mandando preparar las pruebas que así lo ameriten. En la audiencia se recibirán y desahogarán las pruebas. Concluido su desahogo, las partes alegarán verbalmente lo que a su derecho convenga. La autoridad jurisdiccional fallará en la misma audiencia y dictará el acta mínima que contendrá los puntos resolutivos, siendo el medio digital que contenga la audiencia, la más fiel constancia de valoración, fundamentación y motivación de la autoridad jurisdiccional.

En contra de la resolución de dicha reclamación, procederá el recurso de apelación en el efecto devolutivo. Cuando la providencia precautoria hubiere sido dictada en segunda instancia con motivo del recurso de apelación, la sentencia de la reclamación no admitirá recurso alguno.

Artículo 416. Cuando la providencia precautoria se dicte por una autoridad jurisdiccional que no sea la que deba conocer del procedimiento principal, una vez ejecutada y resuelta en su caso la reclamación, se remitirán a la autoridad jurisdiccional competente las actuaciones que se unirán al expediente, así como las constancias digitales del audio y video de la audiencia respectiva, para que en él obren los efectos que correspondan conforme a derecho.

SECCIÓN SEGUNDA
DE LAS MEDIDAS DE ASEGURAMIENTO

Artículo 417. Antes de iniciarse el juicio, o durante su desarrollo, pueden decretarse todas las medidas necesarias para mantener la situación de hecho existente. Estas medidas se decretarán en forma provisional y definitiva siguiendo el mismo procedimiento cautelar que para las providencias precautorias se prevén en el artículo 409 del presente Código Nacional, y su resolución definitiva, es apelable en el efecto devolutivo de tramitación inmediata.

Artículo 418. La parte que tenga interés en que se modifique la situación de hecho existente, deberá proponer su demanda ante la autoridad competente.

Artículo 419. Cuando para mantener los hechos en el estado que guarden entrañe la suspensión de una obra, de la ejecución de un acto o de la celebración de un contrato, la demanda debe ser presentada por la parte que solicitó la medida, dentro del plazo de cinco días, contados a partir de la fecha en que se haya ordenado la suspensión.

El hecho de no interponer la demanda dentro del plazo indicado, deja sin efecto la medida.

Artículo 420. En todo caso, el mantener las cosas en el estado que guarden pueda causar daño o perjuicio a persona distinta de la que solicite la medida, se exigirá, previamente, garantía bastante para asegurar su pago, a juicio de la autoridad jurisdiccional que la decrete.

Artículo 421. La determinación que ordene que se mantengan las cosas en el estado que guarden al dictarse la medida, no prejuzga sobre la legalidad de la situación que se mantiene, ni sobre los derechos o responsabilidades del que la solicita, ni el pago de daños y perjuicios a que pueda resultar condenado de no ser procedente la medida de aseguramiento.

Artículo 422. Si la medida se decretó antes de iniciarse el juicio, quedará insubsistente si no se interpone la demanda dentro de los cinco días de practicada, y se restituirán las cosas al estado que guardaban antes de dictarse la medida.

Artículo 423. No podrá decretarse diligencia preparatoria alguna, de aseguramiento o precautoria que no esté autorizada por este Código Nacional o por disposición especial de la ley.

TÍTULO SEGUNDO
PROCEDIMIENTOS CIVILES NO CONTENCIOSOS

CAPÍTULO I
DE LA JURISDICCIÓN VOLUNTARIA

SECCIÓN PRIMERA
DISPOSICIONES GENERALES

Artículo 424. La jurisdicción voluntaria comprende todos los actos que, por disposición de la ley o por solicitud de las personas interesadas, se requiere la intervención de la autoridad jurisdiccional, sin que esté promovida, ni se promueva cuestión litigiosa alguna entre partes determinadas.

A solicitud de parte legítima podrán practicarse en esta vía las notificaciones o emplazamientos necesarios en procesos extranjeros.

Artículo 425. De manera enunciativa y no limitativa, podrá tramitarse la jurisdicción voluntaria en los siguientes casos:

I. Para justificar algún hecho o acreditar un derecho;

II. Cuando se pretenda justificar la posesión como medio para acreditar el dominio pleno de un inmueble o derecho real;

III. La posesión o propiedad de vehículos automotores por medio de testigos, siempre que no cuenten con reporte de robo u otros ilícitos, así como se justifique su legal estancia en el país;

IV. Cuando se trate de comprobar la posesión de un mueble o algún derecho real;

V. Para acreditar hechos conocidos o acreditar situaciones jurídicas se podrá realizar la diligencia ante Notaria o Notario Público, de conformidad con lo dispuesto por la legislación aplicable;

VI. Asimismo, se podrá realizar la diligencia ante Notaria o Notario Público, de conformidad con lo dispuesto por la legislación aplicable, en los casos del procedimiento de apeo y de deslinde, y

VII. En cualquier otro que sólo tenga interés el promovente.

En los casos de las tres primeras fracciones, así como en aquellos que se afecte el interés público, estén involucrados derechos de niñas, niños y adolescentes o se trate de derechos o bienes de personas declaradas ausentes o desaparecidas, se dará vista al Ministerio Público o Representación Social para su intervención y solo se podrá celebrar ante autoridad jurisdiccional. Las practicadas por Notaria o Notario Público las realizarán conforme a la ley respectiva.

En el caso de la fracción IV, con la quien sea titular de la propiedad o de los demás partícipes del derecho real.

Tratándose de vehículos automotores se requerirá acreditar que no cuenta con reporte de robo o de algún otro ilícito, así como su legal estancia en el país.

El Ministerio Público y las personas con cuya citación se reciba la información, pueden tachar a los testigos por circunstancias que afecten su credibilidad.

Cuando haya datos o indicios que inclinen a sospechar que la promovente trata, mediante la información de despojar inmuebles, o defraudar al fisco o cometer cualquier otro delito, la autoridad jurisdiccional, Notaria o Notario Público dará vista al Ministerio Público para los efectos conducentes y suspenderá la tramitación de la información.

Estos procedimientos se tramitarán por escrito, salvo que, atendiendo al caso en concreto puedan realizarse las diligencias ajustándose a los principios del juicio oral.

Artículo 426. La jurisdicción voluntaria deberá promoverse por escrito ante la autoridad jurisdiccional competente y reunir los siguientes requisitos:

I. Nombre y domicilio de quien promueve;

II. En su caso, nombre y domicilio de las personas que deban ser citadas;

III. La providencia solicitada;

IV. Los hechos que fundamenten la solicitud;

V. Las pruebas que se ofrezcan, y

VI. Firma de quien promueve.

Artículo 427. Si no se requiere la intervención de persona distinta al promovente, se observará lo siguiente:

I. El promovente comparecerá ante la autoridad jurisdiccional y sin mayor formalidad expresará la causa que origina la necesidad de la intervención judicial;

II. Si se requiere por la naturaleza de lo solicitado, el promovente ofrecerá las informaciones, dictámenes o pruebas necesarias para que la autoridad jurisdiccional gestione la solicitud y emita la providencia respectiva, y

III. Si la autoridad jurisdiccional admite la solicitud, en la misma audiencia recibirá las informaciones, dictámenes o pruebas ofrecidas y emitirá, en su caso, la providencia respectiva. Si se le solicita, la documentará en tres días.

Artículo 428. Si se requiere la intervención de persona distinta al promovente, se observará lo siguiente:

I. El promovente comparecerá ante la autoridad jurisdiccional, y sin mayor formalidad expresará la causa que origina la necesidad de la intervención judicial. Además, señalará el nombre y domicilio de las personas que tengan interés;

II. El promovente ofrecerá cuando así se requiera, las pruebas que sustenten la petición;

III. Se emplazará a las personas que tengan interés para una audiencia que se verificará en el término de tres días, en que expresen lo que a su interés convenga. En esa audiencia se desahogarán las pruebas de las partes y en seguida se emitirá la sentencia respectiva.

Artículo 429. Los Consejos de la Judicatura de los Poderes Judiciales de las Entidades Federativas y del Poder Judicial de la Federación, mediante acuerdos generales, podrán establecer los mecanismos necesarios para que los procedimientos a que se refiere este artículo se desahoguen por medios electrónicos.

Artículo 430. Para el examen de los testigos, se observarán las formalidades que para esta prueba regula el presente Código Nacional.

La autoridad jurisdiccional podrá ampliar el examen de los testigos con las preguntas que estime pertinentes.

Artículo 431. En ningún caso se admitirán en procedimiento judicial no contencioso, informaciones de testigos sobre hechos que fueren materia de un procedimiento en curso.

Artículo 432. La Jurisdicción Voluntaria podrá tramitarse ante Notaria o Notario Público cuando así lo disponga la legislación aplicable; y el promovente sea el único que tenga interés en el objeto de los mismos, no esté promovida, ni se promueva cuestión litigiosa alguna entre partes determinadas y no se encuentren involucrados derechos de niñas, niños y adolescentes, observándose en lo conducente las reglas del presente Código Nacional.

Artículo 433. Se dará por terminado el procedimiento de jurisdicción voluntaria si se opusiere parte legítima. Se desechará la oposición que se haga después de efectuado el acto, reservándole los derechos a quien se oponga para que los haga valer en la vía y forma que proceda.

Artículo 434. La Autoridad Jurisdiccional podrá variar o modificar las providencias que dictare, sin sujeción estricta a los términos y formas establecidos respecto de la jurisdicción contenciosa.

No se comprenden, en esa disposición, los autos que tengan fuerza de definitivos, a no ser que se demuestre que cambiaron las circunstancias que determinaron la resolución.

Artículo 435. Las resoluciones que se dicten en las diligencias de jurisdicción voluntaria ante autoridad jurisdiccional son recurribles en términos de lo que establece este Código Nacional. La resolución desestimatoria de la petición es recurrible en queja. La que dé por concluido el procedimiento de las diligencias, será apelable en el efecto devolutivo.

Artículo 436. No se practicará diligencia alguna de jurisdicción voluntaria de la que pueda resultar perjuicio a la Hacienda Pública. Las que se practicaren en contravención de este precepto serán nulas de pleno derecho y no producirán efecto legal alguno.

Artículo 437. De las informaciones o resoluciones se expedirán las copias certificadas o se mandarán protocolizar ante Fedatario Público a petición y costa del interesado.

Artículo 438. Las informaciones se inscribirán en el Registro Público de la Propiedad Federal, Oficina Registral o cualquier Institución análoga según la Entidad Federativa de que se trate, si así procediere.

SECCIÓN SEGUNDA
DEL APEO Y DESLINDE

Artículo 439. El apeo o deslinde tiene lugar siempre que no se hayan fijado los límites o linderos que separan un fundo de otro u otros, o que, habiéndose fijado, hay motivo fundado para creer que no son exactos ya sea que naturalmente se hayan confundido, o porque se hayan destruido las señales que los marcaban, o bien porque éstas se hayan colocado en lugar distinto del primitivo.

Artículo 440. Tiene derecho para promover el apeo:

I. Quien ostente la calidad de propietaria;

II. Quien posea con título bastante para transferir el dominio;

III. Quien sea titular del derecho para usufructuar el bien;

IV. El apeo o deslinde de un fundo de propiedad nacional, estatal o municipal sólo podrá practicarse a petición de la autoridad administrativa correspondiente, y

V. Los particulares pueden también pedir el apeo, para deslindar su fundo respecto de otro con carácter público. En este caso, la diligencia se limitará a marcar los linderos entre ambos fundos.

Artículo 441. La petición de apeo debe contener:

I. El nombre y ubicación de la finca que debe deslindarse;

II. La parte o partes en que el acto debe ejecutarse;

III. Los nombres de las personas colindantes que puedan tener interés en el apeo, así como de las autoridades que puedan tener injerencia en el asunto;

IV. El sitio donde están y dónde deben colocarse las señales y si éstas no existen, el lugar donde estuvieron;

V. Los planos y demás documentos que vengan a servir para la diligencia, y designación de perito por parte de la promovente, y

VI. La designación de un perito para que intervenga en el reconocimiento.

Si el apeo se tramita ante Notaria o Notario Público, además de acreditarse la propiedad o titularidad del bien a deslindar, se deberá acreditar la propiedad o titularidad de los colindantes, salvo que el predio colinde con predio o bienes destinados a servicios públicos o de propiedad municipal, estatal o federal.

Asimismo, cuando el trámite se realice por Notaria o Notario Público, la solicitud deberá ser suscrita además por los colindantes del predio a deslindar y deberá contener señalados el día, hora y lugar para que dé principio la diligencia de deslinde.

Artículo 442. Admitida la petición se mandará citar a los colindantes para que dentro de tres días presenten los títulos y documentos de su posesión, y nombren perito si quieren hacerlo. Se señalará el día, hora y lugar para que dé principio la diligencia de deslinde.

Si fuere necesario identificar alguno o algunos de los puntos de deslinde, quienes tengan interés podrán presentar dos testigos de identificación cada uno, en la diligencia.

Artículo 443. El día y hora señalados para que se celebre la diligencia de deslinde, la autoridad jurisdiccional, acompañada de la persona secretaria judicial, así como peritos, testigos de identificación y personas autorizadas en el proceso que asistan al lugar designado para dar principio a la diligencia, conforme a lo siguiente:

I. Practicará el apeo y deslinde, asentándose acta en que constarán todas las observaciones que hicieren las personas interesadas;

II. La diligencia no se suspenderá por virtud de las observaciones, sino en el caso de que se presente en el acto un documento debidamente registrado que acredite es de su propiedad el fundo que se trata de deslindar;

III. La autoridad jurisdiccional, al ir demarcando los límites del fundo deslindado, otorgará posesión a la promovente de las diligencias respecto de la propiedad que quede comprendida dentro de ellos, si quien sea colindante se opusiera, o mandará que se le mantenga en la que esté disfrutando;

IV. Si existe oposición de colindantes respecto a un punto determinado, por considerar que conforme a sus títulos quede comprendido dentro de los límites de su propiedad, la autoridad jurisdiccional oirá a los testigos de identificación y a los peritos, e invitará a los interesados a que se pongan de acuerdo. Si esto se lograre, se hará constar y se otorgará la posesión según su sentido. Si no se lograre, se abstendrá la autoridad jurisdiccional de hacer declaración alguna en cuanto a la posesión, respetando en ella a quien la disfrute, y mandará reservar sus derechos a quienes tengan interés para que los hagan valer en el juicio correspondiente mediante la resolución correspondiente que se dictare en el plazo de cinco días, y

V. La autoridad jurisdiccional mandará que se fijen las señales convenientes en los puntos deslindados, las que quedarán como límites legales. Los puntos respecto a los cuales hubiere oposición no quedarán deslindados ni se fijará en ellos señal alguna, mientras no haya sentencia ejecutoria que resuelva la cuestión, dictada en el juicio correspondiente.

Al realizarse la diligencia por Notaria o Notario Público, éste deberá levantar acta en la que haga constar y certifique los hechos ocurridos durante la diligencia, misma que deberá protocolizar en escritura pública, junto con la solicitud y demás documentos que le hayan sido presentados para la realización de la diligencia, en los términos de la Ley del Notariado de cada Entidad Federativa.

Artículo 444. Los gastos generales del apeo se harán por quien lo promueva. Los que importen la intervención de peritos y testigos que presenten los colindantes, serán pagados por quien nombre a los unos y presente a los otros.

En el caso de que el trámite de la diligencia se realice ante Notaria o Notario Público, los gastos serán únicamente por cuenta de quien la promueva.

SECCIÓN TERCERA
DE LA DESIGNACIÓN DE APOYOS EXTRAORDINARIOS

Artículo 445. Todas las personas mayores de edad tienen capacidad jurídica plena. El código civil respectivo regulará las modalidades en que las personas puedan recibir apoyo para el ejercicio de su capacidad jurídica, que son formas de apoyo que se prestan a la persona para facilitar el ejercicio de sus derechos, incluyendo el apoyo en la comunicación, la comprensión de los actos jurídicos y sus consecuencias, y la manifestación de la voluntad.

Puede ser objeto de apoyo cualquier acto jurídico, incluidos aquellos para los que la ley exige la intervención personal del interesado. Nadie puede ser obligado a ejercer su capacidad jurídica mediante apoyos, salvo lo señalado en el artículo siguiente.

Artículo 446. La autoridad jurisdiccional, en casos excepcionales, puede determinar los apoyos necesarios para personas de quienes no se pueda conocer su voluntad por ningún medio y no hayan designado apoyos ni hayan previsto su designación anticipada. Esta medida únicamente procederá después de haber realizado esfuerzos reales, considerables y pertinentes para conocer una manifestación de voluntad de la persona, y de haberle prestado las medidas de accesibilidad y ajustes razonables, y la designación de apoyos sea necesaria para el ejercicio y protección de sus derechos.

Si se hubiere realizado una designación anticipada de apoyos, se estará a su contenido.

El procedimiento para la designación extraordinaria de apoyos se llevará a cabo ante autoridad jurisdiccional civil o familiar, en su caso, en forma sumaria en una audiencia oral en los términos de este Código Nacional.

Artículo 447. La autoridad jurisdiccional determinará la persona o personas de apoyo, sobre la base de la voluntad y preferencias de la persona manifestadas previamente y, de no existir, determinará la persona o personas de apoyo tomando en cuenta la relación de convivencia, confianza, amistad, cuidado o parentesco que exista entre ellas y la persona apoyada, escuchando la opinión del Ministerio Público o autoridad competente en la Entidad Federativa. De no existir ninguna de las personas anteriores, o cuando ninguna acepte el cargo, se designará a una persona física o moral del registro de personas morales que provean apoyos para el ejercicio de la capacidad jurídica, de conformidad con la regulación del código civil respectivo.

Artículo 448. Cualquier persona podrá solicitar la designación judicial extraordinaria de apoyo; corresponderá a la autoridad jurisdiccional allegarse de la información necesaria con base en:

I. La imposibilidad de conocer la voluntad, preferencias, medio, modo y formato de comunicación;

II. El riesgo para la salvaguarda de los derechos, el patrimonio, la integridad personal o la vida, y

III. La realización de esfuerzos reales, considerables y pertinentes, incluyendo la implementación de ajustes razonables, para que la persona manifestara su voluntad y preferencias, sin que éstos resultaran eficaces.

Artículo 449. La autoridad jurisdiccional de manera fundada y motivada, determinará en la resolución la temporalidad, alcances y responsabilidades de la persona designada como apoyo, así como las salvaguardias e informes a la autoridad administrativa competente, que en su caso procedan. La designación judicial de apoyo no puede otorgarse para actos personalísimos.

Artículo 450. La persona judicialmente designada como apoyo tendrá la encomienda de realizar su mandato de acuerdo con la mejor interpretación posible de lo que fuera la voluntad y preferencias de la persona, de conformidad con las fuentes conocidas de información que resulten pertinentes, incluida la trayectoria de vida de la persona, sus valores, tradiciones y creencias, previas manifestaciones de la voluntad y preferencias en otros contextos, información con la que cuenten personas de confianza, y tecnologías presentes o futuras.

La persona designada judicialmente como apoyo está obligada a hacer esfuerzos constantes, dentro de sus posibilidades, durante su encargo para conocer la voluntad y preferencias de la persona apoyada.

Artículo 451. En caso de que se llegue a conocer la voluntad y preferencias de la persona, quien haya sido designado como apoyo, está obligada a dar aviso de inmediato a la autoridad jurisdiccional para que se revoque o modifique la presente designación.

La autoridad jurisdiccional deberá establecer revisiones periódicas, determinadas, para verificar que la persona designada está cumpliendo con su mandato, de conformidad con los parámetros establecidos en la designación extraordinaria, así como la pertinencia de su continuación o modificación. Para dichos efectos, la autoridad jurisdiccional podrá auxiliarse de las autoridades administrativas competentes.

Además, deberá verificar, de preferencia de manera directa, que sigue vigente la situación que dio lugar a la designación de apoyos y que aún no se puede conocer la voluntad y preferencias de la persona por cualquier medio, modo y formato de comunicación posible.

Artículo 452. Cualquier persona que tenga prueba de que la persona designada judicialmente como apoyo no está actuando de conformidad con la mejor interpretación posible de la voluntad y preferencias de la persona apoyada, estará autorizada a poner este hecho en conocimiento de la autoridad jurisdiccional, quien deberá tramitar por vía incidental, para realizar las diligencias y corroboraciones pertinentes a fin de adoptar las medidas correctivas, en su caso, incluida la posibilidad de remover a la persona designada como apoyo.

Artículo 453. En ningún caso se podrán tramitar ante Fedatario Público asuntos no contenciosos en los que esté involucrada la designación extraordinaria de apoyo, para el ejercicio de la capacidad jurídica, salvo aquellos asuntos autorizados por la autoridad jurisdiccional competente.

Artículo 454. La autoridad jurisdiccional no puede designar como apoyos a las personas que tengan conflicto de intereses con la persona apoyada. No será considerado como conflicto de intereses la simple relación de parentesco que tenga la persona apoyada con quien proporciona el apoyo.

Artículo 455. Se entiende que existen (sic) conflicto de intereses cuando la situación laboral, personal, profesional, familiar o de negocios, pueden llegar a afectar el desempeño o las decisiones imparciales y objetivas de sus funciones de apoyo.

CAPÍTULO II
DE LOS JUICIOS ORALES CIVILES

SECCIÓN PRIMERA
DEL JUICIO ORDINARIO CIVIL ORAL

Artículo 456. Todas las controversias de naturaleza civil que no tengan señalada tramitación especial en este Código Nacional se ventilarán en juicio ordinario civil y se tramitarán conforme a las reglas del presente Título y en lo no previsto, se regirá por las disposiciones generales de este Código Nacional.

Artículo 457. Atendiendo a lo establecido en el artículo 251, se desarrollará la audiencia preliminar con las siguientes etapas:

I. Depuración del procedimiento;

II. Conciliación de las partes y en su caso, invitación a la mediación ante los Centros Alternativos de Justicia del Poder Judicial respectivo;

III. Depuración del debate;

IV. Calificación sobre admisibilidad o desechamiento de pruebas, y

V. Citación para audiencia de juicio.

Las partes podrán solicitar a la autoridad jurisdiccional, de manera verbal, en las audiencias, que se subsanen las omisiones o irregularidades de debido proceso, que se llegasen a presentar en la substanciación del procedimiento oral, para el solo efecto de regularizar el mismo.

Artículo 458. Las partes tienen el deber de comparecer a la audiencia preliminar, personalmente o por conducto de persona representante autorizada.

A las personas representantes autorizadas que no acudan a la audiencia preliminar sin justa causa calificada por la autoridad jurisdiccional se le impondrá una multa que no podrá ser menor a veinte ni superior a sesenta Unidades de Medida y Actualización, y se diferirá la audiencia por una única ocasión.

Si dejaran de concurrir alguna o ambas partes sin justificación a la audiencia diferida, la autoridad jurisdiccional procederá a examinar los presupuestos y excepciones procesales, resolverá sobre la admisión o desechamiento de pruebas y citará para audiencia de juicio, que no podrá exceder de un plazo de cuarenta días siguientes a la celebración de esta audiencia quedando las partes notificadas desde ese momento.

Artículo 459. En la etapa de depuración del procedimiento, la autoridad jurisdiccional examinará las cuestiones relativas a la legitimación procesal y procederá, en su caso, al desahogo de las pruebas relacionadas a las excepciones procesales y una vez hecho lo anterior las resolverá de manera oral; salvo las cuestiones de incompetencia, que se tramitarán conforme a la parte general de este Código Nacional.

Artículo 460. Depurado el procedimiento, la autoridad jurisdiccional procurará conciliar a las partes, salvo que el asunto sea sobre derechos intransigibles, para dichos efectos hará saber a las partes las pretensiones de cada una de ellas, escuchará las propuestas de éstas y tendrá facultades para, sin externar opinión sobre el posible resultado del juicio, proponer alternativas relacionadas con la litis y solución del conflicto.

Dentro de la misma audiencia, las partes podrán solicitar un receso razonable para desarrollar pláticas conciliatorias entre ellas, sin la presencia de la autoridad jurisdiccional y sin que obre registro del contenido de estas.

Para el caso de conciliación se redactará convenio respectivo, que deberá referirse sólo a las cuestiones en litigio y será firmado por las partes.

La autoridad jurisdiccional examinará el convenio, si concluye que no es contrario a derecho, lo aprobará, elevándolo a categoría de cosa juzgada.

Artículo 461. Cuando en la audiencia no se logre conciliación, lo planteado por las partes no se registrará por ningún medio, ni producirá efecto alguno dentro del procedimiento o fuera de él. Asimismo, se les hará saber a las partes, la posibilidad que tienen en todo momento para llegar a un acuerdo, e incluso, acudir al centro de justicia alternativa o institución análoga que corresponda.

Artículo 462. Durante la audiencia preliminar, en la etapa de depuración del debate, las partes podrán solicitar conjuntamente a la autoridad jurisdiccional la fijación de acuerdos sobre hechos no controvertidos, los que tendrán como finalidad establecer acontecimientos que estarán fuera del debate, con el fin de que las pruebas se dirijan a los hechos controvertidos. La autoridad jurisdiccional de oficio impulsará a las partes para que realicen fijación de hechos no controvertidos con la finalidad de depurar el procedimiento.

De igual manera, las partes y la autoridad jurisdiccional precisarán los acuerdos probatorios necesarios para eliminar total o parcialmente trámites probatorios o pruebas innecesarias, o bien definirán la cooperación procesal entre las partes para su preparación y desahogo; asimismo, pueden pactar las partes el que se incorpore alguna prueba relacionada con el debate, aún y cuando no haya sido ofrecida en los escritos que fijan la Litis.

Consensuados voluntariamente los acuerdos por las partes, la autoridad jurisdiccional los tendrá por fijados.

Artículo 463. La autoridad jurisdiccional al abrir la etapa de admisión de pruebas, en la que, a petición de parte, deberá permitir un breve debate sobre la admisibilidad de las pruebas, previo al pronunciamiento de la autoridad jurisdiccional.

Concluido el breve debate sobre la admisibilidad de las pruebas, la autoridad jurisdiccional procederá a pronunciarse respecto su admisión o desechamiento, así como la forma en que deberán prepararse para su desahogo en la audiencia de juicio, quedando a cargo de las partes su oportuna preparación, bajo el apercibimiento que de no hacerlo se declararán desiertas de oficio las mismas por causas imputables al oferente. Las pruebas que ofrezcan las partes sólo deberán admitirse cuando se refieran a los hechos controvertidos y cumplan con los requisitos previstos en el presente Código Nacional.

La preparación de las pruebas quedará a cargo de las partes, por lo que deberán presentar a los testigos, peritos y demás pruebas que les hayan sido admitidas; y sólo en los casos autorizados en este Código Nacional, la autoridad jurisdiccional, en auxilio del oferente, expedirá los oficios o citaciones, los cuales serán entregados al oferente en la misma audiencia, salvo causa justificada, a efecto de que preparen sus pruebas y éstas se desahoguen en la audiencia de juicio.

Si sólo se reciben pruebas documentales, instrumentales y presuncionales, la autoridad jurisdiccional deberá concentrar la audiencia de juicio dentro de la audiencia preliminar, en la cual se expresarán alegatos de inicio, se desahogarán las pruebas admitidas, se escucharán los alegatos de cierre y se emitirá sentencia definitiva de conformidad con las reglas previstas en el presente Código Nacional.

Durante la etapa de admisión de pruebas, las partes podrán objetar las documentales que consideren pertinentes.

Artículo 464. En casos excepcionales, por la complejidad del asunto, la autoridad jurisdiccional podrá planificar el desahogo de pruebas en más de una que se celebrará en días consecutivos sin afectar los principios de continuidad y concentración.

Artículo 465. Cerrada la etapa de admisión de pruebas, la autoridad jurisdiccional dará el uso de la palabra a las partes, a fin de proveer peticiones finales antes de la conclusión de la audiencia.

Artículo 466. Abierta la audiencia de juicio, la autoridad jurisdiccional escuchará los alegatos de apertura de las partes, para exponer sus respectivas teorías del caso.

La autoridad jurisdiccional señalará el orden para el desahogo de las pruebas, de conformidad con los acuerdos fijados en la audiencia preliminar.

Serán declaradas desiertas aquellas pruebas que no estén debidamente preparadas para su desahogo por causas imputables a la parte oferente. Contra dicha resolución no procede recurso alguno.

Artículo 467. Concluido el desahogo de pruebas, se concederá el uso de la palabra, por una vez a cada una de las partes para formular los alegatos de cierre. La autoridad jurisdiccional tomará las medidas que procedan a fin de que las partes se sujeten al tiempo indicado.

Artículo 468. Enseguida se declarará el asunto visto y se emitirá de inmediato la sentencia definitiva. De ser necesario, la autoridad jurisdiccional decretará un receso razonable para resolver en el mismo día.

En su caso, reanudada la audiencia, la autoridad jurisdiccional explicará de forma breve, clara y sencilla en un lenguaje cotidiano el sentido de su sentencia definitiva y leerá únicamente los puntos resolutivos, entregando copia simple de la versión escrita de la misma a las partes, en un plazo no mayor a dos días.

Asimismo, se hará del conocimiento de las partes el derecho que tienen, si estimaren que la sentencia definitiva contiene omisiones, cláusulas o palabras contradictorias, ambiguas u oscuras, de solicitar por escrito dentro del término de tres días, posteriores a la emisión de la sentencia, la aclaración de la resolución y sin que con ello se pueda variar la substancia de la resolución, sin que dicha petición pueda alterar los plazos del recurso de apelación.

De igual forma, hará saber el derecho y término que tienen las partes para impugnar dicha sentencia conforme al caso en concreto.

En casos excepcionales, dada la complejidad del asunto, el cúmulo y naturaleza de las pruebas desahogadas, la autoridad jurisdiccional podrá diferir la audiencia para emisión de la sentencia definitiva hasta por diez días, citando a las partes para su explicación en un lenguaje cotidiano, en forma breve, clara y sencilla el sentido de la sentencia definitiva y leerá únicamente los puntos resolutivos, entregando copia simple de la versión escrita de la misma a las partes, en un plazo no mayor a dos días.

En caso de que las partes no estén presentes en la audiencia donde se emita la sentencia, se dispensará su explicación y lectura de puntos resolutivos, y se publicará la sentencia a través del medio de comunicación procesal oficial.

Tratándose de personas pertenecientes a grupos sociales en situación de vulnerabilidad la sentencia deberá explicarse y dictarse con los ajustes y formatos necesarios para su debido entendimiento y comprensión.

Artículo 469. Asimismo, al momento de dictar la sentencia definitiva, la autoridad jurisdiccional explicará a las partes las ventajas del cumplimiento voluntario de la sentencia; y las desventajas, de no hacerlo voluntariamente; así como la importancia de presentarse a las audiencias de cumplimiento voluntario de sentencia y sus consecuencias legales, para el caso de que la resolución no sea modificada o revocada por la autoridad jurisdiccional de segunda instancia. Destacando la importancia de vigilar el expediente ante la ausencia de cualquier notificación personal antes de los tres meses posteriores a que la sentencia definitiva sea ejecutable.

SECCIÓN SEGUNDA
DEL JUICIO EJECUTIVO CIVIL ORAL

Artículo 470. Procede el juicio ejecutivo en los casos que un documento lleve aparejada ejecución y que contenga obligación cierta, líquida y exigible.

Traen aparejada ejecución:

I. Los instrumentos públicos, así como los testimonios que de los mismos expidan las y los Corredores Públicos, las y los Notarios Públicos, o la autoridad competente para emitir dichos testimonios;

II. Las ulteriores copias dadas por mandato judicial, con citación de la persona a quien interesa;

III. Los demás instrumentos públicos que conforme a este Código Nacional hacen prueba plena;

IV. Cualquier documento privado después de reconocido por la persona quien lo hizo o lo mandó extender; basta con que se reconozca la firma aun cuando se niegue la deuda;

V. La confesión de la deuda hecha ante la autoridad jurisdiccional competente por la persona deudora;

VI. Los convenios celebrados en el curso de un juicio ante la autoridad jurisdiccional, ya sea de las partes entre sí o de terceros que se hubieren obligado como fiadoras, depositarias, o en cualquier otra forma;

VII. El estado de liquidación de adeudos por cuotas ordinarias o extraordinarias, intereses moratorios o penas convencionales que se hayan aprobado en la Asamblea General de Condóminos; suscrito por quien tenga a su cargo la Administración o el Comité de Vigilancia o su equivalente, conforme a lo dispuesto en la ley de la materia de cada Entidad Federativa;

VIII. Los convenios emanados del procedimiento de mediación o conciliación que cumplan con los requisitos previstos en la Ley de mecanismos alternativos de solución de controversias o de justicia alternativa respectiva, y

IX. Los demás a los que se les reconozca ese carácter por la Ley.

Artículo 471. Las sentencias que causen ejecutoria y los convenios judiciales, los convenios celebrados ante la Procuraduría Federal del Consumidor, así como los celebrados ante la Procuraduría Social o Institución autorizada de la Entidad Federativa correspondiente, los convenios emanados del procedimiento de mediación o conciliación, incluidos los de mediación comunitaria de cada Estado, que cumplan con los requisitos previstos en la Ley de Justicia Alternativa o la legislación respectiva que señale la autoridad jurisdiccional o Poder Judicial de las diversas entidades, los convenios celebrados ante Juzgado Cívico o su análogo tratándose de daños culposos causados con motivo del tránsito de vehículos, los convenios de transacción, los laudos que emitan las propias Procuradurías antes mencionadas y los laudos arbitrales o juicios de contadores, motivarán ejecución, si la persona interesada no intentare la vía de apremio.

Artículo 472. Cuando la confesión judicial de reconocimiento de deuda se haga durante la secuela del juicio ordinario, cesará este si la parte actora lo pidiere y se procederá en la vía ejecutiva.

Si la confesión sólo afecta a una parte de lo demandado en el juicio oral civil, procederá la vía ejecutiva únicamente por lo reconocido si la actora lo pidiere así. El resto de las obligaciones no reconocidas seguirán el juicio ordinario civil.

Artículo 473. La ejecución no puede despacharse sino por cantidad líquida. Si el título ejecutivo o las diligencias preparatorias determinan una cantidad líquida en parte y en parte ilíquida, por aquélla se decretará la ejecución, reservándose por el resto los derechos de la persona promovente.

Artículo 474. Las cantidades que por intereses o daños y perjuicios forman parte de la deuda reclamada y no estuvieren liquidadas al despacharse la ejecución de la suerte principal, lo serán en su oportunidad y se decidirán en la sentencia definitiva.

Artículo 475. Las obligaciones sujetas a condición suspensiva o a plazo, no serán ejecutivas, si no cuando aquélla o éste se hayan cumplido, salvo lo dispuesto en los artículos relativos al cumplimiento de la condición y pérdida del derecho a agotar el plazo del Código Civil correspondiente.

Artículo 476. Si el documento ejecutivo contiene obligación de hacer o no hacer, se observarán las reglas siguientes:

I. Si la parte actora exige la prestación del hecho por quien está obligada o por una tercera persona conforme al Código Civil de cada Entidad Federativa en relación al cumplimiento de la prestación de servicio, la tercera persona, atendidas las circunstancias del hecho, señalará un término prudente para que se cumpla la obligación;

II. Si en el contrato se estableció alguna pena por el incumplimiento, se decretará la ejecución;

III. Si no se fijó penalidad por el incumplimiento de la obligación, el importe de los daños y perjuicios será fijado por la parte actora, cuando la misma optare por el resarcimiento de daños y perjuicios; en este caso, la autoridad jurisdiccional debe moderar prudentemente la cantidad señalada, y

IV. Hecho el acto por la tercera persona, o efectuado el embargo por los daños y perjuicios o la pena, puede oponerse la demandada, de la misma manera que en las demás ejecuciones.

Artículo 477. Cuando el documento contenga la obligación de entregar bienes muebles que sin ser dinero se cuentan por número, peso o medida, o inmuebles se observará lo siguiente:

I. Si no se designa la calidad de los bienes y existieren de varias clases en poder de la parte deudora, se embargarán las de mediana calidad;

II. Si hubiere sólo calidades diferentes a la estipulada, se embargarán si así lo pidiere la parte actora, sin perjuicio de que en la sentencia definitiva se hagan los abonos recíprocos correspondientes, y

III. Si no hubiere en poder de la parte demandada ninguna calidad, se despachará ejecución por la cantidad de dinero que señale la actora, debiendo prudentemente moderarla la autoridad jurisdiccional, de acuerdo con los precios corrientes en plaza, sin perjuicio de lo que señale por daños y perjuicios, moderables también.

Artículo 478. Cuando la acción ejecutiva se ejercite sobre bien mueble o inmueble, cierto y determinado o en especie, o se haya establecido una condición resolutoria ante el incumplimiento de una obligación de dar, si hecho el requerimiento de entrega o devolución la persona demandada no la hace, se pondrá en secuestro judicial.

Si la cosa, bien mueble o inmueble ya no existe, se embargarán bienes suficientes que cubran su valor fijado por la persona ejecutante y los daños y perjuicios como en las demás ejecuciones, pudiendo ser moderada la cantidad por la autoridad jurisdiccional. La ejecutada puede oponerse a los valores fijados, y rendir las pruebas que juzgue convenientes durante la tramitación del juicio. Para el caso de pruebas periciales se estará a las disposiciones del Libro respectivo de este Código Nacional en relación a la vía de apremio y ejecución de sentencia.

Artículo 479. Si el bien mueble o inmueble especificado se halla en poder de una tercera persona, la acción ejecutiva no podrá ejercitarse contra éste, sino en los casos siguientes:

I. Cuando la acción sea real, y

II. Cuando se haya declarado judicialmente que la enajenación por la que adquirió la tercera persona fue realizada por la persona deudora en perjuicio de su acreedor, en los casos y supuestos que señala el Código Civil respectivo y los demás preceptos, en que expresamente se establezca esa responsabilidad.

Artículo 480. En el auto de admisión se mandará emplazar a la persona deudora conforme lo regula el presente Código Nacional, para que dentro de nueve días concurra a oponerse a su ejecución, si para ello tuviere excepciones que hacer valer y se dictará auto de ejecución, ordenando que se requiera de pago a la persona deudora y de no pagar se le embarguen bienes suficientes para garantizar la deuda de forma precautoria.

En los escritos de demanda o contestación y desahogo de excepciones y defensas deberán ofrecerse las pruebas pertinentes, las que se admitirán o desecharán por la autoridad jurisdiccional.

Si la parte demandada no se opusiere a la ejecución o contestadas las excepciones y defensas o precluido el derecho que de oficio se decrete, se señalará fecha para la celebración de la audiencia de juicio, que tendrá verificativo dentro de los diez días siguientes.

En la audiencia de juicio las partes expresarán los alegatos de inicio, se desahogarán las pruebas, se expondrán los alegatos de cierre y se dictará sentencia definitiva conforme a las disposiciones previstas en este Código Nacional.

Para los efectos del remate, en su caso, se estará a lo dispuesto por el Libro Noveno de este Código Nacional en relación con la vía de apremio y ejecución de sentencia.

Artículo 481. Si la persona deudora, tratándose de juicio ejecutivo, no fuere encontrada después de habérsele buscado una vez en su domicilio, se le dejará citatorio para hora fija dentro de las veinticuatro horas siguientes, y si no espera, se practicará la diligencia con cualquier persona que se encuentre en la casa o a falta de ella con el vecino inmediato.

Si no se supiere el paradero de la persona deudora, ni tuviere casa en el lugar, se hará el requerimiento por tres días consecutivos en el medio de comunicación procesal oficial y fijando la cédula en los medios de comunicación procesal oficiales y surtirá sus efectos dentro de tres días, salvo el derecho de la parte actora para pedir providencia precautoria.

Verificado de cualquiera de los modos indicados el requerimiento, se procederá en seguida al embargo.

Artículo 482. El juicio ejecutivo se tramitará en un solo cuaderno, sin necesidad de integrar secciones o cuadernillos especiales.

Artículo 483. Agotado el procedimiento se citará para la sentencia que decidirá los derechos controvertidos. Se procurará dictar en forma inmediata en términos del artículo 468 del presente Código Nacional, y en caso de que se trate de asuntos complejos que requieran mayor tiempo para su análisis, se concederá la ampliación hasta por cinco días más. De resultar probada la acción, la sentencia decretará que ha lugar a hacer trance y remate de los bienes embargados y con el producto, pago a la persona acreedora, una vez celebrada la audiencia de cumplimiento de sentencia.

Artículo 484. Si el crédito que se cobra está garantizado con hipoteca, la persona acreedora podrá intentar el juicio hipotecario o el juicio ejecutivo oral civil, según corresponda.

Artículo 485. Cuando la persona deudora consignare la cantidad reclamada para evitar los gastos y molestias del embargo, reservándose el derecho de oponerse, se suspenderá el embargo y la cantidad se depositará conforme a la Ley; y si la cantidad consignada no fuere suficiente para cubrir la deuda principal y las costas, se practicará el embargo por lo que falte.

SECCIÓN TERCERA
DE LAS TERCERÍAS

Artículo 486. Tercería es la acción que deduce un tercero en un procedimiento previamente instaurado entre dos o más personas, con el objeto de coadyuvar o adherirse a las acciones del demandante o a las excepciones del demandado, o para excluir los derechos de ese tercero.

En un juicio previamente instaurado y seguido por dos o más personas, puede uno o más terceros, con intereses distintos de las partes, presentarse a deducir una acción distinta de la que se debate entre aquellos, tercero que debe fundar su acción y presentar los documentos que tenga relación con la litis planteada en el juicio principal, sin los cuales se desechará de plano. Este nuevo litigante se llama tercer opositor.

Artículo 487. Las cuestiones de tercerías deben substanciarse y decidirse por la autoridad jurisdiccional que sea competente para conocer del asunto principal, independientemente de su cuantía.

La tercería deberá deducirse en los términos prescritos para formular una demanda ante la autoridad jurisdiccional que conoce del juicio y se tramitará conforme a las formalidades del procedimiento en el que se promueva.

Al juicio pueden venir uno o más terceros, siempre que tengan interés propio y distinto de la persona actora o persona demandada en la materia del juicio.

Artículo 488. Las tercerías son coadyuvantes o excluyentes. Las tercerías excluyentes son de dominio o preferencia.

Artículo 489. Las tercerías coadyuvantes pueden oponerse en cualquier juicio, sea cual fuere la acción que en él se ejercite y cualquiera que sea el estado en que éste se encuentre, con tal que aún no se haya pronunciado sentencia definitiva.

Artículo 490. Quien promueva tercería coadyuvante se considera asociado con la parte cuyo derecho coadyuva y, en consecuencia, podrán:

I. Salir al pleito en cualquier estado en que se encuentre, con tal que no se haya pronunciado sentencia definitiva;

II. Hacer las gestiones que estimen oportunas dentro del juicio, deduciendo la misma acción u oponiendo la misma excepción que la persona actora o la demandada, respectivamente y no hubiere designado representación común;

III. Continuar su acción y defensa, aun cuando el principal desistiere, y

IV. Apelar e interponer los recursos procedentes.

Artículo 491. Se correrá traslado a la parte actora y demandada en el principal con la promoción de la tercería coadyuvante, para que contesten en el plazo de nueve días; con el escrito de contestación a la demanda se dará vista a la tercerista para que dentro del término de tres días manifieste lo que a su derecho convenga. En los escritos citados se deberán ofrecer las pruebas, las cuales se admitirán conforme a las reglas generales de este Código Nacional.

En caso de no contestar la demanda, contestadas las excepciones y defensas o precluido el derecho para ello, la autoridad jurisdiccional señalará fecha para la celebración de una audiencia de juicio, dentro de los quince días posteriores, en donde se expresarán alegatos de inicio, se desahogarán pruebas, alegatos de cierre y se dictará sentencia. En lo no previsto y de resultar necesario, deberá de estarse a las reglas para la audiencia de juicio tratándose del procedimiento ordinario civil oral.

Artículo 492. Las tercerías excluyentes de dominio deben de fundarse en el dominio que se posee sobre los bienes objeto del procedimiento.

No es lícito interponer tercería excluyente de dominio a quien consintió en la constitución del gravamen o del derecho real en garantía de la obligación de la persona demandada.

Artículo 493. Quien promueva la tercería excluyente de preferencia debe fundarse en el mejor derecho para ser pagado.

Artículo 494. Con la demanda de tercería excluyente deberá presentarse el título de fecha cierta en original o copia certificada en que se funde o el elemento fehaciente que acredite el derecho que se pretende ejercitar.

La demanda de tercería deberá cumplir con lo previsto por el artículo 235 de este Código Nacional, sin cuyos requisitos se desechará de plano.

Artículo 495. No ocurrirán en tercerías de preferencia:

I. La persona acreedora que tenga hipoteca u otro derecho real accesorio en finca distinta de la embargada;

II. La persona acreedora que sin tener derecho real no haya embargado el bien objeto de la ejecución;

III. La persona acreedora a quien la persona deudora señale bienes bastantes a solventar el crédito, y

IV. La persona acreedora a quien la Ley lo prohíba en otros casos.

Artículo 496. La tercería excluyente de crédito hipotecario tiene derecho de pedir que se inscriba su demanda a su costa.

Artículo 497. Las tercerías excluyentes pueden oponerse en todo procedimiento, cualquiera que sea su estado, con tal de que, si son de dominio, no se haya dado posesión de los bienes a quien haya adquirido por remate o a la parte actora, en su caso, por vía de adjudicación, y que, si son de preferencia, no se haya hecho el pago al demandante.

Artículo 498. Las tercerías excluyentes no suspenderán el curso del juicio en que se interponen. Si fueren de dominio, el juicio principal seguirá sus trámites hasta antes de la aprobación definitiva del remate, y desde entonces se suspenderán sus procedimientos hasta que se decida la tercería.

Artículo 499. Si la tercería fuere de preferencia, se seguirán los procedimientos del juicio principal en que se interponga, hasta la realización de los bienes embargados.

Suspendiéndose el pago que se hará a la persona acreedora que tenga mejor derecho, definida que quede la tercería. Entre tanto se decide ésta, se depositará a disposición de la autoridad jurisdiccional el precio de la venta.

Artículo 500. Si la persona actora y la demandada en el principal se allanaren a la demanda de la tercería, la autoridad jurisdiccional, sin más trámites, mandará cancelar los embargos, si fuere excluyente de dominio, y dictará sentencia por escrito dentro de los siguientes cinco días, si fuere de preferencia. Lo mismo hará cuando ambos dejaren de contestar a la demanda de tercería.

A toda persona opositora que no obtenga sentencia favorable, se le condenará al pago de gastos y costas a favor de las partes que se hubieran opuesto a la tercería.

Al declararse fundada la tercería excluyente que motive se levante el embargo de los bienes, la parte actora en el asunto principal podrá solicitar la ampliación del embargo o un nuevo embargo de bienes sobre los cuales pueda ejecutarse la sentencia o el auto de ejecución.

Artículo 501. La persona ejecutada que haya sido declarado (sic) en rebeldía en el juicio principal, seguirá con el mismo carácter en el de tercería; pero si fuere conocido su domicilio, se le notificará el traslado de la demanda.

Artículo 502. Cuando se presenten tres o más personas acreedoras que hicieren oposición, si estuvieren conformes, se seguirá un solo juicio, graduando en una sola sentencia sus créditos; pero si no lo estuvieren, se seguirá el juicio de concurso necesario de acreedoras.

Artículo 503. Si fueren varias las personas opositoras reclamando el dominio se procederá en cualquier caso a decidir incidentalmente la controversia en unión de la ejecutante y de la ejecutada.

Artículo 504. La interposición de una tercería excluyente autoriza a la persona a pedir que se amplíe la ejecución en otros bienes de la persona deudora.

Artículo 505. Si sólo alguno de los bienes ejecutados fuere objeto de la tercería, los procedimientos del juicio principal continuarán hasta vender y hacer pago a la persona acreedora, con los bienes no comprendidos en la misma tercería.

SECCIÓN CUARTA
DEL JUICIO ESPECIAL HIPOTECARIO ORAL

Artículo 506. Se tramitará en la vía especial hipotecaria oral todo juicio que tenga por objeto la constitución, ampliación, división, registro y extinción de una hipoteca, así como su nulidad, cancelación, o bien, el pago o prelación del crédito que la hipoteca garantice.

Para que el juicio que tenga por objeto el pago o la prelación de un crédito hipotecario se siga según las reglas del presente Capítulo, es requisito indispensable que el crédito conste en documento público o privado, según la forma que establezca la legislación común o la que sea aplicable, e inscrito en el Registro, Oficina o Instituto Público Registral que corresponda y que sea de plazo cumplido, o que éste sea exigible en los términos pactados o bien conforme a las disposiciones legales aplicables.

Artículo 507. Procederá el juicio hipotecario oral que tiene por objeto el pago o la prelación de crédito sin necesidad de que el contrato esté inscrito en el Registro, Oficina o Instituto Público respectivo, cuando:

I. El documento base de la acción tenga carácter de título ejecutivo;

II. El bien se encuentre inscrito a favor de la persona demandada, y

III. No exista embargo o gravamen en favor de terceras personas, inscrito cuando menos noventa días anteriores a la de la presentación de la demanda.

Artículo 508. Presentado el escrito de demanda, acompañado del documento base de la acción, la autoridad jurisdiccional si encuentra que se reúnen los requisitos fijados por los artículos anteriores, admitirá la misma y mandará anotar la demanda en el Registro, Oficina o Instituto Público respectivo y que se corra traslado de ésta a la persona deudora y, en su caso, a quien sea titular registral del embargo o gravamen por plazo inferior a que se refiere la fracción

III, del artículo anterior, para que dentro del término de quince días ocurra a contestarla y a oponer las excepciones que no podrán ser otras que:

I. Las procesales previstas en este Código Nacional;

II. Las fundadas en que la persona demandada no haya firmado el documento base de la acción, su alteración o la de falsedad del mismo;

III. Falta de representación, de poder bastante o facultades legales de quien haya suscrito en representación de la demandada el documento base de la acción;

IV. Nulidad del contrato;

V. Pago o compensación;

VI. Remisión o quita;

VII. Oferta de no cobrar o espera;

VIII. Novación de contrato;

IX. Prescripción, y

X. Las demás que autoricen las leyes.

Las excepciones comprendidas en las fracciones de la V a la VIII sólo se admitirán cuando se funden en prueba documental. Respecto de las excepciones de litispendencia y conexidad sólo se admitirán si se exhiben con la contestación las copias selladas de la demanda y contestación o de las cédulas del emplazamiento del juicio pendiente o conexo, o bien la documentación que acredite que se encuentra tramitando un procedimiento arbitral con las excepciones y defensas se dará vista a la parte actora para que manifieste en el plazo de tres días lo que a su derecho corresponda.

Artículo 509. La autoridad jurisdiccional bajo su más estricta responsabilidad, revisará escrupulosamente la contestación de la demanda y desechará de plano las excepciones diferentes a las que se autorizan o aquéllas en que sea necesario exhibir documento y el mismo no se acompañe salvo los casos que se esté gestionando su exhibición en términos de este Código Nacional.

La reconvención sólo será procedente cuando se funde en el mismo documento base de la acción o se refiera a su nulidad. En cualquier otro caso se desechará de plano. Las cuestiones relativas a la personalidad de las partes no suspenderán el procedimiento y se resolverán dentro del plazo a que se refiere el artículo 71 de este Código Nacional.

Si la parte demandada se allanare a la demanda y solicitare término de gracia para el pago o cumplimiento de lo reclamado, se dará vista a la actora para que, dentro de tres días manifieste lo que a su derecho convenga, debiendo la autoridad jurisdiccional resolver de acuerdo a tales proposiciones de las partes en audiencia de juicio, que se celebrará dentro de los diez días siguientes, en dónde se declarará el asunto visto y de ser necesario la autoridad jurisdiccional decretará un receso razonable para resolver. En su caso, reanudada la audiencia, la autoridad jurisdiccional explicará de forma breve, clara y sencilla en un lenguaje cotidiano su sentencia definitiva y leerá únicamente los puntos resolutivos, entregando copia simple de la versión escrita de la misma a las partes, en un plazo no mayor a dos días.

Artículo 510. Tanto en la demanda como en la contestación a la misma, en la vista que se dé con ésta a la actora y en su caso en la reconvención y en la contestación a ésta, así como desahogo de excepciones y defensas, las partes tienen la carga de actuar con precisión, indicando en los hechos si sucedieron ante testigos, citando los nombres de éstos y presentando todos los documentos relacionados con tales hechos. En los mismos escritos, las partes deben ofrecer todas sus pruebas, relacionándolas con los hechos que se pretendan probar. En el caso de que las pruebas ofrecidas sean contra la moral o el derecho, sobre hechos que no han sido controvertidos por las partes, sobre hechos imposibles o notoriamente inverosímiles, o no se hayan relacionado con los mismos, serán desechadas.

Las pruebas que se admitan se desahogarán en la audiencia de juicio.

Con el escrito de contestación a la demanda se dará vista a la parte actora para que manifieste lo que a su derecho convenga; si hubiere reconvención se emplazará a la actora principal para que la conteste dentro de los quince días siguientes y en el mismo proveído, dará vista por tres días con las excepciones opuestas para que manifieste lo que a su derecho convenga.

Contestadas las excepciones opuestas en lo principal y en su caso en la reconvención, o transcurrido el plazo para ello, se admitirán las pruebas que cumplan con los requisitos de ofrecimiento y admisión, establecidos en la parte general del presente Código Nacional. Hecho lo cual, se señalará fecha para la celebración de la audiencia de juicio que deberá fijarse dentro de los quince días siguientes.

Artículo 511. En la audiencia de juicio la autoridad jurisdiccional abrirá una etapa de conciliación o mediación, y en caso de no llegar a un convenio, las partes expondrán sus alegatos de inicio, se procederá al desahogo de las pruebas admitidas, expresarán las partes alegatos de cierre, en seguida la autoridad jurisdiccional explicará de forma breve, clara y sencilla en un lenguaje cotidiano su sentencia definitiva y leerá únicamente los puntos resolutivos, entregando copia simple de la versión escrita de la misma a las partes, en un plazo no mayor a dos días, todo lo anterior, aplicando en lo conducente las reglas de las audiencias del juicio ordinario oral civil.

Artículo 512. La preparación de las pruebas quedará a cargo de las partes, por lo que deberán presentar a los testigos, peritos y demás pruebas que les hayan sido admitidas.

En caso que las partes manifiesten bajo protesta de decir verdad la imposibilidad de preparar directamente el desahogo de las mismas, la autoridad jurisdiccional previa solicitud de la oferente, expedirá los oficios o citaciones, designará en su caso perito tercero en discordia, poniendo a disposición de la oferente los oficios y citaciones respectivas, a efecto que las partes preparen las pruebas y éstas se desahoguen en la audiencia de juicio; en caso contrario se declarará desierta la prueba por causa imputable del oferente.

Si llamado un testigo, perito o solicitado un documento que hayan sido admitidos como prueba, no se desahogan éstas a más tardar en la audiencia, se declarará desierta la prueba ofrecida por causa imputable a la oferente.

Artículo 513. Si en el documento base con el cual se ejercita la acción hipotecaria se advierte que hay otros acreedores hipotecarios anteriores, se mandará notificarles personalmente la existencia del juicio para que manifiesten lo que a su derecho corresponda.

Artículo 514. La demanda se anotará en el Registro, Oficina o Instituto Público respectivo, a cuyo efecto la parte actora exhibirá un tanto más de la demanda, documentos base de la acción y en su caso, de aquellos con que justifique su representación, para que, previo cotejo con sus originales se certifiquen por la persona secretaria judicial, haciendo constar que se expiden para efectos de que la parte interesada inscriba su demanda, a quien se le entregarán para tal fin, debiendo hacer las gestiones en el registro, oficina o instituto registral dentro del término de tres días y acreditándolo en su oportunidad ante la autoridad jurisdiccional.

Artículo 515. Anotada la demanda en el Registro, Oficina o Instituto Público respectivo, no podrá verificarse en el bien hipotecado ningún embargo, toma de posesión, diligencia precautoria o cualquier otra que entorpezca el curso del juicio, salvo que se trate de derechos en materia de alimentos o en virtud de sentencia ejecutoriada relativa al mismo bien, debidamente registrada y anterior en fecha a la inscripción de la referida demanda o en razón de providencia precautoria solicitada ante la autoridad jurisdiccional por la acreedora con mejor derecho, en fecha anterior a la de inscripción de la demanda.

Artículo 516. En el trámite y resolución de las acciones deducidas en el presente Capítulo, será autoridad jurisdiccional competente, la del lugar donde se encuentra el bien inmueble objeto de la garantía real sobre el constituida, incluyendo contratos de adhesión y una de las partes sea una institución que pertenezca al sistema financiero mexicano o instituto, dependencia o institución del crédito del gobierno. Si la finca no se halla en el lugar del juicio, se librará exhorto a la autoridad jurisdiccional de la ubicación del bien inmueble objeto de la garantía real conforme a las reglas de competencia prevenidas en el presente Código Nacional.

Artículo 517. Desde el día del emplazamiento, la persona deudora contrae la obligación de depositaria judicial respecto del bien hipotecado, sus frutos y de todos los objetos que, con arreglo al contrato y conforme a lo dispuesto por la legislación aplicable, deban considerarse como inmovilizados y formando parte del mismo bien hipotecado, de los cuales se formará inventario para agregarlo a los autos, siempre que lo pida la persona acreedora. Para efecto del inventario, la persona deudora queda obligada a dar todas las facilidades para su formación y en caso de desobediencia, la autoridad jurisdiccional lo compelerá por los medios de apremio que le autoriza este Código Nacional.

Artículo 518. La parte deudora que no quiera aceptar la responsabilidad de depositaria, entregará desde luego, la tenencia material del bien hipotecado a la actora o a la depositaria que éste nombre.

Artículo 519. En todo lo no previsto en lo relativo a la demanda, emplazamiento, contestación de demanda, contestación de excepciones, ofrecimiento, admisión, preparación y desahogo de las pruebas, así como al desarrollo de la audiencia de juicio, se observarán las normas del juicio ordinario civil oral, así como las reglas generales de este Código Nacional, en cuanto no se opongan a las disposiciones del presente Capítulo.

SECCIÓN QUINTA
DEL JUICIO ESPECIAL DE ARRENDAMIENTO INMOBILIARIO ORAL

Artículo 520. A las controversias que versen sobre el arrendamiento inmobiliario les serán aplicables las disposiciones de este Capítulo.

A las acciones que se intenten contra quien haya otorgado fianza de carácter civil o terceras personas por controversias derivados del arrendamiento, se aplicarán las reglas de este Capítulo, en lo conducente. Igualmente, la acción que intente la persona arrendataria para exigir a la arrendadora, el derecho de preferencia y el pago de los daños y perjuicios a que se refiere el Código Civil correspondiente se sujetará a lo dispuesto en este Título.

Artículo 521. Los escritos de demanda, contestación, y en su caso, reconvención, observarán los requisitos establecidos en las disposiciones generales. El escrito inicial de demanda además de los requisitos referidos deberá acompañarse con el contrato de arrendamiento en caso de haberse celebrado por escrito.

En la demanda, contestación, reconvención, contestación a la reconvención y contestación a las excepciones opuestas, las partes deberán ofrecer las pruebas que pretendan rendir durante el juicio.

Artículo 522. Admitida la demanda se ordenará emplazar a la parte demandada, misma que deberá dar contestación, y formular en su caso, reconvención, dentro de los quince días siguientes a la fecha del emplazamiento; si hubiere reconvención se correrá traslado de ésta a la parte actora para que la conteste dentro de los quince días siguientes.

Desahogada la vista de las excepciones y defensas, de la contestación a la demanda y en su caso, de la contestación a la reconvención, o transcurridos los plazos para ello, la autoridad jurisdiccional señalará de inmediato la fecha y hora para la celebración de la audiencia de juicio, la que deberá fijarse dentro de los quince días siguientes.

En el mismo auto, la autoridad jurisdiccional admitirá, en su caso, las pruebas que fuesen ofrecidas en relación con las excepciones procesales opuestas, para que se rindan a más tardar en la audiencia de juicio. En caso de no desahogarse las pruebas en la audiencia, se declararán desiertas por causa imputable al oferente.

En lo no previsto para la audiencia de juicio, deberán aplicarse lo dispuesto en las reglas generales del juicio ordinario oral civil de este Código Nacional.

Artículo 523. La preparación de las pruebas quedará a cargo de las partes, por lo que deberán presentar a los testigos, peritos y demás pruebas que les hayan sido admitidas.

En caso de que las partes manifiesten bajo protesta de decir verdad la imposibilidad de preparar directamente el desahogo de las mismas, la autoridad jurisdiccional previa solicitud de la oferente, expedirá los oficios o citaciones, designará en su caso perito tercero en discordia, poniendo a disposición de la oferente los oficios y citaciones respectivas, a efecto de que las partes preparen las pruebas y éstas se desahoguen en la audiencia de juicio; en caso contrario se declarará desierta la prueba por causa imputable del oferente.

Si llamado un testigo, perito o solicitado un documento que hayan sido admitidos como prueba, no se desahogan éstas a más tardar en la audiencia, se declarará desierta la prueba ofrecida por causa imputable a la oferente.

Artículo 524. En la audiencia de juicio, se abrirá una etapa de conciliación y mediación, en caso de no lograrse un convenio, las partes expresaran sus alegatos de inicio, se desahogarán las pruebas y escuchados los alegatos finales, se declarará el asunto visto y la autoridad jurisdiccional explicará de forma breve, clara y sencilla en un lenguaje cotidiano su sentencia definitiva y leerá únicamente los puntos resolutivos, entregando copia simple de la versión escrita de la misma a las partes, en un plazo no mayor a dos días.

Artículo 525. En caso de que dentro del juicio a que se refiere este Capítulo, se demande el pago de rentas atrasadas por dos o más meses de acuerdo con el contrato suscrito por las partes, la parte actora podrá solicitar a la autoridad jurisdiccional que, al momento del emplazamiento o al dar contestación a la demanda, la demandada acredite con los recibos de renta correspondientes o escritos de consignación debidamente sellados, que se encuentra al corriente en el pago de las rentas pactadas y no haciéndolo se embargarán bienes de su propiedad suficientes para cubrir las rentas adeudadas.

Artículo 526. Para los efectos de este Capítulo siempre se tendrá como domicilio legal de la parte ejecutada el inmueble motivo del arrendamiento.

Artículo 527. Los incidentes no suspenderán el procedimiento. Se tramitarán en los términos de las reglas generales del presente Código Nacional, para los de tramitación escrita u oral, según procedan.

Artículo 528. Contra las sentencias definitivas en los procedimientos de arrendamiento inmobiliario oral, procederá el recurso de apelación en efecto devolutivo.

Artículo 529. En todo lo no previsto regirán las reglas generales de este Código Nacional, en cuanto no se opongan a las disposiciones del presente Capítulo.

SECCIÓN SEXTA
DEL PROCEDIMIENTO ESPECIAL DE INMATRICULACIÓN JUDICIAL ORAL

Artículo 530. El procedimiento especial oral de inmatriculación judicial de inmuebles, sin perjuicio de lo dispuesto en los Códigos Civiles respectivos, se substanciará conforme a lo siguiente:

I. Se presentará una solicitud que deberá de contener:

a) El origen de la posesión;

b) En su caso, el nombre de la persona de quien obtuvo la posesión el peticionario;

c) El nombre y domicilio del causahabiente de aquélla si fuere conocido;

d) La ubicación precisa del bien y sus medidas y colindancias;

e) El nombre y domicilio de las personas colindantes, y

f) El nombre de tres testigos, preferentemente colindantes del inmueble a inmatricular o, en su caso, que vivan o habiten cerca del lugar de ubicación del fundo en cuestión.

II. Se acompañará a la solicitud:

a) Un plano descriptivo de la ubicación del inmueble;

b) Un plano catastral del inmueble autorizado por el órgano de recaudación correspondiente, con una vigencia no mayor a seis meses, y

c) Un certificado de no inscripción del inmueble expedido por el Registro de la Propiedad, Oficina Registral o cualquier Institución análoga según la Entidad Federativa de que se trate. En el escrito en que se solicite dicho certificado, se deberán proporcionar los datos que identifiquen con precisión el fundo y manifestar que el certificado será exhibido en el procedimiento judicial de inmatriculación.

III. Admitida la solicitud, se ordenará la publicación por edictos en el medio de comunicación procesal oficial y en un periódico de mayor circulación en la Entidad Federativa donde se ubique el bien inmueble, por una sola ocasión, para que comparezcan al procedimiento las personas que se pudieren considerar perjudicadas, en los siguientes medios:

a) En el medio de comunicación procesal oficial de la autoridad jurisdiccional, y

b) En un periódico de los de mayor circulación en el lugar del inmueble.

IV. Se deberá fijar un anuncio de proporciones visibles en la parte externa del inmueble en cuestión, a través del cual se informe a las personas que puedan considerarse perjudicadas, a las y los vecinos, así como al público en general, la existencia del procedimiento de inmatriculación judicial respecto a ese inmueble. El anuncio deberá contener el nombre de la promovente y permanecer en el inmueble durante todo el trámite judicial.

Artículo 531. Realizadas las publicaciones y fijado el anuncio, se correrá traslado de la solicitud, para que contesten si existe oposición al procedimiento, dentro del término de quince días, las siguientes personas:

I. Aquella de quien obtuviera la posesión de quien promueve o su causahabiente si fuere conocido;

II. El Ministerio Público de la Entidad Federativa o la Federación;

III. Las personas colindantes del inmueble;

IV. El Instituto de Administración y Avalúos de Bienes Nacionales o dependencia de gobierno similar en las entidades, para que exprese si el fundo es o no de propiedad Federal o Estatal, y

V. A criterio de la autoridad jurisdiccional, el Registro Agrario Nacional.

Artículo 532. Producida la contestación y desahogadas las excepciones y defensas, en dichos escritos se ofrecerán las pruebas objeto de debate y se procederá a señalar la fecha y hora para celebración de la audiencia de juicio. En todo lo no previsto se estará a las disposiciones del juicio ordinario civil oral.

En el caso de que no hubiera oposición, y previa solicitud de acuse de rebeldía, la autoridad jurisdiccional, al vencerse el término a que se refieren los artículos anteriores, señalará fecha para la celebración de la audiencia de juicio dentro de los treinta días y se decidirá sobre la admisión y preparación de pruebas en el proveído respectivo. La audiencia se llevará a cabo con o sin la asistencia de las partes emplazadas. En caso de inasistencia sin justa causa del promovente, se sobreseerá el procedimiento.

TÍTULO TERCERO
DEL JUICIO ARBITRAL

CAPÍTULO I
DISPOSICIONES GENERALES

Artículo 533. Las partes tienen el derecho de someter sus controversias al juicio arbitral.

Artículo 534. El acuerdo de arbitraje puede celebrarse previo a que inicie un procedimiento jurisdiccional, durante éste una vez iniciado y hasta antes de dictada la sentencia definitiva.

En caso de que las partes decidan someterse a un juicio arbitral una vez iniciado un procedimiento jurisdiccional, la autoridad jurisdiccional las remitirá al arbitraje, dando por concluida la instancia, a menos, que se compruebe que el acuerdo es nulo, ineficaz o de ejecución imposible.

Lo actuado en el procedimiento jurisdiccional carecerá de validez para el juicio arbitral, salvo que las partes de común acuerdo convinieren lo contrario.

Artículo 535. El acuerdo de arbitraje es un convenio, por el que las partes deciden someter a arbitraje todas o ciertas controversias que hayan surgido o puedan surgir entre ellas respecto de una determinada relación jurídica, contractual o no. El acuerdo de arbitraje podrá adoptar la forma de una cláusula compromisoria incluida en un contrato o la forma de un acuerdo independiente.

En todos los casos el acuerdo deberá constar por escrito o por cualquier medio por el que se manifieste expresamente la voluntad de las partes que así lo convinieron.

Artículo 536. La referencia a un reglamento en el acuerdo de arbitraje, o en sus modificaciones, hará que se entiendan comprendidas en el mismo todas las disposiciones de que se trate.

Artículo 537. Quien esté en pleno ejercicio de sus derechos civiles, puede comprometer en árbitros sus negocios.

Las personas tutoras no pueden comprometer los negocios de personas sobre quienes ejercen la tutela, ni nombrar árbitros, sino con aprobación judicial, a menos que éstas fueren personas herederas de quien celebró el acuerdo de arbitraje. Si no hubiere designación de árbitros, salvo pacto en contrario de las partes, se hará con intervención judicial, como está previsto en los medios preparatorios a juicio arbitral.

Artículo 538. Los albaceas necesitan del consentimiento unánime de las personas herederas para comprometer en árbitros los negocios de la herencia y para nombrar árbitros, salvo que se tratara de cumplimentar los acuerdos de arbitraje pactados por el autor de la sucesión.

Artículo 539. Quien funja como síndico de los concursos civiles, sólo puede comprometer en árbitros con el consentimiento unánime de las personas acreedoras.

Artículo 540. No se pueden comprometer en árbitros los siguientes negocios:

I. El derecho de recibir alimentos, lo concerniente al régimen de convivencia, guarda y custodia y demás derechos de niñas, niños y adolescentes;

II. Los divorcios, excepto la separación de bienes, la liquidación y disolución de la sociedad conyugal y las demás diferencias de naturaleza pecuniarias;

III. Las acciones de nulidad de matrimonio;

IV. Los concernientes al estado civil de las personas, con las excepciones contenidas en el Código Civil o Familiar de cada Entidad Federativa que así lo determine, y

V. Los demás en los que lo prohíba expresamente la Ley.

Artículo 541. La persona a quien se comunique su posible nombramiento como árbitro, deberá estar libre de conflicto de intereses con cualquiera de las partes, así mismo, será su obligación revelar todas las circunstancias que puedan dar lugar a dudas justificadas acerca de su imparcialidad o independencia. Desde el momento de su nombramiento y durante todas las actuaciones arbitrales, revelará sin demora tales circunstancias a las partes.

Sólo podrá ser recusado si existen circunstancias que den lugar a dudas justificadas respecto de su imparcialidad o independencia, o si no posee las cualidades convenidas por las partes. Una parte sólo podrá recusar al árbitro nombrado por ella o en cuyo nombramiento haya participado, por causas de las que tenga conocimiento después de efectuada la designación.

Artículo 542. Deberá tratarse a las partes con igualdad y darse a cada una plena oportunidad de hacer valer sus derechos.

Con sujeción a las disposiciones del presente Título, las partes tendrán libertad para convenir las reglas del procedimiento a que se haya de ajustar el árbitro en sus actuaciones, a menos de que se trate de un arbitraje institucionalizado.

A falta de acuerdo sobre las reglas y siempre que no se trate de un arbitraje institucionalizado, se aplicarán las disposiciones del Reglamento de Arbitraje de la Comisión de las Naciones Unidas para el Derecho Mercantil Internacional.

En ausencia de acuerdo y de disposición expresa en el reglamento respectivo, se aplicará lo dispuesto en el presente Título.

En todo momento, el árbitro podrá, con sujeción a lo dispuesto en el presente Código Nacional, dirigir el procedimiento del modo que considere apropiado con el objeto de resolver la controversia planteada. Esta facultad conferida incluye de manera enunciativa, determinar la admisibilidad, la pertinencia y el valor de las pruebas.

Artículo 543. El acuerdo de arbitraje produce las excepciones de remisión al arbitraje y litispendencia, si durante el procedimiento se promueve el negocio en un órgano jurisdiccional ordinario.

La excepción de remisión al arbitraje debe tramitarse en la vía incidental. Sólo se denegará la remisión al arbitraje:

I. Si en el desahogo de la vista dada con la excepción de remisión al arbitraje se demuestra por medio de resolución firme, sea en forma de sentencia o laudo arbitral, que se declaró la nulidad del acuerdo de arbitraje, o

II. Si la nulidad, la ineficacia o la imposible ejecución del acuerdo de arbitraje son notorias desde el desahogo de la vista dada con la solicitud de remisión al arbitraje. Al tomar esta determinación la autoridad jurisdiccional deberá observar un criterio estricto y razonable.

Artículo 544. El tribunal arbitral resolverá la controversia según las normas de derecho que las partes hayan convenido. Si las partes no indicaren la Ley que debe regir el fondo del litigio, el tribunal arbitral, tomando en cuenta las características y conexiones del caso, determinará el derecho aplicable. Decidirá como amigable componedor o en conciencia, sólo si las partes lo han autorizado expresamente para hacerlo.

Artículo 545. El tribunal arbitral puede condenar en costas, daños y perjuicios, pero para emplear medidas de apremio debe acudir a la autoridad jurisdiccional.

CAPÍTULO II
DE LA EJECUCIÓN DE LAUDOS

Artículo 546. Notificado el laudo, cualquier parte podrá presentarlo a la autoridad jurisdiccional para su ejecución, a no ser que las partes ejercieren una acción de nulidad dentro de los siguientes tres meses a la notificación del laudo.

Artículo 547. La autoridad jurisdiccional que esté en turno y que corresponda a la competencia judicial del lugar del arbitraje, o bien, el de la ubicación de los bienes para el caso de ejecución, es competente para todos los actos relativos al juicio arbitral en lo que se refiere a jurisdicción que no tenga el árbitro; y para la ejecución de autos, decretos, órdenes y laudos.

Artículo 548. La autoridad jurisdiccional está obligada a impartir el auxilio de su jurisdicción al tribunal arbitral.

Artículo 549. Contra el laudo arbitral no procede recurso alguno. Contra la ejecución sólo serán posibles las siguientes excepciones que deberá probar la parte contra la cual se invoca el laudo:

I. Una de las partes en el acuerdo de arbitraje estaba afectada por alguna incapacidad jurídica, o que dicho acuerdo no es válido en virtud de la Ley a que las partes lo han sometido, o si nada se hubiere indicado a este respecto, en virtud de las disposiciones de este Código Nacional;

II. No fue debidamente notificada de la designación del árbitro o de las actuaciones arbitrales, o no hubiere podido, por cualquier otra razón ajena al ejecutado, hacer valer sus derechos;

III. El laudo se refiere a una controversia no prevista en el acuerdo de arbitraje o contiene decisiones que exceden los términos del acuerdo de arbitraje. No obstante, si las disposiciones del laudo que se refieren a las cuestiones sometidas al arbitraje pueden separarse de las que no lo están, se podrá dar reconocimiento y ejecución a las primeras;

IV. La composición del tribunal arbitral o el procedimiento arbitral no se ajustaron al acuerdo celebrado entre las partes o, en defecto de tal acuerdo, que no se ajustaron a la Ley del país donde se efectuó el arbitraje, o

V. El laudo no sea aún obligatorio para las partes o hubiere sido anulado o suspendido por la autoridad jurisdiccional del país en que, o conforme a cuyo derecho, hubiere sido dictado ese laudo.

En todos los casos, la autoridad jurisdiccional verificará de oficio que, el objeto de la controversia que se pretende ejecutar sea susceptible de arbitraje; o que el reconocimiento o la ejecución del laudo no sean contrarios al orden público.

LIBRO CUARTO
DE LA JUSTICIA FAMILIAR

TÍTULO PRIMERO
DISPOSICIONES COMUNES A LOS PROCEDIMIENTOS FAMILIARES

CAPÍTULO I
DISPOSICIONES GENERALES EN MATERIA FAMILIAR

SECCIÓN PRIMERA
GENERALIDADES

Artículo 550. Los procedimientos en materia familiar son de orden público; corresponde a las autoridades jurisdiccionales intervenir de oficio en los asuntos que afecten los derechos de las personas que pertenezcan a grupos sociales que se encuentren en situación de vulnerabilidad.

En todos los casos la autoridad jurisdiccional deberá:

I. Fundar y motivar sus resoluciones, de modo que estas se deduzcan lógicamente de los hechos, pruebas y leyes que les sirvan de antecedentes;

II. Procurar la preservación de los vínculos familiares, sin que ello implique una vulneración a los derechos de las personas involucradas en la controversia; para dichos efectos, también deberá de informar a las partes los beneficios del Procedimiento de Justicia Restaurativa;

III. Informar de los derechos que le asisten a la persona en su primera comparecencia ante la autoridad jurisdiccional;

IV. Valorar que los acuerdos propuestos por las partes no afectan derechos irrenunciables o propicien una segunda victimización;

V. Suplir la deficiencia procesal, y

VI. Solicitar la intervención del Ministerio Público o representación social que corresponda.

La solicitud para la intervención de la autoridad jurisdiccional podrá ser oral y sólo cuando así se prevenga los escritos, promociones y peticiones deberán reunir los requisitos mínimos exigidos por este Código Nacional.

Artículo 551. Para el esclarecimiento de la verdad de los hechos controvertidos, la autoridad jurisdiccional podrá ordenar la admisión de cualquier prueba oficial o privada y su desahogo podrá decretarse de manera anticipada.

Artículo 552. Las partes en el juicio estarán obligadas a facilitar la inspección o reconocimiento ordenados por la autoridad jurisdiccional y exhibir los documentos que tengan en su poder y se relacionen con el proceso apercibidos que de no hacerlo sin justa causa se le tendrán por ciertos los hechos que se pretendan probar con ello. La autoridad jurisdiccional podrá hacer cumplir sus determinaciones a través de la aplicación de cualquier medida de apremio prevista en el presente Código Nacional.

Las partes estarán obligadas a facilitar el examen de las condiciones físicas o mentales de una persona, o a proporcionar muestras orgánicas o biológicas, para la obtención de la verdad o resolución del conflicto; apercibiéndoles de que se tendrán por ciertas las afirmaciones de la contraparte si no cumplen con estas obligaciones, salvo prueba en contrario.

Artículo 553. La admisión de hechos por las partes y el allanamiento de estos sólo vinculan a la autoridad jurisdiccional, cuando no se afecten los derechos de niñas, niños o adolescentes, tratándose de violencia familiar, sexual o contra la mujer. Cuando se trate de un delito sexual, la autoridad jurisdiccional estará obligada a dar parte al Ministerio Público, deberá salvaguardarse la integridad y apegarse al principio del interés superior de niñas, niños y adolescentes de manera inmediata.

Artículo 554. En los casos de conductas violentas u omisiones graves que afecten a los integrantes de la familia, la autoridad jurisdiccional deberá adoptar las medidas provisionales que se estimen convenientes, para que cesen de plano. En los casos de violencia vicaria, entendida como la violencia ejercida contra las mujeres a través de sus hijos, la autoridad jurisdiccional deberá salvaguardar la integridad de niñas, niños, adolescentes y mujeres, a efecto de evitar la violencia institucional contemplada en la Ley General de Acceso de las Mujeres a una Vida Libre de Violencia.

Artículo 555. La autoridad jurisdiccional determinará siempre el aseguramiento de los alimentos de quien tenga derecho a recibirlos aun cuando el procedimiento no tenga por objeto principal dicho aseguramiento.

Artículo 556. Las medidas provisionales que hubiere decretado la autoridad jurisdiccional podrán ser modificadas o revocadas, si se demuestra que las causas que las motivaron variaron o desaparecieron.

Artículo 557. Tratándose de trámites en los que se encuentren involucrados los derechos de niñas, niños y adolescentes, la autoridad jurisdiccional, proveerá al efecto y de manera inmediata los ajustes razonables que se requiera en debida observancia del principio de interés superior de las niñas, niños y adolescentes, de conformidad con lo siguiente:

I. Actuar más allá de la demanda puntual que se le presenta cuando esto sea en aras del interés superior de la infancia;

II. Priorizar el derecho a la protección especial, contra toda forma de sufrimiento, abuso o descuido, incluidos el físico, psicológico, mental y emocional; así como priorizar el desarrollo integral en un ambiente sano y libre de violencia;

III. Atender las características, condiciones específicas y necesidades de cada niña, niño y adolescente, con base en el principio de no discriminación;

IV. Deberá cerciorarse de la necesidad de la admisión de la declaración testimonial de niñas, niños o adolescentes, con base en el principio de mínima intervención, a fin de evitar prácticas o procedimientos que causen estrés psicológico;

V. Evitar de manera acuciosa las demoras prolongadas o innecesarias en las diligencias en las que intervengan, así como la formulación de requerimientos legales que pueden resultar intimidantes;

VI. En ningún caso se hará pública la información sobre niñas, niños o adolescentes involucrados en los trámites judiciales previstos en este Código Nacional, y

VII. Toda niña, niño y adolescente, tiene derecho a expresar sus opiniones libremente sobre las decisiones que le afecten, incluidas las adoptadas en el curso de cualquier proceso, y que esos puntos de vista serán tomados en consideración por la autoridad jurisdiccional atendiendo a su edad, madurez y evolución de su capacidad; el acto procesal mediante el que sea escuchado su parecer no estará sujeto a contradicción.

Artículo 558. En todos los asuntos que estén involucrados derechos de niñas, niños y adolescentes, éstos podrán ser escuchados por la autoridad jurisdiccional, en audiencia videograbada.

La autoridad jurisdiccional señalará fecha y hora para la celebración de la comparecencia, y requerirá a quien ejerza la guarda y custodia o cuidado de la niña, niño o adolescentes para que lo presenten al desahogo de la comparecencia, con el apercibimiento de que en caso de incumplimiento se les impondrá la medida de apremio que la autoridad jurisdiccional estime conducente.

En el desahogo de la comparecencia la autoridad jurisdiccional deberá observar lo siguiente:

I. Que la comparecencia no se lleve a cabo en un ambiente hostil;

II. Asegurar que esté presente un equipo interdisciplinario, formado por: una persona profesional en psicología, preferentemente con especialidad en desarrollo infantil, una persona Agente del Ministerio Público y una persona tutora especial que se designe para el desahogo de la actuación, persona que deberá de pertenecer al Sistema al (sic) Desarrollo Integral de la Familia o a la Procuraduría de Protección de Niñas, Niños y Adolescentes;

III. La entrevista con las niñas, niños y adolescentes, está exceptuada de contradicción y debe ser resguardada en absoluta discrecionalidad, atendiendo a los principios de confidencialidad y privacidad que les asisten a las niñas, niños y adolescentes; se llevará a cabo sin la presencia de sus progenitores o tutores;

IV. En los casos en los que la niña, niño o adolescente requiera el apoyo de una persona familiar o profesional de su confianza podrá acompañarle, particularmente cuando se trate de violencia sexual infantil, ya que sólo con auxilio de sus progenitores o terapeutas suelen revelar la violencia, y

V. Dichas diligencias serán videograbadas para evitar la repetición y revictimización en el proceso de niñas, niños y adolescentes.

Los datos proporcionados en la comparecencia serán tomados en consideración por la autoridad jurisdiccional atendiendo a la edad, madurez y contexto social y familiar de la niña, niño o adolescente, así como las pruebas periciales en materia de psicología que para tal efecto se recaben. La admisión de estos medios de prueba podrá decretarse de manera anticipada.

Artículo 559. Cuando la persona que tenga a su cuidado a la niña, niño o adolescente se niegue a presentarlo a la audiencia señalada para su comparecencia, alegando cualquier causa, se harán efectivos los apercibimientos decretados con anterioridad, y de considerarse viable se señalará nuevo día y hora dentro del término de veinte días en el que la autoridad jurisdiccional, el Ministerio Público y demás personas que deban intervenir, se trasladen al domicilio donde habita la niña, niño o adolescente para llevar a cabo la diligencia referida, en su caso.

Para el caso de oposición o impedimento del desarrollo de la audiencia, la autoridad jurisdiccional dará vista al Ministerio Público para que proceda conforme a sus atribuciones y para los efectos legales conducentes. La autoridad jurisdiccional podrá adoptar las medidas de protección para las niñas, niños y adolescentes que estime pertinentes, siempre con base en el principio del interés superior de la infancia y de acuerdo con el Protocolo para juzgar con perspectiva de infancia y adolescencia de la Suprema Corte de la Justicia de la Nación.

Artículo 560. La autoridad jurisdiccional tiene, sin perjuicio de las especiales que les concede la ley, las siguientes facultades:

I. Convocar a las partes a su presencia en cualquier tiempo, para intentar la conciliación o cualquier otro medio alterno de solución de conflictos; exceptuando aquellos casos que involucren violencia de cualquier tipo incluida la de género y para cualquier persona, niña, niño y adolescente;

II. En cualquier estado o instancia del procedimiento, ordenar la comparecencia personal de las partes, a fin de interrogarlas libremente sobre los hechos por ellas afirmados. Las partes deben ser asistidas por sus representantes. Los interrogatorios se practicarán sin formalidad alguna, excepto en los casos que involucren cualquier tipo o modalidad de violencia de género, en cuyo caso las autoridades jurisdiccionales deberán actuar con base en los Protocolos que al efecto existan;

III. Rechazar de plano cualquier incidente o solicitud que merezca calificarse de frívola, notoriamente improcedente, intrascendente o dilatoria, en relación con el asunto que se ventile, lo que deberá ser hecho de manera fundada, razonada y motivada;

IV. Para el solo efecto de regularizar el proceso, ordenar en cualquier etapa del juicio que se subsane toda omisión o deficiencia formal que se notare;

V. Suplir la deficiencia de los planteamientos de derecho y de las pretensiones, así como de los agravios respecto de las niñas, niños, adolescentes; víctimas de cualquier tipo o modalidad de violencia de género y grupos de atención prioritaria;

VI. Allegarse de los medios de prueba legales que estime necesarios para la resolución del asunto, de acuerdo con la naturaleza de los derechos en conflicto, y

VII. Determinar las medidas y órdenes de protección procedentes para la protección de los miembros de la familia, cuando en un procedimiento se advierta la existencia de cualquier modalidad o tipo de violencia.

Artículo 561. Si la autoridad jurisdiccional advierte la existencia de cualquier clase de violencia, deberá modificar o suspender el ejercicio del régimen de convivencias o guarda y custodia, según sea el caso, y podrá ordenar que las convivencias se realicen de manera supervisada en los Centros o Instituciones destinadas para tal efecto en el Tribunal o Poder Judicial de cada Entidad Federativa, o bien por videoconferencia supervisada, siempre y cuando sea deseo de la niña, niño o adolescente, así como dictar las medidas que estime pertinentes para salvaguardar el orden familiar y dar vista al agente del Ministerio Público que corresponda.

SECCIÓN SEGUNDA
DE LOS ALIMENTOS

Artículo 562. Si la autoridad jurisdiccional considera acreditada la obligación alimentaria, dictará el auto admisorio a más tardar al día siguiente en que haya recibido la solicitud respectiva, fijando una pensión alimenticia provisional y dará aviso sin demora a la persona física o moral de quien perciba el ingreso la persona deudora alimentista, para que lleve a cabo el descuento y haga entrega de la cantidad al acreedor alimentario e informe sobre el total de sus percepciones.

Artículo 563. La orden de descuento de los alimentos y el informe solicitado se atenderá de inmediato por la parte responsable de la fuente de trabajo, suministrando los datos exactos dentro del término de tres días, con el apercibimiento que de no hacerlo se le aplicará una multa de hasta doscientas Unidades de Medida y Actualización, además de responder solidariamente con la obligada directa, de los daños y perjuicios que cause a la acreedora alimentaria por sus omisiones o informes falsos.

En todo momento la autoridad jurisdiccional podrá solicitar el auxilio de las autoridades fiscales para la indagación de la capacidad económica de las personas deudoras alimentarias.

Artículo 564. Cuando no se acredite la capacidad económica de la deudora alimentista, en atención a las circunstancias especiales del caso, la pensión alimenticia se fijará en salarios mínimos en la zona económica que corresponda, sin que pueda ser inferior a uno.

Artículo 565. Fuera de los casos anteriores, se ordenará requerir a la parte deudora alimentista sobre el pago inmediato de la pensión provisional, con el apercibimiento de embargar bienes de su propiedad que garanticen su cumplimiento. En caso de que se actualice el incumplimiento de la parte deudora alimentista total o parcial por un periodo mayor a 90 días, la autoridad jurisdiccional ordenará su inscripción en el Registro Nacional de Obligaciones Alimentarias.

Las personas representantes de la Procuraduría de Protección de Niñas, Niños y Adolescentes o de las instituciones análogas en las Entidades Federativas, que tengan decretada una tutoría en su favor, en todo momento se encuentran legitimadas para solicitar ante la autoridad jurisdiccional la inscripción de una persona deudora en el Registro Nacional de Obligaciones Alimentarias.

Artículo 566. En el mismo auto de admisión a la demanda, la autoridad jurisdiccional proveerá la designación de una persona profesionista en trabajo social, para que lleve a cabo un estudio socioeconómico de las partes acreedora y deudora alimentaria, el cual, de ser posible, deberá estar exhibido en la audiencia preliminar.

Artículo 567. Las cuestiones que se promuevan sobre el importe de los alimentos se decidirán por la vía incidental además de ser revisadas en la audiencia preliminar.

Artículo 568. La sentencia que decrete los alimentos fijará la pensión correspondiente y se comunicará sin demora a la persona física o moral de quien perciba el ingreso la parte deudora alimentista.

En caso de que la autoridad jurisdiccional verifique un incumplimiento total o parcial por la parte deudora alimentista del fallo que condena al pago de alimentos, ya sea que comprenda el pago de una pensión alimenticia ordinaria o retroactiva, informará para su inscripción en el plazo de tres días dicho incumplimiento al Registro Nacional de Obligaciones Alimentarias.

SECCIÓN TERCERA
DE LAS MEDIDAS PROVISIONALES Y DE PROTECCIÓN

Artículo 569. La autoridad jurisdiccional deberá intervenir de oficio en las cuestiones inherentes al orden familiar y deberá decretar las medidas provisionales necesarias sin audiencia de la contraparte y cerciorarse de su cumplimiento, en los casos que a continuación se mencionan, de manera enunciativa y no limitativa:

I. Fijación de alimentos;

II. Guarda y custodia;

III. Régimen de convivencias;

IV. Órdenes o medidas de Protección, y

V. Cualquier otra medida que señale este Código Nacional, los códigos civiles o familiares y las leyes especializadas en la materia, siempre y cuando la autoridad jurisdiccional considere pertinente para salvaguardar a los integrantes de la familia.

Las medidas indicadas en las fracciones anteriores deberán ser revisadas por la autoridad jurisdiccional, de oficio o a petición de parte, en la audiencia preliminar o en cualquier otra etapa del procedimiento. Contra dicha resolución procederá el recurso de apelación en el efecto devolutivo.

Artículo 570. Tratándose de las medidas provisionales y de protección dictadas en favor de víctimas de violencia familiar, para su revisión deberán observarse las condiciones establecidas en este Código Nacional y demás leyes aplicables.

Artículo 571. Las órdenes o medidas de protección tienen como fin salvaguardar integralmente a las víctimas de violencia y su familia, ya sea previniendo, interrumpiendo o impidiendo cualquier conducta de violencia.

Son principios básicos de la orden de protección:

I. Protección de la víctima, que la víctima recupere la sensación de seguridad ante posibles amenazas de quien violenta, lo cual, por otra parte, es indispensable para romper con el círculo de violencia;

II. Urgencia, la orden se debe implementar y cumplir de manera inmediata, con la mayor agilidad posible a efecto de que cumpla con el fin de prevenir o impedir que los actos de violencia se cometan o se sigan cometiendo;

III. Accesibilidad, quiere decir que la medida debe ser implementada a través de un procedimiento sencillo y gratuito para quien es víctima de violencia;

IV. Utilidad procesal, la orden de protección debe facilitar la confección, integración, tratamiento y conservación de las pruebas que puedan aportarse al trámite, y

V. La necesidad y proporcionalidad de la medida, las órdenes de protección deben responder a la situación de violencia en que se encuentre la persona destinataria y deben garantizar su seguridad o reducir los riesgos existentes.

Artículo 572. En caso de que la autoridad jurisdiccional conozca de hechos que probablemente constituyen actos de violencia en contra de las mujeres; niñas, niños o adolescentes; o personas que pueden encontrarse en grupos que se encuentren en situación de vulnerabilidad, tiene la obligación de dictar órdenes de protección de urgente aplicación en función del interés superior de quien pudiere resultar víctima, las cuales serán personalísimas e intransferibles, pudiendo tener incluso el carácter de preventivas y serán consideradas de naturaleza familiar.

Artículo 573. Son medidas u órdenes de protección:

I. La desocupación inmediata del domicilio conyugal o donde habite la víctima, por la persona agresora, independientemente de la acreditación de propiedad o posesión del inmueble, aún en los casos de arrendamiento;

II. La prohibición inmediata a la persona probable responsable de apersonarse en el domicilio, lugar de trabajo, de estudios, del domicilio de las y los ascendientes y descendientes o cualquier otro que frecuente la víctima;

III. La prohibición de intimidar o molestar a la víctima en su entorno social, así como a cualquier integrante de su familia;

IV. El auxilio policiaco de reacción inmediata a favor de la víctima, con autorización expresa de ingreso al domicilio donde se localice o se encuentre la víctima al momento de solicitar el auxilio;

V. El inventario de los bienes muebles e inmuebles de propiedad común, incluyendo los implementos de trabajo de la víctima;

VI. Informar a las autoridades o instituciones competentes sobre las medidas tomadas, a fin de que presten atención inmediata a las personas afectadas;

VII. El uso y goce de los bienes que se encuentren en el inmueble que sirva de domicilio a la víctima;

VIII. El acceso al domicilio en común, de autoridades policiacas o de personas que auxilien a la víctima a tomar sus pertenencias personales y las de su familia;

IX. Emitir orden de protección y auxilio dirigida a las autoridades de seguridad pública, de la que se expedirá copia a la víctima para que pueda acudir a la autoridad más cercana en caso de amenaza de agresión;

X. Brindar servicios reeducativos integrales especializados y gratuitos, con perspectiva de género en instituciones especializadas y gratuitas a la persona agresora para erradicar las conductas violentas a través de una educación que elimine los estereotipos de supremacía de género y los patrones machistas y misóginos que generaron;

XI. Suspensión temporal al agresor del régimen de visitas y convivencia con sus descendientes;

XII. Prohibición al agresor de enajenar o hipotecar bienes de su propiedad, que puedan ser susceptibles de división entre los cónyuges o concubinos, con independencia del régimen matrimonial al que se encuentre sujeto el matrimonio;

XIII. Embargo preventivo de bienes del agresor, que deberá inscribirse en el Registro Público de la Propiedad, a efecto de garantizar las obligaciones alimentarias de cualquier clase, y

XIV. En caso de ser solicitado, proveer a fin de que la víctima pueda recibir en instituciones públicas y de manera gratuita atención médica y acompañamiento psicológico.

La autoridad jurisdiccional está obligada a observar aquellos casos en los que pudiera tratarse de violencia vicaria en contra de mujeres, por sí o a través de una tercera persona.

Artículo 574. Toda persona integrante de la familia podrá solicitar las medidas de protección que considere pertinentes y se atenderá al principio de lealtad procesal para su decreto; sin embargo, atendiendo a los elementos del caso concreto el estándar probatorio requerido para el decreto podrá variar.

En caso de que se acredite que dichas medidas tengan el propósito de ejercer violencia contra la mujer, éstas se dejarán sin efecto.

Si quien solicita la medida de protección es una niña, niño o adolescente, y no se encuentra asistido por sus representantes legales, se ordenará por la autoridad judicial la fijación de una representación inmediata de algún familiar o persona cuidadora temporal o por alguna institución especializada, a efecto de que se dicten las órdenes solicitadas de manera inmediata, ya sea que comparezca por escrito o por comparecencia.

Artículo 575. Las medidas de protección previstas en este Código Nacional deben ser dictadas dentro de las veinticuatro horas siguientes al conocimiento de los hechos, y ser cumplimentadas en un término no mayor a setenta y dos horas; por lo que, no será necesario que surta efectos ningún tipo de notificación para la materialización de las medidas u órdenes.

Las órdenes de protección, pueden ser modificadas durante la tramitación del juicio, en la audiencia preliminar, o en la sentencia definitiva.

La autoridad jurisdiccional tiene la obligación de dar seguimiento a las órdenes de protección dictadas en el juicio.

Artículo 576. En el caso de violencia en contra de la mujer, serán aplicables las órdenes de protección que dispone la Ley General de Acceso de las Mujeres a una Vida Libre de Violencia, sin perjuicio de cualquier otra medida prevista en la legislación Federal y Local, así como en los tratados internacionales aplicables.

Artículo 577. Cuando el deudor alimentario haya dejado de cumplir con sus obligaciones en materia de alimentos por un periodo mayor de dos meses o sesenta días naturales, continuos o discontinuos, en cualquier momento del procedimiento podrá solicitarse a la autoridad jurisdiccional lo haga del conocimiento del Registro de Deudores Alimentarios Morosos o institución similar o análoga en las Entidades Federativas.

La autoridad jurisdiccional podrá retener los pasaportes a los deudores alimentarios morosos, y tratándose de extranjeros se dará vista al Instituto Nacional de Migración, mediante oficio para que proceda conforme a la Ley de Migración, a efecto que no se le permita la salida del Territorio Nacional.

Del mismo modo la autoridad jurisdiccional podrá ordenar a petición de parte, el embargo precautorio de bienes y derechos de los que sea titular del deudor alimentario, así como el congelamiento provisional de sus cuentas bancarias.

A efecto de lo anterior la autoridad jurisdiccional también podrá instruir la anotación, registro o inscripción que corresponda a la medida ordenada.

En su caso, se dará vista al Ministerio Público para los efectos que corresponda.

SECCIÓN CUARTA
DE LA SEPARACIÓN DE PERSONAS

Artículo 578. Quien intente demandar, denunciar o querellarse contra su cónyuge o persona concubina, podrá solicitar a la autoridad jurisdiccional en materia familiar su separación del domicilio hogar común.

Artículo 579. La solicitud de separación del hogar común podrá hacerse por comparecencia o por escrito que deberá contener al menos lo siguiente:

I. Expresar los hechos sobre los que base la solicitud;

II. Indicar el domicilio en el que pretende permanecer o del que se desea retirar, y

III. En caso de existir hijas o hijos menores de edad correspondientes a la unión, se deberán de exhibir los documentos que acrediten la filiación, sin perjuicio de que en situación de urgencia no será necesaria tal exhibición y la autoridad jurisdiccional podrá hacer uso de los medios necesarios para comprobar el parentesco indicado.

Artículo 580. Cuando, derivado de una situación de cualquier tipo o modalidad de violencia, exista imposibilidad material para la presentación por la parte interesada, cualquier persona podrá bajo protesta de decir verdad, realizar su solicitud.

La autoridad jurisdiccional de primera o segunda instancia en materia familiar más cercana al domicilio común o en el que habite quien haga la solicitud, será la encargada de recibirla y decretar la separación provisional de personas, remitiendo las diligencias a la autoridad jurisdiccional que resulte competente.

Artículo 581. Presentada la solicitud de separación, si la autoridad jurisdiccional considera que procede, conjuntamente a la admisión del trámite deberá decretar lo siguiente:

I. Para el caso que la solicitud fuera interpuesta por una tercera persona, se proveerá respecto de la manifestación de conformidad con la persona interesada en el trámite, lo cual se realizará en la diligencia de cumplimiento;

II. Las medidas pertinentes y órdenes de protección a fin de que se efectúe de inmediato la separación, con atención a los hechos y circunstancias de la solicitud;

III. La determinación en cuanto a la guarda y custodia provisional de las niñas, niños o adolescentes relacionados con el caso;

IV. La fijación de la pensión alimenticia provisional correspondiente;

V. El régimen de visitas y convivencias provisionales, si ello no lesiona los derechos de las niñas, niños y adolescentes;

VI. Establecer que quien conserve el cuidado de los hijos o hijas menores de edad o de personas que pertenezcan a grupos que se encuentren en situación de vulnerabilidad, siga habitando el domicilio conyugal o familiar, si así lo desea;

VII. Quien se separe del domicilio familiar y conserve la guarda y custodia de hijos menores de edad habidos en el matrimonio o relación familiar, se le entregarán la ropa, muebles y demás enseres de los mismos, así como de las personas mayores que deban salir del domicilio con quien se haya separado del mismo. En todos los casos quien se retire del domicilio familiar podrá retirar sus objetos personales y de trabajo, y

VIII. Ordenar la notificación al otro cónyuge, concubina o concubinario, con la prevención expresa de que deberá abstenerse de impedir la separación o causarle cualquier tipo de molestias a la parte solicitante, apercibiéndole con las medidas de apremio previstas en el presente Código Nacional para en caso de incumplimiento.

Artículo 582. Decretada procedente la separación de personas, la autoridad jurisdiccional deberá prevenir a la parte solicitante para que presente la demanda correspondiente, dentro de un plazo de quince días hábiles, bajo el apercibimiento que de no realizarlo en el término señalado se levantará el acto prejudicial y cesarán los efectos de las medidas provisionales. En este sentido, podrá autorizarse por una sola ocasión una prórroga de hasta diez días hábiles.

Si la autoridad jurisdiccional advierte que con el levantamiento del acto prejudicial se pudiera vulnerar el interés superior de la niñez o de personas que pertenezcan a grupos que se encuentren en situación de vulnerabilidad, se dará vista a la Procuraduría de Protección para Niños, Niñas y Adolescentes o su equivalente en la Entidad Federativa de la que se trate, así como al Agente del Ministerio Público de su adscripción.

Artículo 583. La autoridad jurisdiccional puede modificar las resoluciones decretadas cuando los cónyuges o concubinos lo soliciten de común acuerdo o cuando aparezcan nuevas circunstancias que así lo hagan posible.

Cualquier oposición de las personas cónyuges o concubinas respecto de los alimentos o la guarda y custodia o visitas y convivencias, decretados en el acto prejudicial, se deberá tramitar en el juicio respectivo.

SECCIÓN QUINTA
DE LA JUSTICIA RESTAURATIVA EN MATERIA FAMILIAR

Artículo 584. Las partes de común acuerdo podrán sujetarse a un procedimiento de Justicia Restaurativa en materia familiar, el cual tendrá como finalidad que las partes reconozcan la existencia de un conflicto, asuman su responsabilidad y participen tanto en la reparación de los daños como en la reestructuración de la dinámica familiar. Quedan exceptuados los casos de violencia sexual contra niñas, niños y adolescentes. El procedimiento de Justicia Restaurativa no es obligatorio para acceder a la justicia familiar.

Las partes podrán acordar suspender la tramitación del juicio que hayan iniciado por un intervalo no mayor a tres meses. Las medidas cautelares, precautorias o provisionales decretadas en el trámite de cualquier juicio se mantendrán vigentes.

Las partes podrán sujetarse a los mecanismos de justicia restaurativa, sin suspensión del trámite judicial correspondiente.

En los casos que alguna de las partes manifieste su deseo de no continuar con el proceso de justicia restaurativa en materia familiar o simplemente una de ellas deje de acudir a las sesiones que se señalen, se dará por concluido el proceso, y suspendido o no el trámite, sin dilación alguna se continuará el juicio en la etapa procesal respectiva.

Artículo 585. Para la implementación de estos procesos, la autoridad jurisdiccional podrá auxiliarse de expertos en psicología, trabajo social, mediadores o facilitadores especializados en materia de familia, quienes deberán de preservar los principios de: legalidad, imparcialidad, voluntariedad, confidencialidad, flexibilidad, simplicidad, acceso a la información y que cuenten con la certificación que para dichos efectos expida la autoridad competente.

Artículo 586. En los casos en que las partes manifiesten su deseo de someterse a los beneficios de la justicia restaurativa, la autoridad jurisdiccional señalará día y hora para que las partes acudan a la entrevista inicial, a la cual podrán ser acompañadas en todo momento de cualquier persona de su confianza, lo que incluye a su representante legal.

Una vez realizadas las entrevistas la persona facilitadora informará en el plazo de tres días a la autoridad jurisdiccional la viabilidad de la implementación de un proceso de Justicia Restaurativa. No obstante, si en los encuentros preparatorios o dentro del proceso sobreviene alguna causa de inviabilidad, la persona facilitadora lo informará en un plazo máximo de cuarenta y ocho horas a la autoridad jurisdiccional.

En caso de que las partes, asistidas de la persona facilitadora, diseñen un plan de reparación del daño, deberá de observar lo siguiente:

I. De ninguna manera podrá pactarse la renuncia de los derechos de niñas, niños o adolescentes;

II. En asuntos en los que existan datos de la existencia de conductas de violencia, queda prohibido convenir el mero pago de obligaciones pecuniarias como forma de reparación del daño, y

III. No podrán pactarse cláusulas desde una asimetría en las relaciones de poder.

En el plan o convenio, en su caso, la persona mediadora o facilitadora deberán promover que se garantice el bienestar psicológico y la seguridad física de todos los miembros de la familia. Después de aceptado y firmado el acuerdo la persona facilitadora tendrá un plazo máximo de tres días para presentarlo ante la autoridad jurisdiccional competente.

Recibido por la autoridad jurisdiccional competente el plan de restitución de derechos o el convenio, en un plazo de cinco días hábiles la autoridad jurisdiccional fijará día y hora para el desahogo de una audiencia oral, a fin de sancionar y en su caso aprobar los acuerdos formulados por las partes.

Las partes comparecerán personal y debidamente asistidas a la audiencia y en caso de que la autoridad jurisdiccional lo considere pertinente podrá apersonarse la persona facilitadora. En todos los casos deberá de encontrase presente en la actuación la persona Agente del Ministerio Público correspondiente y en caso de que así lo considere la autoridad jurisdiccional, la persona representante de la Procuraduría de Protección de niñas, niños y adolescentes a nivel federal o de cada Entidad Federativa.

De resultar en derecho el convenio, se elevará a categoría de cosa juzgada y de inmediato la autoridad jurisdiccional proveerá de todo lo necesario para su ejecución.

El cumplimiento forzoso del convenio judicial podrá solicitarse en la vía de apremio.

TÍTULO SEGUNDO
PROCEDIMIENTOS NO CONTENCIOSOS EN MATERIA FAMILIAR

CAPÍTULO I
DE LA JURISDICCIÓN VOLUNTARIA

SECCIÓN PRIMERA
GENERALIDADES

Artículo 587. La jurisdicción voluntaria comprende todos los actos que, por disposición de la ley o por solicitud de las personas interesadas, se requiere la intervención de la autoridad jurisdiccional, sin que esté promovida, ni se promueva cuestión litigiosa alguna entre partes determinadas.

A solicitud de parte legítima podrán practicarse en esta vía las notificaciones o emplazamientos necesarios en procesos extranjeros.

Los procedimientos de que trata este Capítulo podrán tramitarse ante Notaria o Notario Público de conformidad con lo dispuesto por este Código Nacional, así como el Código Civil y demás leyes de la Entidad Federativa de la que se trate.

Artículo 588. De manera enunciativa y no limitativa, los siguientes casos se podrán tramitar mediante jurisdicción voluntaria:

I. Nombramiento de personas tutoras y curadoras;

II. Enajenación de bienes propiedad de niñas, niños, adolescentes, ausentes o desaparecidos;

III. Declaración de ausencia, así como la declaración especial de ausencia por desaparición;

IV. Procedimiento de adopción, y

V. Restitución nacional.

Artículo 589. La jurisdicción voluntaria deberá promoverse por escrito ante la autoridad jurisdiccional competente y reunir los siguientes requisitos:

I. Nombre y domicilio de quien promueve;

II. En su caso, nombre y domicilio de las personas que deban ser citadas;

III. La petición expresa de lo solicitado;

IV. Los hechos que fundamenten la solicitud;

V. Las pruebas que se ofrezcan, y

VI. Firma de quien promueve.

Artículo 590. Cuando fuere necesaria la audiencia de alguna persona, se la citará conforme a derecho, apercibiéndole en la citación que quedan, por tres días, las actuaciones en la secretaría de la autoridad jurisdiccional para que se imponga de ellas y señalará día y hora para la audiencia dentro del término de quince días, a la que concurrirá el promovente o su representante legal.

Artículo 591. En la Jurisdicción Voluntaria ante autoridad jurisdiccional se dará vista al Ministerio Público, Federal o local, según corresponda:

I. Cuando la solicitud promovida afecte los intereses públicos;

II. Cuando se refiera a la persona o bienes de niñas, niños o adolescentes o personas que no tengan capacidad para comprender el significado del hecho;

III. Cuando tenga relación con los derechos o bienes de persona ausente o desaparecida;

IV. Cuando se encuentren involucrados derechos de personas pertenecientes a grupos que se encuentren en situación de vulnerabilidad;

V. Cuando lo considere necesario la autoridad jurisdiccional o lo pidan las partes, y

VI. Cuando lo dispusiere la Ley aplicable.

Artículo 592. Recibida la solicitud, la autoridad jurisdiccional la examinará y conjuntamente a su admisión, proveerá respecto de las pruebas ofrecidas, las que se desahogarán en una audiencia oral que se fijará dentro del término de quince días. En su caso, se dará vista al Ministerio Público sin que sea obstáculo para la celebración de la audiencia la inasistencia de este último.

Si no mediare oposición, la autoridad jurisdiccional aprobará la información o la autorización judicial si lo considera procedente y se expedirá copia certificada al peticionario si la pidiese.

Artículo 593. En ningún caso se admitirán en procedimiento judicial no contencioso, informaciones de testigos sobre hechos que fueren materia de un procedimiento en curso.

Artículo 594. Se dará por terminado el procedimiento de jurisdicción voluntaria si se opusiere parte legítima. Se desechará la oposición que se haga después de efectuado el acto, reservándole los derechos a quien se oponga para que los haga valer en la vía y forma que proceda.

Artículo 595. La autoridad jurisdiccional podrá variar o modificar las providencias que dictare, sin sujeción estricta a los términos y formas establecidas respecto del procedimiento contencioso que corresponda.

Artículo 596. Las resoluciones que se dicten en las diligencias de jurisdicción voluntaria ante autoridad jurisdiccional son recurribles en términos de lo que establece este Código Nacional. Contra la resolución desestimatoria de la petición procede el recurso de queja y la que dé por concluido el procedimiento de las diligencias, será apelable en ambos efectos.

SECCIÓN SEGUNDA
DE LA CONSIGNACIÓN DE ALIMENTOS

Artículo 597. Quien sea deudor alimentista puede promover diligencias de consignación, derivadas de su obligación de proporcionar alimentos, sin que ello constituya la extinción de la obligación alimentaria y sin perjuicio de que la autoridad jurisdiccional determine lo conducente.

Artículo 598. La consignación se hará en cheque certificado, o billete de depósito expedido por la oficina recaudadora o bancaria que corresponda.

Artículo 599. Hecha la consignación, la autoridad jurisdiccional deberá proveer de inmediato, haciendo saber a la persona acreedora alimentaria, que lo depositado queda a su disposición, para lo cual debe citarle para que comparezca a recibir o verificar el depósito.

Artículo 600. Si la acreedora alimentaria recibe lo consignado lisa y llanamente, la autoridad jurisdiccional hará constar su recepción, sin perjuicio de que las posteriores consignaciones se sigan realizando en ese procedimiento.

Artículo 601. Cuando la persona acreedora alimentaria no comparezca o se rehúse en el acto de la diligencia a recibir lo consignado, la autoridad jurisdiccional lo hará constar, con independencia de los depósitos de alimentos subsecuentes.

Artículo 602. La consignación que hace el deudor de pensiones alimentarias no extingue ni fija por sí misma su obligación de pagar alimentos.

SECCIÓN TERCERA
DEL NOMBRAMIENTO DE PERSONAS TUTORAS Y CURADORAS

Artículo 603. Toda persona tutora cualquiera que sea su clase debe manifestar si acepta o no el cargo dentro de los tres días que sigan a la notificación de su nombramiento; en igual término debe proponer su impedimento o excusa.

Tanto las personas tutoras como curadoras aceptarán los cargos y protestarán su leal desempeño ante la autoridad jurisdiccional de primera instancia en materia familiar que los nombró.

Cuando el impedimento o la causa legal de excusa ocurrieren después de la aceptación de la tutela o curatela, los términos correrán desde el día en que la persona tutora o curadora conoció el impedimento o la causa legal de excusa.

La aceptación o el lapso de los términos, en su caso, importan renuncia de la excusa.

Artículo 604. La persona designada, dentro de los diez días que sigan a su aceptación, debe prestar las garantías exigidas por la legislación sustantiva de cada Entidad Federativa, a no ser que lo exceptuaren expresamente.

Artículo 605. Puede oponerse al nombramiento de persona tutora, la niña, niño o adolescente que tenga la edad para nombrarla y el Ministerio Público, manifestando en un escrito las razones de su oposición y en su caso la documentación que la avale, con el que se dará vista a la persona tutora en cuestión y desahogada o no, la autoridad jurisdiccional resolverá de plano, sin que dicha resolución sea recurrible, así como también podrá oponerse al hecho por la persona que no siendo ascendiente le haya instituido heredero o legatario, de acuerdo a sus intereses.

Artículo 606. Siempre que la persona nombrada como persona tutora o curadora no reúna los requisitos que la ley disponga, la autoridad jurisdiccional denegará el discernimiento del cargo respectivo y proveerá al nombramiento en la forma y términos prevenidos por la legislación sustantiva de cada Entidad Federativa. Contra dicha resolución no procede recurso alguno.

Podrá decretarse el cuidado de niñas, niños y adolescentes que se hallen sujetos a patria potestad o a tutela y que fueren maltratados por sus padres o persona tutora o reciban de éstos ejemplos perniciosos, a juicio de la autoridad jurisdiccional, o sean obligados por ellos a cometer actos reprobados por las Leyes. La misma disposición se aplicará en caso de personas adultos (sic) mayores.

La autoridad jurisdiccional deberá privilegiar el cuidado a cargo de familiares o personas más cercanas y de confianza de los infantes.

En este caso no son necesarias formalidades de ninguna clase, asentándose solamente en una o más actas las diligencias del día.

Artículo 607. La autoridad jurisdiccional deberá contar con un registro de todos los discernimientos que se hicieren de los cargos de persona tutora y curadora, así como las modificaciones que se dieran en dichos cargos, que contendrá el nombre del pupilo, fecha de la resolución donde se le designó persona tutora y curadora, domicilio, número telefónico y correo electrónico para que por cualquiera de esos medios de comunicación procesal se realicen las notificaciones respectivas, y estará a disposición del Consejo de Tutelas, Procuraduría de Protección para Niñas, Niños y Adolescentes, del Representante de la Institución análoga de la Entidad Federativa de que se trate, así como del Ministerio Público de la adscripción.

Artículo 608. Dentro del primer mes de cada año, en audiencia pública con citación del Consejo Local de Tutelas, Procuraduría de Protección para Niñas, Niños y Adolescentes, del Representante de la Institución análoga de la Entidad Federativa de que se trate, así como del Ministerio Público de la adscripción, se procederá a examinar dicho registro y ya en su vista, recibirá la rendición de cuentas, la exhibición del informe médico y dictará las medidas que estime pertinentes:

I. Si resultare haber fallecido alguna persona tutora o curadora, harán que sea reemplazada, con arreglo a las disposiciones contenidas en este ordenamiento;

II. Si hubiere alguna cantidad de dinero que resultare sobrante después de cubiertas las cargas y atenciones de la tutela o dinero que proceda de las retenciones de capitales o que se adquiera de cualquier otro modo, se ordenará que se invierta en alguna Institución de Crédito destinadas al efecto, al plazo que mayor beneficio o interés produzca al pupilo, para lo cual la persona tutora con conocimiento de la o el curador, acreditará dicha circunstancia ante la autoridad jurisdiccional para que ésta emita el mandato judicial correspondiente, de acuerdo a la normatividad sustantiva aplicable de cada Entidad Federativa;

III. En dicha audiencia pública la persona tutora con la conformidad de la persona curadora presentará un informe sobre el desarrollo de la persona sujeta a tutela y de manera obligatoria un certificado de salud de dos profesionistas en materia de medicina general, así como un certificado de salud de dos personas médicos de la especialidad respectiva;

IV. A la audiencia indicada deberá presentarse la persona tutora o curadora, en compañía de su pupilo si sus condiciones de salud así lo permiten, para que en ese acto exprese lo que considere pertinente y la autoridad jurisdiccional se cerciore del estado que guardan éstas y tome las medidas que estime necesarias para mejorar su condición;

V. Dentro de la misma diligencia la persona tutora, deberá rendir cuenta detallada de su administración como lo preceptúa el Código Civil o Familiar de cada Entidad Federativa, sea cual fuere la fecha en que se le hubiere discernido el cargo u otorgado la encomienda. La falta de presentación de la cuenta en los tres meses siguientes al de enero, motivará la remoción de la persona tutora.

Artículo 609. En todos los casos de impedimento, separación o excusa de la persona tutora o curadora, definitivos o propietarios, se nombrará un interino mientras se decide la cuestión litigiosa y resuelto éste, se designará al que lo sustituya.

Artículo 610. Sobre la rendición y aprobación de cuentas de las personas tutoras, regirán las siguientes reglas:

I. Las cuentas se rendirán dentro del mes de enero de cada año, exhibiendo los documentos justificativos, aunque no exista prevención judicial para ello;

II. La persona tutora, también tiene obligación de rendir cuentas cuando, por causas graves que calificará la autoridad jurisdiccional, lo exijan la persona curadora, el Consejo Local de Tutelas, la Procuraduría de Protección para Niñas, Niños y Adolescentes o el Representante de la Institución análoga de la Entidad Federativa de que se trate o el mismo menor que hubiere cumplido la edad exigida por la legislación sustantiva de cada Entidad Federativa;

III. Se requiere prevención judicial para que las cuentas se rindan antes de llegar al plazo previsto en la fracción I; a menos que hubiese remoción o separación de la persona tutora, pues en este caso, sin requerimiento judicial, deberán presentarlas dentro de los quince días siguientes de la fecha de la remoción o separación. En igual forma se procederá cuando la tutela o la encomienda lleguen al final del plazo por haber cesado el estado de minoridad;

IV. Las personas a quienes deben ser rendidas las cuentas son: la misma autoridad jurisdiccional, la persona curadora, el Consejo Local de Tutelas, la misma niña, niño o adolescente que hubiere cumplido la edad exigida por la legislación sustantiva de cada Entidad Federativa, la persona tutora que lo sustituya, el pupilo que dejare de serlo, el Ministerio Público y las demás personas que fija la ley de la materia;

V. La resolución que desaprobare las cuentas indicará, si fuere posible, los alcances y la que aprobare puede ser apelada por el Ministerio Público, los demás interesados y la persona curadora si hizo observaciones. Del auto de desaprobación pueden apelar en ambos efectos la persona tutora, la curadora o el Ministerio Público de la adscripción, y

VI. Si se objetaren de falsas algunas partidas, se substanciarán incidentalmente conforme a las disposiciones previstas en el presente Código Nacional, entendiéndose la audiencia sólo con los objetantes, el Ministerio Público de la adscripción y la persona tutora.

Artículo 611. Cuando del examen de la cuenta o del cercioramiento que realice la autoridad jurisdiccional del estado de salud que guarda el pupilo, encontrare motivos graves para sospechar dolo, fraude, negligencia, descuido o maltrato de la persona tutora, su función, se iniciará, a petición de la persona curadora o del Ministerio Público, procedimiento incidental de remoción de la persona tutora, ante la autoridad jurisdiccional que corresponda conocer del presente procedimiento, se respetará el derecho de audiencia del pupilo, para que pueda expresar lo que a su derecho corresponda; y si de la resolución resultaren confirmadas las sospechas, se revocará el cargo y se nombrará nueva persona tutora, curadora, sin perjuicio de que se remita testimonio de lo conducente a las autoridades penales.

Artículo 612. Las personas tutoras y curadoras, no pueden ser removidas sino a través del procedimiento incidental respectivo, de acuerdo a la autoridad jurisdiccional que corresponda conocer del presente procedimiento.

Tratándose de excusa, únicamente se dará vista a los interesados y al Ministerio Público de la adscripción, la autoridad jurisdiccional resolverá en auto lo conducente, la resolución que se dicte en el último de los supuestos será recurrible a través del recurso de apelación en el efecto devolutivo.

SECCIÓN CUARTA
DE LA ENAJENACIÓN DE BIENES DE NIÑAS, NIÑOS Y ADOLESCENTES

Artículo 613. Será necesaria autorización judicial en la vía de jurisdicción voluntaria para la enajenación de los bienes que pertenezcan exclusivamente a niñas, niños, adolescentes y correspondan a las clases siguientes:

I. Bienes muebles, inmuebles y derechos reales sobre estos;

II. Alhajas y muebles valiosos;

III. Acciones sobre personas jurídicas colectivas, y

IV. Derechos de patentes, marcas, autorales y otros derechos análogos.

Artículo 614. Para decretar la enajenación de bienes se necesita que al pedirse se exprese el motivo de la enajenación y el objeto a que debe aplicarse la suma que se obtenga, y que se justifique la absoluta necesidad o la evidente utilidad de la enajenación.

Si fuere la persona tutora, quien solicitare la venta, debe proponer, al hacer la promoción, las bases del remate en cuanto a la cantidad que deba darse de contado, el plazo, interés y garantías del remanente.

La solicitud se substanciará ante la autoridad jurisdiccional que corresponda con la persona curadora, el Consejo Local de Tutelas o la Procuraduría de Protección para Niñas, Niños y Adolescentes o el Representante de la Institución análoga de la Entidad Federativa de que se trate, con vista del Ministerio Público de la adscripción.

Para acreditar el valor del bien o bienes inmuebles que se pretende enajenar, la persona tutora, bajo su más estricta responsabilidad deberá presentar los avalúos correspondientes.

La sentencia que se dictare es apelable en ambos efectos.

Artículo 615. Respecto de las alhajas y muebles, la autoridad jurisdiccional determinará si conviene o no la subasta, atendiendo en toda la utilidad que resulte a la niña, niño, adolescente; si se decreta, se hará por conducto de la institución de asistencia privada que designe la autoridad jurisdiccional; de lo contrario, se procederá conforme a lo dispuesto en este Código Nacional.

El remate de los inmuebles se hará conforme a las disposiciones de este Código Nacional y no podrá admitirse postura que baje de las dos terceras partes del avalúo, ni la que no se ajuste a los términos de la autorización judicial.

Si en la primera subasta no hubiere postor, la autoridad jurisdiccional convocará, a solicitud de la persona tutora, curadora, Consejo Local de Tutelas,

Procuraduría de Protección para Niñas, Niños y Adolescentes, Representante de la Institución análoga de la Entidad Federativa de que se trate, Ministerio Público de la adscripción, a una junta dentro del tercer día, para ver si son de modificarse o no las bases del remate, señalándose nuevamente las subastas que fueren necesarias, de conformidad con las disposiciones previstas en el presente Código Nacional.

Artículo 616. Para la venta de acciones y títulos de renta, se concederá la autorización sobre la base de que no se haga por menor valor del que se cotice en la plaza el día de la venta, y por conducto de corredora o corredor público, y si no lo hay, de comerciante establecido y acreditado.

Artículo 617. El precio de la venta se entregará a la persona tutora, si la caución, fianzas o garantías prestadas son suficientes para responder de él. De otra manera, se depositará en el establecimiento destinado al efecto.

La autoridad jurisdiccional señalará un término prudente a la persona tutora, para que justifique la inversión del precio de la enajenación.

Artículo 618. Para la venta de los bienes inmuebles de las personas menores de edad, o de los muebles, quienes ejercen la patria potestad o tutela, requerirán la autorización judicial en los mismos términos que los señalados en este Código Nacional.

Artículo 619. El procedimiento se substanciará con intervención del Ministerio Público de la adscripción y con la persona tutora especial que, para el efecto, nombre la autoridad jurisdiccional desde las primeras diligencias. La base de la primera subasta, si es bien inmueble, será el precio fijado por los peritos, y la postura legal no será menor a las dos terceras partes de ese precio. Bajo las mismas condiciones podrán gravar los padres los bienes inmuebles de sus hijos, o consentir la extinción de derechos reales.

Artículo 620. Para recibir dinero prestado en nombre de la niña, niño o adolescente, necesita la persona tutora la autorización judicial y la conformidad de la persona curadora y del Consejo Local de Tutelas o de la Procuraduría de Protección para Niñas, Niños y Adolescentes o del Representante de la Institución análoga de la Entidad Federativa de que se trate y del Ministerio Público de la adscripción.

SECCIÓN QUINTA
DE LA DECLARACIÓN DE AUSENCIA Y ESPECIAL DE AUSENCIA POR DESAPARICIÓN

Artículo 621. La declaración de ausencia, así como la declaración especial de ausencia por desaparición, podrá ser solicitada por cualquier persona a quien le asista un interés en términos de la legislación sustantiva aplicable y será recibida mediante escrito o por comparecencia ante la autoridad jurisdiccional en materia civil o familiar en turno, quien podrá recibir la solicitud sin mayores formalidades, en caso de recibirse por comparecencia será preferentemente videograbada. En ambas modalidades la solicitud deberá ser despachada por la autoridad jurisdiccional dentro de las veinticuatro horas siguientes a su recepción.

En caso de que la persona solicitante comparezca sin representación autorizada, la autoridad jurisdiccional designará de inmediato persona de la defensoría pública para su asistencia y representación.

Artículo 622. La declaración especial de ausencia por desaparición, se tramitará por la autoridad jurisdiccional en materia familiar o civil de conformidad con lo dispuesto en la Ley General en Materia de Desaparición Forzada de Personas, Desaparición Cometida por Particulares y del Sistema Nacional de Búsqueda de Personas, así como las leyes especiales de la materia en el Orden Federal y de las Entidades Federativas. En lo no previsto en las leyes especiales, se observarán las disposiciones establecidas en este Código Nacional para su debida tramitación.

Artículo 623. Ante la solicitud de declaración de ausencia y la declaración especial de ausencia por desaparición en su caso, la autoridad jurisdiccional deberá, una vez admitido el trámite, dar intervención inmediata, tanto a la autoridad ministerial correspondiente, como al Sistema Nacional de Protección Integral de Niñas, Niños y Adolescentes, así como a las autoridades del Sistema Nacional de Búsqueda de Personas según corresponda. Dichas autoridades deberán ser notificadas de inmediato por el medio de comunicación que la autoridad jurisdiccional considere más efectivo.

Artículo 624. Presentada la solicitud, en el mismo proveído la autoridad jurisdiccional dispondrá lo relativo a la admisión de las pruebas ofrecidas por la persona promovente cuando así fuere necesario, y ordenará recabar oficiosamente las probanzas que considere faltantes para el trámite y resolución de la declaración de ausencia y presunción de muerte o bien, la declaración especial de ausencia por desaparición, sin que ello signifique cargas onerosas o dilatorias a quienes solicitan.

Dentro de los cinco días hábiles siguientes a la radicación del trámite, se señalará fecha y hora para el desahogo de una audiencia, a fin de revisar o decretar medidas provisionales idóneas para la máxima protección de la persona de cuya ausencia o desaparición se trate, así como de su familia, tomando en cuenta las situaciones particulares al caso concreto siempre que no contravengan lo dispuesto por las leyes de la materia en el orden Federal así como en el ámbito de las Entidades Federativas.

De manera enunciativa y no limitativa la autoridad deberá proveer sobre guarda y custodia y ejercicio de la patria potestad de los hijos o hijas menores de edad, así como de los alimentos de los acreedores alimentarios, uso y pago de la vivienda y vehículos, la continuidad en los servicios médicos y beneficios a los que puedan acceder los y las familiares de la persona ausente o desaparecida.

Artículo 625. Una vez cumplimentados los requisitos que para el caso establecen los códigos civiles, o en su caso, la Ley General en Materia de Desaparición Forzada de Personas, Desaparición Cometida por Particulares y del Sistema Nacional de Búsqueda de Personas, así como las leyes especiales en el Orden Federal o de las Entidades Federativas, en materia de declaración de ausencia así como de declaración especial de ausencia por desaparición, se expedirán los Edictos de Búsqueda correspondientes en los términos y plazos que las leyes establezcan para tal efecto.

Artículo 626. Una vez publicados los edictos a que se refiere el código civil respectivo o ley en materia de declaración especial de ausencia por desaparición, la autoridad jurisdiccional dictará la sentencia definitiva y en ese mismo acto se ordenará la expedición inmediata de las copias y oficios necesarios para hacer efectiva la resolución ante las personas públicas o privadas que correspondan a cada caso concreto.

La resolución será apelable en efecto devolutivo, debiéndose remitir actuaciones originales a la autoridad jurisdiccional de apelación dentro de los tres días siguientes, en el entendido que dicho órgano jurisdiccional tendrá un plazo máximo de quince días para resolver de plano el recurso sin necesidad de reenvío.

Artículo 627. La resolución que dicte la autoridad Jurisdiccional sobre declaración de ausencia prevista en los códigos civiles y familiares, así como en la declaración especial de ausencia por desaparición, regulada por la Ley General en Materia de Desaparición Forzada de Personas, Desaparición Cometida por Particulares y del Sistema Nacional de Búsqueda de Personas y en las leyes especiales en el Orden Federal así como de las Entidades Federativas, incluirá los efectos y las medidas definitivas para garantizar la máxima protección a la persona ausente o desaparecida y los familiares, sin que implique la obligación de continuar con el trámite de presunción de muerte.

Una vez efectuada la Declaración de Ausencia o la Declaración Especial de Ausencia por Desaparición, esta surtirá todos sus efectos legales.

Artículo 628. Lo dispuesto en los artículos que preceden, se aplicará al gravamen y enajenación de los bienes de las personas ausentes o desaparecidas, así como a la transacción y arrendamiento por más de cinco años, de bienes de ausentes o desaparecidos.

SECCIÓN SEXTA
RESTITUCIÓN NACIONAL DE NIÑAS, NIÑOS Y ADOLESCENTES

Artículo 629. El procedimiento de restitución nacional tiene como finalidad tutelar el derecho de las niñas, niños y adolescentes a no ser trasladados de manera ilegal de su domicilio habitual.

Artículo 630. La autoridad jurisdiccional competente para conocer de la custodia de niñas, niños o adolescentes será aquella en cuya jurisdicción se encuentre el lugar de residencia habitual de los mismos, salvo que exista un procedimiento previo en materia de custodia o patria potestad, ante otra autoridad jurisdiccional en cuyo caso este último será competente.

Recibida la solicitud de restitución, la autoridad tendrá un plazo máximo de tres días para proveer al respecto.

Artículo 631. Podrá presentar solicitud de restitución del traslado o retención ilegal o sin previa autorización, por escrito o mediante comparecencia:

I. La madre;

II. El padre, y

III. La persona o institución que tenga la custodia de niñas, niños o adolescentes.

Se exceptúan los casos en los que los progenitores cuenten con condena de violencia sexual contra niñas, niños, adolescentes o feminicidio.

Artículo 632. La solicitud de restitución deberá contener al menos lo siguiente:

I. Nombre, domicilio, fecha y lugar de nacimiento, parentesco con la niña, niño o adolescente; y en el caso de instituciones u organismos, el mandamiento judicial con el que se le designó la custodia;

II. Manifestación bajo protesta de decir verdad, que la niña, niño o adolescente ha sido trasladado o retenido ilegalmente o sin previo consentimiento de las personas que pueden otorgarlo;

III. Exhibición de la copia certificada del acta de registro de nacimiento de la niña, niño o adolescente y documentos que acrediten su domicilio habitual;

IV. Información relativa a la identidad de la persona que se refiere ha sustraído o retenido a la niña, niño o adolescente, así como el posible domicilio en el que se encuentre;

V. Los hechos en que se basa el o la solicitante, y

VI. Toda la información disponible relativa a la localización de niñas, niños o adolescentes y de la persona con la que se presume se encuentra.

La solicitud podrá contener fotografías tanto de la niña, niño o adolescente trasladado o retenido ilegalmente, así como de la persona con la que se presume se encuentra.

Artículo 633. Admitida la solicitud por la autoridad jurisdiccional y autorizada, se librará de inmediato, exhorto a la autoridad jurisdiccional con sede en el lugar en el que se señaló se encuentra la niña, niño o adolescente, otorgando plenitud de jurisdicción para el cumplimiento del mandamiento judicial.

Artículo 634. La autoridad jurisdiccional exhortante deberá en el proveído que autorice la restitución, solicitar a la exhortada al menos lo siguiente:

I. Provea respecto a la localización inmediata del niño, niña o adolescente, de conformidad con los datos proporcionados en el exhorto;

II. Ejecute el requerimiento para la restitución de la niña, niño o adolescente con el acompañamiento de personal especializado para dichos efectos y en su caso el uso de la fuerza pública. En todo momento se privilegiará la voluntariedad en la restitución;

III. Ordenar el cuidado temporal de la niña, niño o adolescente en una institución pública especializada, en su caso;

IV. En caso de oposición a la restitución, en ese mismo acto ordenar se realice la notificación del trámite y la celebración del desahogo de la única audiencia oral de restitución, y

V. Resolver la restitución y en caso de ser procedente, decretar de inmediato su cumplimiento con plenitud de jurisdicción.

Artículo 635. La notificación deberá realizarse con las formalidades establecidas en este Código Nacional. En ella se hará del conocimiento de la persona que trasladó o retuvo a la niña, niño o adolescente, que puede interponer sus excepciones y defensas de manera oral en la audiencia señalada.

Hecha la notificación, la persona requerida deberá presentarse en la fecha y hora señalada por la autoridad jurisdiccional, en compañía de la niña, niño o adolescente de quien se trate, si aún permaneciere en su compañía.

En caso de que no asista o no se presente con la niña, niño o adolescente, motivo de la restitución, se le impondrá la medida de apremio más eficaz que la autoridad jurisdiccional estime procedente y sin mayor trámite se procederá a la restitución solicitada.

Artículo 636. La audiencia de restitución será única y se tramitará en forma oral, se celebrará en un término no mayor a los tres días siguientes a la notificación y no podrá diferirse, y en ella se deberá determinar la procedencia o no de la restitución.

Artículo 637. La audiencia de restitución será presidida por la autoridad jurisdiccional, con la presencia de un representante del Sistema para el Desarrollo Integral de la Familia de la Entidad Federativa correspondiente, el Agente del Ministerio Público adscrito a la autoridad jurisdiccional respectivo, el solicitante y su persona representante autorizada, la persona a quien se atribuye el traslado o retención ilegal y su persona representante autorizada, así como el personal del juzgado que la autoridad jurisdiccional designe para dichos efectos, de conformidad con lo siguiente:

I. La persona a quien se le atribuye el traslado o retención ilegal de la niña, niño o adolescente, deberá señalar las objeciones que tenga para su restitución y presentar las pruebas que acrediten su dicho, con base en lo dispuesto por este Código Nacional;

II. En el mismo acto se dará vista a la parte contraria, para que manifieste lo que a su derecho corresponda;

III. Se escuchará a la niña, niño y adolescente en cuestión, si así lo desean, a efecto de que sus manifestaciones sean consideradas, con base en su autonomía progresiva, y

IV. Desahogadas las pruebas y escuchadas las partes, se decretará la restitución o su negativa. Contra dicha resolución no procede recurso alguno.

La audiencia deberá ser videograbada.

Artículo 638. La restitución de una niña, niño o adolescente sólo podrá negarse con base en lo siguiente:

I. Que existan pruebas suficientes a consideración de la autoridad jurisdiccional, de peligro inminente, o cualquier tipo de violencia, generada por la persona que solicita la restitución o con quien ésta comparta la residencia habitual;

II. Que quien solicitó la restitución no tenga derecho para solicitarla;

III. Que hubieren transcurrido más de tres años desde que fue presentada la solicitud de restitución, y

IV. Que la persona adolescente solicitada hubiere alcanzado la edad de dieciséis años y manifieste su conformidad con el traslado.

El desarrollo de la audiencia y la resolución que dicte la autoridad jurisdiccional, deberán apegarse de manera estricta al principio de interés superior de las niñas, niños o adolescentes.

Artículo 639. En caso de que sea ordenada la restitución de la niña, niño o adolescente buscado, éste deberá ser entregado al solicitante, quien, para su traslado al lugar de habitual residencia de la niña, niño o adolescente, podrá ser acompañado por quien hubiera ejercido su cuidado, si así lo determina la autoridad jurisdiccional.

Artículo 640. La autoridad jurisdiccional del lugar de residencia habitual de la niña, niño o adolescente quien fuere objeto de la restitución, será la única competente para determinar la custodia, régimen de convivencias, y patria potestad.

Artículo 641. Las solicitudes de restitución internacional de niñas, niños o adolescentes se regirán conforme a las disposiciones previstas en los tratados internacionales de los que el Estado Mexicano sea parte, y por este Código Nacional.

SECCIÓN SÉPTIMA
DEL PROCEDIMIENTO DE ADOPCIÓN

Artículo 642. Será competente para tramitar la solicitud de adopción la autoridad jurisdiccional ubicada en el domicilio de la persona que se pretende adoptar.

Artículo 643. Cuando en el trámite de adopción acontezca oposición legítima se tramitará en la vía incidental y de resultar procedente se dará por concluido el mismo.

En contra de dicha resolución procederá el recurso de apelación en ambos efectos.

Artículo 644. La solicitud de adopción podrá ser recibida mediante escrito o por comparecencia desahogada en audiencia, esta última será preferentemente videograbada o a través de los medios de comunicación electrónicos previstos en este Código Nacional. En ambas modalidades la solicitud deberá de ser proveída por la autoridad jurisdiccional el mismo día de la recepción.

En todos los casos, la solicitud deberá hacerse del conocimiento del Sistema Nacional de Desarrollo Integral de la Familia (DIF) para privilegiar el interés superior de la niñez.

En caso de que la o las personas adoptantes comparezcan sin representación técnica, la autoridad jurisdiccional designará persona defensora pública a fin de que les asista de manera efectiva y gratuita.

Cuando se presente la solicitud por comparecencia deberán de apersonarse la o las personas que pretendan adoptar debidamente identificadas y también podrá concurrir la o las personas a las que les corresponde otorgar su consentimiento para la adopción, ello a efecto de que en la misma audiencia sea otorgado tal consentimiento, lo que deberá de realizarse de manera informada y asistida. En esta audiencia deberá encontrarse presente la persona Agente del Ministerio Público, a quien se le notificará a través del medio que la autoridad jurisdiccional considere efectivo.

No obstante, el consentimiento para la adopción podrá recibirse en comparecencia por separado o se podrá acreditar mediante la exhibición de la documental pública que consigne el acto, ello al inicio o durante el procedimiento.

Artículo 645. Para la admisión del trámite únicamente deberán de exhibirse las certificaciones de las actas de nacimiento tanto de las personas que pretenden adoptar y de la o las personas que se pretende adoptar. No obstante, y con independencia de los requisitos establecidos en las legislaciones locales, en la solicitud deberá de expresarse, bajo protesta de decir verdad, lo siguiente:

I. El nombre y domicilio de las personas que se pretenden adoptar;

II. El nombre y domicilio de las personas que ejerzan o estén en aptitud de ejercer la patria potestad de quien se solicita la adopción o bien la tutela, así como quien esté a cargo de la guarda y custodia de hecho o de derecho;

III. El nombre y domicilio de las personas que pretendan adoptar, y

IV. Los hechos que motiven la solicitud.

Artículo 646. En el proveído que admita a trámite la autoridad jurisdiccional deberá indicarse a las personas adoptantes, preferentemente a través del principio de inmediación en audiencia videograbada, los requisitos que en contraste con los documentos exhibidos faltan de cumplimentar según las leyes aplicables al procedimiento pretendido.

En ese mismo acto de admisión, la autoridad jurisdiccional notificará mediante oficio al Sistema Nacional para el Desarrollo Integral de la Familia o bien a los organismos homólogos en las Entidades Federativas a través de sus Procuradurías, la tramitación de la solicitud y en caso de que no fuera exhibido el certificado o constancia de Idoneidad de Adopción en la comparecencia inicial o escrito correspondiente, se le notificará de inmediato y preferentemente vía electrónica, al organismo encargado de la expedición del documento que deberá proveer en relación con la expedición o negación del documento en un plazo no mayor a noventa días naturales, bajo el apercibimiento que de no hacerlo podrán ser aplicadas las medidas de apremio que establece este Código Nacional.

En el primer proveído del procedimiento se apercibirá a la o las personas adoptantes para que comparezcan ante la autoridad encargada de expedir el Certificado de Idoneidad, en el término de tres días a fin de que realicen todas las gestiones que a ellas corresponda para la expedición del señalado Certificado, bajo el apercibimiento que, de no hacerlo, se le aplicará las medidas de apremio señaladas en este Código Nacional.

De manera conjunta con el Certificado de Idoneidad la autoridad administrativa deberá remitir copia certificada del expediente administrativo que dio origen al documento, en el cual siempre deberán ser recabados los estudios psicológicos, sociológicos, médicos y socioeconómicos correspondientes en su caso, a la persona o personas que pretenden adoptar.

Artículo 647. Durante el trámite de la adopción, la autoridad jurisdiccional deberá proveer respecto de las siguientes medidas:

I. La guarda y custodia provisional de la persona o personas que se pretende adoptar, tomando todas las medidas necesarias para la seguridad de dicha o dichas personas, y

II. El acompañamiento psicológico tanto para la o las personas que pretenden adoptar, como para quien o quienes pretenden sean adoptadas, y si es solicitado, para quienes otorgaron el consentimiento para la adopción.

Artículo 648. Una vez reunidos los requisitos señalados por la ley sustantiva para la Adopción, se proveerá respecto de los medios de prueba ofertados y se fijará fecha y hora dentro de los siguientes quince días para el desahogo de la comparecencia de la persona que se pretende adoptar, ello a efecto de que sea escuchada su opinión y su sentir respecto del trámite pretendido.

Dentro de los cinco días hábiles siguientes al desahogo de la comparecencia señalada en el párrafo que antecede, se fijarán fecha y hora para el desahogo de una audiencia especial en la que la o las personas promoventes podrán expresar alegatos, se desahogarán los medios de prueba que fueron admitidos y se dictará de manera oral la sentencia, en la que se incluirá la modalidad del seguimiento de la adopción.

Artículo 649. En caso de que la autoridad jurisdiccional así lo requiera, a la audiencia de desahogo de pruebas, deberá comparecer el personal especializado encargado de la integración del expediente administrativo exhibido en el trámite.

Dentro de los tres días hábiles siguientes al desahogo de la última audiencia, se remitirán los autos originales a la autoridad jurisdiccional de segunda instancia para que proceda a la revisión oficiosa de la resolución, misma que deberá confirmarse, modificarse o revocarse dentro de los siguientes quince días hábiles siguientes a la recepción del expediente, sin que lo anterior implique algún tipo de reenvío.

Artículo 650. Una vez autorizada la resolución de adopción por la autoridad jurisdiccional de segunda instancia, deberá de emitirse la sentencia en formato de lectura fácil para la persona o personas adoptadas y a cargo del erario las copias y oficios necesarios para la inscripción de la adopción.

Artículo 651. Durante los tres años siguientes a la autorización de la adopción, en ejecución de sentencia y de manera oficiosa, la autoridad jurisdiccional revisará los informes que realice el Sistema Nacional para el Desarrollo Integral de la Familia o bien los organismos competentes en las Entidades Federativas, con motivo del seguimiento correspondiente a la adopción, así como cualquier medida de similar que haya sido decretada en el fallo en atención al caso concreto.

Artículo 652. Tratándose de extranjeros con residencia en el país, deberán acreditar los mismos requisitos que las personas nacionales.

Artículo 653. En los casos de adopción en los que intervengan extranjeros o mexicanos con residencia en otro país, el procedimiento se llevará a cabo según lo dispuesto por el Capítulo de procedimientos internacionales de este Código Nacional, los tratados internacionales y la legislación aplicable en cada Entidad Federativa.

CAPÍTULO II
DEL DIVORCIO BILATERAL

Artículo 654. Será competente para tramitar la disolución del vínculo matrimonial la autoridad jurisdiccional ubicada en donde se encuentre el último domicilio conyugal, salvo sumisión expresa de ambos cónyuges ante alguna otra autoridad jurisdiccional.

Artículo 655. El Divorcio Bilateral podrá tramitarse a solicitud de ambos cónyuges ante la autoridad jurisdiccional, Notaria o Notario Público o la autoridad del Registro Civil correspondiente de conformidad con las siguientes disposiciones.

Artículo 656. Ante la autoridad jurisdiccional, a la solicitud deberá acompañarse:

I. Copia certificada, física o electrónica del acta de matrimonio de la unión que se pretenda disolver;

II. En su caso, copia certificada física o electrónica de las actas de nacimiento de las hijas e hijos menores de edad, y

III. Una propuesta de Convenio que contenga:

a) De existir hijos o hijas menores de edad, quien ejercerá su guarda y custodia, la fijación de la pensión alimenticia que les corresponderá y el establecimiento de un régimen de convivencias, así como la pensión alimenticia que, en su caso pudiera corresponder al o la divorciante, y

b) La forma en que deban distribuirse los bienes, derechos y obligaciones que se hayan adquirido durante el matrimonio, de conformidad con el régimen patrimonial al que estuviera sujeto el matrimonio.

En caso de no ser aplicable lo dispuesto en las fracciones anteriores, las partes deberán manifestar lo necesario bajo protesta de decir verdad.

Artículo 657. Presentada la solicitud y el convenio o manifestación a que alude el artículo anterior, cumplidas en su caso las prevenciones, se le dará vista a la persona Agente del Ministerio Público de la adscripción en caso de afectarse derechos de niñas, niños o adolescentes y la autoridad jurisdiccional admitirá el trámite y citará a los cónyuges, dentro de los diez días siguientes, a una única audiencia.

En la audiencia se procederá a ratificación, revisión y en su caso aprobación del convenio presentado. Aprobado el convenio se declarará visto el asunto y se dictará en ese momento de manera oral la sentencia, la cual en caso de decretar la disolución del vínculo matrimonial será irrecurrible y causará ejecutoria en ese momento por ministerio de ley.

Artículo 658. En el caso de que alguna de las partes falte a la audiencia, por única ocasión se fijará nueva fecha y hora para el desahogo de la audiencia en un plazo máximo de diez días, en caso de verificarse de nueva cuenta la inasistencia se dará por concluido el trámite.

Artículo 659. Cuando en el convenio aprobado se haya pactado sobre la donación de inmuebles, la autoridad jurisdiccional de manera oficiosa, girará oficio al titular del Registro Público de la Propiedad correspondiente, para que haga la anotación preventiva.

Artículo 660. En la audiencia se entregará a los cónyuges o a sus representantes el oficio dirigido al Registro Civil que corresponda, para los efectos de la inscripción del divorcio. En dicho oficio quedará inserta la trascripción de los puntos resolutivos del fallo.

Artículo 661. El Divorcio Bilateral podrá tramitarse ante Notaria o Notario Público, siempre y cuando no se hayan procreado hijas o hijos, o que aun sean menores de edad y no existan bienes o deudas atribuibles al patrimonio conyugal, o el Código Civil o leyes de cada Entidad Federativa así lo dispongan.

Artículo 662. Procede el divorcio ante la autoridad del Registro Civil cuando ambos cónyuges convengan en divorciarse; no tengan bienes o deudas pertenecientes al patrimonio conyugal; no tengan hijos en común o teniéndolos sean mayores de edad, y éstos no requieran alimentos.

La autoridad del Registro Civil, previa identificación de los cónyuges, y ratificando en el mismo acto la solicitud de divorcio, levantará un acta en que los declarará divorciados y hará la anotación correspondiente en el acta de matrimonio.

TÍTULO TERCERO
DEL JUICIO ORAL FAMILIAR

CAPÍTULO I
DISPOSICIONES GENERALES

SECCIÓN PRIMERA
DE LA PROCEDENCIA DEL JUICIO ORAL FAMILIAR

Artículo 663. Se tramitarán en la vía oral familiar, todas las controversias que no tengan tramitación especial señalada en este Código Nacional.

Las disposiciones de este Capítulo serán aplicables en lo conducente a los demás procedimientos familiares que establece este Código Nacional cuando no exista previsión específica.

Artículo 664. Podrá acudirse ante la autoridad jurisdiccional en materia familiar por escrito o por comparecencia, para constituir, declarar, preservar o restituir derechos, únicamente precisando los hechos en que se funde su pretensión. Asimismo, podrán solicitarse las medidas provisionales que considere necesarias. Las partes deberán presentar desde la primera actuación las documentales que soporten su pretensión o excepción y ofrecer los medios de prueba que estimen oportunos.

Las copias respectivas de la comparecencia y demás documentos, serán tomados como pruebas, debiendo relacionarse en forma pormenorizada con todos y cada uno de los hechos narrados por el compareciente, así como los medios de prueba que presente.

La autoridad jurisdiccional una vez presentada la demanda, se deberá pronunciar, en su caso, sobre su admisión dentro del término máximo de tres días.

Artículo 665. De admitirse la solicitud, deberá decretar las medidas provisionales conducentes, las que serán revisadas de oficio o a petición de parte en la audiencia preliminar. Ordenará emplazar personalmente a la parte demandada, para que conteste por escrito o comparecencia, dentro del término de nueve días, quien deberá ofrecer las pruebas que estime necesarias, opondrá sus excepciones y defensas.

En el mismo proveído, le hará saber a las partes su derecho para designar mandatario judicial, así como la posibilidad de contar con los servicios gratuitos de la defensoría pública.

Además, la autoridad jurisdiccional hará saber a las partes la posibilidad de acudir al centro de justicia alternativa o institución análoga en las Entidades Federativas para formar parte de un proceso de mediación o conciliación.

Artículo 666. En todo momento las partes deberán contar con una defensa técnica, efectiva y tratándose de asuntos que afecten derechos de la infancia además la defensa será especializada. Para el caso de que alguna o ambas partes acudan sin ella, la autoridad jurisdiccional solicitará de inmediato la intervención de la Defensoría Pública, quien de manera gratuita asistirá a quien lo requiera y para el caso de que la designación se realice en el momento del desahogo de alguna audiencia, la autoridad jurisdiccional podrá diferirla, por una única ocasión, fijándose nuevo día y hora dentro de los siguientes diez días hábiles.

Artículo 667. En cualquier etapa del procedimiento, la autoridad jurisdiccional exhortará a los interesados a lograr un avenimiento con el que pueda darse por terminado el asunto, ello siempre y cuando no existan conductas de violencia acreditadas en juicio.

Para este fin, se les hará saber a las partes los beneficios de llegar a un convenio proponiéndoles soluciones.

Si en audiencia los interesados llegan a un convenio, la autoridad jurisdiccional lo sancionará y aprobará de plano si procede legalmente, y dicho pacto tendrá fuerza de cosa juzgada.

Las declaraciones, propuestas o aceptaciones de las partes, no surtirán efecto legal alguno en juicio ni podrán ser utilizadas por la parte contraria. Las propuestas y pronunciamientos de la autoridad no implican ningún tipo de prejuicio sobre el fondo del asunto.

La autoridad jurisdiccional les hará saber a las partes la posibilidad de acudir al centro de justicia alternativa o institución análoga en las Entidades Federativas para formar parte de un proceso de mediación o conciliación.

Artículo 668. A fin de proveer respecto de las medidas provisionales, la autoridad jurisdiccional podrá ordenar con causa justificada el desahogo anticipado de la prueba en una audiencia especial que para tal efecto se fije, con citación de las partes y en apego a las directrices que se establece para el desahogo de cada probanza conforme a las reglas generales previstas en este Código Nacional.

Este anticipo de prueba además será procedente cuando:

I. Exista peligro de que una persona se ausente del lugar del juicio o se altere su declaración.

II. Un objeto se oculte, dilapide o pueda no lograrse su inspección.

Artículo 669. En todo lo no previsto regirán las reglas generales de este Código Nacional, en cuanto no se opongan a los principios y disposiciones del presente Libro.

SECCIÓN SEGUNDA
DE LA AUDIENCIA PRELIMINAR FAMILIAR

Artículo 670. Una vez contestada la demanda, con las excepciones y defensas se dará vista a la parte actora por el término de tres días para que manifieste lo que a su derecho convenga y ofrezca pruebas.

Al contestar la demanda, se hará valer la reconvención cuando así proceda, y en su caso, se ordenará emplazar personalmente a la parte demandada reconvencionista, en el domicilio personal, procesal o correo electrónico, para que conteste por escrito, dentro del término de nueve días hábiles, quien deberá ofrecer las pruebas que estime necesarias, opondrá las excepciones y defensas que estime procedentes, interponiendo las objeciones de pruebas. Con las excepciones y defensas de la contestación de la reconvención se dará vista a la actora reconvencionista por el término de tres días para que manifieste lo que a su derecho convenga y ofrezca pruebas.

Una vez contestadas las excepciones y defensas en lo principal, o en su caso, en la reconvención o transcurrido el plazo para ello, se señalará fecha y hora para la celebración de la audiencia preliminar que tendrá verificativo dentro de los quince días siguientes.

Artículo 671. La audiencia preliminar se integra por dos fases que deberán celebrarse el mismo día y de manera consecutiva, las cuales son:

I. La junta anticipada, que se celebrará ante la persona secretaria judicial, y no será videograbada, dejando constancia en el acta mínima respectiva, y

II. La audiencia ante la autoridad jurisdiccional.

Artículo 672. La primera fase de la audiencia preliminar consistente en la junta anticipada tiene por objeto:

I. El intercambio de información y de pruebas entre las partes;

II. Formular propuestas de convenio;

III. Establecer acuerdos sobre hechos no controvertidos, y

IV. Proponer acuerdos probatorios, dentro de los cuales se puede incluir la exclusión parcial o total de pruebas o la incorporación de otras.

La persona secretaria judicial dará cuenta inmediata a la autoridad jurisdiccional con el resultado de la junta anticipada.

Artículo 673. La segunda fase de la audiencia preliminar iniciará inmediatamente después de concluida la primera, y en ella se desarrollarán las siguientes etapas:

I. La enunciación de la Litis, que es el momento procesal en que se precisarán las prestaciones admitidas y sus contestaciones;

II. La depuración del procedimiento, momento en que se estudiará y resolverá lo atinente a los presupuestos y excepciones procesales, salvo las cuestiones competenciales las cuales se tramitarán de conformidad con las reglas previstas en el presente Código Nacional;

III. La revisión y aprobación del convenio que hayan celebrado las partes. En caso de no existir convenio en la primera fase, en esta segunda se procurará la conciliación o mediación entre las partes ante la autoridad jurisdiccional;

IV. La revisión de acuerdos de hechos o probatorios y en su caso, nueva discusión, proposición y fijación de acuerdos sobre hechos no controvertidos y exclusión total o parcial de medios de prueba o incorporación de nuevos factores probatorios, independientemente de los acordados en la fase anterior;

V. La admisión y preparación de las pruebas;

VI. La revisión oficiosa de las medidas provisionales y órdenes de protección decretadas, y

VII. Citación para la audiencia de juicio.

Artículo 674. Las partes tienen el deber de comparecer a la audiencia preliminar personalmente.

A las personas representantes autorizadas que dejen de asistir a la audiencia preliminar sin justa causa calificada por la autoridad jurisdiccional se les impondrá una multa que no podrá ser menor a veinte ni superior a sesenta Unidades de Medida y Actualización, y se continuará con la audiencia por una única ocasión.

Si dejaran de concurrir alguna o ambas partes materiales a la audiencia preliminar sin justa causa calificada por la autoridad jurisdiccional, se les impondrá una multa que no podrá ser menor a diez ni superior a treinta Unidades de Medida y Actualización, y se diferirá la audiencia preliminar por una única ocasión.

En la audiencia diferida si las partes sin justificación dejaren de asistir, la autoridad jurisdiccional procederá a examinar los presupuestos y excepciones procesales, resolverá sobre la admisión o desechamiento de pruebas y citará para audiencia de juicio, que no podrá exceder de un plazo de cuarenta días siguientes a la celebración de esta audiencia quedando las partes notificadas desde ese momento.

Artículo 675. En la Audiencia Preliminar, la autoridad jurisdiccional se pronunciará respecto de la admisión de las pruebas, así como la forma en que deberán prepararse para su desahogo en la audiencia de juicio, quedando a cargo de las partes su oportuna preparación, bajo el apercibimiento que, de no hacerlo, se declararán desiertas de oficio las mismas por causas imputables al oferente.

Durante la etapa de admisión de pruebas, las partes podrán igualmente objetar las pruebas que consideren pertinentes.

De estimarlo necesario, la autoridad jurisdiccional, en auxilio del oferente, expedirá los oficios o citaciones y realizará el nombramiento de las personas peritas para su aceptación en la misma audiencia, en el entendido de que los oficios serán puestos a disposición de la parte oferente, a afecto de que preparen sus pruebas y éstas se desahoguen en la audiencia de juicio.

En su caso, la autoridad jurisdiccional señalará fecha para la entrevista de la niña, niño o adolescente en comparecencia.

Artículo 676. Concluido lo anterior, la autoridad jurisdiccional citará a las partes a la audiencia de juicio que deberá realizarse dentro de los cuarenta días siguientes de celebrada la audiencia preliminar, quedando notificadas las partes, en ese acto.

Artículo 677. Cuando las partes hayan demandado la disolución del vínculo matrimonial y en la junta anticipada de la audiencia preliminar manifiesten su intención de sujetarse a la vía especial de Divorcio Bilateral y elaboren el convenio respectivo, la autoridad jurisdiccional proveerá en la segunda fase el cambio de vía y celebrará inmediatamente la única audiencia prevista para el trámite especial.

Si las partes no reúnen los requisitos necesarios para acceder al cambio de vía, la autoridad jurisdiccional dentro de la segunda fase de la audiencia, particularmente en la etapa de fijación para audiencia de juicio, resolverá de manera oral únicamente sobre la disolución del vínculo matrimonial.

SECCIÓN TERCERA
DE LA AUDIENCIA DE JUICIO

Artículo 678. Abierta la audiencia de juicio, la autoridad jurisdiccional escuchará los alegatos de apertura de las partes, los cuales no podrán exceder de diez minutos, para exponer sus respectivas teorías del caso.

La autoridad jurisdiccional señalará el orden para el desahogo de las pruebas, de conformidad con los acuerdos fijados en la audiencia preliminar.

Serán declaradas desiertas aquellas pruebas que no estén debidamente preparadas para su desahogo por causas imputables a la parte oferente.

Artículo 679. En la audiencia y concluido el desahogo de pruebas se concederá el uso de la palabra, por una vez a cada una de las partes y por un máximo de diez minutos para formular los alegatos de cierre. La autoridad jurisdiccional tomará las medidas que procedan a fin de que las partes se sujeten al tiempo indicado.

Artículo 680. Enseguida se declarará el asunto visto y se emitirá la sentencia definitiva correspondiente, para lo cual la autoridad jurisdiccional dispondrá del receso necesario dentro del mismo día de la audiencia.

En la misma audiencia de juicio, la autoridad jurisdiccional explicará con lenguaje sencillo, en forma breve y clara la sentencia definitiva y leerá únicamente los puntos resolutivos, así como, en los casos que proceda, el derecho que tienen las partes para impugnar dicha sentencia mediante el recurso de apelación, lo que se asentará en el acta mínima respectiva y ésta contendrá los puntos resolutivos expuestos, entregando en un plazo no mayor a tres días la versión escrita de la sentencia definitiva.

Cuando así lo considere la autoridad jurisdiccional y se involucren a niñas, niños o adolescentes, se deberá redactar una sentencia en formato de lectura fácil.

Asimismo, se hará del conocimiento de las partes el derecho que tienen, si estimaren que la sentencia definitiva contiene omisiones, cláusulas o palabras contradictorias, ambiguas u oscuras, de solicitar por escrito dentro del término de tres días, posteriores a que se encuentre puesta a su disposición la sentencia escrita, la aclaración o adición a la resolución, sin que con ello se pueda variar la substancia del fondo de la resolución. Contra tal determinación procederá el recurso de apelación, sin necesidad de reenvío, debiendo la autoridad jurisdiccional de apelación asumir plena jurisdicción.

Artículo 681. En casos excepcionales, atendiendo a la complejidad del asunto, al cúmulo y naturaleza de las pruebas desahogadas, la autoridad jurisdiccional podrá diferir, por única ocasión, la audiencia para la explicación de la sentencia hasta por quince días, citando a las partes para el dictado y explicación conforme a lo establecido en el presente artículo.

En caso de que las partes no estén presentes en la audiencia donde se dicte la sentencia, se dispensará su explicación y lectura de puntos resolutivos, y se les hará saber al día siguiente a través del medio de comunicación procesal oficial.

Artículo 682. Concluida la explicación de la sentencia definitiva, la autoridad jurisdiccional informará a las partes la importancia de presentarse a la audiencia de cumplimiento de sentencia y sus ventajas, así como las consecuencias en caso de ejecución forzosa.

Artículo 683. Las resoluciones firmes dictadas en juicios sobre alimentos y en los que se vean involucrados derechos de niñas, niños y adolescentes, pueden ser modificados en vía incidental o juicio autónomo.

Para los efectos del párrafo anterior, será competente la misma autoridad jurisdiccional que emitió la resolución que hubiera quedado firme, salvo que así lo determine este Código Nacional.

LIBRO QUINTO
DE LOS JUICIOS UNIVERSALES

TÍTULO PRIMERO
JUICIOS SUCESORIOS

CAPÍTULO I
DISPOSICIONES GENERALES

Artículo 684. Será competente para conocer del procedimiento sucesorio testamentario o intestamentario, la autoridad jurisdiccional, en materia civil o familiar de conformidad con las leyes orgánicas del poder judicial de cada Entidad Federativa, así como la o el Notario Público en los términos que dispone el presente Código Nacional.

El procedimiento se inicia mediante denuncia o solicitud de apertura de procedimiento sucesorio por parte legítima, y deberá contener la expresión de los siguientes requisitos o bien declaración bajo protesta de decir verdad sobre su desconocimiento:

I. Nombre, fecha, lugar de la defunción y último domicilio de la persona de cuya sucesión se trata y a falta de éste, cualquier otra información pertinente para fijar la competencia en términos del artículo 89 de este Código Nacional;

II. Testamento, en su caso, y

III. En caso de no haber testamento, los nombres de las posibles personas herederas de que tenga conocimiento la parte denunciante, con expresión del grado de parentesco o lazo con la persona de cuya sucesión se trate.

Los procedimientos a que se refiere el presente Título se tramitarán por escrito, salvo aquellas diligencias que, por su naturaleza, puedan realizarse conforme a los principios del juicio oral.

Artículo 685. Podrán denunciar un juicio sucesorio enunciativa y no limitativamente:

I. Las personas presuntas herederas del autor de la sucesión;

II. Las personas presuntas legatarias;

III. La persona albacea designada en el testamento;

IV. Cualquier persona acreedora de aquella de cuya sucesión se trata, y

V. El Ministerio Público, la representación social o autoridad competente.

Artículo 686. Con el escrito de denuncia de un juicio sucesorio, deberán acompañarse los siguientes documentos:

I. Acta de defunción o copia certificada del acta de defunción de la persona de cuya sucesión se trata;

II. El testamento, en caso de haberlo;

III. En su caso, el acta del Registro Civil que compruebe el parentesco de la persona de cuya sucesión se trata;

IV. En su caso, el documento que acredite la relación con la persona de cuya sucesión se trata, tratándose de cónyuges, concubinas, concubinos o convivientes;

V. En su caso, las capitulaciones matrimoniales o documento que contenga el régimen patrimonial que rija la relación jurídica con la persona de cuya sucesión se trata, y

VI. Cualquier otro documento que acredite la legitimación de la persona denunciante.

Artículo 687. Cuando la autoridad jurisdiccional conozca de la muerte de una persona, en tanto no se presenten los interesados, dictará en audiencia oral con la presencia del Ministerio Público, representación social o autoridad competente, las medidas cautelares para proteger los bienes o derechos de la sucesión:

I. Si hay peligro de que se oculten, pierdan o dilapiden los mismos;

II. Si hay niñas, niños y adolescentes interesados, y

III. Si hay personas con discapacidad que pudieran requerir apoyo para el ejercicio de su capacidad jurídica.

En caso de no asistir a la audiencia el Ministerio Público, el representante social o autoridad competente, la autoridad jurisdiccional resolverá las medidas pertinentes.

Artículo 688. Las medidas cautelares para la conservación de los bienes, que la autoridad jurisdiccional debe decretar en caso del artículo anterior, son las siguientes:

I. Reunir y asegurar, el resguardo de documentos y mensajes de datos de la persona de cuya sucesión se trate, en forma física o electrónica que, cerrados y sellados, se resguardarán en el secreto del juzgado;

II. Ordenar a la administración de correos que le remita la correspondencia dirigida de la persona de cuya sucesión se trate, con la cual hará lo mismo que con los demás documentos;

III. Requerir el dinero, alhajas, valores, acciones y demás bienes muebles de valor que se tengan, así como degradables o de fácil descomposición, para ser puestos a disposición, y que los mismos sean depositados en el establecimiento autorizado por la Ley, y

IV. Girar oficios a las autoridades o personas que tengan registros de bienes o derechos, a efecto de que informen sobre su existencia y la autoridad jurisdiccional dicte las medidas de conservación pertinentes.

Artículo 689. Mientras no se nombre albacea, y cuando ello fuere necesario para la guarda y conservación de los bienes de la sucesión o derechos que correspondan a la autora o el autor de la herencia, la autoridad jurisdiccional nombrará a alguien que ejerza el cargo de interventor como albacea judicial o provisional, de entre los mencionados en el escrito de denuncia a que se refiere el artículo 685, para que en el término de diez días acuda a aceptar el nombramiento conferido y, de no comparecer para su aceptación, se designará otro en sustitución, con la obligación y responsabilidad de actuar de manera diligente bajo apercibimiento de que los interesados puedan incoar los procedimientos para el resarcimiento de los daños ocasionados por sus actuaciones.

También se deberá nombrar por la autoridad jurisdiccional interventor en caso de que no haya heredero o el nombrado no entre en la herencia.

Artículo 690. La persona designada como interventor recibirá los bienes por inventario y tendrá el carácter de simple depositario o depositaria, sin poder desempeñar otras funciones administrativas que las de mera conservación y las que se refieran al pago de las deudas mortuorias con autorización judicial.

Si los bienes estuvieren situados en lugares diversos o a largas distancias, bastará, para la formación del inventario, que se haga mención en él de los títulos de propiedad, si existen, entre los documentos de cuya sucesión se trate, o la descripción de ellos según las noticias que se tuvieren.

Si hubiere bienes degradables o de fácil descomposición, se autorizará al interventor, albacea judicial o provisional, su enajenación.

Podrá la persona interventora, albacea judicial o provisional, promover las demandas que tengan por objeto recobrar bienes o hacer efectivos derechos pertenecientes a la sucesión, y contestar las demandas que contra ella se promuevan.

Artículo 691. La persona que ejerza el cargo de interventor, albacea judicial o provisional, no podrá deducir en juicio las acciones que por razón de mejoras, manutención o reparación tenga contra el testamentario o el intestado, sino cuando haya hecho esos gastos con autorización previa.

Artículo 692. En caso de que se hayan otorgado medidas cautelares para la conservación de bienes, la autoridad jurisdiccional abrirá la correspondencia física o electrónica que se encuentre dirigida a la persona de cuya sucesión se trate, en presencia de la persona secretaria judicial y la persona que ejerza el cargo de persona interventora, albacea judicial o provisional, en los periodos que se señalen, según las circunstancias.

La persona interventora, albacea judicial o provisional, recibirá la correspondencia física o electrónica que tenga relación con el caudal, dejándose testimonio de ella en los autos, y la autoridad jurisdiccional conservará la restante para darle en su oportunidad el destino correspondiente.

Artículo 693. La persona interventora, albacea judicial o provisional, recibirá por el desempeño de su cargo, el monto a que se refiera el Código Civil correspondiente y a falta de disposición, el dos por ciento del importe de los bienes, si no exceden de doscientas Unidades de Medida y Actualización; si excedieren este monto, pero no de mil Unidades de Medida y Actualización, recibirá, además, el uno por ciento sobre el exceso; y, si lo excediere, recibirá el medio por ciento, además sobre la cantidad excedente.

Artículo 694. La persona interventora, albacea judicial o provisional, cesará en su función luego que se dé a conocer que la persona albacea nombrada por los herederos aceptó el cargo y aquella entregará a éste los bienes, así como la cantidad que resulte de la venta de los bienes a que se refiere este

Código Nacional, sin que pueda retenerlos bajo ningún pretexto, ni aún por razón de mejoras, o gastos de manutención o reparación.

Artículo 695. La madre o el padre en ejercicio de la patria potestad serán los representantes de sus hijas o hijos que sean niñas, niños o adolescentes en los procedimientos siempre que, a juicio de la persona juzgadora, no haya conflicto de interés. En caso de haberlo, o a falta de quien ejerza la patria potestad, habiendo adolescentes, si han cumplido dieciséis años, podrán designar una persona tutora dativo que los represente en el juicio. Si las niñas o niños no han cumplido dieciséis años, se deberá designar a quien los represente a propuesta de quien ejerza la patria potestad o a través de su persona tutora o persona tutora ya sea especial, interino o definitivo.

Cuando la autoridad jurisdiccional considere que las niñas, niños y adolescentes tienen la capacidad suficiente para proponer a la persona tutora que haya de representarlos en el juicio, debe concederles el derecho de proponerlo.

Artículo 696. En las sucesiones de personas extranjeras, se dará a los cónsules o agentes consulares, la intervención que les conceda la Ley, los Tratados o los usos internacionales.

Artículo 697. Serán remitidos a los juicios testamentarios y a los intestamentarios, siempre que no se haya dictado sentencia de adjudicación:

I. Todos los juicios ordinarios y especiales, ya sean por acciones reales, personales o las ejecutivas, siempre que las demandas sean incoadas en contra de la persona de cuya sucesión se trate, por lo que se suspenderán hasta la designación de albacea, debiendo informar la autoridad jurisdiccional que conozca de la sucesión, sin que por ello se suspenda otra cosa que la adjudicación de los bienes en la partición, hasta en tanto se concluyen los juicios, con sentencia ejecutoriada, para ser remitida al juicio sucesorio y sea considerada en el haber hereditario, y

II. Todas las sentencias ejecutoriadas de las demandas ordinarias y ejecutivas que se dedujeron contra los herederos de la persona cuya sucesión se trate, cuando afecte a otros acreedores de la sucesión en su calidad de tales, después de denunciado el intestado.

De manera excepcional, en el juicio sucesorio, cuando quede de manifiesto que dolosamente repudió una persona heredera, con la intención de evadir el cumplimiento de una obligación en perjuicio de acreedores, sin que ello sea considerado vulnerar la voluntad de la persona de cuya sucesión se trate; quien solicitará la remisión de la sentencia ejecutoriada será la autoridad jurisdiccional en cuyo tribunal se encuentre radicada la sucesión.

Artículo 698. Son acumulables a los juicios sucesorios:

I. Los juicios ejecutivos incoados contra la persona de cuya sucesión se trate antes de su fallecimiento;

II. Las demandas por acciones personales pendientes en primera o única instancia contra la persona de cuya sucesión se trate;

III. Los juicios contra la persona de cuya sucesión se trate respecto de acciones reales pendientes en primera o única instancia;

IV. Las demandas ordinarias o ejecutivas promovidas contra las personas herederas o legatarias en dicho carácter, después de denunciada la sucesión;

V. Los juicios que sigan las personas herederas deduciendo la acción de petición de herencia, ya impugnando el testamento o la capacidad de aquellas personas herederas presentadas o reconocidas, o exigiendo su reconocimiento; siempre que esto último acontezca antes de la adjudicación, y

VI. Las acciones de las personas legatarias reclamando sus legados, siempre que sean posteriores a la acción de inventarios, y antes de la adjudicación, excepto los legados de alimentos, de pensiones, de educación y de uso y habitación.

Artículo 699. En los juicios sucesorios, el Ministerio Público, representación social o autoridad competente, comparecerá a nombre de las personas herederas, mientras no se presenten o no acrediten su representante legítimo, niñas, niños o adolescentes que no tengan representantes legítimos y, al Sistema para el Desarrollo Integral de la Familia, Beneficencia Pública, Instituciones Educativas, el Fisco, al Estado, o a quien se señale en el Código Civil Sustantivo en cada Entidad Federativa cuando no haya herederos legítimos dentro del grado de Ley, y mientras no se haga reconocimiento o declaración de herederos.

Artículo 700. La intervención que debe tener el representante del Fisco será determinada por las Leyes especiales de cada Entidad Federativa, pero conservando siempre la unidad del juicio.

Artículo 701. La persona albacea manifestará, dentro de tres días de haberle notificado el nombramiento, si acepta o no el cargo y hecho que sea, deberá garantizarlo dentro del término y conforme a las bases fijadas en el Código Civil de la Entidad Federativa que corresponda.

Si la persona albacea no garantiza su manejo dentro de los términos señalados conforme el párrafo anterior, se les removerá de plano, sin perjuicio de su obligación de rendir cuentas.

Artículo 702. Iniciado un juicio sucesorio intestamentario o testamentario y habiéndose reconocido los derechos hereditarios a las partes interesadas, así como aceptado el cargo de albacea, éstas podrán encomendar a una Notaria o un Notario Público, la continuación en la formación de inventarios, avalúos, liquidación, partición y adjudicación de la herencia, procediendo en todo de común acuerdo, lo que constará en uno o varios instrumentos, conforme a la legislación civil y notarial respectiva.

En el supuesto del párrafo anterior, cuando entre los interesados haya niñas, niños y adolescentes, deberán estar debidamente representados y no existir oposición del Ministerio Público, representación social o autoridad competente.

Los acuerdos que se tomen se denunciarán a la autoridad jurisdiccional, en su caso, y éste, oyendo al Ministerio Público, representación social o autoridad competente, dará su aprobación si no se lesionan sus derechos. Podrán convenir los interesados que los acuerdos se tomen por mayoría de votos.

Cuando no hubiere convenio o se suscite oposición o controversia entre los interesados, cesará la tramitación extrajudicial, quedando a cargo de la Notaria o Notario Público la devolución del juicio sucesorio al juzgado que lo puso a su disposición.

Artículo 703. La Notaria o Notario Público tendrá la responsabilidad de cumplir aquello que dicten las leyes para la satisfacción del interés fiscal que genere la adjudicación de los bienes de la masa hereditaria.

Artículo 704. En los juicios sucesorios se formarán cuatro secciones compuestas de los cuadernos necesarios. Pueden iniciarse conjuntamente las secciones segunda, tercera y cuarta, cuando simultáneamente se puedan aprobar las dos primeras y la última se turne para dictar la sentencia definitiva de adjudicación.

Artículo 705. La primera sección se llamará de sucesión y contendrá en sus respectivos casos:

I. El testamento o testimonio de protocolización, o la denuncia del intestado;

II. El acta de defunción de la persona de cuya sucesión se trate;

III. Las citaciones a las personas herederas, así como la convocatoria a quienes se crean con derecho a la herencia;

IV. La constancia de haberse obtenido los informes de existencia o no de testamento otorgado por la persona de cuya sucesión se trate, de las autoridades que correspondan en cada Entidad Federativa, así como del Registro Nacional de Avisos de Testamento;

V. El reconocimiento de derechos hereditarios, la repudiación y aceptación de la herencia y de los legados en caso de la comparecencia de legatarios, el reconocimiento de la validez del testamento y la declaratoria de herederos;

VI. Lo relativo al nombramiento y la aceptación o no del cargo de albacea;

VII. Los incidentes que se promueven sobre remoción de albacea, interventores o albaceas judiciales o provisionales, y

VIII. Las resoluciones que se pronuncien sobre la validez del testamento, la capacidad legal para heredar y la preferencia de derechos.

Artículo 706. La sección segunda se llamará de inventarios, y contendrá:

I. El inventario realizado por la persona que tenga el cargo de interventor, albacea judicial o provisional;

II. El inventario que forme la persona albacea o los herederos, según corresponda de conformidad con la legislación sustantiva de la Entidad Federativa respectiva;

III. La documentación que acredite la propiedad de los bienes inmuebles y su identificación plena con los datos del título de propiedad o escritura respectiva, acompañando, de ser necesario, la constancia de alineamiento y número oficial o cualquier otra constancia de autoridad competente de acuerdo a cada Entidad Federativa;

IV. El avalúo que solicite el albacea o los herederos el cual deberá ser practicado por corredora o corredor público, perito valuador de institución crediticia o de los auxiliares de la administración de justicia o el valor catastral según la Entidad Federativa de la que se trate;

V. Los incidentes que se promuevan, y

VI. La resolución sobre el inventario y avalúo.

Artículo 707. La tercera sección se llamará de administración y contendrá:

I. Todo lo relativo a la administración y rendición de cuentas;

II. La cuenta general, su glosa y calificación;

III. La comprobación de haberse cubierto el impuesto fiscal relativo al pago predial, consumo de agua y electricidad de los inmuebles inventariados; y los comprobantes de pago de deudas a cargo de la persona de cuya sucesión se trate;

IV. Los incidentes que se promuevan;

V. Todos los cuadernillos, archivos electrónicos y libros que contengan las cuentas anuales que se rindan hasta la conclusión del juicio sucesorio;

VI. En cuerda por separado el proyecto de distribución provisional de frutos si los hubiere, y

VII. Las cuentas que rinda el albacea removido.

Artículo 708. La cuarta sección se llamará partición y contendrá:

I. El proyecto de partición de los bienes, en el juicio testamentario de acuerdo a la voluntad del testador y en el caso del intestamentario, en términos de la declaratoria de herederos;

II. Los incidentes que se promuevan respecto del proyecto a que se refiere la fracción anterior y su resolución;

III. Los arreglos relativos, y

IV. La resolución respecto a la aplicación de los bienes del proyecto de partición.

Artículo 709. Si dictada la resolución que califica a la sucesión como intestamentaria apareciere un testamento, se aplicarán las disposiciones siguientes:

I. Se atenderá al contenido de la disposición testamentaria y quedará sin efecto la intestamentaria para recomponerse el procedimiento, y

II. Si la disposición testamentaria no comprendiere todos los bienes hereditarios, en el mismo expediente continuará el intestado y se tramitará el testamentario en cuanto haya lugar.

En este caso, se acumularán los juicios si resulta procedente, cumpliendo con las formalidades de este Código Nacional.

Artículo 710. Inmediatamente que se inicie el procedimiento sucesorio, la autoridad jurisdiccional o la Notaria o Notario Público ante quien se tramite, deberá obtener el informe de existencia o inexistencia de alguna disposición testamentaria otorgada por la persona de cuya sucesión se trate, ante el Archivo Judicial del Tribunal o Poder Judicial, así como en el Archivo General de Notarías, Registro Público de la Propiedad, Procuraduría Social del Estado, la

Dirección del Archivo de Instrumentos Públicos, Dirección de Notarías y Registros Públicos, Secretaría General de Gobierno o cualquier otra dependencia, autoridad u oficina que lleve a cabo dicha función en la respectiva Entidad Federativa, siendo estas dependencias las encargadas de solicitar la información al Registro Nacional de Avisos de Testamento, sobre la existencia o inexistencia de alguna disposición testamentaria en alguna Entidad Federativa. Toda la información podrá ser recabada en formato impreso, o en medios electrónicos, ópticos o de cualquier otra tecnología.

SECCIÓN PRIMERA
DEL PROCEDIMIENTO ESPECIAL EN LOS INTESTADOS

Artículo 711. En las sucesiones intestamentarias en que no hubiere controversia alguna y las personas herederas fueren mayores de edad, así como niñas, niños o adolescentes que se encuentren debidamente representados, se podrá realizar el procedimiento especial en los intestados a que se refiere esta sección.

Se exceptúa de lo dispuesto en el párrafo anterior, cuando los bienes se encuentren afectos a patrimonio familiar, en cuyo caso no se admitirá a trámite el juicio hasta en tanto se presente la constancia de que el mismo se ha extinguido, en caso de que así lo prevea el Código Civil de la Entidad Federativa donde se pretenda radicar el juicio sucesorio, de lo contrario, deberán seguirse las reglas particulares que al efecto establezca dicha legislación.

Artículo 712. Las personas herederas de un juicio intestamentario pueden acudir ante la autoridad jurisdiccional en materia familiar para realizar el procedimiento especial en los intestados exhibiendo:

I. Copia certificada del acta de defunción o declaración judicial de muerte de la autora o el autor de la sucesión;

II. Actas de nacimiento para comprobar el entroncamiento o parentesco de las personas herederas;

III. Documentos o pruebas que acrediten la relación con la persona autora de la sucesión, tratándose de cónyuges, concubinos o convivientes;

IV. Inventario de los bienes, al que se le acompañarán los documentos que acrediten la propiedad de la persona autora de la sucesión, y

V. Convenio de adjudicación de bienes.

Artículo 713. La autoridad jurisdiccional en audiencia de juicio, habiendo solicitado previamente informe del Archivo Judicial o Poder Judicial, Archivo General de Notarías o Registro Público de la Propiedad del Estado o Procurador Social del Estado o Director del Archivo de Instrumentos Públicos o Dirección de Notarías y Registros Públicos del Estado o la Secretaría General de Gobierno así como del Registro Nacional de Avisos de Testamento o cualquier otra oficina pública que lleve a cabo la función de informar sobre la existencia o inexistencia de testamento, en presencia de los interesados examinará los documentos, así como a los testigos a que se refiere este Código Nacional; hecho lo anterior en la misma audiencia resolverá haciendo la declaración de herederos y adjudicación de los bienes de acuerdo al convenio exhibido, debiendo señalar a la Notaria o Notario Público que procederá a la formalización de la misma.

Una vez recibida la información solicitada en el párrafo que antecede, se fijará fecha de audiencia de juicio, la que se celebrará dentro de los veinte días siguientes, en la que se desahogarán las pruebas admitidas y se escucharán los alegatos finales de los interesados. Enseguida, se señalará fecha para escucha de explicación de la sentencia definitiva en el plazo de tres días.

En dicha audiencia de comparecer los interesados se dictará el fallo final, cuyos puntos resolutivos serán agregados al acta mínima que se levante con motivo de la diligencia, entregando a las partes copia simple de la versión escrita. En caso de incomparecencia de los interesados, la sentencia quedará a su disposición en la oficina judicial.

Artículo 714. Si en el procedimiento especial hubiere controversia, el juicio se seguirá conforme a las reglas generales de este Título.

Artículo 715. Al promoverse un intestado, deberá darse cumplimiento con los requisitos y exhibir los documentos señalados en este Código Nacional. Si la autoridad jurisdiccional encuentra apegada a derecho la denuncia, la radicará y ordenará girar los oficios respectivos y mandará notificar a los presuntos herederos, cónyuge que sobreviva o concubina, concubinario o conviviente, haciéndoles saber la radicación del juicio sucesorio para que comparezcan a deducir los posibles derechos hereditarios que consideren les correspondan, con citación del Ministerio Público.

Si las personas interesadas desde su presentación otorgaron su voto para la designación de albacea y fueren reconocidos como los herederos de la persona cuya sucesión se trata, la autoridad jurisdiccional deberá ordenar la ratificación de sus votos, y procederá a reconocer al albacea que resulte nombrado conforme a la ley.

Artículo 716. Una vez recibidos los informes de la inexistencia de disposición testamentaria, la autoridad jurisdiccional dentro del término de quince días señalará día y hora para la recepción de la información testimonial a cargo de dos personas dignas de fe, que protestadas legalmente testifiquen en primer término, que los interesados o los que designen son los únicos herederos, y en segundo lugar cuando se refiera a concubinos o convivientes para acreditar la existencia de éstos, si la Ley no contempla su registro obligatorio en la Entidad Federativa de la que se trate.

Artículo 717. Dicha información se practicará con citación del Ministerio Público, quien en el mismo acto o dentro de los tres días que sigan al de la diligencia y examinadas las constancias, formule los pedimentos con los que se dará vista a las personas interesadas para que los cumplimenten, si los hubiere.

Artículo 718. Una vez examinadas las constancias por el Ministerio Público y su opinión conforme al contenido de las mismas, de así considerarlo la autoridad jurisdiccional, se turnarán los autos para que dentro del término de diez días dicte sentencia interlocutoria de declaratoria de herederos, en la que se reconozca a quienes acreditaron su derecho hereditario intestamentario, o negándolo se reserve su acción, para que se haga valer en el juicio.

Contra la sentencia interlocutoria que se dicte procederá el recurso de apelación en efecto devolutivo de tramitación inmediata.

Artículo 719. En la sentencia interlocutoria de declaratoria de herederos se nombrará albacea, si las personas interesadas desde su escrito de denuncia dieron su voto y fue ratificado, de no ser así, en la propia sentencia se citará a una junta de herederos dentro de los quince días siguientes para que designen albacea. Se omitirá la junta si el heredero fuere único.

Artículo 720. Si la declaración de herederos la solicitaren parientes colaterales dentro del cuarto grado, la autoridad jurisdiccional después de recibir los justificantes del entroncamiento y la información testimonial, mandará fijar edictos en el medio de comunicación judicial, así como en un diario de los de mayor circulación del último domicilio y del lugar del fallecimiento de la persona finada, dos veces, de diez en diez días, anunciando su muerte, sin testar, y los nombres y grado de parentesco de los que reclaman la herencia, llamando a los que se crean con igual o mejor derecho para que comparezcan al juzgado a reclamarla dentro de los cuarenta días siguientes.

Artículo 721. Transcurrido el término de los edictos, a contar desde el día siguiente de su última publicación, si nadie se hubiere presentado, se pondrán los autos a la vista de la autoridad jurisdiccional, quien hará la declaración de herederos respectiva, conforme a lo dispuesto en este Código Nacional.

Si hubieren aparecido otros parientes, al momento de comparecer deberán acompañar los atestados del Registro Civil que justifiquen su mejor o igual grado de parentesco, con lo que se dará vista al Ministerio Público para que se imponga de ellos y desahogada o sin pedimento alguno, se procederá a realizar la declaratoria respectiva.

Artículo 722. Si el juicio intestamentario es denunciado por un acreedor o tercero interesado, se ordenará la elaboración de los oficios de localización de testamento ordenados en este Código Nacional, si de los informes se aprecia que no existe disposición testamentaria alguna y no se presentaren descendientes, cónyuge, ascendientes, concubina, convivientes o colaterales dentro del cuarto grado, la autoridad jurisdiccional mandará fijar edictos en el medio de comunicación judicial, así como en un diario de los de mayor circulación, de la manera y por los términos expresados en este Código Nacional, anunciando la muerte intestada de la persona cuya sucesión se trate, y llamando a los que se crean con derecho a la herencia.

Artículo 723. Vencido el término de los edictos si no se hubiere presentado ningún aspirante a la herencia o no fuere reconocido con derechos a ella ninguno de los pretendientes, se tendrán como herederos a quien señale el Código Civil y demás legislación de cada Entidad Federativa y como albacea a la persona que dichas instituciones señalen como su representante.

Artículo 724. Las personas que comparezcan a consecuencia de dichos llamamientos, reclamando su derecho a la herencia, deberán expresar, por escrito, el grado de parentesco en que se hallen con el causante de la herencia, justificándolo con los correspondientes documentos y previa vista al Ministerio Público, se turnará a sentencia, por lo que la autoridad jurisdiccional aplicará las reglas sucesorias que se consagran en el código sustantivo e incluso la norma general de que los parientes más próximos excluyen a los más remotos y procediendo desde luego al nombramiento de albacea.

Artículo 725. Al albacea se le entregarán los bienes sucesorios, así como los libros, archivos electrónicos y papeles, debiendo rendirle cuentas el interventor, con la finalidad de que el primero pueda realizar el inventario de la masa hereditaria, sin perjuicio de lo dispuesto en el Código Civil de cada Entidad Federativa respecto de si la o el cónyuge, conviviente o concubino, conserva la posesión y administración de la misma.

SECCIÓN SEGUNDA
DE LAS SUCESIONES TESTAMENTARIAS

Artículo 726. En los juicios de sucesión, si la Federación o las Entidades Federativas son herederos o legatarios en concurrencia con los particulares, se estará a las reglas de competencia previstas en este Código Nacional.

Artículo 727. La persona que promueva el juicio testamentario debe cumplir con los requisitos y exhibir la documentación ordenada en este Código Nacional, de no ser así, la autoridad jurisdiccional requerirá se corrija o se complete, y de encontrarse apegada a derecho, sin más trámite, lo tendrá por radicado y librará los oficios para búsqueda de testamento y de no existir otro testamento más que el exhibido, se notificará a los herederos en términos de este Código Nacional, haciéndole saber la radicación del presente juicio sucesorio, con citación del Ministerio Público.

Artículo 728. Si no se conociere el domicilio de los herederos, se mandarán publicar edictos en un diario de mayor circulación en la Entidad Federativa, conforme a lo dispuesto en este Código Nacional.

Artículo 729. La autoridad jurisdiccional convocará a los herederos designados en el mismo a una junta, que tendrá verificativo dentro de los veinte días siguientes a la citación, si la mayoría de los herederos reside en el lugar del juicio. Si la mayoría residiere fuera del lugar del juicio, la autoridad jurisdiccional señalará el plazo que crea prudente, atendidas las distancias; si hubiere albacea nombrado en el testamento, se les dé a conocer, y, si no lo hubiere, procedan a elegirlo con arreglo a este Código Nacional.

Artículo 730. Si en la designación hubiere personas con discapacidad, niñas, niños o adolescentes que tengan persona quien ejerza la patria potestad, persona tutora o persona que brinde apoyos para el ejercicio de su capacidad jurídica, se les mandará citar a estos últimos para la junta.

Si las herederas niñas, niños y adolescentes no estuvieren bajo patria potestad o tutela, la autoridad jurisdiccional dispondrá que se les nombren uno con arreglo a derecho como se previene en este Código Nacional.

Artículo 731. Respecto del heredero declarado ausente o desaparecido, se entenderá la citación con el que fuere su representante legítimo.

Artículo 732. Se citará también al Ministerio Público para que represente a los herederos cuyo paradero se ignore y a los que habiendo sido citados no se presentaren y mientras se presenten.

Luego que se presenten los herederos ausentes o desaparecidos cesará la representación del Ministerio Público.

Artículo 733. Si la madre, el padre, la persona tutora o tutriz, o cualquier representante legítimo de algún heredero que sea niña, niño, adolescente, tiene interés en la herencia, le proveerá la autoridad jurisdiccional, con arreglo a derecho, de una persona tutora especial para el juicio o hará que le nombre, si tuviere edad para ello. La intervención de la persona tutora especial se limitará sólo a aquello en que el propietario o representante legítimo tenga incompatibilidad.

Artículo 734. Si el testamento no es impugnado ni se objeta la capacidad de las personas interesadas, la autoridad jurisdiccional en la misma junta, reconocerá como herederos a los que estén nombrados en las porciones que les correspondan.

Si se impugnare la validez del testamento o la capacidad legal de algún heredero, se substanciará el juicio ordinario correspondiente con el albacea o el heredero respectivamente, sin que por ello se suspenda otra cosa que la adjudicación de los bienes en la partición.

Artículo 735. En la junta de las personas herederas, podrán estas nombrar a quien funja como interventor, conforme a la facultad y en los casos previstos en el Código Civil de cada Entidad Federativa.

SECCIÓN TERCERA
DEL INVENTARIO Y AVALÚO

Artículo 736. Dentro de diez días de haber aceptado su cargo, quien ejerce el albaceazgo debe dar aviso de que procederá a la formación de inventarios y avalúos, y propondrá al o los peritos valuadores en la materia correspondiente, debiendo concluir la presente sección dentro de los siguientes sesenta días.

Las personas herederas dentro del término de tres días deberán manifestar si están de acuerdo o no con la o las propuestas de peritos y si no lo hicieren, la autoridad jurisdiccional hará la designación procedente.

Se exceptuará el nombramiento de perito valuador cuando todas las personas herederas están conformes en que se tome el valor del avalúo catastral.

El inventario y avalúo se practicarán simultáneamente, si es única y universal persona heredera o si todos quienes tienen esta calidad firmaran de conformidad.

Artículo 737. El inventario deberá practicarse por la autoridad jurisdiccional, persona secretaria judicial, alcalde, alcaldesa, Notaria o Notario Público nombrada por los herederos, o autoridad competente en su caso, con las formalidades correspondientes al Código Civil aplicable siempre y cuando tenga que realizarse una descripción detallada de aquello que conforme la masa hereditaria de acuerdo con el importe de sus porciones, cuando concurran como herederos:

I. Niñas, niños y adolescentes;

II. Personas con discapacidad;

III. El Sistema para el Desarrollo Integral de la Familia;

IV. La Beneficencia Pública;

V. Instituciones Educativas;

VI. El Estado o las Entidades Federativas, y

VII. En su defecto, a quien, teniendo interés en la sucesión, señale la legislación sustantiva correspondiente.

A dicho inventario concurrirá conjuntamente el albacea.

Artículo 738. El inventario puede ser presentado por el albacea, cuando el acervo hereditario se constituya únicamente por inmuebles, y una vez que se encuentren exhibidos los avalúos se señalará fecha dentro de los cinco días siguientes, para que el albacea ante la presencia judicial ratifique el inventario a efecto de cumplir con la solemnidad y si comparecieran todos los reconocidos como herederos manifestando su conformidad se aprobará de plano, en caso contrario se procederá de acuerdo a lo dispuesto en este Código Nacional.

Artículo 739. El albacea dentro del término señalado en este Código Nacional procederá, a presentar el inventario de forma clara y precisa y en el orden siguiente:

I. Dinero en efectivo;

II. Alhajas;

III. Bienes, derechos de comercio o industria, así como de propiedad intelectual

IV. Semovientes;

V. Frutos;

VI. Muebles;

VII. Inmuebles;

VIII. Créditos;

IX. Documentos y correspondencia;

X. Bienes ajenos que tenía en su poder el finado en comodato, depósito, prenda o bajo cualquier otro título, con expresión de la causa;

XI. Bienes o derechos litigiosos señalándose la autoridad jurisdiccional, la clase de juicio, la persona contra quien se litiga y la causa del pleito, y

XII. Las deudas que formen el pasivo de la sucesión, incluyendo los legados vigentes, los gastos funerarios y los que se hayan causado en la última enfermedad de la persona cuya sucesión se trata, con expresión de los títulos y documentos que justifiquen este pasivo.

Artículo 740. El inventario deberá especificar si de los bienes inventariados alguno corresponde (sic) la sociedad conyugal o se encuentren en copropiedad o posesión común en los casos de sociedad de convivencia o concubinato y los porcentajes, en su caso.

Si la masa hereditaria la conforma un solo bien y éste se encuentra afecto al patrimonio de familia, se suspenderá el procedimiento hasta en tanto no se haya extinguido el mismo, salvo que el Código Civil de la Entidad Federativa donde se encuentra radicado el juicio sucesorio intestamentario o testamentario prevea otra cosa.

Si dentro del caudal hereditario existen otros bienes que no conformen patrimonio familiar, el juicio podrá continuar por lo que hace a ellos, y por tanto, la suspensión sólo será del que sí se encuentra en dicha hipótesis en términos del párrafo que antecede.

Artículo 741. Si los bienes inventariados se encontraren en diversas Entidades Federativas se ampliará el término respectivo hasta por treinta días más.

Artículo 742. Practicados el inventario y avalúo serán agregados a los autos y se pondrá de manifiesto en la Secretaría, por cinco días, para que las personas interesadas puedan examinarlos, citándoseles mediante notificación personal en términos de lo dispuesto en este Código Nacional.

Artículo 743. Si transcurrido el término a que se refiere el artículo anterior, sin haberse hecho oposición, la autoridad jurisdiccional lo aprobará sin más trámites. En caso contrario, se substanciará el incidente respectivo.

Para dar curso al incidente de oposición, es indispensable expresar concretamente cuáles son los bienes omitidos o que deban de excluirse o el valor que se atribuye a cada uno de los inventariados correctamente, aportando pruebas para acreditar la misma.

Este incidente se desahogará en una sola audiencia oral a la que se citará a las partes.

Artículo 744. Si quienes reclamen fueren varios e idénticas sus oposiciones, deberán nombrar representante común en la audiencia oral. En caso de no nombrarlo o de no ponerse de acuerdo, la autoridad jurisdiccional lo nombrará de oficio de entre ellos mismos.

Artículo 745. Si a la audiencia dejaren de presentarse las personas designadas como peritos sin causa justificada, perderán el derecho de cobrar honorarios por los trabajos practicados.

En la tramitación de este incidente cada parte es responsable de la asistencia de los peritos que propusiere, de manera que la audiencia no se suspenderá por la ausencia de todos o de alguno de los propuestos.

Artículo 746. Si las oposiciones tuvieran por objeto impugnar simultáneamente el inventario y el avalúo, o se tramitaran diversos incidentes, estos se acumularán y se resolverán en una sola audiencia oral, a fin de evitar contradicción alguna.

Artículo 747. El inventario hecho por albacea o por heredero aprovecha a todas las personas interesadas, aunque no hayan sido citadas, incluso las substitutas y herederos por intestado.

El inventario perjudica a quienes lo hicieron y a quienes lo aprobaron.

Aprobado el inventario por la autoridad jurisdiccional o por el consentimiento de todas las personas interesadas, no podrá reformarse sino por error o vicio, debidamente justificado, a criterio de la propia autoridad jurisdiccional, en una audiencia oral y antes de dictarse la sentencia definitiva.

Artículo 748. Si aparecieren bienes omitidos, se procederá a la formación de un inventario suplementario aplicándose las reglas de esta sección, y demás disposiciones del Código Civil aplicable.

Artículo 749. Si pasados los términos establecidos en este Código Nacional, el albacea no promoviere o no concluyere el inventario, será removido de plano sin derecho a la percepción de honorarios y cualquier heredero podrá promover la formación del inventario.

Artículo 750. Los gastos de inventario y avalúo son a cargo de la masa hereditaria, salvo que se hubiere dispuesto otra cosa en el testamento.

SECCIÓN CUARTA
DE LA ADMINISTRACIÓN Y RENDICIÓN DE CUENTAS

Artículo 751. Corresponde la posesión y administración de la masa hereditaria a quien sobreviva, de conformidad con lo siguiente:

I. El o la cónyuge supérstite tanto en el régimen de la sociedad conyugal como en el de separación de bienes;

II. El o la conviviente que haya elegido que su patrimonio presente y futuro forme parte del patrimonio de la sociedad en convivencia, y

III. El o la concubina que hayan adquirido bienes en copropiedad o que haya procreado hijos en común con la persona de cuya sucesión se trata.

La posesión y administración de la masa hereditaria, por cualquiera de las personas anteriormente mencionadas se hará con intervención del albacea quien pondrá a su disposición los bienes que conforman la masa hereditaria.

Artículo 752. La intervención del albacea se concretará a vigilar la administración del o la cónyuge, del o la conviviente o del o la concubina, supérstite, y en cualquier momento en que observe que no se hace convenientemente, promoverá incidente ante la autoridad jurisdiccional, que conozca de la sucesión quien dará vista a quien se imputa la indebida administración, otorgando un término de tres días para que manifieste lo que a sus intereses convenga.

Una vez hechas sus manifestaciones, la autoridad jurisdiccional citará a ambas partes a una audiencia oral dentro de los tres días siguientes, en la que resolverá lo que en derecho proceda.

Artículo 753. Durante la substanciación del juicio sucesorio no se podrá enajenar los bienes inventariados, sino por acuerdo de las personas herederas o con aprobación judicial en los siguientes casos:

I. Cuando haya deuda o gasto urgente;

II. Cuando los bienes puedan deteriorarse;

III. Cuando sean de difícil y costosa conservación;

IV. Cuando para la enajenación de los frutos se presenten condiciones ventajosas, y

V. Cuando el acuerdo de los herederos no perjudique derechos de algún acreedor reconocido.

Artículo 754. Las cuentas y sus archivos físicos y electrónicos se entregarán al albacea y, hecha la partición a los herederos reconocidos. Los demás documentos y archivos físicos y electrónicos quedarán en poder de la persona que haya desempeñado el albaceazgo.

Artículo 755. Si nadie se hubiera presentado alegando derecho a la sucesión, o no hubieren sido reconocidos quienes se hubiesen presentado, y se hubiere declarado heredero, en su caso, a quien para esta hipótesis establezca como heredero legítimo la legislación sustantiva que corresponda a cada Entidad Federativa. Se entregarán a éstos por conducto de representante legal, los bienes, los documentos y archivos físicos y electrónicos que tengan relación con la misma, para su administración y rendición de cuentas.

Artículo 756. Concluido y aprobado el inventario, dentro de los quince días siguientes presentará el albacea su cuenta general de albaceazgo; si no lo hace se le apremiará por los medios legales.

Artículo 757. Presentada la cuenta general de administración, la autoridad jurisdiccional mandará dar vista a las personas interesadas por un término de diez días para que se impongan de ello, notificándose en forma personal en términos de lo dispuesto en este Código Nacional.

Artículo 758. Si todas las personas interesadas aprobaren la cuenta, o no la impugnaren, la autoridad jurisdiccional la aprobará de plano.

Si existe inconformidad, la persona interesada promoverá el incidente respectivo dentro de los tres días siguientes en que haya concluido la vista. Para darle curso al incidente, será indispensable que el promovente inconforme exprese concretamente cuáles son los puntos de la cuenta general del albaceazgo con los que se inconforma, aportando pruebas en su caso para controvertirlos. Este incidente se desahogará y resolverá en una sola audiencia oral a la que se citará a las partes, dentro de los cinco días siguientes.

En caso de que se promovieren dos o más incidentes en los que existiera identidad de puntos de inconformidad, se acumularán para ser resueltos en la misma audiencia.

Artículo 759. La persona interventora, el albacea provisional o judicial, en su caso, el o la cónyuge, el o la conviviente, el o la concubina, supérstite, el albacea designado por el testador o por los herederos y cualquier persona que haya tenido la administración de los bienes hereditarios, están obligados a rendir, dentro de los cinco primeros días de cada año del ejercicio de su cargo, la cuenta de su administración correspondiente al año anterior.

Artículo 760. Presentada la cuenta anual de administración, se mandará poner en la Secretaría, a disposición de quienes tengan interés para que se impongan, por un término de diez días, citándose mediante notificación personal en términos de lo dispuesto por este ordenamiento.

Artículo 761. Si todas las personas interesadas aprobaren la cuenta, o no la impugnaren, la autoridad jurisdiccional la aprobará. Si existiere inconformidad se tramitará el incidente respectivo. Quienes sostengan la misma pretensión deberán nombrar representante común.

Artículo 762. Las cantidades que resulten líquidas se depositarán a disposición de quien corresponda, en el establecimiento destinado por este Código Nacional.

Artículo 763. Cuando quien administre no rinda dentro del término legal su cuenta anual, será removido de plano. También podrá ser removido en términos de este Código Nacional, a solicitud de cualquiera de las personas interesadas, cuando alguna de las cuentas no fuere aprobada en su totalidad. El trámite se hará en forma incidental.

Artículo 764. Cuando no alcancen los bienes para pagar las deudas y legados, el albacea debe dar cuenta de su administración a personas acreedoras y legatarias.

Artículo 765. El albacea, dentro de los quince días de aprobado el inventario, presentará ante la autoridad jurisdiccional un proyecto para la distribución provisional de los productos de los bienes hereditarios, señalando la parte de ellos que, cada bimestre, deberá entregarse a herederos y legatarios, en proporción a su haber. La distribución de los productos se hará en efectivo o en especie.

Artículo 766. Presentado el proyecto, se pondrá a la vista de las personas interesadas por cinco días, citándose mediante notificación personal en términos de lo dispuesto en este Código Nacional.

Si están conformes o nada exponen dentro del término de la vista, lo aprobará la autoridad jurisdiccional y mandará abonar a cada quien la porción que le corresponda.

La inconformidad expresa se substanciará en forma incidental, el incidente se desahogará y resolverá en una sola audiencia oral a la que se citará a las partes, dentro de los cinco días siguientes. Dicha resolución será apelable en efecto devolutivo.

Artículo 767. Cuando los productos de los bienes variaren de bimestre a bimestre, el albacea presentará su proyecto de distribución por cada uno de los periodos indicados. En este caso deberá presentarse el proyecto dentro de los primeros cinco días del bimestre.

Artículo 768. Si el albacea no presentare el proyecto de distribución provisional de los productos de los bienes hereditarios, dentro del término legal o cuando durante dos bimestres consecutivos, sin justa causa, deje de cubrir a los herederos o legatarios las porciones de frutos correspondientes, será revocado de plano sí así lo solicita la mayoría de las personas herederas.

SECCIÓN QUINTA
DE LA PARTICIÓN DE HERENCIA

Artículo 769. Aprobada la cuenta general de administración, dentro de los quince días siguientes, el albacea presentará el proyecto de partición de los bienes, en los términos del Código Civil respectivo.

Artículo 770. Será removido el albacea de su cargo, mediante incidente, si no presentare el proyecto de partición dentro del término indicado en el artículo anterior o dentro de la prórroga que le concedan las personas interesadas por mayoría de votos.

Artículo 771. Cuando quien ejerza el albaceazgo requiera auxiliarse para hacer el proyecto de partición, podrá auxiliarse de un perito o especialista cuyo nombramiento deberá ser promovido dentro del tercer día de aprobada la cuenta y la autoridad jurisdiccional convocará a los herederos, a junta, dentro de los tres días siguientes, a fin de que se haga en su presencia la elección cuyo nombramiento se hará por mayoría de los presentes.

Si no hubiere mayoría, la autoridad jurisdiccional nombrará al perito o especialista de entre los propuestos.

Artículo 772. Quien tenga la calidad de cónyuge, conviviente, concubino o concubina, aunque no tenga el carácter de heredero, será tenido como parte, si entre los bienes hereditarios hubiere bienes de la sociedad conyugal, sociedad en convivencia o disposición de los concubinos que rija su patrimonio y será convocado a la junta que refiere el artículo que antecede, para que intervenga de acuerdo con sus intereses.

Artículo 773. Si se encuentra presente el partidor, encargado de la formulación del proyecto de partición en la misma junta que fue nombrado, procederá a aceptar y protestar su cargo, y en caso contrario se le notificará para que dentro del término de tres días comparezca a aceptar el mismo, habiendo señalado previamente el monto de sus honorarios de acuerdo con lo que le autoriza la Ley de cada Entidad Federativa, los que deberán ser autorizados y aprobados por la autoridad jurisdiccional, y cubiertos por los herederos en proporción a sus haberes.

Artículo 774. La autoridad jurisdiccional pondrá a disposición del partidor los autos y, bajo inventario, los papeles y documentos relativos al caudal, para que proceda a la partición, concediéndole hasta cuarenta días para que presente el proyecto partitorio, bajo el apercibimiento de perder los honorarios que le fueron autorizados y aprobados, ser separado de plano de su encargo y, en su caso, responsable de los daños y perjuicios.

Artículo 775. El partidor pedirá a las personas interesadas las instrucciones que estime necesarias, a fin de hacer las adjudicaciones de conformidad con ellas, en todo lo que estén de acuerdo, o de conciliar en lo posible sus pretensiones.

Puede solicitarse a la autoridad jurisdiccional para que, convoque a una junta, a fin de que las personas interesadas fijen de común acuerdo las bases de la partición, que se considerará como un convenio. Si no hubiere conformidad, el partidor presentará el proyecto de partición de los bienes, en los términos que lo dispuso el testador, en lo que no contravenga el Código Civil correspondiente.

Al hacerse la división se separarán los bienes que correspondan al cónyuge, conviviente, concubino o concubina que sobreviva, conforme a las capitulaciones matrimoniales que regulan la sociedad conyugal, a las disposiciones de la sociedad en convivencia o a las del patrimonio concubinal, cuando resulte ser en partes iguales y será convocado a la junta que refiere el artículo que antecede, para que intervenga de acuerdo con sus intereses.

Artículo 776. A falta de convenio entre las personas interesadas, se incluirán en cada porción, bienes de la misma calidad y especie, si fuere posible.

Si hubiere bienes gravados, se especificarán los gravámenes indicando el modo de redimirlos o dividirlos entre las personas herederas.

Artículo 777. Concluido el proyecto de partición, la autoridad jurisdiccional lo mandará poner a la vista de los interesados en la Secretaría, por un término de diez días. Vencido el término sin hacerse oposición, la autoridad jurisdiccional aprobará el proyecto y dictará sentencia de adjudicación, mandando entregar a cada quien los bienes muebles que le hubieren sido adjudicados, con la factura o los documentos de propiedad, después de asentarse por la persona secretaria judicial, una nota en que se haga constar la adjudicación.

Si se trata de niñas, niños o adolescentes, la autoridad jurisdiccional deberá verificar de manera oficiosa el proyecto de partición.

Si entre los bienes de la masa hereditaria, hubiere inmuebles, se mandará formalizar el proyecto de división y partición y otorgar la escritura pública correspondiente misma que deberá ser inscrita en el Registro Público de la Propiedad, Oficina Registral o cualquier otra Institución análoga según la Entidad Federativa de que se trate.

Artículo 778. Si hubiera oposición contra el proyecto, se substanciará en forma incidental, procurando que, si fueren varias, la audiencia sea común, y a ella concurrirán las personas interesadas y el partidor para que se discutan las gestiones promovidas y se reciban pruebas.

Para dar curso a esta oposición, es indispensable expresar concretamente cuál sea el motivo de la inconformidad y cuáles las pruebas que se invocan como base de la oposición.

Artículo 779. Pueden oponerse a que se lleve a efecto la partición:

I. Las personas acreedoras hereditarias legalmente reconocidas, mientras no se pague su crédito, si ya estuviere vencido y, si no lo estuviere, mientras no se les asegure debidamente el pago, y

II. Las personas legatarias de cantidad, de alimentos, de educación y de pensiones, mientras no se les pague o se garantice legalmente el derecho.

Artículo 780. La adjudicación de bienes hereditarios se otorgará con las formalidades que, por su cuantía, la Ley exige para su venta. La Notaria o Notario Público ante la que se otorgue la escritura será designada por el albacea.

Artículo 781. La escritura de partición, cuando haya lugar a su otorgamiento, deberá contener, la superficie, medidas y linderos que correspondan a los inmuebles adjudicados conforme al convenio con el fin de permitir su plena identificación.

El resto de los bienes o derechos adjudicados la autoridad jurisdiccional deberá formalizar su transmisión de conformidad con las leyes aplicables para cada caso.

Artículo 782. La sentencia que apruebe o repruebe la partición es apelable en ambos efectos.

CAPÍTULO II
DE OTRAS FORMAS TESTAMENTARIAS

SECCIÓN PRIMERA
DEL TESTAMENTO PÚBLICO CERRADO

Artículo 783. Para la apertura del testamento público cerrado, los testigos reconocerán separadamente sus firmas y el pliego que las contenga. El Ministerio Público asistirá a la diligencia.

Artículo 784. Cumplido lo prescrito en el Código Civil de la Entidad Federativa respectiva, ante la autoridad jurisdiccional, los testigos reconocerán separadamente sus firmas en el pliego que contenga el testamento y hecho lo anterior en presencia del Notario o Notaria Pública, testigos, Ministerio Público y persona secretaria judicial, abrirá el testamento, lo leerá, para sí y después le dará lectura en voz alta, omitiendo lo que deba permanecer en secreto y cumplidos los requisitos del Código Sustantivo de cada Entidad Federativa declarará la formalidad del testamento ordenando su protocolización.

En seguida firmarán al margen del testamento las personas que hayan intervenido en la diligencia, con la autoridad jurisdiccional y secretaria judicial de la Entidad Federativa de que se trate, y se le pondrá el sello del juzgado, asentándose todo ello en el acta.

Artículo 785. Para la protocolización del testamento la persona que hubiere promovido elegirá al Notario o Notaria Pública, dentro de la misma Entidad Federativa en donde se encuentre la autoridad jurisdiccional que apertura el testamento.

Artículo 786. Si se presentaren dos o más testamentos cerrados de una misma persona, la autoridad jurisdiccional procederá respecto a cada uno de ellos como se previene en este Capítulo y los hará protocolizar en un mismo oficio para los efectos de que el testamento que subsista sea aquel que indiquen las disposiciones del Código Civil de la Entidad Federativa respectiva.

SECCIÓN SEGUNDA
DE LA DECLARACIÓN DEL TESTAMENTO OLÓGRAFO

Artículo 787. La autoridad jurisdiccional que tenga noticia de que el autor de la herencia depositó su testamento ológrafo, como se dispone en el Código Civil respectivo, dirigirá oficio al encargado del Archivo General de Notarías, Registro de la Propiedad, Director del Archivo de Instrumentos Públicos, Dirección de Notarías y Registros Públicos, la Secretaría General de Gobierno o cualquier otra oficina que lleve a cabo dicha función en la Entidad Federativa, en que se hubiere hecho el depósito, a fin de que le remita el pliego cerrado en que el testador declaró que se contiene su última voluntad.

Artículo 788. Recibido el pliego, procederá la autoridad jurisdiccional como se dispone en el Código Civil de cada Entidad Federativa.

Artículo 789. Si para la debida identificación fuere necesario reconocer la firma, por no existir los testigos de identificación que hubieren intervenido, o por no estimarse bastante sus declaraciones, la autoridad jurisdiccional nombrará un perito para que confronte la firma con las indubitadas que existan del testador, y teniendo en cuenta su dictamen hará la declaración que corresponda.

SECCIÓN TERCERA
DEL TESTAMENTO PRIVADO

Artículo 790. A instancia de parte legítima formulada ante la autoridad jurisdiccional competente, puede declararse formal el testamento privado de una persona, sea que conste por escrito o sólo de palabra de conformidad con el Código Civil respectivo.

Artículo 791. La declaración de estar conforme a derecho un testamento privado, se iniciará a solicitud de legítimo interesado, quien ofrecerá la información testimonial de quienes hayan concurrido al otorgamiento.

La autoridad jurisdiccional, citará al Ministerio Público, señalando día y hora para una audiencia en la que se recibirá la información testimonial, la que deberá rendirse en los términos que para estos casos prevén los Códigos Civiles respectivos.

Recibida la información testifical, la autoridad jurisdiccional en la misma audiencia, de estimar probados los requisitos previstos por el Código Civil respectivo, declarará la existencia de formal testamento.

Contra la declaración de no estar ajustado a derecho el testamento, procede apelación sin necesidad de reenvío. Si se declara lo contrario, podrá impugnarse la validez en el juicio hereditario que con él se inicie.

Artículo 792. Es parte legítima para los efectos del artículo anterior:

I. El que tuviere interés en el testamento;

II. El que hubiere recibido en él algún encargo del testador, y

III. El que, con arreglo a las Leyes aplicables, pueda representar sin poder, a cualquiera de los que se encuentren en los casos que se expresan en las fracciones anteriores.

Artículo 793. Hecha la solicitud, se señalarán día y hora dentro de los siguientes veinte días para el examen de los testigos que hayan concurrido al otorgamiento, bajo las reglas previstas por este Código Nacional.

Para la información se citará al Ministerio Público, quien tendrá obligación de asistir a las declaraciones de testigos e interrogarlos para asegurarse de su veracidad.

Las personas testigos declararán al tenor del interrogatorio respectivo, que se sujetará estrictamente a lo dispuesto en el Código Civil de cada Entidad Federativa.

Recibidas las declaraciones, y si éstas reúnen los requisitos de este Código Nacional, la autoridad jurisdiccional declarará que sus dichos son el formal testamento de la persona de que se trate, ordenando su protocolización.

Artículo 794. De la resolución que niegue la declaración de formalidad de un testamento privado, pueden apelar el promovente y cualquiera de las personas interesadas en la disposición testamentaria.

De la que otorgue la declaración de formalidad, puede apelar el Ministerio Público.

SECCIÓN CUARTA
DEL TESTAMENTO MILITAR

Artículo 795. Luego que la autoridad jurisdiccional reciba, por conducto de la persona titular de la Secretaría de la Defensa Nacional, el parte a que se refiere el Código Civil correspondiente, citará a los testigos que estuvieren en el lugar, y respecto a los ausentes o desaparecidos, mandará exhorto al Tribunal o Poder Judicial del lugar donde se hallen.

Artículo 796. De la declaración judicial se remitirá copia autorizada a la persona titular de la Secretaría de la Defensa Nacional. En lo demás, se observará lo dispuesto en el Capítulo que antecede.

SECCIÓN QUINTA
DEL TESTAMENTO MARÍTIMO

Artículo 797. Hechas las publicaciones que ordena el Código Civil de la Entidad Federativa respectiva, podrán los interesados ocurrir ante la autoridad jurisdiccional competente para que pida de la Secretaría de Relaciones Exteriores o al Gobierno local, según la Entidad Federativa que lo contemple, la remisión del testamento para que lo envíe y continúe el trámite legal correspondiente.

SECCIÓN SEXTA
DEL TESTAMENTO HECHO EN PAÍS EXTRANJERO

Artículo 798. El testamento hecho en país extranjero será declarado válido por la autoridad jurisdiccional competente, cuando haya sido formulado de conformidad con las Leyes del país en que se otorgue y no contravenga al orden público mexicano, siguiendo las reglas de aplicación e interpretación que contempla la legislación sustantiva de cada Entidad Federativa.

CAPÍTULO III
PROCEDIMIENTO SUCESORIO NO CONTROVERTIDO VÍA JUDICIAL

Artículo 799. En el caso que no exista controversia alguna entre herederos y legatarios si los hubiera, podrá optar por el trámite de sucesiones intestadas o testamentarias conforme a este procedimiento, y debiéndose cumplimentar los requisitos siguientes:

I. Exhibir las copias certificadas, ya sea en formato físico o electrónico, de las actas de nacimiento y defunción de la persona autora de la sucesión;

II. Exhibir las copias certificadas, ya sea en formato físico o electrónico, de las actas de la totalidad de las personas interesadas, en su caso las necesarias para acreditar el entroncamiento con la persona autora de la sucesión, así como la información relativa a si la persona se encontraba unida en matrimonio o concubinato en el momento de su fallecimiento;

III. En los casos de intestado, la denuncia deberá estar firmada por la totalidad de las personas presuntamente herederas, o por sus representantes, todas deberán de señalar bajo protesta de decir verdad su reconocimiento entre sí y la propuesta para la designación de albacea;

IV. Cuando se tenga conocimiento de la existencia de un testamento, a la denuncia se acompañará éste, o bien se realizará el señalamiento relativo a la ubicación del documento. El escrito de denuncia deberá de estar firmado por todas las personas interesadas o probablemente interesadas;

V. Se deberá exhibir el inventario de los bienes cuya propiedad esté debidamente acreditada, el cual deberá estar firmado y con la aceptación expresa de las personas interesadas;

VI. Se deberá exhibir el avalúo expedido por el perito valuador autorizado en términos de este Código Nacional, y

VII. Se exhibirá una propuesta de convenio de liquidación y partición del haber hereditario, en el cual se deberá de consignar la aceptación de las personas interesadas.

Artículo 800. Para el caso de que entre las personas interesadas existan niñas, niños o adolescentes, conjuntamente a su comparecencia mediante sus legítimos representantes, deberá verificarse por la autoridad jurisdiccional que se cuente con una defensa técnica y especializada durante el trámite del procedimiento.

Artículo 801. En la admisión del trámite la autoridad jurisdiccional ordenará de manera oficiosa que:

I. Se recabe ante las dependencias registrales que corresponda la información relativa a la existencia o no de un testamento otorgado por la persona autora de la sucesión y en caso de existir tal documento se ordenará su remisión a la autoridad jurisdiccional;

II. Se recabe en los Registros Públicos correspondientes, la información relativa a la existencia de bienes propiedad de la persona autora de la sucesión, y en su caso la existencia de gravámenes, y

III. Se recabe en el Registro Civil de la entidad las certificaciones de las actas de nacimiento de los ascendientes, descendientes y colaterales hasta el cuarto grado de la persona autora de la sucesión.

En el momento de la admisión del trámite se le dará intervención activa a la persona Agente del Ministerio Público correspondiente.

Artículo 802. En caso de que el trámite se encuentre iniciado como intestado y de la información rendida por las dependencias registrales se actualice la existencia de un testamento atribuible a la persona autora de la sucesión, el procedimiento especial se ajustará a las reglas aplicables a lo previsto en este procedimiento para el caso de sucesiones testamentarias.

Artículo 803. Recibidos los informes precisados en los artículos anteriores, se procederá a presentar y revisar el inventario, avalúo y proyecto de partición y de resultar ajustado a derecho, la autoridad jurisdiccional citará a la totalidad de los interesados a una sola audiencia oral en un término no mayor de veinte días, y en la que declarará herederas o legatarias de acuerdo a lo dispuesto en la legislación sustantiva de la Entidad Federativa correspondiente, o a las que hayan sido designadas con ese carácter en el testamento, teniéndose como albacea a la persona designada en el testamento o en su defecto a la propuesta por los herederos o por la autoridad jurisdiccional.

En la misma audiencia se proveerá respecto de la aprobación del inventario y avalúo y el proyecto de partición de los bienes, adjudicándolos a las personas interesadas conforme al convenio presentado. Finalmente, se ordenará remitir las constancias a la Notaria o Notario Público señalado por la persona albacea o por la mayoría de los herederos, ello para el otorgamiento de la escritura de formalización correspondiente.

En caso de que a la audiencia señalada en este artículo no comparezcan la totalidad de las personas interesadas por sí mismas o mediante representante legal, la actuación se diferirá por una única ocasión. Sin embargo, en caso de que de nueva cuenta no comparezcan las personas interesadas, ante la falta de interés de los promoventes se dará por concluido el trámite.

Artículo 804. Si existe oposición entre las partes interesadas o no se acredita plenamente la propiedad de los bienes del autor de la herencia, la autoridad jurisdiccional dará por concluido el procedimiento especial a que hace referencia este Capítulo y abrirá el proceso sucesorio correspondiente.

CAPÍTULO IV
DE LA SUCESIÓN TRAMITADA POR NOTARIO PÚBLICO

Artículo 805. Podrán tramitarse ante Notaria o Notario Público todas las sucesiones testamentarias o intestamentarias, siempre y cuando no hubiere controversia alguna, con arreglo a lo que se establece en el presente Código Nacional.

La apertura del testamento público cerrado, la declaración de ser formal el testamento ológrafo o un testamento especial y la declaración de ser formalmente válido un testamento otorgado en país extranjero se tramitará siempre judicialmente, excepto en este último caso cuando se trate de un testamento público abierto otorgado ante miembro del servicio exterior mexicano en ejercicio de funciones notariales en los términos de la Ley del Servicio Exterior Mexicano y su Reglamento, cuyo testimonio tendrá plena validez sin necesidad de legalización. Cumplido lo anterior, podrá tramitarse la sucesión ante Notaria o Notario Público conforme a lo dispuesto en este Código Nacional.

Artículo 806. Las sucesiones testamentarias podrán tramitarse ante la o el Notario Público al que acudan las y los herederos, así como el albacea de común acuerdo, sin que, para este supuesto apliquen las disposiciones de competencia del presente Código Nacional.

El albacea, si lo hubiere, y las personas herederas comparecerán ante la Notaria o el Notario Público, exhibiendo el acta de defunción del autor de la herencia y, en su caso, la de matrimonio con sus respectivas capitulaciones si las hubiere, constancia o convenio que realicen concubinos, o convivientes en los términos de la legislación sustantiva de cada Entidad Federativa que contenga la disposición patrimonial aplicable, el testimonio del testamento o de su protocolización, según corresponda.

La Notaria o Notario Público procederá a recabar los informes respectivos ante el Archivo Judicial del Tribunal o Poder Judicial, en el Archivo General de Notarías, Registro Público de la Propiedad, Procurador Social, Director del Archivo de Instrumentos Públicos, Dirección de Notarías y Registros Públicos, Secretaría General de Gobierno o cualquier otra oficina que lleve a cabo dicha función en cada Entidad Federativa, siendo estas dependencias las encargadas de solicitar la información al Registro Nacional de Avisos de Testamento, sobre la existencia o inexistencia de alguna disposición testamentaria en su localidad.

Toda la información podrá ser recabada en formato impreso, o en medios electrónicos, ópticos o de cualquier otra tecnología, para constatar que el testamento exhibido es el único o último otorgado por el autor de la sucesión y hecho lo anterior los interesados se presentarán ante la Notaria o Notario Público para hacer constar que aceptan la herencia, legados en su caso, se reconocen recíprocamente sus derechos hereditarios, que quien fue designado albacea aceptó el cargo y, a su vez, va a proceder a formar el inventario de los bienes de la herencia.

En el mismo acto, la o el Notario Público, podrá hacer constar el repudio de herencia, así como la manifestación de no aceptación del cargo de albacea por aquellas personas que tuvieren dichos derechos.

La Notaria o Notario Público dará a conocer estas declaraciones por medio de dos publicaciones que se harán, de diez en diez días en un periódico de circulación Nacional y en el registro nacional correspondiente.

Artículo 807. Para la sucesión intestamentaria que pretenda tramitarse ante Notaria o Notario Público, deberá de observar la competencia y formalidades previstas en este Código Nacional. Comparecerán las personas interesadas, exhibiendo la copia certificada del acta de defunción del autor de la herencia, en su caso atestado de matrimonio y capitulaciones de acuerdo al régimen patrimonial que lo regule, constancia o convenio que realicen los concubinos o convivientes cuando se encuentre legalmente constituida su relación y contenga disposición expresa, de que el patrimonio que se adquiera será en partes iguales y las partidas del estado civil que justifiquen su entroncamiento con el autor de la sucesión, ofreciendo en compañía de dos testigos idóneos quienes darán su testimonio bajo protesta de decir verdad, la información testimonial respectiva para constatar que no existen otras personas con igual o mejor derecho a la herencia.

La Notaria o Notario Público procederá a recabar los informes correspondientes a que se refiere el artículo anterior, para constatar que no existe disposición testamentaria otorgada por el autor de la sucesión.

En el instrumento que al efecto se levante, y previa declaración de quienes acudan como testigos conforme se señala en el siguiente párrafo, las personas comparecientes se reconocerán recíprocamente su calidad de herederos y propondrán entre ellos al albacea, quien deberá comparecer a aceptar el cargo que se le confiere.

Adicionalmente los herederos y sus testigos declararán bajo protesta de decir verdad el último domicilio del finado; que no tienen conocimiento de la existencia de testamento alguno otorgado por el autor de la sucesión; que no tienen conocimiento de que se haya iniciado el trámite de la sucesión ni de la existencia de persona alguna diversa de ellos con derecho a heredar en el mismo o preferente grado.

La Notaria o Notario Público dará a conocer estas declaraciones por medio de dos publicaciones en la forma y con la periodicidad prevista en el artículo anterior.

Artículo 808. Practicado el inventario y avalúos por el albacea en cualesquiera de las sucesiones y estando conformes con él todos los herederos, lo presentarán a la Notaria o Notario Público para su protocolización acompañando los documentos que acrediten la propiedad o titularidad de los bienes inventariados.

Artículo 809. El proyecto de partición formado por el albacea, con la aprobación de los herederos, lo exhibirán ante la Notaria o Notario Público, quien elaborará la escritura de protocolización y la de adjudicación a su solicitud. Si el testador hubiere ordenado la partición, esta se deberá llevar a cabo en los términos dispuestos por él.

Siempre que haya oposición de algún aspirante a la herencia o de cualquier persona acreedora, la Notaria o Notario Público suspenderá su intervención y lo remitirá a la autoridad jurisdiccional ante quien se tramite la oposición.

Artículo 810. Para la titulación notarial de la adquisición por los legatarios instituidos en testamento público simplificado o testamento respecto de vivienda de interés social popular que hubiere sido otorgado en el mismo instrumento de adquisición o de conformidad con la legislación particular de cada Entidad Federativa, se observará lo siguiente:

I. Los legatarios o sus representantes, exhibirán ante la Notaria o Notario Público la copia certificada del acta de defunción del testador y testimonio del testamento público simplificado o testamento respecto de vivienda de interés social popular y solicitarán por escrito el inicio del procedimiento especial de adjudicación;

II. La Notaria o Notario Público dará a conocer, por medio de una publicación en un periódico de circulación nacional, que ante él se está tramitando la titulación notarial de la adquisición derivada del testamento público simplificado o testamento respecto de vivienda de interés social popular, el nombre de la o el testador y de los legatarios;

III. La Notaria o Notario Público solicitará al Archivo Judicial del Tribunal o Poder Judicial, así como el Archivo General de Notarías, Registro Público de la Propiedad, Procurador Social, Director del Archivo de Instrumentos Públicos, Dirección de Notarías y Registros Públicos, la Secretaría General de Gobierno o cualquier otra oficina que lleve a cabo dicha función en cada Entidad Federativa, quienes serán las dependencias encargadas de solicitar la información al Registro Nacional de Avisos de Testamento, de las constancias relativas a la existencia o inexistencia de testamento. En el caso de que el testamento público simplificado o testamento respecto de vivienda de interés social popular presentado sea el último otorgado, la Notaría Pública podrá continuar con los trámites relativos, pasados diez días posteriores a la publicación a que se refiere la fracción anterior.

Si hubiese oposición dentro de dicho plazo la o el notario suspenderá el trámite y remitirá el asunto a la autoridad jurisdiccional que se lo solicite;

IV. La Notaria o Notario Público redactará el instrumento en el que se relacionarán los documentos exhibidos, las constancias a que se refiere la fracción anterior, los demás documentos del caso, y la conformidad expresa de los legatarios en aceptar el legado. El testimonio que se expida se inscribirá en el Registro de la Propiedad, Oficina Registral o cualquier otra Institución análoga según la Entidad Federativa de que se trate. En su caso, se podrá hacer constar la repudiación expresa, y

V. En el instrumento a que se refiere la fracción anterior, los legatarios podrán otorgar, a su vez, un testamento público simplificado o testamento respecto de vivienda de interés social popular, cuando reúnan los requisitos del Código Civil de la Entidad Federativa respectiva.

TÍTULO SEGUNDO
DEL CONCURSO DE ACREEDORES

CAPÍTULO ÚNICO
DISPOSICIONES GENERALES

Artículo 811. Puede someterse a los procedimientos regulados en este Título la persona deudora no comerciante, que no pueda hacer frente a sus obligaciones líquidas y exigibles, siempre que no se encuentre en los supuestos que regula la Ley de Concursos Mercantiles y demás leyes especiales.

El procedimiento puede ser extrajudicial o judicial, asimismo, podrá ser necesario o voluntario. Es necesario, cuando un acreedor de plazo cumplido ha demandado y ejecutado a su deudor y no haya bienes bastantes para pagar o garantizar su crédito.

El procedimiento extrajudicial se tramitará ante un facilitador o conciliador certificado en los términos de la Ley de la materia, y sólo podrá iniciarse a solicitud por escrito de la persona deudora o de algún acreedor.

El procedimiento judicial se tramita ante autoridad jurisdiccional en materia civil, quien podrá solicitar el auxilio de un facilitador o conciliador público en lo que estime necesario, y puede iniciarse a solicitud de la persona deudora o acreedor.

Artículo 812. Salvo disposición expresa en contrario, los convenios suscritos en el procedimiento extrajudicial no admitirán recurso alguno, pero su ejecución será en la vía de apremio, donde previa su ejecución, la autoridad jurisdiccional de oficio o a instancia de cualquiera de las partes, hará una revisión del procedimiento extrajudicial, convenio y plan de pagos alcanzado, verificando que se ajuste a derecho.

La resolución final que contenga el plan de pagos emitida en el procedimiento judicial es apelable en el efecto devolutivo de conformidad con las disposiciones del presente Código Nacional.

Artículo 813. Las personas casadas por sociedad conyugal o en régimen similar pueden presentar solicitud conjunta o ser demandadas en forma conjunta. En su caso, se aprobará un solo convenio o, en su defecto, se dictará una sola sentencia que contendrá un solo plan de pagos.

Artículo 814. Son personas relacionadas con la persona deudora o acreedora y no podrán desempeñarse como facilitadores o conciliadores en los procedimientos previstos en el presente Título, las siguientes:

I. En el caso de deudores personas físicas no comerciantes: su cónyuge, concubina o concubino, parientes consanguíneos o por afinidad, sus garantes, personas con quienes el deudor o quienes se mencionan en esta fracción, tengan algún vínculo de amistad, trabajo o de alguna otra naturaleza que pueda generar un conflicto de interés, o cualquier persona moral de la que sean socios o en la que tengan poder decisorio en forma directa o indirecta quienes se mencionan en esta fracción, y

II. En el caso de deudores personas morales de naturaleza civil no comerciantes: sus socios, cualquier miembro de sus órganos de administración, quienes tengan poder decisorio o por cualquier otra persona que tenga facultades de decisión en dichas personas morales.

Artículo 815. El facilitador o conciliador será el encargado del procedimiento extrajudicial y será auxiliar de la autoridad jurisdiccional en el proceso judicial cuando así se ordene.

Sus funciones en el procedimiento extrajudicial serán integrar la lista de créditos, verificar los pagos efectuados y comprobados por la persona deudora, y auxiliar el acuerdo entre las partes para la firma de un convenio con un plan de pagos, y en su caso, hacer propuestas de reestructuración de adeudos, que en el supuesto de personas morales de naturaleza civil no comerciante podría llegar hasta proponer su reorganización económica, si la Asamblea General de Socios así lo decide.

Iniciado el procedimiento extrajudicial, los acuerdos privados entre acreedores o entre cualquier acreedor y la persona deudora que participen del mismo, son nulos.

Artículo 816. A lo largo del procedimiento la persona deudora está obligada a proporcionar al facilitador o conciliador y a la autoridad jurisdiccional, toda la información que le sea requerida. La parte acreedora deberá entregar toda la información de sus créditos y manifestar claramente desde un inicio su postura, para que el facilitador o conciliador o autoridad jurisdiccional cuenten con los elementos necesarios a fin de que las partes lleguen a un acuerdo y plan de pagos.

Si el facilitador o conciliador es privado deberá de estar certificado y la persona deudora podrá elegirlo al inicio del procedimiento, siempre que no sea una persona relacionada en términos del artículo 814 del presente Código Nacional y este se encargará de su trámite si la mayoría simple de personas acreedoras presentes así lo ratifican.

Si el procedimiento extrajudicial lo inician los acreedores ante un facilitador o conciliador privado, este deberá ser certificado y ellos serán quienes lo designen por mayoría simple de votos de las personas acreedoras presentes en la primera convocatoria. En los procesos judiciales se dará preferencia a los facilitadores o conciliadores públicos; quienes deberán estar igualmente certificados en los términos de la ley de la materia.

Si no hay oposición de alguna de las partes, quien haya actuado como facilitador o conciliador en el procedimiento extrajudicial podrá continuar actuando en el proceso judicial. En caso de oposición la autoridad jurisdiccional lo designará y contra dicha resolución no procede recurso alguno.

Artículo 817. Los créditos insolutos se deberán demostrar con pruebas documentales. Los archivos electrónicos se considerarán documentos y no se les negarán efectos jurídicos por ese sólo hecho. Sólo en el procedimiento judicial los documentos exhibidos, podrán ser objetados e impugnados de falsos conforme a las disposiciones de este Código Nacional.

Las personas relacionadas que se presenten como acreedoras al procedimiento deberán en todo caso exhibir los documentos originales de sus créditos. Las partes tendrán derecho de prueba para controvertir tales documentos en los términos previstos en el presente Código Nacional.

Las acciones promovidas por los acreedores, así como los juicios seguidos contra de la persona deudora, que se encuentren en trámite al iniciarse el procedimiento extrajudicial, no se acumularán al mismo. Una vez iniciado el procedimiento extrajudicial, los acreedores podrán solicitar en forma legal la suspensión de aquellos procedimientos judiciales que estén pendientes de resolución definitiva, los que serán de inmediato enviados para su resguardo al Archivo Judicial sin que se contabilice el plazo para la caducidad y con el objeto de no proseguir con el mismo.

Alcanzado un acuerdo en el procedimiento extrajudicial, una vez cumplido el convenio y plan de pago, las partes estarán obligadas a desistirse de sus acciones contra el deudor dentro de un plazo no mayor a diez días de dicho cumplimiento.

Artículo 818. Las partes podrán convenir de manera conjunta, previo al procedimiento extrajudicial, los honorarios con su facilitador o conciliador y serán cubiertos de manera independiente al concurso civil, los cuales deberán ajustarse al arancel que se establezca en cada Entidad Federativa.

Artículo 819. Los procedimientos regulados en este Título, se regirán bajo las disposiciones previstas para concurrencia y prelación de créditos prevenidos en la legislación civil correspondiente; en caso de ausencia o para efecto del plan de pagos, con independencia a cualquier otro acreedor siempre serán preferidos los acreedores alimentarios, los acreedores laborales conforme al apartado A del artículo 123 de la Constitución Política de los Estados Unidos

Mexicanos, así como los gastos de enfermedad en su caso, a quienes se pagará en primer lugar mes a mes o con la periodicidad que corresponda al tipo de obligación contraída hasta por el monto que en derecho proceda. La persona deudora podrá conservar el mínimo vital, para sí y para el de sus dependientes económicos.

En su caso, se considerará a los acreedores con créditos garantizados debidamente constituidos conforme a la ley con prenda o hipoteca sobre bienes de la persona deudora, quienes sujeto a lo establecido en este Título podrán conservar el contrato y reajustar su forma de pago, o bien, cobrarse con el valor de su garantía conforme al valor de mercado y con posterioridad al cobro de los acreedores preferentes.

Los acreedores comunes son todos aquellos que no están considerados en los párrafos anteriores, quienes cobrarán a prorrata, sin distinción de fechas y conforme al plan de pagos que en su caso se apruebe.

SECCIÓN PRIMERA
DEL PROCEDIMIENTO EXTRAJUDICIAL

Artículo 820. El procedimiento extrajudicial inicia en la fecha en la que la persona deudora entregue bajo protesta de decir verdad al facilitador o conciliador el formato único universal con toda la información precisada en el artículo 833 del presente Código Nacional, acompañado de su reporte especial de crédito emitido por una sociedad de información crediticia con no más de treinta días de antigüedad.

El facilitador o conciliador podrá ayudar a la persona deudora en el llenado del formato y la preparación de los documentos. En el transcurso del procedimiento, el facilitador o conciliador podrá solicitar a las partes la entrega de información o documentos adicionales, según sea el caso, para el mejor entendimiento del estado económico del concursado.

Artículo 821. El facilitador o conciliador notificará a cada uno de los acreedores de la solicitud presentada por la persona deudora dentro de los tres días hábiles siguientes por correo certificado, en el entendido de que en todo caso deberá contar con un acuse de recibo de la notificación. Además, se hará una publicación en el Boletín Concursal Nacional o medio de comunicación aplicable, a efecto de convocar a las personas acreedoras.

La notificación deberá acompañarse de la información presentada por la persona deudora, con el objeto de que en la primera reunión el facilitador o conciliador presente una lista de créditos con el fin de establecer un mecanismo de conciliación sobre el estado de adeudos entre las partes, y deberá precisar lo siguiente:

I. Lugar, fecha y hora de la primera reunión que deberá realizarse dentro de los siguientes veinticinco días y en la que deberá estar presente la persona deudora;

II. Nombre y domicilio de la persona deudora, así como del facilitador o conciliador;

III. El monto líquido probable de las obligaciones pecuniarias que la persona deudora sostenga se le deben a dicho acreedor, y

IV. El probable grado de prelación atribuido a su crédito, así como solicitarle exhiba los documentos justificativos de su crédito agregando un cálculo del saldo insoluto dentro de los diez días hábiles siguientes a la fecha de la notificación en el domicilio del facilitador o conciliador.

Para el caso de inasistencia sin causa justificada de la persona deudora en la primera reunión o subsecuentes, se dará por terminado el procedimiento extrajudicial.

Si las partes lo convienen desde la primera reunión, se podrá suspender la generación de intereses ordinarios y moratorios sobre la suerte principal, y en su caso, acordar que los acreedores se abstengan de hacer requerimientos judiciales de pago, de ejecución o requerimiento de la posesión de sus bienes o de dar por terminados los contratos que tengan entre ellos celebrados y puedan agravar la situación de la persona deudora.

Artículo 822. El facilitador elaborará la lista de créditos que sea compatible para personas deudoras no comerciantes, considerando todas las obligaciones pecuniarias del deudor aun cuando la determinación de algunos adeudos se encuentre reservada a otra autoridad, en el entendido de que estos últimos no podrán ser objeto de negociación en el procedimiento de concurso.

La lista de créditos deberá contener al menos lo siguiente:

I. El nombre, domicilio y correo electrónico de la persona deudora y de cada acreedor, y

II. La conciliación del saldo insoluto principal adeudado a cada acreedor más los intereses devengados hasta la fecha de presentación de la solicitud, especificando la prelación atribuida a cada crédito y sus garantías, misma que será explicada en la primera reunión con la finalidad de alcanzar acuerdo entre las partes.

En el caso de créditos garantizados deberá especificarse el valor de la garantía. Para dichos efectos el acreedor garantizado deberá presentar un avalúo de institución de crédito o una opinión de perito valuador, en este último caso la persona deudora también tendrá derecho a que se escuche a un experto nombrado de su parte.

Si algún acreedor no está de acuerdo con el monto y grado de prelación atribuido a su crédito en la lista de créditos propuesta por el facilitador o conciliador, tendrá expedito su derecho para hacerlo valer ante la autoridad jurisdiccional en la vía y forma que sea procedente, en cuyo caso, se dará por terminado el procedimiento extrajudicial.

Artículo 823. El convenio extrajudicial debe contener un plan de pagos que no excederá de tres años, con excepción del pago de créditos con garantía real en los que se observarán las reglas previstas en los Códigos Civiles respectivos, en relación con la concurrencia y prelación de créditos, salvo pacto en contrario, en el que los acreedores manifiesten su voluntad de acogerse a los beneficios del presente procedimiento. En el convenio se deberá determinar lo siguiente, según corresponda:

I. El reconocimiento de adeudo, pagos efectuados con anterioridad y monto que debe retener la persona deudora para satisfacer sus necesidades básicas y las de sus dependientes económicos, garantizando los alimentos de ellos;

II. Los montos y forma de pago de los acreedores preferentes y demás acreedores;

III. La continuación o terminación con consentimiento del acreedor del contrato sobre la vivienda de la persona deudora y su familia;

IV. Un plan de pagos en el que se detallará como se aplicarán los montos de los ingresos que la persona deudora se obliga a pagar a sus acreedores, con los montos, fechas y formas de pago;

V. Una lista de los bienes que se destinarán al pago de acreedores y que no sean necesarios para la subsistencia y trabajo de la persona deudora, en su caso, al valor más alto que les fue atribuido por corredor público o casa de comercio que se dedique a la venta de esos bienes, su posible adjudicación a favor de los acreedores como forma de pago o bien, el procedimiento para su venta extrajudicial de forma consensuada por las partes;

VI. Modificaciones a los plazos, amortizaciones o intereses de los créditos a cargo de la persona deudora sin que constituyan usura. Si la persona deudora es una persona moral de naturaleza civil, el convenio establecerá las modificaciones consensuadas entre las partes que deben hacerse a los créditos y garantías a su cargo, así como las modificaciones que sean necesarias para que la persona moral siga operando, siempre y cuando sea viable su operación;

VII. Las quitas o reducciones en los pagos, a cargo de la persona deudora y consentidas por el acreedor, y

VIII. Reservas para el pago derivado de los adeudos de procedimientos judiciales que se estén siguiendo en contra la persona deudora o en los que se haya dictado sentencia definitiva.

El plan de pagos y el convenio deberán elaborarse atendiendo a la capacidad del pago de la persona deudora. El facilitador o conciliador será responsable de los daños y perjuicios que se ocasionen a las partes por su culpa o negligencia.

Artículo 824. El convenio deberá establecer que la persona deudora tome un curso de educación financiera impartido por institución pública. Los acreedores garantizados sólo serán tomados en cuenta en la votación del convenio si desean suscribirlo, en caso contrario, podrán ejercer sus derechos en la vía procedente.

El facilitador o conciliador procurará que el convenio represente un instrumento que beneficie a los acreedores en una recuperación rápida, eficiente y equitativa, y se constituya en una herramienta que dignifique a la persona deudora.

Artículo 825. Las obligaciones pecuniarias deducidas por concepto de alimentos decretadas judicialmente no pueden ser materia en el concurso civil, en cuyo caso, el facilitador o conciliador sólo podrá tomar nota de esas obligaciones para efectos del convenio.

El convenio alcanzado en este procedimiento de concurso sólo vincula a los celebrantes.

Artículo 826. El facilitador o conciliador tendrá un plazo máximo de dos meses contados a partir de la fecha de inicio del procedimiento para tener la lista definitiva de créditos y obtener la aprobación del convenio que dé por terminado el procedimiento.

El facilitador o conciliador podrá hacer modificaciones a la propuesta de convenio presentada por la persona deudora o acreedor, y podrá presentar propuestas alternativas, que concilien los intereses de las partes, debiendo para ello explicarles exhaustivamente las mismas.

Tendrá libertad para comunicarse en forma directa con todas y cada una de las partes, ya sea en forma verbal o escrita, e incluso en forma electrónica, y podrá reunirse o tener comunicaciones en forma individual con cada uno de los acreedores o en forma conjunta, según lo considere más adecuado para el avance de las negociaciones, debiendo resolver todas las deudas de que conozca en un solo convenio y plan de pagos.

Los acreedores que hayan comparecido al procedimiento extrajudicial y no hayan consentido la propuesta de convenio no les será vinculante, por lo que podrán ejercer sus derechos en la vía y forma que estimen procedente.

Artículo 827. El facilitador o conciliador deberá notificar a las sociedades de información crediticia respecto de la celebración del convenio por parte de la persona deudora y acreedores, así como la fecha de terminación del plan de pagos convenido. Además, en el caso que la deudora sea una persona moral de naturaleza civil, el convenio deberá inscribirse en Registro Público de la Propiedad u organismo equivalente, en el folio de la persona moral de que se trate. Dicho aviso en ningún caso puede constituir un acto de discriminación a la persona deudora.

Artículo 828. El convenio celebrado ante un facilitador o conciliador certificado en caso de incumplimiento trae aparejada ejecución para su exigibilidad en la vía de apremio.

Las materias siguientes no serán objeto de negociación en el convenio, sin embargo, el facilitador o conciliador deberá tomar nota de esas obligaciones en el plan de pagos:

I. Alimentos decretados judicialmente, que son de exclusivo conocimiento de autoridad jurisdiccional;

II. Responsabilidad civil decretada en sentencia firme proveniente de delitos o de actos dolosos o de mala fe, y

III. Aquellos casos que conforme a la Ley no sean materia disponible.

Durante el plazo de cumplimiento del convenio, permanecerá la suspensión de los procedimientos y actos de ejecución sobre los bienes de la persona deudora entre aquellos que se sujetaron al convenio respectivo y la generación de intereses sólo operará en los términos establecidos en el convenio de conformidad con lo establecido en el artículo 821.

Cuando las sociedades de información crediticia no reciban un aviso de incumplimiento del convenio, deberán tenerlo por cumplido al término del plazo establecido realizando la cancelación correspondiente, salvo prueba en contrario.

Artículo 829. No podrán suspenderse los servicios de agua, luz, internet ni de ningún otro servicio básico que atente contra la dignidad humana, en la vivienda de la persona deudora. La persona deudora tendrá prohibido gravar, enajenar o disponer de cualquier forma de sus bienes, salvo autorización judicial.

Artículo 830. El procedimiento extrajudicial tendrá una duración que no excederá de dos meses a partir de la fecha de presentación del formato único universal. Si alguna de las partes inicia el proceso judicial de concurso después de haber sido parte de un procedimiento extrajudicial, el facilitador o conciliador estará obligado a remitir toda la información que haya sido materia del procedimiento extrajudicial a la autoridad jurisdiccional.

Para efecto de lo dispuesto en el párrafo anterior, el facilitador o conciliador remitirá la lista de créditos, la propuesta de convenio, todos los documentos exhibidos por las partes en el procedimiento extrajudicial, y en su caso, las actas de las reuniones respectivas celebradas de forma extrajudicial entre las partes y el facilitador o conciliador.

Artículo 831. De alcanzarse un convenio y durante la vigencia del plan de pagos la persona deudora recibiere bienes o ingresos adicionales a los que fueron considerados para el plan de pagos o anticipa que no le será posible cumplir con los términos establecidos en el plan de pagos, la persona deudora o cualquier acreedor, podrán solicitar de manera preferente al facilitador o conciliador la modificación del convenio y del plan de pagos, aportando las pruebas correspondientes. El facilitador o conciliador deberá notificarlo a todas las partes que fueron obligadas por el convenio, y tendrá un plazo máximo de treinta días naturales contados a partir que haya sido recibida la última notificación para evaluar las pruebas y lograr un acuerdo adicional entre las partes, para la modificación del convenio original.

La modificación del convenio deberá mantener la vigencia establecida en el convenio original.

En caso de no lograrse un nuevo acuerdo en el plazo señalado, el facilitador o conciliador dejará expedito a las partes su derecho para que lo hagan valer en la vía y forma correspondiente.

Artículo 832. Si la persona deudora cumple el convenio, quedarán extinguidas sus obligaciones en los términos estipulados en el mismo; pero si dejare de cumplirlo en todo o en parte, su exigibilidad se hará en la vía de apremio y se podrá iniciar el concurso necesario.

SECCIÓN SEGUNDA
DEL PROCESO JUDICIAL DE CONCURSO CIVIL

Artículo 833. Para iniciar el proceso judicial, la persona deudora debe presentar en la oficialía de partes o en la vía electrónica la solicitud de concurso a través del formato único concursal que deberá contener además de la firma, todos los datos requeridos en éste. Dicho formato podrá ser descargado de la página de internet del Poder Judicial de la Entidad Federativa en que se inicie el proceso. La persona deudora en su escrito deberá expresar los motivos que lo obligan a iniciar el procedimiento.

Mediante la presentación del formato, la persona deudora declarará bajo protesta de decir verdad que todos los datos señalados son ciertos, con el apercibimiento que si incurre en falsedad se hará acreedor a las sanciones civiles, penales o administrativas que correspondan.

El formato deberá contener la información y anexos siguientes:

I. Nombre, domicilio para oír y recibir notificaciones, correo electrónico, a fin de que las notificaciones subsecuentes se le realicen por vía electrónica, así como identificación y datos de localización de cualquier persona con titularidad sobre los bienes de la persona deudora para que pueda deducir sus derechos;

II. El nombre, domicilio y correo electrónico de los acreedores. Asimismo, nombre y domicilio de los deudores del concursado y manifestar si existen juicios pendientes o en trámite en contra de dichos deudores del concursado, como proporcionando los datos necesarios para su identificación;

III. La persona deudora hará la solicitud a la autoridad jurisdiccional para que requiera al Centro de Justicia Alternativa del Poder Judicial de la Entidad Federativa que corresponda, designe una persona facilitadora o conciliador adscrito. Si la persona deudora o cualquiera de los acreedores no están de acuerdo con dicha designación, por encontrarse en alguno de los supuestos del artículo 814 del presente Código Nacional, la autoridad jurisdiccional designará al síndico provisional, quien se encargará de las funciones que correspondan;

IV. Identificación de todo tipo de procedimientos contra la persona deudora;

V. Montos que se estiman adeudados del principal e intereses a la fecha de presentación de la solicitud, con su prelación y en su caso, si tienen constituidas garantías, deberá exhibir las pruebas que así lo demuestren y manifestar el origen de cada deuda;

VI. Enlistado de bienes susceptibles de embargo propiedad de la persona deudora. Si tiene inmuebles, debe acompañar un certificado de gravámenes y un avalúo;

VII. Propuesta de un plan de pagos a sus acreedores, y

VIII. La persona deudora exhibirá un reporte de crédito especial emitido por una sociedad de información crediticia con los nombres y domicilios de sus acreedores, con no más de un mes de antigüedad.

Artículo 834. En los casos en los que resulte que la deudora es persona física, además deberá incluir:

I. Una copia de su identificación oficial;

II. El monto promedio mensual de sus ingresos ordinarios y extraordinarios, que acredite razonablemente mediante comprobantes, y a falta de estos, deberá expresarlos y señalarlos bajo protesta de decir verdad, con el apercibimiento de ley;

III. Nombres y edades de dependientes económicos comprobando el vínculo;

IV. Lista de gastos mensuales, con sus comprobantes, y a falta de alguno de ellos, que lo señale bajo protesta de decir verdad, con el apercibimiento de ley, y

V. La resolución provisional o definitiva o convenio que ordene el pago de pensión alimenticia, en su caso.

La persona deudora podrá acompañar un avalúo o una opinión de experto, sobre el valor de los bienes enlistados que puedan ser comercializados.

Artículo 835. En caso de personas físicas, la persona deudora deberá consignar a la autoridad jurisdiccional, el excedente de sus gastos necesarios de vida y de su familia para demostrar su voluntad de pago. A partir de la presentación de la solicitud, la persona deudora deberá consignar en billete de depósito el excedente de sus gastos necesarios a la autoridad jurisdiccional cada mes, salvo que la autoridad jurisdiccional establezca un plazo distinto.

Artículo 836. Cuando la deudora es persona jurídica de naturaleza civil, además deberá exhibir:

I. El Registro Federal de Contribuyentes junto con un balance que muestre su activo, pasivo y capital al mes anterior a la fecha de presentación de su solicitud de concurso;

II. Copia de su escritura constitutiva inscrita en el Registro Público de la Propiedad y del Comercio, en su caso;

III. Copia de sus estatutos vigentes, en caso de que haya habido modificaciones;

IV. Certificación de las hojas de sus libros o equivalente, que identifique a sus socios y miembros integrantes del órgano de administración. En caso de no contar con libros, una certificación del órgano de administración con esa información;

V. Resolución de la asamblea general de socios de la persona deudora o equivalente, en el sentido de iniciar el procedimiento, y

VI. La persona deudora deberá acompañar un avalúo o una opinión de experto sobre el valor de los bienes muebles e inmuebles enlistados que puedan ser comercializados.

Artículo 837. La demanda de concurso civil deberá especificar lo siguiente:

I. Autoridad jurisdiccional ante la cual se promueve;

II. Nombre, domicilio para oír y recibir notificaciones y correo electrónico del acreedor o deudor según sea el caso;

III. En su caso, solicitud para que las notificaciones subsecuentes se le realicen en la vía electrónica;

IV. Declaración de obligarse a dar aviso a la autoridad jurisdiccional dentro los tres días hábiles siguientes, respecto de cualquier pago que reciba de algún garante, avalista o coobligado de la persona deudora o acreedora según sea el caso;

V. Nombre y domicilio de la persona deudora;

VI. Fecha de suscripción, de vencimiento y monto total de su o sus créditos, tasa de interés aplicable y saldo principal no pagado e intereses a la fecha de presentación de la demanda, junto con los documentos que así lo justifiquen;

VII. Posible grado y prelación de su o sus créditos en concordancia con lo previsto en el Código Civil respectivo y salvedades contenidas en el presente

Título, precisando si tiene garantías, y en su caso, especificando el valor de las mismas, lo cual debe acreditar agregando una valuación de institución de crédito o la opinión de experto, con no más de tres meses de antigüedad;

VIII. Hechos y fundamentos de derecho, así como las probanzas que tenga a su disposición, las que deberán de sujetarse a las reglas previstas en el presente Código Nacional;

IX. Datos de identificación de los juicios o procedimientos iniciados en contra de la persona deudora por el acreedor demandante, y

X. Los demás documentos o pruebas que acrediten la existencia del o los créditos. En su caso debe adjuntarse una relación que desglose los cargos y pagos realizados hasta ese momento por la persona deudora.

El acreedor podrá solicitar las medidas cautelares que resulten necesarias para preservar la finalidad del procedimiento de conformidad con las reglas previstas en el presente Código Nacional.

Artículo 838. Si la demanda o solicitud fuera oscura o irregular, y no cumpliera con alguno de los requisitos a que se refiere el presente Título, la autoridad jurisdiccional dentro del término de tres días señalará en qué consisten los defectos de la misma, en el proveído que al efecto se dicte. El solicitante deberá cumplir con la prevención en un plazo máximo de tres días contados a partir del día siguiente a aquél en que haya surtido efectos la notificación por boletín judicial, y de no hacerlo o transcurrido el término, la autoridad jurisdiccional la desechará y devolverá al interesado todos los documentos originales que se hayan exhibido. Contra la anterior determinación procede el recurso de queja.

No será motivo de desechamiento o prevención el hecho de no exhibir con la solicitud estados financieros o contabilidad del deudor persona física.

Artículo 839. Subsanada la prevención hecha al acreedor, se admitirá la demanda.

Admitida la demanda y emplazada la persona deudora, ésta podrá oponerse al concurso necesario, y en su caso, a las medidas cautelares, dentro de los quince días hábiles siguientes al emplazamiento, probando que está en cumplimiento o cumplió sus obligaciones y que ha realizado el pago puntual a los acreedores demandantes. La persona demandada podrá oponer las excepciones y defensas que estime pertinentes, con las que se dará vista por tres días al o los acreedores demandantes. Desahogada o no la vista la autoridad señalará fecha para celebrar audiencia preliminar dentro del término de quince días siguientes, en la que únicamente se resolverá lo referente a la depuración del procedimiento, así como fijación de hechos no controvertidos y acuerdos probatorios, siguiendo para el efecto las formalidades previstas en el presente Código Nacional.

Artículo 840. Subsanada la prevención ordenada a la persona deudora, en su caso, la autoridad jurisdiccional dictará el auto de admisión de la solicitud de concurso, o la resolución que lo tiene por presentado conforme al artículo anterior, en el que declarará la apertura del procedimiento y ordenará lo siguiente:

I. Notificar el inicio del procedimiento a todas las sociedades de información crediticia y solicitarles un reporte de crédito especial de la persona deudora, con los nombres y domicilios de sus acreedores al momento de la emisión del reporte;

II. Notificar a la persona deudora la formación de su concurso sea necesario o voluntario;

III. Notificar la formación del concurso a los acreedores personalmente o por correo certificado en el domicilio señalado en el reporte especial de crédito; y, cuando el domicilio del acreedor no esté señalado en dicho reporte, será en el domicilio señalado por la persona deudora y de no existir el domicilio o no encontrarse la persona acreedora en el mismo se ordenará la búsqueda a través de los medios que establece el presente Código Nacional.

Con la notificación se permitirá el acceso electrónico al formato único concursal y a la propuesta del plan de pagos realizada por la persona deudora, y en caso de no ser posible, se les correrá traslado con la información;

IV. Publicar el auto de apertura del procedimiento concursal en el medio de comunicación procesal oficial, por tres días hábiles consecutivos, contados a partir del día hábil siguiente a la fecha en que se dicte dicho auto. Las publicaciones en relación a los procedimientos regulados en este Capítulo serán gratuitas para el deudor;

V. Notificar electrónicamente al Centro de Justicia Alternativa de la Entidad Federativa que corresponda el inicio del proceso concursal a efecto que designe al facilitador o conciliador;

VI. La prohibición a la persona deudora de enajenar o gravar sus bienes, salvo con autorización judicial;

VII. Designar a la persona deudora como depositario judicial de todos sus bienes a la fecha de presentación del formato único concursal;

VIII. Señalará un término de quince días hábiles, contados a partir de que cause estado su notificación, para que los acreedores presenten los documentos justificativos de sus créditos y sus objeciones respecto de la información exhibida por la persona deudora, acompañadas de las pruebas que acrediten su dicho, apercibidas que, de no hacerlo, precluirá su derecho;

IX. Notificar a las autoridades jurisdiccionales ante quienes se tramiten juicios en contra de la persona deudora, del inicio del procedimiento concursal civil a efecto que informen a la autoridad jurisdiccional del concurso sobre el alcance y monto objeto del litigio para que sea tomado en cuenta en el procedimiento, así como en su caso, exhibir copia certificada de la sentencia y auto que la declare firme y que condene al pago de una cantidad líquida y exigible en contra de la persona deudora. El presente procedimiento no puede afectar los derechos de las niñas, niños o adolescentes en lo particular y los derechos de familia en lo general;

X. Notificar a los deudores conocidos la prohibición de hacer pagos o entregar efectos al concursado, bajo el apercibimiento de doble pago, debiendo consignar esos pagos a la autoridad jurisdiccional que conozca del concurso;

XI. Ordenar inscribir el auto de inicio del proceso concursal en los Registros Públicos que correspondan a los bienes de la persona deudora o cuando sea una persona jurídica colectiva de naturaleza civil o existan bienes inmuebles en su patrimonio, ordenando los exhortos, que resulten necesarios;

XII. Señalar la fecha de retroacción;

XIII. Tener por vencidas a la fecha de presentación de la solicitud o demanda todas las obligaciones de la persona deudora para poder determinar su cuantía durante el procedimiento;

XIV. Interrumpir el cómputo de la prescripción negativa respecto de todos los adeudos, y

XV. Se tendrán por no puestos los pactos que limiten o impidan el procedimiento concursal, o que iniciado el mismo agraven las obligaciones de la persona deudora en perjuicio de los acreedores.

Artículo 841. La autoridad jurisdiccional podrá ordenar las medidas de protección al patrimonio, descritas en el artículo 828 del presente Código Nacional, las cuales dejarán de surtir efectos si la solicitud o demanda es desechada, o en la fecha que ocurra antes de:

I. La aprobación del convenio entre la persona deudora y sus acreedores por la autoridad jurisdiccional o la emisión de una sentencia con un plan de pagos;

II. Un plazo de tres meses contados a partir de la notificación al último acreedor del auto referido en este artículo, y

III. Un plazo de tres meses contados a partir de la publicación a que se refiere la fracción IV del artículo 840.

Artículo 842. Por efecto de la notificación a que se refiere la fracción V del artículo 840, el Centro de Justicia Alternativa deberá designar al facilitador o conciliador y notificar a la autoridad jurisdiccional y al facilitador o conciliador sobre su designación.

Artículo 843. En caso de que el concursado no colabore o interfiera negativamente en el proceso concursal, se designará a un síndico provisional, quien tomará posesión y administración de los bienes, libros, valores y documentos del concursado de forma inmediata, debiendo llevar la contabilidad del concursado. En su caso, el síndico o depositario diverso a la persona deudora deberá otorgar garantía dentro de los siguientes diez días de aceptación del cargo.

Artículo 844. No se acumulan al concurso civil los juicios que estén pendientes de resolución ni los casos siguientes:

I. Los juicios de alimentos;

II. Los deducidos por trabajadores;

III. Los hipotecarios;

IV. Los que procedan de créditos prendarios;

V. Los que no sean acumulables, por disposición de la ley, y

VI. Los demás que se hubieren fallado en primera instancia, mismos que se acumularán una vez que se decidan definitivamente.

Artículo 845. El facilitador o conciliador designado para intervenir en el proceso judicial de concurso civil deberá aceptar su cargo ante la autoridad jurisdiccional dentro de los tres días hábiles siguientes a su designación.

El facilitador o conciliador deberá realizar lo necesario para que, en un plazo máximo de tres meses, contados a partir de la notificación al último acreedor del auto de apertura del procedimiento, se pueda conformar la lista definitiva de créditos, el convenio y plan de pagos en los términos precisados en el artículo 823 del presente Código Nacional debidamente aprobado por los acreedores. En el procedimiento concursal judicial el facilitador o conciliador realizará sus funciones de acuerdo con lo establecido en este Capítulo, siendo responsable de los daños y perjuicios que se produzca a cualquiera de las partes por su culpa o negligencia.

El convenio requerirá la aprobación de los acreedores que representen la mitad más uno y que sus créditos representen por lo menos las tres quintas partes del pasivo reconocido a acreedores comunes y de aquellos acreedores garantizados que suscriban el convenio.

Hecho lo anterior, se pondrá a consideración de la autoridad jurisdiccional el convenio para que en un plazo máximo de ocho días hábiles proceda a su revisión y eventual aprobación, plazo durante el cual se continuarán las medidas protectoras del patrimonio que hayan sido dictadas por la autoridad judicial.

Artículo 846. Si transcurrido el plazo de los tres meses referido en el artículo anterior, no se tiene una lista definitiva de créditos o no se ha aprobado un convenio con plan de pagos, el facilitador o conciliador deberá entregar de inmediato a la autoridad jurisdiccional:

I. Si el concursado es persona física, el formato único universal y en su caso, el enlistado actualizado de los bienes y adeudos del concursado. Si es persona jurídica, de manera adicional al formato único universal, deberá presentar un balance y un inventario actualizados de los bienes del concursado;

II. Todos los documentos que las partes le hubieren entregado, incluyendo propuestas de convenio o plan de pagos, y

III. Las demás que se le requiera de conformidad con el presente Capítulo y las que estime la autoridad jurisdiccional.

De igual manera, la autoridad jurisdiccional convocará a las partes a una audiencia para escuchar lo que a su derecho convenga en relación al convenio y plan de pagos, que se efectuará dentro de los quince días siguientes a la conclusión del plazo de tres meses al que se refiere el artículo anterior, la que tendrá lugar con independencia del número de acreedores que se presenten.

Verificada la audiencia de conformidad con lo dispuesto en el presente Código Nacional, se dictará resolución dentro de los diez días siguientes.

Artículo 847. La sentencia definitiva, además de cumplir con los requisitos de ley, deberá resolver:

I. El plan de pagos en los términos establecidos en el artículo 823;

II. Los bienes susceptibles de enajenación;

III. El monto que podrá conservar la persona deudora para cubrir los gastos necesarios para su subsistencia y la de sus dependientes económicos, y

IV. Las consideraciones aplicables, bajo la perspectiva de derechos humanos, sobre la declaratoria de concurso de la persona deudora y la imposibilidad de pago de sus deudas existentes al inicio del procedimiento.

Una vez que la persona deudora cumpla con lo establecido en la sentencia, se tendrán por extinguidas sus obligaciones existentes al inicio del procedimiento.

Artículo 848. La autoridad jurisdiccional deberá notificar a las sociedades de información crediticia respecto de la celebración del convenio o la emisión de la sentencia, adjuntado una copia certificada, y ordenará la inscripción del convenio o de la sentencia en los registros públicos en que proceda.

Artículo 849. La junta de acreedores se desarrollará como sigue:

I. El síndico exhibirá el formato único universal, en su caso, el balance actual y un inventario de los bienes;

II. Se examinarán los créditos de los acreedores;

III. El síndico formulará un proyecto de clasificación de los créditos;

IV. Los créditos podrán ser objetados por el síndico, por el concursado o por cualquier acreedor, y

V. Terminado el reconocimiento y graduación, los acreedores, por mayoría de créditos y de personas asistentes designarán síndico definitivo o en su defecto lo hará la autoridad jurisdiccional.

El síndico tendrá los mismos impedimentos respecto del concursado y de la autoridad jurisdiccional que los que tienen las personas tutoras que administren bienes. El síndico será removido, mediante incidente, si deja de cumplir con alguna de sus funciones.

Artículo 850. Sólo serán apelables las resoluciones que desechen la solicitud y contra la sentencia definitiva. Contra la resolución judicial que desecha la solicitud de concurso civil procede el recurso de queja. Contra la sentencia definitiva procede el recurso de apelación en ambos efectos.

Artículo 851. Para el supuesto que la persona deudora deba entrar en liquidación y, eventualmente, al remate de los bienes, las funciones del síndico serán:

I. Tomar posesión del patrimonio y de los demás bienes del concursado, con excepción de los necesario para la subsistencia de la persona deudora y sus dependientes económicos;

II. Redactar el inventario;

III. Formular el balance en caso de que el concursado sea una persona moral, y de ser necesario, rectificarlo, o aprobarlo en su caso;

IV. Recibir y examinar los libros y documentos del patrimonio del concursado;

V. Depositar los valores para su resguardo y conservación;

VI. Rendir a la autoridad jurisdiccional un informe del estado del patrimonio;

VII. Llevar a cabo las acciones necesarias para el avalúo de los bienes;

VIII. Llevar la contabilidad, y

IX. Ejercitar y continuar todos los derechos, acciones y excepciones que correspondan al concursado, con relación a sus bienes.

La liquidación del patrimonio de la persona deudora debe seguir las reglas de la ejecución de la sentencia, trance y remate de bienes que previene el presente Código Nacional.

Cuando no haya plazo específico para el cumplimiento de las obligaciones del síndico, lo será de diez días.

Artículo 852. Podrá constituir causa de anulación total o parcial del plan de pagos si en el transcurso de cualquiera de los procedimientos regulados en este Capítulo la persona deudora incurre en actos tendientes a retrasar u obstaculizar los objetivos del procedimiento, o en alguna de las conductas siguientes:

I. Proporcionar información falsa, inexacta u omitir información;

II. Ocultar sus bienes o ingresos u ocasionar su insolvencia poniendo sus bienes a nombre de personas relacionadas o se abstiene de distribuir el excedente a sus acreedores;

III. Abstenerse intencionalmente de conseguir un empleo o de generar ingresos;

IV. Celebrar actos jurídicos que disminuyan su patrimonio sin causa justificada o realizar algún acto en fraude de acreedores;

V. Celebrar actos jurídicos a título gratuito o sin una contraprestación a valor de mercado, y

VI. Realizar algún acto jurídico que le de alguna preferencia o coloque en una mejor posición a alguno de sus acreedores sin causa justificada, causando un daño o perjuicio al resto de los acreedores.

Cualquier acreedor estará legitimado para solicitar ante la autoridad jurisdiccional que se revoquen las medidas de protección al patrimonio.

El rector del procedimiento levantará todas las medidas de protección del patrimonio de la persona deudora previstas en este Capítulo. El acreedor deberá adjuntar a su escrito las pruebas que acrediten su solicitud de levantamiento o anulación, la cual se hará valer en la vía incidental. Contra esta resolución procede el recurso de apelación en el efecto devolutivo.

Artículo 853. La liquidación del patrimonio de la persona deudora procede, en el caso de personas físicas, cuando ésta lo solicite o cuando obstaculice la celebración o ejecución del convenio o sentencia definitiva.

Tratándose de personas jurídicas, la liquidación del patrimonio de la persona deudora procederá en caso de que no se logre la aprobación de un convenio con los acreedores y se determine que no es viable la consecución de su objeto o cuando se obstaculice la ejecución del convenio o sentencia definitiva.

En esos casos, el producto de la venta de los bienes se distribuirá entre los acreedores de acuerdo con el grado de prelación establecido en la lista de créditos aprobada y una vez pagados los acreedores preferentes. Si al efectuarse la distribución hubiere algún crédito que esté sujeto a algún litigio que todavía no tenga una resolución firme, se reservará su pago en la proporción que corresponda. Mientras no se entregue a los acreedores el producto de la venta de los bienes, las cantidades que se obtengan deberán invertirse por el síndico en instrumentos de renta fija, cuyos rendimientos protejan preponderantemente el valor real de dichos recursos en términos de la inflación y que, además, cuenten con las características adecuadas de seguridad, rentabilidad, liquidez y disponibilidad.

Artículo 854. Si la autoridad jurisdiccional determina la liquidación y ejecución de los bienes de la persona deudora, una vez distribuido todo el producto de la venta de los bienes que integran el patrimonio de la persona deudora o adjudicados los mismos, se dará por terminado el procedimiento. Lo anterior sin perjuicio de aquellos casos en que por dolo o mala fe de la persona deudora se reserve los derechos de los acreedores de exigir legalmente los saldos originales no pagados y sus accesorios.

El síndico debe notificar a las sociedades de información crediticia respecto de la sentencia que ordena la liquidación del patrimonio de la persona deudora.

LIBRO SEXTO
DE LAS ACCIONES COLECTIVAS

CAPÍTULO ÚNICO
DISPOSICIONES GENERALES

Artículo 855. La defensa y protección de los derechos e intereses colectivos, será ejercida ante los órganos jurisdiccionales competentes en el ámbito Federal con las modalidades que se señalen en este Libro, y sólo podrán promoverse en materia de relaciones de consumo de bienes o servicios, públicos o privados y medio ambiente.

Artículo 856. La acción colectiva es procedente para la tutela de las pretensiones cuya titularidad corresponda a una colectividad de personas determinadas o indeterminadas, así como para el ejercicio de las pretensiones individuales, cuya titularidad corresponda a miembros de un grupo de personas.

La acción colectiva será procedente además contra toda persona física o moral, que directa o a través de terceras personas hayan causado o causen daños en términos de las normas sustantivas aplicables a una colectividad de personas, independientemente de que haya o no un vínculo jurídico con los miembros de la colectividad.

Artículo 857. Para los efectos de este Código Nacional, los derechos citados en el artículo anterior se ejercerán a través de acciones colectivas, que se clasificarán en:

I. Acción difusa: Es aquélla de naturaleza indivisible que se ejerce para tutelar los derechos e intereses difusos, cuyo titular es una colectividad indeterminada, que tiene por objeto reclamar judicialmente de la persona demandada la reparación del daño causado a la colectividad, consistente en la restitución de las cosas al estado que guardaren antes de la afectación o, en su caso, al cumplimiento sustituto de acuerdo a la afectación de los derechos o intereses de la colectividad, sin que necesariamente exista vínculo jurídico alguno entre dicha colectividad y la parte demandada;

II. Acción colectiva en sentido estricto: Es aquélla de naturaleza indivisible que se ejerce para tutelar los derechos e intereses colectivos, cuyo titular es una colectividad determinada o determinable con base en circunstancias comunes, cuyo objeto es reclamar judicialmente de la parte demandada, la reparación del daño causado consistente en la realización de una o más acciones o abstenerse de realizarlas, así como a cubrir los daños en forma individual a las personas integrantes del grupo y que deriva de un vínculo jurídico común, existente por mandato de ley entre la colectividad y la parte demandada, y

III. Acción individual homogénea: Es aquélla de naturaleza divisible, que se ejerce para tutelar derechos e intereses individuales de incidencia colectiva, cuyos titulares son los individuos agrupados con base en circunstancias comunes, cuyo objeto es reclamar judicialmente de un tercero el cumplimiento forzoso de un contrato o su rescisión con sus consecuencias y efectos según la legislación aplicable.

La autoridad jurisdiccional calificará en definitiva la procedencia de la acción colectiva planteada por la parte actora en la etapa de certificación. En caso de que la autoridad jurisdiccional considere que la acción se planteó incorrectamente al referir la categoría propuesta en este mismo artículo, de oficio determinará cuál es la acción colectiva que se admite, en el entendido que lo anterior en ningún momento podrá ser motivo de desechamiento de la demanda. La autoridad jurisdiccional no podrá modificar los hechos ni los argumentos planteados en el escrito inicial de demanda.

Artículo 858. En particular, las acciones colectivas son procedentes para tutelar:

I. Derechos e intereses difusos y colectivos, entendidos como aquéllos de naturaleza indivisible cuya titularidad corresponde a una colectividad de personas, indeterminada o determinable, relacionadas por circunstancias de hecho o de derecho comunes, y

II. Derechos e intereses individuales de incidencia colectiva, entendidos como aquéllos de naturaleza divisible cuya titularidad corresponde a quienes sean integrantes de una colectividad de personas, determinable, relacionadas por circunstancias de derecho.

Artículo 859. Cualquier acción colectiva podrá tener por objeto pretensiones declarativas, constitutivas o de condena, con base a los principios de reparación integral del daño y justa indemnización.

Se entenderá por reparación integral del daño y justa indemnización, aquellas pretensiones a favor de la colectividad encaminadas a resarcir los daños causados por la parte demandada, considerando las medidas necesarias para la no repetición de los actos que causaron el daño.

Artículo 860. La autoridad jurisdiccional interpretará las normas y los hechos de forma compatible con los principios y objetivos de los procedimientos colectivos, en aras de proteger y tutelar el interés general y los derechos e intereses colectivos.

Artículo 861. Las acciones colectivas previstas en este Libro prescribirán a los cinco años, contados a partir del día en que se haya causado el daño. Si se trata de un daño de naturaleza continua, el plazo para la prescripción transcurrirá de momento a momento y comenzará a contar a partir del último día en que se haya generado el daño que produjo la afectación. No correrá el plazo de la prescripción en los casos que se siga generando el daño.

Se interrumpirá el plazo de la prescripción con la sola presentación de la demanda. Si resulta desestimada la demanda colectiva, se dejarán a salvo los derechos de los miembros de la colectividad para que los ejerzan en la vía y forma que mejor convenga.

Tratándose de acciones colectivas relacionadas con prácticas monopólicas y concentraciones ilícitas, el plazo de prescripción se suspenderá con el acuerdo de inicio de investigación por parte de la Comisión Federal de Competencia Económica y del Instituto Federal de Telecomunicaciones.

SECCIÓN PRIMERA
DE LA LEGITIMACIÓN ACTIVA

Artículo 862. Tienen legitimación activa para ejercitar las acciones colectivas:

I. La Procuraduría Federal del Consumidor, la Procuraduría Federal de Protección al Ambiente, la Comisión Nacional para la Protección y Defensa de los Usuarios de Servicios Financieros, la Comisión Federal de Competencia Económica y el Instituto Federal de Telecomunicaciones en materia de competencia económica;

II. La persona que ejerza la representación común deberá ser parte de la colectividad conformada por, al menos quince personas;

III. Las asociaciones civiles o sus correlativas sin fines de lucro, legalmente constituidas, al menos, un año previo al momento de presentar la acción, cuyo objeto social incluya la promoción o defensa de los derechos e intereses de la materia de que se trate y que cumplan con los requisitos establecidos en este Código Nacional;

IV. La Fiscalía General de la República, y

V. El Instituto Federal de la Defensoría Pública.

Artículo 863. La representación a que se refieren las fracciones II y III del artículo anterior, deberá ser adecuada. Se considera representación adecuada:

I. Actuar con diligencia, pericia y buena fe en la defensa de los intereses de la colectividad en el juicio;

II. No encontrarse en situaciones de conflicto de interés con las personas que representa respecto de las actividades que realiza;

III. No promover o haber promovido de manera reiterada acciones difusas, colectivas o individuales homogéneas frívolas o temerarias;

IV. No promover una acción difusa, colectiva en sentido estricto o individual homogénea con fines de lucro, electorales, proselitistas, de competencia desleal o especulativos, y

V. No haberse conducido con impericia, mala fe o negligencia en acciones colectivas previas, en los términos del Código Civil Federal.

La representación de la colectividad en el juicio se considera de interés público. La autoridad jurisdiccional Federal, deberá vigilar de oficio que dicha representación sea adecuada durante la substanciación del procedimiento.

La persona que ejerza el cargo de representante deberá rendir protesta ante la autoridad jurisdiccional Federal y rendir cuentas en cualquier momento a petición de ésta.

En el caso de que durante el procedimiento dejare de haber alguien con legitimación activa o bien, los legitimados referidos en las fracciones II y III, del artículo 862 de este Código Nacional, no cumplieran con los requisitos referidos en el presente artículo, la autoridad jurisdiccional Federal, de oficio o a petición de cualquier integrante de la colectividad, abrirá un incidente de remoción y sustitución, debiendo suspender el juicio y notificar el inicio del incidente a la colectividad en los términos a que se refiere este Código Nacional.

Una vez realizada la notificación a que se refiere el párrafo anterior, la autoridad jurisdiccional Federal recibirá las solicitudes de las partes interesadas dentro del término de diez días, evaluará las solicitudes que se presentaren y resolverá lo conducente dentro del plazo de tres días.

En caso de no existir interesados, la autoridad jurisdiccional Federal dará vista a los órganos u organismos a que se refiere la fracción I del artículo 862 de este ordenamiento, según la materia del litigio de que se trate, quienes deberán asumir la representación de la colectividad o grupo.

La autoridad jurisdiccional Federal deberá notificar la resolución de remoción al Consejo de la Judicatura Federal para que registre tal actuación y en su caso, aplique las sanciones que correspondan a la persona representante.

La persona que ejerza el cargo de representante será responsable frente a la colectividad por el ejercicio de su gestión.

SECCIÓN SEGUNDA
DEL PROCEDIMIENTO

Artículo 864. La demanda deberá contener:

I. La autoridad jurisdiccional ante la cual se promueve;

II. El nombre, domicilio, número telefónico y dirección de correo electrónico que señale para oír y recibir notificaciones;

III. En el caso de las acciones colectivas en sentido estricto y las individuales homogéneas, los nombres de quienes integren la colectividad promoventes de la demanda;

IV. El nombre de la persona representante autorizada y número de cédula profesional;

V. Los documentos con los que la parte actora acredite su representación de conformidad con este Título;

VI. El nombre de la parte demandada y su domicilio, o la manifestación bajo protesta de decir verdad de que se ignora éste;

VII. La precisión del derecho difuso, colectivo o individual homogéneo que se considera afectado;

VIII. El tipo de acción que pretende promover;

IX. Las pretensiones correspondientes a la acción;

X. Los hechos en que funde sus pretensiones y las circunstancias comunes que comparta la colectividad respecto de la acción que se intente;

XI. Los fundamentos de derecho, y

XII. En el caso de las acciones colectivas en sentido estricto e individuales homogéneas, las consideraciones y los hechos que sustenten la conveniencia de la substanciación por la vía colectiva en lugar de la acción individual.

La autoridad jurisdiccional Federal podrá prevenir a la parte actora para que aclare o subsane su demanda cuando advierta la omisión de requisitos de forma, sea obscura o irregular, otorgándole un término de cinco días para tales efectos.

La autoridad jurisdiccional Federal resolverá si desecha de plano la demanda en los casos en que la parte actora no desahogue la prevención, no se cumplan los requisitos previstos en este Libro, o se trate de pretensiones infundadas, frívolas o temerarias.

Artículo 865. Son requisitos de procedencia de la legitimación en la causa los siguientes:

I. Que se trate de actos que dañen a personas consumidoras o usuarias de bienes o servicios públicos o privados o al medio ambiente o que se trate de actos que hayan dañado a la persona consumidora por la existencia de concentraciones indebidas o prácticas monopólicas, declaradas existentes por resolución firme emitida por la Comisión Federal de Competencia Económica y el Instituto Federal de Telecomunicaciones;

II. Que verse sobre cuestiones comunes de hecho o de derecho entre quienes integren la colectividad de que se trate;

III. Que existan al menos quince personas en la colectividad, en el caso de las acciones colectivas en sentido estricto e individuales homogéneas;

IV. Que exista coincidencia entre el objeto de la acción ejercitada y la afectación sufrida;

V. Que la materia de la litis no haya sido objeto de cosa juzgada en procedimientos previos con motivo del ejercicio de las acciones tuteladas en este Título;

VI. Que no haya prescrito la acción, y

VII. Las demás que determinen las leyes especiales aplicables.

Artículo 866. Son causales de improcedencia de la legitimación en el procedimiento, los siguientes:

I. Que las partes promoventes de la colectividad no hayan otorgado su consentimiento en el caso de las acciones colectivas en sentido estricto e individuales homogéneas;

II. Que los actos en contra de los cuales se endereza la acción constituyan procesos judiciales;

III. Que la representación no cumpla los requisitos previstos en este Libro;

IV. Que la colectividad en la acción colectiva en sentido estricto o individual homogénea, no pueda ser determinable o determinada en atención a la afectación a sus miembros, así como a las circunstancias comunes de hecho o de derecho de dicha afectación;

V. Que su desahogo mediante el procedimiento colectivo no sea idóneo;

VI. Que exista litispendencia entre el mismo tipo de acciones, en cuyo caso procederá la acumulación en los términos previstos en este Código Nacional, y

VII. Que las asociaciones que pretendan ejercer la legitimación en el procedimiento no cumplan con los requisitos establecidos en este Libro.

La autoridad jurisdiccional Federal, de oficio o a petición de cualquier persona interesada, podrá verificar el cumplimiento de estos requisitos durante el procedimiento.

Artículo 867. Una vez presentada la demanda o desahogada la prevención, la autoridad jurisdiccional Federal, certificará el cumplimiento de los requisitos de procedencia previstos en los artículos 865 y 866 de este Código Nacional, dentro del término de diez días. Este plazo podrá ser prorrogado por la autoridad jurisdiccional hasta por otro igual, en caso de que la complejidad de la demanda lo amerite.

Artículo 868. Concluida la certificación referida en el artículo anterior, la autoridad jurisdiccional Federal proveerá en el término de cuarenta y ocho horas sobre la admisión o desechamiento de la demanda, ordenará el emplazamiento a la parte demandada, y en su caso, dará vista por el plazo de tres días hábiles, a los órganos y organismos públicos referidos en el artículo 862 fracciones I, IV y V de este Código Nacional, según la materia del litigio de que se trate.

Cuando la autoridad jurisdiccional Federal advierta que existen elementos constitutivos de un posible delito en contra de la colectividad, por parte de la demandada, de oficio dará vista al Ministerio Público Federal para que proceda conforme a su competencia.

La autoridad jurisdiccional Federal ordenará la notificación a la colectividad del inicio del ejercicio de la acción colectiva de que se trate, mediante los medios idóneos para tales efectos, incluso a través de tecnologías avanzadas de información tomando en consideración el tamaño, localización y demás características de dicha colectividad. La notificación deberá ser económica, eficiente y amplia, teniendo en cuenta las circunstancias en cada caso.

El auto que admita la demanda deberá ser notificado en forma personal a los legitimados referidos en las fracciones II y III del artículo 862 de este Código Nacional, quienes deberán ratificar la demanda.

Contra el desechamiento de la demanda procede el recurso de apelación en ambos efectos, y contra el auto que la admite en efecto devolutivo.

Artículo 869. La parte demandada contará con quince días para contestar la demanda a partir de que surta efectos la notificación del auto de admisión de la demanda. La autoridad jurisdiccional podrá ampliar este plazo hasta por un periodo igual, a petición de la parte demandada.

Una vez contestada la demanda, se dará vista a la actora por cinco días para que manifieste lo que a su derecho convenga, plazo que podrá prorrogarse hasta por otro igual.

Artículo 870. La notificación a que se refiere el presente Título, contendrá una relación sucinta de los puntos esenciales de la acción colectiva respectiva, así como las características que permitan identificar a la colectividad.

Las demás notificaciones a la colectividad o grupo se realizarán por estrados y a través del uso de tecnologías de la información y comunicación, atendiendo a lo establecido en el artículo 203, fracción VI, de este Código Nacional. Salvo que se encuentren previstas de forma diversa en este Título, las notificaciones a las partes se realizarán en los términos que establece este Ordenamiento.

Artículo 871. Las personas de la colectividad afectada podrán adherirse a la acción de que se trate, conforme a las reglas establecidas en este artículo.

En el caso de las acciones colectivas en sentido estricto e individuales homogéneas, la adhesión a su ejercicio podrá realizarse por cada persona que tenga una afectación a través de una comunicación expresa por cualquier medio físico o a través del uso de tecnologías de la información y la comunicación, dirigida a la persona representante o persona representante autorizada de la parte actora, según sea el caso.

Las personas afectadas podrán adherirse voluntariamente a la colectividad durante la substanciación del procedimiento y hasta dos años posteriores a que la sentencia haya causado estado o en su caso, el convenio judicial adquiera la calidad de cosa juzgada.

Dentro de este lapso, la persona interesada hará llegar su consentimiento expreso y simple por cualquier medio físico o a través del uso de tecnologías de la información y la comunicación a la persona representante, quien a su vez lo presentará a la autoridad jurisdiccional.

La autoridad jurisdiccional Federal proveerá sobre la adhesión y, en su caso, ordenará el inicio del incidente de liquidación que corresponda a la persona interesada.

Las personas afectadas que se adhieran a la colectividad durante la substanciación del procedimiento, promoverán el incidente de liquidación en los términos previstos en este Capítulo.

Las personas afectadas que se adhieran posteriormente a que la sentencia haya causado estado o, en su caso, el convenio judicial adquiera la calidad de cosa juzgada, deberán probar el daño causado en el incidente respectivo.

En tratándose de la adhesión voluntaria, la exclusión que haga cualquier persona integrante de la colectividad posterior al emplazamiento de la parte demandada, equivaldrá a un desistimiento de la acción colectiva, por lo que no podrá volver a participar en un procedimiento colectivo derivado de los mismos hechos.

Tratándose de acciones colectivas en sentido estricto e individuales homogéneas sólo tendrán derecho al pago que derive de la condena, las personas que formen parte de la colectividad y prueben en el incidente de liquidación haber sufrido el daño causado.

La persona representante designada por la colectividad, tendrá los poderes más amplios que en derecho procedan con las facultades especiales necesarias para sustanciar el procedimiento y para representar a la colectividad y a cada una de las personas integrantes que se hayan adherido o se adhieran a la acción.

Artículo 872. Realizada la notificación ordenada en este Código Nacional, la autoridad jurisdiccional Federal señalará de inmediato fecha y hora para la celebración de la audiencia previa y de conciliación, la cual se llevará a cabo dentro de los diez días siguientes.

En la audiencia, la autoridad jurisdiccional Federal exhortará a las partes a solucionarlo, pudiendo auxiliarse de las personas expertas que considere idóneas

La acción colectiva podrá ser resuelta por convenio judicial entre las partes en cualquier momento del procedimiento hasta antes de que cause estado.

Si las partes alcanzaren un convenio total o parcial, la autoridad jurisdiccional Federal, de oficio, revisará que proceda legalmente y que los intereses de la colectividad de que se trate estén debidamente protegidos. Previa vista por diez días a los órganos y organismos a que se refiere la fracción I del artículo 862 de este Código Nacional y a la persona titular de la Fiscalía General de la República, y una vez escuchadas las manifestaciones de la colectividad, si las hubiere, la autoridad jurisdiccional Federal podrá aprobar el convenio elevándolo a la categoría de cosa juzgada.

Artículo 873. En caso de que las partes no alcanzaren acuerdo alguno en la audiencia previa y de conciliación, la autoridad jurisdiccional procederá a abrir el juicio a prueba por un periodo de treinta días hábiles, comunes para las partes, para su ofrecimiento y preparación, pudiendo, a instancia de parte, otorgar una prórroga hasta por diez días hábiles. No obstante, las partes podrán ofrecer pruebas antes y durante la audiencia previa y de conciliación, siempre que estén reconocidas por la ley y guarden relación inmediata con los hechos controvertidos. Las partes podrán formular acuerdos sobre hechos no controvertidos en la misma audiencia previa y de conciliación.

La audiencia de juicio observará para su desarrollo las reglas previstas en este Código Nacional en lo que no se oponga a este procedimiento.

Las pruebas de declaración de parte y testimonial se desahogarán a través de sus representantes legales.

La admisión de las pruebas es recurrible como violación procesal cuando se apele la sentencia definitiva; el desechamiento es apelable en efecto devolutivo.

La autoridad jurisdiccional Federal dictará sentencia dentro de los treinta días hábiles posteriores a la celebración de la audiencia de juicio.

Artículo 874. Los términos establecidos en este Capítulo, podrán ser ampliados por una sola vez por la autoridad jurisdiccional Federal, si existieren causas justificadas para ello.

Artículo 875. La autoridad jurisdiccional Federal podrá allegarse de cualquier medio de prueba para mejor proveer, siempre que tenga relación inmediata con los hechos controvertidos.

Las personas tercero que acudan no deberán de encontrarse en conflicto de interés respecto de las partes ni de la autoridad jurisdiccional.

La autoridad jurisdiccional Federal en su sentencia deberá, sin excepción, hacer una relación sucinta de las personas que en calidad de tercero interesadas ejerzan el derecho de comparecer ante el Tribunal, conforme a lo establecido en el párrafo anterior y de los argumentos o manifestaciones por ellos vertidos.

La autoridad jurisdiccional Federal podrá requerir a los órganos y organismos a que se refiere la fracción I del artículo 862 de este Código Nacional o a cualquier tercero, la elaboración de estudios o presentación de los medios probatorios necesarios con cargo al Fondo a que se refiere este Título.

Artículo 876. Si la autoridad jurisdiccional Federal lo considera pertinente, de oficio o a petición de parte, podrá solicitar a una de las partes la presentación de información o medios probatorios que sean necesarios para mejor resolver el litigio de que se trate o para ejecutar la sentencia respectiva.

Artículo 877. Para resolver, la autoridad jurisdiccional Federal puede valerse de medios probatorios estadísticos, actuariales o cualquier otro derivado del avance de la ciencia.

Artículo 878. No será necesario que la parte actora ofrezca y desahogue pruebas individualizadas por cada integrante de la colectividad. Las reclamaciones individuales deberán justificar, en su caso, la relación causal en el incidente de liquidación respectivo.

Artículo 879. Cuando la acción sea interpuesta por las personas a que se refieren las fracciones II y III del artículo 862 de este ordenamiento, estarán obligadas a informar a través de los medios idóneos a la colectividad, sobre el estado que guarda el procedimiento por lo menos cada seis meses.

SECCIÓN TERCERA
DE LAS SENTENCIAS

Artículo 880. Las sentencias deberán resolver la controversia planteada por las partes conforme a derecho.

Artículo 881. En acciones difusas, la autoridad jurisdiccional Federal sólo podrá condenar a la parte demandada a la reparación del daño causado a la colectividad, consistente en la restitución de las cosas al estado que guardaren antes de la afectación, si esto fuere posible.

Esta restitución podrá consistir en la realización de una o más acciones o abstenerse de realizarlas.

Tratándose de materia ambiental y de consumo, la autoridad jurisdiccional Federal también podrá imponer las medidas adicionales que considere pertinentes a efecto de asegurar que no se repita la conducta materia de la condena.

Artículo 882. En el caso de acciones colectivas en sentido estricto e individuales homogéneas, la autoridad jurisdiccional podrá condenar a la parte demandada a la reparación del daño, consistente en la realización de una o más acciones o abstenerse de realizarlas, así como a cubrir los daños en forma individual a los miembros del grupo conforme a lo establecido en este artículo.

Cada integrante de la colectividad podrá promover el incidente de liquidación, en el que deberá probar el daño sufrido, o en su caso, la persona representante común o cualquiera de las personas a que se refiere el artículo 862 de este Código Nacional podrá presentar el incidente de liquidación masivo en el que se deberá probar el monto del daño sufrido por cada integrante de la colectividad.

La autoridad jurisdiccional establecerá en la sentencia, los requisitos, bases y plazos que deberán cumplir las personas integrantes de la colectividad para promover el incidente. Contra la sentencia interlocutoria que resuelva el incidente de liquidación procederá el recurso de apelación.

El incidente de liquidación podrá promoverse por cada persona que integre la colectividad o en forma masiva en ejecución de sentencia, dentro de los dos años siguientes al que la sentencia cause ejecutoria.

El pago que resulte del incidente de liquidación será hecho a las personas integrantes de la colectividad en los términos que ordene la sentencia; en ningún caso a través de la persona representante común o cualquiera de las personas a que se refiere el artículo 862 de este Código Nacional.

Artículo 883. En caso de que una colectividad haya ejercitado por los mismos hechos de manera simultánea una acción difusa y una acción colectiva, la autoridad jurisdiccional proveerá la acumulación de las mismas en los términos de este Código Nacional.

Artículo 884. La sentencia fijará a la parte condenada un plazo prudente para su cumplimiento atendiendo a las circunstancias del caso, así como los medios de apremio que deban emplearse cuando se incumpla con la misma.

Artículo 885. La sentencia o convenio respectivo, serán notificados a la colectividad en los términos de lo dispuesto en el presente Código Nacional.

Artículo 886. Cuando alguna de las partes o miembro de la colectividad, tenga conocimiento de que sus representantes ejercieron una representación fraudulenta en contra de sus intereses, éstas podrán promover por la vía incidental, la remoción de la persona representante y la reposición de las actuaciones viciadas dentro del procedimiento colectivo y hasta antes del dictado de la sentencia. Contra la resolución interlocutoria que se dicte al respecto, no cabrá recurso alguno.

En este supuesto, la autoridad jurisdiccional hará del conocimiento de los hechos que correspondan al Ministerio Público Federal.

Cuando la representación fraudulenta se advirtiera después de dictada la sentencia, la autoridad jurisdiccional reservará los derechos de las partes para hacerlos valer en la vía y forma que estimen procedentes.

Artículo 887. En cualquier etapa del procedimiento, la autoridad jurisdiccional Federal podrá decretar a petición de parte, medidas precautorias que podrán consistir en:

I. La orden de cesación de los actos o actividades que estén causando o necesariamente hayan de causar un daño inminente e irreparable a la colectividad;

II. La orden de realizar actos o acciones que su omisión haya causado o necesariamente hayan de causar un daño inminente e irreparable a la colectividad;

III. El retiro del mercado o aseguramiento de instrumentos, bienes, ejemplares y productos directamente relacionados con el daño irreparable que se haya causado, estén causando o que necesariamente hayan de causarse a la colectividad, y

IV. Cualquier otra medida que la autoridad jurisdiccional considere pertinente dirigida a proteger los derechos e intereses de una colectividad.

Artículo 888. Las medidas precautorias previstas en el artículo anterior podrán decretarse siempre que con las mismas no se causen más daños que los que se causarían con los actos, hechos u omisiones objeto de la medida.

La autoridad jurisdiccional Federal deberá valorar que las medidas que se dicten no afecten la viabilidad financiera de la parte demandada.

Para el otorgamiento de dichas medidas se requerirá:

I. Que la persona solicitante de la medida manifieste claramente cuáles son los actos, hechos o abstenciones que estén causando un daño o vulneración a los derechos o intereses colectivos o lo puedan llegar a causar.

II. Que exista urgencia en el otorgamiento de la medida en virtud del riesgo de que se cause o continúe causando un daño de difícil o imposible reparación.

Si con el otorgamiento de la medida se pudiera ocasionar daño a la persona demandada, ésta podrá otorgar garantía suficiente para reparar los daños que pudieran causarse a la colectividad, salvo aquellos casos en los que se trate de una amenaza inminente e irreparable al interés social, a la vida o a la salud de los miembros de la colectividad o por razones de seguridad nacional.

Artículo 889. La autoridad jurisdiccional federal, para hacer cumplir sus determinaciones, puede emplear, a discreción, los siguientes medios de apremio:

I. Multa hasta por la cantidad equivalente a treinta mil Unidades de Medida y Actualización, cantidad que podrá aplicarse por cada día que transcurra sin cumplimentarse lo ordenado por la autoridad jurisdiccional;

II. El auxilio de la fuerza pública y la fractura de cerraduras si fuere necesario;

III. El cateo por orden escrita;

IV. El arresto hasta por treinta y seis horas.

Si fuere insuficiente el apremio, se procederá contra la persona rebelde por el delito de desobediencia.

Artículo 890. No procederá la acumulación entre procedimientos individuales y procedimientos colectivos.

En caso de coexistencia de un proceso individual y de un proceso colectivo proveniente de la misma causa, la misma persona demandada en ambos procesos informará de tal situación a las autoridades jurisdiccionales Federales.

La autoridad jurisdiccional Federal del proceso individual notificará a la parte actora de la existencia de la acción colectiva para que, en su caso, decida continuar por la vía individual o ejerza su derecho de adhesión a la misma dentro del plazo de noventa días contados a partir de la notificación.

Para que proceda la adhesión de la parte actora a la acción colectiva, deberá desistirse del proceso individual para que éste se sobresea.

Tratándose de derechos o intereses individuales de incidencia colectiva, en caso de la improcedencia de la pretensión en el procedimiento colectivo, las personas interesadas tendrán a salvo sus derechos para ejercerlos por la vía individual.

Artículo 891. La sentencia no recurrida tendrá efectos de cosa juzgada.

Artículo 892. Si alguna persona inició un procedimiento individual al cual recayó una sentencia que causó ejecutoria no podrá ser incluida dentro de una colectividad para efectos de un proceso colectivo, si el objeto, las causas y las pretensiones son las mismas.

Artículo 893. La sentencia de condena incluirá lo relativo a los gastos y costas que correspondan.

Artículo 894. Cada parte asumirá sus gastos y costas derivados de la acción colectiva, así como los respectivos honorarios de sus representantes.

Los honorarios de la persona representante legal y representante común, que convengan con sus representados, quedarán sujetos al siguiente arancel máximo:

I. Serán de hasta el veinte por ciento si el monto líquido de la suerte principal no excede de doscientos mil Unidades de Medida y Actualización;

II. Si el monto líquido de la suerte principal excede doscientos mil, pero es menor a dos millones de Unidades de Medida y Actualización, serán de hasta el veinte por ciento sobre los primeros doscientos mil y de hasta el diez por ciento sobre el excedente, y

III. Si el monto líquido de la suerte principal excede a dos millones de Unidades de Medida y Actualización, serán de hasta el once por ciento sobre los primeros dos millones, y hasta el tres por ciento sobre el excedente.

Si las partes llegaren a un acuerdo para poner fin al juicio antes del dictado de la sentencia, los gastos y costas deberán estar contemplados como parte de las negociaciones del convenio de transacción judicial. En cualquier caso, los honorarios de la persona representante legal y representante común que pacten con sus representados deberán ajustarse al arancel máximo previsto en este artículo.

Artículo 895. Los gastos y costas se liquidarán en ejecución de sentencia de conformidad con las siguientes reglas:

I. Los gastos y costas, así como los honorarios de las personas representantes de la parte actora referidos en el artículo anterior, serán cubiertos en la forma que lo determine la autoridad jurisdiccional Federal, buscando asegurar el pago correspondiente. Dicho pago se hará con cargo al Fondo a que se refiere este Libro, cuando exista un interés social que lo justifique y hasta donde la disponibilidad de los recursos lo permita.

II. En el caso de las sentencias que establezcan una cantidad cuantificable, la parte actora pagará entre el tres y el veinte por ciento del monto total condenado por concepto de honorarios a sus representantes según lo previsto en el artículo anterior.

La autoridad jurisdiccional Federal tomará en consideración el trabajo realizado y la complejidad del mismo, el número de miembros, el beneficio para la colectividad respectiva y demás circunstancias que estime pertinente.

III. Si la condena no fuere cuantificable, la autoridad jurisdiccional Federal determinará el monto de los honorarios, tomando en consideración los criterios establecidos en el segundo párrafo de la fracción anterior.

Artículo 896. Por ser la representación común de interés público, las asociaciones civiles a que se refiere la fracción III del artículo 862, deberán registrarse ante el Consejo de la Judicatura Federal.

Artículo 897. Para obtener el registro correspondiente, dichas asociaciones deberán:

I. Presentar los estatutos sociales que cumplan con los requisitos establecidos en este Título, y

II. Tener al menos un año de haberse constituido y acreditar que han realizado actividades inherentes al cumplimiento de su objeto social.

Artículo 898. El registro será público, su información estará disponible en la página electrónica del Consejo de la Judicatura Federal, y cuando menos deberá contener los nombres de los socios, asociados, representantes y aquellos que ejerzan cargos directivos, su objeto social, así como el informe a que se refiere la fracción II del artículo 900 de este Código Nacional.

Artículo 899. Las asociaciones deberán:

I. Evitar que sus asociados, socios, representantes o aquellos que ejerzan cargos directivos, incurran en situaciones de conflicto de interés respecto de las actividades que realizan en términos de este Título;

II. Dedicarse a actividades compatibles con su objeto social, y

III. Conducirse con diligencia, probidad y en estricto apego a las disposiciones legales aplicables.

Artículo 900. Para mantener el registro las asociaciones deberán:

I. Cumplir con lo dispuesto en el artículo anterior;

II. Entregar al Consejo de la Judicatura Federal, un informe anual sobre su operación y actividades respecto del año inmediato anterior, a más tardar el último día hábil del mes de abril de cada año, y

III. Mantener actualizada en forma permanente la información que deba entregar al Consejo de la Judicatura Federal en los términos de lo dispuesto por el artículo 898 de este Código.

Artículo 901. Para los efectos señalados en este Capítulo, el Consejo de la Judicatura Federal administrará los recursos provenientes de las sentencias que deriven de las acciones colectivas difusas y para tal efecto deberá crear un Fondo.

Artículo 902. Los recursos que deriven de las sentencias recaídas en las acciones referidas en el párrafo anterior, deberán ser utilizados exclusivamente para el pago de los gastos derivados de los procedimientos colectivos, así como para el pago de los honorarios de las personas representantes de la parte actora a que se refiere el artículo 894 de este Código, cuando exista un interés social que lo justifique y la autoridad jurisdiccional así lo determine, incluyendo pero sin limitar, las notificaciones a los miembros de la colectividad, la preparación de las pruebas pertinentes y la notificación de la sentencia respectiva. Los recursos podrán ser además utilizados para el fomento de la investigación y difusión relacionada con las acciones y derechos colectivos.

Artículo 903. El Consejo de la Judicatura Federal divulgará anualmente el origen, uso y destino de los recursos del Fondo.

LIBRO SÉPTIMO
DE LOS RECURSOS

CAPÍTULO ÚNICO
DISPOSICIONES GENERALES

Artículo 904. Las resoluciones judiciales dictadas dentro de los procedimientos son impugnables conforme a lo ordenado por este Código Nacional. Para ello la persona recurrente deberá precisar la parte de la resolución que impugna.

Artículo 905. Los recursos previstos en este Código Nacional son:
I. Apelación;
II. Reposición, y
III. Queja.

Artículo 906. En el sistema de recursos previsto en el presente Código Nacional, se tendrá por perdido el derecho a recurrir una resolución judicial cuando:
I. Se consienta expresamente, y
II. Una vez concluido el plazo que la ley señala para interponer algún recurso, éste no se interponga.

Quienes hubieren interpuesto un recurso podrán desistirse de éste antes de su resolución. Los efectos del desistimiento no se extenderán a los demás recurrentes.

Artículo 907. La citación errónea en la fundamentación de preceptos legales en la sentencia o resolución impugnada que no haya influido en el sentido del fallo, así como los errores de forma en la transcripción que no causen agravio, no anularán ni revocarán la resolución judicial, deberán ser subsanados de oficio en cuanto sean advertidos de forma inmediata por la autoridad que emita la resolución judicial, o a petición de parte cuando sea advertida por ella, con la finalidad de evitar dar trámite a algún recurso que represente dilaciones procesales.

SECCIÓN PRIMERA
DE LA APELACIÓN

Artículo 908. El recurso de apelación tiene por objeto que la autoridad jurisdiccional de apelación confirme, revoque o modifique la resolución impugnada.

Artículo 909. La apelación procederá en el efecto devolutivo o en ambos efectos.

Las apelaciones que se admitan en ambos efectos suspenderán el procedimiento; en el efecto devolutivo no suspenderán el procedimiento.

No obstante, cuando la apelación se admita en ambos efectos, la autoridad jurisdiccional continuará conociendo para resolver con plenitud de jurisdicción, todo lo relativo a depósitos, embargos trabados, rendición de cuentas, gastos de administración, aprobación de entrega de fondos para pagos urgentes, medidas provisionales decretadas durante el juicio y cuestiones similares que por su urgencia no pueden esperar.

Artículo 910. La apelación en ambos efectos procede:

I. Sentencias definitivas dictadas en juicios escritos, de acciones colectivas, y ordinarios orales civiles; en materia familiar, únicamente contra la sentencia definitiva o interlocutoria que cancele o disminuya alimentos;

II. Sentencias o cualquier otra resolución judicial que por su naturaleza suspenda, impida la continuación del juicio, le pongan fin o haga imposible su continuación, cualquiera que sea la naturaleza del procedimiento, y

III. Aquellas resoluciones judiciales señaladas expresamente por este Código Nacional.

Artículo 911. Además de los casos determinados expresamente en este Código Nacional, el recurso de apelación en efecto devolutivo procede contra:

I. Sentencias definitivas dictadas en juicios sumarios, especiales orales civiles; juicios orales familiares tanto ordinarios como especiales, salvo la precisión realizadas en la fracción I del artículo anterior;

II. El auto que desecha el incidente de nulidad de actuaciones por defectos en el emplazamiento, la resolución que se dicte en el incidente y en donde la autoridad jurisdiccional de oficio decrete nulo el emplazamiento;

III. El auto que tenga por contestada o no la demanda principal o reconvencional;

IV. Las sentencias interlocutorias que trasciendan al resultado del fallo;

V. La última resolución dictada para el cumplimiento de la sentencia definitiva;

VI. La resolución que apruebe o no el remate;

VII. Resoluciones que, en la fase definitiva del proceso cautelar, decreten providencias precautorias y medidas de aseguramiento;

VIII. En contra de la imposición de cualquier medida de apremio;

IX. La resolución dictada durante la revisión de las medidas provisionales en materia de familia, en la audiencia preliminar o las que se dicten con posterioridad a dicha etapa, y

X. Las resoluciones dictadas en los procedimientos sucesorios, salvo la sentencia definitiva que se admitirá en ambos efectos.

Artículo 912. Admitida la apelación en efecto devolutivo, sólo se suspenderá la ejecución de la resolución en los casos en que, de los autos o de las sentencias recurridas derive una ejecución que pueda causar un daño irreparable o de difícil reparación. La parte apelante podrá solicitar la suspensión al interponer el recurso y deberá señalar con precisión los motivos por los que considera el daño irreparable o de difícil reparación, y, además, otorgue garantía mediante fianza o billete de depósito conforme a las reglas siguientes:

I. La calificación de la idoneidad de la garantía será al prudente arbitrio de la autoridad jurisdiccional;

II. La garantía otorgada por la parte actora comprenderá la devolución del bien o bienes que deba percibir, sus frutos e intereses y la indemnización de daños y perjuicios si la segunda instancia revoca el fallo;

III. La otorgada por la persona demandada comprenderá el pago de lo juzgado y sentenciado, como su cumplimiento, en el caso de que la sentencia condene a hacer o a no hacer;

IV. La liquidación de los daños y perjuicios que se hará en la ejecución de la sentencia, y

V. En los juicios sin interés pecuniario, el monto de la garantía quedará a criterio de la autoridad jurisdiccional.

La parte contraria y perjudicada puede solicitar la no suspensión de la ejecución, otorgando a su vez contragarantía, la que se fijará por la autoridad jurisdiccional de acuerdo con las mismas bases que se tomaron en consideración para fijar la garantía y en ningún caso puede ser inferior a ésta, caso en el cual no se admitirá la suspensión del procedimiento.

En caso de que la resolución impugnada pueda afectar a niñas, niños y adolescentes, grupos sociales en situación de vulnerabilidad, no se exigirá garantía o contragarantía para que, de oficio o a petición de parte, se suspenda la ejecución de la resolución impugnada.

Si la segunda instancia confirmare la resolución apelada, hará efectiva la garantía o contragarantía, según corresponda, a favor de la contraparte.

Artículo 913. La parte que obtuvo sentencia definitiva favorable, puede adherirse a la apelación interpuesta en contra de la sentencia definitiva al momento de contestar los agravios, expresando los razonamientos tendientes a mejorar las consideraciones vertidas por la autoridad jurisdiccional en la resolución de que se trate. Con dicho escrito, se dará vista a la contraria para que en el plazo de tres días manifieste lo que a su derecho corresponda.

La adhesión al recurso sigue la suerte de éste, al no ser una apelación independiente.

Artículo 914. Pueden apelar las partes que consideren haber recibido algún agravio, las terceras que hayan salido al juicio y las demás personas con interés jurídico a quienes perjudique la resolución judicial.

No puede apelar la persona que obtuvo todo lo que pidió. La parte vencedora que no obtuvo todo lo solicitado puede apelar en lo que a estos puntos de la resolución se refiere.

Artículo 915. Los plazos para la interposición del recurso de apelación serán de nueve días si fuere sentencia definitiva y de cinco días en contra de las demás resoluciones, a partir del día siguiente a aquél en que surta efecto la notificación de la resolución impugnada.

Artículo 916. El recurso de apelación se interpondrá ante la autoridad jurisdiccional que pronunció la resolución impugnada, con expresión de agravios.

Al apelar la sentencia definitiva se deberán expresar agravios en contra de las resoluciones dictadas durante el procedimiento en contra de las cuales no proceda recurso alguno, que les hayan causado un agravio y que trasciendan al resultado del fallo, dentro del mismo plazo para apelar la sentencia definitiva, en escritos por separado o conjuntos, exponiendo en sus agravios de qué manera trascendería al fondo del asunto el resarcimiento de la violación a subsanar.

Si fuera procedente la existencia de una o varias violaciones procesales hechas valer en la apelación, la segunda instancia así lo declarará y reservará la resolución del recurso en contra de la definitiva, procediendo a subsanar la o las violaciones procesales bajo las mismas formalidades que el juicio de origen, y una vez reparada, se citará para resolver la apelación en contra de la sentencia definitiva. Lo anterior, salvo en tratándose de defectos en el emplazamiento, que de existir se declarará su nulidad y se ordenará la reposición del procedimiento por parte de la autoridad jurisdiccional de origen, declarando insubsistente la sentencia definitiva.

De no ser procedentes los agravios de las apelaciones en contra de violaciones procesales, la segunda instancia estudiará y resolverá la procedencia o no de los agravios expresados en contra de la definitiva, resolviendo el recurso con plenitud de jurisdicción.

Artículo 917. La autoridad jurisdiccional dará trámite al recurso, expresando si lo admite en ambos efectos o sólo en el efecto devolutivo y ordenará dar vista con la expresión de agravios a la parte apelada, para que los conteste dentro del término de tres días.

Cuando se trate de apelaciones en ambos efectos, transcurrido el plazo señalado en el párrafo anterior, sin necesidad de declaración de rebeldía y se hayan contestado o no los agravios, dentro del término de ocho días, se remitirán a la segunda instancia el escrito de apelación electrónico o físico del apelante y en su caso de la parte apelada, así como los autos originales digitales o físicos, incluidos los documentos exhibidos por las partes y terceros, así como los soportes electrónicos de las audiencias, los cuales, en caso de existir agravio en contra de actuaciones realizadas dentro de audiencia, serán materia de análisis y harán fe de lo actuado, por ello, en ningún caso se exigirá reproducción escrita o documental de su contenido.

En el caso de apelaciones admitidas en efecto devolutivo, la autoridad jurisdiccional, dentro del término de ocho días, deberá integrar y remitir el escrito de apelación electrónico o físico del apelante y en su caso de la parte apelada, así como testimonio físico o electrónico del primer testimonio de apelación; debiendo dejar en el expediente original copia certificada de los escritos de apelación y de su contestación si lo hubiera.

En tratándose de segunda o ulteriores apelaciones, solamente formará el testimonio de apelación con las constancias faltantes entre la última apelación admitida y las subsecuentes hasta la apelación de que se trate, incluyéndose todos los documentos que las partes hayan exhibido desde el escrito inicial de demanda y durante la tramitación del juicio, hasta la etapa en que se encuentre. Si existieren apelaciones pendientes para su debida integración y el juicio estuviere en estado de resolución, el término para dictar la sentencia definitiva o interlocutoria iniciará una vez que se haya remitido el testimonio a la segunda instancia.

Artículo 918. Los expedientes, testimonios de apelación, documentos y videograbaciones podrán integrarse y remitirse digital o electrónicamente a la segunda instancia, ya sea mediante la generación de un archivo digital o con la autorización de acceso al expediente electrónico, de conformidad con lo que establezca la Ley Orgánica respectiva. Los Consejos de la Judicatura deberán implementar las medidas de protección y seguridad adecuadas para garantizar la confidencialidad e integridad de la información y los datos que se generen de forma electrónica.

Artículo 919. La segunda instancia integrará digital o documentalmente el toca respectivo con copia certificada de la resolución impugnada, los escritos de agravios y contestación, así como los proveídos que les recayeron, agregando lo que se actúe en cada recurso, y la resolución que se dicte.

Artículo 920. En tratándose de apelaciones en efecto devolutivo, con los testimonios que remita la autoridad jurisdiccional se formarán los cuadernos de constancias consecutivos que sean necesarios, a los que se seguirán agregando los subsecuentes testimonios que se remitan para tramitar otras apelaciones.

Una vez integrados los tocas de apelación, la segunda instancia calificará la admisión y el efecto, y en caso de confirmarse, se citará para oír sentencia.

Artículo 921. Admitido y calificado el recurso, de oficio o a petición de parte, en tratándose de apelaciones en contra de sentencias definitivas, con o sin resoluciones dictadas dentro del procedimiento, se señalará fecha para la celebración de una audiencia oral que presidirá la persona Magistrada Ponente, en donde se otorgará el uso de la palabra a los interesados directamente o por conducto de su persona representante autorizada, para que realicen sus aclaraciones o resumen de agravios y su contestación, por un máximo de tiempo de diez minutos para cada una de las partes.

Posteriormente, se citará a las partes para oír sentencia. Por lo que una vez firmada electrónica o físicamente la resolución por unanimidad o mayoría de votos, dentro de los tres días siguientes se señalará fecha para la celebración de una audiencia oral, en donde la persona Magistrada ponente explicará de manera breve, clara y precisa, con uso de lenguaje cotidiano, la resolución definitiva dictada y hecho lo cual entregará a las partes comparecientes copia simple de la misma, quedando debidamente notificados de dicha sentencia, la cual se ordenará en ese momento publicar por el medio de comunicación procesal oficial.

En caso de incomparecencia de ambas partes contendientes, no será necesaria la explicación de la sentencia y se pondrá a disposición de los contendientes copia simple de la misma, quedando notificados en ese acto de la resolución, hubiesen asistido o no a la celebración de la audiencia, ordenando entonces su publicación por el medio de comunicación procesal oficial.

Artículo 922. En los escritos de expresión de agravios, tratándose de apelación de sentencia definitiva, el apelante sólo podrá ofrecer pruebas cuando hubieren ocurrido hechos supervenientes, especificando los puntos sobre los que deben versar, que no serán extrañas ni a la cuestión debatida ni a los hechos sobrevenidos, pudiendo el apelado en la contestación de los agravios, oponerse a esa pretensión.

Artículo 923. En el auto de radicación la segunda instancia resolverá sobre la admisión de las pruebas ofrecidas y en caso de admitirlas ordenará se reciban en forma oral y señalará la audiencia dentro de los veinte días siguientes.

Artículo 924. La audiencia de desahogo de pruebas será impostergable y la parte que ofreció la prueba será responsable de la falta de su oportuna preparación. De no preparar la prueba, ésta se dejará de recibir, sin necesidad de prevención. Concluida la recepción de pruebas en la audiencia, alegarán verbalmente las partes y se les citará para oír sentencia.

Artículo 925. La segunda instancia deberá suplir la falta de agravios o la deficiencia de los expresados en los casos siguientes:

I. Cuando el juicio verse sobre derechos que pudieran afectar el interés de la familia;

II. Cuando intervenga por lo menos un niño, niña o adolescente como parte, si por falta de esa suplencia pudieran verse afectados sus derechos; y

III. Cuando se advierta por el Tribunal de apelación que en el procedimiento de primera instancia existieron violaciones manifiestas de la Ley que hayan dejado sin defensa a alguna de las partes.

Artículo 926. En los recursos de apelación en contra de sentencia definitiva el ponente contará con diez días para la elaboración del proyecto y las demás personas magistradas contarán con un plazo de cinco días para emitir su voto.

En tratándose de recursos de apelación distintos a la sentencia definitiva o en los casos que deban resolverse unitariamente, la resolución deberá pronunciarse dentro del plazo de ocho días.

En aquellos asuntos complejos o por el volumen de las constancias podrán ampliarse los plazos antes citados por quince días más.

SECCIÓN SEGUNDA
DE LA REPOSICIÓN

Artículo 927. En la segunda instancia sólo procederá el recurso de reposición y será:

I. En contra de la calificación de admisibilidad del recurso de apelación, así como en contra de su efecto;

II. Cuando no se admitan pruebas en segunda instancia, y

III. Cuando algún o algunas de las apelaciones en contra de resoluciones dictadas dentro del procedimiento hubiere resultado procedente, la reposición será admitida en contra de aquellas resoluciones que se dicten para reparar la violación procesal, siempre y cuando causen un perjuicio irreparable y puedan trascender al sentido del fallo definitivo.

Artículo 928. El recurso de reposición debe interponerse por escrito dentro de los tres días siguientes a que surta efectos la notificación de la resolución impugnada, y de admitirse se dará vista a la parte contraria por el término de tres días, para que exprese lo que a su derecho convenga, y se resolverá por escrito dentro de los tres días siguientes.

En contra de esta resolución no se admitirá ningún recurso.

SECCIÓN TERCERA
DE LA QUEJA

Artículo 929. El recurso de queja procede:

I. Contra la resolución que niegue la admisión de la apelación o adhesión a ésta;

II. En contra de resolución que se emita para fijar el monto de la fianza en tratándose de apelaciones en efecto devolutivo, y

III. En los demás casos fijados por este Código Nacional.

Artículo 930. El recurso de queja se interpondrá ante la autoridad jurisdiccional de primera instancia, dentro de los tres días siguientes a que surta efectos la notificación del proveído que se recurra, expresando los motivos de inconformidad.

Artículo 931. Dentro de los cinco días siguientes en que se tenga por interpuesto el recurso, la autoridad jurisdiccional de primera instancia remitirá a la segunda instancia el informe que justifique su resolución, y acompañará en su caso, las constancias procesales respectivas.

Artículo 932. La autoridad jurisdiccional de segunda instancia, dentro de los ocho días siguientes a la recepción de las citadas constancias, dictará el fallo correspondiente.

LIBRO OCTAVO
DE LA JUSTICIA DIGITAL

TÍTULO ÚNICO
DEL PROCEDIMIENTO EN LÍNEA E INTEGRACIÓN DEL EXPEDIENTE JUDICIAL

CAPÍTULO I
DISPOSICIONES GENERALES

Artículo 933. Todos los procedimientos regulados en el presente Código Nacional podrán tramitarse bajo la modalidad de procedimiento en línea que, al igual que cualquier otra modalidad procesal, será gratuita para las partes.

En los procedimientos en línea, la autoridad jurisdiccional garantizará una justicia digital equitativa y segura.

Artículo 934. En la aplicación de las normas referentes a justicia digital se tomarán en cuenta los principios de elegibilidad, equivalencia funcional o no discriminación, neutralidad tecnológica y seguridad de la información, adicionalmente a los generales del presente Código Nacional.

Artículo 935. El principio de elegibilidad consiste en que las partes tienen el derecho de optar voluntariamente que los procedimientos regulados en el presente Código Nacional, se tramiten de forma digital y en línea. La elegibilidad permitirá la sola integración de expedientes electrónicos, así como actuaciones y audiencias presenciales o a distancia, indistintamente.

La autoridad jurisdiccional, podrá proponer que un procedimiento se lleve a cabo en línea, atendiendo a cada caso en concreto o en las situaciones en que acontezca un fortuito o fuerza mayor; o bien, cuando para el trámite expedito del procedimiento de que se trate así convenga.

En el escrito inicial de demanda o comparecencia, la persona accionante manifestará si es su deseo tramitar el procedimiento en línea. En el caso de un procedimiento contencioso, al contestar la demanda, la persona demandada, manifestará si es su deseo igualmente de llevar el procedimiento en línea. Además, la autoridad jurisdiccional podrá, solicitar a las partes contendientes para que, de común acuerdo de forma voluntaria, el trámite procesal del juicio de que se trate, se realice de manera digital y en línea; en caso contrario, se continuará con la modalidad procesal tradicional, conforme a las disposiciones del presente Código Nacional, salvo que se trate de un procedimiento en línea exclusivamente.

Lo anterior sin perjuicio de que las partes, en cualquier etapa procesal, puedan solicitar que se cambie la modalidad para que, en lo subsecuente, se tramite en línea y digital.

Artículo 936. El principio de equivalencia funcional o no discriminación, para los efectos de los procedimientos que regula este Código Nacional, se puede interpretar bajo cualesquiera de las siguientes formas:

I. La autoridad jurisdiccional no negará efectos jurídicos, validez o eficacia probatoria a cualquier tipo de información por la sola razón de que esté contenida en un documento electrónico o en un mensaje de datos.

En ningún caso se requerirá manifestación bajo protesta de decir verdad de que los documentos digitalizados son copia fiel e inalterada de los documentos físicos;

II. La autoridad jurisdiccional no negará validez a la información o las comunicaciones, sea que estén contenidas en documentos electrónicos, mensajes de datos o en medios físicos por el solo hecho de usar alguna tecnología determinada;

III. La firma electrónica avanzada en un documento electrónico o en su caso, en un mensaje de datos, satisface el requisito de firma del mismo modo que la firma autógrafa en los documentos impresos;

IV. Todas las actuaciones judiciales, promociones, resoluciones, diligencias, expedientes, audiencias y demás semejantes dadas en forma oral, de forma virtual, electrónica, remota o a distancia, tendrán la misma eficacia probatoria o valor jurídico, que los que este Código Nacional consagra para las actuaciones presenciales y los instrumentos escritos, y

V. Los procedimientos judiciales podrán tramitarse total o parcialmente en línea, así como celebrarse sus actuaciones judiciales presencialmente o a distancia, sin que ello afecte la validez de las actuaciones. No se cuestionará la validez de un procedimiento por la sola razón de que una de las partes haya elegido llevarlo en línea y la otra de forma tradicional.

Artículo 937. El principio de neutralidad tecnológica consiste en que este Código Nacional no impondrá preferencias en favor o en contra de determinada tecnología, ni fomentará artificialmente determinadas opciones tecnológicas en detrimento de otras.

Este principio no limitará o impedirá que se usen los sistemas de justicia digital autorizados, según lo determinen los Acuerdos que establezcan los Lineamientos aprobados por el Consejo de la Judicatura respectivo.

Artículo 938. Los sistemas de justicia digital constituyen implementos adicionales, progresivos y optativos que deberán aplicarse y usarse en respeto a los derechos humanos y garantizando el derecho a la tutela judicial efectiva, por lo que de ninguna forma podrán interpretarse en forma restrictiva.

SECCIÓN PRIMERA
DE LA INTEGRACIÓN DEL EXPEDIENTE JUDICIAL

Artículo 939. El expediente judicial se integrará física y electrónicamente de acuerdo con las disposiciones establecidas en el presente Código Nacional, salvo que las partes convengan en que únicamente se integre de forma electrónica.

El Acuerdo que contenga Lineamientos aprobados por el Consejo de la Judicatura que corresponda, establecerá las reglas que permitan la debida integración de expedientes físicos y electrónicos, para los procedimientos tramitados en la modalidad en línea.

El expediente físico deberá contar con la impresión de los mensajes de datos y, de ser requerido, autenticados con firma electrónica avanzada, así como, en su caso, el acta de la diligencia respectiva, en la que se indicará la existencia de la videograbación que, aunque esté resguardada en otro lugar, formará parte del expediente respectivo.

Artículo 940. La autoridad jurisdiccional, a través de las áreas competentes, realizará todos los actos necesarios para concentrar todas las actuaciones, audiencias, diligencias, promociones y demás constancias de un procedimiento en línea en un mismo expediente judicial, que se integrará cronológicamente con las actuaciones judiciales, con independencia de la forma en que se hayan celebrado o presentado las mismas, garantizando que tanto el expediente físico como el electrónico contengan la misma información.

Artículo 941. El expediente electrónico deberá integrarse simultáneamente con el expediente físico, salvo aquellos casos en que el Consejo de la Judicatura correspondiente autorice solamente la integración de la versión electrónica y siempre que se garantice el derecho a la tutela judicial efectiva de las partes.

El expediente electrónico será el reflejo del expediente físico, para lo cual, además de los requisitos aplicables, se certificará por la persona funcionaria judicial facultada para ello, la coincidencia de las actuaciones judiciales entre sí.

Artículo 942. En los procedimientos en línea o promociones electrónicas, cualquier anexo deberá ir adjunto a la promoción electrónica. El juzgador podrá requerir la exhibición física del documento para corroborar su autenticidad e integridad. El anexo debe ir digitalizado junto con la promoción, lo que permitirá al juzgador consultarlo cuando lo requiera.

Artículo 943. El cotejo de documentos y demás actos necesarios que se requieran confrontar entre los expedientes físico y electrónico, se podrá realizar por conducto de la persona funcionaria judicial facultada para ello.

Dicha persona funcionaria judicial será responsable de verificar la coincidencia de contenidos entre el expediente físico y el expediente electrónico, y deberá validar, cuando así proceda, que:

I. Toda documentación recibida por vía electrónica se imprima y agregue al expediente físico, en su caso, con la evidencia criptográfica de la firma electrónica avanzada respectiva, y

II. La documentación recibida en formato impreso se digitalice e ingrese al expediente electrónico respectivo, certificándolo mediante el uso de la firma electrónica avanzada correspondiente.

Artículo 944. Las personas que intervengan en el procedimiento en línea deberán ajustarse a los Lineamientos para la promoción, consulta y acceso de expedientes digitales que emitan los Consejos de la Judicatura respectivos.

Artículo 945. Las personas funcionarias judiciales adscritas a las autoridades jurisdiccionales podrán acceder a los expedientes electrónicos relacionados con el ejercicio de sus atribuciones, para lo cual deberán contar con la clave de acceso otorgada por el órgano competente del Consejo de la Judicatura respectivo. Adicionalmente, deberán utilizar su firma electrónica avanzada para agregar constancias y resoluciones judiciales a los referidos expedientes.

Artículo 946. La información relativa a los expedientes electrónicos será preservada de conformidad con los lineamientos o disposiciones correspondientes.

SECCIÓN SEGUNDA
DE LA DIGITALIZACIÓN Y USO DE FIRMA ELECTRÓNICA

Artículo 947. Toda promoción, documentación y actuación que ingrese a un expediente electrónico deberá ser suscrita y autenticada con una firma electrónica avanzada.

Artículo 948. Las diligencias, promociones, resoluciones o actuaciones físicas autenticadas con firma autógrafa, se digitalizarán para su incorporación en el expediente electrónico de forma que se garantice su integridad, conservación y disponibilidad. Para la conservación y digitalización de documentos, la autoridad jurisdiccional seguirá las reglas que, para tal efecto, establece la Norma Oficial Mexicana que regule dichas actividades o las que se establezcan en los lineamientos que emita el Consejo de la Judicatura Federal correspondiente y que deberán ser acordes con dicha Norma.

Artículo 949. Las actuaciones y promociones judiciales contenidas en un mensaje de datos o documento electrónico suscritas con una firma electrónica avanzada amparada por un certificado digital vigente, garantizará la integridad del documento y producirá los mismos efectos que las leyes otorgan a los documentos con firma autógrafa, teniendo el mismo valor probatorio.

Artículo 950. Para efectos de los procedimientos en línea regulados por este Código Nacional, la autoridad jurisdiccional y las partes podrán utilizar la Firma Electrónica Certificada del Poder Judicial de la Federación (FIREL), la firma electrónica que se utilice en el Poder Judicial respectivo, y las firmas electrónicas emitidas y reconocidas por otras autoridades con los cuales los Poderes Judiciales hayan celebrado convenios para el reconocimiento de certificados digitales homologados.

Artículo 951. La página de firmantes que contenga las firmas electrónicas avanzadas de las personas funcionarias judiciales, hará las veces del sello físico que la autoridad jurisdiccional impone en los expedientes físicos.

Artículo 952. Todas las notificaciones realizadas en los procedimientos en línea surtirán sus efectos conforme a lo previsto en este Código Nacional.

Artículo 953. Cuando deba correrse traslado en la notificación electrónica, se adjuntará el documento digitalizado, documento electrónico o mensaje de datos respectivo debidamente cotejado por la persona funcionaria judicial facultada, de forma que garantice su disponibilidad e integridad.

Artículo 954. Cuando las partes reciban la notificación electrónica, el sistema de justicia digital correspondiente deberá generar acuse de recibido en el momento de la recepción del mensaje de datos a notificar, de conformidad con los lineamientos que para dichos efectos se emitan. Dicho acuse acreditará la debida notificación.

Artículo 955. Las comunicaciones diversas, como vistas al Ministerio Público, Fiscalías o Representación Social, requerimientos a las autoridades, peritos y demás auxiliares oficiales, se harán en forma electrónica a su correo electrónico oficial designado para ello, con acuse de recibo.

Artículo 956. Toda la información recibida vía electrónica, se apegará a las disposiciones aplicables de las leyes vigentes en materia de transparencia, acceso a la información pública y protección de datos personales, según corresponda.

CAPÍTULO II
DEL PROCEDIMIENTO EN LÍNEA Y DE LAS AUDIENCIAS VIRTUALES

SECCIÓN PRIMERA
DEL PROCEDIMIENTO EN LÍNEA

Artículo 957. Los procedimientos en línea se ajustarán a las siguientes disposiciones:

I. Las partes e intervinientes en un procedimiento en línea podrán presentar todos sus escritos, promociones y anexos de forma electrónica o a través de documento digitalizado. En ambos casos deberán estar autenticados mediante firma electrónica avanzada.

II. En el caso de diligencias y audiencias virtuales:

a) Se señalará día y hora para llevarla a cabo;

b) Se hará saber a las partes y demás intervinientes, por cualquiera de los medios de comunicación establecidos en este Código Nacional, la fecha de la misma y el enlace o método de acceso a la sala virtual;

c) En la fecha señalada, la autoridad jurisdiccional declarará la apertura de la diligencia o audiencia virtual en su sede judicial, ordenando a la persona secretaria de acuerdos o a quien, de acuerdo con el organigrama correspondiente realice tales funciones, proceda a identificar a todos y cada uno de los participantes;

d) Para fines de dicha identificación, los participantes deberán presentar el original de su identificación oficial vigente con fotografía, a los efectos de contar con evidencia digital, videograbada o fotográfica de la misma o, en su caso, cualquier elemento de identificación adicional que al efecto se autorice por la autoridad jurisdiccional, y

e) Hecho lo anterior, se procederá al desahogo de la diligencia o audiencia en los términos establecidos en este Código Nacional para el procedimiento respectivo;

III. Cuando deban recibirse testimonios, declaraciones, peritajes o cualquier información, con el objeto de garantizar las condiciones de autonomía y libertad en su emisión, o el derecho de las partes a realizar las preguntas que les correspondan, según sea el caso, la autoridad jurisdiccional podrá ordenar, a su criterio, cualquiera de las siguientes medidas:

a) Que la persona declarante lo haga en un área de transmisión designada por la autoridad jurisdiccional, sala remota o unidad de enlace que proporcione el Poder Judicial de la Entidad Federativa que corresponda, debiendo cumplir los requisitos para la recepción del desahogo de la prueba o información de que se trate;

b) Que la persona declarante lo haga en el área de transmisión que haya señalado la parte oferente en el juicio, acompañada de un servidor público, quien deberá asegurarse y hacer constar que la persona declarante no está siendo asistida de ninguna forma;

c) Que la persona declarante transmita desde un área que haya señalado la parte interesada, que permita verificar visual y auditivamente, a través de la cámara y micrófono, que al momento de la recepción de la prueba se encuentra sin asistencia, debiendo mantenerse a cuadro en todo momento, con el micrófono encendido durante su desahogo, ya que no se permitirá la interrupción de la transmisión de video y audio en ningún caso, así como el uso de algún dispositivo electrónico o la injerencia de cualquier otra persona durante el desahogo y hasta en tanto concluya la audiencia. En caso de incumplimiento se amonestará al infractor por única ocasión y, en caso de reincidencia, se dará vista a la Representación Social para que, de oficio, inicie la investigación correspondiente, y se declarará desierta la prueba por causas imputables a su oferente, continuándose en la etapa procesal que corresponda;

d) La parte contraria podrá estar presente durante el desahogo de la audiencia o diligencia virtual y, de ser necesaria su intervención, podrá solicitarlo mediante mensaje en el sistema electrónico de la sala virtual, levantando la mano o pidiéndolo verbalmente, para ser escuchado por la autoridad jurisdiccional. Mismo orden deberá llevarse a cabo, en el supuesto de que decida formular preguntas a alguno de los declarantes;

e) Que la persona declarante, o aquella que tenga a su cargo el desahogo de una prueba, se ubique en la misma área de transmisión de la autoridad jurisdiccional, aun cuando los representantes legales o demás participantes se encuentren en diverso lugar del de la transmisión, y

f) Cumplir con las disposiciones de la Sección segunda "De las Audiencias y Diligencias Virtuales", de este Capítulo.

IV. La persona juzgadora usará un lenguaje sencillo y claro durante toda la audiencia o diligencia virtual.

V. En su caso, desahogado todo el caudal probatorio, se pasará al período de alegatos si se prevé esta etapa para el procedimiento respectivo y, declarado visto el asunto, se procederá a emitir en el acto la sentencia o resolución judicial correspondiente, la cual se explicará con un lenguaje cotidiano, breve y sencillo a quien esté presente, entregando copia de la misma. Para ello, se decretará el receso pertinente para la materialización de la sentencia o resolución judicial. A quien esté ausente o desaparecido se le notificará en forma electrónica, dispensándose la explicación ante la inasistencia de ambas partes. La sentencia o resolución judicial correspondiente se emitirá en los términos y con las formalidades que se establecen en el presente Código Nacional para cada caso.

VI. Una vez hecho lo anterior, la autoridad jurisdiccional ordenará la elaboración de un acta mínima de la diligencia o audiencia virtual, la cual no requerirá de la firma de los participantes y sólo contendrá la firma electrónica avanzada de la persona a quien corresponda autorizar y dar fe del contenido de dicha acta.

VII. Si en la sentencia o resolución judicial se ordena su inscripción ante algún Registro, autoridad o institución, o la expedición de algún oficio, la autoridad jurisdiccional lo realizará y enviará electrónicamente a las autoridades o personas correspondientes.

En todo lo no previsto en el presente Capítulo, se estará a las disposiciones contenidas en este Código Nacional.

Artículo 958. En todos los casos las partes interesadas o intervinientes en una audiencia o diligencia virtual, deberán cumplir con las disposiciones antes referidas, apercibidos de que, en caso contrario, serán expulsadas de la sala virtual las personas infractoras, por causas imputables a las mismas, debiendo asumir las consecuencias legales que esto implique, continuando con el desarrollo de la audiencia o diligencia virtual. Asimismo, se impondrán las correcciones disciplinarias y medidas de apremio reguladas en este Código Nacional que la persona juzgadora considere oportunas.

SECCIÓN SEGUNDA
DE LAS AUDIENCIAS Y DILIGENCIAS VIRTUALES

Artículo 959. A petición de parte o por propuesta de la autoridad jurisdiccional, cualquier audiencia y diligencia prevista en el presente Código Nacional podrá celebrarse bajo la modalidad de audiencia virtual y diligencia virtual.

En las audiencias, cualquiera de las partes o la autoridad jurisdiccional, podrán estar presentes vía remota o a través de sistemas de justicia digital de acuerdo con los lineamientos respectivos, siempre y cuando se garantice el derecho a la tutela judicial efectiva y los principios procesales previstos en el presente Código Nacional.

Artículo 960. Cuando la autoridad jurisdiccional advierta en cualquier etapa del procedimiento, la viabilidad de llevar a cabo la audiencia o diligencia virtuales del procedimiento de que se trate, exhortará a las partes para optar por dicha alternativa. En todo caso, quienes intervengan en forma virtual o remota deberán:

I. Tener acceso a una computadora o dispositivo electrónico similar que tenga la capacidad de realizar videoconferencias, para lo cual es necesario que dicho equipo cuente con micrófono y cámara web;

II. Contar con conexión a Internet con al menos una velocidad de 1.5 megabytes por segundo;

III. Señalar un correo electrónico que esté registrado o señalado ante la autoridad jurisdiccional para ser notificado, así como para recibir el enlace o método de acceso a la sala virtual designada para llevar la audiencia o diligencia virtual, y

IV. Quienes comparezcan vía remota o electrónica deberán indicar el lugar y área de transmisión que ocuparán, así como los demás intervinientes a su cargo, lo que deberán hacer bajo protesta de decir verdad, cumpliendo además con lo dispuesto en este Código Nacional.

En caso de requerirlo, cualquiera de las partes o intervinientes en una audiencia o diligencia virtuales, podrán solicitar a una autoridad jurisdiccional, local o federal, distinta de la que sustancie el procedimiento, que le permita el acceso a su recinto judicial y le proporcione todo lo necesario para atender en tiempo y forma la audiencia o diligencia virtual. Dicha solicitud deberá hacerse con una razonable anticipación a la celebración de la audiencia o diligencia virtuales, dependiendo del procedimiento de que se trate, y deberá contener los datos de identificación del expediente y procedimiento judicial, las razones en que sustenta su solicitud y una dirección de correo electrónico. La autoridad jurisdiccional requerida deberá resolver y notificar su resolución mediante correo electrónico, en un plazo breve.

Artículo 961. En caso de advertir alguna falla técnica u otra situación extraordinaria que impida el desarrollo de la audiencia o diligencia virtuales, la autoridad jurisdiccional determinará las medidas que estime necesarias para continuarla o, de ser el caso, suspenderla, supuesto en el que señalará una hora o fecha posterior para su reanudación a través del uso preferente de la sala virtual o de manera presencial.

Las audiencias y diligencias virtuales se registrarán y el personal facultado para ello deberá relacionarlas con el expediente electrónico respectivo, siguiendo para ambos aspectos las pautas establecidas en los Acuerdos que contengan los Lineamientos que los Consejos de la Judicatura respectivos emitan para tal efecto.

El registro de las diligencias virtuales, audiencias virtuales y, tratándose de sesiones, de la porción respectiva al asunto del que se trate, será parte del expediente electrónico y no se requerirá transcripción alguna de lo que ahí conste.

La participación de las partes a través de audiencias y diligencias virtuales generará los mismos efectos y alcances jurídicos que la audiencia o diligencia que se realice con presencia física ante las autoridades jurisdiccionales.

Artículo 962. Cuando para el desarrollo de la audiencia o diligencia virtuales resulte fundamental mantener la separación o exclusión de ciertos intervinientes en determinados momentos de la misma, la autoridad jurisdiccional encargada de su conducción solicitará el apoyo de su personal técnico o administrativo para que, con asistencia técnica, se adopten medidas tendientes a:

I. Verificar dicha separación física y la ausencia de influencias o injerencias que puedan afectar un testimonio, declaración o peritaje;

II. Enviar a dichos intervinientes a salas de espera virtuales, utilizando para ello las funcionalidades previstas en la herramienta tecnológica implementada para la práctica de las mismas, y

III. Ordenar todas las medidas necesarias para tal efecto, siempre que se respeten los principios de este Código Nacional.

Artículo 963. Para la celebración de las diligencias y audiencias virtuales deberán de acatarse las reglas de las diligencias y audiencias dentro del procedimiento judicial respectivo, ajustándose en lo conducente a las reglas para el desarrollo de las audiencias y diligencias virtuales, en términos de lo dispuesto en el presente Título.

CAPÍTULO III
DE LOS SISTEMAS DE JUSTICIA DIGITAL Y DE LA SEGURIDAD DE LA INFORMACIÓN

SECCIÓN PRIMERA
DE LOS SISTEMAS DE JUSTICIA DIGITAL

Artículo 964. Los Poderes Judiciales correspondientes, a través del Consejo de la Judicatura o la autoridad competente señalada en su respectiva Ley Orgánica:

I. Implementarán y mantendrán actualizadas y funcionales los sistemas de justicia digital necesarios con el fin de contar con Oficialías de Partes en línea, servicios digitales, notificaciones electrónicas, así como las tecnologías necesarias para hacer accesible para todas las personas la justicia digital, y proveer lo necesario para que exista ciberseguridad;

II. Designarán a una persona, área, unidad administrativa o proveedor de tecnologías de información que de forma permanente sea responsable de:

a) Supervisar que los sistemas de justicia digital se mantengan funcionando de forma correcta y segura;

b) Dar soporte a las personas juzgadoras y personas funcionarias judiciales en todo lo relacionado con el uso de los sistemas de justicia digital;

c) Atender las quejas y orientar a los usuarios de sistemas de justicia digital para que comprendan la forma de operar de dichos sistemas;

d) Corregir cualquier falla, error, intermitencia o problema que afecte, impida u obstaculice, total o parcialmente, el funcionamiento de los sistemas de justicia digital, y

e) Conocer y compartir las mejores prácticas en el funcionamiento e implementación de sistemas de justicia digital con los Consejos de la Judicatura de otras Entidades Federativas, así como con el Consejo de la Judicatura Federal.

Artículo 965. Los sistemas de justicia digital deberán:

I. Contar con garantías sólidas de uso y funcionamiento, que les brinde continuidad y soporte permanente a los usuarios de estos sistemas, y

II. Gozar de medidas de seguridad de la información confiables y robustas.

Artículo 966. Cuando por caso fortuito, fuerza mayor o por fallas técnicas se interrumpa el funcionamiento de uno o más de los sistemas de justicia digital que dependan (sic) la autoridad jurisdiccional y que hacen posible los procedimientos en línea, hagan inviable el cumplimiento de los plazos establecidos en la ley, las partes deberán dar aviso a la autoridad jurisdiccional correspondiente en la misma promoción sujeta a término, quien pedirá un reporte al titular de la unidad administrativa del Juzgado o Tribunal responsable de la administración del sistema o plataforma sobre la existencia de la interrupción del servicio.

El reporte que determine que existió interrupción en el sistema o plataforma deberá señalar la causa y el tiempo de dicha interrupción, indicando la fecha y hora de inicio y término de la misma. Los plazos se suspenderán únicamente por el tiempo que haya durado la interrupción del sistema de justicia digital afectado. Para tal efecto, el Juzgado o la Sala hará constar esta situación mediante acuerdo en el expediente electrónico y, considerando el tiempo de la interrupción, realizará el computo correspondiente, para determinar si hubo o no incumplimiento de los plazos legales.

Artículo 967. Las fallas que pueda sufrir la computadora, dispositivo, el equipo o la conexión a internet de las partes, interesados o sus representantes legales, de ninguna forma interrumpirán los plazos establecidos en este Código Nacional.

SECCIÓN SEGUNDA
DE LA SEGURIDAD DE LA INFORMACIÓN

Artículo 968. Seguridad de la información es el principio consistente en que todo procedimiento en línea, promoción electrónica, audiencia virtual, diligencia virtual, videoconferencia, y en general, toda actuación y documentación que forme parte de procedimientos en línea, se lleve a cabo protegiendo la información y los sistemas de información contra el acceso, uso, divulgación, interrupción, modificación o destrucción no autorizados a fin de proporcionar confidencialidad, integridad y disponibilidad, mientras dichos atributos no se contrapongan con la naturaleza o características de determinado procedimiento, audiencia o actuación judicial.

Artículo 969. Las autoridades jurisdiccionales tienen la principal responsabilidad de proteger la información, los documentos y las comunicaciones que se lleven a través de medios electrónicos, así como los sistemas que contengan dicha información, incluyendo las audiencias y diligencias virtuales.

Lo anterior no exime a las partes interesadas y usuarios de sistemas de justicia digital de tomar sus propias medidas y precauciones para mantener la seguridad de la información que se envíe, intercambie y gestione a través de dichos sistemas.

Artículo 970. La autoridad jurisdiccional advertirá a todas las personas que intervengan en un procedimiento en línea, de la naturaleza confidencial o pública de las audiencias y diligencias virtuales.

Artículo 971. Las partes, los auxiliares en la administración de justicia, sus representantes y cualquier otra persona que intervenga en un procedimiento en línea, deberán acatar toda instrucción, orden u obligación en materia de seguridad de la información, privacidad y protección de datos personales, que provenga de la autoridad jurisdiccional, de este Código Nacional, de la legislación federal aplicable o de los Lineamientos que emita el Consejo de la Judicatura respectivo.

Artículo 972. Son acciones básicas que debe adoptar la autoridad jurisdiccional para darle seguridad al expediente electrónico, así como a los procedimientos en línea, y todos los sistemas de justicia digital:

I. Adoptar e implementar políticas, programas o soluciones informáticas que detecten, prevengan, mitiguen y eliminen amenazas, riesgos e incidentes cibernéticos;

II. Verificar la vigencia de los certificados digitales de las firmas electrónicas avanzadas;

III. Verificar el adecuado funcionamiento de los programas o plataformas electrónicas que posibiliten las audiencias virtuales, así como las videoconferencias;

IV. Usar comunicaciones electrónicas protegidas por algún mecanismo de seguridad como el cifrado;

V. Corroborar que los enlaces y documentos electrónicos o mensajes de datos que se adjunten en correos o comunicaciones electrónicas estén libres de virus y código malicioso, y en caso contrario, aplicar los mecanismos necesarios para eliminar o corregir cualquier amenaza cibernética detectada;

VI. Comprobar la integridad, accesibilidad, formato y contenido de los documentos digitalizados, archivos electrónicos o mensajes de datos que formen parte de los expedientes judiciales, las actuaciones, las audiencias y las diligencias virtuales;

VII. Corroborar fehacientemente la identidad de las partes y otras personas intervinientes en un procedimiento en línea;

VIII. Aplicar soluciones o mecanismos tecnológicos que aseguren la conservación, integridad y disponibilidad de todas las resoluciones judiciales e información que contenga el expediente electrónico, y

IX. Mantener respaldos seguros de toda la información que contengan los expedientes electrónicos.

El Consejo de la Judicatura respectivo emitirá Lineamientos de Seguridad de la Información, y todos aquellos que considere pertinentes para dotar de seguridad jurídica y tecnológica a los procedimientos en línea.

Artículo 973. No se deberán usar los documentos, sellos y firmas electrónicas para fines indebidos, por lo que ante ello se dará vista a los interesados para que realicen las gestiones pertinentes ante los órganos administrativos o autoridades correspondientes.

LIBRO NOVENO
DE LA SENTENCIA, VÍA DE APREMIO Y SU EJECUCIÓN

TÍTULO ÚNICO
DE LA EJECUCIÓN DE LA SENTENCIA

CAPÍTULO I
DE LA SENTENCIA EJECUTORIADA Y COSA JUZGADA

Artículo 974. Se considera cosa juzgada la sentencia que ha causado ejecutoria, el convenio emanado de cualquier procedimiento judicial, el celebrado en el procedimiento de mediación en el Centro de Justicia Alternativa correspondiente en las Entidades Federativas, así como el que resulte de la mediación comunitaria, y en los demás casos que la ley prevea.

Artículo 975. Causan ejecutoria por ministerio de Ley:

I. Las sentencias de segunda instancia;

II. Las que resuelvan una queja;

III. Las que resuelven una competencia;

IV. Las demás que se declaran irrevocables por prevención expresa de la Ley;

V. Las que no puedan ser recurridas por ningún medio ordinario, y

VI. Los convenios de mediación, conciliación o transacción emanados de los mecanismos alternativos para la solución de controversias realizados antes del inicio de un procedimiento jurisdiccional o durante el desarrollo de éste, sin necesidad de ser ratificados ante la autoridad jurisdiccional, los que tendrán la categoría de cosa juzgada o en su caso de sentencia ejecutoriada de conformidad con sus propias leyes.

Artículo 976. Las sentencias definitivas o interlocutorias respecto de prestaciones futuras y de los juicios que por su naturaleza así proceda, serán declaradas firmes, en virtud de que sólo tendrán autoridad de cosa juzgada, mientras no se alteren o cambien las circunstancias que afecten el ejercicio de la acción que se dedujo en el juicio principal y sólo podrán ser modificadas mediante juicio posterior.

Artículo 977. Causan ejecutoria por declaración judicial:

I. Las sentencias y resoluciones judiciales consentidas expresamente por las partes o por su persona representante autorizada con poder o cláusula especial;

II. Las sentencias de que hecha notificación en forma, no se interponga recurso en el término señalado por la Ley, y

III. Las sentencias contra las que se interpuso recurso, pero no se continuó en forma y términos legales, operando la caducidad de la segunda instancia; o cuando el recurso se declare improcedente, se deseche o se desista de éste, la parte o su persona representante autorizada con poder o cláusula especial.

Artículo 978. En los casos a que se refiere la fracción I del artículo anterior, la autoridad jurisdiccional de oficio hará la declaración correspondiente.

En el caso de la fracción II, la declaración se hará de oficio o a petición de parte, previa la certificación correspondiente de la persona secretaria judicial.

En los supuestos de la fracción III, la declaración se hará de oficio o a petición de parte, por la autoridad jurisdiccional que corresponda.

Artículo 979. El auto en que se declara que una sentencia o resolución judicial ha causado o no ejecutoria, no admite ningún recurso.

CAPÍTULO II
DE LA VÍA DE APREMIO Y EJECUCIÓN DE SENTENCIA

Artículo 980. En la vía de apremio y los procedimientos de ejecución de sentencia o convenio, además de los principios previstos por este Código Nacional, serán aplicables los siguientes:

I. Cumplimiento voluntario. La autoridad jurisdiccional privilegiará y dará prioridad al cumplimiento voluntario de la sentencia de la resolución a través de los mecanismos autorizados en el presente Código Nacional y los que considere pertinentes, dejando como última alternativa la ejecución forzosa;

II. Ejecución con óptica de derechos humanos. Debe garantizarse la ejecución pronta y expedita de la sentencia definitiva o convenio judicial en estricto respeto a los derechos humanos de la parte ejecutante y ejecutada;

III. Idoneidad, razonabilidad y proporcionalidad. La autoridad jurisdiccional deberá interpretar armónicamente las disposiciones para la ejecución de sentencias en relación con los puntos resolutivos de la sentencia definitiva, procurará tener siempre un enfoque de los derechos humanos de la persona ejecutante y ejecutada;

IV. Celeridad. La ejecución de sentencia o convenio judicial, privilegiará el cumplimiento sobre la formalidad, siempre y cuando se garantice la igualdad, seguridad y la tutela jurisdiccional efectiva de las personas ejecutantes, ejecutadas y terceros relacionados con los últimos, y

V. Buena fe y lealtad procesal. Es responsabilidad de las partes, ejecutante y ejecutada, cumplir y lograr la ejecución de la sentencia o convenio judicial, por lo que su participación debe entenderse en el sentido de cumplir con la vigilancia y postulación del procedimiento, así como garantizar el cumplimiento de la misma con dignidad para todas las personas, sin dilación en la impartición de justicia.

Artículo 981. En el procedimiento de ejecución de sentencia, de las resoluciones judiciales o la tramitación de cualquier incidente relacionado con las mismas, no se requerirá notificación personal, salvo que la ejecución se solicite después de tres meses que la sentencia definitiva o convenio judicial cause ejecutoria o se trate del emplazamiento de una tercería. Lo anterior, salvo la materia familiar, en la que la autoridad jurisdiccional proveerá lo necesario en relación con las notificaciones personales en dichos supuestos.

Las tercerías en etapa de ejecución de sentencia y aquellos que la autoridad jurisdiccional estime necesario, se notificarán personalmente a las partes, a través del correo electrónico que hayan designado en autos, o en su defecto, por cualquier medio de comunicación judicial de los previstos en el presente Código Nacional.

Artículo 982. Procede la vía de apremio a instancia de parte, siempre que se trate de la ejecución de una sentencia o de un convenio celebrado en juicio o en virtud de pacto comisorio expreso que obre en escritura pública, ya sea por las partes o por terceros que hayan venido a juicio.

Esta disposición será aplicable en la ejecución de convenios celebrados ante la Procuraduría Federal del Consumidor, la Procuraduría Social y las Instituciones homólogas de la Entidad Federativa de que se trate con las atribuciones respectivas, así como los laudos emitidos por dichas Instituciones.

La ejecución de convenios emanados del procedimiento de mediación ante los Centros de Justicia Alternativa, de Mediación Comunitaria, Estatales o Municipales, los realizados a través de Mediadores Públicos o Privados certificados, que cumplan previamente con los requisitos previstos en la Ley de cada Entidad Federativa, los celebrados ante los Juzgados Cívicos o sus homólogos tratándose de daños culposos causados con motivo de tránsito de vehículos.

Artículo 983. La ejecución de sentencias definitivas que hayan causado ejecutoria, se hará por la autoridad jurisdiccional que conoció del procedimiento en la primera instancia o por aquella que la Ley Orgánica respectiva determine.

La ejecución de las resoluciones firmes que resuelvan un incidente queda a cargo de la autoridad jurisdiccional que conozca del principal, según corresponda.

La ejecución de los convenios celebrados en juicio se hará por la autoridad jurisdiccional que conozca del asunto en que tuvieron lugar; pero no procede en la vía de apremio, si no consta judicialmente en autos.

Las sentencias pronunciadas sobre derechos reales e inmuebles en una Entidad Federativa serán ejecutadas en las demás y por la Federación por la autoridad jurisdiccional facultada para ello de conformidad con las leyes del lugar de la ejecución.

Artículo 984. Las transacciones o los convenios que se celebren en segunda instancia, serán ejecutados por la autoridad jurisdiccional que resolvió en la primera instancia, debiendo la autoridad jurisdiccional de segunda instancia enviar los autos y copia certificada del convenio respectivo dentro de los tres días siguientes a que se celebró y aprobó.

Artículo 985. La sentencia ejecutoriada que pronuncie la autoridad jurisdiccional de segunda instancia no requerirá notificación personal alguna a las partes.

Artículo 986. La ejecución de las sentencias arbitrales, los laudos, los convenios de mediación o transacción extrajudiciales y los celebrados ante las autoridades administrativas correspondientes, se hará por la autoridad jurisdiccional designada por las partes o, en su defecto, por la del lugar del procedimiento o la de la ubicación de los bienes objeto de ejecución a elección de la parte ejecutante.

Artículo 987. La ejecución de las sentencias y convenios en la vía ejecutiva, se efectuará conforme a las reglas generales del juicio ejecutivo civil oral por la autoridad jurisdiccional que resolvió el asunto.

Artículo 988. Las sentencias definitivas, interlocutorias y los convenios judiciales deberán señalar un plazo razonable para su cumplimiento; en caso de ausencia de dicho plazo, la persona ejecutada contará con el término improrrogable de diez días, una vez que la resolución judicial de que se trate quede firme, mismo que correrá a partir del día siguiente en que surta efectos su notificación.

Artículo 989. Una vez que la sentencia definitiva, sentencia interlocutoria ejecutoriada o convenio judicial, se encuentre firme, y transcurrido el plazo concedido para su cumplimiento voluntario, sin que éste se haya realizado, la parte que pretenda ejecutar, podrá solicitar a la autoridad jurisdiccional, la celebración de la audiencia de cumplimiento. Admitida la solicitud, se señalará fecha y hora para su celebración dentro de los siguientes diez días.

En los demás casos que proceda la vía de apremio será siempre a instancia de parte interesada el inicio del procedimiento. En estos casos deberá notificarse personalmente a las partes involucradas el inicio del procedimiento y los demás casos que la autoridad jurisdiccional lo considere necesario.

Artículo 990. En materia familiar, sólo en aquellos casos que dadas las especiales particularidades de los efectos de la sentencia ejecutoriada y cuando la autoridad jurisdiccional considere viable la celebración de la audiencia de cumplimiento, se ordenará la misma. En los demás casos, transcurrido el plazo para su cumplimiento voluntario, se procederá a su inmediata ejecución forzosa, sin necesidad de notificación personal a las partes, salvo que la autoridad jurisdiccional así lo decrete.

Artículo 991. Tratándose de prestaciones económicas sin cuantificar, en la audiencia de cumplimiento las partes podrán realizar adicionalmente las propuestas para efecto de su liquidación; quienes además podrán acordar el plazo, forma y modo para su cumplimiento.

Cuando las partes no alcancen un acuerdo sobre la forma, plazo, cuantía o modo de cumplimiento de la sentencia ejecutoriada, se dará por concluida la etapa, y, sin mayor trámite, la autoridad jurisdiccional procederá a ordenar la ejecución forzosa de la sentencia de la que se trate, dictando auto de mandamiento en forma.

Artículo 992. La ejecución de una sentencia definitiva, interlocutoria o convenio judicial podrá iniciarse en la misma audiencia de juicio, concluida la explicación del fallo, siempre que haya comparecido la parte que resultó vencida y se conforme con la misma. La persona ejecutada en ese mismo acto podrá proponer un acuerdo de cumplimiento a la persona que venció, sin que este acuerdo, pueda alterar, modificar o novar el fondo de los puntos resolutivos de la sentencia, salvo en los asuntos del orden familiar y la autoridad jurisdiccional así lo apruebe.

Artículo 993. Cuando se pida la ejecución de una sentencia ejecutoriada, la autoridad jurisdiccional señalará fecha única e indiferible en el plazo de diez días para la celebración de la audiencia de cumplimiento que contará con las siguientes etapas:

I. La etapa de cumplimiento voluntario, y

II. La etapa de ejecución forzosa.

La audiencia se desarrollará de acuerdo a las siguientes reglas:

I. Declarada la apertura de la audiencia de cumplimiento de sentencia ejecutoriada, se iniciará con los acuerdos sobre el cumplimiento voluntario de la sentencia. El funcionario judicial que asista a la autoridad jurisdiccional, identificará a las partes y les tomará la protesta de ley. Seguidamente dará lectura a los puntos resolutivos de la sentencia ejecutoriada de que se trate. En caso de hacerse constar la incomparecencia de la parte demandada desde el inicio de la audiencia, se decretará precluidos sus derechos y se iniciará de inmediato la ejecución forzosa de la sentencia;

II. Agotada la lectura a que se refiere la fracción anterior, la persona ejecutada propondrá a la persona ejecutante una propuesta de cumplimiento voluntario de la sentencia. Enseguida, la persona ejecutante manifestará su conformidad, o bien, propondrá a la persona ejecutada una nueva contra propuesta, quien manifestará la conformidad o no con la misma. Las partes podrán hacer cuantas propuestas y contra propuestas que consideren oportunas con el objeto de llegar a un acuerdo de cumplimiento y siempre que no entrañen dilaciones procesales a consideración de cualquiera de las partes o de la autoridad jurisdiccional;

III. De llegar a un acuerdo sobre el cumplimiento voluntario, la autoridad jurisdiccional, verificará que sea conforme a derecho, respetando los derechos humanos de todos los participantes y que el mismo no provoque o modifique de manera sustancial el fallo que se ejecuta, salvo en materia familiar;

IV. De no llegarse a un acuerdo entre las partes en esta audiencia, se declarará cerrada la etapa de cumplimiento voluntario y, sin mayor trámite se procederá a la apertura de la etapa de ejecución forzosa de la sentencia, procediendo el órgano jurisdiccional a pronunciar auto de mandamiento en forma en contra del ejecutado;

V. Asimismo, en el caso de que existan prestaciones económicas por cuantificar o liquidar o alguna otra condición que no haya hecho exigible la prestación condenada desde la sentencia, las partes podrán llevar sus propuestas de cuantificación para que consensen acuerdo al respecto.

Cuando no se logre ningún acuerdo, en esta etapa, se dará por concluida la etapa de cumplimiento voluntario y se iniciará la ejecución forzosa de la sentencia ejecutoriada, procediendo el órgano jurisdiccional a pronunciar auto de mandamiento en forma en contra del ejecutado por las prestaciones liquidas y se dejarán a salvo los derechos de las partes para que en la vía y forma cuantifiquen las prestaciones pendientes;

VI. En la etapa de ejecución forzada de la sentencia, las partes podrán igualmente intentar llegar a acuerdos sobre la forma de fijar el valor de los bienes en caso de remate, designación de perito único, forma de desocupación, compensaciones y el perdón o quita de algunas prestaciones económicas condenadas, para facilitar la pronta ejecución, los que en su caso serán aprobados por la autoridad jurisdiccional.

De encontrarse el ejecutado o no llegar a algún acuerdo las partes, se emitirá únicamente auto de mandamiento en forma en contra del ejecutado;

VII. Abierta la etapa de ejecución forzada de la sentencia, las partes podrán hacer valer en forma oral, el incidente de liquidación de aquellas prestaciones que la sentencia no tenga cuantificadas de conformidad con las reglas previstas en este Código Nacional.

De no estar presente alguna de las partes, el incidente de liquidación siempre se deberá presentar por escrito, observando las disposiciones aplicables en materia de incidentes previstas en el presente Código Nacional, y

VIII. En la audiencia de cumplimiento no serán admisibles promociones o peticiones por escrito, y las resoluciones judiciales no serán impugnables, salvo que el presente Código Nacional disponga lo contrario.

Artículo 994. Transcurrido el plazo para el cumplimiento voluntario y dictado el auto de mandamiento en forma, si la sentencia condenare al pago de cantidad líquida, se procederá siempre, y sin necesidad de previo requerimiento personal a la persona condenada, se procederá al embargo de bienes en los términos previstos en el presente Código Nacional.

El embargo de bienes, en ejecución de sentencia, sólo puede tener lugar para garantizar el pago de las prestaciones condenadas, así como el pago de daños y perjuicios.

En el caso de procedimientos emplazados por edictos y el ejecutado se encuentre en rebeldía, el embargo se trabará en la sede del órgano jurisdiccional que resultó competente para el trámite y resolución del asunto, debiendo notificarse dicho acto procesal mediante edictos, que se publicarán por una única ocasión en el medio que determine la autoridad jurisdiccional, con los apercibimientos respectivos.

Iniciada la ejecución forzosa de la sentencia ejecutoriada, los actos que requieran notificación personal del ejecutado, se efectuarán en el correo electrónico designado para tal efecto, a falta de correo electrónico o domicilio para oír y recibir notificaciones, le surtirán efectos las mismas, mediante su publicación en el medio de comunicación judicial que ordene la autoridad jurisdiccional.

Artículo 995. Transcurrido el plazo otorgado en el acuerdo respectivo para el cumplimiento de la sentencia, sin haberse cumplido, se procederá al embargo de cantidad cierta y determinada.

En todo caso en que, para despachar ejecución, sea necesario practicar previamente una liquidación de la sentencia, se efectuará ésta por el procedimiento incidental.

Artículo 996. Si los bienes embargados fueren dinero, sueldos, pensiones o créditos realizables en el acto, como efectos de comercio o acciones de compañías que se coticen en la Bolsa Mexicana de Valores, se hará el pago a la persona acreedora inmediatamente después del embargo. Los efectos de comercio y acciones, bonos o títulos de pronta realización, se mandarán vender por conducto de Corredor Público o por la Institución autorizada, a costa de la persona obligada.

Cuando la persona deudora consignare la cantidad reclamada, se suspenderá el embargo y la cantidad se consignará mediante billete de depósito. Si la cantidad consignada no fuere suficiente para cubrir la deuda principal y demás condenas accesorias, se practicará el embargo por lo que falte.

Artículo 997. Si los bienes embargados precautoriamente no estuvieren valuados anteriormente o no se define en audiencia de cumplimiento su valor por acuerdo de ambas partes, se ordenará el avalúo y en su caso, la venta en almoneda pública, en los términos previstos por este Código Nacional.

Sin perjuicio por lo dispuesto en las normas fiscales, no se requiere avalúo cuando el precio conste en instrumento público o se haya fijado por consentimiento de las personas interesadas o se determine por otros medios el precio de los bienes, según las estipulaciones del contrato base de la controversia, a menos que en el curso del tiempo o por mejoras, hubiere variado el precio; el que se fijará sobre el valor objetivo y razonable del mismo, por la autoridad jurisdiccional a través de un único perito valuador.

Cuando la persona ejecutada no hubiere hecho el nombramiento en ejecución de sentencia de perito valuador, se realizará el mismo a través del perito designado por la autoridad jurisdiccional, dentro de aquellos que se encuentren autorizados por el Poder Judicial que corresponda, a costa de la parte ejecutada.

Artículo 998. Del precio del remate, se pagará a la persona ejecutante el importe de su crédito y se cubrirán los gastos de ejecución que hayan sido probados.

Artículo 999. Si la sentencia contuviere condena al pago de cantidad líquida y de otra ilíquida, podrá hacerse efectiva la primera, sin esperar a que se liquide la segunda.

Artículo 1000. Si la sentencia no contiene cantidad líquida, cualquiera de las partes podrá cuantificarla por escrito o en forma oral al promover su liquidación. Si se promueve fuera de la audiencia, se dará un plazo de tres días para que se conteste el incidente, señalándose fecha para audiencia de cumplimiento en cuanto las pruebas admitidas estén preparadas, misma en la que se resolverá. Esta resolución será apelable en el efecto devolutivo.

En el caso de que para la cuantificación se requiera de alguna pericial se ofrecerá en el momento de que se promueva o conteste, la que seguirá el trámite de ofrecimiento, preparación y desahogo en los términos previstos en el presente Código Nacional.

Artículo 1001. Cuando la sentencia hubiere condenado al pago de daños y perjuicios sin fijar su importe en cantidad líquida, habiéndose establecido o no en aquélla las bases para la liquidación, la persona que haya obtenido a su favor el fallo, presentará con la solicitud oral o escrita, en relación de los daños y perjuicios y de su importe, observándose lo dispuesto en este Código Nacional.

Lo mismo se practicará cuando la cantidad ilíquida proceda de frutos, rentas o productos de cualquier clase.

Artículo 1002. Si la sentencia condena a la ejecución de un hecho o prestación de algún bien, la autoridad jurisdiccional señalará al que fue condenado a un plazo prudente para el cumplimiento. Si pasado el plazo el obligado no cumpliere, se observarán las reglas siguientes, dentro o fuera de audiencia de cumplimiento en ejecución de sentencia:

I. Si el hecho fuere personal del obligado y no pudiere prestarse por otro, el ejecutante podrá reclamar el pago de daños y perjuicios a juicio de peritos, salvo que se hubiera condenado al pago de alguna pena, caso en el cuál por ésta, se despachará ejecución;

II. Si el hecho pudiere prestarse por otro, la autoridad jurisdiccional nombrará a la persona o personas que lo ejecuten a costa del obligado en el término que le fije. La persona nombrada podrá solicitar, antes de realizar los trabajos, se le asegure el importe fijado por acuerdo entre ellos, o en su defecto, a juicio de perito oficial, pidiendo de ser necesario se despache auto de ejecución para tal efecto, y

III. Si el hecho consiste en el otorgamiento de algún instrumento o la celebración de un acto jurídico, la autoridad jurisdiccional lo ejecutará por el obligado, expresándose en el documento que se otorgó en rebeldía.

En el caso de que el documento consista en una escritura pública, se pondrán los autos a disposición de la Notaria o el Notario Público que designe la parte en cuyo favor se dictó la sentencia y mediante notificación que surta sus efectos a través de la publicación en el medio de comunicación judicial oficial, se hará del conocimiento de la parte condenada, su deber de comparecer ante la Notaría, a cumplir con su obligación de firmar la escritura que se elabore en estricto cumplimiento a la sentencia condenatoria, lo que deberá hacer dentro del término de cinco días a partir de que la Notaria o el Notario Público le informe que está listo el proyecto respectivo, apercibido que de no hacerlo lo hará la autoridad jurisdiccional en su rebeldía.

Artículo 1003. En el instrumento público, que se otorgue conforme a lo señalado en el artículo anterior, se hará constar que se otorga en ejecución de la sentencia emitida en juicio.

Las actuaciones judiciales que deberán relacionarse, insertarse o agregarse en copias certificadas, al apéndice en la escritura serán, al menos las siguientes:

I. Las cláusulas del contrato que se formaliza o acto jurídico del que emana dicha obligación;

II. La demanda, el emplazamiento y su contestación o la declaración de rebeldía;

III. La sentencia que haya resuelto el fondo del asunto y, en su caso, del auto que la declara firme o del convenio judicial y el auto de aprobación que lo eleve a categoría de sentencia ejecutoriada;

IV. El proveído que ordene poner a disposición de la Notaria o Notario Público los autos para el otorgamiento de escritura respectiva en el cual consta, además, la notificación a las partes de dicho hecho, y

V. El auto de la autoridad jurisdiccional por el que, al no haber comparecido a la firma correspondiente, se otorga la escritura sin su comparecencia.

La Notaria o el Notario Público, una vez que se haya otorgado el instrumento deberá informar a la autoridad jurisdiccional, el número, libro y fecha que corresponda al mismo y, en su caso, devolverá el expediente puesto a su disposición. En caso de requerimiento, la Notaria o el Notario Público, informará de la situación que guarda el expediente que le haya sido turnado.

La autoridad jurisdiccional contará con un plazo máximo de diez días hábiles para emitir mediante proveído las observaciones que estime pertinentes. En caso de requerimiento, la Notaria o el Notario Público, contará con el mismo plazo para su atención.

De no existir observaciones o una vez realizadas las indicadas, la autoridad jurisdiccional firmará la escritura en rebeldía de la parte condenada.

Las resoluciones judiciales que se emitan con relación a las actuaciones que se deben insertar en la escritura y sus aclaraciones, serán irrecurribles.

Artículo 1004. Si la parte ejecutante optare, en cualquiera de los casos enumerados en el artículo anterior, por el resarcimiento de daños y perjuicios, se procederá a embargar bienes de la persona deudora por la cantidad que aquella señale y que la autoridad jurisdiccional podrá moderar prudentemente, sin perjuicio de que la persona deudora reclame sobre el monto.

Esta reclamación se substanciará como el incidente de liquidación de sentencia, misma que será susceptible de apelación.

Artículo 1005. Cuando se trate de sentencia que condene a no hacer, su ejecución consistirá en notificar, al sentenciado, que a partir del cumplimiento del término que en ella misma se señale, o del que, en su defecto, le fije la autoridad jurisdiccional prudentemente, se abstenga de hacer lo que se le prohíba. Lo mismo se observará cuando la obligación de no hacer constare en cualquier otro título que motive ejecución.

Artículo 1006. Tratándose de arrendamiento, en caso de que el arrendatario, en la contestación de la demanda, confiese o se allane a la misma, siempre y cuando esté y se mantenga al corriente en el pago de las rentas, la autoridad jurisdiccional concederá un plazo de tres meses, fijado prudentemente, para la desocupación del inmueble. Cuando la demanda se funde exclusivamente en el pago de rentas este beneficio será de tres meses, siempre y cuando exhiba las rentas adeudadas y se mantenga al corriente en el pago de las mismas. Estos plazos podrán modificarse por acuerdo de ambas partes en la audiencia de cumplimiento.

Artículo 1007. En cualquier otro caso en que se despache ejecución, mandará la autoridad jurisdiccional que se requiera a la persona deudora, para que, en el acto de la diligencia, cubra las prestaciones reclamadas y que, en caso de no hacerlo, si no hubiere bienes embargados afectos al cumplimiento de la obligación, o los que hubiere no fuesen suficientes, se le embarguen los que basten para satisfacer la reclamación.

En el mismo auto a que se refiere el párrafo anterior, se mandará prevenir a las partes que, dentro de tres días, nombre cada una un perito valuador o en su caso, un perito único designado por la autoridad jurisdiccional.

Artículo 1008. Cuando la ejecución tenga por objeto bienes determinados, y, al tratar de llevarse a efecto, resultare que ya no existe, que el deudor la ha ocultado o simplemente no aparece, el ejecutante puede reclamar su valor, intereses y daños y perjuicios, por las cantidades que específicamente fije, y por ellas se despachará ejecución, substanciándose la oposición, en su caso, por el procedimiento incidental, cuya resolución será apelable en el efecto devolutivo.

Artículo 1009. Si el o los bienes se hallan en poder de un tercero, la ejecución no podrá despacharse en su contra, sino en los casos siguientes:

I. Cuando la ejecución se funde en acción real, y

II. Cuando judicialmente se haya declarado nula la enajenación por la que adquirió el tercero.

Artículo 1010. Cuando, en una ejecución, se afecten intereses de terceros que no tengan, con el ejecutante o el ejecutado, alguna controversia que pueda influir sobre los intereses de éstos y en virtud de los cuales se ha ordenado la ejecución, tanto el ejecutante como el ejecutado son solidariamente responsables de los daños y perjuicios que con ella se causen al tercero, y la oposición de éste se resolverá por el procedimiento incidental.

Cuando se demuestre que sólo una de las partes ha sido responsable de la ejecución en bienes del tercero, cesa la solidaridad, condenando sólo al responsable.

Artículo 1011. Cuando la sentencia condene a rendir cuentas, la autoridad jurisdiccional señalará un término de cinco días a la persona obligada, para que se rindan, e indicará también a quién se deban de rendir.

Artículo 1012. La persona obligada, en el término que se le fije, y que no se prorrogará sino por una sola vez y por causa grave, rendirá su cuenta presentando los documentos que tenga en su poder y que la persona acreedora tenga en el suyo y que debe presentar poniéndolos a la disposición de la persona deudora en la secretaría de la autoridad jurisdiccional de que se trate.

Las cuentas deben de contener un preámbulo que contenga la exposición sucinta de los hechos que dieron lugar a la gestión y la resolución judicial que ordena la rendición de cuentas, la indicación de las sumas recibidas y gastadas y el balance de las entradas y salidas, acompañándose de los documentos justificativos, como recibos, comprobantes de gastos y demás.

Artículo 1013. Si la persona deudora presenta sus cuentas en el término señalado, quedarán éstas por tres días a la vista de las partes en el órgano jurisdiccional, y dentro del mismo tiempo presentarán sus objeciones, determinando las partidas no consentidas.

El incidente de impugnación de algunas partidas no impide que se despache ejecución a solicitud de parte, respecto de aquellas cantidades que confiese tener en su poder la persona deudora, sin perjuicio de que se substancien las oposiciones a las partidas objetadas.

Artículo 1014. Si la persona obligada no rindiere cuentas en el plazo que se le señaló, puede la persona acreedora pedir que se despache ejecución contra la persona deudora, si durante el juicio comprobó que ésta tuviera ingresos por la cantidad que estos importaron. La persona obligada puede contradecir el monto de la ejecución, substanciándose el incidente en la misma forma a que se refiere el artículo anterior.

En el mismo caso podrá la persona acreedora pedir a la autoridad jurisdiccional que, en lugar de ejecutar a la persona obligada, preste el hecho un tercero que la propia autoridad jurisdiccional nombre al efecto con cargo al deudor.

Artículo 1015. Cuando la sentencia condene a dividir un bien común y no presente las bases para ello, en la audiencia de cumplimiento se convocará al ejecutante y al ejecutado, para que en presencia judicial determinen las bases de la partición y si no se pusieren de acuerdo, la autoridad jurisdiccional designará a un perito en la materia y señalará a éste el término prudente para que presente el proyecto partitorio.

Presentado el plan de partición, quedará en la secretaría a la vista de los interesados por tres días hábiles para que formulen las objeciones dentro de ese mismo tiempo y de las que se correrá traslado al partidor, y se substanciarán en la misma forma de los incidentes de liquidación de sentencia. La autoridad jurisdiccional, al resolver oralmente, mandará hacer las adjudicaciones.

Artículo 1016. Si la sentencia condena a no hacer, su infracción se resolverá en el pago de daños y perjuicios a la persona actora, quien tendrá el derecho de señalarlos para que por ello se despache ejecución, sin perjuicio de la pena que señale en la sentencia o convenio judicial.

Artículo 1017. Cuando en virtud de la sentencia o de la determinación de la autoridad jurisdiccional deba entregarse algún bien mueble o inmueble, se procederá inmediatamente a poner en posesión de éste a la parte ejecutante o a la persona en quien se fincó el remate aprobado, practicando para este fin todas las diligencias conducentes que solicite la persona interesada.

Si el bien fuere mueble y pudiere ser habido, se le mandará entregar a la persona ejecutante o interesada, que indique la resolución. Si la persona obligada se resistiere, lo hará el actuario, notificador, ejecutor o su homólogo, quien podrá mandar romper las cerraduras y en los casos que se requiera emplear el uso de la fuerza pública.

En caso de no poderse entregar los bienes muebles señalados en la sentencia, se despachará la ejecución por la cantidad que señale la parte interesada y sin perjuicio de que se oponga la persona deudora en la vía incidental al monto señalado.

Igualmente, en los casos que la autoridad jurisdiccional ordene la legal intervención de instituciones de gobierno, éstas deberán brindar el auxilio necesario y sin dilaciones a los efectos de la realización del desalojo.

En la resolución judicial respectiva, se deberá ordenar que, en caso de uso de la fuerza pública, éste será el necesario, razonable y proporcional en la diligencia de desalojo. En la solicitud para la práctica de dicha diligencia, el ejecutante deberá solicitar la autorización judicial de aquellas personas que intervendrán en el desalojo, debiendo identificarlas de forma individual y quienes solo facilitarán el traslado de bienes muebles del interior al exterior del inmueble o mudanza respectiva.

El ejecutante y el ejecutado, serán responsables de los daños y perjuicios ocasionados con motivo de actos realizados por ellos u otras personas que intervengan en el desalojo legal, por actos de exceso y oposición al mismo.

La autoridad jurisdiccional desde que reciba la demanda e identifique la posibilidad de un desalojo legal, garantizará la igualdad de las partes y ordenará las medidas de protección, ajustes razonables, sistemas de apoyo, y demás determinaciones para el debido cumplimiento de la sentencia o convenio sin menoscabo de los derechos humanos de las partes.

La diligencia podrá ser videograbada por servidor público judicial que intervenga.

Artículo 1018. Cuando la sentencia ejecutoriada ordene la entrega de personas, la autoridad jurisdiccional dictará de inmediato los decretos para su debido cumplimiento, contra dicha resolución no procede recurso ordinario alguno.

Además de las medidas de apremio previstas en este Código Nacional, la autoridad jurisdiccional podrá dictar las siguientes:

I. Orden de búsqueda dentro del domicilio en el que se presuma se encuentra la persona que se pretenda restituir, que precise en su caso el rompimiento de cerraduras y el auxilio de la fuerza pública en estricto apego a los requisitos y formalidades previstas en la Constitución Política de los Estados Unidos Mexicanos y los tratados internacionales en la materia;

II. Retención de pasaporte de la persona que se busca, y

III. Solicitud de activación del Protocolo Nacional Alerta AMBER México, en su caso.

Artículo 1019. Todos los gastos y costas que se originen en la ejecución de una sentencia serán a cargo de la persona que fue condenada en ella.

Artículo 1020. La petición para exigir la ejecución de una sentencia, transacción o convenio judiciales podrá ser ejercitada dentro de los siguientes plazos:

I. Tres años en juicios ejecutivos orales, diversos especiales en materia civil y derivados de convenios de mediación y extrajudiciales referidos en este Código Nacional, salvo que la ley especial de donde surja el convenio prevea un plazo diverso;

II. Cinco años para los juicios ordinarios orales civiles;

III. Diez años para el resto de las sentencias dictadas en diversos juicios, incluida la materia familiar, y

IV. En los demás casos, en los plazos que el presente Código Nacional establezca.

Artículo 1021. Los términos fijados en el artículo anterior, se contarán desde la fecha de la sentencia o convenio, a no ser que en ellos se fije el plazo para el cumplimiento de la obligación, en cuyo caso el término se contará desde el día en que se venció el plazo o desde que pudo exigirse la última prestación vencida si se tratare de prestaciones periódicas.

Sólo la última resolución dictada en ejecución forzosa de una sentencia admitirá el recurso de apelación en el efecto devolutivo.

Artículo 1022. Contra la ejecución de las sentencias, convenios judiciales, extrajudiciales y de mediación que alcancen categoría de cosa juzgada, no se admitirá más excepción que la de pago, transacción, compensación, compromiso en árbitros, novación, la espera, la quita, y cualquier otro arreglo que modifique la obligación.

Todas estas excepciones, sin comprender la de falsedad, deberán ser posteriores a la sentencia, convenio o juicio, y constar por instrumento público o por documento privado judicialmente reconocido, o por confesión judicial en la audiencia de cumplimiento.

Estas excepciones se substanciarán en la audiencia de cumplimiento de sentencia, con suspensión de la ejecución únicamente cuando se sustente en la prueba documental antes señalada.

Artículo 1023. Todo lo que en este Capítulo se dispone respecto de la sentencia, comprende el pacto comisorio expreso, transacciones, convenios, laudos y aquellos que ponen fin a los juicios arbitrales, convenios judiciales y aquellos a que se refiere el artículo 471 de este Código Nacional.

CAPÍTULO III
DEL EMBARGO

Artículo 1024. En los casos que así proceda, en la audiencia de cumplimiento la autoridad jurisdiccional decretará oralmente o por escrito el auto de ejecución, el cual tendrá fuerza de mandamiento en forma, para el efecto de que se requiera a la persona deudora el cumplimiento de la obligación respectiva y no verificándolo en el acto, se proceda a embargar bienes suficientes a garantizar el importe de lo que se reclama.

Cuando la parte ejecutada no acuda a la audiencia de cumplimiento, el ejecutor judicial, en compañía del ejecutante, requerirá en el domicilio de la persona deudora el cumplimiento de la obligación y no verificándolo éste en el acto, se procederá a embargar bienes suficientes para cubrir las prestaciones condenadas en la sentencia ejecutoriada, o bien, las demandadas, si se tratare de juicio ejecutivo.

Si el demandado, en el acto del requerimiento, cumple la obligación, ya no se efectuará el embargo.

Artículo 1025. No es necesario el requerimiento de pago en la ejecución del embargo precautorio, ni en la ejecución de sentencias cuando no fuere hallado el ejecutado.

Cuando el embargo recaiga sobre bienes muebles, se podrá efectuar sobre aquellos que el ejecutor judicial tenga a la vista y sean susceptibles de plena identificación, especificando en el acta respectiva las características específicas de los mismos.

Para el caso de no tener a la vista los bienes, a petición del interesado, la autoridad jurisdiccional prestará auxilio para el perfeccionamiento del embargo.

Artículo 1026. Decretado el embargo, si la persona deudora no fuere encontrada en su domicilio, para hacerle el requerimiento de pago, se le dejará citatorio para que espere a hora fija del día siguiente hábil y si no espera, se practicará la diligencia con la persona que se encuentre en el mismo, o a falta de ésta, con el vecino inmediato.

Cuando se encontrare cerrado el domicilio, o se impidiere el acceso al mismo, el ejecutor judicial requerirá el auxilio de la fuerza pública, para hacer respetar la determinación judicial, y hará que, en su caso, sean rotas las cerraduras, para poder practicar el embargo de bienes que se hallen dentro de dicho domicilio.

No verificado el pago, sea que la diligencia se haya o no entendido con el ejecutado, se procederá al embargo de bienes, en el mismo domicilio del demandado o en el lugar en que se encuentren los bienes que han de embargarse.

Artículo 1027. Tratándose de juicio ejecutivo, si la persona deudora, no fuere encontrada en su domicilio por una vez, se le dejará citatorio para hora fija dentro de las veinticuatro horas siguientes y si no espera, se practicará la diligencia con cualquier persona que se encuentre en el domicilio.

Si no se supiere el paradero de la persona deudora, ni tuviere domicilio en el lugar, se hará el requerimiento por tres días consecutivos en el medio de comunicación judicial, se fijará la cédula en los lugares públicos de costumbre y surtirá sus efectos dentro de tres días, salvo el derecho de la persona actora para pedir providencia precautoria.

Verificado de cualquiera de los modos indicados el requerimiento, se procederá en seguida al embargo.

Artículo 1028. Para el caso que no se conociere el paradero de la persona deudora, una vez que se hayan llevado a cabo las diligencias a que se refiere el artículo 199 del presente Código Nacional, se hará la citación a través de la publicación en el medio de comunicación judicial por tres días consecutivos, el cual surtirá sus efectos dentro de tres días. Transcurridos los tres días el embargo se ejecutará, según el caso, en una audiencia especial ante la autoridad jurisdiccional respectiva.

En el caso que la persona ejecutada se encuentre en la audiencia de cumplimiento y la autoridad jurisdiccional ordene auto de mandamiento, en el acto se procederá al requerimiento del pago y en caso de negativa, se procederá al embargo de bienes que resulte procedente conforme a las reglas previstas en el presente Capítulo.

Artículo 1029. El derecho de designar los bienes que han de embargarse corresponde a la persona deudora; y sólo que ésta se rehúse a hacerlo o que esté ausente o desaparecido, deberá ejercerlo la persona actora o su representante legal con facultad expresa para ello, o bien manifestar que se reserva el derecho para hacerlo con posterioridad. El orden que debe guardarse para los embargos es el siguiente:

I. Los bienes consignados como garantía de la obligación que se reclama;

II. Dinero;

III. Créditos realizables en el acto;

IV. Alhajas;

V. Frutos y rentas de toda especie;

VI. Bienes muebles no comprendidos en las fracciones anteriores;

VII. Bienes inmuebles;

VIII. Créditos, y

IX. Sueldos o comisiones.

Artículo 1030. La designación de embargo sobre créditos o cuentas bancarias de la persona deudora sólo procede respecto de las que existen al momento de la ejecución, y bastará que se haga en forma genérica, para que se trabe el embargo y se perfeccione posteriormente por la parte a cuyo favor se haga la ejecución, con el auxilio judicial acerca de informes que rindan terceros, quienes estarán en todo caso obligados a proporcionar los números de cuenta o crédito que permitan su identificación.

En el caso de que el ejecutante se reserve el derecho a señalar bienes, no será motivo para dar nueva oportunidad al ejecutado de señalar.

Cualquier dificultad suscitada en la diligencia no impedirá el embargo; el ejecutor judicial la allanará prudentemente, a reserva de lo que determine la autoridad jurisdiccional.

En caso de que se pretenda ejecutar deudas de carácter alimentario, la prelación establecida en el artículo 819 del presente Código Nacional no será necesaria.

Artículo 1031. La persona ejecutante puede señalar los bienes que han de ser objeto de embargo, sin sujetarse al orden establecido por el artículo anterior:

I. Si para hacerlo estuviere autorizado por la persona obligada en virtud de convenio expreso;

II. Si los bienes que señala la persona demandada no fueron bastantes o si no se sujeta al orden establecido, o

III. Si los bienes estuvieren en diversos lugares. Pudiendo señalar los que se hallen en el lugar del juicio.

Artículo 1032. El embargo sólo procede y subsiste en cuanto a los bienes que fueron objeto de él, basten para cubrir lo condenado en la resolución judicial de que se trate la suerte principal, intereses, costas, gastos y daños y perjuicios, en su caso, incluyéndose los nuevos vencimientos y réditos hasta la conclusión del procedimiento.

Artículo 1033. Cuando practicado el remate de los bienes consignados en garantía, no alcanzare su producto para cubrir la reclamación, la persona acreedora puede pedir el embargo de otros bienes.

Artículo 1034. Podrá pedirse la ampliación de embargo:

I. En cualquier caso, en que, a juicio de la autoridad jurisdiccional, no basten los bienes embargados para cubrir lo condenado en la resolución judicial de que se trate;

II. Si el bien mueble embargado que se sacó a remate dejare de cubrir el importe de lo reclamado a consecuencia de las retasas que sufriere o si transcurrido (sic) seis meses de la remisión, no se hubiere obtenido su venta;

III. Cuando no se embarguen bienes suficientes por no tenerlos la persona deudora y después aparezcan o los adquiera;

IV. En los casos que se promueva una tercería, conforme a lo dispuesto en este Código Nacional, y

V. En los casos en los que después de emplazarse a todas las personas demandadas, transcurran seis meses sin que haya resuelto en definitiva el juicio debido a medios de defensa promovidos por el presunto ejecutado.

Artículo 1035. La ampliación del embargo se seguirá sin suspensión de la sección de ejecución.

Artículo 1036. De todo embargo se tendrá como persona depositaria o interventor, según la naturaleza de los bienes que sean objeto de éste, a la persona o institución, que bajo su responsabilidad nombre la persona acreedora, pudiendo ser ella misma o la persona deudora, mediante formal inventario.

En dichos casos la persona deberá identificarse, señalar domicilio para la guarda y custodia de los bienes dentro de la competencia territorial de la autoridad jurisdiccional, así como protestar y aceptar el cargo en la diligencia respectiva; requisitos sin los cuales no se le tendrá por designado.

El depositario o interventor recibirán los bienes bajo inventario formal, previa aceptación y protesta de desempeñar el cargo. De igual manera, responderán de los daños y perjuicios que pudieran causarse por su negligencia o mala fe, con motivo del depósito o por el incumplimiento de cualquier mandato que determine sobre el destino de los bienes secuestrados.

Se exceptúan de lo dispuesto en este precepto:

I. El embargo de dinero o de créditos fácilmente realizables que se efectúa en virtud de sentencia, porque entonces se hace entrega inmediata a la persona actora en pago; en cualquier otro caso, el depósito se hará en billete o certificado respectivo que se conservará en el seguro del juzgado;

II. El embargo de bienes que han sido objeto de embargo judicial anterior, en cuyo caso este depositario lo será respecto de todos los embargos subsecuentes mientras subsista el primero, a no ser que el reembargo sea por virtud de juicio hipotecario, derecho de prenda u otro privilegio real; porque entonces éste prevalecerá si el crédito de que procede es de fecha anterior al primer embargo, y

III. El embargo de alhajas, obras de arte y demás bienes muebles o inmuebles preciosos que se hará depositándolos en el Monte de Piedad o Institución designada para ello, a costa de la persona deudora.

Artículo 1037. Cuando se justifique que los bienes que se trate de embargar están sujetos a depósito o intervención con motivo de embargo judicial anterior, en caso de reembargo no se nombrará nuevo depositario o interventor, sino que el nombrado con anterioridad lo será para todos los reembargos subsecuentes, mientras subsista el primer embargo, y se pondrá en conocimiento de las autoridades jurisdiccionales que ordenaron los anteriores aseguramientos.

Cuando se remueva al depositario, se comunicará el nuevo nombramiento a las autoridades jurisdiccionales que practicaron los ulteriores embargos, para que procedan conforme a derecho.

Artículo 1038. Cuando por cualquier motivo, quede insubsistente el primer embargo, la autoridad jurisdiccional que lo haya dictado lo comunicará así al que le siga en orden, para que, ante él, se haga el nombramiento de nuevo depositario; pero la autoridad jurisdiccional que dictó dicho primer embargo no cancelará, por esta razón, las garantías otorgadas, hasta que apruebe la gestión del depositario que nombró, y lo declare libre de toda responsabilidad, y hasta que el que le siga en orden le comunique que ante él se otorgaron las que exige la ley. Además, deberá estar concluida toda cuestión relativa a la entrega de los bienes al nuevo depositario.

La autoridad jurisdiccional cuyo embargo quede en primer término, lo comunicará, así a los ulteriores, con expresión de todos los requisitos que, ante ésta, llenó el nuevo depositario.

Artículo 1039. No son susceptibles de embargo:

I. Los bienes que constituyan el patrimonio de familia desde su inscripción en el Registro Público de la Propiedad, Oficina Registral o cualquier otra Institución Registral análoga según la Entidad Federativa de la que se trate, en los términos establecidos por el Código Civil;

II. El lecho cotidiano, los vestidos y los muebles de uso ordinario de la persona deudora, su cónyuge o sus hijos, siempre que no se trate de artículos de lujo;

III. Los instrumentos, aparatos y útiles necesarios para el arte u oficio a que la persona deudora esté dedicada;

IV. La maquinaria, instrumentos y animales propios para el cultivo agrícola, en cuanto fueren necesarios para el servicio de la finca a que estén destinados a juicio de la autoridad jurisdiccional, a cuyo efecto oirá el informe de un perito nombrado por ella a costa de la persona deudora;

V. Los libros, aparatos, instrumentos y útiles de las personas que ejerzan o se dediquen al estudio de profesiones liberales;

VI. Las armas que los militares en servicio activo usen, indispensables para éste, conforme a las Leyes relativas;

VII. Los efectos, maquinaria e instrumentos propios para el fomento y giro de las negociaciones mercantiles e industriales, en cuanto fueren necesarios para su servicio y movimiento, a juicio de la autoridad jurisdiccional, a cuyo efecto oirá el dictamen de un perito nombrado por ella, cuyos honorarios correrán a costa de la persona deudora, pero podrán ser intervenidos juntamente con la negociación a que estén destinados;

VIII. Las mieses, antes de ser cosechadas, pero no los derechos sobre las siembras;

IX. El derecho de usufructo, pero no los frutos de éste;

X. Los derechos de uso y habitación;

XI. Las servidumbres, a no ser que se embargue el fundo a cuyo favor están constituidas, excepto la de aguas, que es embargable independientemente;

XII. La renta vitalicia, en los términos establecidos en los artículos relativos del Código Civil;

XIII. Los sueldos y el salario de las personas trabajadoras, en los términos que establece la Ley; siempre que no se trate de deudas alimenticias o responsabilidad proveniente de delito;

XIV. Las asignaciones de las personas pensionistas del erario;

XV. Los ejidos de los pueblos y la parcela individual que en su fraccionamiento haya correspondido a cada persona ejidataria, y

XVI. Los demás bienes exceptuados por disposición de las leyes.

Artículo 1040. La persona deudora sujeta a patria potestad o tutela, la que estuviere físicamente impedida para trabajar y la que sin culpa carezca de diversos bienes o de profesión u oficio, tendrán alimentos que la autoridad jurisdiccional fijará, sólo cuando existan bienes que produzcan frutos, de entre los que se encuentran garantizando la obligación y hasta en tanto salgan del patrimonio del titular, momento en que cesarán los alimentos, siempre atendiendo a la importancia de la demanda y de los bienes y las circunstancias de la persona demandada.

Artículo 1041. Todo embargo de bienes inmuebles o derechos reales sobre bienes inmuebles, se inscribirá en el Registro Público de la Propiedad, Oficina Registral o cualquier otra Institución Registral análoga de la Entidad Federativa de la que se trate, expidiéndose para tal efecto por duplicado, copia certificada de la diligencia o del acta mínima de la audiencia, y cuando se trate de juicios ejecutivos; de la diligencia de embargo, uno de los ejemplares, después del registro, se agregará a los autos y el otro quedará en la oficina de registro.

El embargo de títulos valor se puede realizar aun cuando no se tengan a la vista, y se tomará nota de él en el registro que corresponda, conforme al procedimiento establecido en el párrafo anterior.

Artículo 1042. Una vez trabado el embargo no puede el ejecutado alterar en forma alguna el bien embargado, ni contratar el uso del mismo, si no es con autorización judicial, que se otorgará oyendo al ejecutante. Registrado que sea el embargo, toda transmisión de derechos respecto de los bienes sobre los que se haya trabado, no altera de manera alguna la situación jurídica de los mismos en relación con el derecho del embargante de obtener el pago de su crédito con el producto del remate de esos bienes, derecho que se surtirá en contra de tercero con la misma amplitud y en los mismos términos que se surtiría en contra del embargado, si no se hubiese operado la transmisión.

Artículo 1043. Cuando se aseguren créditos, el embargo se reducirá a notificar a la persona deudora o a quien deba pagarlos, que no verifique el pago, sino que retenga la cantidad o cantidades correspondientes a disposición del juzgado, apercibida de doble pago en caso de desobediencia; y a la persona acreedora contra quien se haya dictado el embargo, que no disponga de esos créditos, bajo las penas que señala el Código Penal aplicable.

Si llegare a asegurarse el título mismo del crédito, se nombrará una persona depositaria que lo conserve en guarda, quien tendrá obligación de hacer todo lo necesario para que no se altere ni menoscabe el derecho que el título represente, y de intentar todas las acciones y recursos que la ley conceda para hacer efectivo el crédito, quedando sujeto, además a las obligaciones que impone el Código Civil.

Si se tratare de títulos a la orden o al portador, el embargo sólo podrá practicarse mediante la aprehensión de los mismos.

Si el crédito fuere pagado en su totalidad, se depositará su importe en la institución de crédito respectiva y el billete de depósito se guardará en la caja del juzgado que se trate y, desde ese momento, cesará en sus funciones el depositario nombrado.

Artículo 1044. Si los créditos a que se refiere el artículo anterior fueren derechos litigiosos, la providencia de embargo se notificará a la autoridad jurisdiccional de los autos respectivos, dándole a conocer a la persona depositaria nombrada a fin de que ésta pueda sin obstáculo alguno desempeñar las obligaciones que corresponda.

Artículo 1045. Cuando el embargo recaiga sobre el dinero efectivo o alhajas, el depósito se hará en una institución de crédito, y, donde no haya esta institución, en casa comercial de crédito reconocida. En este caso, el billete de depósito se guardará en la caja del juzgado que se trate, y no se recogerá lo depositado sino en virtud de orden escrita de la autoridad jurisdiccional de los autos.

Artículo 1046. Una vez recaído el embargo sobre bienes muebles que no sean dinero, alhajas, ni créditos, la persona depositaria que se nombre sólo tendrá el carácter de simple custodia de los objetos puestos a su cuidado, los que conservará a disposición de la autoridad jurisdiccional respectiva. Si los muebles fueren fructíferos, rendirá cuentas en los términos de este Código Nacional.

Artículo 1047. La persona depositaria, en el caso del artículo anterior, pondrá en conocimiento de la autoridad jurisdiccional el lugar en que quede constituido el depósito y recabará de ésta la autorización para hacer, en caso necesario, los gastos razonables de almacenaje y conservación. Los gastos de almacenaje serán a cargo de la persona deudora.

Si no pudiere, la persona depositaria, hacer los gastos que demande el depósito, pondrá esta circunstancia en conocimiento de la autoridad jurisdiccional, para que ésta, oyendo a las partes en una audiencia, que se efectuará dentro de tres días siguientes, decrete el modo de hacer los gastos, según en la audiencia se acordare o, en caso de no haber acuerdo, imponiendo esa obligación al que obtuvo la providencia del embargo.

Artículo 1048. Si los muebles depositados fueren bienes fungibles, la persona depositaria tendrá, además, la obligación de imponerse del precio observado en el comercio de los efectos confiados a su guarda, a fin de que, si encuentra ocasión favorable para la venta, lo ponga desde luego, en conocimiento de la autoridad jurisdiccional, con objeto que ésta determine lo que fuere conveniente, en una audiencia en que oirá al depositario y a las partes, si asistieren, y que se efectuará, a más tardar, dentro de los tres días siguientes.

Los bienes podrán depositarse en un almacén general de depósito cuyo costo será a cargo de la persona deudora.

Artículo 1049. Cuando hubiere inminente peligro de que los bienes fungibles se pierdan o inutilicen, entre tanto que se cita y efectúa la audiencia a que se refiere el artículo anterior, el depositario está obligado a venderlas al mejor precio observado en el comercio, rindiendo, a la autoridad jurisdiccional, cuenta con pago.

Artículo 1050. Si los muebles depositados fueren bienes fáciles de deteriorarse o demeritarse, la persona depositaria deberá examinar frecuentemente su estado y poner en conocimiento de la autoridad jurisdiccional el deterioro o demérito que en ellos observe o tema fundadamente que sobrevenga, a fin de que ésta dicte las medidas conducentes para evitar el daño, o acuerde su venta con las mejores condiciones, en vista de los precios observados en el comercio y del demérito que hayan sufrido o estén expuestos a sufrir los objetos secuestrados.

Artículo 1051. Si el embargo recayere en finca urbana y sus rentas o sobre éstas solamente, la persona depositaria tendrá el carácter de administradora, con las facultades y deberes siguientes:

I. Podrá contratar los arrendamientos fijando una renta a precio de mercado, procurando que las rentas no sean menores a las que estuvieron vigentes al tiempo de verificarse el embargo. Exigirá para asegurar el arrendamiento las garantías de estilo, bajo su responsabilidad, si no quiere aceptar ésta, recabará la autorización judicial;

II. Recaudará las pensiones que por arrendamiento rinda la finca, en sus términos y plazos; procediendo, en su caso, contra las personas inquilinas morosas, con arreglo a la ley;

III. Efectuará, sin previa autorización los gastos ordinarios de la finca, como el pago de contribuciones y los de mera conservación, servicio y aseo, no siendo excesivo su monto, cuyos gastos incluirá en la cuenta mensual que presentará a la autoridad jurisdiccional y serán a cargo de la persona deudora;

IV. Pagará los impuestos que corresponda por el arrendamiento en forma oportuna, y de no hacerlo así, serán de su responsabilidad los daños y perjuicios que su omisión origine;

V. Para hacer los gastos de reparación o de construcción ocurrirá a la autoridad jurisdiccional solicitando la autorización para ello, y acompañando, al efecto, los presupuestos respectivos, y

VI. Pagará, previa autorización judicial, los réditos de gravámenes reconocidos sobre la finca.

Artículo 1052. Para el efecto que se refiere en la fracción I del artículo anterior del presente Código Nacional, si ignorare la persona depositaria cuál era el importe de la renta al tiempo de practicarse el embargo, recabará dictamen pericial y solicitará la correspondiente autorización judicial para tal efecto.

Pedida la autorización a que se refiere la fracción V del mismo artículo 1051 del presente Código Nacional, la autoridad jurisdiccional citará a una audiencia que se verificará dentro de tres días siguientes para que las partes, en vista de los documentos que se acompañan, resuelvan de común acuerdo, si se autoriza o no el gasto. Si no se logra el acuerdo, y la persona depositaria o alguna de las partes insiste en la necesidad de la reparación, conservación o construcción, la autoridad jurisdiccional resolverá, autorizando o no el gasto, como lo estime conveniente. Contra dicha resolución no procede recurso alguno.

Artículo 1053. Cuando se embarguen bienes que estuvieren arrendados o alquilados, se notificará, a los arrendatarios, que, en lo sucesivo, deben pagar las rentas o alquileres a la persona depositaria nombrada, apercibidos de doble pago, si no lo hicieren así.

Al hacerse la notificación, se dejará, en poder del inquilino, cédula en que se insertará el auto respectivo. Si, en el acto de la diligencia o dentro del día siguiente de causar estado la notificación, el inquilino o arrendatario manifestare haber hecho algún anticipo de rentas o alquileres, deberá acreditarlo al hacer su manifestación, con los recibos del arrendador. De lo contrario, no se tomará en cuenta, y quedará obligado en los términos anteriores.

Artículo 1054. Si el embargo se efectúa en una finca rústica o en una negociación mercantil o industrial, la persona depositaria será interventora con cargo a la caja, vigilando la contabilidad y todas las operaciones que se efectúen, pudiendo oponerse incidentalmente a la realización de cualquier acto que perjudique a los intereses de la persona ejecutante y tendrá las siguientes atribuciones:

I. Dentro de los diez días siguientes a la fecha en que haya tomado posesión de su cargo, realizara una descripción de todos los bienes muebles e inmuebles, títulos valor, géneros de comercio y derechos de cualquier otra especie, conforme al valor que la propia contabilidad de la negociación les fije, elaborando, asimismo, un balance que muestre la situación financiera de la negociación a fin de que produzcan el mejor rendimiento posible, con los cuales dará cuenta a la autoridad jurisdiccional y vigilará:

a) En las fincas rústicas, la recolección de los frutos y su venta;

b) Las compras y ventas de las negociaciones mercantiles, recogiendo, bajo su responsabilidad el numerario y efectos de comercio para hacerlos efectivos en su vencimiento;

c) La compra de materia prima, su elaboración y la venta de los productos, en las negociaciones industriales, recogiendo el numerario y efectos de comercio para hacerlos efectivos en su vencimiento;

II. Ministrará los fondos para los gastos de la negociación o finca rústica y cuidará que la inversión de esos fondos se haga convenientemente;

III. Depositará mediante billete de depósito el dinero que resultare sobrante, después de cubiertos los gastos necesarios y ordinarios a disposición del juzgado;

IV. Las medidas necesarias para evitar abusos y malos manejos de las personas administradoras, dando cuenta a la autoridad jurisdiccional para su ratificación y para que determine lo conducente para remediar en su caso, la mala administración, y

V. La persona administradora designada deberá acreditar, conjuntamente al aceptar y protestar el cargo, tener conocimiento y experiencia para ejercer el cargo, así como acreditar contar con bienes inmuebles suficientes o exhibir una garantía o fianza que cubra los daños y perjuicios, para así asegurar el debido ejercicio del cargo. Sin ese requisito no se le tendrá por designado y no se le pondrá en posesión del cargo.

Artículo 1055. Si en el cumplimiento de los deberes que el artículo anterior impone a la persona interventora, ésta encontrare que la administración no se hace convenientemente, o puede perjudicar los derechos de la persona que pidió y obtuvo el embargo, lo pondrá en conocimiento de la autoridad jurisdiccional, para que, oyendo a las partes y a la persona interventora, determine lo conveniente. Contra dicha resolución no procede recurso alguno.

Artículo 1056. Si la persona interventora al efectuar la valoración de los bienes muebles e inmuebles, incluyendo los efectos, maquinaria e instrumentos propios para el fomento y giro de las negociaciones mercantiles o industriales, así como de los títulos valor, géneros de comercio y derechos de cualquier otra especie, encuentra que alguno o algunos de ellos son suficientes para cubrir el adeudo, lo hará del conocimiento de la autoridad jurisdiccional, para que ésta autorice su venta, a valor de mercado, debiendo tomar nota del valor de venta en la contabilidad de la negociación y el que arroje el juicio de perito único adscrito y designado por la autoridad jurisdiccional, siempre y cuando los bienes de que se trate no fueren necesarios para el servicio y movimiento de aquellas, a juicio de la autoridad jurisdiccional.

En caso de que el producto de la venta cubra el monto total de la condena y los gastos que correspondan, terminará la designación del interventor con cargo a la caja.

Artículo 1057. Las personas que tengan administración o intervención presentarán a la autoridad jurisdiccional cada mes, una cuenta de los esquilmos y demás frutos de la finca, y de los gastos erogados, con todos los comprobantes respectivos, en cuyo caso las partes tendrán derecho de controvertir en la vía incidental.

Artículo 1058. La autoridad jurisdiccional en la vía incidental aprobará o no, la cuenta mensual y determinará los fondos que deban quedar para los gastos necesarios, mandando depositar el sobrante líquido. Los incidentes relativos al depósito y a las cuentas, se seguirán de conformidad con las disposiciones previstas en el presente Código Nacional.

Artículo 1059. Será removida la persona depositaria en los siguientes casos:

I. Si dejare de rendir cuenta mensual o la presentada no fuere aprobada;

II. Cuando no haya manifestado su domicilio o el cambio de ésta;

III. Cuando tratándose de bienes muebles, no pusiere en conocimiento de la autoridad jurisdiccional, dentro de los tres días que sigan a la entrega, el lugar en donde quede constituido el depósito, y

IV. Cuando actúe con dolo, negligencia o mala fe con motivo del depósito o por el incumplimiento de cualquier mandato que determine sobre el destino de los bienes secuestrados.

Si la persona removida fuere la persona deudora, la persona ejecutante nombrará nuevo depositario. Si lo fuere la persona acreedora o la persona por él nombrada, la nueva elección se hará por la autoridad jurisdiccional, de conformidad con las disposiciones previstas en el presente Capítulo. Contra dicha resolución no procede recurso alguno.

La persona depositaria responderá de los daños y perjuicios causados en caso de negligencia o mala fe.

Artículo 1060. La persona depositaria y la persona actora, cuando ésta la hubiere nombrado, serán responsables solidariamente de los bienes.

Artículo 1061. Cuando hubiere cambio de la persona depositaria, se prevendrá, a quien tuviere los bienes, que haga entrega de ellos, dentro de los tres días siguientes al que fuere nombrado, con el apercibimiento de que, de no hacerlo, se hará uso inmediato de la fuerza pública. Si el plazo indicado no bastare para concluir la entrega, la autoridad jurisdiccional podrá ampliarlo.

Artículo 1062. Las personas depositarias e interventoras percibirán por honorarios los que señale el arancel autorizado por la Ley Orgánica o legislación correspondiente de cada Entidad Federativa.

Artículo 1063. Los incidentes de liquidación de sentencia, rendición de cuentas y determinación de daños y perjuicios, así como cualquier audiencia, solicitud o trámite para la ejecución de la sentencia, se harán de la manera más sencilla y accesible, sin mayor formalidad que las dispuestas en este Código Nacional. Lo anterior resulta aplicable tratándose de la fijación de acuerdos siempre que no vulneren disposiciones de orden público y social, o derechos de terceros.

En todos los casos se procurará dar trámite y resolver dentro del sistema de audiencias, conforme a los principios del juicio oral.

Artículo 1064. Las disposiciones de este Capítulo resultan aplicables a todos los casos de embargo judicial, salvo aquéllos en que este Código Nacional disponga expresamente otra cosa.

CAPÍTULO IV
DEL REMATE EN SUBASTA PÚBLICA

Artículo 1065. Toda venta que legalmente deba practicarse en subasta o almoneda pública, se sujetará a las disposiciones contenidas en este Capítulo, salvo en los casos en que el presente Código Nacional disponga expresamente lo contrario.

Artículo 1066. Todo remate de bienes inmuebles o muebles será público y deberá celebrarse en la sede de la autoridad jurisdiccional que fuere competente para la ejecución.

Las reglas contenidas en este Capítulo serán aplicables para los semovientes y créditos en lo que resulte aplicable.

Artículo 1067. Una vez inscrito el embargo sobre el bien inmueble de que se trate, exhibido el certificado de gravamen y notificados los acreedores o terceros que del mismo se desprendan, dentro del término común de diez días que establezca la autoridad jurisdiccional, la parte ejecutora, parte ejecutada, personas acreedoras y terceros tendrán derecho de exhibir avalúo de los bienes inmuebles, mismo que deberá ser realizado por corredor público, institución de crédito o perito valuador autorizado por el Consejo de la Judicatura, los cuales en ningún caso podrán tener el carácter de parte o de persona interesada en el juicio.

Artículo 1068. En el caso de bienes inmuebles el valuador deberá considerar en su dictamen las características físicas, económicas, plusvalía, contexto y zona sociodemográfica en la que se encuentra el inmueble, el precio del mercado inmobiliario y todo aquel otro elemento que sirva para determinar el valor comercial del mismo.

Cuando la parte ejecutada no hubiere designado perito valuador en el plazo legal o el juicio se siga en su rebeldía, la autoridad jurisdiccional lo designará en su rebeldía, nombrado de la lista de peritos autorizados por el Consejo de la Judicatura respectivo, cuyos honorarios serán cubiertos por la parte ejecutada.

Artículo 1069. En el supuesto de que ninguna de las partes exhiba el avalúo dentro del plazo señalado, cualquiera de ellas podrá presentarlo posteriormente. A partir de que se presente el primero, las demás partes tendrán un término común de diez días para exhibir el suyo.

Artículo 1070. Si todas las partes exhibieren los avalúos y el valor referido en ellos no coincide, se tomará como base para el remate el promedio de entre el más alto y más bajo, siempre que no exista un veinte por ciento de diferencia entre ellos. En caso de que la diferencia supere ese porcentaje, la autoridad jurisdiccional ordenará se practique un nuevo avalúo para determinar el valor, nombrando perito valuador de la lista autorizada por el Consejo de la Judicatura respectivo, cuyos honorarios serán cubiertos por ambas partes.

Artículo 1071. El avalúo practicado tendrá vigencia de un año. Durante la primera subasta deberá estar vigente el avalúo practicado. Si entre ésta y las subsecuentes mediará un término mayor de seis meses, se deberán actualizar los valores.

Artículo 1072. Tratándose de remate de bienes inmuebles, se deberá exhibir certificado que consigne la existencia de gravámenes, emitido no mayor a seis meses por autoridad registral competente.

Artículo 1073. Si del certificado aparecieren gravámenes, se procederá a notificar de forma personal el estado de ejecución a las personas acreedoras o quienes a su favor existan derechos para que intervengan en el avalúo y subasta de los bienes, si así lo deciden.

Artículo 1074. Las personas acreedoras o aquellas cuyo gravamen este a su favor, tendrán las siguientes facultades:

I. Intervenir en el acto del remate y hacer las observaciones a la autoridad jurisdiccional que estimen pertinentes para garantizar sus derechos. Lo anterior no implicará que se suspenda el procedimiento de remate;

II. En su caso, apelar el auto de aprobación del remate, y

III. Una vez notificado, nombrar a su costa perito valuador que podrá con los nombrados por las partes, practicar el correspondiente avalúo. No podrá ejercer este derecho después de transcurrido el término común y practicado el avalúo por los peritos de las partes o el tercero en discordia o el designado por la autoridad jurisdiccional, ni cuando la valorización se haga por otros medios.

Artículo 1075. Cuando el monto líquido total de la condena sea igual o superior al valor de los bienes valuados y del certificado en el que se hagan constar los gravámenes, no aparecieren otras personas acreedoras, la parte ejecutante podrá optar por la adjudicación directa de los bienes. Contra la resolución que adjudica de forma directa al ejecutante, procede el recurso de apelación en ambos efectos.

La persona acreedora o alguna otra tercera a quien se adjudique el bien, de forma directa o en subasta pública, reconocerá, a las personas acreedoras hipotecarias anteriores, sus créditos, hasta donde baste a cubrir el precio de adjudicación, para pagárselos al vencimiento de sus escrituras.

Artículo 1076. Una vez determinado el valor de los bienes inmuebles, la autoridad jurisdiccional deberá cerciorarse que los datos de identificación de los mismos asentados en el acta de embargo coincidan con aquellos contenidos en el certificado en el que se hace constar los gravámenes, así como con los datos de identificación en el avalúo. Tratándose de juicios que en autos conste los títulos de propiedad de los bienes, la autoridad jurisdiccional deberá hacer la misma identificación señalada en el párrafo anterior. Una vez realizada la identificación, se podrá ordenar la publicación de edictos para anunciar la subasta pública.

Artículo 1077. De existir diferencias en los datos de identificación de los inmuebles a rematar, la autoridad jurisdiccional lo hará del conocimiento a las partes, a efecto de que éstas aporten los elementos necesarios para subsanar cualquier diferencia previa a la subasta pública.

Artículo 1078. El remate deberá realizarse dentro de los veinte días siguientes a la fecha de publicación del anuncio de su celebración; pero en ningún caso mediarán menos de cinco días entre la publicación del último edicto y la subasta.

La subasta pública deberá anunciarse por edicto una sola ocasión en el medio de comunicación procesal oficial y a través de los medios electrónicos del Poder Judicial respectivo, así como en los de la Tesorería de cada Entidad Federativa, debiendo mediar entre la publicación y la fecha de remate cuando menos cinco días hábiles.

Tratándose de remates del interés de la Federación, deberá anunciarse la subasta pública ante el Instituto de la Administración y Avalúos de Bienes Nacionales.

Si los bienes estuvieren ubicados en diversas jurisdicciones, en todas ellas se publicarán los edictos privilegiando los medios electrónicos correspondientes, o aquellos que considere a juicio de la autoridad jurisdiccional.

Artículo 1079. Antes de aprobarse la subasta, podrá la persona deudora librar sus bienes pagando lo condenado a través de la exhibición de certificado de depósito por la cantidad que prudentemente califique la autoridad jurisdiccional, para garantizar el pago de las costas, si hubiere condena a ello. Después de aprobada la subasta, no podrá ser revocada por la propia autoridad jurisdiccional. La resolución que apruebe o desapruebe un remate podrá ser apelable en el efecto devolutivo.

Artículo 1080. Si los bienes inmuebles estuvieren situados en otra Entidad Federativa distinta al del lugar de la ejecución, en todos ellos se publicarán los edictos en los sitios de costumbre y en las puertas de los tribunales respectivos.

En tales casos, se ampliará el plazo para la celebración de la subasta, concediéndose un día más por cada doscientos kilómetros o por una fracción que exceda de la mitad, y se calculará para designar el día de la subasta, la distancia mayor a que se hallen los bienes. La autoridad jurisdiccional además de los medios de publicidad mencionados, podrá utilizar algún otro para convocar postores.

Artículo 1081. Postura legal es la que cubre las dos terceras partes del valor determinado para los bienes en subasta, con el objeto de que la cantidad de la parte de contado, sea suficiente para pagar el monto del crédito o créditos de lo sentenciado.

Cuando por el importe del valor fijado a los bienes, no sea suficiente la parte de contado para cubrir lo sentenciado, será postura legal las dos terceras partes del avalúo, dadas al contado.

Artículo 1082. Las posturas se formularán por escrito, salvo que los Consejos de la Judicatura establezcan otros mecanismos para ello expresando, la misma parte postora o su representante con facultades para ello, lo siguiente:

I. El nombre, capacidad legal y domicilio de la parte postora;

II. La cantidad que se ofrezca por los bienes;

III. La cantidad que se otorgue de contado, y los términos en que se haya de pagar el resto;

IV. El interés que deba causar la suma que se quede reconociendo, el que no puede ser menor del nueve por ciento anual;

V. La exhibición del billete de depósito que consigne el diez por ciento del valor de los bienes sujetos a la subasta, y

VI. La sumisión expresa a la autoridad jurisdiccional que conozca del negocio, para que haga cumplir el contrato.

En caso de que una postura no cumpla con los anteriores requisitos, la autoridad jurisdiccional le requerirá al postor que satisfaga los omitidos, que deberán ser subsanados dentro del día siguiente, y en caso de que ese día se celebre la subasta, deberá realizarse antes de su inicio, caso contrario, se tendrá por no hecha la postura.

Artículo 1083. Las posturas que ofrezcan de contado solo una parte del precio, deberán exhibir en el remate el diez por ciento en numerario o billete de depósito a favor de la autoridad jurisdiccional ante la cual se lleva la subasta, y la cantidad que adeude será garantizada con primera hipoteca o prenda, expresando, al formular su postura, los bienes que quedarán sujetos al gravamen respectivo.

Al concluir la subasta, la autoridad jurisdiccional ordenará al postor en quien se finque el remate, la exhibición del diez por ciento que quedará como garantía del cumplimiento de su obligación, misma que se mandará depositar en términos del presente Código Nacional. Las exhibiciones de las personas postoras que no se les fincaron los bienes, les serán devueltas en ese acto.

Artículo 1084. Cuando el importe de las posturas y mejoras en el precio de subasta se ofrezcan de contado, debe exhibirse en numerario o billete de depósito a favor de la autoridad jurisdiccional que realiza la subasta; y, fincado el bien en favor del postor que hubiere hecho la exhibición, se procederá en los términos de la parte final del artículo anterior.

Artículo 1085. La parte ejecutante podrá formar parte en la subasta y mejorar las posturas de las pujas que se hicieren, sin necesidad de consignar el depósito prevenido en el artículo anterior.

Cuando la parte ejecutante haga postura, la garantía o la exhibición de contado, en su caso, se limitará al exceso de la postura, sobre el importe de lo sentenciado.

Artículo 1086. La persona postora no puede rematar para un tercero, sino con poder y cláusula especial, quedando prohibido hacer postura, reservándose la facultad de declarar después, el nombre de la persona para quien se hizo.

Artículo 1087. Desde que se anuncie el remate y durante éste, se pondrán de manifiesto los planos que hubiere y estarán a la vista los avalúos.

Artículo 1088. La autoridad jurisdiccional revisará minuciosamente el expediente antes de iniciar la subasta, y decidirá de plano cualquier cuestión que se suscite durante la misma. Las resoluciones que dicte durante la subasta serán irrecurribles.

Artículo 1089. En la hora prevista el día de la subasta, la autoridad jurisdiccional, de forma personal, pasará lista de las partes postoras presentadas, y concederá diez minutos para admitir a las nuevas personas postoras que se presenten. Concluido el plazo, la autoridad jurisdiccional declarará que procederá a subastar los bienes y no podrá admitir nuevos participantes. Enseguida revisará las propuestas presentadas, desechando, desde luego, las que no tengan postura legal y las que no estuvieren acompañadas del billete de depósito a que se refiere el presente Capítulo del Código Nacional.

Artículo 1090. Calificadas de buenas las posturas, la autoridad jurisdiccional las leerá en voz alta por sí misma, para que las partes postoras presentes puedan mejorarlas. Si hay varias posturas legales, la autoridad jurisdiccional decidirá cuál es la preferente.

Hecha la declaración de la postura considerada preferente, la autoridad jurisdiccional preguntará si alguno de los licitadores la mejora inmediatamente, contando del uno al tres en un término no mayor a los treinta segundos, sin necesidad de certificación. En caso de que alguna persona mejore la postura antes de llegar al conteo señalado, interrogará de nuevo si algún postor puja la mejora, realizando un nuevo conteo en igual tiempo y forma y, así, sucesivamente, con respecto a las pujas que se hagan y mejoren el precio del remate. En cualquier momento en que, transcurrido el término antes señalado, después de hacer la pregunta correspondiente, no se mejorare la última postura o puja, declarará la autoridad jurisdiccional fincado el remate en favor del postor que hubiere hecho aquélla y lo aprobará en su caso.

En caso de que la autoridad jurisdiccional lo considere necesario podrá decretar un receso razonable que no excederá de treinta minutos para analizar las pujas, previo a la aprobación y fincar el remate.

La resolución que apruebe o desapruebe el remate será apelable en el efecto devolutivo, sin que proceda recurso alguno en contra de las resoluciones que se dicten durante el procedimiento de remate.

Artículo 1091. Una vez ejecutada la subasta, si restan cantidades exigibles por cuantificar que sean pendientes de cumplimiento en la resolución judicial que se ejecuta, cualquiera de las partes podrá promover incidente de liquidación.

Antes de fincado el remate, puede el deudor librar sus bienes si paga en el acto lo sentenciado y garantiza el pago de las costas que estén por liquidar.

Artículo 1092. Al declarar aprobada la subasta, mandará la autoridad jurisdiccional, dentro de los tres días siguientes se otorgue a favor de la persona adjudicataria la escritura de adjudicación correspondiente, en los términos de su postura y que se le entreguen los bienes subastados. Para ello corresponderá a la autoridad jurisdiccional la firma de la escritura, sin necesidad de requerir al ejecutado.

La suscripción de la escritura de adjudicación observará el procedimiento prescrito en este Código Nacional. Independientemente de ello, a petición de parte se ordenará la entrega de los bienes rematados.

Artículo 1093. Si el postor no cumpliere sus obligaciones, ya porque se negare a otorgar la garantía ofrecida, ya porque, extendida la escritura correspondiente, en su caso, se negare a firmarla en el término legal, la autoridad jurisdiccional, cerciorándose de estas circunstancias declarará sin efecto el remate, para citar, nuevamente, a la misma almoneda, y el postor perderá el diez por ciento exhibido, el que se aplicará, por vía de indemnización, al ejecutado, manteniéndose en depósito para los efectos del pago al ejecutante, hasta concluir los procedimientos de ejecución.

Artículo 1094. No habiendo parte postora, quedará al arbitrio de la parte ejecutante pedir en el momento de la subasta que se le adjudiquen los bienes por el precio del avalúo que sirvió de base para el remate o que se saquen de nuevo a subasta pública sin rebaja en el precio.

Esta segunda subasta se anunciará y celebrará en igual forma que la anterior.

En caso de liquidación de sociedad conyugal o herencias, no operará la rebaja en el precio fijado a los bienes, al no constituir un crédito pendiente de pago.

Artículo 1095. Si en la segunda subasta tampoco hubiere personas licitadoras, la persona actora podrá pedir o la adjudicación por el precio que sirvió de base para la segunda subasta o, que se le entreguen en administración los bienes para aplicar sus productos al pago del capital, los intereses y de las costas.

Artículo 1096. Si la parte ejecutante no está de acuerdo con ninguno de los dos medios expresados en el artículo que precede, podrá pedir que se celebre una tercera subasta, con rebaja del diez por ciento de la tasación.

En este caso, si hubiere parte postora que ofrezca las dos terceras partes del precio con rebaja para la subasta que sirvió de base y que acepte las condiciones de ésta, se fincará el remate, sin más trámites.

Si no llegase a dichas dos terceras partes, con suspensión del fincamiento del remate, se hará saber el precio ofrecido a la parte deudora, para que, en una continuación de la audiencia a celebrarse en los siguientes diez días hábiles, para que haga el pago a la parte acreedora librando los bienes, o presentar persona que mejore la postura, dentro de la referida continuación de audiencia de ejecución.

Si la parte deudora no hizo el pago o no lleva un mejor postor, se aprobará el remate mandando llevar a efecto la venta.

Las personas postoras a que se refiere este artículo cumplirán con el requisito previo del depósito a que se refiere este Código Nacional.

Artículo 1097. Cuando se mejore la postura, la autoridad jurisdiccional, mandará abrir nueva subasta dentro de los siguientes cinco días hábiles, la que se celebrará únicamente entre las dos personas postores, realizándose las pujas respectivas inmediatamente, conforme a las disposiciones del presente

Capítulo y, en su caso, se adjudicará la finca al que hiciere la proposición más ventajosa.

Si la primera persona postora, en vista de la mejora hecha por la segunda, manifestare que renuncia a sus derechos, o no se presentare a la subasta, se fincará en favor de la segunda. Lo mismo se hará con la primera, si la segunda no se presenta a la subasta.

Artículo 1098. Si en la tercera subasta se hiciere postura admisible en cuanto al precio, pero ofreciendo pagar a plazos o alterando alguna otra condición, se hará saber a la persona acreedora, la cual podrá pedir en los cinco días siguientes, la adjudicación de los bienes en las dos tercias partes del precio de la segunda subasta; y si no hace uso de este derecho, se aprobará el remate en los términos ofrecidos por el postor.

Para el caso de que la parte acreedora, el precio desee adjudicarse el bien de que se trate y su crédito condenado no alcance las dos tercias partes del precio del avalúo, podrá formar parte de la subasta y exhibir la diferencia en numerario o billete de depósito con las formalidades exigidas en el presente Capítulo.

Artículo 1099. Cualquier subasta que tenga que hacerse de los gravámenes que afecten a los inmuebles vendidos, gastos de la ejecución y demás, se regulará por la autoridad jurisdiccional en forma incidental.

Artículo 1100. Aprobada la subasta se prevendrá a la persona compradora que consigne ante la propia autoridad jurisdiccional, el precio del remate.

Si la persona compradora no consignare el precio en el plazo que la autoridad jurisdiccional señale, o por su culpa dejare de tener efecto la venta, se procederá a nueva subasta como si no se hubiera celebrado, perdiendo la persona postora el depósito respectivo, que se aplicará por vía de indemnización, por partes iguales, a las partes ejecutante y ejecutada.

Artículo 1101. Consignado el precio y aprobado en definitiva el remate o la adjudicación, se suscribirá la escritura a la persona adquirente ante la Notaria o Notario Público que éste designe, apremiando, en su caso, a la persona deudora para que los entregue, y se pondrán los bienes a disposición del mismo comprador, dándose para ello las órdenes necesarias, aun las de desocupación de fincas habitadas por la persona deudora o terceros que no tuvieren contrato para acreditar el uso, en los términos que fija el Código Civil respectivo de cada Entidad Federativa. Se le dará a conocer como dueño a las personas que él mismo designe.

En todos los casos el ejecutado, es responsable de la evicción.

Artículo 1102. Con el precio se pagará a la persona acreedora hasta donde alcance, y si hubiere costas pendientes que liquidar, se mantendrá en depósito la cantidad que se estime bastante para cubrirlas, hasta que sean aprobadas las que faltaren de pagarse; pero si la persona ejecutante no formula su liquidación dentro de los cinco días de hecho el depósito perderá el derecho de reclamarlas.

El reembargo produce su efecto en lo que resulte líquido del precio del remate, después de pagarse el primer embargante, salvo el caso de preferencia de derechos. La persona reembargante para obtener el remate en caso de que éste no se haya verificado, puede obligar a la primera ejecutante a que continúe su acción.

En la liquidación deberán comprobarse todos los gastos y costas posteriores a la sentencia de remate.

Artículo 1103. Si la parte que se diera de contado o billete de depósito excediere del monto de lo sentenciado, formada y aprobada la liquidación, se entregará la parte restante al ejecutado, si no se hallare retenida a instancia de otro acreedor, observándose, en su caso, las disposiciones del Código Civil respectivo sobre graduación de crédito.

Artículo 1104. Si la ejecución se hubiere despachado a instancia de una segunda persona acreedora hipotecario o de otra persona hipotecaria de ulterior grado, el importe de los créditos hipotecarios preferentes de que responda la finca rematada, se consignará ante el juzgado correspondiente y el resto se entregará sin dilación a la persona ejecutante, si notoriamente fuera inferior a su crédito o lo cubriere.

Si excediere, se le entregarán capital e intereses y las costas líquidas. El remanente quedará a disposición de la persona deudora a no ser que se hubiere retenido judicialmente para el pago de otras deudas.

Artículo 1105. La persona acreedora que se adjudique la cosa soportará los créditos hipotecarios que existan para pagarlos al vencimiento de su escrituración, y entregará a la persona deudora al contado, lo que resulte libre del precio, después de hecho el pago.

Artículo 1106. Cuando se hubiere seguido la vía de apremio en virtud de títulos a la persona portadora con hipoteca inscrita sobre la finca vendida, si existieren otros títulos con igual derecho, se prorrateará entre todo el valor líquido de la venta, entregando a la persona ejecutante lo que le corresponda y depositándose la parte correspondiente a los demás títulos hasta su cancelación.

Artículo 1107. En los casos a que se refieren los artículos 1102 y 1104 de este Código Nacional se cancelarán las inscripciones de las hipotecas a que estuviere afecta la finca vendida, expidiéndose para ello mandamiento, en el que se exprese que el importe de la venta no fue suficiente para cubrir el crédito de la persona ejecutante y, en su caso, haberse consignado el importe del crédito acreedor preferente o el sobrante, si los hubiere, a disposición de las personas interesadas.

En el caso del artículo 1105 de este ordenamiento, si el precio de la venta fuere insuficiente para pagar las hipotecas anteriores y las posteriores, sólo se cancelarán éstas, conforme a lo prevenido en la primera parte de este artículo.

Artículo 1108. Cuando conforme a lo previsto en este Código Nacional, la persona acreedora hubiere optado por la administración de las fincas embargadas, se observará lo siguiente:

I. La autoridad jurisdiccional mandará que se le haga entrega de ellas bajo el correspondiente inventario, y que se le dé a reconocer a las personas que el mismo acreedor designe;

II. La persona acreedora y la persona deudora podrán establecer por acuerdos particulares las condiciones y término de la administración, forma y época de rendir las cuentas. Si así no lo hicieren se entenderá que las fincas han de ser administradas según la costumbre del lugar, debiendo el acreedor rendir cuentas cada seis meses;

III. Si las fincas fueren rústicas podrá la persona deudora intervenir las operaciones de la recolección;

IV. La rendición de cuentas y las diferencias que de ellas surgieren se substanciarán sumariamente;

V. Cuando la persona ejecutante haya hecho pago de su crédito, intereses y costas con el producto de las fincas, volverán éstas a poder de la persona ejecutada, y

VI. La persona acreedora podrá cesar en la administración de la finca cuando lo crea conveniente y pedir se saque de nuevo a pública subasta por el precio que salió a segunda almoneda, y si no hubiere persona postora, que se le adjudique por dos terceras partes de ese valor, en lo que sea necesario para completar el pago, deduciendo lo que hubiere percibido a cuenta.

Artículo 1109. Si en el contrato se ha fijado el precio en que una finca hipotecada haya de ser adjudicada a la persona acreedora sin haberse renunciado la subasta, el remate se hará teniéndose como postura legal la que exceda del precio señalado para la adjudicación, y cubra con el contado lo sentenciado. Si no hubiere postura legal, se llevará a efecto desde luego la adjudicación en el precio convenido, debiéndose observar al efecto lo dispuesto en este Código Nacional.

Artículo 1110. Cuando los bienes, cuyo remate se haya decretado, fueran muebles, se observará lo siguiente:

I. Se efectuará su venta siempre de contado, por medio de corredor o casa de comercio que expenda objetos o mercancías similares, o cualquier otro medio que la autoridad jurisdiccional considere, haciéndole saber, para la busca de personas compradoras el precio fijado por peritos o por convenio de las partes;

II. Si pasados diez días de puestos a la venta no se hubiere logrado ésta, la autoridad jurisdiccional ordenará una rebaja del diez por ciento del valor fijado primitivamente, y, conforme a ella comunicará al corredor o casa de comercio el nuevo precio de venta, y así sucesivamente, cada diez días, hasta obtener la realización;

III. Efectuada la venta, el corredor, casa de comercio o el establecimiento correspondiente, entregará los bienes a la persona compradora, otorgándosele la factura correspondiente, que firmará la persona ejecutada o la autoridad jurisdiccional en su rebeldía;

IV. Después de ordenada la venta, puede la parte ejecutante pedir la adjudicación de los bienes por el precio que tuvieren señalado al tiempo de su petición; eligiendo los que basten para cubrir su crédito, según lo sentenciado;

V. Los gastos de corretaje o comisión serán a cargo de la persona deudora y se deducirán preferentemente del precio de venta que se obtenga, y

VI. En todo lo demás, se estará a las disposiciones de este Capítulo.

CAPÍTULO V
DE LA EJECUCIÓN DE LA SENTENCIA Y DEMÁS RESOLUCIONES DE LAS AUTORIDADES JURISDICCIONALES DE LAS ENTIDADES FEDERATIVAS

Artículo 1111. La autoridad jurisdiccional ejecutora que reciba exhorto con las inserciones necesarias, conforme a derecho para la ejecución de una sentencia u otra resolución judicial, cumplirá con lo que disponga la autoridad jurisdiccional requirente, siempre que lo que haya de ejecutarse no fuere contrario a las Leyes de cada Entidad Federativa.

Artículo 1112. La autoridad jurisdiccional ejecutora no podrá oír ni conocer de excepciones, cuando fueren opuestas por alguna de las partes que litigan ante la autoridad jurisdiccional requirente, salvo el caso de competencia legalmente interpuesta por alguna de las personas interesadas.

Artículo 1113. Si al ejecutar los autos insertos en las requisitorias, se opusiere tercera persona, el órgano jurisdiccional oirá incidentalmente y calificará las excepciones opuestas, conforme a lo siguiente:

I. Cuando la tercera persona que no hubiere sido oído por la autoridad jurisdiccional requirente y poseyere en nombre propio la cosa en que debe ejecutarse la sentencia, no se llevará adelante la ejecución, devolviéndose el exhorto con inserción del auto en que se dictare esa resolución y de las constancias en que se haya fundado, y

II. Si la tercera opositora que se presente ante la autoridad jurisdiccional requerida, no probare que posee con cualquier título traslativo de dominio la cosa sobre que verse la ejecución del auto inserto en la requisitoria, será condenada a satisfacer las costas, daños y perjuicios a quien se los hubiere ocasionado. Contra esta resolución no se dará recurso alguno.

Artículo 1114. Las autoridades jurisdiccionales requeridas deberán ejecutar las sentencias, de conformidad con lo siguiente:

I. Que versen sobre cantidad líquida o cosa determinada individualmente;

II. Que se trataren de derechos reales sobre inmuebles o de bienes muebles ubicados en la Entidad Federativa correspondiente y conforme a las Leyes del lugar;

III. Si tratándose de derechos personales o del estado civil, la persona condenada se sometió expresamente o por razón de domicilio a la justicia que la pronunció, y

IV. Siempre que la parte condenada haya sido emplazada personalmente para ocurrir al juicio.

Artículo 1115. La autoridad jurisdiccional que reciba despacho u orden de su superior para ejecutar cualquier diligencia es mero ejecutor y, en consecuencia, no dará curso a ninguna excepción que opongan los interesados, y se tomará simplemente razón de sus respuestas en el expediente, antes de devolverlo.

LIBRO DÉCIMO
DE LOS PROCESOS DE CARÁCTER INTERNACIONAL

CAPÍTULO I
DE LA COMPETENCIA

Artículo 1116. Los procesos de carácter internacional se regirán por las disposiciones de este Código Nacional y demás leyes aplicables, salvo lo dispuesto en los tratados y convenciones de los que México sea parte.

Artículo 1117. Es autoridad jurisdiccional competente para conocer de los siguientes casos:

I. La del domicilio del demandado;

II. En caso de declaración de ausencia o declaración especial de ausencia por desaparición, la del domicilio del último lugar de residencia habitual del ausente o desaparecido;

III. En caso de restitución de niñas, niños y adolescentes, la del lugar donde se encuentren;

IV. En asuntos de relaciones de filiación, curatela y tutela, la de la residencia habitual de los hijos o pupilos o adolescentes; si el actor es alguno de éstos o su representante, éste también podrá elegir el foro del domicilio del padre, madre o persona tutora;

V. En acciones reales sobre inmuebles o muebles, será la del lugar de la ubicación de los bienes;

VI. La autoridad jurisdiccional mexicana competente para ejecutar una sentencia, laudo o resolución jurisdiccional proveniente del extranjero, será el del domicilio del ejecutado o el del lugar donde se encuentran los bienes sobre los que podrá ejecutarse la sentencia;

VII. Para el discernimiento de personas que pertenezcan a grupos sociales en situación de vulnerabilidad que les impida la emisión clara de su voluntad, es competente la autoridad jurisdiccional del foro de la residencia de éstos y si este no se conociere, el del lugar donde se encuentren;

VIII. Cuando de acuerdo con las reglas del litisconsorcio pasivo necesario debiera ser llamada a juicio una autoridad extranjera ante la cual se celebró el acto materia de la litis, la autoridad jurisdiccional competente será la del lugar donde se encuentra el funcionario o la autoridad demandada;

IX. Para conocer de acciones relativas a obligaciones derivadas del hecho ilícito, la autoridad jurisdiccional competente será la del foro en que se produzca el daño o el acontecimiento del que deriva la acción; salvo que se trate de demandas por responsabilidad por el producto, en cuyo caso, el foro competente será el del domicilio del productor o el lugar de producción del bien, y

X. Para el caso de acciones contra personas jurídicas o sin personalidad jurídica, pero con un patrimonio de afectación identificable, con residencia o ubicación en el extranjero, será competente la autoridad jurisdiccional mexicana si la demandada cuenta con alguna sede o sucursal en territorio mexicano.

Artículo 1118. Son reglas especiales de competencia tratándose de sucesiones en el ámbito internacional, las siguientes:

I. Es competente para conocer de una sucesión, incluida su liquidación y tutela testamentaria, la autoridad jurisdiccional de la última residencia del causante de la misma al momento de su fallecimiento, ausencia o desaparición. Si no hubiera tenido domicilio o se desconociera, lo será la del lugar de la ubicación de los bienes inmuebles, en su defecto, la del lugar del fallecimiento, y

II. Si la persona hubiese tenido domicilio en el territorio nacional y falleció en el extranjero y no se hubiese iniciado en el extranjero la sucesión dentro de los siguientes tres meses a partir de la fecha de su fallecimiento, será competente la autoridad jurisdiccional nacional.

Artículo 1119. Tratándose de sucesiones de personas extranjeras, las autoridades jurisdiccionales y notariales nacionales deberán avisar a la Secretaría de Relaciones Exteriores para todos los efectos legales y consulares a que haya lugar.

Artículo 1120. En el caso de adopción internacional de niñas, niños o adolescentes, la competencia de las autoridades jurisdiccionales se regirá conforme a lo siguiente:

I. Para el otorgamiento de la adopción, la del lugar de la residencia habitual del adoptado;

II. Sobre la nulidad de la adopción, será la del lugar de la residencia habitual del adoptado al momento de la adopción, y

III. Para decidir sobre la conversión de la adopción simple en adopción plena, legitimación adoptiva o figuras afines, a elección del actor, la del lugar de la residencia habitual del adoptado o adoptantes, al momento de la adopción.

Artículo 1121. La competencia de las autoridades nacionales para conocer de asuntos sobre alimentos se regirá por las siguientes disposiciones:

I. A elección del acreedor alimentario, la de su residencia o la del deudor alimentista, o la ubicación de los bienes del deudor alimentista, y

II. Para las acciones de cese o modificación de la pensión alimenticia la que haya conocido de la fijación de ésta, o los de la residencia del acreedor.

Artículo 1122. Para conocer de los efectos del matrimonio o figuras similares, es competente la autoridad jurisdiccional de la residencia o domicilio común; la de la residencia de la persona demandada o la del lugar en que se encuentre, a elección del actor.

En caso de divorcio o semejante, será competente la autoridad jurisdiccional que elijan en común acuerdo las partes y, a falta de acuerdo, el foro del último domicilio común de la pareja o el del actor, cuando éste ya hubiese cumplido en ese lugar seis meses de residencia.

Artículo 1123. Tratándose de foros renunciables es competente el elegido por las partes, siempre y cuando dicha elección se hubiese hecho expresamente y por escrito.

Para efectos de la competencia, un acuerdo exclusivo de elección de competencia que forme parte de un convenio o contrato, deberá ser considerado un acuerdo independiente de las demás cláusulas del mismo, y no podrá ser impugnada por la sola razón de que el resto del convenio o contrato no es válido.

No procede la elección o renuncia previa de la competencia suscrita en los Estados Unidos Mexicanos tratándose de cuestiones alimenticias, capacidad de las personas físicas, responsabilidad extracontractual, derechos reales sobre bienes ubicados en el territorio de los Estados Unidos Mexicanos, validez de las inscripciones en los registros públicos, y demás establecidos en las leyes nacionales.

Artículo 1124. Cualquier autoridad jurisdiccional mexicana suspenderá el procedimiento iniciado y, en su caso, rechazará la demanda que se le hubiese presentado, cuando ante éste se demuestre que el litigio hubiese sido sometido a un acuerdo exclusivo de elección de foro, salvo que concurra alguna de las siguientes circunstancias:

a) El acuerdo de exclusividad sea nulo o no aceptable, en virtud de la ley del lugar donde se encuentra el tribunal elegido.

b) Una de las partes careciera de capacidad para celebrar el acuerdo de elección de foro en virtud de la ley del tribunal al que se ha acudido.

c) Que de dar efecto al acuerdo conduciría a una manifiesta denegación de justicia o violación del equilibrio procesal o sería manifiestamente contrario a principios o instituciones fundamentales del orden público mexicano, en términos del Artículo 15, fracción II del Código Civil Federal.

d) Cuando por causas excepcionales, fuera del control de las partes, el acuerdo no pudiera ser razonablemente ejecutado.

e) Que el tribunal elegido haya resuelto no conocer del litigio.

Artículo 1125. Las autoridades jurisdiccionales nacionales asumirán competencia para resolver un asunto, cuando, al haberse presentado un conflicto competencial internacional negativo de no aceptarla, conduzca a una denegación de justicia.

Artículo 1126. En los casos que una persona goce de inmunidad de jurisdicción e inicie una acción judicial no podrá alegar dicha inmunidad en relación con una demanda reconvencional que esté directamente ligada a la demanda principal.

Artículo 1127. En el caso de reconvención, se considerará satisfecho el requisito de la competencia en la esfera internacional cuando la demanda principal hubiera cumplido con las disposiciones previstas en este Código Nacional, y la reconvención se fundamente en el acto o hecho en que se basó la demanda principal.

Artículo 1128. En ningún caso la competencia de las autoridades jurisdiccionales nacionales se suspenderá por el hecho de que se invoque litispendencia apoyada en la existencia de un proceso ante la autoridad jurisdiccional extranjera. Solo podrá suspenderse el proceso iniciado en los Estados Unidos Mexicanos cuando éste se hubiese iniciado con posterioridad al iniciado en el extranjero, y que el demandado en el proceso extranjero hubiese sido notificado de la demanda en el proceso extranjero antes de que se hubiese iniciado el proceso mexicano.

CAPÍTULO II
DE LA COOPERACIÓN PROCESAL INTERNACIONAL

Artículo 1129. Salvo lo prescrito en los tratados internacionales de que México sea parte, no procede la acumulación de procesos que también se estén tramitando en el extranjero, ni la escisión de procesos que produzcan la remisión de un proceso al extranjero.

Artículo 1130. Salvo disposición derivada de este Código y de tratados y convenciones internacionales de que México sea parte, el derecho procesal aplicable al proceso es el mexicano, siguiendo, al efecto, las siguientes reglas:

I. El orden jurídico de los Estados Unidos Mexicanos determinará las condiciones, procedimiento y efectos de las inscripciones registrales en los registros públicos mexicanos, y

II. Solo los hechos estarán sujetos a prueba; el derecho lo estará únicamente cuando se funde en usos, costumbres, tradiciones o valores culturales.

SECCIÓN PRIMERA
DE LAS NOTIFICACIONES, EMPLAZAMIENTOS Y MEDIDAS CAUTELARES

Artículo 1131. Las notificaciones y emplazamientos provenientes del extranjero, para la Federación y sus dependencias, las Entidades Federativas y los Municipios, se harán por conducto de las autoridades Federales que resulten competentes por razón del domicilio o residencia de aquéllas.

Artículo 1132. Toda notificación a una persona que se encuentre fuera de los Estados Unidos Mexicanos, para surtir efectos en territorio nacional, deberá hacérsele en forma personal y deberá informársele por los medios que prescriba el orden jurídico del lugar en donde se encuentre.

Las notificaciones que se hagan en los Estados Unidos Mexicanos por medio de edictos a personas que residan en el extranjero serán nulas.

Artículo 1133. Cuando alguna persona extranjera de naturaleza privada actúe por medio de algún representante, se considerará que tal representante, o quien lo sustituya, está autorizado para responder a las reclamaciones y demandas que se intenten en contra de dicha persona con motivo de los actos en cuestión, de conformidad con lo dispuesto en este Código Nacional.

Artículo 1134. Todas las notificaciones y emplazamientos provenientes del extranjero en territorio nacional se harán conformidad con lo dispuesto en este Código Nacional.

Artículo 1135. El plazo concedido a una persona domiciliada en el extranjero para contestar una demanda seguida ante tribunales de los Estados Unidos Mexicanos, nunca podrá ser menor de veinte días hábiles.

Cuando un tribunal extranjero conceda un plazo a una persona residente en México para que conteste una demanda seguida en el extranjero, si fue notificada en territorio mexicano, ese plazo deberá ser similar o mayor, al que se refiere el párrafo anterior.

Artículo 1136. El trato procesal dispensado a mexicanos y extranjeros será igual de conformidad con lo dispuesto por las leyes de los Estados Unidos Mexicanos. Toda persona gozará de los derechos a los mismos procedimientos y medios impugnativos sin necesidad de otorgar garantías especiales, así como del derecho de asistencia judicial y representación jurídica que otorgue el orden jurídico mexicano. No obstante, ningún extranjero podrá recurrir a la protección diplomática de su Estado hasta en tanto hubiese agotado los medios impugnativos que ofrece el orden jurídico mexicano.

El hecho de que una persona carezca de condición o calidad migratoria, que permita su estancia en México, no suspenderá sus derechos y garantías de participación en un proceso.

Artículo 1137. Las autoridades jurisdiccionales nacionales podrán ejecutar las medidas cautelares dictadas por una autoridad jurisdiccional extranjera, cuando el objeto de la medida consista en garantizar la seguridad de personas y bienes.

En su ejecución se observarán las siguientes disposiciones:

I. El cumplimiento de medidas cautelares por una autoridad jurisdiccional nacional no implicará el compromiso de reconocer y ejecutar la sentencia extranjera que se pudiere dictar.

II. La modificación de una medida cautelar, así como las sanciones por peticiones maliciosas o desproporcionadas, se regirán por este Código Nacional y demás leyes nacionales aplicables.

III. En caso de que el afectado justifique la improcedencia de la medida, la autoridad jurisdiccional nacional podrá levantar o disminuir dicha medida de acuerdo con el derecho mexicano.

IV. Si se opusiese una tercería excluyente de dominio o de derechos reales sobre el bien embargado o su posesión de éste último, se resolverá por la autoridad jurisdiccional nacional, de acuerdo con el orden jurídico del lugar de la ubicación de dicho bien.

V. Tratándose de alimentos, se ejecutarán las medidas cautelares solicitadas cuando exista resolución judicial, lo establezca un instrumento internacional o exista prueba incontrovertible a juicio de la autoridad jurisdiccional nacional, de que el ejecutado es deudor alimentista.

Artículo 1138. La autoridad jurisdiccional nacional dictará las medidas necesarias, a petición de cualquier persona o del Ministerio Público, cuando una persona que se presuma extranjera, haya desaparecido o se ignore el lugar donde se encuentre o quien la represente, nombrando un depositario de sus bienes, además informará de inmediato a la representación consular de su nacionalidad y se ordenará la búsqueda correspondiente.

En caso de que, un nacional se extravíe en el extranjero, se enviará al cónsul mexicano en el lugar en que se presume el extravío, la solicitud de búsqueda, incluido el edicto que se publique en los Estados Unidos Mexicanos.

SECCIÓN SEGUNDA
DE LAS PRUEBAS

Artículo 1139. Las disposiciones relativas a la presentación de documentos y desahogo de pruebas en procedimientos internacionales se regirán por lo previsto en instrumentos internacionales y en su defecto, por lo dispuesto en esta Sección.

Artículo 1140. La obligación de exhibir documentos y bienes en procedimientos que se sigan en el extranjero, no comprenderá la de exhibir documentos o copias de documentos identificados por características genéricas.

En ningún caso, podrá una autoridad jurisdiccional nacional ordenar ni llevar a cabo la inspección general de archivos que no sean de acceso al público, salvo en los casos permitidos por las leyes nacionales.

Artículo 1141. Las dependencias y organismos públicos de la Federación, Entidades Federativas y municipales, así como sus servidores públicos, estarán impedidos de llevar a cabo la exhibición de documentos o copias de documentos existentes en archivos oficiales bajo su control y desahogar prueba testimonial con respecto a sus actuaciones en su calidad de tales; se exceptúa de lo anterior los casos que, tratándose de asuntos particulares, deban exhibir documentos o archivos personales según lo permita la Ley.

Artículo 1142. En un proceso extranjero en que se precise la prueba testimonial o declaración de parte requerida, los declarantes podrán ser examinados en términos del derecho procesal extranjero, sin perjuicio de que la autoridad mexicana solicite la aplicación de disposiciones de este Código Nacional cuando se estime que, de aplicarse las extranjeras se vulnerarían derechos humanos.

Se deberá acreditar ante la autoridad jurisdiccional nacional, que los hechos materia del interrogatorio están relacionados con el proceso pendiente y que medie solicitud de parte o de la autoridad extranjera requirente.

Artículo 1143. El estado civil o análogo se acreditará mediante documento salvo que, dejaren de existir los registros o constancias, se admitirá cualquier medio de prueba que acredite dicho estado.

Artículo 1144. Los documentos públicos extranjeros serán reconocidos por las autoridades mexicanas cuando se presenten debidamente apostillados o legalizados en términos de la legislación aplicable o conforme a las salvedades que dispongan los instrumentos internacionales o las leyes nacionales en la materia.

En caso de imposibilidad para obtener la legalización, ésta se substituirá por cualquier prueba adecuada para garantizar su autenticidad.

Artículo 1145. Los procedimientos en el ámbito de cooperación internacional observarán el principio de publicidad de conformidad con lo establecido en los tratados internacionales, las leyes nacionales en materia de transparencia, acceso a la información pública, con excepción de los procedimientos donde se ventilen secretos profesionales, comerciales, industriales o personales y protección de datos personales.

En ningún caso podrán ser públicos los procedimientos donde se encuentren involucrados derechos de niñas, niños y adolescentes.

Artículo 1146. Cuando las personas no hablen o no entiendan el idioma español, deberá proveérseles intérprete y traductor, sin perjuicio que puedan nombrar ellas mismas intérprete y traductor de su confianza. Además, podrán producir documentos en su propia lengua y grabar sus declaraciones, mismos que luego deberán traducirse al idioma español. Lo anterior también resulta aplicable para las personas que tengan algún impedimento en comunicarse.

Artículo 1147. Las autoridades jurisdiccionales nacionales podrán encomendar la práctica de diligencias en territorio extranjero a los miembros del Servicio Exterior Mexicano, las cuales producirán sus efectos jurídicos en los procedimientos ante ellas tramitados, en términos de este Código Nacional y la normatividad aplicable, dentro de los límites que conceda el derecho internacional.

Artículo 1148. Un proceso que tenga lugar en el extranjero podrá prepararse solicitando la declaración de testigos, peritos u otras declaraciones para ser practicadas en territorio nacional. La parte interesada al solicitar la diligencia citará los hechos sobre los cuales se hará el examen.

La parte legítima podrá solicitar a la autoridad jurisdiccional nacional actos de emplazamiento, notificación o de recepción de pruebas, para ser utilizados en procesos en el extranjero sin que se requiera exhorto para su trámite, a través de los procedimientos de jurisdicción voluntaria y medios preparatorios a juicio previstos en este Código Nacional, según corresponda.

La diligenciación de cualquiera de estos actos, no implicará el reconocimiento de la competencia asumida por la autoridad jurisdiccional extranjera, ni el compromiso de ejecutar la sentencia que a futuro se dictare en el proceso correspondiente.

Artículo 1149. Las autoridades jurisdiccionales nacionales y los fedatarios públicos nacionales, podrán solicitar el auxilio y cooperación del Servicio Exterior Mexicano para ejecutar actos relacionados con un asunto o proceso que ante ellos se tramite, en los términos previstos por los instrumentos internacionales, este Código Nacional o cualquier disposición legal nacional.

SECCIÓN TERCERA
DE LA COOPERACIÓN, CUANDO INTERVENGAN NIÑAS, NIÑOS Y ADOLESCENTES

Artículo 1150. El ejercicio del derecho de visita y custodia de niñas, niños o adolescentes cuyos padres radiquen en países diferentes de manera habitual, se regirá conforme a los instrumentos internacionales y se observarán las siguientes reglas:

I. Las autoridades nacionales ejecutarán las medidas necesarias a fin de lograr la plena convivencia de las niñas, niños o adolescentes con sus padres, incluyendo la utilización de medios telemáticos;

II. El derecho de visita de una niña, niño o adolescente a otro país diferente al del lugar de su residencia, implicará que el progenitor que lo reciba en visita en el Extranjero o en los Estados Unidos Mexicanos, asegure la restitución de la niña, niño o adolescente, y

III. La autoridad jurisdiccional fijará a cargo de qué persona correrán los gastos de desplazamiento, si es que no hubiese acuerdo entre los interesados.

Artículo 1151. Las solicitudes de restitución internacional de niñas, niños o adolescentes se regirán de acuerdo con los tratados internacionales y en su defecto, por las siguientes disposiciones:

I. La autoridad jurisdiccional tendrá la facultad de ordenar las medidas precautorias y de aseguramiento, con el fin de asegurar el bienestar de las niñas, niños y adolescentes y prevenir que sean nuevamente trasladados indebidamente o retenidos.

II. Los procedimientos de restitución no podrán pronunciarse y decidir sobre el fondo de la guarda y custodia.

III. En los casos de retención o traslado ilícito de una niña, niño o adolescente, deberá procederse de inmediato y sin dilaciones a la restitución del mismo.

IV. Cuando la niña, niño o adolescente reclamado, no se encuentre en territorio mexicano, el órgano competente autorizado responderá a la solicitud informando el resultado de la búsqueda.

Ninguna autoridad jurisdiccional de lugar diferente al de la residencia habitual de la niña, niño o adolescente, podrá declarar a favor de la persona que retiene o efectúe el traslado, algún derecho de custodia, salvo que el derecho convencional internacional lo permita. Si se encuentran en trámite procedimientos jurisdiccionales que resuelvan la custodia, éstos deberán suspenderse.

Artículo 1152. La autoridad jurisdiccional nacional podrá rechazar una solicitud de restitución de una niña, niño o adolescente, cuando la persona que se oponga a la restitución compruebe que:

I. La persona, institución u organismo titulares de la solicitud de restitución, no ejercía de modo efectivo el derecho de custodia en el momento en que fue trasladado o retenido, o había consentido o posteriormente aceptado, dicho traslado o retención.

II. Existe un riesgo grave de que la restitución del menor lo exponga a un peligro físico o psicológico, o que de cualquier otra manera ponga al menor en una situación intolerable.

III. La niña, niño o adolescente, se oponga a la restitución, si ya alcanzó una edad y un grado de madurez suficiente en que resulte apropiado tener en cuenta su opinión.

IV. La restitución podría violentar los derechos humanos reconocidos en los Estados Unidos Mexicanos y las garantías que para ellos se otorguen.

V. Cuando la solicitud de restitución se hubiere presentado un año después de ocurrido el traslado o la retención y se comprueba que la niña, niño o adolescente, ha quedado integrado a su nuevo medio ambiente.

Artículo 1153. Los procedimientos de restitución deberán ser iniciados dentro del plazo máximo de un año contado a partir de la fecha en que la niña, niño o adolescente hubiere sido trasladado o retenido ilícitamente, por lo que corresponderá a la autoridad competente ordenar la restitución inmediata del menor.

Respecto de menores cuyo paradero se desconozca, el plazo se computará a partir del momento en que fueren precisa y efectivamente localizados.

Artículo 1154. Toda solicitud de restitución de una niña, niño o adolescente, proveniente del extranjero, se presentará, por conducto de la Secretaría de Relaciones Exteriores, la cual lo remitirá a la o las autoridades jurisdiccionales competentes.

Si en los Estados Unidos Mexicanos se encuentra la niña, niño o el adolescente, deberán adoptarse todas las medidas adecuadas tendientes a obtener la restitución voluntaria de la niña, niño o adolescente.

Las autoridades nacionales podrán propiciar una solución amigable, a través de la mediación. De no lograrse ésta en una única sesión, deberán iniciar procedimiento jurisdiccional o administrativo con el objeto de conseguir la restitución, o en su caso, permitir la regulación o ejercicio efectivo del derecho de visita.

Artículo 1155. La solicitud de restitución deberá contener al menos lo siguiente:

I. Nombre y datos generales de la niña, niño o adolescente;

II. Nombre y datos del solicitante y el carácter con el que promueve respecto a la niña, niño o adolescente;

III. Antecedentes y los hechos relativos al traslado o sustracción;

IV. El nombre de la persona que se presume retuvo o traslado ilícitamente y el domicilio o ubicación donde se presume que se encuentra la niña, niño o adolescente, y

V. Cualquier información que sea necesaria o pertinente para su localización.

Artículo 1156. La solicitud de restitución deberá estar acompañada de:

I. Copia (sic) documento que acredite la custodia de la niña, niño o adolescente solicitado;

II. Constancia de la residencia habitual de la niña, niño o adolescente solicitado;

III. Cualquier otro documento con el que se pueda probar el medio en el que se desarrolla habitualmente la niña, niño o adolescente;

IV. Fotografías y demás datos o elementos precisos de identificación de la niña, niño o adolescente en su caso, y

V. La traducción de los documentos que se presenten en un idioma distinto al del país al que se solicite la restitución.

La autoridad competente podrá prescindir de algunos de estos requisitos si a su juicio se justifica la restitución.

Artículo 1157. Toda petición de restitución será preferente y, salvo consideración especial de la autoridad jurisdiccional, deberá concluir dentro del plazo de seis semanas a partir de su presentación.

Artículo 1158. Ningún procedimiento de custodia tramitado en los Estados Unidos Mexicanos suspenderá la restitución ordenada.

Artículo 1159. Presentada la solicitud de restitución, la autoridad jurisdiccional dispondrá de un plazo de veinticuatro horas para pronunciarse sobre su admisión.

En caso de ser admitida, ordenará correr traslado a la parte de la que se presume ha retenido o trasladado ilícitamente a la niña, niño o adolescente para que, con los apercibimientos legales correspondientes, acuda ante la autoridad jurisdiccional dentro del término de tres días hábiles siguientes en compañía de la niña, niño o adolescente, así como todas las pruebas que considere necesarias para apoyar su objeción a la restitución, si fuera el caso.

El auto que admita la solicitud deberá disponer las medidas cautelares necesarias, y en su caso, ordenará la entrevista con la niña, niño o adolescente solicitado, en términos de este Código Nacional.

Artículo 1160. En la audiencia única la autoridad jurisdiccional intentará conciliar a las partes para su restitución voluntaria y la parte requerida deberá manifestar si acepta restituir voluntariamente a la niña, niño o adolescente; en caso de que así sea, se levantará el acta correspondiente con las condiciones que las partes concedan, debiendo ser dicho acuerdo sancionado por la autoridad jurisdiccional. En caso de que haya objeción en la restitución, quien se oponga deberá hacer valer las excepciones aplicables y ofrecer las pruebas correspondientes que las acrediten.

En esa audiencia, la autoridad jurisdiccional realizará la entrevista a la niña, niño o adolescente. Hecho lo anterior, admitirá o no las pruebas ofrecidas y enseguida procederá a su desahogo, en términos de este Código Nacional.

Artículo 1161. Concluido el desahogo, la autoridad jurisdiccional deberá resolver sobre la restitución, dentro de la misma audiencia.

En caso de que se otorgue la restitución, la autoridad jurisdiccional dictará las medidas adecuadas y eficaces para garantizar el retorno seguro de la niña, niño o adolescente.

La autoridad jurisdiccional deberá informar de dicha decisión a la Secretaría de Relaciones Exteriores.

SECCIÓN CUARTA
DE LOS EXHORTOS INTERNACIONALES Y CARTAS ROGATORIAS

Artículo 1162. Los exhortos o cartas rogatorias que se remitan al extranjero serán comunicaciones oficiales escritas, que contendrán la petición de ejecutar las actuaciones necesarias para el proceso en que se expidan. Dichas comunicaciones contendrán los datos informativos necesarios y las copias certificadas, cédulas, copias de traslado y demás anexos procedentes, con su respectiva traducción, según sea el caso.

Artículo 1163. Los exhortos extranjeros o cartas rogatorias que se reciban serán diligenciados conforme a la legislación mexicana, salvo en lo prescrito en los instrumentos internacionales y en este Código Nacional. Sólo requerirán homologación cuando requieran ejecución forzosa sobre personas, bienes o derechos. En este caso, se aplicará lo dispuesto por el apartado relativo a la ejecución de sentencias extranjeras.

Artículo 1164. Los exhortos o cartas rogatorias relativas a notificaciones, recepción de pruebas y a otros asuntos de sólo trámite, se diligenciarán sin necesidad de homologación o reconocimiento, de acuerdo con las siguientes disposiciones:

I. La solicitud deberá contener la descripción de las formalidades necesarias para la diligenciación del exhorto o carta rogatoria;

II. La autoridad jurisdiccional nacional requerida podrá conceder la simplificación de formalidades o la observancia de formalidades diversas a las nacionales, salvo que concurra una excepción al reconocimiento o aplicación del derecho extranjero o vulnere los derechos humanos;

III. La autoridad jurisdiccional prevendrá al solicitante en caso de que se omitiere acompañar los documentos correspondientes, para que dentro del plazo de cuarenta y cinco días naturales presente la documentación faltante, caso contrario, se desechará la solicitud;

IV. Las autoridades jurisdiccionales nacionales formarán expediente de todas las actuaciones que realicen en todos los procedimientos de cooperación internacional en las que intervengan y enviarán copia de las actuaciones que correspondan a la autoridad jurisdiccional requirente;

V. En el caso de que no se pudiere ejecutar la totalidad de lo solicitado a la autoridad jurisdiccional nacional, deberá retransmitir la autoridad jurisdiccional competente el resto para su ejecución. Las autoridades jurisdiccionales que conozcan deberán informar al requirente, y

VI. No se exigirán requisitos de forma adicionales respecto de los exhortos o cartas rogatorias que provengan del extranjero.

Las autoridades jurisdiccionales nacionales que sean competentes para realizar las diligencias, deberán cooperar y colaborar entre ellas.

Artículo 1165. Los exhortos o cartas rogatorias podrán ser presentadas a la autoridad jurisdiccional competente por las propias partes interesadas, vía judicial, vía consular, agentes diplomáticos o por la autoridad competente del Estado requirente, salvo que los instrumentos internacionales prescriban otra cosa.

Se privilegiará la presentación y transmisión por vías oficiales, que no implique la participación de las partes interesadas.

Los exhortos o cartas rogatorias provenientes del extranjero que sean presentadas por conductos oficiales no requerirán legalización o apostillamiento, tampoco la requerirán los que se remitan al extranjero, salvo que el otro Estado lo exija.

La participación de particulares en cualquier acto de traslado o presentación de exhortos o cartas rogatorias sin participación de los conductos oficiales, requerirán la legalización o apostillamiento, según corresponda.

Artículo 1166. Todo exhorto o carta rogatoria, así como los anexos que se reciban del extranjero, en idioma distinto del español, deberán acompañarse de su debida traducción.

Artículo 1167. Las autoridades nacionales jurisdiccionales de ciudades fronterizas que requieran enviar o recibir cartas rogatorias, podrán diligenciarlas a través de sus servidores públicos adscritos, en caso de que el Estado requerido lo tenga previsto en su legislación.

Lo anterior no requerirá de legalización ni apostillamiento, únicamente deberá obrar constancia del nombre y cargo del personal que obre la diligencia.

La autoridad nacional fronteriza deberá cerciorarse de la autenticidad del exhorto o carta rogatoria, por el medio de comunicación que estime más idóneo.

Artículo 1168. La entrega de resultados o devolución de un exhorto o carta rogatoria, se hará por la misma vía en que se recibió, o por la vía en que lo solicite la autoridad jurisdiccional internacional requirente.

SECCIÓN QUINTA
DE LA UTILIZACIÓN DE VIDEOCONFERENCIAS EN PROCESOS INTERNACIONALES

Artículo 1169. De acuerdo al uso de tecnologías en la cooperación internacional, requirente y requerido, podrán utilizar videoconferencias para la ejecución de actos procesales y empleo de medios electrónicos de comunicación oficiales.

Artículo 1170. Procederá el empleo de videoconferencia cuando medie solicitud del Estado requirente y sea técnicamente realizable. La preparación de la videoconferencia podrá iniciarse por medio de correo electrónico o cualquier otra tecnología que permita la transmisión de la solicitud, siempre que se remita de un sistema de información que esté bajo el control del iniciador o de la parte que la envíe en nombre de éste. Se establecerá día, hora y lugar de la misma.

Artículo 1171. La solicitud para el empleo de videoconferencia deberá señalar:

I. Las formas y medios técnicos que permitan lograr la comunicación entre el requirente y el requerido.

II. La naturaleza del caso, nombres y domicilios de las personas a ser interrogadas, el objetivo que se persigue con la diligencia y los impedimentos previstos por orden jurídico del requirente para que una persona declare.

Artículo 1172. Durante una videoconferencia solo podrán permanecer en la sala de audiencia los interesados y deberá privilegiarse la privacidad y deberá grabarse la videoconferencia desde su inicio hasta su conclusión. Para su ejecución se tomarán en cuenta las siguientes reglas:

a) Cuando los técnicos informen que se ha logrado la comunicación, la autoridad requirente comenzará notificando lugar, fecha, nombres de las personas que intervendrán en la videoconferencia como autoridad jurisdiccional, persona secretaria judicial, nombre de los declarantes y abogados presentes. Lo mismo hará la autoridad requerida;

b) La autoridad requerida identificará a cada testigo o perito a ser interrogados. Deberá aludir a los medios como se ha realizado la identificación, debiendo obtener copia de los documentos identificatorios. En caso necesario, deberá estar presente la persona que hubiese de realizar la traducción, que también deberá ser identificada;

c) La autoridad requirente tomará la protesta o juramento de que el declarante se conducirá con verdad, incluida (sic) el apercibimiento en la (sic) que se le haga saber al declarante la sanción por conducirse con falsedad;

d) Durante la audiencia podrán presentarse aquellos documentos que se pongan a la vista del declarante para su reconocimiento. Podrá recurrirse a cualquier tipo de tecnología que permita la transmisión de cualquier tipo de datos, y

e) El examen lo hará la autoridad requirente o los abogados reconocidos ante ésta. Las preguntas podrán ser objetadas por el requirente o el requerido, cuando no sean admisibles acorde al orden jurídico mexicano.

SECCIÓN SEXTA
DE LA INFORMACIÓN DEL DERECHO EXTRANJERO

Artículo 1173. El conocimiento, texto, alcance, sentido y vigencia del derecho extranjero, escrito o no escrito, deberá realizarse en forma oficiosa por la autoridad jurisdiccional nacional, pudiendo los interesados allegarle a la autoridad jurisdiccional datos o elementos para su conocimiento.

Para informarse del texto, vigencia, sentido y alcance legal del derecho extranjero, el que, de resultar aplicable se considerará derecho y no hecho; las autoridades jurisdiccionales mexicanas podrán valerse de informes oficiales al respecto, pudiendo solicitarlos al Servicio Exterior Mexicano, o bien, las autoridades jurisdiccionales podrán ordenar o admitir las diligencias que consideren necesarias o que ofrezcan las partes.

Artículo 1174. Por sentido y alcance legal del derecho extranjero se entenderá el resultado de la interpretación del derecho y normas extranjeras y de su aplicabilidad al caso concreto. El sentido implica la calificación del supuesto, así como el significado de lo contenido en la disposición extranjera, mientras que el alcance comprende los datos o campos sobre los que aplica o se abstiene de su aplicación. Se hará el mismo análisis tratándose de usos, costumbres, tradiciones o valores culturales extranjeros, sin embargo, estos sí se considerarán hechos sujetos a prueba.

Artículo 1175. La solicitud de informe sobre derecho extranjero se tramitará acorde a lo establecido en los instrumentos internacionales. En su defecto, se observará lo siguiente:

a) Preferentemente, se dirigirá a la autoridad central extranjera solicitándole le informe sobre el texto, vigencia, sentido y alcance legal del derecho extranjero, en el apartado que desea conocer. A su solicitud, deberá agregar una síntesis de los hechos a partir de los cuales se formula la solicitud;

b) De no ser posible lo anterior, la autoridad jurisdiccional podrá ordenar y admitir las diligencias que considere necesarias o que le ofrezcan las partes en la audiencia preliminar, y

c) Asimismo, podrá ordenar el desahogo de dictámenes o pruebas periciales a cargo de expertos mexicanos o extranjeros, solicitar el auxilio del servicio consular mexicano en el extranjero e incluso, podrá emplear medios electrónicos que le den rapidez a la comunicación e informe de ese derecho extranjero.

Artículo 1176. Cuando un Estado extranjero solicite informes sobre el derecho nacional, así como de usos y costumbres, se tramitará acorde a lo establecido en los instrumentos internacionales. En su defecto, se observará lo siguiente:

I. La autoridad jurisdiccional extranjera podrá solicitar a la Secretaría de Relaciones Exteriores un informe sobre el texto, vigencia, sentido y alcance legal del derecho mexicano que desea conocer. A su solicitud, deberá agregar una síntesis de los hechos a partir de los cuales se formula la solicitud.

II. La Autoridad Central nacional podrá acceder directamente a la solicitud o, en su caso, asistirse de personas expertas y conocedoras del apartado del derecho solicitado. En la información que pudiera proporcionar, dará a conocer los textos prescritos del orden jurídico mexicano que contengan la respuesta, su interpretación, según los precedentes de las autoridades jurisdiccionales y doctrinarios que obtuviese, y una opinión sobre cómo una autoridad jurisdiccional nacional calificaría e interpretaría el derecho para el caso concreto solicitado, así como los usos y costumbres.

La respuesta que proporcione el Estado mexicano no implicará que la sentencia que se pudiera dictar en el extranjero tenga que ejecutarse en los Estados Unidos Mexicanos, ni que con ello reconozca la competencia asumida por la autoridad jurisdiccional extranjera.

Artículo 1177. Cuando se admita una demanda y contestación que impliquen la aplicación del derecho extranjero o que tenga aspectos de derecho internacional privado, la autoridad jurisdiccional nacional deberá citar a la audiencia preliminar en términos de este Código Nacional.

Artículo 1178. En la audiencia preliminar la autoridad jurisdiccional deberá precisar la procedencia de su competencia judicial internacional y en su caso, definir el derecho sustantivo aplicable, nacional o extranjero. Las partes podrán manifestar sus argumentos jurídicos sobre la competencia y el derecho sustantivo aplicable, que consideran deben ser tomados en cuenta por la autoridad jurisdiccional para emitir su declaración.

Las partes podrán convenir en una solución a su conflicto, decidir sobre la autoridad jurisdiccional competente y definir el derecho sustantivo aplicable en aquellos casos que así sea permitido.

Artículo 1179. Depurado el procedimiento y hecha la declaración de competencia de la autoridad jurisdiccional nacional y definido el derecho sustantivo aplicable, tanto la audiencia preliminar como el procedimiento continuará en los términos previstos por este Código Nacional y resolverá aplicando los diversos derechos de manera armónica, procurando realizar las finalidades perseguidas por cada uno de tales derechos. Las dificultades causadas por la aplicación simultánea de tales derechos se resolverán tomando en cuenta las exigencias de la equidad en el caso concreto.

Artículo 1180. La autoridad jurisdiccional nacional para mejor proveer podrá admitir o allegarse de informes técnicos de personas, instituciones y organismos ajenos al litigio y que ostenten reconocida competencia sobre la cuestión planteada por las partes; éstas tendrán el carácter de Amigos del Tribunal y su informe no implicará el pago de costas u honorarios.

CAPÍTULO III
DE LA EJECUCIÓN DE SENTENCIAS, LAUDOS Y RESOLUCIONES DICTADAS EN EL EXTRANJERO

Artículo 1181. El procedimiento de reconocimiento de sentencias, laudos arbitrales y demás resoluciones extranjeras, así como su ejecución se regirán conforme a las disposiciones previstas en los instrumentos internacionales aplicables y las contenidas en este Código Nacional, en particular, las disposiciones especiales de este Capítulo.

Los efectos que las sentencias, laudos arbitrales y demás resoluciones extranjeras produzcan en los Estados Unidos Mexicanos se regirán por lo dictado en la sentencia, fallo o laudo arbitral.

La forma y el fondo de la sentencia extranjera, así como los procedimientos seguidos para dictarla, estarán regulados por el orden jurídico del lugar de la autoridad jurisdiccional que la emitió, incluidas sus normas de conflicto.

Artículo 1182. La autoridad jurisdiccional competente mexicana para ejecutar una sentencia, laudo o resolución jurisdiccional proveniente del extranjero, será el del domicilio del ejecutado o el del lugar donde se encuentran los bienes sobre los que deba ejecutarse la sentencia. En el caso de un laudo arbitral, también será competente la autoridad jurisdiccional mexicana cuando la sede del arbitraje haya sido en los Estados Unidos Mexicanos.

Artículo 1183. Las sentencias extranjeras que no requieran el procedimiento de reconocimiento u homologación para su ejecución, así como demás documentos públicos extranjeros, deberán ser reconocidas de acuerdo con los tratados internacionales y al derecho mexicano.

Artículo 1184. Tratándose de sentencias, laudos arbitrales o resoluciones jurisdiccionales que únicamente vayan a utilizarse como prueba, será suficiente que las mismas llenen los requisitos necesarios para ser consideradas como documentos auténticos.

Artículo 1185. Los acuerdos o transacciones judiciales entre las partes, sancionados por una autoridad jurisdiccional extranjera, podrán reconocerse como sentencias firmes cuando se acredite que en el país de origen se le otorgue dicho carácter. Para esto, deberá presentarse una certificación de la autoridad jurisdiccional del Estado de origen, haciendo constar que la transacción judicial o una parte de ella es ejecutoria como lo es una resolución judicial en el Estado de origen.

Artículo 1186. Las sentencias, laudos arbitrales privados de carácter no comercial y resoluciones jurisdiccionales dictados en el extranjero, tendrán carácter de cosa juzgada para ser ejecutadas en los Estados Unidos Mexicanos, si cumplen con los siguientes requisitos:

I. Que se hayan satisfecho las formalidades previstas en este Código en materia de exhortos o cartas rogatorias provenientes del extranjero y llenen los requisitos para ser considerados como auténticos;

II. Que no hayan sido dictados como consecuencia del ejercicio de una acción real inmobiliaria;

III. Que la autoridad jurisdiccional que dictó la sentencia haya tenido competencia para conocer y juzgar el asunto de acuerdo con las reglas reconocidas en la esfera internacional, que sean análogas y compatibles con las adoptadas por el orden jurídico mexicano;

IV. No se reconocerá la competencia de la autoridad jurisdiccional extranjera cuando el acuerdo de elección del foro sea estimado como nulo si alguna de las partes carecía de la capacidad para celebrar el acuerdo;

V. Que el demandado haya sido notificado o emplazado en forma personal a efecto de asegurarle la garantía de audiencia y el efectivo ejercicio de sus defensas y derechos procesales;

VI. Que tengan el carácter de cosa juzgada en el país en que fueron dictados, o que no exista recurso ordinario en su contra;

VII. Que la acción que les dio origen no sea materia de juicio que esté pendiente entre las mismas partes ante autoridades jurisdiccionales nacionales y en el cual hubiere prevenido la autoridad jurisdiccional nacional o cuando menos que el exhorto o carta rogatoria para emplazar hubieren sido tramitados y entregados a la Secretaría de Relaciones Exteriores o a las autoridades del Estado donde deba practicarse el emplazamiento, y

VIII. Que la ejecución de la resolución no vaya en contra de instituciones o principios fundamentales del orden público mexicano, que implique la evasión fraudulenta del derecho aplicable.

No obstante, lo anterior la autoridad jurisdiccional podrá negar la ejecución si se probara que en el país de origen no se ejecutan sentencias o laudos extranjeros en casos análogos.

Cuando la sentencia no evidencie los requisitos anteriores, la autoridad jurisdiccional requerida podrá solicitar otros medios de prueba para constatar que se cumplen tales.

Artículo 1187. En la resolución de reconocimiento u homologación, la autoridad jurisdiccional deberá especificar, si fuere el caso, qué parte del procedimiento de ejecución podrá ejecutarse siguiendo formas especiales o distintas a las mexicanas. La autoridad jurisdiccional también especificará las formas procesales que podrán adicionarse o suprimirse. Lo anterior procederá siempre y cuando no resulte lesivo a principios e instituciones fundamentales del orden público y especialmente a los Derechos Humanos contemplados en la Constitución. La petición extranjera o la parte interesada deberá integrar la descripción de las formalidades cuya aplicación se solicite para la diligenciación del exhorto internacional o carta rogatoria.

Artículo 1188. El exhorto de la autoridad jurisdiccional requirente deberá acompañarse de la siguiente documentación:

I. Copia auténtica de la sentencia, laudo o resolución jurisdiccional;

II. Copia auténtica de las constancias que acrediten que se cumplieron los requisitos previstos en las fracciones IV y V del artículo 1186;

III. Las traducciones al idioma español que sean necesarias al efecto, y

IV. Que el ejecutante haya señalado domicilio para oír notificaciones en el lugar de la autoridad jurisdiccional del reconocimiento u homologación.

Artículo 1189. Ninguna sentencia o resolución extranjera será reconocida en el ámbito nacional cuando:

I. Al momento de la solicitud de reconocimiento no posea el carácter de cosa juzgada.

II. La sentencia carezca totalmente de efectos jurídicos en todo el territorio del Estado donde fue emitida.

III. La sentencia resulta contraria a los principios o instituciones fundamentales del orden público nacional o fue emitida en fraude a la ley.

IV. El procedimiento concreto que condujo a la resolución fue incompatible con los principios fundamentales de equidad procesal establecidos en el derecho nacional.

SECCIÓN ÚNICA
DE LA EJECUCIÓN FORZOSA

Artículo 1190. El reconocimiento y ejecución de sentencias, fallos y laudos extranjeros que impliquen coacción en su ejecución, requerirá procedimiento de homologación y se sujetará a las siguientes disposiciones, en el entendido de que no podrá controvertirse el fondo de la resolución:

I. Se citará personalmente tanto a la persona ejecutante como a la ejecutada y se les concederá el término de nueve días para que manifiesten lo que a su derecho conviniere. Se les admitirán los medios de prueba que ofrezcan si fueren pertinentes y se señalará fecha y hora de audiencia para su desahogo. La preparación de la prueba correrá a cargo del oferente, salvo razón fundada.

II. Las personas autorizadas o reconocidas como apoderados por la autoridad jurisdiccional extranjera podrán actuar como tal conforme a las facultades que la autoridad requirente señale.

III. En todo momento la autoridad jurisdiccional ejecutante velará por el interés superior de las niñas, niños y adolescentes y gozará de plenitud de jurisdicción para garantizar sus derechos.

IV. Los gastos de ejecución correrán a cargo de parte interesada, sin perjuicio que en su momento deban ser cubiertos por la parte ejecutada.

V. La resolución que determine la ejecución forzosa deberá pronunciarse dentro del plazo de tres días, una vez que se haya desahogado la última prueba. Dicha resolución es apelable en ambos efectos.

VI. Las cuestiones sobre el depósito, avalúo, subasta y demás sobre la ejecución de la sentencia se regirán conforme a este Código Nacional.

VII. La autoridad jurisdiccional de ejecución, y en su caso, la de segunda instancia, se abstendrá de pronunciarse sobre el fondo del fallo ni sobre los fundamentos del hecho o derecho en que se apoye, ni exigir equivalencia de resultados del fallo extranjero con respecto al propio, únicamente examinarán la autenticidad de la misma y sobre la forma de su ejecución en términos de este Código Nacional.

VIII. La sentencia reconocida podrá tener cumplimientos parciales cuando no sea posible cumplimentarse en su integridad.

IX. La autoridad jurisdiccional que se declare incompetente para ejecutar la sentencia deberá remitir oficiosamente los autos a la autoridad jurisdiccional que considere competente.

X. La resolución que reconozca la sentencia extranjera precisará en su caso, qué parte del procedimiento de ejecución observará disposiciones especiales o extranjeras, observando la autoridad jurisdiccional requerida que no se violenten derechos humanos.

XI. El exhorto internacional de requerimiento o solicitud deberá especificar las formalidades de su diligenciación.

Durante la tramitación del procedimiento de reconocimiento no procederá recurso alguno, ni medio que lo suspenda.

Artículo 1191. La resolución reconocida será cumplimentada conforme al derecho mexicano, excepto en los casos en que se autoricen disposiciones distintas.

En el caso de subasta pública, los fondos resultantes quedarán a disposición de la autoridad jurisdiccional extranjera hasta por la cantidad definida en la resolución. El resto será distribuido por la autoridad jurisdiccional ejecutante conforme al derecho nacional.

ARTÍCULOS TRANSITORIOS

Artículo Primero. El presente Decreto entrará en vigor al día siguiente de su publicación en el Diario Oficial de la Federación.

Artículo Segundo. La aplicación de lo dispuesto en el Código Nacional de Procedimientos Civiles y Familiares previsto en el presente Decreto, entrará en vigor gradualmente, como sigue: en el Orden Federal, de conformidad con la Declaratoria que indistinta y sucesivamente realicen las Cámaras de Diputados y Senadores que integran el Congreso de la Unión, previa solicitud del Poder Judicial de la Federación, sin que la misma pueda exceder del 1o. de abril de 2027.

En el caso de las Entidades Federativas, el presente Código Nacional, entrará en vigor en cada una de éstas de conformidad con la Declaratoria que al efecto emita el Congreso Local, previa solicitud del Poder Judicial del Estado correspondiente, sin que la misma pueda exceder del 1o. de abril de 2027.

La Declaratoria que al efecto se expida, deberá señalar expresamente la fecha en la que entrará en vigor el Código Nacional de Procedimientos Civiles y Familiares, y será publicada en el Diario Oficial de la Federación y en los Periódicos o Gacetas Oficiales del Estado, según corresponda.

Entre la Declaratoria a que se hace referencia en los párrafos anteriores, y la entrada en vigor del presente Código Nacional de Procedimientos Civiles y Familiares, deberán mediar máximo 120 días naturales. En todos los casos, vencido el plazo, sin que se hubiera emitido la Declaratoria respectiva, la entrada en vigor será automática en todo el territorio nacional sin que la misma pueda exceder el día 1o. de abril de 2027.

Artículo Tercero. De conformidad con el Artículo Segundo de las Disposiciones Transitorias de este Decreto, se abrogan el Código Federal de Procedimientos Civiles, así como la legislación procesal civil y familiar de las Entidades Federativas.

Artículo Cuarto. Los procedimientos civiles y familiares que a la entrada en vigor del Código Nacional de Procedimientos Civiles y Familiares se encuentren en trámite, continuarán su sustanciación de conformidad con la legislación aplicable en el momento del inicio de los mismos, salvo que las partes conjuntamente opten por la regulación del Código Nacional.

No procederá la acumulación de procesos civiles y familiares cuando alguno de ellos se esté tramitando conforme al presente Código Nacional, y el otro proceso conforme a un Código abrogado.

Artículo Quinto. Cuando por razón de competencia, sea por fuero o territorio, se realicen actuaciones conforme a un fuero o sistema procesal distinto al que se remiten, podrá la autoridad jurisdiccional receptora convalidarlas, siempre que, de manera, fundada y motivada, se concluya que se respetaron las garantías esenciales del debido proceso en el procedimiento de origen.

Asimismo, podrá regularizarse aquellas actuaciones que, también de manera fundada y motivada, la autoridad jurisdiccional que las recibe determine que las mismas deban ajustarse a las formalidades del sistema civil o familiar al cual se incorporarán tomando en cuenta su marco sustantivo interno.

Artículo Sexto. En el caso de la Federación, la Cámara de Diputados, tomando en cuenta la estimación de ingresos aprobados para cada ejercicio fiscal, y con base en los principios de austeridad, eficiencia, eficacia y economía, contemplará en los ejercicios fiscales posteriores a la publicación del presente Decreto, una asignación de recursos presupuestarios para el cumplimiento del presente Decreto.

Para efectos de lo anterior, el Poder Judicial de la Federación, al elaborar su proyecto de presupuesto de egresos anual, deberá observar los criterios generales de política económica, en los términos de la Ley Federal de Presupuesto y Responsabilidad Hacendaria y demás disposiciones aplicables.

Los Congresos Locales, en el ámbito de sus atribuciones, aprobarán los recursos presupuestarios correspondientes para los Poderes Judiciales de las Entidades Federativas, para el cumplimiento del presente Decreto.

En todo caso y siempre que proceda, las adecuaciones a las estructuras orgánicas, ocupacionales y salariales que se deriven de la ejecución del presente

Decreto, deberán realizarse mediante movimientos compensados y no deberán incrementar el presupuesto regularizable de servicios personales.

Artículo Séptimo. La Secretaría de Gobernación, sesenta días hábiles posteriores a la publicación de este Decreto, instalará y presidirá una Comisión para la Coordinación del Sistema de Justicia previsto en el presente Decreto, con la participación de la Presidencia de la Comisión Nacional de Tribunales Superiores de Justicia de los Estados Unidos Mexicanos; la Presidencia del Tribunal Superior de Justicia del Estado, así como la Presidencia de la Comisión de Justicia del Congreso Local que corresponda, quienes concurrirán a convocatoria o solicitud ante la Presidencia de la Comisión, con el fin de configurar la asistencia técnica a los Poderes Judiciales, Federal y Locales, en la instrumentación del Código Nacional de Procedimientos Civiles y Familiares con base en el desarrollo de habilidades, destrezas y sanas prácticas procesales, y la definición de estándares uniformes de operación del sistema; así como la correcta aplicación de los recursos públicos asignados; asimismo la Comisión contará con la representación de la Presidencia de la Comisión de Justicia tanto de la Cámara de Diputados como del Senado de la República; y la Presidencia del Consejo de la Judicatura Federal y Locales, en caso de ausencia de las personas designadas, concurrirán quienes ostenten su representación legal. En todos los casos las participaciones de quienes integran esta Comisión, serán honoríficos.

La Comisión tendrá por objeto analizar y acordar las políticas de coordinación necesarias para la instrumentación del Código Nacional de Procedimientos Civiles y Familiares, así como la armonización legislativa que apareja, en todo el territorio nacional. Para dichos efectos podrá convocar a los diversos grupos de la sociedad y la academia, de conformidad con las Bases de Operación que para dichos efectos expida la propia Comisión, en cumplimiento a su Acuerdo de instalación. La Comisión deberá remitir un Informe de Actividades a las Cámaras del Congreso General de los Estados Unidos Mexicanos.

Artículo Octavo. La Comisión, atendiendo a lo previsto en el Artículo Sexto transitorio, contará con una Secretaría Técnica, encargada de ejecutar los Acuerdos y determinaciones de la Comisión, así como coadyuvar, coordinar y brindar apoyo a las autoridades Locales y Federales en la instrumentación del Código Nacional de Procedimientos Civiles y Familiares.

Artículo Noveno. Los Poderes Judiciales de la Federación y de las Entidades Federativas, en el ámbito de sus respectivas competencias, establecerán las etapas y calendarios para llevar a cabo las acciones y medidas necesarias para la instrumentación del Código Nacional de Procedimientos Civiles y Familiares, de conformidad con las asignaciones presupuestales aprobadas para ese fin en sus respectivos presupuestos de egresos del ejercicio fiscal que corresponda.

La Comisión prevista en el Artículo Séptimo de estas Disposiciones Transitorias, dará seguimiento a la implementación conforme a lo establecido o dispuesto en el párrafo anterior.

Artículo Décimo. El Congreso General de los Estados Unidos Mexicanos, así como las Legislaturas de las Entidades Federativas, contarán con un plazo máximo de 180 días naturales posteriores a la publicación del presente Decreto, para expedir las actualizaciones normativas correspondientes para su debido cumplimiento.

Artículo Décimo Primero. Los Poderes Judiciales Federal y de las Entidades Federativas, deberán hacer los ajustes reglamentarios para la adopción de las mejoras en sus estructuras e infraestructura física y tecnológica y de capacitación en el plazo máximo de a la entrada en vigor del presente Código Nacional.

Artículo Décimo Segundo. Para la instrumentación de lo dispuesto en este Decreto, tanto en el ámbito Federal como Local, las autoridades podrán establecer Convenios de Colaboración.

Artículo Décimo Tercero. Toda referencia a la legislación procesal civil y familiar Federal y de las Entidades Federativas, en ordenamientos diversos, se entenderá a partir de la vigencia en las mismas, al Código Nacional de Procedimientos Civiles y Familiares.

Artículo Décimo Cuarto. El Consejo de la Judicatura Federal coordinará, con los Consejos de la Judicatura de las Entidades Federativas, la armonización regulatoria y operativa respecto de la información judicial a su cargo para la instrumentación de una plataforma digital bajo la denominación de Sistema Nacional de Información Jurisdiccional, para acceso y consulta pública, la cual deberá contener al menos el nombre de la persona actora, demandada, autoridad jurisdiccional que conoce del juicio o de la apelación, tipo de juicio, así como las resoluciones de primera y segunda instancia y en su caso si se promovió juicio de amparo.

En esta plataforma se agregará un apartado, en el que se contengan las direcciones de correo electrónico de las autoridades, peritos y auxiliares oficiales.

Dicha plataforma digital será administrada por el Consejo de la Judicatura Federal, quien tendrá control y resguardo absoluto de las bases de datos, bajo lineamientos que al efecto expida para el manejo y recopilación de la información, observando en todo momento el marco regulatorio en materia de transparencia.

Artículo Décimo Quinto. En materia de digitalización de documentos en expedientes judiciales, mientras el Consejo de la Judicatura respectivo no establezca sus propios lineamientos, deberá cumplirse lo que para tal efecto establece la Norma Oficial Mexicana que señala los requisitos que deben observarse para la conservación de mensajes de datos y digitalización de documentos.

Artículo Décimo Sexto. Para efecto de que todas las comunicaciones y notificaciones electrónicas, se les realicen a todas las autoridades, peritos y demás auxiliares oficiales a través de su dirección de correo electrónico oficial, deberán señalar dicha dirección en su página de internet oficial, de contar con ella, y en todo caso deberán hacerlo de conocimiento de los poderes judiciales dentro de los 90 días siguientes a la entrada en vigor del presente Decreto. Los poderes judiciales deberán registrar y almacenar dicha información, para remitirla al Sistema Nacional de Información Jurisdiccional a fin de que sea de acceso público.

Artículo Décimo Séptimo. Los Consejos de la Judicatura Federal y de las Entidades Federativas, contarán con un plazo máximo de 180 días naturales a partir de la publicación de este Decreto, para emitir el formato único concursal; así como el diseño e instrumentación del Boletín Concursal Nacional Digital en la Plataforma del Sistema Nacional de Información Jurisdiccional, en el que se registre el número de expediente de cada proceso judicial de insolvencia que se admita, la fecha de admisión, el juzgado de radicación y el nombre de la persona deudora. Dicho registro será público, y tendrá por objeto servir de medio de notificación de los procedimientos de insolvencia a todos los acreedores que puedan ser afectados; así como a las autoridades jurisdiccionales que conozcan de algún proceso a favor o en contra de la persona deudora.

Artículo Décimo Octavo. Las sociedades de información crediticia contarán con un plazo máximo de 180 días naturales a partir de la entrada gradual en vigor del presente Decreto según corresponda, para incorporar en sus reportes de crédito una clasificación especial que identifique a las personas deudoras que celebraron un convenio, plan de pagos, o sentencia, que deriven del concurso civil que prevé el presente Código Nacional.

Artículo Décimo Noveno. Se derogan todas aquellas disposiciones que establezcan procedimientos de interdicción, cuyo efecto sea restringir la capacidad jurídica de las personas mayores de 18 años, de conformidad con lo previsto por las Disposiciones Transitorias del presente Decreto.

Artículo Vigésimo. Para el caso que, en la fecha de publicación en el Diario Oficial de la Federación este Código Nacional, en la legislación vigente de las entidades federativas no exista regulación relacionada con el procedimiento especial de declaración de ausencia por desaparición, a partir del día siguiente de dicha publicación, se aplicarán supletoriamente las disposiciones del presente Código Nacional.

Ciudad de México, a 24 de abril de 2023.- Sen. Alejandro Armenta Mier, Presidente.- Dip. Santiago Creel Miranda, Presidente.- Sen. Verónica Noemí Camino Farjat, Secretaria.- Dip. Sarai Núñez Cerón, Secretaria.- Rúbricas.

En cumplimiento de lo dispuesto por la fracción I del Artículo 89 de la Constitución Política de los Estados Unidos Mexicanos, y para su debida publicación y observancia, expido el presente Decreto en la Residencia del Poder Ejecutivo Federal, en la Ciudad de México, a 6 de junio de 2023.- Andrés Manuel López Obrador.- Rúbrica.- El Secretario de Gobernación, Lic. Adán Augusto López Hernández.- Rúbrica.